DEUTSCHE GESCHICHTEN
VOM ERSTEN WELTKRIEG BIS HEUTE EIN LESEBUCH

GEVINON GRÄFIN VON DEM BUSSCHE-KESSELL geb. Freiin von Medem, Jg. 1957, Studium der Hispanistik, Anglistik, Philosophie an der Friedrich-Wilhelms-Universität in Bonn (M.A.), Post-Graduate Studium an der School of Advanced International Studies in Washington D.C., Assistentin im Bundestag bei Franz Ludwig Graf von Stauffenberg, Mitarbeiterin der Deutschen Bank (u.a. delegiert zum Europäischen Arbeitgeberverband in Brüssel), Europabeauftragte des Wirtschaftsrates der CDU, seit 1995 Mitarbeit im Familienbetrieb Schloss Neuenhof. Herausgeberin eines Buches über den Widerstandskämpfer Axel von dem Bussche (1994).

GEVINON VON MEDEM (HG.)

DEUTSCHE GESCHICHTEN
VOM ERSTEN WELTKRIEG BIS HEUTE EIN LESEBUCH

mitteldeutscher verlag

EDITORISCHE NOTIZ

Die abgedruckten Texte sind in der Regel Auszüge aus den genannten Werken. Die jeweilige Rechtschreibfassung wurde beibehalten. Lediglich offensichtliche Druckfehler wurden stillschweigend korrigiert. Anmerkungen wurden generell als Fußnoten gesetzt. Die Quellen und Rechteinhaber sind jeweils am Ende des Beitrages angegeben. Herausgeberin und Verlag danken den Rechteinhabern für die Gewährung der Abdruckgenehmigungen.

Herausgeberin und Verlag haben sich bemüht, die Inhaber der Textrechte zu ermitteln. Sollten Urheberrechte nicht beachtet worden sein, bitten wir die Rechteinhaber, sich an den Verlag zu wenden.

Ebenfalls als E-Book erhältlich.

Bibliografische Information der Deutschen Nationalbibliothek
Die Deutsche Nationalbibliothek registriert diese Publikation in der Deutschen Nationalbibliografie; detaillierte bibliografische Daten im Internet unter http://d-nb.de.

Alle Rechte vorbehalten.
Das Werk ist urheberrechtlich geschützt. Jede Verwertung außerhalb der Freigrenzen des Urheberrechts ist ohne Zustimmung des Verlages unzulässig und strafbar. Das gilt insbesondere für Vervielfältigungen, Übersetzungen, Mikroverfilmungen und die Einspeicherung und Verarbeitung in elektronischen Systemen.

2014
© mdv Mitteldeutscher Verlag GmbH, Halle (Saale)
www.mitteldeutscherverlag.de

Gesamtherstellung: Mitteldeutscher Verlag, Halle (Saale)
Umschlaggestaltung: Birte Janzen, eindesign.de
Layout und Satz: Stefanie Bader, Leipzig
Karten: Anneli Nau, München
Redaktion: Sarah Ackermann

ISBN 978-3-95462-315-0

Printed in the EU

»Der Friedenszustand unter Menschen, die neben einander leben, ist kein Naturstand ... Er muß also g e s t i f t e t werden ...«

IMMANUEL KANT
Zum ewigen Frieden

INHALT

Einführung 11

I. GEWITTERWOLKEN AM HORIZONT

Ein Jahrhundert beginnt (1900–1913)
Bertha von Suttner: Die erste Haager Friedenskonferenz 15
Zeitdokument: Das Zarenmanifest von 1899 28
Stefan Zweig: Die Welt von Gestern 30
Wilhelm II: Ereignisse und Gestalten aus den Jahren 1878–1918 37

II. DIE ENTFESSELUNG DER MÄCHTE

Der Erste Weltkrieg (1914–1918)
Eduard von Keyserling: Über die Vaterlandsliebe 50
Karl Kraus: Die letzten Tage der Menschheit 52
Ernst Jünger: In Stahlgewittern 67

III. VERSAILLES UND SEINE FOLGEN

Der Versailler Vertrag und die Weimarer Republik (1919–1933)
Ulrich Graf von Brockdorff-Rantzau: Rede bei der Überreichung
des Vertragsentwurfs durch die Alliierten und Assoziierten Mächte 75
Zeitdokument: Mantelnote zur Antwort der Alliierten und
Assoziierten Mächte an den Präsidenten der Deutschen Delegation (1919) 80
Hans Fallada: Kleiner Mann – was nun? 86

Kommunismus
Gertrud von den Brincken: Land unter 98
Arthur Koestler: Sonnenfinsternis 101

Nationalsozialismus
Thomas Mann: Deutsche Ansprache 110

Zionismus/Antisemitismus
Theodor Herzl: Der Judenstaat 124
Manés Sperber: Churban oder Die unfaßbare Gewißheit 128

Die Suche nach einer neuen europäischen Ordnung
Richard N. Coudenhove-Kalergi: Pan-Europa **133**

IV. LEBEN IN DER DIKTATUR

Der Tragödie erster Teil (1933–1938)
Gottfried Benn: Antwort an die literarischen Emigranten **138**
Erich Kästner: Fabian – die Geschichte eines Moralisten **146**
Werner Finck: Witz als Schicksal, Schicksal als Witz **154**

Der Tragödie zweiter Teil – Deutsche im Widerstand (1939–1945)
Inge Scholl: Die Weiße Rose **159**
Hans-Friedrich Lenz: »Sagen Sie, Herr Pfarrer, wie kommen Sie zur SS?« **164**
Zeitdokument: Theologische Erklärung der Bekenntnissynode
in Barmen (1934) **174**
Zeitdokument: Die Tätigkeit des IKRK zugunsten der in den
deutschen Konzentrationslagern inhaftierten Zivilpersonen (1944/45) **179**
Axel von dem Bussche: Eid und Schuld **183**
Ricarda Huch: In einem Gedenkbuch sammeln ... Bilder deutscher
Widerstandskämpfer **193**

V. JALTA UND DIE TEILUNG DEUTSCHLANDS UND EUROPAS (1945–1949)

Flucht und Vertreibung
Marion Gräfin Dönhoff: Namen, die keiner mehr nennt **204**
Sigrid Reisch von Wagner: Baltisch-Ostpreußische Erinnerungen **215**
Werner Bergengruen: An die Völker der Erde **224**
Zeitdokument: Charta der Heimatvertriebenen (1950) **226**
Carl Zuckmayer: Deutschlandbericht **228**

Deutsche in Gefangenschaft
Kurt Fricke: Spiel am Abgrund – Heinrich George **234**

Deutsche im Ausland
Magnus Freiherr von Braun: Weg durch vier Zeitepochen **243**

VI. VON DER ENGLISCHEN, AMERIKANISCHEN UND FRANZÖSISCHEN BESATZUNGSZONE ZUR BUNDESREPUBLIK DEUTSCHLAND

Ernst von Salomon: Der Fragebogen ... 250
Hermann Josef Abs: Entscheidungen ... 259
Ludwig Erhard: Wohlstand für alle ... 270
Alexander Kluge: Reden über das eigene Land ... 280
Horst Krüger: Tiefer deutscher Traum ... 283
Hilde Domin: Unter Akrobaten und Vögeln ... 289
Helmut Gollwitzer: Beerdigungspredigt für Rudi Dutschke ... 298
Margarete Buber-Neumann: Verwirrung auf allen Stufen ... 304

VII. VON DER SOWJETISCH BESETZTEN ZONE ZUR DDR

Eckart Kroneberg: Beschreibung einer Mauer ... 310
Wolf Biermann: Wolfgang Heise – mein DDR-Voltaire ... 323
Joachim Gauck: Winter im Sommer – Frühling im Herbst ... 339
Renate Feyl: Ausharren im Paradies ... 352
Manuela Anhalt: Manuelas Geschichte ... 359
Erich Loest: Nikolaikirche ... 372

VIII. DIE ÜBERWINDUNG DER TEILUNG EUROPAS

Die neue Ostpolitik
Karl Theodor Freiherr von und zu Guttenberg: Zu den Ostverträgen (1970) ... 378
Willy Brandt: Die neue Ostpolitik (1972) ... 399

Die deutsche Wiedervereinigung 1990
Martin Walser: Über Deutschland reden ... 421
Peter Sloterdijk: Theorie der Nachkriegszeiten ... 435

IX. VISIONEN FÜR EIN GEEINTES EUROPA

Carl J. Burckhardt: Heimat ... 444
Angela Merkel: Rede zur Verleihung des Internationalen Karlspreises ... 453

X. AUSBLICK

Ausblick: Deutschland in Europa ... 465

ANHANG

Alphabetische Liste der Autoren und Texte **469**
Chronologie **471**
Liste der Mitglieder der EU und des Europarates **476**
Filmhinweise **478**
Abbildungsnachweis **479**

EINFÜHRUNG

Geschichte ist immer auch erfahrene Geschichte, sei es durch unmittelbares Erleben oder durch Vermittlung von Eltern und Großeltern. So verbinden mich mit dem zurückliegenden Jahrhundert eigene Erfahrungen und Begegnungen mit Persönlichkeiten, die mich zur Herausgabe dieses Geschichten-Buches veranlasst haben.

Meine persönlichen und familiären Bezüge zu der im Buch sich widerspiegelnden Geschichte sind vielfältig. Väterlicherseits stammt meine Familie aus dem Baltikum/Kurland, dem heutigen Lettland. Mein Vater (1913–1993) hat mit seinem Leben fast das ganze letzte Jahrhundert abgedeckt. Meine Mutter (1923–2012), aus einer niedersächsischen Familie stammend, gehörte zu der Generation, deren Jugend in die schwierigen Jahre 1933 bis 1945 fiel. Für beide galt sinngemäß, was Alexander Kluge in seinem Beitrag »Reden über das eigene Land: Deutschland« 1983 schreibt: »… und wenn ich jetzt an konkrete Menschen denke, … , bitte ich Sie, an einen Menschen zu denken, der 1932 *arbeitet*. Er widmet seine Zeit hauptsächlich der Arbeit, er verausgabt sich, und er muss auch Hoffnung haben, weil der Mensch nur so sein Können einsetzt. … Und jetzt wird er in einen Krieg geführt; das war nicht in seinem Sinn, aber er ist in diesem Krieg, und jetzt verausgabt er nochmals für den Endsieg seine Kräfte. Und ich kann nicht verächtlich von ihm sprechen, nachdem der Krieg zu Ende ist und alles in Trümmern liegt und alle Hoffnungen eigentlich zerstört sind, und ich frage Sie: Wer zählt *diese* Inflation und *diese* Währungswechsel, die in der Verausgabung von Hoffnung und Vertrauen ihren Kern haben?«

Bei der Auswahl der Texte aus dem deutschsprachigen Raum habe ich mich von dem Gefühl leiten lassen, das Ricarda Huch beseelte, als sie 1946 ihren Aufruf »Für die Märtyrer der Freiheit« schrieb: »Wie wir der Luft bedürfen, um zu atmen, des Lichtes, um zu sehen, so bedürfen wir edler Menschen, um zu leben. Sie reißen uns aus dem Sumpf des Alltäglichen, sie entzünden uns zum Kampf gegen das Schlechte, sie nähren in uns den Glauben an das Göttliche im Menschen«. Dieses Lesebuch möchte die Geschichte Deutschlands im letzten Jahrhundert aus der Sicht der Menschen spiegeln, die um und unter der wechselvollen Geschichte litten.

Stefan Zweig schreibt in »Die Welt von Gestern – Erinnerungen eines Europäers« zu den Ereignissen bis zum Zweiten Weltkrieg: »Jeder von uns, auch der Kleinste und Geringste, ist in seiner innersten Existenz aufgewühlt worden von den fast pausenlosen vulkanischen Erschütterungen unserer europäischen Erde«. Um wie viel mehr trifft dies auch auf die Nachkriegszeit zu, in der die Landkarte Europas erneut radikal verändert wurde. Nationales und hegemoniales Denken des 19. Jahrhunderts bestimmten die Verhandlungen des Versailler Vertrages, der mit seinen willkürlichen Grenzziehungen und der Schaffung neuer Staaten zu keiner Befriedung, sondern maßgeblich zum Ausbruch eines noch schlimmeren Weltkriegs führte. Und auch der Waffenstillstand 1945 führte nicht zu einer Befriedung Europas und der Welt, sondern zu seiner Teilung und dem Kalten Krieg zwischen dem freien Westen und der Sowjetdiktatur mit ihren Satelliten. Die Berlinkrise 1948, der 17. Juni 1953, der Ungarnaufstand 1956 und der Prager Frühling 1968 drohten Europa zu einem erneuten Krieg zu entflammen. Und kaum ruhten die Waffen in Europa, da gingen die Kriege in Indochina, Korea und Vietnam weiter, um nur die bekannteren Kriegsschauplätze zu nennen.

Dass Deutschland von 1945 bis 1989 in einen freiheitlichen Staat und eine kommunistische Diktatur geteilt war, erscheint der Generation nach 1989 fast so fremd wie die Geschichte des »Dritten Reiches«. Und doch ist diese friedliche Revolution in Deutschland, die den Eisernen Vorhang zerriss, ein eigentlich unfassbares Ereignis. Erst mit der Wiedervereinigung hat Deutschland 1990 auch seine völkerrechtliche Souveränität erlangt. Die Überwindung der Teilung Deutschlands war zugleich die Überwindung der Teilung Europas. Aus dem Europa der zwölf von 1989 ist heute ein Europa der 28 Staaten geworden. Weitere Länder vor allem aus Mittel- und Osteuropa sowie die Türkei – als einziges nichtchristliches Land – stehen in der Warteschlange.

Haben wir in Europa aus den Erfahrungen des letzten Jahrhunderts genug gelernt, um unsere europäische und globale Zukunft in Frieden und Freiheit zu gestalten, oder schreiben wir erneut das Jahr 1914? Haben wir wirklich verstanden, dass durch die amerikanische Entwicklung der Atombombe und ihren ersten und bisher einzigen

Einsatz 1945 in Hiroshima und Nagasaki ein atomares Wettrüsten begann, dessen Bedrohung durch die Verbreitung von Atomwaffen ständig zunimmt? Die Verleihung des Friedensnobelpreises an die Europäische Union 2012 ist hoffentlich ein gutes Zeichen dafür, dass die Länder Europas aus ihrer Geschichte gelernt haben.

Dieses Buch möge einen Beitrag dazu leisten, die europäische Geschichte des letzten Jahrhunderts zu verstehen – nicht mit den Augen des »wissenden« Historikers, sondern mit den Augen derer, die die jeweilige Zeit miterlebt und durchlitten haben. Schon meine Generation (Jg. 1957) hat von den existentiellen Nöten der Eltern- und Großelterngeneration nicht mehr viel mitbekommen. Uns fehlt schlichtweg das Verständnis für die extremen sozialen, wirtschaftlichen, kulturellen und politischen Umstände, die die erste Hälfte des 20. Jahrhunderts bestimmten. In Europa leben wir heute in einer Zeit, in der Krieg, Hunger, Terror fast ausschließlich nur noch in Film und Medien vermittelt werden. Zum Glück. Doch das darf uns nicht dazu verleiten, über Menschen zu richten, die diesen Schrecken ausgesetzt waren und trotzdem ihr Leben leben mussten –, und sollte anregen zu kritischer Sicht heutiger Ereignisse und ihrer Protagonisten. Die Lektüren zu diesem Buch haben mich zutiefst dankbar dafür gemacht, nach den Grauen des Zweiten Weltkrieges in Freiheit und Rechtsstaatlichkeit aufgewachsen zu sein. Wenn der Leser dieses Buches diese Dankbarkeit spürt, hat das Buch seinen Sinn erfüllt.

Mein Dank gilt all jenen, die mich durch ihre konstruktiven Gedanken und Anregungen zu diesem Buch ermutigt und mir bei der Umsetzung geholfen haben.

Gevinon von Medem   im April 2014

BERTHA VON SUTTNER (1843–1914)

Bertha von Suttner wird am 9. Juni 1843 als Tochter des Grafen Franz Michael und der Gräfin Sophie Wilhelmine Kinsky geb. von Körner in Prag geboren. 1873 wird sie, weil das Kinsky-Vermögen aufgebraucht ist, Erzieherin der Töchter des Freiherrn von Suttner. Dort lernt sie dessen Sohn Arthur, er ist sieben Jahre jünger als sie, kennen, den sie 1876 heiratet. 1878 beginnt sie zu schreiben. In »Inventarium der Seele« (1883) wird bereits die Frage nach der Berechtigung des Krieges behandelt. Der 1889 erschienene Antikriegs-Roman »Die Waffen nieder« begründet ihren Ruhm als Pazifistin. 1892 begegnet sie Alfred Nobel, der mit ihr zusammen den Plan eines Friedenspreises, des späteren Friedensnobelpreises, entwickelt. 1899 nimmt sie als einzige Frau und Nichtregierungsvertreterin an der 1. Haager Friedenskonferenz teil, die durch das sogenannte Zarenmanifest von Zar Niklaus II. initiiert worden war. 1906 wird ihr der Friedensnobelpreis verliehen.

Die zweite Haager Friedenskonferenz 1907 ist für sie keine »Friedenskonferenz«, sondern eine »Kriegsgebrauchskonferenz«. Bertha von Suttner stirbt am 21. Juni 1914 kurz vor Beginn des Ersten Weltkrieges, dessen Ausbruch sie drohend vorausgeahnt hatte.

BERTHA VON SUTTNER

DIE ERSTE HAAGER FRIEDENSKONFERENZ

Im Jahre 1900 habe ich ein umfangreiches Buch* erscheinen lassen, in welchem ich alle Erlebnisse meines Haager Aufenthaltes, alle Berichte über die Verhandlungen, die Texte der wichtigsten Reden und den

---

* Die Haager Friedenskonferenz, Tagebuchblätter von Bertha v. Suttner. Dresden und Leipzig, E. Piersons Verlag. 2. Auflage 1901.

Wortlaut der verschiedenen Konventionen zusammengefaßt habe. Auf diese Publikation verweise ich jene, die über den Charakter, den Verlauf und die direkten Ergebnisse jener historischen Versammlung detaillierten Bericht zu erhalten wünschen; hier werde ich nur die persönlichen Erinnerungen jener Tage fixieren; die Eintragungen in mein Privatjournal, die ich für jenes Buch als Material herangezogen und ausgeführt habe, werde ich hier in ihrer Originalform abschreiben, natürlich mit Ausschluß des Allzuprivaten, daher Uninteressanten.

Dabei werden sich wohl auch Verhandlungstexte und weltpolitische Betrachtungen einstellen; denn wenn ich die Geschichte meines Lebens treulich wiedergebe, so gebührt diesen Dingen ein breiter Raum. Sie waren ja nicht zur zufälligen Stickerei, sondern zum Gewebe selbst meiner Existenz geworden. Was in der Friedenssache dafür oder dagegen in der Welt geschah – und namentlich was in jenen Haager Tagen geschah, die doch im Namen jener Sache einberufen worden –, das war mir nicht Erfahrung, es war mir Erlebnis.

16. Mai. Ankunft im Haag. Die Stadt in Frühlingszauber getaucht. Heller Sonnenschein. Fliederdüfte in der kühlen Luft. Unsere Zimmer im Hotel bereit. Neun Uhr abends. Wir sitzen noch im Speisesaal. Der Korrespondent des »Neuen Wiener Tagblatt« läßt sich melden. Nehme ihn an, und er setzt sich zu unserem Tisch. Mit großer Heiterkeit beginnt er die Unterhaltung:

»Habe eben mit dem Vertreter einer Großmacht gesprochen: Man ist sich ja so ziemlich im klaren über die voraussichtlichen Ergebnisse ... Erweiterung der Genfer Konvention ...«

»Das wäre – wenn weiter nichts erreicht würde – ein arger Betrug an den Hoffnungen der Völker und auch eine Enttäuschung für den Zaren, dessen Wünsche sich auf das Schiedsgericht –«

Der Korrespondent unterbricht mich lachend: »Darüber ist auch gesprochen worden ... nun, das ist einfach kindisch ... die Staaten würden einem Spruch, der ihnen nicht behagt, nicht Folge leisten.«

»Der Fall ist noch kein einziges Mal vorgekommen.«

»Weil bisher nur über Kleinigkeiten Schiedssprüche gefällt wurden – handelt es sich aber um vitale Fragen ...«

Also immer wieder die alten Argumente. Ich hörte sie schon ordentlich kommen, die »vitale Frage«, obwohl keiner recht weiß, was er sich dabei denkt. Was sollen denn diese »Lebens«angelegenheiten sein, die sich am besten durch hunderttausendfaches Totschlagen fördern lassen?

...

18. Mai. Der 18. Mai 1899! Daß es ein weltgeschichtliches Datum ist, das ich da niederschreibe, von dieser Ueberzeugung bin ich tief durchdrungen. Es ist das erstemal, seitdem Geschichte geschrieben wird, daß die Vertreter der Regierungen zusammenkommen, um die Mittel zu suchen, der Welt »dauernden, wahrhaften Frieden zu sichern«. Ob diese Mittel in der heute zu eröffnenden Konferenz schon gefunden werden oder nicht, das entscheidet nicht über die Größe des Ereignisses. In dem Suchen liegt die neue Richtung!

19. Mai. Der gestrige Tag verlief so: Des Morgens Gottesdienst in der russischen Kapelle zur Feier des Geburtstags des Zaren. Der Meine und ich sind dazu eingeladen. Es sind – der Raum ist klein – kaum hundert Menschen anwesend, die Herren in Galauniform, die Damen in lichter Toilette. – Das Hochamt beginnt. Andächtig und ehrfürchtig, alle stehend, folgen ihm die Versammelten. Mir ist, als sollte ich nicht für Nikolaus II. beten, sondern an ihn die Bitte richten: O du Kühner, bleibe stark! Laß den Undank und die Tücke und den Stumpfsinn der Welt nicht störend und lähmend zu dir dringen – wenn man dein Werk auch verkleinern, mißdeuten, vielleicht auch verhindern wollte – bleibe stark!

Der Pope reicht das Kreuz zum Kusse: die Messe ist aus. Jetzt werden Begrüßungen und Vorstellungen getauscht. Lerne die Frau des Ministers Beaufort kennen.

Fahrt zur Eröffnung. Strahlender Sonnenschein. Wie zu einem fröhlichen Prater- oder Bois-Korso fahren die zahlreichen Wagen durch die Alleen nach dem »Haus im Busch«. Am Gittertor leistet eine militärische Ehrenwache die Ehrenbezeugungen. Ich bin die einzige Frau, welcher der Zutritt gewährt wird.

Was ich hier empfand ... es war wie die Erfüllung eines hochfliegenden Traumes. »Friedenskonferenz«! Zehn Jahre lang ist das Wort und die Sache verlacht worden – ihre Teilnehmer, machtlose Privatleute, gelten als »Utopisten« (beliebteste, höfliche Umschreibung für »verrückte Käuze«) –, jetzt versammeln sich auf den Ruf des gewaltigsten Kriegsherrn die Abgesandten aller Machthaber, und ihre Versammlung führt denselben Namen: »Friedenskonferenz«.

Aus der Eröffnungsrede des Ministers Beaufort notiert:

> Durch seine Initiative hat der Kaiser von Rußland den von seinem Vorgänger Alexander I. ausgedrückten Wunsch erfüllen wollen, daß alle Herrscher Europas sich untereinander verständigen, um als Brüder zu leben und sich gegenseitig in ihren Bedürfnissen zu unterstützen.

Mir scheint, Nikolaus II. hat mehr gewollt; nicht um die Bedürfnisse aller Herrscher, sondern vielmehr aller Völker handelt es sich da. Die Rüstungen lasten auf den Völkern, nicht auf den Herrschern. Das sogenannte dynastische Interesse liegt eher in militärischem Pomp und dem Prestige der kriegerischen Gewaltfülle.

Und weiter; Beaufort:

> Die Aufgabe der Konferenz ist, nach Mitteln zu suchen, um den unaufhörlichen Rüstungen ein Ziel zu setzen und die schwere Not, welche die Völker bedrückt, zu beendigen. Der Tag des Zusammentritts dieser Konferenz wird einer der hervorragendsten Tage in der Geschichte des endenden Jahrhunderts sein.

Nach Beauforts Rede wird Botschafter Staal zum Präsidenten der Konferenz erwählt.

Dann folgen die anderen Ernennungen – das Ganze dauert nur eine halbe Stunde – es sollte ja nur eine Eröffnungszeremonie sein. Die erste Sitzung wird für den 20. angesetzt und zugleich erklärt, daß zu den Verhandlungen die Journalisten nicht zugelassen würden. (Leider!)

19. Mai. Bloch angekommen. Begrüßen uns als alte Freunde. Ein Sechziger, mit kurzgestutztem grauem Bart, heiterem und sanftem Gesichtsausdruck, mit ungezwungenem, elegantem Auftreten, durchaus natürlicher, einfacher Sprechweise. Ich frage ihn aus über die Aufnahme seines Buches von seiten des Zaren. Bloch erzählt, und die im Salon anwesenden Pazifisten und Publizisten lauschen mit Interesse:

»Ja, der Zar hat das Werk eingehend studiert. Als er mich in Audienz empfing, lagen auf den Tischen die Karten und Tabellen des Buches ausgebreitet, und er ließ sich alle die Ziffern und Diagramme genau erklären. Ich erklärte – bis zur Müdigkeit, aber Nikolaus II. wurde nicht müde. Immer wieder stellte er neue Fragen oder streute Bemerkungen ein, die von seiner tiefen Anteilnahme, von seinem Interesse Zeugnis gaben. Also so würde ein nächster Krieg sich gestalten … das wären die Folgen? …«

Das Kriegsministerium, dem ein Exemplar vorgelegt werden mußte, hat dem Kaiser Rapport erstattet und für Autorisation der Veröffentlichung gestimmt. In der Begründung hieß es: »ein so umfangreiches, fachmännisch-technisch gehaltenes Buch wird nicht viel gelesen werden, ist daher weit weniger gefährlich als der Suttnersche Roman ›Die Waffen nieder.‹ Da die Zensur diesen freigelassen, so mag viel eher Blochs ›Krieg der Zukunft‹ passieren.«

Abends Rout bei Beaufort. So wie alle Routs in Hof- oder Diplomatenkreisen und doch so ganz anders! Etwas Neues ist in die Welt getreten – nämlich das offizielle Verhandeln des Themas »Weltfriede«, und das gibt notwendigerweise (ist es doch die Raison d'être des hiesigen Empfanges) den allgemeinen Gesprächsstoff ab. Eine Frage, die sehr allgemein als Anknüpfung der Unterhaltung benutzt wird, ist diese:

»Was erwarten Sie von der Konferenz?«

Auch an mich wurde diese Frage öfters gestellt, oder auch diese:

»Sind Sie nicht glücklich, Ihre Hoffnungen so verwirklicht zu sehen?«

»Ja, sehr glücklich,« konnte ich wahrheitsgetreu antworten; »daß so viel und dieses so bald geschehen werde, hatte ich nicht einmal gehofft.«

Auf die andere Frage mußte ich erwidern, daß ich von dieser ersten Konferenz nur erwarte, daß sie ein Anfang, ein erster Schritt, ein gelegter Grundstein sein werde.

Ich werde mit dem größten Teil der Anwesenden bekannt – auch mit dem Gesandten von China (der zugleich Botschafter am russischen Hofe ist) und seiner Frau. »In Petersburg habe ich viel von Ihnen sprechen gehört,« sagt mir Yang-Yü durch seinen Dolmetscher Lu Tseng-Tsiang, »so erzählte mir Graf Murawjew von seiner Unterredung mit Ihnen.«

Die junge Gattin des Delegierten von China trägt ihr Landeskostüm: gestickte seidene Gewänder, auf dem Kopfe eine kleine Mütze, zu beiden Seiten der Schläfen Papierblumen. Sie ist eine hübsche junge Frau, doch ganz von dem Typus, den man auf dem chinesischen Porzellan findet; dabei so stark geschminkt, daß das Gesicht einer unbeweglichen, emaillierten Maske gleicht. Sie ist sehr freundlich und schüttelt allen, die ihr vorgestellt werden, kräftig die Hand. Sie ist von ihrem Sohne, einem Jungen von zwölf bis dreizehn Jahren, begleitet, der Englisch und Französisch spricht und ihre Konversation verdolmetscht.

…

20. Mai. Wieder Visitentournee. Durch die Straßen vom Haag fährt es sich eigentlich immer wie durch Parkanlagen. Nicht nur im »Bosch«, wo das der Konferenz überlassene »Huis« steht, überall ragen die alten Baumriesen, überall leuchten die grünen Rasenplätze und überall tönt jetzt zu dieser blütenreichen Maienzeit liebliches Vogelgezwitscher. Fast jedes Haus hat einen Garten, und Zinshäuser sieht man nicht; im Villenstil oder wie kleine Schlößchen gebaut, so ist jedes Haus nur das Heim einer Familie. Natürlich gilt dies von dem vornehmen Viertel, das um das königliche Palais herumliegt und das von den Plätzen, wo die ersten Hotels (Vieux Doelen u. s. w.) stehen, bis nach Scheveningen führt.

Unser Salon ist stets mit Besuchern gefüllt und vom frühen Morgen an Interviewer; heute unter anderen die Redakteure von »Frankfurter Zeitung«, »Echo de Paris« und »Black and White«.

Aus Paris die Nachricht, daß bei Frédéric Passy die Operation so böse Folgen gehabt, daß nicht nur unerträgliche Schmerzen sich einstellten, sondern sogar das Leben des Patienten in Gefahr schwebt. Große Bestürzung in unserem ganzen Kreise. Von den lebenden Friedenskämpfern ist Frédéric Passy allen, die ihn und sein Werk kennen, unstreitig der geliebteste und verehrteste.

Bei der heutigen ersten Plenarsitzung soll Herr von Staal bei seiner Ansprache die Ziele und die Richtung definieren, welche sein kaiserlicher Auftraggeber der Konferenz gegeben wünscht. Wie bedauerlich, daß der Presse der Zutritt verwehrt ist. Die Rede des Präsidenten müßte heute noch an alle Blätter der Welt telegraphiert werden.

21. Mai. Pfingstsonntag. Dr. Trueblood aus Boston angekommen. Er erzählt, daß er mit Bestimmtheit wisse, die amerikanische Regierung habe ihrem Delegierten einen ganz ausgearbeiteten Schiedsgerichtsplan mitgegeben.

Ein Bildhauer aus Berlin, Löher ist sein Name, zeigt uns das Modell zu einem Friedensdenkmal, das er gern in der Pariser Ausstellung von 1900 aufstellen wollte. So wird von immer mehr Seiten, in immer zahlreicheren Formen dem neuen Ideal gehuldigt.

Daneben freilich, wie eingewurzelt, wie mächtig ist noch das alte Ideal – dasjenige des Krieges – ringsum verbreitet – bis in die hiesige Konferenz herein: man lese nur Professor Stengels Broschüre … Und was auch zu fürchten ist: Ideen schreiten langsam, Ereignisse schnell. Wenn ein Fall wie Faschoda, wenn der Streit in Transvaal plötzlich zu einem Konflikt führt, während die Konferenz noch tagt, wie würde dies ihre theoretische Arbeit zerstören!

…

22. Mai. Ein neuerliches »Wiedersehen« mit einem alten Bekannten, den ich nie gesehen: Charles Richet besucht uns und bringt Grüße von unserem armen Passy. Es ist Hoffnung vorhanden, daß er genese, aber nicht, daß er hierherkomme. Richet zeigt sich als großer Enthusiast unserer Sache.

Ich wollte ihn zum Gabelfrühstück zurückhalten, er ist aber mit d'Estournelles beim französischen Gesandten eingeladen. Indessen erhalten wir eine Einladung zu einem Gabelfrühstück, das Frau Grete Moscheles dem amerikanischen Delegationschef und Botschafter in Berlin Andrew D. White gibt.

Was uns D. White mitteilte, erfüllte die Anwesenden mit lebhafter Genugtuung:

»Ich begehe keine Indiskretion«, sagte er beim Dessert, »wenn ich erzähle, daß wir schon in der ersten Sitzung der Schiedsgerichtskommission einen vollständigen Plan zu einem internationalen Tribunal vorlegen werden – und dies im Auftrag der amerikanischen Regierung. Noch darf ich die Details nicht geben – aber die Sache selbst wird und soll kein Geheimnis bleiben.«

23. Mai. Jetzt kennt man trotz verschlossener Türen die Eröffnungsrede Staals. Ein englisches Blatt brachte den Wortlaut. Ich notiere daraus die besonders bedeutungsvollen Stellen:

> Der Name »Friedenskonferenz«, welchen der Instinkt der Völker, die Entscheidung der Regierungen vorwegnehmend, unserer Zusammenkunft gegeben hat, bezeichnet so recht den Hauptgegenstand unserer Bestrebungen; die »Friedenskonferenz« darf der ihr anvertrauten Mission nicht untreu werden, sie muß ein greifbares Resultat hervorbringen, welches die ganze Welt vertrauensvoll von ihr erwartet.
>
> … Es sei mir erlaubt zu sagen, daß die Diplomatie, einem allgemeinen Entwicklungsgange folgend, nicht mehr wie einst eine Kunst ist, in welcher die persönliche Geschicklichkeit die Hauptrolle spielt, sondern im Begriffe steht, eine Wissenschaft zu werden, mit fixen Regeln zur Schlichtung internationaler Konflikte. Das ist heute das ideale Ziel, das sie vor Augen haben muß, und unzweifelhaft wird es ein großer Fortschritt sein, wenn es der Diplomatie schon hier gelingt, einige jener Regeln festzusetzen.
>
> Daher werden wir uns auch in ganz besonderer Weise bemühen, die Anwendung des Schiedsgerichtes sowie der Mediation und der guten Dienste zu verallgemeinern und zu kodifizieren. Diese Ideen bilden sozusagen das innerste Wesen unserer Aufgabe, den allgemeinen Zweck unserer Mühen, nämlich, die internationalen Streitigkeiten durch friedliche Mittel zu lösen.
>
> … Die Nationen haben ein glühendes Verlangen nach Frieden, und wir sind es der Menschheit schuldig und den Regierungen, die uns hier mit ihrer Vollmacht betraut haben, wir sind es uns selber schuldig, ersprießliche Arbeit zu vollbrin-

gen, indem wir die Anwendungsweise einiger der friedensichernden Mittel feststellen. Unter diesen Mitteln stehen voran: Schiedsgericht und Vermittlungsdienste.

Charles Richet und sein Sohn frühstücken bei uns. Ein Wort Richets macht mir tiefen Eindruck: »Von allen Seiten müssen wir hören, die Zeit sei noch nicht da, unsere Ideale auszuführen. Mag sein – aber ganz sicher ist die gegenwärtige Zeit da, um ihnen vorzuarbeiten.«

Nachmittag Besuch bei Frau von Okoliczany. Die Gesandtin – geborene Fürstin Lobanow – hat den Ruf, eine blendende Beauté gewesen zu sein. Ist noch immer schön. Gestalt, Schultern, Arme von statuenhafter Linienharmonie. Das weiße Cachemire-tea-gown, in dem sie uns empfing, hat offene Aermel, die den zarten, runden Arm frei lassen. Hände haben bekanntlich Physiognomien; die schönen Hände Frau von Okoliczanys begleiten ihre lebhafte Sprache mit – man könnte sagen – lebhaftem Mienenspiel, und die Armbewegungen reden mit.

Ein Besucher kommt hinzu: Graf Konstantin Nigra. Sollte man es für möglich halten, daß dieser schlanke, hochgewachsene Mann mit dem dichten, leichtgelockten, noch immer blonden Kopfhaar, mit dem regelmäßigen, nur geringe Altersspuren aufweisenden Gesicht schon siebzig Jahre alt ist?

Selbstverständlich wird auch von der Konferenz und ihren Zielen gesprochen. Graf Nigra macht den Eindruck, von der Größe der Aufgabe durchdrungen zu sein und Hoffnungen an die Ergebnisse zu knüpfen.

Natürlich ist es Pflicht, nicht nur diplomatische, sondern beinahe Anstandspflicht, so zu reden. Man wird doch nicht an offiziellen – noch dazu geheimen – Beratungen teilnehmen und im Salon darüber geringschätzig schwatzen. Nur dem Freiherrn von Stengel war es zugefallen, zu einer Konferenz entsendet zu werden, deren Ziel er kurz vorher als »Duselei« verkündet hatte … aber von diplomatischer Selbstverständlichkeit abgesehen: man fühlt, was aufrichtig und überzeugt gesprochen wird, und ich habe den Eindruck: Graf Nigra wird ernste, eifrige Mitarbeit leisten.

…

25. Mai. Eine Karte wird mir gebracht: The earl of Aberdeen. Mit Lady Isabel Aberdeen, die dem kommenden internationalen Frauenkongreß in London vorsitzen wird, stehe ich seit einiger Zeit in Korrespondenz.

Der Lord, gewesener Gouverneur von Kanada – noch ein junger Mann von großem schlankem Wuchs, mit kurzem schwarzem Vollbart –, bringt mir Grüße seiner Frau. Erzählt, daß er an der großen, von Stead veranstalteten Meetingkampagne regen Anteil genommen, bei den Kundgebungsversammlungen mitgesprochen hat. Charles Richet kommt hinzu. Auch einige deutsche Zeitungskorrespondenten, die bisher von der Friedenssache nur Ablehnendes gehört und geschrieben; die namentlich von dem Grundsatze ausgehen, daß die einzige Friedensbürgschaft in den deutschen Rüstungen liegt, da alle übrigen Nationen kriegslustig seien; es war mir eine Genugtuung, daß die nun dem Franzosen und Engländer zuhören konnten, wie sie in voller Uebereinstimmung und mit den kräftigsten Argumenten für jene Sache eintraten. Dabei waren es ja keine »obskuren Schwärmer«, sondern einer der höchsten Würdenträger des Britischen Reiches und einer der berühmtesten Gelehrten an der Pariser Universität.

Nachmittags, beim Empfang der russischen Gesandtschaft, treffen wir Sir Julian Pauncefote. Aeußere Erscheinung: einundsiebzig Jahre, aber von strammer Haltung; das Haupthaar schon weiß, ebenso der Bart; dieser, nach österreichischer Art, mit ausrasiertem Kinn. Gestalt groß und schlank. Gesichtsausdruck freundlich und edel. So wie geleistete Kriegsdienste zur Verleihung eines Oberkommandos im Feldzug berechtigen, so sind hervorragende Friedenstaten die richtigen Titel zur Delegation an die hiesige Konferenz. Sir Julian hat in seiner diplomatischen Laufbahn zwei Friedenssiege zu verzeichnen:

Als Clevelands Botschaft über die Venezuelafrage die Welt erschütterte und überall verkündet wurde, der Krieg zwischen den Vereinigten Staaten und England sei unvermeidlich, damals war er Botschafter in Washington. Wäre statt seiner ein Chamberlain auf diesem Posten gewesen, so wäre es vielleicht zum Losschlagen gekommen. Sir Julian wußte die Angelegenheit mit solcher Ruhe und Versöhnlichkeit zu leiten, daß sie mit dem Schiedsgericht geendet hat, das heute – unter dem Vorsitz des Professors von Martens – in Paris die Sache verhandelt. Zweitens ist Sir Julian derjenige, der den bekannten Schiedsgerichtsvertrag zwischen Amerika und Großbritannien (der erste solche Vertrag, der jemals aufgesetzt wurde) am 11. Januar 1899 mit dem amerikanischen Staatssekretär Olney unterzeichnet hat. Daß die Ratifikation des Vertrags nachher an der fehlenden (durch drei Stimmen fehlenden) Zweidrittelmehrheit scheiterte, dafür ist er nicht verantwortlich.

Wie neulich Mr. White, so teilt uns diesmal Sir Julian mit, daß seine Delegation mit einem bestimmten Vorschlag in der dritten (der Schiedsgerichts-) Kommission hervortreten würde. Er hegt die besten Hoffnungen auf ein positives Ergebnis. Ich bringe das Gespräch auf den englisch-amerikanischen, wirkungslos gebliebenen Vertrag. Er antwortet, daß man die Sache jedenfalls wieder aufnehmen werde:

»Was auf den ersten Wurf nicht gelingt, my dear Baroness, gelingt auf den zweiten oder dritten.«

Abends Rout bei der Obersthofmeisterin der Königin. Werde wieder mit vielen, darunter auch exotischen Größen bekannt gemacht. Nur von der deutschen Delegation erweist mir niemand die Ehre, sich zu nähern. Graf Münster behandelt mich als Luft. Als Professor Stengel in seiner Broschüre von den »komischen Personen« der Friedensbewegung sprach, vor deren groteskem Benehmen und Ideen er nicht genug warnen konnte, hat er offenbar auch mich darunter gezählt.

26. Mai. Bloch faßt den Entschluß, vor geladenem Publikum eine Reihe von Vorträgen zu halten. Kein anderer Ort und keine andere Gelegenheit eignet sich so gut zur Darstellung der Utopie des Krieges. Besonders für militärische Delegierte müßten die dokumentierten und ziffernbelegten Tatsachen und Schlüsse von Interesse sein, die diese Vorträge enthalten werden. Der Meine und ich sind behilflich in den Vorbereitungen, fahren mit ihm Säle besichtigen, Bestellungen machen u. s. w.

Besuch des Korrespondenten der »Frankfurter Zeitung«. Kommt eben von Herrn von Stengel. Dieser hat den Interviewer versichert, daß er nur gegen die Auswüchse der Friedensbewegung (nun ja, die komischen Personen) protestiert hat, daß er jedoch als Delegierter sein möglichstes tun werde, die Sache zu fördern. Desto besser!

Die Korrespondenten des »Figaro« und »Echo de Paris« interviewen mich; Mr. Leveson Gower, Sekretär der britischen Botschaft, verlangt im Auftrag der »North American Review« einen Artikel über die Bewegung für das Juliheft.

Um drei Uhr im Hotel Vieux Doelen zu tun. Treffe da Stead. »Endlich sehe ich Sie,« rief ich, »gerade von Ihnen, der Sie mit den Delegierten auf so gutem Fuße sind, erwarte ich immer Nachricht und –«

»Und die sollen Sie auch haben. Heute wichtiger und glücklicher, als Sie hoffen konnten. Hier ist eine Kopie des Berichtes, den ich eben an die englischen Blätter gesandt – lesen Sie und freuen Sie sich mit mir. Die Konferenz hat ein wunderschönes Stück Arbeit gemacht.«

Hier ein Auszug des Berichtes:

Plenarversammlung vom 25. Mai.

Auf der Tagesordnung der Gegenstand der dritten Kommission, nämlich: »Friedliche Schlichtung internationaler Konflikte.«

Als Grundlage zu den Verhandlungen legt Herr von Staal die russischen Vorschläge auf den Tisch. Es ist ein aus 18 Artikeln bestehendes Dokument, das den Titel führt: »Elemente zur Ausarbeitung einer zwischen den an der Konferenz teilnehmenden Mächten abzuschließenden Konvention.« Diese Elemente sind:

1. Gute Dienste und Vermittlung.
2. Internationales Schiedsgericht.
3. Internationale Untersuchungskommission.

Ehe die Diskussion über die Artikel beginnt, erhebt sich Sir Julian Pauncefote im Namen seiner Regierung und beantragt, daß dem russischen Plane noch ein Zusatzartikel beigefügt werde, nämlich: Die Errichtung eines ständigen Schiedsgerichtstribunals.

Mit kurzer, aber sehr eindrucksvoller Rede begründet der englische Delegierte diesen Antrag. Er verweist auf die Argumente, die in der »Adresse an die Regierungen« seines Kollegen Descamps enthalten sind.*

Die Worte und die positive Tat des Chefs der englischen Delegierten bringen sichtlich tiefen Eindruck hervor. Als er geendet, herrscht feierliche Stille. Viele der Mitglieder schauen einander mit hellem Staunen an – manche unter ihnen mögen da zum erstenmal empfinden, daß es sich um ernste Dinge handle, vorgebracht von praktischen Staatsmännern, die es redlich meinen.

Noch größer ist die Ueberraschung, als nun Herr von Staal erklärt, daß auch die russische Regierung einen Plan – in 26 Artikeln – für die Errichtung eines permanenten Schiedsgerichtshofes in Bereitschaft habe.

Nun rückt Mr. A. White mit dem amerikanischen Antrag hervor. In dessen Einleitung heißt es:

»Der Antrag zeigt den ernsten Wunsch des Präsidenten der Vereinigten Staaten, daß ein ständiges internationales Tribunal zur schiedsrichterlichen Schlichtung der Streitigkeiten zwischen den Völkern errichtet werde, und zeigt die Bereitwilligkeit des Präsidenten, bei dieser Einsetzung behilflich zu sein.«

Wie radikal dieser Vorschlag gemeint war, erhellt aus den Artikeln III und IV:

Art. III. Das Tribunal hat in Permanenz zu bestehen, stets bereit, alle sich bietenden Fälle zu übernehmen.

Art. IV. Alle Streitfragen jeglicher Art** sollen bei gegenseitigem Uebereinkommen zur Entscheidung unterbreitet werden, und jede solche Unterbreitung muß von der Verpflichtung begleitet sein, daß man sich dem Schiedsgerichte fügen werde.

---

* Damit ist die Schrift gemeint, mit deren Abfassung, laut Beschluß der Interparlamentarischen Konferenz von 1894, Chevalier Descamps und H. Lafontaine betraut wurden und die im Auftrag der Interparlamentarischen Konferenz von 1895 im Namen der Union an sämtliche Regierungen versandt wurde.

** Nichts von den späteren Einschränkungen der »vitalen Interessen« und »Ehre der Nationen«. (Anmerkung von 1908.)

Ein schönes Stück Arbeit in der Tat. Hier sind also gleich zu Anfang positive, konkrete Pläne, im Namen von vier Regierungen, zur Behandlung und zur Beschlußfassung vorgelegt.

Wie schade, daß nicht auch aus Oesterreich, Deutschland und Frankreich solche Initiativen gekommen!

Schade auch, daß die Berichte über diese Sitzung samt den genauen Texten der Anträge nicht sofort in alle Weltgegenden hinaustelegraphiert und von sämtlichen Blättern gebracht und kommentiert werden, damit der Welt das Verständnis der großen Interessen aufdämmere, die hier auf dem Spiele stehen, und sie Zeugin und Richterin sein könne über die Art und Weise, wie – und von wem diese Interessen hier vertreten werden.

QUELLE: Bertha von Suttner: Memoiren, Deutsche Verlagsanstalt, Stuttgart/Leipzig 1909, S. 440–455.

ZEITDOKUMENT

DAS ZARENMANIFEST VON 1899

Das am 28.8.1899 vom russischen Außenminister Murawjew überreichte sogenannte »Zarenmanifest« hatte folgenden Wortlaut:

»Die Aufrechterhaltung des allgemeinen Friedens und eine mögliche Herabsetzung der übermäßigen Rüstungen, welche auf allen Nationen lasten, stellen sich in der gegenwärtigen Lage der ganzen Welt als ein Ideal dar, auf das die Bemühungen aller Regierungen gerichtet sein müßten. Das humane und hochherzige Streben seiner Majestät des Kaisers, meines erhabenen Herrn, ist ganz dieser Aufgabe gewidmet. In der Überzeugung, daß dieses erhabene Endziel den wesentlichsten Interessen und den berechtigten Wünschen aller Mächte entspricht, glaubt die Kaiserliche Regierung, daß der gegenwärtige Augenblick äußerst günstig sei, auf dem Wege internationaler Beratung die wirksamsten Mittel zu suchen, um allen Völkern die Wohltaten wahre und dauernden

Friedens zu sichern, und vor allem der fortgeschrittenen Entwicklung der gegenwärtigen Rüstungen ein Ziel zu setzen. Im Verlauf der letzten zwanzig Jahre hat der Wunsch nach einer allgemeinen Beruhigung in dem Empfinden der zivilisierten Nationen besonders festen Fuß gefaßt. Die Erhaltung des Friedens ist als Endziel der internationalen Politik aufgestellt worden. Im Namen des Friedens haben große Staaten mächtige Bündnisse miteinander geschlossen. Um den Frieden besser zu wahren, haben sie in bisher unbekanntem Grade ihre Militärmacht entwickelt und fahren fort, sie zu verstärken, ohne vor irgendeinem Opfer zurückzuschrecken. Alle ihre Bemühungen haben gleichwohl noch nicht das segensreiche Ergebnis der ersehnten Friedensstiftung zeitigen können. Da die finanziellen Lasten eine steigende Richtung verfolgen und die Volkswohlfahrt an ihrer Wurzel treffen, so werden die geistigen und physischen Kräfte der Völker, die Arbeit und das Kapitel zum großen Teil von ihrer natürlichen Bestimmung abgelenkt und in unproduktiver Weise aufgezehrt. Hunderte von Millionen werden aufgewendet, um furchtbare Zerstörungsmaschinen zu beschaffen, die bis heute als das letzte Wort der Wissenschaft betrachtet werden und schon morgen dazu verurteilt sind, jeden Wert zu verlieren infolge irgendeiner neuen Entdeckung auf diesem Gebiet. Die nationale Kultur, der wirtschaftliche Fortschritt, die Erzeugung von Werten sehen sich in ihrer Entwicklung gelähmt und irregeführt. Daher entsprechen in dem Maße, wie die Rüstungen einer jeden Macht anwachsen, diese immer weniger und weniger dem Zweck, den sich die betreffende Regierung gesetzt hat. Die wirtschaftlichen Krisen sind zum großen Teil hervorgerufen durch das System der Rüstungen bis aufs äußerste, und die ständige Gefahr, welche in dieser Kriegsstoffsammlung ruht, hat die Armee unserer Tage zu einer drückenden Last gemacht, welche die Völker mehr und mehr nur mit Mühe tragen können.

Es ist deshalb klar, daß, wenn diese Lage sich noch weiter so hinzieht, sie zwangsläufig zu eben der Katastrophe führen würde, welche man zu vermeiden wünscht, und deren Schrecken jeden Menschen schon beim bloßen Gedanken schaudern machen. Diesen unaufhörlichen Rüstungen ein Ziel zu setzen und die Mittel zu suchen, dem Unheil vorzubeugen, das die ganze Welt bedroht, das ist die höchste Pflicht, welche sich heutzutage allen Staaten aufzwingt.

Durchdrungen von diesem Gefühl hat Seine Majestät geruht, mir zu befehlen, daß ich allen Regierungen, deren Vertreter am kaiserlichen Hofe akkreditiert sind, den Zusammentritt einer Konferenz vorschlage, welche sich mit diesen ernsthaften Fragen zu beschäftigen hätte. Diese Konferenz würde mit Gottes Hilfe ein günstiges Vorzeichen des kommenden Jahrhunderts sein. Sie würde in einem mächtigen Bunde die Bestrebungen aller Staaten vereinigen, welche aufrichtig darum bemüht sind, den großen Gedanken des Weltfriedens triumphieren zu lassen über alle Elemente des Unfriedens und der Zwietracht. Sie würde zugleich ihr Zusammengehen besiegeln durch eine solidarische Weihe der Prinzipien des Rechts und der Gerechtigkeit, auf denen die Sicherheit der Staaten und die Wohlfahrt der Völker beruhen.«

QUELLE: Ernst Reibstein: Völkerrecht. Eine Geschichte seiner Ideen in Lehre und Praxis, Band II: Die letzten zweihundert Jahre; © Alber Verlag in der Verlag Herder GmbH, Freiburg i. Br. 1958

STEFAN ZWEIG (1881–1942)

Stefan Zweig kommt am 28. November 1881 in Wien als Sohn des Textilindustriellen Moritz Zweig und seiner aus einer jüdischen Bankiersfamilie stammenden Frau Ida geb. Brettauer zur Welt. Nach dem Besuch des Gymnasiums in Wien studiert er Germanistik und Romanistik. Unter dem Einfluss Hugo von Hofmannsthals schreibt er früh Gedichte (»Silberne Saiten«, 1901). Seine ersten Novellen erscheinen 1904. Werke wie »Brennendes Geheimnis« (1911), »Amok« (1922) »Sternstunden der Menschheit« (1927) sowie seine großen Biographien von Joseph Fouché (1929), Maria Stuart (1935) und Magellan (1938) u. a. machen ihn weltberühmt.

Viele Studien- und Vortragsreisen führen ihn nicht nur in die westeuropäischen Länder, sondern auch nach Indien, Nord- und Mittelamerika, die Sowjetunion und Südamerika. 1941 wandert er nach

Petrópolis (Brasilien) aus, wo er sich am 22. Februar 1942 zusammen mit seiner zweiten Frau Charlotte das Leben nimmt. In seinem Nachlass finden sich verschiedene Werke, so auch seine Erinnerungen eines Europäers »Die Welt von Gestern«.

STEFAN ZWEIG

DIE WELT VON GESTERN

VORWORT

Ich habe meiner Person niemals soviel Wichtigkeit beigemessen, daß es mich verlockt hätte, anderen die Geschichte meines Lebens zu erzählen. Viel mußte sich ereignen, unendlich viel mehr, als sonst einer einzelnen Generation an Geschehnissen, Katastrophen und Prüfungen zugeteilt ist, ehe ich den Mut fand, ein Buch zu beginnen, das mein Ich zur Hauptperson hat oder – besser gesagt – zum Mittelpunkt. Nichts liegt mir ferner, als mich damit voranzustellen, es sei denn im Sinne des Erklärers bei einem Lichtbildervortrag; die Zeit gibt die Bilder, ich spreche nur die Worte dazu, und es wird eigentlich nicht so sehr *mein* Schicksal sein, das ich erzähle, sondern das einer ganzen Generation – unserer einmaligen Generation, die wie kaum eine im Laufe der Geschichte mit Schicksal beladen war.

Jeder von uns, auch der Kleinste und Geringste, ist in seiner innersten Existenz aufgewühlt worden von den fast pausenlosen vulkanischen Erschütterungen unserer europäischen Erde; und ich weiß mir inmitten der Unzähligen keinen anderen Vorrang zuzusprechen als den einen: als Österreicher, als Jude, als Schriftsteller, als Humanist und Pazifist jeweils just dort gestanden zu sein, wo diese Erdstöße am heftigsten sich auswirkten. Sie haben mir dreimal Haus und Existenz umgeworfen, mich von jedem Einstigen und Vergangenen gelöst und mit ihrer dramatischen Vehemenz ins Leere geschleudert, in das mir schon wohlbekannte »Ich weiß nicht wohin«. Aber ich beklagte das nicht; gerade der Heimatlose wird in einem neuen Sinne frei, und nur der mit nichts mehr Verbundene braucht auf nichts mehr Rücksicht zu nehmen. So hoffe ich wenigstens eine Hauptbedingung jeder rechtschaffenen Zeitdarstellung erfüllen zu können: Aufrichtigkeit und Unbefangenheit.

Denn losgelöst von allen Wurzeln und selbst von der Erde, die diese Wurzeln nährte,– das bin ich wahrhaftig wie selten einer in den Zeiten. Ich bin 1881 in einem großen und mächtigen Kaiserreiche geboren, in der Monarchie der Habsburger, aber man suche sie nicht auf der Karte: sie ist weggewaschen ohne Spur. Ich bin aufgewachsen in Wien, der zweitausendjährigen übernationalen Metropole, und habe sie wie ein Verbrecher verlassen müssen, ehe sie degradiert wurde zu einer deutschen Provinzstadt. Mein literarisches Werk ist in der Sprache, in der ich es geschrieben, zu Asche gebrannt worden, in eben demselben Lande, wo meine Bücher Millionen Leser sich zu Freunden gemacht. So gehöre ich nirgends mehr hin, überall Fremder und bestenfalls Gast; auch die eigentliche Heimat, die mein Herz sich erwählt, Europa, ist mir verloren, seit es sich zum zweitenmal selbstmörderisch zerfleischt im Bruderkriege.

Wider meinen Willen bin ich Zeuge geworden der furchtbarsten Niederlage der Vernunft und des wildesten Triumphes der Brutalität innerhalb der Chronik der Zeiten; nie – ich verzeichne dies keineswegs mit Stolz, sondern mit Beschämung – hat eine Generation einen solchen moralischen Rückfall aus solcher geistigen Höhe erlitten wie die unsere. In dem einen kleinen Intervall, seit mir der Bart zu sprossen begann und seit er zu ergrauen beginnt, in diesem einen halben Jahrhundert hat sich mehr ereignet an radikalen Verwandlungen und Veränderungen als sonst in zehn Menschengeschlechtern, und jeder von uns fühlt: zu vieles fast! So verschieden ist mein Heute von jedem meiner Gestern, meine Aufstiege und meine Abstürze, daß mich manchmal dünkt ich hätte nicht bloß eine, sondern mehrere, völlig voneinander verschiedene Existenzen gelebt.

Denn es geschieht mir oft, daß, wenn ich achtlos erwähne: Mein Leben, ich mich unwillkürlich frage: »*Welches* Leben?« Das vor dem Weltkriege, das vor dem ersten oder das vor dem zweiten oder das Leben von heute? Dann wieder ertappe ich mich dabei, daß ich sage:

»Mein Haus« und nicht gleich weiß, welches der einstigen ich meinte, ob das in Bath oder in Salzburg oder das Elternhaus in Wien. Oder daß ich »bei uns« sage und erschrocken mich erinnern muß, daß ich für die Menschen meiner Heimat längst ebensowenig dazugehöre wie für die Engländer oder für die Amerikaner, dort nicht mehr organisch verbunden und hier wiederum niemals ganz eingegliedert; die Welt, in der ich aufgewachsen bin, und die von heute und die zwischen beiden sondern sich immer mehr für mein Gefühl zu völlig verschiedenen Welten.

Jedesmal wenn ich im Gespräch jüngeren Freunden Episoden aus der Zeit vor dem ersten Kriege erzähle, merke ich an ihren erstaunten Fragen, wieviel für sie schon historisch oder unvorstellbar von dem geworden ist, was für mich noch selbstverständliche Realität bedeutet. Und ein geheimer Instinkt in mir gibt ihnen recht: zwischen unserem Heute, unserem Gestern und Vorgestern sind alle Brücken abgebrochen. Ich selbst kann nicht umhin, mich zu verwundern über die Fülle, die Vielfalt, die wir in den knappen Raum einer einzigen – freilich höchst unbequemen und gefährdeten – Existenz gepreßt haben, und schon gar, wenn ich sie mit der Lebensform meiner Vorfahren vergleiche.

Mein Vater, mein Großvater, was haben sie gesehen? Sie lebten jeder ihr Leben in der Einform. Ein einziges Leben vom Anfang bis zum Ende, ohne Aufstiege, ohne Stürze, ohne Erschütterung und Gefahr, ein Leben mit kleinen Spannungen, unmerklichen Übergängen; in gleichem Rhythmus, gemächlich und still, trug sie die Welle der Zeit von der Wiege bis zum Grabe. Sie lebten im selben Land, in derselben Stadt und fast immer sogar im selben Haus; was außen in der Welt geschah, ereignete sich eigentlich nur in der Zeitung und pochte nicht an ihre Zimmertür. Irgendein Krieg geschah wohl irgendwo in ihren Tagen, aber doch nur ein Kriegchen, gemessen an den Dimensionen von heute, und er spielte sich weit an der Grenze ab, man hörte nicht die Kanonen, und nach einem halben Jahr war er erloschen, vergessen, ein dürres Blatt Geschichte, und es begann wieder das alte, dasselbe Leben.

Wir aber lebten alles ohne Wiederkehr, nichts blieb vom Früheren, nichts kam zurück; uns war im Maximum mitzumachen vorbehalten, was sonst die Geschichte sparsam jeweils auf ein einzelnes Land, auf ein einzelnes Jahrhundert verteilt. Die eine Generation hatte allenfalls eine Revolution mitgemacht, die andere einen Putsch, die dritte einen Krieg, die vierte eine Hungersnot, die fünfte einen Staatsbankrott,–und manche gesegnete Länder, gesegnete Generationen sogar überhaupt nichts von dem allen. Wir aber, die wir heute sechzig Jahre alt sind und de jure noch eigentlich ein Stück Zeit vor uns hätten, was haben wir *nicht* gesehen, *nicht* gelitten, *nicht* miterlebt? Wir haben den Katalog aller nur denkbaren Katastrophen durchgeackert von einem zum andern Ende (und sind noch immer nicht beim letzten Blatt).

Ich allein bin Zeitgenosse der beiden größten Kriege der Menschheit gewesen und habe sogar jeden erlebt auf einer anderen Front, den einen auf der deutschen, den andern auf der antideutschen. Ich habe im Vorkrieg die höchste Stufe und Form individueller Freiheit und nachdem ihren tiefsten Stand seit hunderten Jahren gekannt, ich bin gefeiert gewesen und geächtet, frei und unfrei, reich und arm. Alle die fahlen Rosse der Apokalypse sind durch mein Leben gestürmt, Revolution und Hungersnot, Geldentwertung und Terror, Epidemien und Emigration; ich habe die großen Massenideologien unter meinen Augen wachsen und sich ausbreiten sehen, den Faschismus in Italien, den Nationalsozialismus in Deutschland, den Bolschewismus in Rußland und vor allem jene Erzpest, den Nationalismus, der die Blüte unserer europäischen Kultur vergiftet hat. Ich mußte wehrloser, machtloser Zeuge sein des unvorstellbarsten Rückfalls der Menschheit in längstvergessen gemeinte Barbarei mit ihrem bewußten und programmatischen Dogma der Antihumanität.

Uns war es vorbehalten, wieder seit Jahrhunderten Kriege ohne Kriegserklärungen, Konzentrationslager, Folterungen, Massenberaubungen und Bombenangriffe auf wehrlose Städte zu sehen, Bestialitäten all dies, welche die letzten fünfzig Generationen nicht mehr gekannt haben und künftige hoffentlich nicht mehr erdulden werden. Aber paradoxerweise habe ich auch in ebenderselben Zeit, da unsere Welt im Moralischen zurückstürzte um ein Jahrtausend, dieselbe Menschheit im Technischen und Geistigen sich zu ungeahnten Taten erheben sehen, mit einem Flügelschlag alles in Millionen Jahren Geleistete überholend: die Eroberung des Äthers durch das Flugzeug, die Übermittlung des irdischen Worts in derselben Sekunde über den Erdball und damit die Besiegung des Weltraums, die Zerspaltung des Atoms, die Besiegung der heimtückischesten Krankheiten, die fast tägliche Ermöglichung des gestern noch Unmöglichen. Nie bis zu unserer Stunde hat sich die Menschheit als Gesamtheit teuflischer gebärdet und nie so Gottähnliches geleistet.

Dies unser gespanntes, dramatisch überraschungsreiches Leben zu bezeugen, scheint mir Pflicht, denn – ich wiederhole – jeder war Zeuge dieser ungeheuren Verwandlungen, jeder war genötigt Zeuge zu sein. Für unsere Generation gab es kein Entweichen, kein Sich-abseits-Stellen, wie in den früheren; wir waren dank unserer neuen Organisation der Gleichzeitigkeit ständig einbezogen in die Zeit. Wenn Bomben in Shanghai die Häuser zerschmetterten, wußten wir es in Europa in unseren Zimmern, ehe die Verwundeten aus ihren Häusern getragen waren. Was tausend Meilen über dem Meer sich ereignete, sprang uns leibhaftig im Bilde an. Es gab keinen Schutz, keine Sicherung gegen das ständige Verständigtwerden und Mitgezogensein. Es gab kein Land, in das man flüchten, keine Stille, die man kaufen konnte, immer und überall griff uns die Hand des Schicksals und zerrte uns zurück in sein unersättliches Spiel.

Ständig mußte man sich Forderungen des Staates unterordnen, der stupidesten Politik zur Beute hinwerfen, den phantastischsten Veränderungen anpassen, immer war man an das Gemeinsame gekettet, so erbittert man sich wehrte; es riß einen mit, unwiderstehlich. Wer immer durch diese Zeit ging oder vielmehr gejagt und gehetzt wurde – wir haben wenig Atempausen gekannt –, hat mehr Geschichte miterlebt als irgendeiner seiner Ahnen. Auch heute stehen wir abermals an einer Wende, an einem Abschluß und einem neuen Beginn. Ich handle darum durchaus nicht absichtslos, wenn ich diesen Rückblick auf mein Leben mit einem bestimmten Datum vorläufig enden lasse. Denn jener Septembertag 1939 zieht den endgültigen Schlußstrich unter die Epoche, die uns Sechzigjährige geformt und erzogen hat. Aber wenn wir mit unserem Zeugnis auch nur einen Splitter Wahrheit aus ihrem zerfallenen Gefüge der näch-

Mary, Königin von England | Zar Nikolaus II. | Herzogin von Cumberland | Kaiser Wilhelm II. | das Brautpaar Viktoria Luise von Preußen und Ernst August von Hannover | Hofprediger Ernst Dryander | Herzog von Cumberland | Kaiserin Auguste Victoria | König Georg V.

Die preußisch-welfische Hochzeit von 1913

Die Hochzeit zwischen dem jüngsten Sohn des Kronprinzen von Hannover, Erbprinz Ernst August von Hannover, mit Viktoria Luise, der einzigen Tochter von Kaiserin Auguste Viktoria und Kaiser Wilhelm II. am 24. Mai 1913 in Berlin war die letzte glanzvolle Begegnung des deutschen Kaisers, des russischen Zaren und des britischen Königs vor dem Ausbruch des Ersten Weltkriegs.

Eine Linie des ursprünglich fränkischen Adelsgeschlechts der Welfen, das seit dem 9. Jahrhundert bekannt ist, stieg 1692 zu Kurfürsten von Hannover auf. Sie erbte 1714 vom Haus Stuart den Thron des Vereinigten Königreiches von Großbritannien und Irland, den sie bis 1901 als Haus Hannover besetzte. Deshalb trug Erbprinz Ernst August von Hannover zugleich den Titel eines Herzogs von Cumberland. Prinzessin Viktoria Luise von Preußen trug den Namen Viktoria nach ihrer Großmutter, Kaiserin Viktoria, und ihrer Urgroßmutter Viktoria (1819–1901), Königin des Vereinigten Königreiches von Großbritannien und Irland und Kaiserin von Indien, die dem Königshaus Hannover entstammte. Dieses führte mit der Thronbesteigung von Viktorias Sohn Eduard VII. den Namen Sachsen-Coburg und Gotha. Im Zusammenhang mit dem Ersten Weltkrieg änderte sein Sohn König Georg V. 1917 den deutschen Namen Sachsen-Coburg-Gotha in den jetzigen Namen Windsor.

sten Generation übermitteln, so haben wir nicht ganz vergebens gewirkt.

QUELLE: Stefan Zweig: Die Welt von Gestern, Verlag Bermann-Fischer, Stockholm 1944, S. 9–15

WILHELM II. (1859–1941)

Friedrich Wilhelm Viktor Albert von Preußen wird am 27. Januar 1859 als ältester Sohn des Kronprinzen Friedrich III. (dem 99-Tage-Kaiser) und seiner Frau Viktoria geb. Prinzessin von Großbritannien und Irland in Berlin geboren.
Nach dem Tod seines Vaters wird er 1888 Kaiser des Deutschen Reiches. Unter seiner als Wilhelminisches Zeitalter bezeichneten Regentschaft erfährt Deutschland eine Blütezeit in Wirtschaft, Wissenschaft und Kultur, wird aber auch zunehmend vom Militär geprägt. Es entwickelt sich von einem Agrarstaat zu einem modernen Industriestaat mit einem breiten Wohlstand. 1911 wird die »Kaiser Wilhelm Gesellschaft zur Förderung der Wissenschaften« gegründet – seit 1946 Max-Planck-Gesellschaft. Die Berliner Secession steht für die Moderne Kunstszene in Berlin mit Ausstellungen von Künstlern wie Paul Klee, Max Liebermann, Käthe Kollwitz, Pablo Picasso. Deutschland wird neben Großbritannien zur führenden Wirtschaftsmacht der Welt.
Am 28. Juli 1914 löst der Angriff Österreich-Ungarns auf Serbien den Ersten Weltkrieg aus. Am 9. November 1918 erklärt Reichskanzler Max von Baden den Thronverzicht des Kaisers und des Kronprinzen, woraufhin Wilhelm II. als Kaiser abdankt und ins Exil nach Doorn in die Niederlande geht. 1921 stirbt seine erste Frau Auguste Viktoria geb. Prinzessin zu Schleswig-Holstein, 1922 heiratet er die verwitwete Prinzessin Hermine von Schönaich-Carolath geb. Prinzessin Reuß. Wilhelm II. stirbt am 4. Juni 1941 im Exil in Doorn.

WILHELM II.

EREIGNISSE UND GESTALTEN AUS DEN JAHREN 1878–1918

DIE SCHULDFRAGE

Die Geschichte kennt kein Beispiel, daß man mit dem Weltkriege 1914/18 vergleichen könnte. Sie kennt aber auch kein Beispiel für die Verwirrung, die über die Ursachen entstanden ist, die zum Weltkriege führten. Das ist um so erstaunlicher, weil der große Krieg eine hochkultivierte, aufgeklärte, politisch geschulte Menschheit vorfand, und weil die Ursachen zum Weltkriege klar und offen liegen. Auch die scheinbare Kompliziertheit in der Julikrise 1914 kann darüber nicht hinwegtäuschen. Der damalige Telegrammwechsel zwischen den Kabinetten der Großmächte und den Herrschern, die Tätigkeit der Staatsmänner und hervorragender Privatmänner bei mündlichen Verhandlungen mit wichtigen Persönlichkeiten der Entente waren gewiß von größter Wichtigkeit durch die entscheidende Bedeutung, die nahezu jedem Worte zukam, das aus verantwortlichem Munde gesprochen, und jeder Zeile, die geschrieben oder gedrahtet wurde. Aber die große Linie der Kriegsursachen wird dadurch nicht geändert, sie liegt fest und man darf sich nicht scheuen, sie immer wieder mit Ruhe und Sachlichkeit von dem verwirrenden Beiwert der Vorgänge, die den Kriegsausbruch begleiteten, freizulegen.

Die allgemeine Lage des Deutschen Reiches hatte sich in der Vorkriegszeit immer glänzender und infolgedessen außenpolitisch immer schwieriger gestaltet. Ein niemals dagewesener Aufschwung in Industrie, Handel und Weltverkehr hatte Deutschland wohlhabend gemacht. Die Kurve unserer Entwicklung blieb nach oben gerichtet. Die damit verbundene friedliche Eroberung eines namenhaften Teiles des Weltmarktes, auf den deutscher Fleiß und unsere Leistungen gerechten Anspruch hatten, konnte älteren Weltvölkern, vor allem England, nicht angenehm sein. Das ist ein ganz natürlicher Vorgang, dem nichts Verwunderliches anhaftet. Es macht niemandem Freude, wenn sich plötzlich ein Konkurrent etabliert und man zusehen muß, wie die alte Kundschaft zu ihm abwandert. Ich kann also aus der Verstimmung Englands über Deutschlands Fortschritte auf dem Weltmarkte keinen Vorwurf gegen das Britenreich konstruieren.

Wenn es England verstanden hätte, unter Anwendung besserer Handelsmethoden die deutsche Konkurrenz abzuschlagen oder niederzuhalten, so wäre das sein gutes Recht gewesen, gegen das Einwendungen nicht hätten erhoben werden können. Der Tüchtigere gewann eben das Spiel. Es kann im Leben der Völker nicht als verwerflich gelten, wenn im friedlichen Wettbewerb von beiden Seiten mit gleichartigen, also friedlichen Mitteln, aber mit aller Energie, mit Kühnheit und Organisationskunst zum Besten des eigenen Volkes gearbeitet wird. Etwas ganz anderes ist es dagegen, wenn der eine Teil durch den Fleiß und die Leistung, wie durch überlegene Geschäftsmethoden des anderen seinen Aktivposten in der Weltbilanz bedroht sieht und nun, weil er nicht die Tüchtigkeit des jungen Konkurrenten zu entfalten vermag, mit Gewalt, also nicht mit friedlichen, sondern mit kriegerischen Mitteln gegen den friedlichen Wettbewerb vorgeht, um ihn aufzuhalten oder zu vernichten.

Unsere Lage wurde schwieriger, weil wir genötigt waren, zum Schutze unseres Wohlstandes, der nicht zuletzt auf den 19 Milliarden jährlicher deutscher Ausfuhr und Einfuhr basierte, eine Flotte zu bauen. Die Unterstellung, wir hätten die Flotte gebaut, um die weit überlegene englische anzugreifen und zu vernichten, ist absurd, denn wir hätten bei dem tatsächlichen Kräfteverhältnis zur See nicht siegen können. Wir kamen ja auf dem Weltmarkte wunschgemäß vorwärts; wir hatten über nichts zu klagen. Weshalb hätten wir also den Erfolg unserer friedlichen Arbeit aufs Spiel setzen sollen?

In Frankreich war seit 1870/71 der Revanchegedanke sorgsam genährt worden. In der belletristischen wie in der politischen und militärischen Literatur, im Offizierkorps, in den Schulen, in Vereinigungen, in den politischen Kreisen wurde er in allen möglichen Variationen gepflegt. Ich kann diese Stimmung verstehen. Vom gefundenen nationalen Standpunkt aus gesehen ist es schließlich ehrenvoller, wenn ein Volk eine erlittene Schlappe wieder gut machen will, als wenn es diese einsteckt. Elsaß-Lothringen aber ist seit vielen Jahrhunderten deutsches Land. Von Frankreich war es geraubt, wir hatten es 1871 als uns gehörig zurückgenommen. Deshalb war ein Revanchekrieg, der die Eroberung urdeutschen Gebiets zum Ziele hatte, unrechtmäßig und unmoralisch. Ein Nachgeben unsererseits in diesem Punkte hätte unserem nationalen und rechtlichen Empfinden ins Gesicht geschlagen. Da Deutschland Elsaß-Lothringen niemals freiwillig an Frankreich zurückgeben konnte, war also der französische Revanchetraum nur durch einen siegreichen Krieg zu verwirklichen, der die französischen Grenzpfähle bis an das linke Rheinufer vorschieben sollte. Deutschland hingegen hatte keinen Anlaß, die Errungenschaften von 1870/71 aufs Spiel zu setzen, es mußte also darauf hinwirken, den Frieden mit Frankreich zu erhalten, um so mehr als die Konstellation der Mächte gegen den deutsch-österreichischen Zweibund immer deutlicher hervortrat.

In Rußland lagen die Dinge so, daß das gewaltige Zarenreich nach einem Zugang zum südlichen Meer drängte. Dieses Streben ist natürlich und nicht zu verurteilen. Ferner bestand der russisch-österreichische Gegensatz, hauptsächlich um Serbien, der insofern Deutschland mitbetraf, als Deutschland und Österreich-Ungarn im Bunde waren. Außerdem befand sich das zarische Rußland in einer andauernden inneren Gärung, und jede zarische Regierung fand es nützlich, eine Möglichkeit für äußere Konflikte bereit zu halten, um durch äußere Schwierigkeiten jederzeit von den inneren ablenken zu können, ein Ventil für den inneren Konfliktstoff zu besitzen. Es kam hinzu, daß der enorme Anleihebedarf Rußlands fast ausschließlich in Frankreich gedeckt wurde. Über 20 Milliarden französischer Goldfranken, über deren Verwendung Frankreich teilweise verfügte, wanderten nach Rußland. Es handelte sich dabei ausnahmslos um strategische und kriegvorbereitende Maßnahmen. An der goldenen Kette der französischen Milliarden wurde das Zarenreich nicht nur finanziell an Frankreich gekettet; es wurde dem französischen Revanchegedanken dienstbar.

So ergab es sich, daß England, Frankreich und Rußland, allerdings aus verschiedenen Gründen, ein gemeinsames Ziel hatten, nämlich: Deutschland niederzuzwingen. England aus handelspolitischen, Frankreich aus revanchepolitischen, Rußland als Trabant Frankreichs sowie aus innerpolitischen Gründen und um an das südliche Meer zu gelangen. So mußten sich diese drei Großstaaten finden. Den Zusammenschluß dieser Bestrebungen zu gemeinsamem planmäßigen Handeln nennen wir Einkreisungspolitik.

Hierzu kommt noch das erst kürzlich bekannt gewordene, bereits im Kapitel »Hohenlohe« ausführlich erörterte Gentleman's agreement, von dem ich während meiner Regierungszeit überhaupt keine Kenntnis gehabt habe. Als ich von ihm erfuhr, habe ich mich sofort bei Herrn v. Bethmann danach erkundigt. Er schrieb mir einen etwas gewundenen Brief: Irgend etwas sei wohl in den Akten des Auswärtigen Amtes darüber vorhanden; der damalige deutsche Botschafter in Washington, v. Holleben, hätte darüber vertraulich wohl etwas berichtet, aber er hätte die Quelle nicht angegeben; deshalb wäre vom Auswärtigen Amte der Sache keine Bedeutung beigemessen und sie nicht an mich weitergegeben worden. Jenes Agreement hat also tatsächlich auf die Politik Deutschlands keinen Einfluß gehabt. Aber es beweist nachträglich, daß die angelsächsische Welt sich schon im Jahre 1897 gegen uns zusammengeschlossen hat, und deckt dadurch manche Schwierigkeiten der deutschen Politik auf. Es erklärt auch die Haltung Amerikas während des Krieges.

Die Entente cordiale hingegen war uns mit allen ihren Gründen und Zielen bekannt und hat den Kurs unserer Politik bestimmend beeinflußt.

Es ergab sich für Deutschland aus der Gruppierung England, Frankreich und Rußland, also dreier sehr starker Mächte, nur eine politische Konsequenz: Die von außen drohende Entscheidung über die Zukunft Deutschlands mit Waffengewalt mußte vermieden werden, bis wir wirtschaftlich, militärisch, zur See und nationalpolitisch uns eine derartige reale Weltstellung erworben hatten, daß es unseren Gegnern ratsam erscheinen mußte, von dem Risiko machtmäßiger Entscheidung abzusehen und uns an der restlichen Aufteilung und der Bewirtschaftung der Welt den unserem Können entsprechenden Anteil zu lassen. Wir wollten und durften unseren mühsam erarbeiteten Wohlstand nicht aufs Spiel setzen. So entstand der Gegensatz: **Die Ziele der Entente konnten nur durch einen Krieg, die Ziele Deutschlands nur ohne Krieg erreicht wer-**

den. An diesem Grundgedanken muß festgehalten werden, er ist entscheidender als alles Beiwerk. Deshalb gehe ich hier nicht auf Einzelheiten ein, nicht auf belgische oder andere Berichte, nicht auf die Telegramme kurz vor Kriegsausbruch. Die gründliche Bearbeitung dieser Einzelheiten ist Sache der Forschung.

Unsere Lage ist von uns richtig erkannt worden. Wir haben entsprechend gehandelt.

Wir haben uns, um wieder mit England zu beginnen, jede Mühe einer Annäherung gegeben, wir sind auf die Forderung der Flottenbaueinschränkung eingegangen, wie ich das bei dem Bericht über Haldane's Besuch in Berlin schon ausgeführt habe. Ich habe meine verwandtschaftlichen Beziehungen zu verwerten versucht. Es war vergeblich. Die Betätigung König Eduards VII. findet eine einfache Erklärung darin, daß er eben Engländer war und die von seiner Regierung ausgegebenen Pläne zu verwirklichen trachtete. Der politische Ehrgeiz des erst in vorgerücktem Alter zur Regierung gelangten Königs mag hinzugekommen sein. Wir haben jedenfalls alles nur Mögliche getan, um England entgegenzukommen. Es war vergebens, denn die deutschen Ausfuhrziffern wuchsen. Wir konnten natürlich nicht unseren Welthandel einschränken, um England zufriedenzustellen. Das wäre denn doch zuviel verlangt gewesen.

Es wird bei Betrachtung unserer Politik England gegenüber vielfach getadelt, daß wir seiner Zeit das Bündnisangebot, das der englische Kolonialminister Chamberlain uns brachte, abgelehnt hätten. Diese Angelegenheit lag indessen bei näherem Zusehen ganz anders, als sie zunächst frisiert wurde. Erstens brachte Chamberlain einen Brief des englischen Premiers Lord Salisbury an Bülow mit, in dem der Premierminister erklärte, Chamberlain handele nur für sich, das englische Kabinett stehe nicht hinter ihm. Nun könnte man darin eine diplomatisch zulässige Form sehen, die dem englischen Kabinett, das ja vom englischen Parlament abhing, freie Hand ließ. Es hat sich aber später herausgestellt, das sei vorweg bemerkt, daß die liberale Gruppe in England damals einem deutsch-englischen Bündnisse ablehnend gegenüberstand. Weil es sich aber um eine diplomatische Form handeln konnte, nämlich, daß man Chamberlain vorschickte und dem englischen Kabinett, wie es in London so gern gemacht wird, vollkommene Freiheit des Handelns vorbehalten wollte, hat Bülow mit meinem Einverständnis doch ausführlich mit Chamberlain verhandelt. Dabei stellte sich einwandfrei heraus, daß die englisch-deutsche Vereinigung gegen Rußland gedacht war. Es wurde von Chamberlain direkt von einem dann zu führenden Kriege Englands und Deutschlands gegen Rußland gesprochen. Graf Bülow wies in vollem Einvernehmen mit mir die Störung des europäischen Friedens höflich, aber bestimmt zurück. Damit handelte er auch im Sinne des großen Kanzlers. Denn Fürst Bismarck hat das Wort geprägt – ich habe es selbst im Bismarckschen Familienkreise wiederholt gehört: Deutschland dürfe niemals der Festlanddegen Englands werden. Wir haben also damals weiter nichts getan, als in konsequenter Linie unsere Politik durchgeführt, d. h. jedes Engagement abgelehnt, das zu einem Kriege führen konnte, der nicht unmittelbar der Verteidigung des Heimatbodens diente. Die Ablehnung des Chamberlainschen Angebots ist ein Beweis der deutschen Friedensliebe.

F r a n k r e i c h gegenüber haben wir versucht, in ein leidliches Verhältnis zu gelangen. Das war schwer, denn wir galten ihm als der Erbfeind und die Forderungen der Revancheidee konnten von uns nicht erfüllt werden. Wir haben die Marokkodifferenz friedlich liquidiert; an Krieg um Marokko dachte kein maßgebender Mann in Deutschland. Wir haben es damals des lieben Friedens wegen hingenommen, daß Frankreich, gestärkt durch den mit England geschlossenen geheimen Austauschvertrag Ägypten-Marokko, über die sehr wesentlichen legitimen Interessen Deutschlands in Marokko hinwegging. Die Konferenz von Algeciras zeigte schon die Konturen des großen Krieges. Es ist gewiß nicht angenehm, politische Rückzüge, wie den in der Marokkoangelegenheit, antreten zu müssen; aber die deutsche Politik hat alles dem großen Gesichtspunkte untergeordnet, den Weltfrieden zu erhalten.

Wir haben es mit Höflichkeiten versucht, die uns zum Teil sogar übel genommen wurden. Ich erinnere nur an die Reise meiner Mutter, der Kaiserin Friedrich, nach Paris. Wir hatten eine leidliche Aufnahme erwartet, weil sie englische Prinzessin war und als Künstlerin zur französischen Kunst kam. Ich habe die Kaiserin Eugenie zweimal besucht, einmal von Aldershot aus in ihrem Schlosse Farnborough, das andere Mal auf ihrer Yacht in den norwegischen Gewässern bei Bergen. Diese Courtoisie erschien mir selbstverständlich, weil ich mich in ihrer Nähe befand. Als der französische General Bonnal mit einigen Offizieren in Berlin war, speisten die Herren beim 2. Garde-Regiment z. F. Ich nahm teil und brachte einen Trinkspruch auf die französische Armee aus. Das mag ungewöhnlich gewesen sein, aber es war von den besten Absichten getragen. Ich habe französische Künstlerinnen und Künstler herangezogen. Gewiß, das alles waren in der großen Politik nur kleine Hilfen, aber sie beweisen doch unseren guten Willen.

Mit R u ß l a n d habe ich mir die außerordentlichste Mühe gegeben. Meine inzwischen veröffentlichten Briefe sind natürlich nie ohne Wissen, sondern immer im Einvernehmen mit den Reichkanzlern abgegangen, vielfach auf deren Wunsch. Unter Alexander III. wäre Rußland wohl nie in einen Krieg gegen Deutschland eingetreten, denn er war zuverlässig. Kaiser Nikolaus war schwach und schwankend. Der Letzte, der bei ihm war, hatte recht, und der konnte ich natürlich nicht immer sein. Ich habe auch diesem Zaren gegenüber alles versucht, um die traditionelle Freundschaft zwischen Deutschland und Rußland wieder herzustellen. Dazu bewog mich außer der politischen Einsicht das Versprechen, das ich meinem Großvater auf dem Totenbette gegeben hatte. Ich habe dem Zaren Nikolaus wiederholt eindringlichst zu liberalen Reformen im Inneren, zur Einberufung der sogenannten großen Duma geraten, die schon unter Iwan dem Schrecklichen existiert und funktioniert hat. Ich hatte damit nicht die Absicht, mich in innere russische Angelegenheiten zu mischen, sondern ich wollte im Interesse Deutschlands die Gefahren der inneren Gärung beseitigen, die oft schon aus dem erwähnten Gründen der Ablenkung zu äußeren Konflikten geführt hatten. Wenigstens diese eine kriegsgefährliche innere russische Situation wollte ich beseitigen helfen. Ich konnte das um so eher versuchen, als dem Zaren und Rußland selbst damit ebenfalls gedient gewesen wäre. Der Zar hat nicht gehört, sondern er hat eine neue Duma geschaffen, die den Zweck gar nicht erfüllen konnte. Bei der alten Duma hätte er persönlich mit allen Vertretern seines weiten Reiches verhandeln und sprechen, ein Vertrauensverhältnis herstellen können.

Ich habe, als der Zar sich zum Kriege gegen Japan entschloß, ihm gesagt, daß ich ihm den Rücken freihalten und keinerlei Unbequemlichkeiten bereiten würde. Das hat Deutschland gehalten.

Als der Verlauf des Krieges nicht den Erwartungen des Zaren entsprach, die russischen und die japanischen Heere sich schließlich ohne große Kampfhandlungen wochenlang gegenüber lagen, traf der jugendliche Bruder des Zaren, Großfürst Michael, zum Besuch in Berlin ein. Wir wurden nicht recht daraus klug, was er eigentlich wollte. Fürst Bülow, der damals Kanzler war, bat mich, den Großfürsten einmal zu fragen, wie es eigentlich mit Rußland stände; er, der Fürst, hätte schlechte Nachrichten, er glaube, es sei für Rußland höchste Zeit, Schluß zu machen. Ich übernahm den Auftrag. Der Großfürst war sichtlich erleichtert, als ich freimütig mit ihm sprach; er bestätigte, daß es für Rußland übel aussähe. Ich sagte ihm, mir schiene es, als ob der Zar bald Frieden schließen sollte, denn die mir vom Großfürsten geschilderte Unzuverlässigkeit der Truppen und des Offizierskorps schienen mir ebenso bedenklich wie die erneute Gärung im Innern. Großfürst Michael war dankbar dafür, daß ich ihm Gelegenheit gab, sich zu äußern. Er sagte, der Zar sei schwankend, wie immer, aber müßte Frieden schließen und würde es auch tun, wenn ich dazu riete. Er bat mich, ihm in diesem Sinne einige Zeilen an den Zaren mitzugeben. Ich entwarf einen englischen Brief an Zar Nikolaus, ging zu Bülow, referierte über die Mitteilungen des Großfürsten und zeigte meinen Briefentwurf. Der Fürst bedankte sich und fand den Brief zweckmäßig. Der Großfürst unterrichtete den russischen Botschafter in Berlin, Grafen Osten-Sacken, und reiste, nachdem er sich wiederholt bedankt hatte, direkt zum Zaren, der dann die Friedensverhandlungen einleiten ließ. Graf Osten-Sacken sagte mir bei der nächsten Begegnung, daß ich dem Zaren und Rußland einen großen Dienst erwiesen hätte. Ich freute mich, daß dies anerkannt wurde, und durfte also hoffen, daß mein Verhalten zur Herstellung eines guten Verhältnisses zu Rußland beitragen werde. Gleichzeitig beugte ich aber damit auch der Gefahr eines Übergreifens einer möglichen russischen Revolution während des russisch-japanischen Kriegszustandes über die deutschen Grenzen vor. Dank hat Deutschland dafür nicht geerntet, aber ein Beweis unserer Friedensliebe bleibt auch unser Verhalten während des russisch-japanischen Krieges.

In derselben Richtung bewegte sich mein Vorschlag, der zum Björkö-Abkommen führte (Juli 1905). Er sah ein Bündnis zwischen Deutschland und Rußland vor, zu dem den beiderseitigen Verbündeten sowie anderen Staaten der Anschluß freistehen sollte. Die Ratifizierung scheiterte am Widerspruch der russischen Regierung (Iswolski-Gruppe).

Es bleibt noch übrig, über A m e r i k a einige Worte zu sagen. Von dem schon erwähnten Gentleman's agreement abgesehen, das die prinzipielle Haltung Amerikas in einem Weltkriege auf Seiten Englands und Frankreichs festlegte, gehörte Amerika nicht zu der von König Eduard VII. auf Anordnung seiner Regierung geschaffenen Entente cordiale. Vor allem hat Amerika, soweit die Vorgänge sich bisher übersehen lassen, nicht bei der Herbeiführung des Weltkrieges mitgewirkt. Die unfreundliche Antwort, die Präsident Wilson der deutschen Regierung am Anfang des Krieges gab, mag mit dem Gentleman's agreement zusammengehangen haben. Es besteht aber kein Zweifel darüber, daß Amerikas Eintritt in den Krieg und vorher die gewaltigen Munitions- und überhaupt Kriegsbedarfslieferungen Amerikas an die Entente die Chancen der Zentralmächte, den Krieg durch die Waffen erfolgreich zu beenden, wesentlich beeinträchtigt haben.

Es ist aber geboten, auch Amerika gegenüber jede gefühlsmäßige Kritik zu vermeiden; man kann in der großen Politik nur mit realen Faktoren rechnen. Es stand Amerika (trotz dem Gentleman's agreement) frei, neutral zu bleiben, oder auf unserer oder auf der andern Seite in den Krieg einzutreten. Man kann einem Staat nicht einen Vorwurf aus seiner souveränen Entschließung über Krieg und Frieden machen, sofern nicht seine Entscheidung mit festen Verträgen in Widerspruch steht. Das ist hier nicht der Fall. Es muß aber doch erwähnt werden, daß John Kenneth Turner in seinem bereits erwähnten Buche »Shall it be again?« an der Hand umfangreichen Materials nachweist, daß alle Gründe Wilson's für Amerikas Eintritt in den Krieg Scheingründe waren, daß er vielmehr lediglich im Interesse der mächtigen Hochfinanz der Wallstreet handelte.

Der große Gewinn, den Amerika aus dem Weltkriege gezogen hat, liegt darin, daß die Vereinigten Staaten nahezu 50 % des Goldes der ganzen Welt an sich ziehen konnten, so daß jetzt der Dollar an Stelle des englischen Pfund den Wechselkurs in der Welt bestimmt. Aber auch daraus ist keinerlei Vorwurf herzuleiten, denn auch jeder andere Staat, der dazu in der Lage gewesen wäre, hätte diesen Zuwachs an Gold und Prestige auf dem Weltgeldmarkte mit Freuden sich zugeführt. Für uns ist es gewiß bedauerlich, daß Amerika das Geschäft nicht auf Seiten der Zentralmächte machte.

Aber ebenso wie Deutschland mit vollem Rechte sich dagegen auflehnt, daß seine friedliche Arbeit von der Entente nicht mit friedlichen, sondern mit kriegerischen Mitteln bekämpft wurde, so kann und muß Deutschland auch (wie es in Publikationen schon versucht wird) gegen den amerikanischen Rechtsbruch bei dem Abschluß des Weltkrieges immer wieder protestieren. Ich persönlich bin nicht der Auffassung, daß das amerikanische Volk sich dazu hergegeben hätte; besonders die amerikanische Frauenwelt hätte das Verleugnen der 14 Punkte des Präsidenten Wilson nicht mitgemacht, wenn sie damals hätte aufgeklärt werden können. Amerika stand mehr als andere Länder unter dem falschen Eindruck der englischen Propaganda und hat deshalb den mit unerhörten Vollmachten ausgestatteten Präsidenten Wilson in Paris selbstherrlich handeln, d. h. seine 14 Punkte sich abhandeln lassen. Ebenso wie Herr Wilson die englische Blockade, gegen die er vorher protestiert hatte, nachher nicht mehr erwähnte, hat er es auch mit seinen 14 Punkten getan.

Die deutsche Regierung hatte die 14 Punkte Wilsons akzeptiert, obwohl sie schwer genug waren. Die Alliierten hatten die 14 Punkte ebenfalls angenommen, mit Ausnahme der Freiheit der Meere. Wilson hatte die 14 Punkte garantiert. Ich finde die wichtigsten von ihnen nicht im Versailler Instrument, sondern nur diejenigen, die dem Machtwillen der Entente entsprachen, und auch diese zum Teil noch stark verfälscht. Auf die Garantie Wilsons hin hat Deutschland die von ihm besetzten feindlichen Gebiete geräumt und seine Waffen abgegeben, sich also wehrlos gemacht. In dieser Vertrauensseligkeit und dem Fallenlassen der 14 Punkte durch Wilson auf der einen Seite und in dem Ausbruch der deutschen Revolution auf der andern liegt der Schlüssel zu unserer jetzigen Lage. Nach Turner sind die 14 Punkte schon bei Aufstellung der Waffenstillstandsbedingungen für Wilson nur noch ein Mittel gewesen, um Deutschland zur Waffenstreckung zu bringen. Sobald dieses Ziel erreicht war, habe er sie fallen lassen.

Ein sehr großer Teil des amerikanischen Volkes hat sich bereits gegen Herrn Wilson gestellt und wünscht nicht gleichzeitig mit ihm diskreditiert zu sein. Ich träume nicht etwa von einer spontanen Hilfe Amerikas für Deutschland, ich rechne nur mit der nüchternen Erkenntnis des amerikanischen Volkes, daß es die Riesenschuld seines damaligen Präsidenten an Deutschland wieder gutzumachen hat. Denn die Atmosphäre eines Sieges währt nicht ewig, und später wird man sich nicht nur in Deutschland, sondern auch anderswo in großen politischen Fragen an die Unzuverlässigkeit des amerikanischen Präsidenten erinnern und sie als amerikanische Unzuverlässigkeit in Rechnung stellen. Das liegt aber nicht im Interesse des amerikanischen Volkes. Die Belastung einer Staatspolitik mit dem Makel der Unzuverlässigkeit ist nicht vorteilhaft. Bei der späteren Beurteilung der amerikanischen Politik wird vergessen werden, daß der weltfremde Herr Wilson von Lloyd George und Clemenceau eingefangen worden ist. Ich habe, besonders bei den Kieler Wochen, viele Amerikaner und Amerikanerinnen kennen gelernt, deren politische Einsicht und Weitsicht eine derartig flagrante Vertrauensverletzung wie sie Herr Wilson beging, in Rücksicht auf das politische Ansehen Amerikas unmöglich billigen kann. Von diesen staatsegoistischen, nicht von irgendwie sentimentalen Rücksichten aus erhoffe ich von jenseits des Ozeans Erleichterung für unser Vaterland.

Zu diesem Unrecht der fallengelassenen 14 Punkte kommt hinzu, daß Herr Wilson als erster die Forderung des Rücktritts an das deutsche Herrscherhaus stellte, in dem er durchblicken ließ, dem deutschen Volke werde dann ein besserer Friede gewährt werden. Bevor die Regierung des Prinzen Max sich die Forderung meiner Thronentsagung zu eigen machte mit der nämlichen Begründung wie Herr Wilson, daß Deutschland in diesem Falle bessere Bedingungen erhalten würde – die Vermeidung des Bürgerkrieges kam erst als zweites Druckmittel –, wäre es ihre Pflicht gewesen, sich irgendwie reale Garantien von seiten des Herrn Wilson zu verschaffen. Jedenfalls haben die Behauptungen, die immer dringender und drängender wurden, meinen Entschluß, außer Landes zu gehen, mit zur Reife gebracht, weil ich glauben mußte, meinem Vaterlande damit einen großen Dienst zu erweisen. Ich stellte meine und meines Hauses wahrlich nicht geringen Interessen zurück und überwand mich, allerdings unter den schwersten inneren Kämpfen, dazu, dem Wunsche der maßgebenden deutschen Stellen zu entsprechen. Es hat sich herausgestellt, daß die deutsche Regierung keinerlei reale Garantien besaß. Für mich mußte bei den damals sich überstürzenden Ereignissen die eindeutige und bestimmte Meldung des Reichskanzlers maßgebend sein. Deshalb habe ich auf eine Nachprüfung verzichtet.

Jetzt ist es klar, weshalb die Entente durch Herrn Wilson meinen Rücktritt forderte. Sie war sich vollkommen klar darüber, daß mit meiner Depossedierung militärische und politische Haltlosigkeit in Deutschland eintreten mußte, die es ermöglichte, nicht bessere, sondern härtere Bedingungen bei Deutschland durchzudrücken. Die Revolution war damals noch nicht als Helferin der Entente aufgetreten. Mein Verbleiben auf dem Throne würde also schon nach Ansicht der Entente für Deutschland vorteilhafter gewesen sein, als meine Thronentsagung. Ich selbst stimme dieser Auffassung der Entente zu, nachdem sich herausgestellt hat, daß die Regierung Max von Baden keinerlei substanziierte Unterlagen für ihre Behauptung hatte, meine Abdankung würde meinem Vaterlande vorteilhaftere Bedingungen bringen. Ich gehe noch weiter und sage, daß die Entente es überhaupt nicht gewagt hätte, einem intakten Deutschen Kaiserreiche derartige Bedingungen anzubieten. Einem Kaiserreiche gegenüber, dem nicht gerade im Endkampf um seine Existenz mit Hilfe deutscher Utopisten das parlamentarische System aufgezwungen gewesen wäre, dessen Monarchie nicht die Kommandogewalt über Heer und Flotte entwunden gewesen wäre, hätte man das nicht gewagt. Also auch in der Forderung meiner Abdankung seitens des Herrn Wilson unter Vorspiegelung besserer Bedingungen für Deutschland liegt eine schwere Schuld des amerikanischen Expräsidenten. Jedenfalls bietet sich auch hierin ein Ansatzpunkt für den gewaltigen Hebel, der den Vertrag von Versailles aus seinen Siegeln und Verschlüssen herausheben muß. In Deutschland sollte man aber niemals Herrn Wilson mit dem amerikanischen Volke verwechseln.

QUELLE: Kaiser Wilhelm II.: Ereignisse und Gestalten aus den Jahren 1878–1918, Verlag K. F. Koehler, Leipzig/Berlin 1922, S. 261–274.

EDUARD VON KEYSERLING (1855–1918)

Eduard Graf von Keyserling wird am 14. Mai 1855 auf Schloss Paddern in Kurland (heute: Tasu-Padures/Lettland) als Sohn von Eduard Graf Keyserling und seiner Frau Theophile geb. von Rummel als zehntes von zwölf Kindern geboren. Nach Studien in Dorpat (heute Tartu) und Wien verwaltet er bis zum Tode seiner Mutter die heimatlichen Güter. 1895 zieht er mit drei Schwestern nach Wien. Zwei Jahre später erkrankt er an einem schweren Rückenmarksleiden und erblindet als Folge einer Syphilisinfektion.

1887 erscheint seine erste Erzählung »Fräulein Rosa Herz«. Die meisten seiner Erzählungen und Romane diktiert er – inzwischen erblindet – seinen Schwestern, mit denen er von 1900 bis zu seinem Tod 1918 eine Wohnung in München-Schwabing bewohnt, so etwa »Wellen« (1911) und »Abendliche Häuser« (1914). Hinzukommen Aufsätze zu allgemeinen kulturellen Fragen wie der Artikel vom 17. Oktober 1914 »Über die Vaterlandsliebe«. Mit seinem Œuvre gehört er zu den bedeutendsten Schriftstellern des Impressionismus.

Keyserling bleibt unverheiratet. Er stirbt kurz vor Ende des Ersten Weltkrieges in München. Sein schriftlicher Nachlass wird auf seinen Wunsch hin nach seinem Tod vernichtet.

EDUARD VON KEYSERLING

ÜBER DIE VATERLANDSLIEBE

Die frühe Dämmerung des Septemberabends sinkt auf stillgewordene Dörfer herab, dunkel kauern die Häuser unter dem dunkeln Gezweige der alten Linden. Auf dem Dorfplatz stehen Männer beisammen und sprechen mit ruhig besonnener Stimme. Vor den Haustüren, auf den Treppenstufen hocken noch vor dem Schlafengehen Kinder in ihren

Hemden, kleine weiße Gespenster, und singen mit dünnen, glashellen Stimmen ein Siegeslied. Alte Frauen sitzen auf den Bänken, die Hände müßig im Schoße, und blicken mit dem geduldig wartenden Blick des Alters in die Dämmerung. Am Brunnen aber stehen große blonde Mädchen, sie lassen die Hände einen Augenblick auf dem Rande des Eimers ruhen und starren mit groß werdenden Augen vor sich hin, als horchten sie hinaus in die Ferne, auf etwas Großes und Furchtbares.

Die Nacht sinkt nieder, die Dorfstraße wird still, die Haustüren fallen in das Schloß, durch die kleinen Fensterscheiben blinzeln friedliche Lichter in die Finsternis, schläfrig singt der Brunnen, und hie und da in einem dunkeln Gärtchen zwischen den taufeuchten Sonnenblumen und Nachtviolen steht einsam eine Frau und weint. In Tausenden der Männer, die begeistert an die Grenze des Reiches beim Feinde entgegeneilen, verdichtet sich der weite Begriff des Vaterlandes, für das sie kämpfen, zu dem Bilde solch eines stillen Dorfes; denn das große Gefühl Vaterlandsliebe erwächst aus der Liebe zu der Scholle, dem Heimatsdorf und dem Heimatshause. Und für die Sicherheit des großen Vaterlandes steht als Symbol die Geborgenheit des kleinen Stückes Erde, auf dem das lebt, was dem Herzen dieser Männer am nächsten steht. Die Enge dieses Gefühls gibt der Liebe zu der deutlichen Allgemeinheit seine Wärme und Intensität. Aber jene Dörfer, die friedlich inmitten ihrer wogenden Kornfelder liegen mit der stetigen und fleißigen Alltäglichkeit ihres Lebens, sie sind die Grundlage des stolzen Baues des Reiches mit seiner Macht, seinem Reichtum, seiner Kultur.

Unser modernes Leben hat sich in hohem Grade kompliziert, mit seinen Gegensätzen und Spannungen. Wir schweigen in Widersprüchen und berauschen uns an Zweifeln. Überallhin bohren die Gedanken sich hinein und nehmen den Gefühlen ihre Ganzheit und Unmittelbarkeit. Jetzt aber, da ein großes Schicksal wie ein Sturmwind über das deutsche Vaterland hinbraust, jetzt verlieren viele der Gedanken und Einfälle, der Gefühle und Gefühlchen ihren Glanz. Vieles, das groß schien, schrumpft zusammen, und was bedeutungsvoll war, wird unwichtig. Die Gefühle in jedem Deutschen vereinfachen sich unendlich. In allen lebt ein großes, einfaches Ziel, die Sicherheit des Vaterlandes, eine Hoffnung, der Sieg, ein Wille, alles für das Vaterland einzusetzen. Dieses Fühlen ist so klar, stark und einfach, daß jedes Kind es ahnt, es ist das gleiche in den Dorfbewohnern, dem Gelehrten, dem Staatsmann, es ist das Urgefühl der Menschheit und liegt in der Menschenbrust, seit der Mensch es begriff, daß es so etwas wie eine Heimat gibt. Dieses Gefühl gleicht dem vollen und reinen Glockenton, der alle die kleinen und eigensinnigen Melodien übertönt, die ein jeder vor sich hinsummte.

Moltke spricht von der reinigenden Wirkung des Krieges. Sie liegt darin, daß das Kleine, Unruhige der vielen Sonderinteressen von uns abfällt und einem einheitlichen Wollen, einem einfachen starken Fühlen Platz macht. Trotz der Spannung, der Schmerzen und der Not dieser Tage wirkt die Konzentration, der schwere Ernst des Gefühls, dennoch stählend auf die Seele wie ein tiefer Atemzug in klarer, scharfer Luft. Wunderbar transzendent ist dieses Gefühl der Vaterlandsliebe. Der Soldat ist bereit zu sterben, damit das Vaterland lebe. Das Spiel seines Willens, seiner Sehnsucht geht über sein individuelles Leben hinaus, er opfert seine Persönlichkeit einem Glücke, das nach ihm der großen Gemeinschaft des Vaterlandes zugute kommen soll, dieses Glück begeistert ihn und macht ihn stark, wie die Hoffnung auf eine ewige Seligkeit den christlichen Märtyrer freudigen Mutes den Tod erleiden ließ. Dieses Hinausgehen über das eigene vergängliche Leben ist das Mysterium jedes großen, ethischen Gefühl und jeder ethischen Tat. Jene Männer aber, die von den Schlachtfeldern in das bürgerliche Leben, in den Alltag der Arbeit und Sorge zurückkehren – wird in ihrer Seele nicht etwas stets geweiht bleiben, durch die Berührung mit dem heiligen Mysterium der Todesbereitschaft für das Vaterland?

QUELLE: Eduard von Keyserling: Über die Vaterlandsliebe, in: Der Tag, Ausgabe, Nr. 244, Berlin, 17.10.1914

KARL KRAUS (1874–1936)

Karl Kraus kommt am 28. April 1874 in Gitschin, Böhmen (heute Jicin/Tschechien) als Sohn des Papierfabrikanten Jakob Kraus und seiner Frau

Ernestine geb. Kantor zur Welt. 1877 zieht die Familie nach Wien, wo Kraus ein Studium der Rechtswissenschaften beginnt.

1897 gelingt ihm mit der Veröffentlichung der Satire »Die demolirte Litteratur« der erste Publikumserfolg. 1899 gründet er die satirische Zeitschrift »Die Fackel«, die bis kurz vor seinem Tod 1936 in unregelmäßigen Abständen erscheint. Hierin werden von 1915 bis 1919 Teile des monumentalen Epos »Die letzten Tage der Menschheit« veröffentlicht. Darüber hinaus hält Kraus 700 öffentliche Lesungen, übersetzt Shakespeare-Sonette und liest im Rundfunk in Berlin. 1952 erscheint posthum sein Werk über die Machtübernahme Hitlers »Dritte Walpurgisnacht«.

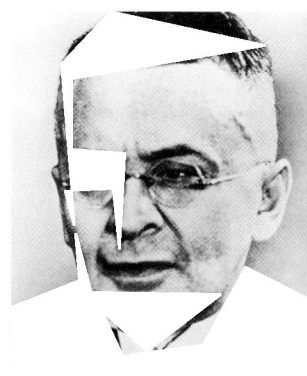

Karl Kraus polarisiert durch seine Person und seine Werke. Daher hat er auch kaum Verbindungen zu der kleinen, aber einflussreichen Zeitschrift »Weltbühne«, die u. a. Kurt Tucholsky und Carl von Ossietzky in Berlin herausgeben. Kraus stirbt unverheiratet am 12. Juni 1936 in seiner Wohnung in Wien.

KARL KRAUS

DIE LETZTEN TAGE DER MENSCHHEIT

EPILOG

Die letzte Nacht
Schlachtfeld. Trichter. Rauchwolken. Sternlose Nacht. Der Horizont ist eine Flammenwand. Leichen. Sterbende. Männer und Frauen mit Gasmasken tauchen auf.

EIN STERBENDER SOLDAT
schreiend

Hauptmann, hol her das Standgericht!
Ich sterb' für keinen Kaiser nicht!
Hauptmann, du bist des Kaisers Wicht!
Bin tot ich, salutier' ich nicht!

Wenn ich bei meinem Herren wohn',
ist unter mir des Kaisers Thron,
und hab' für sein Geheiß nur Hohn!
Wo ist mein Dorf? Dort spielt mein Sohn.

Wenn ich in meinem Herrn entschlief, kommt an mein letzter Feldpostbrief.
Es rief, es rief, es rief, es rief!
Oh, wie ist meine Liebe tief!

Hauptmann, du bist nicht bei Verstand,
daß du mich hast hieher gesandt.
Im Feuer ist mein Herz verbrannt.
Ich sterbe für kein Vaterland!

Ihr zwingt mich nicht, ihr zwingt mich nicht! Seht, wie der Tod die Fessel bricht!
So stellt den Tod vors Standgericht!
Ich sterb', doch für den Kaiser nicht!

WEIBLICHE GASMASKE
nähert sich

Soviel ich seh', fiel hier ein Mann mit Gottes Willen.
Auch unsereins hat seine Pflicht hier zu erfüllen.
In dieser ernsten Zeit gibts keinen Zeitvertreib.
Das Kleid ist nicht der Mann, doch ist's auch nicht das Weib.
In Not und Tod und Kot gibt es die gleichen Rechte.
Wo kein Geschlecht, gereicht's zur Ehre dem Geschlechte.

Zwei Soldaten und ein Maulesel mit Gasmasken, 1917
Der erste Einsatz von chemischen Kampfstoffen im Ersten Weltkrieg fand im August 1914 durch französische Truppen statt, die Xylylbromid, ein Tränengas, gegen deutsche Truppen anwandten. Das anschließende weitere Ausprobieren anderer chemischer Stoffe führte zu einer Verschärfung des Gaskrieges. Der erste schwerwiegende Einsatz fand am 22. April 1915 bei Ypern statt, als deutsche Truppen 150 Tonnen Chlorgas gegen die französischen Schützengräben einsetzten: Das Ergebnis waren ca. 5.000 Tote und 10.000 Verletzte. Die grausamen Erfahrungen aus dem Ersten Weltkrieg – ca. 90.000 Menschen starben, bis zu eine Million wurde verletzt – führten dazu, dass im Zweiten Weltkrieg in Europa keine chemischen Kampfstoffe eingesetzt wurden.

MÄNNLICHE GASMASKE
stellt sich gegenüber

> Nur daß dein Gesicht
> sich an meines gewöhne!
> Ich kenne dich nicht,
> du Maske, du schöne!
>
> Erfüllt von dem Grauen,
> erfüllend die Pflicht,
> sollen wir uns nicht schauen,
> wir kennen uns nicht.
>
> Uns gilt nur die Sache,
> hier gilt es zu kämpfen,
> es droht uns die Rache
> mit giftigen Dämpfen.
>
> Der Himmel spuckt Flammen,
> verzischend im Blute.
> So gehn wir zusammen
> auf diese Redoute.

Fernes Trommelfeuer

WEIBLICHE GASMASKE

> Gesicht und Geschlecht
> verbietet die Pflicht.
> Wir haben kein Recht auf
> Geschlecht und Gesicht.
>
> Das Leben verbracht
> zwischen Leichen und Larven –
> mir tönt diese Nacht
> wie Hörner und Harfen!

BEIDE
Arm in Arm

> Wir haben kein Recht auf Geschlecht und Gesicht.
> Gesicht und Geschlecht verbietet die Pflicht.

Sie verschwinden.
Zwei Generale auf der Flucht, in einem Automobil

GENERAL
(Sprechgesang)

> Da kann man nicht weiter,
> die Erde hat Risse,
> da gibts spanische Reiter
> und sonst Hindernisse.
>
> Die Schlacht hat nunmehr
> eine Wendung genommen,
> wir sind bis hieher
> nach vorne gekommen.
>
> In unsere Jahr'
> da is nicht zu spaßen,
> wir sind in Gefahr,
> das Leben zu lassen.
>
> Nicht wanken und weichen
> die Mannschaften ziert.
> Fahren S' über die Leichen,
> sonst sind wir petschiert!
>
> Was hat denn der eine,
> der hat keinen Kopf,
> dem fehlen die Beine,
> und am Rock fehlt a Knopf!

Das is ein Skandal,
da werd' ich leicht schiech,
Sie toter Korpral,
adjustieren Sie sich!

Das is doch zuwider,
da krieg' ich ein' Pik,
ah, da legst di nieder –
hörn S', jetzt is doch Krieg!

Der hört nicht. Herstellt!
Sie, was machen S' denn dort
mir san doch im Feld!
Sie gehn zum Rapport!

Das is doch verboten,
die Wirtschaft hier vorn!
Fahren S' über die Toten,
sonst sind wir verlorn!

Sie fahren ab. Es tagt.

Zwei Kriegsberichterstatter im Automobil, sie steigen aus. Breeches, Feldstecher, Kodak

ERSTER KRIEGSBERICHTERSTATTER

Ich finde es gut,
hier stehen zu bleiben.
Ich habe den Mut,
diese Schlacht zu beschreiben.

ZWEITER KRIEGSBERICHTERSTATTER

Ja, hier wie mir scheint
kann noch etwas geschehn.

> Der Punkt ist vom Feind
> sehr gut eingesehn.

DER ERSTE

> Hier liegen die Helden,
> hier ist es bewegt,
> und wenn wir es melden,
> es Aufsehn erregt.

DER ZWEITE

> Es imponiert ja doch allen,
> authentisch mit Bildern,
> ist einer gefallen,
> die Stimmung zu schildern.

DER ERSTE
> Wir sind gern informiert
> von besonderen Seiten.
> Was mich intressiert,
> sind die Einzelheiten.

Er tritt an einen sterbenden Soldaten heran.

DER ZWEITE

> Sie, machen S' zum End
> ein verklärtes Gesicht!
> Ich brauch' den Moment,
> wo das Aug Ihnen bricht.

DER ERSTE

> Sie sind doch gescheit –
> solang Sie am Leben,

ist hinreichend Zeit,
eine Schilderung zu geben.

DER ZWEITE

Was haben Sie empfunden,
was haben Sie sich gedacht,
wir brauchen die letzten Stunden,
wie war denn die Schlacht?

DER ERSTE

Schaun S', das wird goutiert
auf Details ich schon spitz',
und Ihr Heldentod wird
eine schöne Notiz.

DER ZWEITE

Dieses Detail schon allein
hat für das Blatt seinen Reiz,
und der Chef gibt mich ein
für das Eiserne Kreuz.

DER STERBENDE

Geschwinde – geschwinde –
seht, wie ich – mich – winde –
verbinde, Herr Doktor –
verbinde, verbinde!

Seit so vielen Stunden –
mit so vielen Wunden –
sie bluten, sie bluten –
sie sind nicht verbunden.

Nur noch wenig Minuten –
laßt mich doch nicht verbluten –
verbindet geschwinde,
ihr müsset euch sputen.

So seht doch – wie mir schon –
der Atem – entschwindet –
geschwinde – Herr Doktor –
verbindet, verbindet!

DER ERSTE KRIEGSBERICHTERSTATTER

Der erzählt nichts – zu peinlich!
Der wird immer verstockter.
Er hält mich wahrscheinlich
für einen Dokter!

DER ZWEITE

Krieg ist Krieg – hör'n S', ich hust',
unsere Pflicht hier ist schwer,
über Ihre zerschossene Brust
sag' ich nur c'est la guerre.

DER ERSTE

Denn Wunden verbinden,
das hab' ich nicht studiert,
aber für Eindrücke finden
wer'n wir honoriert.

DER ZWEITE

Die Stimmung zu melden,
das ist unser Brot.

> Einen schweigsamen Helden,
> den schweigen wir tot.

Wenden sich zur Abfahrt.

DER STERBENDE

> Mein Weib – ach – ich – bitt –
> das ist – eine Qual –
> so – nehmen S' mich mit –
> bis zum – nächsten – Spital!

DER ERSTE KRIEGSBERICHTERSTATTER

> Das ist doch gediegen –
> was der von mir will!
> So bleiben Sie doch liegen
> und halten Sie still!

DER ZWEITE

> Für einen Gemeinen
> ist das eine Ehr'!
> Ihr Bild wird erscheinen,
> was wollen Sie mehr!

DER ERSTE

> Wenn ich Ihnen garantier',
> es erscheint ein Bericht!
> Ich war vor dem Tod hier,
> so schaun S' mir ins Gesicht!

DER ZWEITE

> Er sagt nichts darauf.
> Ich glaub', es wird gehn.
> So nehm' ich ihn auf
> man wird doch da sehn.

Er photographiert.

DER ERSTE

> So sein S' doch nicht fad,
> es soll stimmungsvoll sein.
> Uns fehlt der Kurat,
> Sie sind leider allein.

DER ZWEITE

> Das wär' ein Effekt,
> dem Abonnenten zu zeigen,
> den Priester direkt
> über den Helden sich neigen!

DER ERSTE

> Wir sind doch intim,
> er täT's mir zu Liebe,
> weil ja schließlich auch ihm
> eine Reklam dabei bliebe.

DER ZWEITE

> Wo man ihn ja einmal braucht,
> ist er natürlich beim Teufel.
> Das ist trostlos … Es raucht!
> Nur ein Blindgänger, kein Zweifel!

DER ERSTE

> Geh' mr! Hier is stier,
> hier is doch nix los.
> Gehn wir ins Pressequartier
> vor dem Gegenstoß.

DER ZWEITE

> Der würde mich nicht
> im geringsten tuschieren,
> ich kann bloß bei dem Licht
> nicht photographieren.

DER ERSTE

> Sie, hier wie mir scheint
> kann noch was geschehn,
> der Punkt ist vom Feind
> zu gut eingesehn!

DER ZWEITE

> Es lohnt nicht zu bleiben.
> Bin ich ein Held?
> Also was soll man schreiben?
> Ein Erlebnis im Feld!

Sie fahren ab

Ein Feldwebel jagt mit dem Revolver einen Zug vor sich her

FELDWEBEL

> Marsch! Ich wer' euch lehrn hier herumtachiniern!
> Fürs Vaterland stirbts, oder ich laß euch krepiern!

>Was glaubts denn, i wer's euch schon einigeignen!
>Jetzt schießts auf den Feind, oder ich schieß auf die Eignen!

Sie verschwinden.

EIN ERBLINDETER
tastet sich kriechend vorwärts

>So, Mutter, Dank! So fühl' ich deine Hand.
>Oh, sie befreit von Nacht und Vaterland!
>Ich atme Wald und heimatliches Glück.
>Wie führst du mich in deinen Schoß zurück.
>
>Nun ist der Donner dieser Nacht verrollt.
>Ich weiß es nicht, was sie von mir gewollt.
>O Mutter, wie dein guter Morgen thaut!
>Schon bin ich da, wo Gottes Auge blaut.

Er stirbt

DIE KRIEGSBERICHTERSTATTERIN
erscheint

>Hier ist er, das Suchen hat sich gelohnt,
>hier find' ich den einfachen Mann an der Front!

EIN VERWUNDETER
tastet sich kriechend vorwärts

>Fluch, Kaiser, dir! Ich spüre deine Hand,
>an ihr ist Gift und Nacht und Vaterland!
>Sie riecht nach Pest und allem Untergang.
>Dein Blick ist Galgen und dein Bart der Strang!
>Dein Lachen Lüge und dein Hochmut Haß,
>dein Zorn ist deiner Kleinheit Übermaß,
>der alle Grenze, alles Maß verrückt,

um groß zu sein, wenn er die Welt zerstückt.
Vom Rhein erschüttert ward sie bis zum Ganges
durch einen Heldenspieler zweiten Ranges!
Der alten Welt warst du doch kein Erhalter,
gabst du ihr Plunder aus dem Mittelalter.
Verödet wurde ihre Phantasie
von einem ritterlichen Weltkommis!
Nahmst ihr das Blut aus ihren besten Adern
mit deinen Meer- und Luft- und Wortgeschwadern.
Nie würde sie aus Dreck und Feuer geboren!
Mit deinem Gott hast du die Schlacht verloren!
Die offenbarte Welt, so aufgemacht,
von deinem Wahn um ihren Sinn gebracht,
so zugemacht, ist sie nur Fertigware,
mit der der Teufel zu der Hölle fahre!
Von Gottes Zorn und nicht von seinen Gnaden,
regierst du sie zu Rauch und Schwefelschwaden.
Rüstzeug des Herrn! Wir werden ihn erst preisen,
wirft er dich endlich zu dem alten Eisen!
Komm her und sieh, wie sich ein Stern gebiert,
wenn man die Zeit mit Munition regiert!
Laß deinen Kanzler, deine Diplomaten
durch dieses Meer von Blut und Tränen waten!
Fluch, Kaiser, dir und Fluch auch deiner Brut,
hinreichend Blut, ertränk sie in der Flut!
Ich sterbe, einer deutschen Mutter Sohn.
Doch zeug' ich gegen dich vor Gottes Thron!

Er stirbt.

QUELLE: Karl Kraus: Die letzten Tage der Menschheit. Tragödie in fünf Akten mit Vorspiel und Epilog, 17. bis 23. Tausend (einschließlich der Aktausgabe); Verlag Die Fackel, Wien/Leipzig [1922]

ERNST JÜNGER (1895–1998)

Ernst Jünger wird am 29. März 1895 als Sohn des Apothekers Ernst Georg Jünger und seiner Frau Karolina geb. Lampl in Heidelberg geboren.
1914 meldet er sich als Kriegsfreiwilliger. 1918 werden ihm das Goldene Verwundetenabzeichen und der Orden »Pour le Mérite« verliehen. 1920 erscheint sein Kriegstagebuch »In Stahlgewittern«, das ihn berühmt macht. 1925 heiratet er Gretha von Jeinsen. Sein Philosophie- und Zoologiestudium bricht er ab und widmet sich ganz der Schriftstellerei. Dabei bleibt die Entomologie seine Leidenschaft. 1928 erscheint »Das abenteuerliche Herz«. Nach der Machtübernahme der Nationalsozialisten 1933 weist er die Aufnahme in die Deutsche Akademie der Dichtung zurück. 1936 zieht er mit seiner Familie nach Überlingen und dann nahe Hannover. Dort erscheint »Auf den Marmorklippen«. 1939 wird er erneut eingezogen. Es entsteht der Essay »Der Friede«. Im September 1944 wird er regulär aus der Wehrmacht entlassen.

1945 weigert Jünger sich, den Fragebogen der alliierten Besatzungsmächte zur Entnazifizierung auszufüllen, und erhält bis 1949 Publikationsverbot. Er zieht 1951 nach Wilflingen, wo er 1962 nach dem Tod seiner ersten Frau Gretha (1960) die Germanistin und Lektorin Liselotte Lohrer heiratet. Es entstehen weitere Werke wie »Siebzig verweht«. Jünger stirbt hoch geehrt im Alter von 103 Jahren.

ERNST JÜNGER

IN STAHLGEWITTERN

ORAINVILLE

Der Zug hielt in Bazancourt, einem Städtchen der Champagne. Wir stiegen aus. Mit ungläubiger Ehrfurcht lauschten wir dem langsamen Takte des Walzwerkes der Front, einer Melodie, die uns in langen Jahren Gewohnheit werden sollte. Ganz weit zerfloß der weiße Ball eines Schrapnells im grauen Dezemberhimmel. Der Atem des Kampfes wehte herüber und ließ uns seltsam erschauern. Ahnten wir, daß fast alle von uns verschlungen werden sollten an Tagen, in denen das dunkle Murren dahinten aufbrandete zu unaufhörlich rollendem Donner? Der eine früher, der andere später?

Wir hatten Hörsäle, Schulbänke und Werktische verlassen und waren in den kurzen Ausbildungswochen zusammengeschmolzen zu einem großen, begeisterten Körper, Träger des deutschen Idealismus der nachsiebziger Jahre. Aufgewachsen im Geiste einer materialistischen Zeit, wob in uns allen die Sehnsucht nach dem Ungewöhnlichen, nach dem großen Erleben. Da hatte uns der Krieg gepackt wie ein Rausch. In einem Regen von Blumen waren wir hinausgezogen in trunkener Morituri-Stimmung. Der Krieg mußte es uns ja bringen, das Große, Starke, Feierliche. Er schien uns männliche Tat, ein fröhliches Schützengefecht auf blumigen, blutbetauten Wiesen. Kein schönrer Tod ist auf der Welt … Ach, nur nicht zu Haus bleiben, nur mitmachen dürfen!

»In Gruppenkolonne antreten!« Die erhitzte Phantasie beruhigte sich beim Marsche durch den schweren Lehmboden der Champagne. Tornister, Patronen und Gewehr drückten wie Blei. »Kurztreten. Aufbleiben dahinten!«

Ach, zu des Geistes Flügeln wird so bald
Kein körperlicher Flügel sich gesellen!

Endlich erreichten wir das Dorf Orainville, den Ruheort des Füsilier-Regiments 73, eins der typischen Nester jener Gegend, gebildet durch 50 Häuschen aus Ziegel- oder Kreidesteinen um einen parkumschlossenen Herrensitz.

Das Treiben auf der Dorfstraße bot den kulturgewohnten Augen einen fremden Anblick. Man sah nur wenige scheue und zerlumpte Zivilisten; überall Soldaten in abgetragenen, zerschlissenen Röcken mit wettergegerbten, meist von großen Bärten umrahmten Gesichtern, die langsamen Schrittes dahinschlenderten oder in kleinen

Gruppen vor den Türen der Häuser standen und uns Neulinge mit Scherzrufen empfingen. Irgendwo stand eine nach Erbsensuppe duftende Feldküche, von kochgeschirrklappernden Essenholern umringt. Die wallensteinsche Romantik wurde durch den beginnenden Verfall des Dorfes noch gesteigert.

Nachdem wir die erste Nacht in einer gewaltigen Scheune verbracht hatten, wurden wir im Hofe des Schlosses vom Regimentsadjutanten, dem damaligen Oberleutnant v. Brixen, eingeteilt und ich der 9. Kompagnie überwiesen.

Unser erster Kriegstag sollte nicht vorübergehen, ohne uns einen entscheidenden Eindruck zu hinterlassen: Wir saßen in der uns als Quartier angewiesenen Schule und frühstückten. Plötzlich dröhnte eine Reihe dumpfer Erschütterungen in der Nähe, während aus allen Häusern Soldaten dem Dorfeingang zustürzten. Wir befolgten dies Beispiel, ohne recht zu wissen warum. Wieder ertönte ein eigenartiges, nie gehörtes Flattern und Rauschen über uns und ertrank in polterndem Krachen. Ich wunderte mich, daß die Leute um mich sich zusammenduckten wie unter furchtbarer Drohung.

Gleich darauf erschienen schwarze Gruppen auf der menschenleeren Dorfstraße, in Zeltbahnen oder auf den verschränkten Händen schwarze Bündel schleppend. Mit einem merkwürdig beklommenen Gefühl der Unwirklichkeit starrte ich auf eine blutüberströmte Gestalt mit lose am Körper herabhängendem Bein, die unaufhörlich ein heiseres »Zu Hilfe!« hervorstieß und in ein Haus getragen wurde, von dessen Eingang die Rote-Kreuz-Flagge herabwehte. – Was war das nur? Der Krieg hatte seine Krallen gezeigt und die gemütliche Maske abgeworfen. Das war so rätselhaft, so unpersönlich. Kaum, daß man dabei an den Feind dachte, dieses geheimnisvolle, tückische Wesen irgendwo dahinten. Das völlig außerhalb der Erfahrung liegende Ereignis machte einen so starken Eindruck, daß es Mühe kostete, die Zusammenhänge zu begreifen. Es war wie eine gespenstische Erscheinung am hellen Mittag.

Eine Granate war oben am Portal des Schlosses krepiert und hatte eine Wolke von Steinen und Sprengstücken in den Eingang geschleudert, gerade, als die durch die ersten Schüsse aufgeschreckten Insassen aus dem Torweg strömten. Sie erschlug 13 Opfer, darunter den Musikmeister Gebhard, eine mir von den hannoverschen Promenaden-Konzerten her wohlbekannte Erscheinung. Ein angebundenes Pferd witterte die Gefahr eher als die Menschen, riß sich wenige Sekunden vorher los und galoppierte, ohne verletzt zu werden, in den Schloßhof.

Im Gespräch mit meinen Kameraden merkte ich, daß dieser Zwischenfall manchem die Kriegsbegeisterung sehr gedämpft hatte. Daß er auch auf mich stark gewirkt hatte, ersah ich aus zahlreichen Gehörstäuschungen, die mir das Rollen jedes vorüberfahrenden Wagens in das fatale Geräusch der Unglücks-Granate verwandelten.

Am Abend desselben Tages kam der lang ersehnte Augenblick, in dem wir, schwer bepackt, zur Kampfstellung aufbrachen. Durch die aus phantastischem Halbdunkel ragenden Ruinen des Dorfes Betricourt führte unser Weg nach einem einsamen, in Tannenwaldungen versteckten Forsthause, der sogenannten »Fasanerie«, wo die Regiments-Reserve lag, der bis zu dieser Nacht auch die dort liegende 9. Kompagnie angehörte. Ihr Führer war der Leutnant d. R. Brahms.

Wir wurden in Empfang genommen, auf die Gruppen verteilt und befanden uns bald im Kreise bärtiger, lehmkrusteter Gesellen, die uns mit einem gewissen ironischen Wohlwollen begrüßten. Wir wurden gefragt, wie es in Hannover aussähe, und ob der Krieg denn noch nicht bald zu Ende gehen sollte. Dann drehte sich das Gespräch in eintöniger Kürze um Schanzen, Feldküche, Grabenstücke und andere Angelegenheiten des Stellungskrieges.

Nach einiger Zeit erscholl vor der Tür unseres hüttenartigen Aufenthaltes der Ruf: »Heraustreten!« Wir traten bei unseren Gruppen an und stießen auf das Kommando: »Laden und Sichern!« mit geheimer Wollust einen Rahmen scharfer Patronen ins Magazin.

Dann ging es schweigend Mann hinter Mann querbeet durch die nächtliche, von dunklen Waldstücken besäte Landschaft. Ab und zu verhallte ein einsamer Schuß, oder eine Leuchtkugel strahlte zischend auf, um nach kurzer, geisterhafter Beleuchtung eine noch tiefere Dunkelheit zu hinterlassen. Monotones Klappern von Gewehr und Schanzzeug durch den Warnungsruf: »Achtung, Draht!« unterbrochen. Wie oft bin ich nach diesem erstenmal in halb melancholischer, halb erregter Stimmung durch ausgestorbene Landschaften zur vorderen Linie geschritten!

Endlich verschwanden wir in einem der Laufgräben, die sich wie weiße Schlangen durch die Nacht zur Stellung wanden. Dort fand ich mich einsam und fröstelnd zwischen zwei Schulterwehren wieder, angestrengt in eine vorm Graben liegende Tannenreihe starrend, in der meine Phantasie mir allerhand Schattengestalten vorgaukelte, während ab und zu eine verirrte Kugel durchs Geäst klatschte. Die einzige Abwechslung in dieser schier endlosen Zeit war, daß ich von einem älteren Kameraden abgeholt wurde und mit ihm durch einen langen, schmalen Gang zu einem vorgeschobenen Postenloch trottete, in dem wir wiederum damit beschäftigt waren, das Vorgelände zu betrachten. Zwei Stunden durfte ich in einem kahlen Kreideloche versuchen, den Schlaf der Erschöpfung zu finden. Als der Morgen graute, war ich bleich und lehmbeschmiert wie die anderen, und es war mir, als ob ich dieses Maulwurfsleben schon monatelang geführt hätte.

Die Stellung des Regiments wand sich durch den Kreidebogen der Champagne gegenüber dem Dorfe Le Gauda. Sie lehnte sich rechts an ein zerhacktes Waldstück, den Granat-Wald, lief dann durch riesige Zuckerrübenfelder, aus denen die roten Hosen gefallener Stürmer leuchteten, und endete in einem Bachgrund, über den die Verbindung mit dem Regiment 74 durch nächtliche Patrouillen aufrechterhalten wurde. Der Bach rauschte über das Wehr einer zerstörten, von finsteren Bäumen umringten Mühle. Ein unheimlicher Aufenthalt, wenn nachts der Mond durch zerrissene Wolken wechselnde Schatten warf, und seltsame Laute in das Murmeln des Wassers und das Rascheln des Schilfes sich zu mischen schienen.

Der Dienst war der denkbar anstrengendste. Das Leben begann mit dem Einbruch der Dämmerung, während der die ganze Besatzung im Graben stehen mußte. Von 10 Uhr abends bis 6 Uhr morgens durften dann je zwei Mann jeder Gruppe schlafen, so daß man einen Nachtschlaf von zwei Stunden genoß, der indes durch früheres Wecken, Strohholen und andere Beschäftigungen illusorisch gemacht wurde.

Entweder hatte man Wache im Graben, oder man zog in eins der zahlreichen Postenlöcher, die mit der Stellung durch lange, ausgehobene Verbindungswege zusammenhingen; eine Art der Sicherung, die wegen der Exponiertheit der Posten im Laufe des Stellungskrieges bald aufgegeben wurde.

Diese endlosen, furchtbar ermüdenden Nachtwachen waren bei klarem Wetter und selbst bei Frost noch erträglich, sie wurden jedoch qualvoll, wenn es, wie meist im Januar, regnete. Wenn die Feuchtigkeit erst die über den Kopf gezogene Zeltbahn, dann Mantel und Uniform durchdrang und stundenlang am Körper herunterrieselte, geriet man in eine Stimmung, die selbst durch das Rauschen der heranwatenden Ablösung nicht erhellt werden konnte. Die Morgendämmerung beleuchtete erschöpfte, kreidebeschmierte Gestalten, die sich zähneklappernd mit bleichen Gesichtern auf das faule Stroh der tropfenden Unterstände warfen. Diese Unterstände! Es waren nach dem Graben zu offene, in die Kreide gehauene Löcher mit einer Lage von Brettern und einigen Schaufeln Erde bedeckt. Hatte es geregnet, so tropften sie noch tagelang nachher; ein gewisser Galgenhumor hatte sie deshalb mit entsprechenden Namen, wie »Tropfsteinhöhle«, »Zum Männerbad« usw., bezeichnet. Wollten mehrere darin der Ruhe pflegen, so waren sie gezwungen, ihre Beine als unfehlbare Fußangeln für jeden Vorübergehenden in den Graben zu legen. Unter diesen Umständen war natürlich auch tagsüber von Schlaf wenig die Rede. Außerdem mußte man noch zwei Stunden Tagesposten stehen, den Graben reinigen, Essen, Kaffee, Wasser holen und anderes mehr.

Man wird begreifen, daß dieses ungewohnte Leben uns sehr hart vorkam, besonders da wir dazu von den meisten der alten Leute in jeder Weise schikaniert wurden. Diese aus der Kaserne in den Krieg mitgenommene Gewohnheit trug viel dazu bei, uns die schweren Tage noch mehr zu verbittern, verschwand aber nach der ersten zusammen bestandenen Schlacht. Dem gemeinen Mann war auch die Tatsache, daß wir uns freiwillig gemeldet hatten, schwer verständlich. Er sah das als einen gewissen Übermut an, eine Auffassung, der ich im Kriege oft begegnet bin.

Die Zeit, während der die Kompagnie in Reserve lag, war nicht viel besser. Wir hausten dann in tannenzweiggedeckten Erdhütten bei der Fasanerie oder im Hiller-Wäldchen, deren mistbepackter Boden wenigstens eine angenehme Gärungswärme ausstrahlte. Manchmal erwachte man in einer zolltiefen Wasserpfütze. Trotzdem ich Rheumatismus bislang nur dem Namen nach gekannt hatte, spürte ich schon nach wenigen Tagen infolge der dauernden Durchnässung

Schmerzen in allen Gelenken. Die Nächte dienten auch hier nicht dem Schlaf, sondern wurden benutzt, die zahlreichen Annäherungsgräben zu vertiefen.

Ein Lichtblick in diesem öden Einerlei war die allabendliche Ankunft der Feldküche an der Ecke des Hiller-Wäldchens, wo sich bei der Öffnung des Kessels ein köstlicher Duft nach Erbsen mit Speck oder anderen herrlichen Sachen verbreitete. Aber auch hier gab es einen dunklen Punkt: das Dörrgemüse, das von enttäuschten Gourmets als »Drahtverhau« oder »Flurschaden« geschmäht wurde.

Am angenehmsten waren die Ruhetage in Orainville, die mit Ausschlafen, Reinigen der Sachen und Exerzieren verbracht wurden. Die Kompagnie hauste in einer gewaltigen Scheune, die nur zwei hühnerleiterartige Treppen als Ein- und Ausgang hatte. Obwohl das Gebäude noch mit Stroh gefüllt war, standen Öfen darin. Eines Nachts rollte ich gegen den einen und erwachte erst infolge der Bemühungen einiger Kameraden, die mich kräftigen Löschversuchen unterzogen. Zu meinem Schrecken gewahrte ich, daß meine Uniform an der Rückseite arg verkohlt war, so daß ich längere Zeit in einem frackartigen Anzuge umherlaufen mußte.

Nach kurzem Aufenthalt beim Regiment hatten wir fast alle Illusionen verloren, mit denen wir ausgezogen waren. Statt der erhofften Gefahren hatten wir Schmutz, Arbeit und schlaflose Nächte vorgefunden, zu deren Bezwingung ein uns wenig liegendes Heldentum gehörte. Diese dauernde Überanstrengung war Schuld der Führung, die den Geist des neuartigen Stellungskrieges noch nicht erfaßt hatte. In einem kurzen, draufgängerischen Kriege kann und muß der Offizier die Mannschaft rücksichtslos erschöpfen, in einem sich lang hinschleppenden führt dies zu physischem und moralischem Zusammenbruch. Die ungeheure Postenzahl und die ununterbrochene Schanzarbeit waren zum größten Teil unnötig und sogar schädlich. Nicht auf gewaltige Verschanzungen kommt es an, sondern auf den Mut und die Frische der Leute, die dahinterstehen. »Eiserne Herzen auf hölzernen Schiffen gewinnen die Schlachten.«

Wohl hörten wir im Graben Geschosse pfeifen, bekamen auch ab und zu einige Granaten von den Reimser Forts, aber diese kleinen kriegerischen Ereignisse blieben weit hinter unseren Erwartungen zurück. Trotzdem wurden wir manchmal an den blutigen Ernst gemahnt, der hinter diesem scheinbar absichtslosen Geschehen lauerte. So schlug am 8. Januar eine Granate in die Fasanerie und tötete den Leutnant Schmidt, unseren Bataillons-Adjutanten.

Am 27. Januar ließen wir unserem Kaiser zur Ehre drei kräftige Hurras erschallen und stimmten auf der langen Front, von feindlichen Gewehren begleitet, ein »Heil dir im Siegerkranz« an.

In diesen Tagen hatte ich ein sehr unangenehmes Erlebnis, das meine militärische Laufbahn fast zu einem vorzeitigen und unrühmlichen Abschluß gebracht hätte. Die Kompagnie lag am linken Flügel, und ich mußte mich gegen Morgen nach völlig durchwachter Nacht mit einem Kameraden in den Bachgrund auf Doppelposten begeben. Ich hatte der Kälte wegen verbotenerweise meine Decke um den Kopf geschlagen und lehnte an einem Baum, nachdem ich mein Gewehr neben mich in einen Busch gestellt hatte. Plötzlich hörte ich hinter mir ein Geräusch, griff danach – die Waffe war verschwunden! Der revidierende Portepee-Träger, ein Offizier-Stellvertreter, hatte sich an mich herangeschlichen und sie unbemerkt an sich genommen. Um mich zu bestrafen, schickte er mich eigenmächtig, nur mit einer Beilpicke bewaffnet, in der Richtung auf die französischen Postierungen, ungefähr 100 Meter weit, vor, eine Indianeridee, die mich beinahe ums Leben gebracht hätte. Während meiner merkwürdigen Strafwache schlich nämlich eine Patrouille von drei Kriegsfreiwilligen durch das Schilf vor, wurde von den Franzosen bemerkt und beschossen. Einer von ihnen, namens Lang, wurde getroffen und nie wieder gesehen. Da ich ganz in der Nähe stand, bekam ich auch mein Teil von den damals so beliebten Gruppensalven ab, so daß mir die Zweige des Weidenbaumes, an dem ich stand, um die Ohren pfiffen. Ich biß die Zähne zusammen und blieb aus Trotz stehen. Ich habe dem Offizier-Stellvertreter diese Gemeinheit nie vergessen können.

Wir waren alle herzlich stolz, als uns mitgeteilt wurde, daß wir diese Stellung endgültig verlassen sollten, und feierten unseren Abschied von Orainville durch einen kräftigen Bierabend in der großen Scheune. Am 4. Februar 1915 marschierten wir, von einem sächsischen Regiment abgelöst, nach Bazancourt.

Dieser Monat war für mich, obwohl der härteste des ganzen Krieges, doch eine gute Schule. Ich hatte den Wacht- und Arbeitsdienst in seiner schwersten Form gründlich kennengelernt. Das bewahrte mich später, als ich selbst führte, davor, von meinen Leuten Unmögliches zu verlangen.

QUELLE: Ernst Jünger: Sämtliche Werke, Band 1: Der Erste Weltkrieg; Klett-Cotta, Stuttgart 1978

ULRICH GRAF VON BROCKDORFF-RANTZAU (1869–1928)

Ulrich Graf von Brockdorff-Rantzau entstammt einer angesehenen dänisch-schleswig-holsteinischen Familie. Er wird am 29. Mai 1869 als Sohn von Hermann Graf von Rantzau und seiner Frau Juliane geb. von Brockdorff in Schleswig geboren. Aufgrund des frühen Todes des Vaters wird er von seinem Großonkel Hans Baron Brockdorff adoptiert und führt seitdem den Doppelnamen Brockdorff-Rantzau.

1894, nach absolviertem Jurastudium, tritt er in den Auswärtigen Dienst ein. Im Ersten Weltkrieg ist er Gesandter im (neutralen) Dänemark. Nach Ausrufung der Weimarer Republik am 9. November 1918 durch Phillip Scheidemann (SPD) – zwei Stunden vor Karl Liebknecht, der eine »freie sozialistische Republik Deutschland und die Weltrevolution proklamiert« – wird der parteilose Graf von Brockdorff-Rantzau Anfang 1919 erster Außenminister im Kabinett Scheidemann. Ihm obliegt die Annahme der Friedensvereinbarung des Versailler Vertrages, gegen dessen Bestimmungen er vergeblich kämpft und dessen harte Bedingungen schließlich die Regierung Scheidemann zum Rücktritt veranlassen.

Von 1922 bis zu seinem Tod 1928 ist Graf von Brockdorff-Rantzau Gesandter in Moskau.

ULRICH GRAF VON BROCKDORFF-RANTZAU

REDE BEI DER ÜBERREICHUNG DES VERTRAGSENTWURFS DURCH DIE ALLIIERTEN UND ASSOZIIERTEN MÄCHTE

VERSAILLES, 7. MAI 1919

Meine Herren! Wir sind tief durchdrungen von der erhabenen Aufgabe, die uns mit Ihnen zusammengeführt hat: Der Welt rasch einen dauernden Frieden zu geben. Wir täuschen uns nicht über den Umfang unserer Niederlage, den Grad unserer Ohnmacht. Wir wissen, daß die Gewalt der deutschen Waffen gebrochen ist; wir kennen die Wucht des Hasses, die uns hier entgegentritt, und wir haben die leidenschaftliche Forderung gehört, daß die Sieger uns zugleich als Überwundene zahlen lassen und als Schuldige bestrafen sollen.

Es wird von uns verlangt, daß wir uns als die allein Schuldigen bekennen; ein solches Bekenntnis wäre in meinem Munde eine Lüge. Wir sind fern davon, jede Verantwortung dafür, daß es zu diesem Weltkriege kam, und daß er so geführt wurde, von Deutschland abzuwälzen. Die Haltung der früheren Deutschen Regierung auf den Haager Friedenskonferenzen, ihre Handlungen und Unterlassungen in den tragischen zwölf Julitagen mögen zu dem Unheil beigetragen haben, aber wir bestreiten nachdrücklich, daß Deutschland, dessen Volk überzeugt war, einen Verteidigungskrieg zu führen, allein mit der Schuld belastet ist.

Keiner von uns wird behaupten wollen, daß das Unheil seinen Lauf erst in dem verhängnisvollen Augenblick begann, als der Thronfolger Österreich-Ungarns den Mörderhänden zum Opfer fiel. In den letzten 50 Jahren hat der Imperialismus aller europäischen Staaten die internationale Lage chronisch vergiftet. Die Politik der Vergeltung wie die Politik der Expansion und die Nichtachtung des Selbstbestimmungsrechtes der Völker hat zu der Krankheit Europas beigetragen, die im Weltkrieg ihre Krisis erlebte. Die russische Mobilmachung nahm den Staatsmännern die Möglichkeit der Heilung und gab die Entscheidung in die Hand der militärischen Gewalten.

Die öffentliche Meinung in allen Ländern unserer Gegner hallt wider von den Verbrechen, die Deutschland im Kriege begangen habe. Auch hier sind wir bereit, getanes Unrecht einzugestehen. Wir sind nicht hierhergekommen, um die Verantwortlichkeit der Männer, die den Krieg politisch und militärisch geführt haben, zu verkleinern und begangene Frevel wider das Völkerrecht abzuleugnen. Wir wiederholen die Erklärung, die bei Beginn des Krieges im Deutschen Reichstag abgegeben wurde. Belgien ist Unrecht geschehen, und wir wollen es wieder gutmachen.

Aber auch in der Art der Kriegführung hat nicht Deutschland allein gefehlt. Jede europäische Nation kennt Taten und Personen, deren sich die besten Volksgenossen ungern erinnern. Ich will nicht Vorwürfe mit Vorwürfen erwidern, aber wenn man gerade von uns Buße verlangt, so darf man den Waffenstillstand nicht vergessen. Sechs Wochen dauerte es, bis wir ihn erhielten, sechs Monate, bis wir Ihre Friedensbedingungen erfuhren. Verbrechen im Kriege mögen nicht zu entschuldigen sein, aber sie geschehen im Ringen um den Sieg, in der Sorge um das nationale Dasein, in einer Leidenschaft, die das Gewissen der Völker stumpf macht. Die Hunderttausende von Nichtkämpfern, die seit dem 11. November an der Blockade zugrunde gingen, wurden mit kalter Überlegung getötet, nachdem für unsere Gegner der Sieg errungen und verbürgt war. Daran denken Sie, wenn Sie von Schuld und Sühne sprechen.

Das Maß der Schuld aller Beteiligten kann nur eine unparteiische Untersuchung feststellen, eine neutrale Kommission, vor der alle Hauptpersonen der Tragödie zu Worte kommen, der alle Archive geöffnet werden. Wir haben eine solche Untersuchung gefordert, und wir wiederholen die Forderung.

Bei dieser Konferenz, wo wir allein, ohne Bundesgenossen, der großen Zahl unserer Gegner gegenüberstehen, sind wir nicht schutzlos. Sie selbst haben uns einen Bundesgenossen zugeführt. das Recht, das uns durch den Vertrag über die Friedensgrundsätze gewährleistet ist. Die Alliierten und Assoziierten Regierungen haben in der Zeit zwischen dem 5. Oktober und dem 5. November 1918 auf den Machtfrieden verzichtet und den Frieden der Gerechtigkeit auf ihr Panier geschrieben. Am 5. Oktober 1918 hat die Deutsche Regierung die Grundsätze des Präsidenten der Vereinigten Staaten von Amerika als Friedensbasis vorgeschlagen, am 5. November hat ihr der Staatssekretär Lansing erklärt, daß die Alliierten und Assoziierten Mächte mit dieser Basis unter zwei bestimmten Abweichungen einverstanden seien, die Grundsätze des Präsidenten Wilson sind also für beide Kriegsparteien, für Sie wie für uns, und auch für unsere früheren Bundesgenossen bindend geworden.

Die einzelnen Grundsätze fordern von uns schwere nationale und wirtschaftliche Opfer. Aber die heiligen Grundrechte aller Völker sind durch diesen Vertrag geschätzt. Das Gewissen der Welt steht hinter ihm; keine Nation wird ihn ungestraft verletzen dürfen.

Sie werden uns bereit finden, auf dieser Grundlage den Vorfrieden, den Sie uns vorlegen, mit der festen Absicht zu prüfen, in gemeinsamer, Arbeit mit Ihnen Zerstörtes wieder aufzubauen, geschehenes Unrecht, in erster Linie das Unrecht an Belgien, wieder gutzumachen, und der Menschheit neue Ziele politischen und sozialen Fortschritts zu zeigen. Bei der verwirrenden Fülle von Problemen, die der gemeinsame Zweck aufwirft, sollten wir möglichst bald die einzelnen Hauptaufgaben durch besondere Kommissionen von Sachverständigen auf der Grundlage des von Ihnen vorgelegten Entwurfs erörtern lassen. Dabei wird es unsere Hauptaufgabe sein, die verwüstete Menschenkraft der beteiligten Völker durch einen internationalen Schutz von Leben, Gesundheit und Freiheit der arbeitenden Klassen wieder aufzurichten.

Als nächstes Ziel betrachte ich den Wiederaufbau der von uns besetzt gewesenen und durch den Krieg zerstörten Gebiete Belgiens und Nordfrankreichs. Die Verpflichtung hierzu haben wir feierlichst übernommen, und wir sind entschlossen, sie in dem Umfang auszufahren, der zwischen uns vereinbart ist. Dabei sind wir auf die Mitwirkung unserer bisherigen Gegner angewiesen. Wir können das Werk nicht ohne die technische und finanzielle Beteiligung der Sieger vollenden; Sie können es nur mit uns durchfuhren. Das verarmte Europa muß wünschen, daß der Wiederaufbau mit so großem Erfolg und so wenig Aufwand wie möglich durchgeführt wird. Der Wunsch kann nur durch eine klare geschäftliche Verständigung über die besten Methoden erfüllt werden. Die schlechteste Methode wäre, die Arbeit weiter durch deutsche Kriegsgefangene besorgen zu lassen. Gewiß, diese Arbeit ist billig. Aber sie käme der Welt teuer zu stehen, wenn Haß und Verzweiflung das deutsche Volk darüber ergreifen würde, daß seine gefangenen Söhne, Brüder und Väter über den Vorfrieden hinaus in der bisherigen Fron weiter schmachteten. Ohne eine sofortige Lösung dieser allzu lange verschleppten Frage können wir nicht zu einem dauernden Frieden gelangen.

Unsere beiderseitigen Sachverständigen werden zu prüfen haben, wie das deutsche Volk seiner finanziellen Entschädigungspflicht Genüge leisten kann, ohne unter der schweren Last zusammenzubrechen. Ein Zusammenbruch würde die Ersatzberechtigten um die Vorteile bringen, auf die sie Anspruch haben, und eine unheilbare Verwirrung des ganzen europäischen Wirtschaftslebens nach sich ziehen. Gegen diese drohende Gefahr mit ihren unabsehbaren Folgen müssen Sieger wie Besiegte auf der Hut sein. Es gibt nur ein Mittel, um sie zu bannen: das rückhaltlose Bekenntnis zu der wirtschaftlichen und sozialen Solidarität der Völker zu einem freien und umfassenden Völkerbund.

Meine Herren! Der erhabene Gedanke, aus dem furchtbarsten Unheil der Weltgeschichte durch den Völkerbund den größten Fortschritt der Menschheitsentwicklung herzuleiten, ist ausgesprochen und wird sich durchsetzen; nur wenn sich die Tore zum Völkerbund allen Nationen öffnen, die guten Willens sind, wird das Ziel erreicht werden, nur dann sind die Toten dieses Krieges nicht umsonst gestorben.

Das deutsche Volk ist innerlich bereit, sich mit seinem schweren Los abzufinden, wenn an den vereinbarten Grundlagen des Friedens nicht gerüttelt wird. Ein Frieden, der nicht im Namen des Rechts von der Welt verteidigt werden kann, würde immer neue Widerstände gegen sich aufrufen. Niemand wäre in der Lage, ihn mit gutem Gewissen zu unterzeichnen, denn er wäre unerfüllbar. Niemand könnte für seine Ausführung die Gewähr, die in der Unterschrift liegen soll, übernehmen.

Wir werden das uns übergebene Dokument mit gutem Willen und in der Hoffnung prüfen, daß das Endergebnis unserer Zusammenkunft von uns allen gezeichnet werden kann.

QUELLE: Ulrich Graf von Brockdorff-Rantzau: Dokumente; Deutsche Verlagsgesellschaft für Politik und Geschichte m. b. H., Berlin 1920

MANTELNOTE

ZUR ANTWORT DER ALLIIERTEN UND ASSOZIIERTEN MÄCHTE AN DEN PRÄSIDENTEN DER DEUTSCHEN DELEGATION

Friedenskonferenz
Der Präsident

An Seine Exzellenz
den Herrn Grafen Brockdorff-Rantzau,
Präsident der Deutschen Delegation,

Versailles.
Paris, den 16. Juni 1919.

Herr Präsident!

Die Alliierten und Assoziierten Mächte haben den von der Deutschen Delegation über die Friedensbedingungen vorgebrachten Bemerkungen die ernsthafteste Erwägung zuteil werden lassen.
Die deutsche Antwort protestiert gegen den Frieden, zunächst als in Widerspruch mit den Bedingungen stehend, welche dem Waffenstillstand vom 11. November zur Grundlage gedient haben, sodann, da es ein Gewalts- und nicht ein Rechtsfrieden sei. Der Protest der Deutschen Delegation beweist, daß diese die Lage, in der sich Deutschland heute befindet, gänzlich verkennt. Die Deutsche Delegation scheint zu denken, Deutschland habe nur »Opfer zu bringen, um zum Frieden zu gelangen«, als ob dieser Friede einzig und allein nur der Abschluß eines Kampfes um territorialen oder Machtgewinn wäre.

I.

Infolgedessen halten es die Alliierten und Assoziierten Mächte für erforderlich, ihre Antwort mit einer scharf umrissenen Darlegung ihres

Urteils über den Krieg zu beginnen, ein Urteil, welches tatsächlich und letzten Endes dasjenige der Gesamtheit der zivilisierten Welt ist. Nach der Anschauung der Alliierten und Assoziierten Mächte ist der Krieg, der am 1. August 1914 zum Ausbruch gekommen ist, das größte Verbrechen gegen die Menschheit und gegen die Freiheit der Völker gewesen, welches eine sich für zivilisiert ausgebende Nation jemals mit Bewußtsein begangen hat. Während langer Jahre haben die Regierenden Deutschlands, getreu der preußischen Tradition, die Vorherrschaft in Europa angestrebt. Sie haben sich nicht mit dem wachsenden Gedeihen und Einfluß begnügt, nach welchen zu streben Deutschland berechtigt war, und welche alle übrigen Nationen bereit waren, ihm in der Gesellschaft der freien und gleichen Völker zuzugestehen. Sie haben getrachtet, sich dazu fähig zu machen, ein unterjochtes Europa zu beherrschen und zu tyrannisieren, so wie sie ein unterjochtes Deutschland beherrschten und tyrannisierten.

Um ihr Ziel zu erreichen, haben sie durch alle ihnen zur Verfügung stehenden Mittel ihren Untertanen die Lehre eingeschärft, in internationalen Angelegenheiten sei Gewalt Recht. Niemals haben sie davon abgelassen, die Rüstungen Deutschlands zu Wasser und zu Lande auszudehnen und die lügnerische Behauptung zu verbreiten, eine solche Politik sei nötig, weil Deutschlands Nachbarn auf sein Gedeihen und seine Macht eifersüchtig seien. Sie sind bestrebt gewesen, zwischen den Nationen an Stelle der Freundschaft Feindschaft und Argwohn zu säen. Sie haben ein System der Spionage und der Intrigen entwickelt, welches ihnen gestattet hat, auf dem Gebiete ihrer Nachbarn Unruhen und innere Revolten zu erregen und sogar geheime Offensivvorbereitungen zu treffen, um sie im gegebenen Augenblick mit größerer Sicherheit und Leichtigkeit zerschmettern zu können. Sie haben durch Gewaltsandrohungen Europa in einem Zustande der Gärung erhalten, und als sie festgestellt hatten, daß ihre Nachbarn entschlossen waren, ihren anmaßenden Plänen Widerstand zu leisten, da haben sie beschlossen, ihre Vorherrschaft mit Gewalt zu begründen.

Sobald ihre Vorbereitungen vollendet waren, haben sie einen in Abhängigkeit gehaltenen Bundesgenossen dazu ermuntert, Serbien innerhalb achtundvierzig Stunden den Krieg zu erklären. Von diesem Kriege, dessen Spieleinsatz die Kontrolle über den Balkan war, wußten sie recht wohl, er könne nicht lokalisiert werden und würde den allgemeinen Krieg entfesseln. Um diesen allgemeinen Krieg doppelt sicher zu machen, haben sie sich jedem Versuche der Versöhnung und der Beratung entzogen, bis es zu spät war; und der Weltkrieg ist unvermeidlich geworden, jener Weltkrieg, den sie angezettelt hatten, und für den Deutschland allein unter den Nationen vollständig ausgerüstet und vorbereitet war.

Indessen beschränkt sich die Verantwortlichkeit Deutschlands nicht auf die Tatsache, den Krieg gewollt und entfesselt zu haben. Deutschland ist in gleicher Weise für die rohe und unmenschliche Art, auf die er geführt worden ist, verantwortlich.

Obwohl Deutschland selber einer der Bürgen Belgiens war, haben seine Regierenden die Neutralität dieses durch und durch friedlichen Volkes, nachdem sie ihre Respektierung feierlich versprochen hatten, verletzt. Damit nicht zufrieden, sind sie mit kühler Überlegung zu einer Reihe von Hinrichtungen und Brandstiftungen geschritten, mit der einzigen Absicht, die Bevölkerung zu terrorisieren und sie eben durch die Schrecklichkeit ihrer Handlungen zu bändigen.

Die Deutschen sind es, welche als erste die giftigen Gase benutzt haben, trotz der fürchterlichen Leiden, die sich daraus ergeben mußten. Sie sind es, welche mit den Bombardements durch Flieger und der Beschießung von Städten auf weite Entfernung ohne militärische Gründe den Anfang gemacht haben, mit dem alleinigen Ziel vor Augen, die seelische Widerstandskraft ihrer Gegner, dadurch daß sie die Frauen und Kinder trafen, zu vermindern. Sie sind es, die den Unterseebootkrieg begonnen haben, eine Herausforderung von Seeräubern an das Völkerrecht, indem sie so eine große Anzahl von unschuldigen Passagieren und Seeleuten mitten auf dem Ozean, weit entfernt von jeder Hilfsmöglichkeit, auf Gnade und Barmherzigkeit den Winden und den Wogen und, was noch schlimmer ist, den Besatzungen ihrer Unterseeboote ausgeliefert, dem Tode überantworten. Sie sind es, die mit brutaler Roheit Tausende von Männern und Frauen und Kindern nach fremden Ländern in die Sklaverei verschleppt haben. Sie sind es, die sich hinsichtlich der Kriegsgefangenen, welche sie gemachte hatten, eine barbarische Behandlung erlaubt haben, vor welcher die Völker unterster Kulturstufe, zurückgeschreckt wären.

Das Verhalten Deutschlands ist in der Geschichte der Menschheit fast beispiellos. Die schreckliche Verantwortlichkeit, die auf ihm lastet, läßt sich in der Tatsache zusammenfassend zum Ausdruck bringen, daß wenigstens sieben Millionen Tote in Europa begraben liegen, während mehr als zwanzig Millionen Lebender durch ihre Wunden und ihre Leiden von der Tatsache Zeugnis ablegen, daß Deutschland durch den Krieg seine Leidenschaft für die Tyrannei hat befriedigen wollen.

Die Alliierten und Assoziierten Mächte halten dafür, daß sie denen, die ihr alles dahingegeben haben, um die Freiheit der Welt zu retten, nicht gerecht werden würden, in diesem Kriege kein Verbrechen gegen die Menschlichkeit und gegen das Recht zu erblicken.

[...]

II.

Die Alliierten und Assoziierten Mächte glauben demnach, daß der Friede, den sie vorgeschlagen haben, seinem Grundwesen nach ein Rechtsfriede ist. Sie sind nicht weniger gewiß, daß es ein Friede des Rechtes ist, in Gemäßheit der im Augenblick des Waffenstillstandes anerkannten Grundsätze. Man kann wohl nicht an der Absicht der Alliierten und Assoziierten Mächte zweifeln, zur Grundlage der europäischen Ordnung das Prinzip zu machen, die unterdrückten Völker zu befreien und die nationalen Grenzen soweit wie möglich gemäß dem Willen der in Frage kommenden Völker neu zu ziehen, indem sie zu gleicher Zeit jedem Volke alle Erleichterungen zuteil werden lassen, um in völkischer und wirtschaftlicher Beziehung ein unabhängiges Leben zu führen. Diese Absicht ist nicht nur in der Rede des Präsidenten Wilson im Kongreß vom 8. Januar 1918 kundgetan worden, sondern in den »Grundsätzen der Regelung, die in den folgenden Reden zur Kenntnis gebracht worden sind«, und welche die angenommene Grundlage des Friedens waren. Eine Denkschrift über diese Frage ist der vorliegenden Note in der Anlage beigefügt.

In Anwendung dieser Grundsätze haben die Alliierten und Assoziierten Mächte Bestimmungen getroffen, um Polen als unabhängigen Staat wiederherzustellen, mit »einem freien und sicheren Zugang zum Meere«. Alle die »von unzweifelhaft polnischen Bevölkerungen bewohnten Gebiete« sind Polen zuerkannt worden. Alle von einer deutschen Mehrheit bewohnten Gebiete sind, abgesehen von einigen vereinzelten Städten und von auf vor kurzem gewaltsam enteigneten Landgütern gegründeten und inmitten unzweifelhaft polnischer Landstriche belegenen Ansiedlungen, Deutschland belassen worden. Überall, wo der Wille des Volkes zweifelhaft ist, ist eine Volksabstimmung vorgesehen worden. Die Stadt Danzig soll die Verfassung einer Freistadt erhalten; ihre Einwohner sollen autonom sein; sie sollen nicht unter die Herrschaft Polens kommen und werden keinen Teil des polnischen Staates bilden. Polen soll gewisse wirtschaftliche Rechte in Danzig bekommen; die Stadt selber ist von Deutschland abgetrennt worden, weil es kein anderes mögliches Mittel gab, ihr jenen »freien und sicheren Zugang zum Meere« zu verschaffen, welchen Deutschland abzutreten versprochen hatte.

Die deutschen Gegenvorschläge stehen im vollständigen Widerspruch zu der vereinbarten Grundlage des Friedens. Sie zielen darauf ab, große Majoritäten unstreitbar polnischer Bevölkerung unter deutscher Herrschaft zu halten.

Um die Landverbindung zwischen Ost- und Westpreußen aufrechtzuerhalten, deren Handel stets in der Hauptsache durch Küstenschiffahrt befördert worden ist, soll einer Nation von über zwanzig Millionen Menschen, die bis an die Küste heran in der Bevölkerung die Majorität bilden, der sichere Zugang zur See verweigert werden. Diese Vorschläge können daher von den Alliierten und Assoziierten Mächten nicht angenommen werden. Gleichzeitig hat jedoch die deutsche Note in gewissen Fällen die Berechtigung einer Abänderung dargetan, welche erfolgen soll; und mit Rücksicht auf die Behauptung, daß Oberschlesien, obgleich die Bevölkerung im Verhältnis von 2 zu 1 überwiegend polnisch ist (1.250.000 gegen 650.000 nach der deutschen Volkszählung von 1910), bei Deutschland zu verbleiben wünscht, sind die Alliierten und Assoziierten Mächte damit einverstanden, daß die Frage, ob Oberschlesien zu Deutschland oder zu Polen gehören soll, durch Abstimmung der Bevölkerung selber entschieden wird.

Das von den Alliierten und Assoziierten Mächten für das Saarbecken vorgeschlagene Regime soll 15 Jahre dauern. Die Mächte haben diese Regelung für erforderlich gehalten, sowohl mit Rücksicht auf den allgemeinen Plan der Wiedergutmachung als auch, um Frankreich sofortige und gewisse Entschädigung für die willkürliche Zerstörung seiner im Norden belegenen Kohlenminen zu sichern. Das Gebiet ist nicht unter französische Oberhoheit gestellt, sondern unter die Kontrolle des Völkerbundes. Diese Regelungsweise hat den zwiefachen Vorteil, daß hierdurch keine Annexion vollzogen wird, während sie gleichzeitig den Besitz der Kohlenfelder an Frankreich überträgt und die wirtschaftliche Einheit des Gebietes aufrechterhält, welche für die Interessen der Einwohner von solcher Wichtigkeit ist. Nach Ablauf der 15 Jahre wird die gemischte Bevölkerung, welche in der Zwischenzeit ihre eigenen örtlichen Angelegenheiten unter der regierenden Aufsicht des Völkerbundes geregelt haben wird, volle Freiheit haben, um darüber zu entscheiden, ob die Vereinigung mit Deutschland oder die Vereinigung mit Frankreich oder die Fortsetzung des durch den Vertrag begründeten Regimes vorzieht.

Was die Gebiete anbelangt, deren Übertragung von Deutschland an Dänemark und Belgien vorgeschlagen worden ist, so sind einige von diesen von Preußen gewaltsam angeeignet worden, in jedem Falle aber wird eine Übertragung nur stattfinden auf Grund der Entscheidung der Bevölkerung, die unter Bedingungen gefällt werden soll, welche die volle Wahlfreiheit sichern.

Endlich haben die Alliierten und Assoziierten Mächte sich davon überzeugen können, daß die angeborenen Bevölkerungen der deutschen Kolonien starken Widerspruch dagegen erheben, daß sie wieder unter Deutschlands Oberherrschaft gestellt werden, und die Geschichte dieser deutschen Oberherrschaft, die Traditionen der Deutschen Regierung und die Art und Weise, in welcher diese Kolonien verwandt wurden als Ausgangspunkte für Raubzüge auf den Handel der Erde, machen es den Alliierten und Assoziierten Mächten unmöglich, Deutschland die Kolonien zurückzugeben oder dem Deutschen Reiche die Verantwortung für die Ausbildung und Erziehung der Bevölkerung anzuvertrauen.

Aus diesen Gründen sind die Alliierten und Assoziierten Mächte davon überzeugt, daß ihre territorialen Vorschläge sowohl mit der vereinbarten Grundlage des Friedens, als auch mit den notwendigen Voraussetzungen für den künftigen Frieden Europas in Einklang stehen. Sie sind daher nicht geneigt, sie über das angegebene Maß hinaus abzuändern.

QUELLE: Deutsche Liga für Völkerbund (Hg.): Das Ultimatum der Entente. Vollständiger Text der Mantelnote und der Antwort auf die deutschen Gegenvorschläge. Amtlicher Wortlaut, Verlag Hans Robert Engelmann, Berlin 1919

HANS FALLADA (1893–1947)

Hans Fallada wird als Rudolf Ditzen am 21. Juli 1893 als Sohn des Landgerichtsrates Wilhelm Ditzen und seiner Frau Elisabeth geb. Lorenz in Greifswald geboren. Nach schwierigen Jugendjahren, in denen die Eltern ihn zu verschiedenen Ausbildungsstätten bringen, und einem als Duell getarnten Selbstmordversuch kommt er 1911 in psychiatrische Behandlung. Er wird drogenabhängig und als Kriegsfreiwilliger wegen Untauglichkeit ausgemustert.
1920 veröffentlicht er unter dem Pseudonym Hans Fallada seinen ersten Roman »Der junge Goedeschal«. Wegen Unterschlagung und Betrug verbüßt er Haftstrafen. 1929 heiratet er Anna Issel. Der 1932 veröffentlichte Roman »Kleiner Mann – was nun?« macht ihn schlagartig berühmt. Er kann das Gut Carwitz in Mecklenburg kaufen (heute Museum), wo er weiter schriftstellerisch tätig ist. Es folgen unruhige, durch Wohnwechsel und Drogenabhängigkeit gekennzeichnete Jahre, in denen er mehrere anerkannte Werke veröffentlicht, die häufig seine Lebenserfahrungen widerspiegeln.
Seine Sucht bringt ihn immer wieder in Grenzsituationen. 1946 wird er in die Berliner Charité eingewiesen, wo er kurz vor seinem Tod den ebenfalls stark von autobiographischen Zügen geprägten Roman »Jeder stirbt für sich allein« verfasst.

HANS FALLADA

KLEINER MANN – WAS NUN?

EIN ETAT IST AUFGESTELLT, UND DAS FLEISCH WIRD KNAPP. PINNEBERG FINDET SEIN LÄMMCHEN KOMISCH

Lämmchen sitzt an einem späten, dunklen Nachmittag in ihrer Wohnung, hat ein Heft vor sich und lose Blätter, Federhalter, Bleistift, ein Lineal. Sie schreibt und addiert, dann streicht sie etwas weg, und dann setzt sie wieder etwas dazu. Dabei seufzt sie, schüttelt den Kopf, seufzt wieder, denkt: Es ist ja wohl nicht möglich, und rechnet weiter.

Das Zimmer ist wirklich gemütlich mit der tiefen Balkendecke und den rotbraunen warmen Mahagonimöbeln. Es ist ganz und gar kein modernes Zimmer, es tut dem Zimmer gar nichts, daß ein mit schwarzen und weißen Perlen gestickter Spruch an der Wand hängt, »Sei getreu bis in den Tod«. Das gehört alles dazu. Und auch Lämmchen gehört dazu im weiten, blauen Kleid mit der kleinen Maschinenspitze um den Hals, mit dem sanften Gesicht und der graden Nase. Es ist angenehm warm im Zimmer, der nasse Novemberwind faucht manchmal gegen die Scheiben an, das macht alles noch heimeliger.

Lämmchen ist mit ihrer Schreiberei fertig, sie liest sie noch einmal durch. Und so sieht aus, was sie schrieb, mit vielen Unterstreichungen, kleinen und großen Buchstaben:

Normal-Etat
von Johannes und Lämmchen Pinneberg
pro Monat

Anmerkung: Darf unter *keinen Umständen* überschritten werden!!!!

A. Einnahmen:
Gehalt pro Monat brutto . . . . 200,– RM

B. Ausgaben:
a. Lebensmittel:
    Butter und Margarine 10,–
    Eier 4,–
    Gemüse 8,–
    Fleisch 12,–
    Wurst und Käse 5,–
    Brot 10,–
    Kolonialwaren 5,–
    Fische 3,–
    Obst 5,–   62,–

b.	Sonstiges:
	Versicherungen und Steuern ... 31,75
	DAG-Beitrag 5,10
	Miete 40,–
	Fahrgeld 9,–
	Elektrisches Licht 3,–
	Feuerung 5,–
	Kleidung und Wäsche 10,–
	Schuhwerk 4,–
	Waschen, Rollen und Plätten .. 3,–
	Reinigungsmittel 5,–
	Zigaretten 3,–
	Ausgänge 3,–
	Blumen 1,15
	Neuanschaffungen 8,–
	Unvorhergesehenes 3,– 134,–

Gesamtausgaben .... 196,– RM

Bleibt Bestand .... 4,– RM

Die Unterzeichneten verpflichten sich, unter keinen Umständen und unter keinem Vorwande Geld zu anderen als den vorgesehenen Zwecken und nicht über den Etat hinaus der Kasse zu entnehmen.

Berlin, am 30. November.

Lämmchen zögert noch einen Augenblick, sie denkt: Der Junge wird Augen machen, dann nimmt sie die Feder und setzt ihren Namen darunter. Sie packt alles fein säuberlich zusammen und legt es in ein Fach des Sekretärs. Aus seinem Mittelfach nimmt sie eine weitbauchige, blaue Vase und schüttet sie auf den Tisch aus. Ein paar Scheine fallen heraus, ein bißchen Silber, ein paar Messinggroschen. Sie zählt alles nach, es sind und bleiben hundert Mark. Sie seufzt leicht, dann legt sie das Geld in ein anderes Fach und stellt die entleerte Vase an ihren Platz zurück.

Nun geht sie zur Tür, knipst das elektrische Licht aus und setzt sich gemütlich auf den großen Strohstuhl am Fenster, die Hände auf dem Leib, die Beine schön weit auseinander.Durch das Marienglasfenster des Ofens fällt ein rötlicher Schein auf die Decke und tanzt dort leise hin und her, bleibt plötzlich stehen und zittert dann lange, bis er wieder zu tanzen beginnt. Es ist schön, bei sich zu Haus zu sitzen, allein im Dunkeln, man wartet auf den Mann, und vielleicht rührt sich das Kind im Leibe. Man ist so groß und weit, man fließt über und wird immer weiter … An die See muß man auch denken. Die hob sich auch so und senkte sich und ging immer weiter, man wußte eigentlich auch da nicht, wozu, aber gut war es, daß es so war …

Lämmchen schläft längst, schläft mit halbgeöffnetem Mund, den Kopf auf einer Schulter, einen leichten, schnellen, fröhlichen Schlaf, der sie hebt und wiegt in seinem Arm.

Und ist sofort ganz wach und ganz bei der Sache, als der Junge das Licht anmacht und fragt: »Na, wie geht's? Im Dunkeln, Lämmchen? Hat der Murkel sich gemeldet?«

»Nein. Heute noch nicht. Übrigens Tag, Mann.«

»Übrigens Tag, Frau.«

Und sie geben sich einen Kuß.

Er deckt den Tisch, und sie richtet das Essen an. Etwas zögernd sagt sie: »Es gibt heute Schellfisch mit Senfsoße. Es war so schön billig.«

»Recht«, sagt er. »Mal esse ich ganz gerne Fisch.«

»Du bist guter Laune«, sagt sie. »Ging's gut? Wie ist es mit dem Weihnachtsgeschäft?«

»Gott, es fängt so ein bißchen an. Die Leute trauen sich noch nicht recht.«

»Hast du gut verkauft?«

»Ja, ich hab heute Dusel gehabt. Ich hab heute für über fünfhundert Mark verkauft.«

»Du bist sicher der beste Verkäufer, den die haben.«

»Nee, Lämmchen, Heilbutt ist besser. Und Wendt ist mindestens ebenso gut. Aber – es kommt wieder was Neues.«

»Was denn? Gutes doch sicher nicht.«

»Bei uns ist jetzt ein Organisator eingestellt. Der soll den ganzen Betrieb durchorganisieren, Sparmaßnahmen und so.«

»An euern Gehältern ist doch nichts mehr zu sparen.«

»Kann man's wissen, was die denken? Er wird schon was finden. Lasch hat gehört, er kriegt dreitausend Mark Gehalt monatlich.«

»Wie?« fragt Lämmchen. »Dreitausend Mark, und das nennt Mandel sparen?«

»Ja, die muß er eben wieder rausholen, der wird schon was finden.«

»Aber wie denn?«

»Die reden davon, daß nun auch bei uns jeder Verkäufer gesetzt kriegen soll, soundso viel mußt du verkaufen, und wenn du das nicht schaffst, fliegst du.«

»Gemein finde ich das! Wenn die Kunden nun nicht kommen und wenn sie kein Geld haben und wenn ihnen eure Ware nicht gefällt? So was dürfte gar nicht erlaubt sein.«

»So was ist grade erlaubt«, sagt Pinneberg. »Da sind sie alle verrückt drauf. Das nennen sie vernünftig und sparsam, dadurch finden sie, wer nichts taugt. Ist ja alles Mist. Der Lasch zum Beispiel, der ist ein bißchen ängstlich. Der sagt heute schon, wenn die das so machen, daß sie ihm seinen Verkaufsblock nachrechnen, und daß er immer Angst haben muß, ob er es auch schafft – dann verkauft er vor lauter Angst schon gar nichts.«

»Und das ist ja auch ganz egal«, sagt Lämmchen flammend, »wenn er auch wirklich nicht so viel verkauft und wenn er auch wirklich nicht so tüchtig ist, was sind denn das für welche, daß sie einen Menschen deswegen aus allem Verdienst und aller Arbeit und aller Lebensfreude herausschmeißen?! Sollen die Schwächeren denn gar nichts mehr sein? Einen Menschen danach bewerten, wieviel Hosen er verkaufen kann!«

»Na ja«, sagt Pinneberg, »du gehst ja mächtig los, Lämmchen …«

»Tu ich auch, rasend wütend kann mich so was machen.«

»Aber die sagen natürlich, daß sie einen Menschen nicht dafür bezahlen, daß er nett ist, sondern daß er eben viel Hosen verkauft.«

»Das ist ja gar nicht wahr«, sagt Lämmchen. »Das ist nicht wahr, Junge. Sie wollen ja doch, daß sie anständige Menschen haben. Aber was sie jetzt machen, mit den Arbeitern schon lange und mit uns nun auch, da ziehen sie lauter Raubtiere hoch, und da werden sie was erleben, Junge, sage ich dir!«

»Natürlich werden sie was erleben«, sagt Pinneberg. »Die meisten bei uns sind ja auch schon Nazis.«

»Danke!« sagt Lämmchen. »Ich weiß, was wir wählen.«

»Na – und was? Kommunisten?«

»Natürlich.«

»Das wollen wir uns noch mal überlegen«, sagt Pinneberg. »Ich möchte ja auch immer, aber dann bringe ich es doch nicht fertig. Vorläufig haben wir ja noch eine Stellung, da ist es ja noch nicht nötig.«

Lämmchen betrachtet ihren Mann nachdenklich. »Na schön, Junge«, sagt sie, »bis zur nächsten Wahl sprechen wir uns noch.«

Und damit stehen beide von ihrem Schellfisch auf, und Lämmchen wäscht rasch ab, und der Junge trocknet ab.

»Bist du auch bei Puttbreese gewesen?« fragt Lämmchen plötzlich. »Wegen der Miete?«

»Erledigt«, sagt er. »Ist alles bezahlt.«

»Dann leg das andere Geld nur gleich weg.«

»Schön«, sagt er und öffnet den Sekretär, nimmt die blaue Vase, greift in die Tasche, nimmt das Geld aus dem Portemonnaie, sieht in die blaue Vase und sagt verblüfft: »Da ist ja gar kein Geld mehr drin.«

»Nein«, sagt Lämmchen fest und sieht ihren Mann an.

»Aber wieso?« fragt er erstaunt. »Es muß doch noch Geld da sein! Unser Geld kann doch noch nicht alle sein.«

»Doch«, sagt Lämmchen. »Unser Geld ist alle. Unsere Ersparnisse sind alle, und was wir von der Reichsversicherung bekommen haben, das ist auch alle. Alles zugebuttert. Von jetzt an müssen wir mit deinem Gehalt auskommen!«

Er wird immer verwirrter. Es kann doch nicht sein, daß Lämmchen, sein Lämmchen ihn beschummelt. »Aber ich habe doch gestern oder vorgestern noch Geld im Topf gesehen. Bestimmt war da noch ein Fünfzigmarkschein drin und eine Menge kleine Scheine.«

»Hundert waren's noch«, erklärt Lämmchen.

»Und wo sind die hin?« fragt er.

»Weg«, sagt sie.

»Aber …«, plötzlich wird er ärgerlich. »Zum Donnerwetter! Was hast du dafür gekauft? Sag es endlich!«

»Nichts«, antwortet sie. Und als er ganz wütend werden will: »Aber kapierst du denn nicht, Junge, ich hab sie weggelegt, verwahrt, die existieren nicht mehr für uns. Wir müssen jetzt mit deinem Gehalt auskommen.«

»Aber warum denn weggelegt? Wenn wir sagen, wir wollen nichts davon verbrauchen, bringen wir's auch so fertig.«

»Nein, das tun wir eben nicht.«

»Das sagst du.«

»Höre mal, Junge, wir haben doch immer mit unserm Gehalt auskommen wollen, wir haben sogar noch was davon sparen wollen, und wo sind unsere Ersparnisse? Sogar alle Extraeinnahmen sind weg.«

»Aber wieso eigentlich?« fängt er an zu grübeln. »Wir haben doch wirklich nicht üppig gelebt.«

»Ja«, sagt sie. »Erst mal ist unsere Verlobungszeit gewesen, da sind wir immerzu hin und her gefahren, und ausgegangen sind wir auch viel.«

»Und das Aas, der Sesam, mit seinen fünfzehn Mark, dasvergesse ich dem Bruder nie.«

»Und die Hochzeit«, sagt sie, »hat auch Geld gekostet.«

»Und die ersten Anschaffungen. Die Töpfe und die Bestecke und Besen und Bettwäsche und mein Bett.«

»Und Ausflüge haben wir auch 'ne Menge gemacht.«

»Und der Umzug nach Berlin.«

»Ja, und dann …«, sie bricht ab.

Aber er vollendet mutig: »… die Frisiertoilette.«

»Und die Ausstattung für den Murkel.«

»Und die Krippe haben wir auch schon gekauft.«

»Und hundert Mark haben wir immer noch«, vollendet sie strahlend.

»Na also«, sagt er, ebenfalls sehr zufrieden. »Da haben wir doch eine ganze Menge geschafft. Da brauchst du doch nicht zu meckern.«

»Schön«, sagt sie und ändert den Ton. »Geschafft haben wir alles mögliche, aber eigentlich hätte das meiste auch ohne die Reserven gehen müssen. Sieh mal, Junge, es war ja sehr anständig von dir, daß du mir kein Haushaltsgeld ausgesetzt hast und daß ich immer nur in den blauen Topf zu fassen brauchte. Aber leichtsinnig hat es mich doch gemacht, ich hab manchmal reingelangt, wenn es nicht ganz notwendig gewesen wäre, und vorigen Monat die Kalbsschnitzel und die Flasche Mosel zum Einzug hier, die wären zum Beispiel nicht nötig gewesen …«

»Der Mosel hat eine Mark gekostet. Wenn wir gar keine Freude mehr haben sollen …«

»Wir müssen aber sehen, daß wir mehr die kostenlosen Freuden benutzen.«

»Gibt's ja gar nicht«, sagt er. »Alles, was einen freut, kostet Geld. Wenn du bloß ein bißchen ins Grüne willst, her mit dem Geld! Wenn du ein bißchen Musik hören willst, Geld her! Alles kostet Geld, gibt es gar nicht, ohne Geld.«

»Ich habe so gedacht, Museen …«, sie bricht rasch ab.

»Ich weiß ja, man kann nicht immer in Museen gehen, und wir verstehen ja auch nichts davon. Das Richtige, was man sich ansehen müßte, finden wir nie. – Aber jedenfalls müssen wir jetzt auskommen, und da habe ich mir mal so aufgeschrieben, was wir alles brauchen im Monat. Darf ich es dir mal zeigen?«

»Na, zeig schon.«

»Und du bist wirklich nicht böse?«

»Wie soll ich dir denn böse sein, wahrscheinlich hast du recht. Ich kann nicht mit Geld umgehen.«

»Ich auch nicht«, sagt sie. »Wir müssen es eben lernen.«

Und dann zeigt sie ihm ihre Zettel. Seine Stirn erheitert sich, als er zu lesen anfängt: »Normal-Etat ist sehr gut, Lämmchen. Normal-Etat wird unter allen Umständen eingehalten. Schwör ich.«

»Schwör nicht zu früh«, warnt sie.

Erst geht das Lesen ziemlich rasch. »Mit den Lebensmitteln«, sagt er, »da kann man ja wohl nichts sagen. Hast du es ausprobiert?«

»Ja, ich habe angeschrieben, die ganze letzte Zeit.«

»Fleisch«, sagt er. »Zwölf Mark, kommt mir schrecklich viel vor.«

»Jungchen«, sagt sie, »das sind auf den Tag nur vierzig Pfennig Fleisch für uns beide zusammen, und das ist eine ganze Ecke weniger, als du in der letzten Zeit bekommen hast. Zweimal die Woche müssen wir jetzt mindestens fleischfrei essen.«

»Was denn?« fragt er besorgt.

»Alles mögliche. Saure Linsen. Und Makkaroni. Und Pflaumen und Graupen.«

»O Gott!« sagt er. Und als sie eine Bewegung macht: »Ich seh's ja ein, Lämmchen. Nur sag mir nicht vorher, wenn du so was kochen willst, sonst freue ich mich gar nicht auf das Nachhauskommen.«

Sie zieht einen kleinen nachdenklichen Flunsch, dann besinnt sie sich. »Schön«, sagt sie. »Ich will's auch möglichst wenig tun. Nur – wenn es mal nicht so schmeckt, sei nicht gleich mies. Ich werd immer mies, wenn du mies bist, und was haben wir noch vom Leben, wenn wir nun auch noch beide mies sind?«

»Mies«, lockt er. »Komm her, meine Mies! Meine große Mies, meine schöne Mies, komm, schnurr ein bißchen, Mies!«

Sie duckt sich unter seiner Hand, ihr ist so wohlig zumute. Aber dann entzieht sie sich ihm. »Nein, jetzt nicht, Jungchen. Ich will, daß du alles ansiehst. Eher bin ich nicht ruhig. Und dann überhaupt ...«

»Was heißt denn überhaupt?« fragt er erstaunt.

»Nein. Nichts. Es ist mir so rausgefahren. Später. Das hat noch Zeit.«

Aber dies beunruhigt ihn wirklich. »Was meinst du damit? Magst du nicht mehr?«

»Junge«, sagt sie. »Junge. Red doch keinen Unsinn. Nicht mögen ... das weißt du doch!«

»Aber du hast doch eben so was gemeint?« beharrt er.

»Ich hab was ganz anderes gemeint«, verteidigt sie sich.

»In dem Buch«, und sie sieht nach dem Sekretär, »steht drin, daß man das in der letzten Zeit lieber nicht mehr soll. Daß das die Mutter auch nicht mehr mag und daß es für das Kind nicht gut ist. Aber«, sie pausiert, »vorläufig mag ich noch.«

»Wie lange soll denn das dauern?« fragt er mißtrauisch.

»Ach, ich weiß nicht. Sechs Wochen, acht Wochen.«

Er wirft einen vernichtenden Blick auf sie und nimmt vom Sekretär das Buch.

»Ach, laß doch!« ruft sie. »Das ist ja noch lange hin.«

Aber er hat die Stelle schon. »Ein Vierteljahr mindestens«, sagt er vernichtet.

»Na schön«, sagt sie. »Ich glaube, bei mir kommt das später wie bei den andern, mir ist wenigstens noch gar nicht so. Nun mach das dumme Buch zu.«

Doch er liest schon weiter, seine Augenbrauen sind ganz in die Höhe gezogen, seine Stirn ist vor Erstaunen völlig zerdrückt. »Und nachher geht's ja noch immer weiter mit der Abstinenz«, sagt er verblüfft. »Noch mal acht Wochen während des Nährens. Also sagen wir zehn Wochen und acht Wochen, achtzehn Wochen – sag bloß, wozu sind wir verheiratet?«

Sie sieht ihn lächelnd an, sie sagt nichts. Und da fängt auch er an zu lächeln. »O Gott«, sagt er, »wie wird die Weltanders. Das hat man sich alles nie gedacht. Also das ist der Murkel, damit fängt es an.« Er grinst. »Ein freundliches Kind«, sagt er. »Stößt seinen Vater vom Fleischtrog fort.«

Sie lacht. »Vieles, vieles wirst du noch lernen.«

»Es ist nur gut, daß man es weiß.« Er sieht sie strahlend an. »Von jetzt an, Emma Pinneberg, wird Vorratswirtschaft getrieben.«

»Von mir aus«, sagt sie. »Aber nun lies deinen Etat zu Ende. Eher geht es mit der Vorratswirtschaft nicht los.«

»Richtig«, sagt er. »Was ist das? Reinigungsmittel?«

»Na so, Seife und Zahnpasta und deine Rasierklingen und Benzin. Haarschneiden ist auch dabei.«

»Haarschneiden, sehr gut, mein Mädchen. Kleidung und Wäsche zehn Mark, scheint nicht so, als ob wir bald zu neuen Kleidern kommen könnten.«

»Da sind ja auch noch die acht Mark von den Neuanschaffungen, aber Schuhe müssen auch mal sein; höchstens jedes zweite Jahr ein Anzug für dich, habe ich gedacht, und jedes dritte Jahr einen Wintermantel für einen von uns.«

»Üppig, üppig«, sagt er. »Drei Mark für Zigaretten finde ich sehr anständig von dir.«

»Tag drei Stück zu drei Pfennig«, sagt sie. »Du wirst manchmal japsen.«

»Wird schon gehen. Aber was ist das, drei Mark für Ausgänge im Monat? Wohin willst du denn für drei Mark ausgehen? Kino?«

»Vorläufig gar nicht«, sagt sie. »Ach, Junge, ich habe so gedacht.

Ich möchte einmal in meinem Leben richtig, richtig ausgehen wie die reichen Leute. Gar nicht dabei aufs Geld sehen.«

»Für drei Mark?«

»Die legen wir jeden Monat beiseite. Und wenn ordentlich was beisammen ist, so zwanzig oder dreißig Mark, dann gehen wir einmal richtig aus.«

Er blickt sie prüfend an, er sieht ein bißchen traurig aus.

»Einmal in einem Jahr?« fragt er.

Aber diesmal merkt sie nichts. »Ja, meinethalben erst in einem Jahr. Je mehr zusammen ist, um so besser. Und dann hauen wir das Geld richtig auf den Kopf. Dann gehen wir richtig auf den Zwutsch.«

»Komisch«, sagt er. »Daran habe ich nie gedacht, daß dich so was freuen könnte.«

»Aber wieso denn komisch?« fragt sie. »Das ist doch selbstverständlich. Ich hab noch nie so was mitgemacht in meinem Leben. Du kennst natürlich alles aus deiner Junggesellenzeit.«

»Natürlich hast du recht«, sagt er langsam und schweigt. Plötzlich aber schlägt er wütend auf den Tisch. »O Gott verdammich!« schreit er.

»Aber was ist denn?« fragt sie. »Was ist denn los, Junge?«

»Ach nichts«, sagt er, schon wieder bloß mürrisch. »Manchmal möchte man nur platzen vor Wut, wie das alles eingerichtet ist in der Welt.«

»Die andern meinst du? Die laß man. Die haben ja doch nichts davon. Und nun unterschreib, Jungchen, daß du dich dran halten willst.«

Er nimmt die Feder und unterschreibt.

QUELLE: Hans Fallada: Kleiner Mann, was nun?; © Aufbau Verlag GmBH & Co. KG, Berlin 1954, 2009 (dieser Roman erschien 1954 im Aufbau-Verlag; Aufbau ist eine Marke der Aufbau Verlag GmbH & Co. KG)

Geldwaage für Inflationsgeld 1923
Am Höhepunkt der großen Inflation von 1919 bis 1923 wurden Geldscheine schließlich nur noch gewogen, nicht mehr gezählt. Ein Liter Milch kostete 26 Milliarden Mark, ein Brot 105 Milliarden Mark. Mit der Währungsreform 1923 (Einführung der Rentenmark) und der Einführung der Reichsmark 1924 konnte die Währung stabilisiert werden.

GERTRUD VON DEN BRINCKEN (1892–1982)

Gertrud von den Brincken kommt am 18. April 1892 als Tochter des Gutsbesitzers Maximilian Baron von den Brincken und seiner Frau Louise geb. von Bistram auf dem kurländischen Familiengut Brinck-Pedwahlen (heute Lettland) zur Welt.

Ihre schulische Ausbildung erhält sie in Mitau (Jelgava). Mit 19 Jahren veröffentlicht sie ihren ersten Gedichtband. 1919 wird das Gut enteignet und sie muss für sich und ihre Mutter und Schwester – der Vater ist 1904 verstorben – den Lebensunterhalt verdienen.

1925 heiratet sie den aus Österreich stammenden, an der Universität Dorpat (Tartu) wirkenden Philosophieprofessor Walther Schmied-Kowarzik. Sie ziehen 1927 berufsbedingt nach Frankfurt am Main und über Umwegen 1939 nach Mödling bei Wien. Nach Vertreibung durch die Rote Armee und entbehrungsreichen Flüchtlingsjahren lebt und schreibt Gertrud von den Brincken ab 1950 bis zu ihrem Tode in Regensburg.

In ihren Gedichten und Romanen spiegeln sich schicksalhafte Grenzsituationen, wie sie sie in ihrem langen Leben zum Teil selber erfahren hat – getragen von der Überzeugung, dass wir Menschen verantwortlicher Teil von Gottes Schöpfung sind.

GERTRUD VON DEN BRINCKEN

LAND UNTER (1919)

3. ERSCHIESSUNGEN

Ein dunkles, wenn nicht das dunkelste Kapitel baltischer Geschichte vollzog sich auf dieser Straße vor unseren Fenstern.

Der Ruf: »Sie kommen!« schlug als ungezügeltes Frohlocken

gegen unsere Scheiben. Wir wußten, wen der Ruf meinte, den die Straßenkinder, die Marktweiber und herumlungernden ›Paschpuiken‹, die ›Halbstarken‹, von Hoftor zu Hoftor weitergaben. Und jetzt kamen sie, die man aus dem Gefängnis am Marktplatz, die lange Straße hinunter, hinauf zum Galgenberg trieb. Wenn wir auch die wenigsten persönlich kannten, wir erkannten sie sofort – an ihrem Gang, ihrer Haltung, ihrem Blick. Baron Sacken aus Dondangen, Baron Roenne aus Puhren, die beiden weißhaarigen Petertalschen Heykings und viele, viele andere noch. Sie schritten nebeneinander, drei oder vier, von Rotgardisten eskortiert. Sie trugen Schaufeln über den Schultern, um droben die Grube im steinhart gefrorenen Boden auszuheben, in die man sie hineinstoßen würde. Das Schaufeln mochte für manch einen alten gebrechlichen Herrn das Schwerste in seiner letzten Stunde gewesen sein. Ältere und Jüngere waren unter ihnen, doch wenn sie über das eisverkrustete Straßenpflaster schritten – aufrecht, ohne zu stolpern, in gleichem Schritt und Tritt, die schaufeltragenden Schultern zurückgestemmt., die farblosen Gesichter zum hellfarbenen Horizontstreifen gehoben, der den Galgenberg wie mit einer Aureole umschloß, – dann schien es keinen Altersunterschied zwischen ihnen zu geben. Der gleiche Ausdruck sprach aus den zusammengepreßten Lippen, den kühl geradeaus blickenden Augen: etwas unantastbar Entrücktes – Zeitlosigkeit.

Meistens trabte die Begleitmannschaft mürrisch neben ihnen her, sie nur ab und zu mit einem gebellten: »Skarej! shigli! shigli!« antreibend. Nur einmal ließen die Treiber in torkelnder Betrunkenheit ihrer Lust an diesem dramatischen Akt freien Lauf. Der eine vergnügte sich damit, dem vor ihm Schreitenden den Gewehrkolben in den Rücken zu puffen, ein anderer stülpte seine Fellmütze dem barhäuptigen Greise vor sich über das Gesicht. Jeder Einfall, mit brüllendem Gelächter vollführt, fand in brüllendem Gelächter seinen Applaus. Lettische Augenzeugen lieferten später Bericht über das Geschehen auf der Hinrichtungsstätte – auch von anderen Hinrichtungsstätten, auf denen sich gleiches vollzogen: Probst Bernewitz aus Kandau hatte die Hände zu den Wolken gehoben und mit lauter Stimme gebetet – auf Lettisch, denn er war ja auch der Seelenhirte der lettischen Gemeinde gewesen: »Vater, vergib ihnen, denn sie wissen nicht, was sie tun!« Nicht einer hatte um Gnade gebettelt, nicht einer gezittert. Viele hatten ein Gebet gesprochen, nicht nur der Probst, für den sich sowas gehörte. Auch die Petertalsche Baronesse, die so unklug gewesen war, auf der Uniform des Milizmannes, der ihren Vater und Onkel holen kam, mit den Fäusten zu trommeln, was natürlich keine Uniform dulden wollte, kein Zarenoffizier und kein Milizer, Und dabei hatte sie gerufen: »Das werdet ihr büßen, wenn meine Brüder wieder da sind, dann – – « Vier Söhne aus Petertal ritten mit in den Reitertruppen der Baltischen Landeswehr. Der Milizer, auf dem die Baronesse getrommelt hatte, packte sie kurzerhand an der Schulter: »Na, da kannst du gleich mitkommen, so eine wie du hat uns gerade noch gefehlt!« Und der Baron aus Puhren hatte gelächelt, als man auf ihn anlegte, genau so, wie man ihn oft hatte lächeln gesehn, wenn er über seinen Gutshof schritt.

Sie waren keine Heiligen, aber daß sie richtige Herren gewesen waren bis zuletzt, gestand die Bevölkerung ihnen zu. Nicht von jener Sorte, die sich selbst dazu machen wollte, wie früher die russischen Tschinowniks und dann die im Kriege, die in den Kreisämtern gesessen hatten. Diese aber waren richtige Herren gewesen – auf ihren Gütern und auf dem Galgenberge. Man konnte hinaufgehn und sichs anschaun. Von einigen wurde erzählt, daß sie noch gelebt hätten in der Grube unter dünner Sand- und Eisschicht. Einer hatte sich anscheinend mit dem Oberkörper aufzurichten versucht, ein anderer die Finger um eine Wurzel gekrallt, die dort aus dem Sande stieß.

Ja, wir wußten, was der Ruf »Sie kommen« besagte, wußten, wer sie waren, woher sie kamen und wohin sie gingen.

Es war etwas anderes als Hoffnung, was ihre Schritte so sicher, ihre Haltung so straff, ihre Augen so gleichmütig machte, als sie mit geschulterten Schaufeln zum Galgenberg hinaufschritten, wo sie vielleicht beten, vielleicht lächeln würden, vielleicht wortlos zum granitnen Denkmal hinüberblicken, das nicht ihnen galt: ›Das Vaterland seinen Heldensöhnen‹. Und ihr letzter, vielleicht nicht ganz zu Ende gedachter Gedanke würde vielleicht vom dickvergoldeten Pathos drüben abgleiten und noch einmal die dunklen Wälder umfassen, hinter denen ... Nein, kein Vaterland wird von uns reden, kein Ehrenmal, kein Geschichtsbuch ... ach, was kommt es auf Worte an ... nur auf ... auf ganz etwas anderes ... und daß wir – und wie wir ... nur darauf kommt es an ...

QUELLE: Gertrud von den Brincken: Land unter. Erlebnisse aus zwei Weltkriegen, Bolschewikenzeit und Nachkriegsjahren; © J. G. Bläschke Verlag Darmstadt, 1976

ARTHUR KOESTLER (1905–1983)

Arthur Koestler wird am 5. September 1905 in Budapest als Sohn eines deutschsprachigen Industriellen geboren. 1919 zieht die Familie aufgrund der rumänischen Besetzung von Budapest nach Wien. Sein 1922 begonnenes Studium bricht Koestler ab und geht als Anhänger des Zionismus nach Palästina. Seine Berichte hierüber werden in der »Vossischen Zeitung« in Berlin veröffentlicht. Nachdem er 1931 der KPD beigetreten ist, bereist Koestler 1932/33 die Sowjetunion. 1937 geht er als Kriegsberichterstatter nach Spanien, wo er von den Truppen Francos gefangengenommen wird. Seine Erlebnisse und seine Freilassung schildert er im »Spanischen Testament«. Die stalinistischen Säuberungen und Schauprozesse 1937/38 führen zum Bruch mit dem Kommunismus, den er 1940 in »Sonnenfinsternis« schildert.

Koestler wird britischer Soldat und 1948 britischer Staatsbürger. Ab Mitte der 50er Jahre wendet er sich naturwissenschaftlichen und parapsychologischen Themen zu. Zu seinen Veröffentlichungen gehören u. a. »Die Nachtwandler« (1959), »Das Gespenst in der Maschine« (1967) und »Die Wurzeln des Zufalls« (1972).
Angesichts seiner Parkinson- und Leukämieerkrankung begeht er 1983 zusammen mit seiner dritten Ehefrau Cynthia Selbstmord. Sein Vermögen stiftet er für die Einrichtung eines Lehrstuhls für Parapsychologie an der University of Edinburgh.

ARTHUR KOESTLER

SONNENFINSTERNIS

DAS ZWEITE VERHÖR

»Wird die Existenz der Kirche bedroht, so ist diese sogar von den Moralgesetzen dispensiert. Der Zweck der Einheit heiligt jedes Mittel, List, Trug, Gewalt, Geldspenden, Kerker, Tod. Denn alle Ordnung ist um der Gesamtheit willen da, und der einzelne muß dem allgemeinen Wohle weichen.«
Dietrich von Nieheim: Über *die Art, auf einem allgemeinen Konzil die Kirche zu einigen und zu reformieren*, A. D. 1411

1

Auszug aus dem Tagebuch von N. S. Rubaschow, am fünften Tag der Haft:

... Wer letzten Endes recht behält, muß vorletzten Endes immer unrecht haben und unrecht tun. Aber wer letzten Endes recht behält, stellt sich erst später heraus. Inzwischen müssen wir auf Kredit handeln und unsere Seele dem Teufel verkaufen in der Hoffnung, daß uns die Geschichte die Absolution erteilt.

Es wird erzählt, daß Nummer Eins (Stalin) den »Fürsten« des Machiavelli ständig auf seinem Nachttisch liegen hat. Und mit Recht: seit damals wurde nichts wesentlich Neues über die Regeln politischer Ethik gesagt. Wir waren die ersten, die die liberale Ethik des neunzehnten Jahrhunderts, die Ethik des Fair Play, durch die revolutionäre Ethik des zwanzigsten Jahrhunderts ersetzten. Auch damit hatten wir recht: eine Revolution, die nach den Regeln des Tennisspiels geführt wird, ist eine Absurdität. In den Atempausen der Geschichte kann man relativ faire Methoden der Politik gebrauchen; an ihren kritischen Wendepunkten ist keine andere als die alte Regel möglich, daß der Zweck die Mittel heilige. Wir haben den Neo-Machiavellismus in dieses Jahrhundert eingeführt; die anderen, die konterrevolutionären Diktaturen, sind plumpe Kopien. Wir waren Neo-Machiavellisten im Namen der universalen Vernunft – das war unsere Größe; die anderen im Namen nationaler Romantik – das war ihr Anachronismus. Deshalb werden wir letzten Endes von der Geschichte absolviert werden, sie nicht ...

Aber im Augenblick denken und handeln wir auf Kredit. Da wir alle Konventionen und Regeln der Tennismoral über Bord geworfen haben, ist unsere einzige Richtlinie die der logischen Konsequenz. Wir stehen unter dem furchtbaren Zwang, unsere Gedanken bis in ihre letzte Konsequenz zu Ende zu denken und zu Ende zu handeln. Wir segeln ohne Ballast; daher ist jede kleinste Drehung am Steuerrad eine Frage von Leben und Tod.

Vor kurzem wurde unser führender Agrarchemiker B. mit dreißig seiner Mitarbeiter erschossen, weil er die Meinung verfocht, daß Stickstoffdünger dem Kalidünger überlegen sei. Nummer Eins war für Kali; daher mußten B. und die dreißig als Saboteure liquidiert werden. In einer staatlich zentralisierten Landwirtschaft ist die Alternative Stickstoff oder Kali von ungeheurer Bedeutung; sie kann den Ausgang des nächsten Krieges entscheiden. Wenn Nummer Eins recht behält, wird ihm die Geschichte die Absolution erteilen und die Hinrichtung von 31 Menschen eine bloße Bagatelle sein. Wenn er unrecht hat ...

Darauf allein kommt es an: wer objektiv recht hat. Aber die Tennismoralisten regen sich über ein ganz anderes Problem auf; nämlich ob B. subjektiv in gutem Glauben handelte, als er Stickstoff empfahl. Handelte er in gutem Glauben, dann muß er nach ihrer Ethik freigesprochen werden und damit die Möglichkeit haben, weiter Stickstoff zu propagieren, auch wenn das Land daran zugrunde geht ...

All dies ist natürlich kompletter Unsinn. Für uns existiert die Frage des subjektiven guten Glaubens nicht. Wer unrecht hat, muß bezahlen; wer recht behält, wird freigesprochen. Dies ist das Gesetz des historischen Kredits; dies war unser Gesetz.

Die Geschichte hat uns gelehrt, daß man ihr mit einer Lüge oft besser als mit einer Wahrheit dient; denn der Mensch ist träge und muß jedesmal vierzig Jahre lang durch die Wüste geführt werden, ehe er die nächsthöhere Stufe seiner Entwicklung erreicht. Er muß durch die Wüste getrieben werden mit Drohungen und Lockungen, mit erfundenen Schrecken und erfundenen Tröstungen, auf daß er sich nicht vorzeitig zur Ruhe setzt und sich mit der Anbetung goldener Kälber vergnügt.

Wir haben die Geschichte gründlicher als die anderen gelernt. Was uns von allen anderen unterscheidet, ist unsere logische Konsequenz. Wir wissen, daß die Geschichte Tugend nicht belohnt und Verbrechen ungestraft läßt; daß jedoch jeder Mißgriff Konsequenzen trägt und sich bis ins siebente Glied rächt. Wir haben daher unsere Kräfte darauf konzentriert, Mißgriffe zu vermeiden und im Keim zu ersticken. Niemals in der Geschichte war so viel Macht über die Zukunft der Menschheit in so wenigen Händen konzentriert wie hier. Jede falsche Idee, die zur Tat wird, ist hier ein Verbrechen an den kommenden Generationen. Daher strafen wir falsche Ideen, so wie andere Verbrechen strafen: mit dem Tode. Man hielt uns für verrückt, weil wir jeden Gedanken zu Ende dachten und zu Ende handelten. Wir wurden mit der heiligen Inquisition verglichen, weil wir, wie die Inquisitoren, uns ständig der Bürde der Verantwortung für die überindividuelle Zukunft bewußt waren. Wir glichen den großen Inquisitoren, indem wir dem Keim des Übels nicht nur in den Taten, sondern in den Gedanken unserer Mitmenschen nachspürten. Wir erkannten dem Individuum keine private Sphäre zu, nicht einmal im Innern seines Schädelraums. Wir lebten unter dem Zwang, alles logisch zu Ende zu denken. Unser Denken war mit solcher Hochspannung geladen, daß die geringste Reibung zu tödlichen Kurzschlüssen führte. Daher mußten wir aneinander verbrennen.

Ich war einer von ihnen. Ich habe gedacht und gehandelt, wie ich mußte; ich habe Menschen zerstört, die mir nahestanden, und anderen Macht verliehen, die ich nicht mochte. Die Geschichte hat mich auf meinen Platz gestellt; ich habe den Kredit, den sie mir einräumte, erschöpft; wenn ich recht behalte, habe ich nichts zu bereuen, wenn ich unrecht habe, werde ich bezahlen.

Aber wie kann man in der Gegenwart entscheiden, wem die Zukunft recht geben wird? Wir versehen das Amt von Propheten ohne deren Gabe. Anstelle von Visionen bedienten wir uns der logischen Deduktion; aber wenngleich wir alle von denselben Prämissen ausgingen, sind wir jeder zu andern Resultaten gelangt. Beweis stand gegen Beweis, und schließlich mußten wir denn doch beim Glauben unsere Zuflucht suchen – beim axiomatischen Glauben an die Richtigkeit der eigenen Beweisführung. Dies ist der entscheidende Punkt. Wir ha-

ben allen Ballast über Bord geworfen; nur ein einziger Anker hält uns fest: der Glaube an uns selbst. Geometrie ist die reine Verkörperung der menschlichen Vernunft; aber die Axiome Euklids können nicht bewiesen werden. Wer an sie nicht glaubt, dem stürzt das ganze Gebäude zusammen.

Nummer Eins glaubt an sich selbst, mit einem zähen, trägen, finstern, unerschütterlichen Glauben. Er hat die solideste Ankerkette von allen. Meine wurde in diesen letzten Jahren dünn gerieben …

Tatsache ist, daß ich nicht länger an meine eigene Unfehlbarkeit glaube. Daher bin ich verloren …

2

Am Tag nach dem ersten Verhör saß der Untersuchungsrichter Iwanoff mit seinem Kollegen Gletkin nach dem Abendbrot in der Beamtenkantine des Gefängnisses. Iwanoff war müde, er hatte das Bein mit der Prothese auf den Nebenstuhl gestützt und den Kragen seiner Uniform geöffnet. Er schenkte von dem billigen Wein ein, den die Kantine lieferte, und wunderte sich im stillen über Gletkin, der in seiner gesteiften Uniform, die bei jeder Bewegung knirschte, aufrecht auf seinem Sessel saß und nicht einmal seinen Revolvergurt abgelegt hatte, obwohl er ebenso müde sein mußte wie Iwanoff. Gletkin trank; die auffallende Narbe auf seinem kahlrasierten Schädel hatte sich leicht gerötet. Außer den beiden saßen nur noch drei Offiziere an einem entfernten Tisch in der Kantine; zwei spielten Schach, der dritte sah zu.

»Was ist mit Rubaschow?« fragte Gletkin.

»Er ist ziemlich mitgenommen«, antwortete Iwanoff. »Aber er ist immer noch der alte Logiker. Daher wird er kapitulieren.«

»Das halte ich für falsch«, bemerkte Gletkin.

»Doch«, sagte Iwanoff. »wenn er alles logisch zu Ende gedacht hat, wird er kapitulieren. Es kommt jetzt darauf an, daß man ihn in Ruhe läßt. Ich habe ihm Papier, Bleistift und Zigaretten bewilligen lassen, damit es mit dem Denken rascher vorwärts geht.«

»Das halte ich für falsch«, wiederholte Gletkin.

»Du magst ihn nicht«, sagte Iwanoff, »du hast vor ein paar Tagen einen Auftritt mit ihm gehabt?«

Gletkin dachte an die Szene, als Rubaschow auf der Pritsche gesessen und sich in seiner Gegenwart den Schuh über die löchrige Socke gezogen hatte. »Das ist gleichgültig«, sagte er, »die Person ist gleichgültig. Ich halte die Methode für falsch. So wird er nie zu Kreuze kriechen.«

»Wenn Rubaschow kapituliert«, sagte Iwanoff, »tut er es nicht aus Feigheit, sondern aus Logik. Mit der harten Methode ist bei ihm nichts auszurichten. Der ist aus einem gewissen Material, das immer spröder wird, je mehr man darauf herumhämmert.«

»Das ist Gerede«, sagte Gletkin. »Menschen, die jedem physischen Druck gewachsen sind, gibt es nicht. Ich habe noch keinen gesehen. Die Erfahrung lehrt, daß die Widerstandskraft des menschlichen Nervensystems von Natur begrenzt ist.«

»Dir möchte ich auch nicht in die Hände geraten«, sagte Iwanoff lächelnd, aber mit einer Spur von Unbehagen. »Übrigens bist du die lebende Widerlegung deiner Theorie.«

Sein lächelnder Blick streifte die Narbe auf Gletkins Schädel. Die Geschichte der Narbe war allgemein bekannt. Als Gletkin während des Bürgerkriegs der Gegenseite in die Hände gefallen war, hatten sie einen glimmenden Kerzendocht auf seinem kahlrasierten Schädel festgebunden, um eine bestimmte Information von ihm zu erpressen. Die Seinen, die einige Stunden später die Stellung zurückeroberten, fanden ihn bewußtlos. Der Docht war bis zum Ende gebrannt; Gletkin hatte geschwiegen.

Er sah mit seinen ausdruckslosen Augen Iwanoff an: »Das ist auch Gerede«, sagte er. »Ich kroch nicht zu Kreuze, weil ich ohnmächtig wurde. Wäre ich noch eine Minute bei Bewußtsein geblieben, hätte ich gesprochen. Es ist eine Frage der Konstitution.«

Er trank sein Glas mit einer abgemessenen Bewegung aus; seine Manschetten knirschten, als er es wieder auf den Tisch stellte. »Als ich damals aufwachte, glaubte ich zuerst, *daß* ich gesprochen hätte. Erst die beiden Unteroffiziere, die mit mir befreit wurden, bestätigten das Gegenteil. Daraufhin bekam ich den Orden. Es ist eine Frage der Konstitution; alles andere sind Legenden.«

Iwanoff trank gleichfalls. Er hatte schon ziemlich viel von dem billigen Wein getrunken. Er zuckte die Achseln:

»Seit wann hast du deine berühmte Konstitutionstheorie? Schließlich, in den ersten Jahren gab es diese Methoden noch nicht. Damals waren wir noch voller Illusionen. Wir wollten die Straf- und Vergeltungstheorie abschaffen und Sanatorien mit Blumengärten für die asozialen Elemente errichten. Alles blauer Dunst.«

»Das glaube ich nicht«, widersprach Gletkin. »Du bist ein Zyniker. In hundert Jahren werden wir das alles haben. Jetzt müssen wir erst durch. Je schneller, um so besser. Illusion war nur, zu glauben, daß der Zeitpunkt bereits gekommen ist. Als ich hierher versetzt wurde, lebte ich auch in diesem Irrtum. Die meisten von uns, der ganze Apparat, bis hinauf. Wir wollten gleich mit den Blumengärten anfangen. Das war falsch. In hundert Jahren werden wir an die Vernunft und an den Gemeinschaftssinn des Häftlings appellieren können. Heute müssen wir uns noch an seine Konstitution halten und ihn, wenn es nötig ist, moralisch und physisch zerbrechen.«

Iwanoff fragte sich, ob Gletkin im Trunke sprach. Aber an seinem ruhigen und ausdruckslosen Blick merkte er, daß Gletkin nicht betrunken war. Iwanoff lächelte ihn etwas vage an. »Mit einem Wort«, sagte er, »ich bin der Zyniker und du bist der Moralist.«

Gletkin schwieg. Er saß steif auf seinem Stuhl, in seiner gestärkten Uniform; sein Revolvergurt roch nach neuem Leder.

»Vor mehreren Jahren«, sagte Gletkin nach einer Weile, »wurde mir ein kleiner Bauer zum Verhör vorgeführt. Das war in der Provinz, noch zur Zeit der Blumengartentheorie, wie du sagst. Es ging bei den Verhören sehr vornehm zu. Der Bauer hatte sein Getreide vergraben; es war zu Beginn der Sozialisierung des Bodens. Ich hielt mich streng an die vorgeschriebene Etikette. ich setzte ihm freundlich auseinander, daß wir das Getreide für die Ernährung der wachsenden Stadtbevölkerung und für den Export brauchten, um die Industrie aufzubauen; also sollte er mir sagen, wo er das Getreide versteckt hatte. Der Bauer hatte, als man ihn in mein Zimmer führte, den Kopf zwischen die Schultern gezogen, weil er Prügel erwartete. Ich kannte die Sorte, ich bin selbst vom Dorfe. Als ich, statt ihn zu prügeln, auf ihn einzureden begann, mit ›Sie‹ und ›Bürger‹, hielt er mich für schwachsinnig. Ich sah es seinen Augen an. Ich redete eine halbe Stunde auf ihn ein. Er machte den Mund nicht auf und bohrte abwechselnd in der Nase und im Ohr. Ich redete weiter, obwohl ich sah, daß er das Ganze für einen herrlichen Spaß hielt und überhaupt nicht zuhörte. Sein Gehör war für Argumente taub. Es war verstopft vom Ohrenschmalz vieler Jahrhunderte patriarchalisch-feudaler Verblödung. Ich hielt mich streng an die Etikette; es kam mir nicht einmal der Gedanke, daß es auch andere Methoden gibt ...

Ich hatte damals täglich zwanzig bis dreißig solcher Fälle. Meine Kollegen gleichfalls. Die Revolution war in Gefahr, an diesen kleinen, fetten Bauern zugrunde zu gehen. Die Arbeiter waren unterernährt; in ganzen Distrikten mit armen Bauern herrschte Hungertyphus; wir hatten keine Devisen für den Aufbau der Kriegsindustrie und erwarteten von Monat zu Monat den Überfall. Zweihundert Millionen in Gold staken in den Wollstrümpfen dieser Kerle, und die halbe Ernte lag unter der Erde vergraben. Und bei den Verhören sagten wir ›Bürger‹ und ›Sie‹ zu ihnen, während sie uns mit ihren dumm-listigen Augen anblinzelten, das Ganze für einen herrlichen Spaß hielten und in ihren Nasen bohrten.

Das dritte Verhör meines Männchens fand um zwei Uhr nachts statt; ich hatte vorher achtzehn Stunden durchgearbeitet. Man hatte ihn geweckt; er war schlaftrunken und verängstigt und verriet sich. Von da an nahm ich meine Leute vorwiegend nachts dran ... Einmal beklagte sich eine Frau, daß man sie vor meinem Zimmer die ganze Nacht lang hatte stehend warten lassen. Sie zitterte in den Beinen und war physisch fertig; mitten im Verhör schlief sie ein. Ich weckte sie, sie redete weiter, mit einer schlaftrunken-lallenden Stimme, ohne recht zu wissen, was sie sagte, und schlief wieder ein. Ich weckte sie wieder, und sie gestand alles und unterschrieb ungelesen das Protokoll, damit ich sie bloß schlafen ließ. Ihr Mann hatte zwei Maschinengewehre auf dem Heuboden versteckt und die Bauern in seinem Dorfe überredet, das Getreide zu verbrennen, weil ihm im Traum der Antichrist erschienen sei. Daß die Frau die ganze Nacht aufrecht hatte stehen müssen, war eine Schlamperei meines Sergeanten; von da an begünstigte ich Schlampereien; hartnäckige Fälle mußten bis achtundvierzig Stunden aufrecht an einem Fleck stehen bleiben; nachher war das Ohrenschmalz weg, und man konnte mit ihnen reden ... «

Die beiden Schachspieler in der anderen Ecke des Saales warfen ihre Figuren um und begannen eine neue Partie. Der dritte von ihrem Tisch war bereits gegangen. Iwanoff beobachtete Gletkin; er sprach so gleichgültig und ausdruckslos wie immer.

»Die Kollegen machten ähnliche Erfahrungen. Es war die einzige Möglichkeit, Resultate zu erzielen. Man hielt sich an die Etikette: kein Häftling wurde mit dem Finger angerührt. Aber es wurde nicht verhindert, daß sie zufällig zusahen, wie ihre Mitgefangenen erschossen wurden. Die Wirkung davon ist teils psychisch, teils physisch. Die Haftordnung sieht aus Gründen der Hygiene Duschen und Bäder vor. Daß der Warmwasserhahn manchmal gar nicht, manchmal allzugut funktionierte, lag an den Schwierigkeiten des Aufbaus; die Temperatur der Bäder bestimmte das Gefängnispersonal. Es waren alte Genossen, man brauchte ihnen keine Instruktionen zu erteilen, sie verstanden, um was es ging: genau um Sein oder Nichtsein der Revolution … «

»Hör schon auf«, sagte Iwanoff.

»Du hast gefragt, wie ich zu meiner Konstitutionstheorie gekommen bin, und ich erkläre es dir«, sagte Gletkin. »Es kommt darauf an, daß man sich die zwingende Logik der Entwicklung stets vor Augen hält, sonst ist man ein Zyniker, wie du. – Es ist spät, und ich muß jetzt gehen.«

Iwanoff trank sein Glas aus und schob die Prothese auf dem Nachbarstuhl zurecht; er hatte wieder rheumatische Schmerzen im Stumpf. Er ärgerte sich, daß er das Gespräch begonnen hatte.

Gletkin bezahlte. Als der Kantinenkellner gegangen war, fragte er, im Begriffe, sich zu erheben: »Was ist also mit Rubaschow?«

»Ich habe dir meine Meinung gesagt«, antwortete Iwanoff. »Man soll ihn in Ruhe lassen.«

Gletkin stand auf. Seine Stiefel knarrten. Er stand vor dem Stuhl, auf dem Iwanoffs Bein ruhte. »Ich bezweifle nicht seine vergangenen Verdienste«, sagte er. »Heute ist er ebenso schädlich geworden wie mein fetter Bauer von damals; nur noch gefährlicher.«

Iwanoff sah von unten in Gletkins ausdruckslose Augen.

»Ich habe ihm vierzehn Tage Bedenkzeit gegeben«, sagte er. »Bis zum Ablauf dieser Frist wird er in Ruhe gelassen.«

Iwanoff hatte im dienstlichen Ton gesprochen. Gletkin war ihm unterstellt. Er salutierte und verließ mit knarrenden Schritten die Kantine. Iwanoff blieb sitzen. Er trank noch ein Glas, zündete eine Zigarette an und blies den Rauch vor sich hin. Nach einer Weile stand er auf und humpelte zu den beiden Offizieren hinüber, um ihnen beim Schachspiel zuzusehen.

QUELLE: Arthur Koestler: Sonnenfinsternis, unveränderte Neuauflage, Elsinor Verlag, Coesfeld 2011; © Arthur Koestler 1940

THOMAS MANN (1875–1955)

Thomas Mann wird am 6. Juni 1875 als Sohn des Speditionskaufmanns Heinrich Mann und seiner Frau Julia geb. Bruhns in Lübeck geboren. Schon als Schüler entdeckt er seine Passion für das Schreiben. Nach dem Tod des Vaters zieht die Familie 1894 nach München. Mit seiner ersten Novelle »Gefallen« debütiert Thomas Mann als Schriftsteller. 1901 erscheint sein größtes Prosawerk »Die Buddenbrocks«, für das er 1929 den Nobelpreis für Literatur erhält.

1905 heiratet er Katia Pringsheim. Drei seiner sechs Kinder – Erika, Golo und Klaus – werden ebenfalls bedeutende Schriftsteller. 1912 erscheint die Erzählung »Tod in Venedig«. Den Ersten Weltkrieg kommentiert Mann in seinen »Betrachtungen eines Unpolitischen«. 1924 entsteht »Der Zauberberg«. 1930 hält er in Berlin seine »Deutsche Ansprache. Ein Appell an die Vernunft«, in der er die NSDAP scharf kritisiert. 1933 geht er zunächst in die Schweiz und 1938 in die USA, wo er sich immer wieder kritisch mit der Lage in Deutschland auseinandersetzt – u. a. in rund 60 Radioreden »Deutsche Hörer« über die BBC.

1952 kehrt Thomas Mann nach Zürich zurück, wo er 1955 stirbt. Sein umfangreiches Werk zeichnet ihn als einen der bedeutendsten deutschen Erzähler des 20. Jahrhunderts aus.

THOMAS MANN

DEUTSCHE ANSPRACHE

EIN APPELL AN DIE VERNUNFT

Meine geehrten Zuhörer, – ich weiß nicht, ob ich auf Ihr Verständnis rechnen darf für den vielleicht phantastisch anmutenden Schritt, den ich unternahm, indem ich bitten ließ, mich heute abend anzuhören. Dieser Schritt könnte als Anmaßung und Narretei aufgefaßt werden, er könnte – ich mag es kaum aussprechen – dahin verstanden werden, als gäbe es hier jemanden, der nach der Rolle des *praeceptor patriae* griffe und den neuen Fichte spielen möchte ... Wir wollen solche lächerlichen Vermutungen ausscheiden. Aber, sehen Sie, ich soll morgen in der Singakademie, als Gast des Verbandes Deutscher Erzähler, eine Vorlesung halten, etwas aus einem neuen Roman zum besten geben, der mich beschäftigt, und das kann vielleicht künstlerisch lustig werden, es kann die Leute interessieren und zerstreuen und mir Ermunterung eintragen, in meinem heiter-eigensinnigen poetischen Unternehmen fortzufahren, – gut. Und doch fragte ich mich, ob es sich lohne, ob es auch nur anständig und irgendwie vertretbar sei, unter den heutigen Umständen nach Berlin zu kommen, um ein Romankapitel vorzulesen und, etwas Lob und Kritik in der Tasche, die beide, wie alles steht, doch nur das Produkt einer recht geteilten Aufmerksamkeit sein können, wieder nach Hause zu fahren.

Ich bin kein Anhänger des unerbittlich sozialen Aktivismus, möchte nicht mit diesem in der Kunst, im Nutzlos-Schönen einen individualistischen Müßiggang erblicken, dessen Unzeitgemäßheit ihn fast der Kategorie des Verbrecherischen zuordnet. Auch wenn man wohl weiß, daß die Epoche, da Schiller das »reine Spiel« als den höchsten Zustand des Menschen feiern konnte, die Epoche des ästhetischen Idealismus, eben als Epoche vorüber ist, braucht man der aktivistischen Gleichung von Idealismus und Frivolität nicht zuzustimmen. Form, gebe sie sich noch so spielerisch, ist dem Geiste verwandt, dem Führer des Menschen auch zum gesellschaftlich Besseren; und Kunst die Sphäre, in der der Gegensatz von Idealismus und Sozialismus sich aufhebt.

Dennoch gibt es Stunden, Augenblicke des Gemeinschaftslebens, wo solche Rechtfertigung der Kunst praktisch versagt; wo der Künstler von innen her nicht weiter kann, weil unmittelbarere Notgedanken des Lebens den Kunstgedanken zurückdrängen, krisenhafte Bedrängnis der Allgemeinheit auch ihn auf eine Weise erschüttert, daß die spielend leidenschaftliche Vertiefung ins Ewig-Menschliche, die man Kunst nennt, wirklich das zeitliche Gepräge des Luxuriösen und Müßigen gewinnt und zur seelischen Unmöglichkeit wird. So war es vor sechzehn Jahren, als der Krieg ausbrach, mit dem für alle Wissenden so viel mehr begann, als ein Feldzug; so war es in den Friedensjahren danach und dann vor zwölfen, als Deutschland nach verbrecherischem Dauermißbrauch aller seiner Kräfte durch die, die sich seine Führer nannten, zusammenbrach und mit Müh und Not von Männern, die sich die Aufgabe nicht erträumt hatten und ihrer gerne überhoben gewesen wären, das Reich, die deutsche Einheit in der Form gerettet wurde, wie wir sie von unseren Vätern ererbt haben. So ist es heute wieder, nach Jahren, in denen Gutmütige an Erholung, an die langsame Rückkehr gemächlicherer und gesicherterer Zustände glauben mochten, während doch das durch den Krieg zerschlagene und mit Füßen getretene Wirtschaftssystem der Welt keineswegs geheilt war, noch seiner Heilung entgegensah, sondern in einer Unordnung zurückgeblieben war, die durch eine archaische und blinde Tributpolitik der den Frieden diktierenden Staaten verschärft wurde. Nun geht eine neue Welle wirtschaftlicher Krisis über uns hin und wühlt die politischen Leidenschaften auf; denn man braucht nicht materialistischer Marxist zu sein, um zu begreifen, daß das politische Fühlen und Denken der Massen weitgehend von ihrem wirtschaftlichen Befinden bestimmt wird, daß sie diese in politische Kritik umsetzen, wie wenn ein kranker Philosoph seine physiologischen Hemmungen ohne ideelle Korrektur in Lebenskritik umsetzte. Es heißt wohl zuviel verlangen, wenn man von einem wirtschaftlich kranken Volk ein gesundes politisches Denken fordert.

Die Reichsregierung hat einen Finanzreformplan aufgestellt, der Ersparnisse am Verwaltungsapparat vorsieht und im Auslande mutig und wirksam, ja vorbildlich genannt wird, geeignet, die Kreditwürdigkeit des Reiches zu heben. Das mag tröstlich sein. In Deutschland aber findet man, daß ein Staats- Finanzprogramm noch kein Wirtschaftsprogramm ist und daß diese »Vorlage zur Sanierung der Reichsfinanzen und zur Gesundung der deutschen Wirtschaft« nur allenfalls zur Hälfte ihren Namen mit Recht trägt. Was haben Vorschläge zur notdürftigen Ordnung des Reichshaushaltes für kommende Budgetjahre denen zu geben, die mit Augen voller Grauen den nächsten Monaten, diesem Winter der Arbeitslosigkeit, der Aussperrung, des Hungers und des Unterganges entgegenstarren, einem Winter, der droht, die Verzweiflung von Millionen zu vollenden und alle politischen Folgerungen und Folgen der Verzweiflung eines Volkes zu zeitigen? Wie es steht, spürt jeder irgend Empfindliche. Steinschwer wie in den dunkelsten Jahren der Kriegs- und Nachkriegszeit liegt der Druck auf jeder Brust und verhindert das heitere Atmen. Die Kraft der Gemeinschaft und Schicksalsverbundenheit bewährt sich; es gibt kein Einzelglück, wenn das Elend die Stunde regiert. Wir alle sind hineingezogen in den Wirbel aus Not und leidvoller Erbitterung, aus dem es kein Entrinnen zu geben scheint. Wessen Teil in helleren Tagen die freie Pflege des Übermütlichen war, sieht sich verstört und gelähmt; denn wie soll er freimütig und menschlich vertrauensvoll wirken in einem zerrissenen und zerspaltenen Volk, dem der Haß, das kranke Erzeugnis der Not, jede Unbefangenheit des Blickes raubt? Kein Wunder vielleicht und keine unbegreifliche Regung, wenn es ihn unter solchen Umständen treibt, über Dinge, von denen man nicht mehr sagen kann, daß sie irgendjemandem »fern liegen« – denn sie brennen uns allen auf den Nägeln –, zur Gemeinschaft, oder doch zu der Gemeinschaftsschicht, die ihn hervorgebracht hat, der er sich gesellschaftlich zugehörig und geistig verbunden fühlt, zu sprechen, als führe er ein Selbstgespräch. Ich bin ein Kind des deutschen Bürgertums, und nie habe ich die seelischen Überlieferungen verleugnet, die mit einer solchen Herkunft gegeben sind; von der Sympathie breiter deutscher bürgerlicher Gesittung war meine Arbeit getragen, von dem sittlichen Vertrauen jenes Deutschland also, das immer noch für die innere Haltung, das geistige Gesamtbild Deutschlands entscheidend ist; und es heißt nur Vertrauen gegen Vertrauen setzen, wenn ich mich mit meinem bedrängten Selbstgespräch an das deutsche Bürgertum wende, nicht als Klassenmensch – das bin ich nicht –, auch nicht als Parteigänger irgendeines politisch-wirtschaftlichen Interessenbundes – ich gehöre keinem an. Sondern auf jener geistigen Ebene möchte ich mich mit Ihnen finden, auf welcher selbst der Begriff deutscher Bürgerlichkeit eigentlich angesiedelt ist und die deutsch-bürgerlicher Denkungsart wenigstens bis gestern noch natürlich war. Wie wenig hätte ich mich der Exzentrizität meines Schrittes zu schämen, wenn diese Begegnung im geringsten, mit irgendeinem Wort beitragen könnte zu jener B e s i n n u n g, die mir noch immer als etwas Deutscheres erscheint als die schrille Parole, die heute zur Rettung und Wiedererhebung des Vaterlandes ausgegeben wird: als die Parole des Fanatismus. –

Der Ausgang der Reichstagswahlen, meine geehrten Zuhörer, kann nicht rein wirtschaftlich erklärt werden. Wenn es nach dem bisher Gesagten den Anschein hatte, als wäre das meine Meinung, so bedarf das Gesagte der Korrektur. Auch vor dem Auslande wäre es weder klug, noch entspräche es den inneren Tatsachen, wenn man die Dinge so einseitig darstellte. Das deutsche Volk ist seiner natürlichen Anlage nach nicht radikalistisch, und wäre das Maß von Radikalisierung, das nun wenigstens für den Augenblick zutage getreten ist, nur eine Folge wirtschaftlicher Depression, so wäre damit allenfalls ein Anwachsen des Kommunismus, aber nicht der Massenzulauf zu einer Partei erklärt, die auf die militanteste und schreiend wirksamste Weise die nationale Idee mit der sozialen zu verbinden scheint. Es ist nicht richtig, das Politische als ein reines Produkt des Wirtschaftlichen hinzustellen; sondern um einen Seelenzustand zu deuten, wie den, den unser Volk jetzt auf eine die Welt verblüffende Weise an den Tag gelegt hat, ist es notwendig, die politische Leidenschaft, zutreffender gesagt, das politische Leiden heranzuziehen, und wenn es nicht klug und nicht würdig wäre, auf das Ergebnis vom 14. September stolz zu sein und vor dem Auslande darauf zu trumpfen, so mag man es immerhin schweigend seine Wirkung nach außen tun lassen als eine Warnung, ein Sturmzeichen, eine Mahnung, daß einem Volke, welches zum Selbstgefühl so viel Anlaß hat wie irgendeines, nicht auf beliebige Zeit das zugemutet werden kann, was dem deutschen in der Tat zugemutet worden ist, – ohne aus seinem Seelenzustand eine Weltgefahr zu machen.

Auf den materiellen und geistigen Riesenkomplex von Ursachen einzugehen, aus denen die Kriegskatastrophe erwuchs, ist dies nicht der Augenblick. Geführt wurde Deutschland in diesem Krieg von einem Herrschaftssystem, das auf die historisch naivste Weise sein eignes Lebensinteresse mit dem des Volkes gleichsetzte und in dem Kampf um sein Fortbestehen es mit dem Volke, dem Lande zum Äußersten kommen ließ. Gegen dies Herrschaftssystem, das sich in der Welt verhaßt gemacht hatte, richtete sich angeblich und nach der Überzeugung der Völker in der Tat der kriegerische Tugendmut unserer Gegner, ein demokratischer Tugendmut, dessen Propagandamittel überwältigend waren und der, von aller materiellen Überlegenheit abgesehen, die deutsche Widerstandskraft im Laufe der Jahre erdrückte. Diese demokratische Moralität, die während des Krieges den Mund so voll genommen hatte und den Krieg als Mittel zu betrachten schien, eine neue, bessere Welt zu schaffen, hat bei Friedensschluß nur sehr bruchstückweise Wort gehalten und sich durch die Wirklichkeit, die psychischen Nachwirkungen der Kriegswut und durch den Machtrausch des Sieges in einem Grade verderben lassen, daß es dem deutschen Volke aufs äußerste erschwert war, an den moralischen und historischen Sinn seines Unterliegens und an die höhere Berufung der anderen zum Siege zu glauben. Der Versailler Vertrag war ein Instrument, dessen Absichten dahin gingen, die Lebenskraft eines europäischen Hauptvolkes auf die Dauer der Geschichte niederzuhalten, und dieses Instrument als die Magna Charta Europas zu betrachten, auf der alle historische Zukunft sich aufbauen müsse, war ein Gedanke, der dem Leben und der Natur zuwiderlief und der schon heute in aller Welt kaum noch zum Schein Anhänger besitzt. Das Leben und die Vernunft selbst haben die Unantastbarkeit dieses Vertrages schon heute widerlegt, und wenn man französische Nationalisten klagen hört, er sei nach zwölf Jahren durchlöchert wie ein Sieb, so beweist das eben nur die Unmöglichkeit des Unmöglichen und spricht für die Mittel, die von deutscher Seite angewandt worden sind, um diese natürliche Unmöglichkeit zu erweisen. Daß er für die Weltvernunft bei weitem noch nicht durchlöchert genug ist, wird auch außerhalb Deutschlands von Einsichtigen unter der Hand kaum bestritten; aber das deutsche Volk wird solcher Einsicht nicht gewahr, es hält sich notwendig an die Tatsachen, von denen es umgeben ist, und fühlt sich als Hauptopfer ihres Widersinns. Fast müßig schon, es auszusprechen, und doch notwendig, es immer wieder zu sagen: es ist kein haltbarer Zustand, daß inmitten von lauter bewaffneten und auf ihren Waffenglanz stolzen Völkern Deutschland allein waffenlos dasteht, so daß jeder, der Pole in Posen, der Tscheche auf dem Wenzelsplatz, ohne Scheu seinen Mut daran kühlen kann; daß die Erfüllung des Versprechens, die deutsche Abrüstung solle nur der Beginn der allgemeinen sein, immer wieder *ad calendas graecas* vertagt wird und jede Unmutsäußerung des deutschen Volkes gegen diesen Zustand als eine zu neuen Rüstungen auffordernde Bedrohung aufgefaßt wird. Diese Ungerechtigkeit ist die erste, die man nennen muß, wenn man dem deutschen Gemütszustand gerecht werden will; aber es ist nur zu leicht, fünf, sechs andere aufzuzählen, die sein Gemüt verdüstern, wie die absurden Grenzregelungen im Osten, das niemandem heilsame, auf das *vae victis* stumpfsinnig aufgebaute Reparationssystem, die völlige Verständnislosigkeit des jakobinischen Staatsgedankens für die deutsche Volksempfindlichkeit in der Minderheitenfrage, das Problem des Saargebietes, das keines sein dürfte, und so fort.

Das sind die außenpolitischen Reizungen und Leiden, von denen der deutsche Gemütszustand bestimmt ist. Es kommen tiefe, wenn auch unbestimmte und ratlose Zweifel innerpolitischer Art hinzu, Zweifel also daran, ob die im westeuropäischen Stil parlamentarische Verfassung, die Deutschland nach dem Zusammenbruch des feudalen Systems als das gewissermaßen historisch Bereitehegende übernahm, seinem Wesen vollständig angemessen ist, ob sie seine politische Sittlichkeit nicht in gewissem Grade und Sinne entstellt und schädigt. Diese Sorgen einer volkspersönlichen, politischen Sittlichkeit sind um so quälender, als im Grunde niemand konkrete Vorschläge zum Richtigeren und Angemesseneren zu machen weiß, und vorderhand kein Schluß übrig bleibt als der, daß, solange es dem Deutschtum nicht gelingt, aus seiner eigensten Natur *in politicis* etwas Neues und Originales zu erfinden, man genötigt sei, aus dem Historisch-Überlieferten das Persönlichste und damit Beste zu machen, zumal kein Kenner des Deutschtums zweifelt, daß die bisher unternommenen Versuche, den demokratischen Parlamentarismus zu überwinden, der ost- und der südeuropäische, die Diktatur einer Klasse also und die des demokratisch erzeugten cäsarischen Abenteurers, der Natur des deutschen Volkes noch viel blutsfremder sind als das, wogegen zu einem Teile seine Geste vom 14. September sich richtete.

Es gehört nicht viel psychologische Kunst dazu, meine geehrten Zuhörer, um diese außen- und innenpolitischen Leidensmotive als die Ursachen zu erkennen, die neben der wirtschaftlichen Mißlage die sensationelle Wahlkundgebung des deutschen Volkes bestimmt haben. Es hat sich eines grell plakatierten Wahlangebotes zum Ausdruck seiner Gefühle bedient, des sogenannten nationalsozialistischen. Aber der Nationalsozialismus hätte als Massen-Gefühls-Überzeugung nicht die Macht und den Umfang gewinnen können, die er jetzt erwiesen, wenn ihm nicht, der großen Mehrzahl seiner Träger unbewußt, aus geistigen Quellen ein Sukkurs käme, der, wie alles zeitgeboren Geistige, eine relative Wahrheit, Gesetzlichkeit und logische Notwendigkeit besitzt und davon an die populäre Wirklichkeit der Bewegung abgibt. Mit dem wirtschaftlichen Niedergang der Mittelklasse verband sich eine Empfindung, die ihr als intellektuelle Prophetie und Zeitkritik vorangegangen war: die Empfindung einer Zeitwende, welche das Ende der von der Französischen Revolution datierenden bürgerlichen Epoche und ihrer Ideenwelt ankündigte. Eine neue Seelenlage der Menschheit, die mit der bürgerlichen und ihren Prinzipien: Freiheit, Gerechtigkeit, Bildung, Optimismus, Fortschrittsglaube, nichts mehr zu schaffen haben sollte, wurde proklamiert und drückte sich künstlerisch im expressionistischen Seelenschrei, philosophisch als Abkehr vom Vernunftglauben, von der zugleich mechanistischen und ideologischen Weltanschauung abgelaufener Jahrzehnte aus, als ein irrationalistischer, den Lebensbegriff in den Mittelpunkt des Denkens stellender Rückschlag, der die allein lebensspendenden Kräfte des Unbewußten, Dynamischen, Dunkelschöpferischen auf den Schild hob, den Geist, unter dem man schlechthin das Intellektuelle verstand, als lebensmörderisch verpönte und gegen ihn das Seelendunkel, das Mütterlich-Chthonische, die heilig gebärerische Unterwelt, als Lebenswahrheit feierte. Von dieser Naturreligiosität, die ihrem Wesen nach zum Orgiastischen, zur bacchischen Ausschweifung neigt, ist viel eingegangen in den Neo-Nationalismus unserer Tage, der eine neue Stufe gegen den bürgerlichen, durch stark kosmopolitische und humanitäre Einschläge doch ganz anders ausgewogenen Nationalismus des neunzehnten Jahrhunderts darstellt. Er unterscheidet sich von diesem eben durch seinen orgiastisch naturkultischen, radikal humanitätsfeindlichen, rauschhaft dynamistischen, unbedingt ausgelassenen Charakter. Wenn man aber bedenkt, was es, religionsgeschichtlich, die Menschheit gekostet hat, vom orgiastischen Naturkult, von der barbarisch raffinierten Gnostik und sexualistischen Gottesausschweifung des Moloch-Baal-Astarte-Dienstes sich zu geistigerer Anbetung zu erheben, so staunt man wohl über den leichten Sinn, mit dem solche Überwindungen und Befreiungen heute verleugnet werden, – und wird zugleich des wellenhaften, fast modischephemeren und, ins Große gerechnet, bedeutungslosen Charakters eines solchen philosophischen Rückschlages inne.

Vielleicht scheint es Ihnen kühn, meine geehrten Zuhörer, den radikalen Nationalismus von heute mit solchen Ideen einer romantisierenden Philosophie in Zusammenhang zu bringen, und doch ist ein solcher Zusammenhang da und will erkannt sein von dem, dem es um Verstehen und Einsicht in den Zusammenhang der Dinge zu tun ist. Es findet sich mehr zusammen, um die politische Bewegung, von der wir sprechen, die nationalsozialistische, vom Geistigen her zu stärken. Dazu gehört eine gewisse Philologen-Ideologie, Germanisten-Romantik und Nordgläubigkeit aus akademisch-professoraler Sphäre, die in einem Idiom von mystischem Biedersinn und verstiegener Abgeschmacktheit mit Vokabeln wie rassisch, völkisch, hündisch, heldisch auf die Deutschen von 1930 einredet und der Bewegung ein Ingrediens von verschwärmter Bildungsbarbarei hinzufügt, gefährlicher und weltentfremdender, die Gehirne noch ärger verschwemmend und verklebend als die Weltfremdheit und politische Romantik, die uns in den Krieg geführt haben.

Gespeist also von solchen geistigen und pseudogeistigen Zuströmen, vermischt sich die Bewegung, die man aktuell unter dem Namen des Nationalsozialismus zusammenfaßt und die eine so gewaltige Werbekraft bewiesen hat, vermischt sich, sage ich, diese Bewegung mit der Riesenwelle exzentrischer Barbarei und primitiv-massendemokratischer Jahrmarktsroheit, die über die Welt geht, als ein Produkt wilder, verwirrender und zugleich nervös stimulierender, berauschender Eindrücke, die auf die Menschheit einstürmen. Die abenteuerliche Entwicklung der Technik mit ihren Triumphen und Katastrophen, Lärm und Sensation des Sportrekordes, Überschätzung und wilde Überzahlung des Massen anziehenden Stars, Box-Meetings mit Millionen-Honoraren vor Schaumengen in Riesenzahl: dies und dergleichen bestimmt das Bild der Zeit zusammen mit dem Niedergang, dem Abhandenkommen von sittigenden und strengen Begriffen, wie Kultur, Geist, Kunst, Idee. Entlaufen scheint die Menschheit wie eine Bande losgelassener Schuljungen aus der humanistisch-idealistischen Schule des neunzehnten Jahrhunderts, gegen dessen Moralität, wenn denn überhaupt von Moral die Rede sein soll, unsere Zeit einen weiten und wilden Rückschlag darstellt. Alles scheint möglich, scheint erlaubt gegen den Menschenanstand, und geht auch die Lehre dahin, daß die Idee der Freiheit zum bourgeoisen Gerümpel geworden sei, als ob eine Idee, die mit allem europäischen Pathos so innig verbunden ist, aus der Europa sich geradezu konstituiert und der es so große Opfer gebracht hat, je wirklich verlorengehen könnte, so erscheint die lehrweise abgeschaffte Freiheit nun wieder in zeitgemäßer Gestalt als Verwilderung, Verhöhnung einer als ausgedient verschrienen humanitären Autorität, als Losbändigkeit der Instinkte, Emanzipation der Roheit, Diktatur der Gewalt. In Polen werden vor den Wahlen die Führer der Opposition verhaftet, und der Staatspräsident beschimpft das Parlament im Jargon eines Gassenjungen; in Finnland entführen und mißhandeln die Lappos Andersgesinnte; in Rußland denkt man den Hunger derjenigen, denen man die Lebensmittel entzog, um auf dem Weltmarkt Verwirrungsdumping damit zu treiben, mit dem Blute erschossener Gegenrevolutionäre zu stillen; die Geheimnisse fascistischer Kerker sind nicht ganz Geheimnis geblieben; von den Verbannungsinseln für Gegner des Systems weiß man auch, und noch besser kennt man die Mittel mechanischer Gewalt, mit denen Südtirol nationalisiert wird, Mittel, mit denen heute München und morgen Berlin italienisch gemacht werden könnte: Die Gewalt beweist sich selbst damit, sonst nichts, und das ist auch nicht nötig, denn alle Rücksichten außer ihr sind gefallen, die Menschheit glaubt nicht mehr an solche und ist also »frei« zu ausgelassener Gemeinheit.

Der exzentrischen Seelenlage einer der Idee entlaufenen Menschheit entspricht eine Politik im Groteskstil mit Heilsarmee-Allüren, Massenkrampf, Budengeläut, Halleluja und derwischmäßigem Wiederholen monotoner Schlagworte, bis alles Schaum vor dem Munde hat. Fanatismus wird Heilsprinzip, Begeisterung epileptische Ekstase, Politik wird zum Massenopiat des Dritten Reiches oder einer proletarischen Eschatologie, und die Vernunft verhüllt ihr Antlitz.

Ist das deutsch? Ist der Fanatismus, die Glieder werfende Unbesonnenheit, die orgiastische Verleugnung von Vernunft, Menschenwürde, geistiger Haltung in irgendeiner tieferen Seelenschicht des Deutschtums wirklich zu Hause? Dürfen die Verkünder des radikalen Nationalismus sich allzuviel einbilden auf den Stimmungszulauf, den sie gefunden, und ist der Nationalsozialismus parteimäßig gesehen nicht vielleicht ein Koloß auf tönernen Füßen, der an Dauerhaftigkeit nicht zu vergleichen ist mit der sozialdemokratischen Massenorganisation? Nur der Fanatismus, so heißt es, kann Deutschland wieder aufrichten. Goethe schildert im Epilog zur Glocke das Verhalten eines großen Menschen zur widerstrebenden Umwelt und spricht:

> »Von jenem Mut, der früher oder später
> Den Widerstand der stumpfen Welt besiegt,
> Von jenem Glauben, der sich stets erhöhter
> Bald kühn hervordrängt, bald geduldig schmiegt,
> Damit das Gute wirke, wachse, fromme,
> Damit der Tag dem Edlen endlich komme.«

Wäre nicht dieser Mut dem Deutschen, von dem die Menschheit ein Bild der Rechtlichkeit, Mäßigkeit, geistigen Biederkeit im Herzen trägt, angemessener als das Berserkertum der Verzweiflung, als der Fanatismus, der heute deutsch und allein deutsch heißen will? Staatsmänner von echter Deutschheit, die als solche in aller Welt erkannt und geliebt wurden, haben diesen bald sich vordrängenden, bald geschickt sich schmiegenden Mut, den Mut der Geduld bewährt und viel mehr damit erreicht, als zu erreichen wäre, wenn wir der Welt zu ihrem mitleidigen Befremden das Schauspiel ekstatischen Nervenzusammenbruchs böten.

Nun ist freilich der Augenblick schon gekommen, wo der militante Nationalismus sich weniger militant nach außen denn nach innen erweist. Schon sucht er seine außenpolitische Unschuld und vernunftvolle Mäßigkeit der Welt zu beweisen, indem er erklärt, daß Deutschland keinen Krieg führen könne und daß unter seiner Herrschaft keine gewaltsame Veränderung nach außen versucht werden solle, versichert es, um sich weltmöglich zu machen. Sein Haß richtet sich nicht sowohl nach außen wie nach innen, ja, seine fanatische Liebe zu Deutschland erscheint vorwiegend als Haß, nicht auf die Fremden, sondern auf alle Deutschen, die nicht an seine Mittel glauben und die er auszutilgen verspricht, was selbst heute noch ein umständliches Geschäft wäre, als Haß auf alles, was den höheren Ruhm, das geistige Ansehen Deutschlands in der Welt ausmacht. Sein Hauptziel, so scheint es immer mehr, ist die innere Reinigung Deutschlands, die Zurückführung des Deutschen auf den Begriff, den der Radikal-Nationalismus davon hegt. Ist nun, frage ich, eine solche Zurückführung, gesetzt, daß sie wünschenswert sei, auch nur möglich? Ist das Wunschbild einer primitiven, blutreinen, herzens- und verstandesschlichten, Hacken zusammenschlagenden, blauäugig gehorsamen und strammen Biederkeit, diese vollkommene nationale Simplizität, auch nach zehntausend Ausweisungen und Reinigungsexekutionen zu verwirklichen in einem alten, reifen, vielerfahrenen und hochbedürftigen Kulturvolk, das geistige und seelische Abenteuer hinter sich hat wie das deutsche, das eine weltbürgerliche und hohe Klassik, die tiefste und raffinierteste Romantik, Goethe, Schopenhauer, Nietzsche, die erhabene Morbidität von Wagners Tristan-Musik erlebt hat und im Blute trägt? Der Nationalismus will das Fanatische mit dem Würdigen vereinigen; aber die Würde eines Volkes wie des unsrigen kann nicht die der Einfalt, kann nur die Würde des Wissens und des Geistes sein, und die weist den Veitstanz des Fanatismus von sich.

…

Am Ende der Politik Stresemanns stand und steht die friedliche Revision des Versailler Vertrages mit bewußter Zustimmung Frankreichs und ein deutsch-französisches Bündnis als Fundament des friedlichen Aufbaus Europas. Das deutsche Volk, das Frankreich nicht einmal im Kriege gehaßt hat, ist, welchen Anschein auch die Dinge im Augenblick gewonnen haben mögen, zu diesem Bündnis bereit. Ich sage das nicht, weil ich es wünsche, weil ich die französische Literatur bewundere oder aus solchen persönlichen Gründen, sondern einfach, weil mein deutsches Gefühl es mir sagt. Und Franzosen, die ihr Volk so gut kennen, wie ich das meine zu kennen glaube, versichern für die andere Seite dasselbe. Bei allen Diskussionen freilich über das Schicksal Europas, allen Versuchen, die Starrheit der internationalen Lage zu lösen, stellt Frankreich die These der Sicherheit in den Vordergrund, der unbestreitbar kostbaren Sicherheit Frankreichs. Nun, meine geehrten Zuhörer, ich bin mir wohl bewußt, daß die Wände dieses Saales Ohren haben und daß vielleicht auch Franzosen, aus allgemeiner Achtung vor deutschem Geistesleben, auf meine Worte hören. Und darum will ich es aussprechen: Die beste, die wirklichste Sicherheit Frankreichs ist die seelische Gesundheit des deutschen Volkes. Daß diese Gesundheit gestört ist durch eine allgemeine politische und wirtschaftliche Krise, die aber für Deutschland durch unweise Friedensbedingungen aufs gefährlichste verschärft wird, sieht die Welt. Darum lasse Frankreich mit sich reden, wie es sich zwischen gesitteten und vernunftvollen Völkern geziemt, über die schlimmsten Punkte eines Vertrages, geboren aus einer Gemütsverfassung, die nicht danach angetan war, echte Verträge zu zeitigen, eines Vertrages, dem Dauerlosigkeit von Anbeginn an der Stirne geschrieben stand.

Jeder Außenpolitik, meine geehrten Zuhörer, entspricht eine Innenpolitik, die ihr organisches Zubehör darstellt, mit ihr eine unauflösliche geistige und sittliche Einheit bildet. Wenn ich der Überzeugung bin – einer Überzeugung, für die es mich drängte nicht nur meine Feder, sondern auch meine Person einzusetzen –, daß der politische Platz des deutschen Bürgertums heute an der Seite der Sozialdemokratie ist, so verstehe ich das Wort »politisch« im Sinn dieser inneren und äußeren Einheit. Marxismus hin, Marxismus her, – die geistigen Überlieferungen deutscher Bürgerlichkeit gerade sind es, die ihr diesen Platz anweisen; denn nur der Außenpolitik, die der deutsch-französischen Verständigung gilt, entspricht eine Atmosphäre im Inneren, in der bürgerliche Glücksansprüche wie Freiheit,

Arbeitslosenschlange beim Stempeln im Hof des Arbeitsamtes Hannover, Frühjahr 1932
Die Wirtschaftskrise in den USA (Great Depression) 1929 löste den als »Schwarzer Freitag« bekannten Börsensturz aus, der zu einer Weltwirtschaftskrise führte. In Deutschland waren in deren Folge 1932 über 6 Millionen Menschen arbeitslos – die radikalen Parteien NSDAP und KPD konnten an Zuspruch gewinnen.

Geistigkeit, Kultur überhaupt noch Lebensmöglichkeit besitzen. Jede andere schlösse eine nationale Askese und Verkrampfung in sich, die den furchtbarsten Widerstreit zwischen Vaterland und Kultur und damit unser aller Unglück bedeuten würde.

Wir verabscheuen diesen krankhaften und zerstörerischen Widerstreit. Der Friede nach außen ist eins mit dem inneren Frieden. Das letzte Wort des Reichsanwalts in Leipzig, als er die Verurteilung der jungen Offiziere gefordert hatte, lautete: »Ich wollte die Angeklagten nicht kränken.« Nein, nicht um Kränkung geht es, auch hier und heute nicht. Der Name voll Sorge und Liebe, der uns bindet, der nach Jahren einer halben Entspannung uns heute wieder wie 1914 und 1918 im Tiefsten ergreift, uns Herz und Zunge löst, ist für uns alle nur einer: Deutschland.

QUELLE: Thomas Mann: Essays, Band 3: Ein Appell an die Vernunft 1926–1933; © S. Fischer Verlag GmbH, Frankfurt am Main 1994

THEODOR HERZL (1860–1904)

Theodor Herzl kommt am 2. Mai 1860 in Pest/Ungarn als Sohn des Bankdirektors Jakob und seiner Frau Johanna geb. Diamant zur Welt. 1878 zieht die Familie nach Wien, wo Herzl sein Jurastudium abschließt. Seine Passion gilt jedoch dem Schreiben.

1891 geht er als Korrespondent der »Neuen Freien Presse« nach Paris. Nicht zuletzt die »Dreyfuß-Affäre« lässt in ihm die Überzeugung reifen, dass der wachsende Antisemitismus nicht durch Assimilation oder Konversion zum christlichen Glauben gestoppt werden könne, sondern nur durch das Schaffen eines eigenen Staates. 1896 erscheint sein Buch »Der Judenstaat. Versuch einer modernen Lösung der Judenfrage«.

Seine Idee wird zunächst unter assimilierten und orthodoxen Juden sehr unterschiedlich aufgenommen. Auf zahlreichen Reisen sucht Herzl

Unterstützung bei den Regierenden Europas. 1897 beruft er den ersten Zionistenkongress in Basel ein, der von ihm als Gründungskongress des Staates Israel angesehen wird.

1904 stirbt Theodor Herzl in Edlach an der Rach/Österreich. Mit der Staatsgründung Israels 1948 im ehemals zum Osmanischen Reich gehörenden, dann unter britischem Mandat stehenden Palästina wird seine Idee Wirklichkeit.

THEODOR HERZL

DER JUDENSTAAT

DER PLAN.

Der ganze Plan ist in seiner Grundform unendlich einfach, und muss es ja auch sein, wenn er von allen Menschen verstanden werden soll.

Man gebe uns die Souveränetät eines für unsere gerechten Volksbedürfnisse genügenden Stückes der Erdoberfläche, alles andere werden wir selbst besorgen.

Das Entstehen einer neuen Souveränetät ist nichts Lächerliches oder Unmögliches. Wir haben es doch in unseren Tagen miterlebt, bei Völkern, die nicht wie wir Mittelstandsvölker, sondern ärmere, ungebildete und darum schwächere Völker sind. Uns die Souveränetät zu verschaffen, sind die Regierungen der vom Antisemitismus heimgesuchten Länder lebhaft interessirt.

Es werden für die im Princip einfache, in der Durchführung complicirte Aufgabe zwei grosse Organe geschaffen: die Society of Jews und die Jewish Company.

Was die Society of Jews wissenschaftlich und politisch vorbereitet hat, führt die Jewish Company praktisch aus.

Die Jewish Company besorgt die Liquidirung aller Vermögensinteressen der abziehenden Juden und organisirt im neuen Lande den wirthschaftlichen Verkehr.

Den Abzug der Juden darf man sich, wie schon gesagt wurde, nicht als einen plötzlichen vorstellen. Er wird ein allmäliger sein und Jahrzehnte dauern. Zuerst werden die Aermsten gehen und das Land urbar machen. Sie werden nach einem von vornherein feststehenden Plane Strassen, Brücken, Bahnen bauen, Telegraphen errichten, Flüsse reguliren, und sich selbst ihre Heimstätten schaffen. Ihre Arbeit bringt den Verkehr, der Verkehr die Märkte, die Märkte locken neue Ansiedler heran. Denn jeder kommt freiwillig, auf eigene Kosten und Gefahr. Die Arbeit, die wir in die Erde versenken, steigert den Werth des Landes. Die Juden werden schnell einsehen, dass sich für ihre bisher gehasste und verachtete Unternehmungslust ein neues, dauerndes Gebiet erschlossen hat.

Will man heute ein Land gründen, darf man es nicht in der Weise machen, die vor tausend Jahren die einzig mögliche gewesen wäre. Es ist thöricht, auf alte Culturstufen zurückzukehren, wie es manche Zionisten möchten. Kämen wir beispielsweise in die Lage, ein Land von wilden Thieren zu säubern, würden wir es nicht in der Art der Europäer aus dem fünften Jahrhundert thun. Wir würden nicht einzeln mit Speer und Lanze gegen Bären ausziehen, sondern eine grosse fröhliche Jagd veranstalten, die Bestien zusammentreiben und eine Melinitbombe unter sie werfen.

Wenn wir Bauten aufführen wollen, werden wir nicht hilflose Pfahlbauten an einen Seerand stecken, sondern wir werden bauen, wie man es jetzt thut. Wir werden kühner und herrlicher bauen, als es je vorher geschehen ist. Denn wir haben Mittel, die in der Geschichte noch nicht da waren.

Unseren niedersten wirthschaftlichen Schichten folgen allmälig die nächsthöheren hinüber. Die jetzt am Verzweifeln sind, gehen zuerst. Sie werden geführt von unserer überall verfolgten mittleren Intelligenz, die wir überproduciren.

Die Frage der Judenwanderung soll durch diese Schrift zur allgemeinen Discussion gestellt werden. Das heisst aber nicht, dass eine Abstimmung eingeleitet wird. Dabei wäre die Sache von vorneherein verloren. Wer nicht mit will, mag da bleiben. Der Widerspruch einzelner Individuen ist gleichgiltig.

Wer mit will, stelle sich hinter unsere Fahne, und kämpfe für sie in Wort, Schrift und That.

Die Juden, welche sich zu unserer Staatsidee bekennen, sammeln sich um die Society of Jews. Diese erhält dadurch den Regierungen gegenüber die Autorität, im Namen der Juden sprechen und verhandeln zu dürfen. Die Society wird, um es in einer völkerrechtlichen Analogie zu sagen, als staatbildende Macht anerkannt. Und damit wäre der Staat auch schon gebildet.

Zeigen sich nun die Mächte bereit, dem Judenvolke die Souveränetät eines neutralen Landes zu gewähren, so wird die Society über das zu nehmende Land verhandeln. Zwei Gebiete kommen in Betracht: Palästina und Argentinien. Bemerkenswerthe Colonisirungsversuche haben auf diesen beiden Punkten stattgefunden. Allerdings nach dem falschen Princip der allmäligen Infiltration von Juden. Die Infiltration muss immer schlecht enden. Denn es kommt regelmässig der Augenblick, wo die Regierung auf Drängen der sich bedroht fühlenden Bevölkerung den weiteren Zufluss von Juden absperrt. Die Auswanderung hat folglich nur dann einen Sinn, wenn ihre Grundlage unsere gesicherte Souveränetät ist.

Die Society of Jews wird mit den jetzigen Landeshoheiten verhandeln, und zwar unter dem Protectorate der europäischen Mächte, wenn diesen die Sache einleuchtet. Wir können der jetzigen Landeshoheit ungeheure Vortheile gewähren, einen Theil ihrer Staatsschulden übernehmen, Verkehrswege bauen, die ja auch wir selbst benöthigen, und noch vieles andere. Doch schon durch das Entstehen des Judenstaates gewinnen die Nachbarländer, weil im Grossen wie im Kleinen die Cultur eines Landstriches den Werth der Umgebung erhöht.

PALÄSTINA ODER ARGENTINIEN?

Ist Palästina oder Argentinien vorzuziehen? Die Society wird nehmen, was man ihr gibt und wofür sich die öffentliche Meinung des Judenvolkes erklärt. Die Society wird beides feststellen.

Argentinien ist eines der natürlich reichsten Länder der Erde, von riesigem Flächeninhalt, mit schwacher Bevölkerung und gemässigtem Klima. Die argentinische Republik hätte das grösste Interesse daran, uns ein Stück Territorium abzutreten. Die jetzige Judeninfiltration hat freilich dort Verstimmung erzeugt; man müsste Argentinien über die wesentliche Verschiedenheit der neuen Judenwanderung aufklären.

Palästina ist unsere unvergessliche historische Heimat. Dieser Name allein wäre ein gewaltig ergreifender Sammelruf für unser Volk. Wenn Seine Majestät der Sultan uns Palästina gäbe, könnten wir uns dafür anheischig machen, die Finanzen der Türkei gänzlich zu regeln. Für Europa würden wir dort ein Stück des Walles gegen Asien bilden, wir würden den Vorpostendienst der Cultur gegen die Barbarei besorgen. Wir würden als neutraler Staat im Zusammenhange bleiben mit ganz Europa, das unsere Existenz garantiren müsste. Für die heiligen Stätten der Christenheit liesse sich eine völkerrechtliche Form der Exterritorialisirung finden. Wir würden die Ehrenwache um die heiligen Stätten bilden, und mit unserer Existenz für die Erfüllung dieser Pflicht haften. Diese Ehrenwacht wäre das grosse Symbol für die Lösung der Judenfrage nach achtzehn für uns qualvollen Jahrhunderten.

QUELLE: Theodor Herzl: Der Judenstaat. Versuch einer modernen Lösung der Judenfrage, M. Breitenstein's Verlags-Buchhandlung, Leipzig/Wien 1896

MANÉS SPERBER (1905–1984)

Manés Sperber wird am 12. Dezember 1905 im galizischen Zablotow, das bis 1918 zu Österreich-Ungarn gehört, geboren. Er wächst in einer wohlhabenden jüdischen Familie in der Tradition des Chassidismus auf. 1916 flüchtet die Familie nach Wien. Angeleitet durch den Begründer der Individualpsychologie, Alfred Adler, geht Sperber 1927 nach Berlin, wo er der KPD beitritt und Vorträge bei der Internationalen Vereinigung für Individualpsychologie hält.
1933 wird er nach kurzer Haft aus dem Deutschen Reich ausgewiesen. Er geht zunächst nach Wien und folgt 1934 einem Ruf der kommunistischen Partei, ohne seine Frau Mirjam, nach Paris. Desillusioniert durch

die stalinistischen Schauprozesse tritt er 1937 aus der Partei aus. In »Zur Analyse der Tyrannis« setzt er sich mit dem Totalitarismus auseinander. Die Kriegsjahre verbringt er mit seiner zweiten Frau Zenija Zivcon ab 1942 in der Schweiz und kehrt nach Kriegsende nach Paris zurück. 1950 gehört er mit seinem Freund Arthur Koestler zu den Initiatoren des in Berlin gegründeten antikommunistischen »Kongresses für kulturelle Freiheit«.

In seinen Schriften setzt sich Manés Sperber mit den großen Katastrophen des 20. Jahrhunderts auseinander, so 1979 mit dem Antisemitismus in »Churban oder die unfassbare Gewissheit«. Er stirbt 1984 in Paris.

MANÉS SPERBER

CHURBAN ODER DIE UNFASSBARE GEWISSHEIT

»Selbst wenn das Firmament über uns aus Pergament wäre und wenn Tinte die Meere füllte; wenn alle Bäume Federn und die Bewohner der Erde allesamt Schreiber wären – und wenn sie Tag und Nacht schrieben, so vermöchten sie dennoch nicht, die Größe zu beschreiben und den Glanz des Schöpfers der Welt.«

Fünfzig Jahre trennen mich von jenem Pfingsttage, an dem der kleine Junge diese ersten Verse des langen aramäischen Gedichtes aufsagte, das ein Geschlecht dem andern, zusammen mit einem unabänderlichen mündlichen Kommentar, treu überlieferte. Die Erinnerung an die Rezitation wird jedesmal lebendig, wenn ich einsehen muß, daß es uns nie gelingen wird, jenen, die nach uns leben werden, den *Churban*, die jüdische Katastrophe unserer Zeit, zu erklären. Die zahllosen Dokumente, die die unermüdliche Bürokratie der Ausrotter hinterlassen hat, die Berichte der Entronnenen, all die Tagebücher, Chroniken und Annalen – so viele Millionen Worte – sie alle erinnern mich daran, daß, selbst wenn das Firmament …

Und dennoch war alles offenbar: Wie in einer Arena unter der mittäglichen Sonne, so deutlich unterschied man jene, die morden würden, von denen, die fallen sollten. Und alle, zuvörderst die Opfer, waren zeitig gewarnt worden. Anders als der dialektische Schabernack der trügerischen Wahrsagung in der griechischen Tragödie, waren Hitlers frenetisch wiederholte Drohungen gegen die Juden durchaus eindeutig. Doch das Volk, dessen Intelligenz man seit Jahrtausenden rühmt, verhielt sich, als hörte es nichts davon, und vergaß eilig, was es doch hatte vernehmen müssen.

Im Laufe ihrer langen Geschichte hatte diese *Civitas Dei* ohne Land, diese unverführbare und unbezwingliche Minderheit nach jeder Katastrophe stets aufs neue die Unbesiegbarkeit ihres Glaubens entdeckt: Gott war gerecht, denn ihre Feinde verwandelte er in Mörder, indes er den Juden die Gnade zuteil werden ließ, nur Opfer zu sein, die sterbend den Namen des Allmächtigen heiligten. Die Verfolger – von Johannes Chrysostomos bis zum letzten progromierenden Muschik – ahnten gar nicht, wie sehr ihre schändlichen Triumphe die Verfolgten in dem Glauben bestärkten, das auserwählte Volk zu sein.

Dies aber hatte aufgehört, wahr zu sein. Der Nazismus überraschte das Judentum in einem Zustande, in dem es nicht mehr willens und keineswegs darauf vorbereitet war, für Gott zu sterben. So geschah's auf christlicher Erde zum ersten Male, daß man sich rüstete, Juden in Massen zu töten – ohne Berufung auf den Gekreuzigten. Und zum ersten Male sollten die Juden Europas für nichts, im Namen von nichts sterben. Keine nekrologische Begeisterung kann diesen Sachverhalt aus der Welt schaffen, nichts das unglückliche Bewußtsein heilen, das ihn stets widerspiegeln und niemals ändern wird. Gewiß, in diesem Orkan der Gewalt waren die Juden keineswegs die einzigen Opfer der unermeßlichen Verheerung. Aber sie allein wurden bis zur Unkenntlichkeit entwürdigt und entmenschend gedemütigt. Diesmal hatten sie ihren Gott nicht mehr, um dem zu wehren, aber auch nicht die Waffen, um einen würdigen, wenn auch nicht wirksamen Widerstand zu leisten.

Da die Juden der ganzen Welt wußten, was niemand verkennen konnte, hatten sie kein Recht, darauf zu warten, daß der Sturm ausbreche und vorüberziehe. Hitler ließ die Juden auswandern, aber die Asylländer verschlossen sich ihnen. Keinen einzigen Augenblick erwogen die Briten, die Tore Palästinas weit genug zu öffnen oder einen provisorischen Zufluchtsort in ihren zahllosen überseeischen Gebieten jenen Menschen anzubieten, denen Hitler die Ausrottung im Falle eines Krieges ohne Unterlaß ankündigte.

Die Juden Amerikas und Westeuropas waren wohlhabend genug, um ihren tödlich bedrohten Brüdern in Lateinamerika und in Asien das Asylrecht zu erkaufen. Doch als alles auf die Solidarität ankam, versagten sie, weil im Verlauf der vorangegangenen Jahrzehnte innere Widersprüche den Zusammenhalt der Juden verringert, wenn nicht gar zerstört hatten. Seit ihrer staatsbürgerlichen Emanzipation hatten sich die Juden viel radikaler als ihre christlichen Nachbarn der Religion entfremdet. Fortan war es nicht so sehr ihr eigener Glaube, der sie – etwa in Deutschland oder in Frankreich – von ihren Mitbürgern trennte, sondern der Glaube und die Traditionen der Umwelt. Viele deutsche Juden waren in erster Linie Deutsche, nicht Juden; es gab jüdische Faschisten in Italien; es hätte jüdische Nazis gegeben, hätte Hitler es zugelassen. Selbst die übrigens in Westeuropa wenig zahlreichen Zionisten widerstanden nicht der Verlockung des französischen, deutschen oder britischen Patriotismus.

Eine gewissermaßen in Unordnung geratene Dialektik bestimmt die Widersprüche einer Minderheit, die es ablehnt, eine zu sein, und jeden entschiedener Feindseligkeit anklagt, der ihr in Erinnerung ruft, daß sie es ist. Gleichzeitig wachen die Juden aber darüber, daß ihnen die Umwelt niemals die Rechte einer heterodoxen und heterogenen Minderheit bestreite. Doch da für die meisten Mitglieder dieser Minorität der Glaube kaum noch etwas bedeutet, da sie weder seine Gebote noch seine Verbote beachten, sind sie außerstande, sich wirklich solidarisch zu fühlen mit Menschen, mit denen sie nichts anderes gemein haben als sehr ferne, zumeist vergessene Ahnen und mythomanische Feinde.

Die israelitischen Franzosen wünschten sehnlichst, daß die von Hitler verfolgten Juden unverzüglich gerettet würden. Aber es lag ihnen ebensoviel, wenn nicht gar mehr daran, daß ihre eigene Situation unverändert bliebe und daß ihr eigener Minderheitscharakter nicht auffällig würde. Angesichts der aus ihrer Heimat vertriebenen Juden fühlten sich Frankreichs Juden französischer als die Nachkommen der Kreuzzügler und israelitisch nur aus philanthropischem Pflichtbewußtsein.

Daran war nichts neu. Die Deutschen mosaischen Glaubens fühlten sich unendlich verschieden und wesensmäßig ferne von den Flüchtlingen, die den Pogromen von Kischinew und Proskurow entronnen waren. In seiner Wohltätigkeit oft großzügig, wies das israelitische Bürgertum des Westens die Identifizierung und die Solidarität mit den Opfern zurück; es lehnte beide ab im Glauben, ihrer um so weniger zu bedürfen.

In Polen und in anderen Ländern Osteuropas war sich das jüdische Volk der ständig wachsenden Gefahr wohl bewußt, doch sah es voraus, daß früher oder später ein Bündnis aller nichtfaschistischen Mächte den gemeinsamen Feind vernichten würde. Daher betrachtete dieses Volk die westlichen Demokratien und die Sowjetunion als seine natürlichen Verbündeten, die es auch aus eigenem Interesse rechtzeitig retten würden.

Alle diese Staaten aber haben sich diesem Bündnis in der Tat entzogen. Mit Ausnahme Dänemarks, seines Königs, seiner Regierung und seines Volkes und, in einer bestimmten Hinsicht, Schwedens und der Schweiz und, in einer kuriosen Manier, Spaniens – mit diesen wenigen Ausnahmen hat keine Regierung durch Akte ihre Solidarität bewiesen oder auch nur frühzeitig genug ihren Abscheu gegen den Genozid zum Ausdruck bracht.

Wie war das Unfaßliche möglich, wie konnte ein ganzes Volk im Herzen Europas systematisch, methodisch zu Tode gebracht werden? Auf diese quälende Frage gibt es zumindest zwei einander ergänzende Antworten:

1. Der Prozeß der Desintegrierung und der Desidentifizierung setzte die nichtzionistische Judenheit außerstande, der Bedrohung so zu begegnen, wie es vielleicht möglich und gewiß lebensnotwendig war.

2. Die Verbündeten des mit Ausrottung bedrohten Volkes, das heißt Hitlers Kriegsgegner, haben nicht nur nichts verhindert, son-

dern alles getan, um selbst den Verdacht zu zerstreuen, daß irgendeine Rücksicht auf das Judentum ihre Politik oder Strategie oder auch nur eine ihrer militärischen Unternehmungen beeinflussen könnte.

QUELLE: Manès Sperber: Churban oder Die unfaßbare Gewißheit. Essays; © Deutscher Taschenbuch-Verlag, München, 1983

RICHARD NIKOLAUS COUDENHOVE-KALERGI (1894–1972)

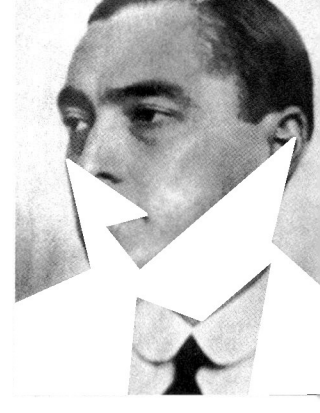

Richard Nikolaus Graf Coudenhove-Kalergi (der Grafentitel entfällt mit Abschaffung der Monarchie in Österreich ab 1919) wird am 16. November 1894 als Sohn von Heinrich Graf von Coudenhove und seiner japanischen Frau Mitsuko geb. Aoymama in Tokio geboren. Er wächst auf dem Familiensitz Schloss Ronsperg/Böhmen auf und studiert später Philosophie und Geschichte an den Universitäten Wien und München. 1915 heiratet er die Schauspielerin Ida Roland.
1923 veröffentlicht er sein programmatisches Buch »Paneuropa« und gründet die »Paneuropa-Union« als Antwort auf die Schrecken des Ersten Weltkrieges, die Wirren der Nachkriegszeit und die Bedrohung durch die bolschewistische Sowjetunion (siehe auch »Stalin & Co«, 1931). 1938 emigriert er zunächst in die Schweiz, dann nach Frankreich und 1940 schließlich in die USA, wo er verschiedene Lehrtätigkeiten wahrnimmt und für seine europäische Vision wirbt. 1946 kehrt er in die Schweiz zurück und gewinnt Winston Churchill für seine europäische Vision. Ihm verdankt der 1949 gegründete Europarat, dass neben dem Ministerrat als zweites Organ eine beratende Parlamentarische Versammlung eingerichtet wird.
Nach Coudenhove-Kalergis Tod 1972 übernimmt Otto von Habsburg, sein langjähriger Weggefährte, die Leitung der Paneuropa-Union.

RICHARD NIKOLAUS COUDENHOVE-KALERGI

PAN-EUROPA

»Jedes große historische Geschehen begann als Utopie und endete als Realität.«

VORWORT

Dieses Buch ist bestimmt, eine große politische Bewegung zu wecken, die in allen Völkern Europas schlummert.

Viele Menschen erträumten ein einiges Europa; aber wenige sind entschlossen, es zu schaffen. Als Ziel der Sehnsucht bleibt es unfruchtbar – als Ziel des Wollens wird es fruchtbar.

Die einzige Kraft, die Pan-Europa verwirklichen kann, ist: der Wille der Europäer; die einzige Kraft, die Pan-Europa aufhalten kann, ist: der Wille der Europäer.

So liegt in der Hand jedes Europäers ein Teil des Schicksals seiner Welt.

*

Während ich schreibe, tagt in Chile die fünfte panamerikanische Konferenz. Rußland arbeitet mit aller Energie an seinem Wiederaufbau. Das britische Reich hat die Kriegskrise überwunden. Ostasien ist befreit vom Damoklesschwert der amerikanischen Kriegsgefahr.

Indessen taumelt Europa führerlos und planlos aus einer Krise in die andere. Französische und belgische Soldaten halten Deutschlands Industriezentrum besetzt. In Thrakien droht täglich ein neuer Krieg. Überall herrscht Elend, Unruhe, Unzufriedenheit, Haß, Furcht.

Während die übrige Welt täglich vorwärtsschreitet, geht es mit Europa täglich bergab.

Diese Feststellung ist ein Programm.

*

Die Ursache des europäischen Niederganges ist politisch, nicht biologisch. Europa stirbt nicht an Altersschwäche, sondern daran, daß seine Bewohner einander mit den Mitteln moderner Technik totschlagen und zugrunderichten.

Noch ist Europa das qualitativ fruchtbarste Menschenreservoir der Welt. Die aufstrebenden Amerikaner sind Europäer, die in ein anderes politisches Milieu verpflanzt sind. Nicht die Völker Europas sind senil – sondern nur ihr politisches System. Dessen radikale Änderung kann und muß zur vollen Heilung des kranken Erdteiles führen.

Der Weltkrieg hat die politische Landkarte Europas verändert – nicht dessen politisches System. Nach wie vor herrscht in Europa internationale Anarchie, Vergewaltigung des Schwächeren durch den Stärkeren, latenter Kriegszustand, wirtschaftliche Zersplitterung, politische Intrige. Die europäische Politik von heute gleicht der Politik von gestern mehr als der Politik von morgen.

Das Gesicht Europas ist nach rückwärts gewendet, statt nach vorwärts. Der Büchermarkt wird durch Memoiren überschwemmt. In der öffentlichen Diskussion nimmt die Entstehung des letzten Krieges einen breiteren Raum ein als die Vermeidung des künftigen.

Dieser ewige Blick ins Gestrige ist die Hauptursache der europäischen Reaktion und Zersplitterung. Hier Wandel zu schaffen, ist Pflicht der europäischen Jugend. Sie ist berufen, auf den Trümmern des alten ein n e u e s E u r o p a zu errichten: eine europäische Organisation an die Stelle der europäischen Anarchie.

Weigern sich die Staatsmänner Europas, dieses Ziel anzuerkennen und zu verwirklichen – werden sie von den Völkern, mit deren Zukunft sie spielen, weggefegt werden.

*

Zwei brennende Probleme lasten auf unserem Kontinent: die S o z i a l e – und die E u r o p ä i s c h e Frage; die Auseinandersetzung zwischen den Klassen und die Auseinandersetzung zwischen den Staaten Europas.

Die S o z i a l e F r a g e beherrscht mit Recht die öffentliche Diskussion; sie bildet und entzweit Parteien und wird täglich von der öffentlichen Meinung aller Länder tausendfach erörtert.

Indessen wird die Europäische Frage, die ihr an Bedeutung nicht nachsteht, einfach totgeschwiegen. Viele wissen nichts von ihrer Existenz; sie wird in die Sphäre der Literatur und der Utopie verwiesen; sie wird nicht ernst genommen.

Und doch hängt von ihrer Beantwortung die Zukunft unserer Kultur und unserer Kinder ab.

Die Europäische Frage lautet:

»Kann Europa in seiner politischen und wirtschaftlichen Zersplitterung seinen Frieden und seine Selbständigkeit den wachsenden außereuropäischen Weltmächten gegenüber wahren – oder ist es gezwungen, sich zur Rettung seiner Existenz zu einem Staatenbunde zu organisieren?«

Diese Frage stellen, heißt sie beantworten. Darum wird sie nicht gestellt, sondern unterschlagen. Es ist zwar in der öffentlichen Diskussion viel die Rede von europäischen Fragen – aber nicht von der Europäischen Frage, in der sie alle wurzeln, ebenso wie die Vielfalt der sozialen Fragen in der Sozialen Frage.

*

Wie heute jeder Europäer innerpolitisch gezwungen ist, zur Sozialen Frage Stellung zu nehmen – so soll er in Zukunft außenpolitisch gezwungen sein, zur Europäischen Frage Stellung zu nehmen. Dann mag es dem Willen der Europäer überlassen bleiben, ihre Einigung oder Zersplitterung, ihre Organisation oder Anarchie, ihre Auferstehung oder ihren Untergang zu verwirklichen.

Eines nur darf nicht mehr geschehen: die Unterschlagung einer Lebensfrage für 300 Millionen Menschen durch ihre verantwortlichen Führer.

Endlich muß die Europäische Frage aufgerollt werden vor der öffentlichen Meinung des Kontinents, in seiner Presse und politischen Literatur, in seinen politischen Versammlungen, Parlamenten und Kabinetten.

*

Die Zeit drängt. Morgen könnte es vielleicht zur Lösung der Europäischen Frage zu spät sein: daher ist es besser, heute damit zu beginnen.

Europa, das sein Selbstvertrauen fast verloren hat, erwartet Hilfe von außen: die einen von R u ß l a n d – die anderen von A m e r i k a.

Beide Hoffnungen sind für Europa lebensgefährlich. Weder der Westen noch der Osten will Europa retten: Rußland will es erobern – Amerika will es kaufen.

Durch diese Skylla der russischen Militärdiktatur und die Charybdis der amerikanischen Finanzdiktatur führt nur ein schmaler Weg in eine bessere Zukunft. Dieser Weg heißt P a n - E u r o p a und bedeutet: Selbsthilfe durch Z u s a m m e n s c h l u ß E u r o p a s z u e i n e m p o l i t i s c h - w i r t s c h a f t l i c h e n Z w e c k v e r b a n d.

*

Gegen Pan-Europa wird der Vorwurf der Utopie erhoben werden. Dieser Vorwurf trifft es nicht. Kein Naturgesetz steht seiner Verwirklichung entgegen. Es entspricht den Interessen der überwältigenden Mehrheit Europas und verletzt nur die Interessen einer verschwindenden Minderheit.

Diese kleine, aber mächtige Minderheit, die heute Europas Geschicke lenkt, wird Pan-Europa zur Utopie stempeln wollen. Darauf ist zu erwidern, daß jedes g r o ß e h i s t o r i s c h e G e s c h e h e n a l s U t o p i e b e g a n n u n d a l s R e a l i t ä t e n d e t e.

1913 waren die polnische und die tschechoslowakische Republik Utopien – 1918 wurden sie Wirklichkeit; 1916 war der Sieg der Kommunisten in Rußland Utopie – 1917 war er Realität. Je phantasieloser ein Politiker ist, desto größer erscheint ihm das Reich der Utopie und desto kleiner das Reich des Möglichen. Die Weltgeschichte hat mehr Phantasie als ihre Marionetten und setzt sich zusammen aus einer Kette von Überraschungen, von verwirklichten Utopien.

Ob ein Gedanke Utopie bleibt oder Realität wird, hängt gewöhnlich von der Zahl und der Tatkraft seiner Anhänger ab. Solange an Pan-Europa Tausende glauben – ist es Utopie; wenn erst Millionen daran glauben – ist es politisches Programm; sobald hundert Millionen daran glauben – ist es verwirklicht.

Die Zukunft Pan-Europas hängt also davon ab, ob die ersten tausend Anhänger die Glaubens- und Werbekraft besitzen, um Millionen zu überzeugen und die Utopie von gestern in eine Wirklichkeit von morgen zu verwandeln.

Ich rufe die Jugend Europas auf, dieses Werk zu vollbringen!

Richard N. Coudenhove-Kalergi
Wien, Frühling 1923.

QUELLE: Richard N. Coudenhove-Kalergi: Pan-Europa, 6.–8. Tausend, Pan-Europa-Verlag, Wien/Leipzig 1924

GOTTFRIED BENN (1886–1956)

Gottfried Benn wird am 2. Mai 1886 als Sohn des Pastors Gustav Benn und seiner aus der französischen Schweiz stammenden Frau Caroline geb. Jequier in Mansfeld geboren. Nach einem anfänglichen Theologiestudium wird er 1912 Arzt.

In diesem Jahr veröffentlicht Benn – auch inspiriert durch seine Freundschaft mit Else Lasker-Schüler – unter dem Titel »Morgue« seinen ersten Gedichtband. Während des Ersten Weltkrieges ist er Militärarzt, lässt sich dann 1917 als Facharzt in Berlin nieder. 1927 wird er in die Preußische Akademie der Künste aufgenommen. Seine anfängliche Begeisterung für Hitler, die er in seiner »Antwort auf die literarischen Emigranten« (1933) zum Ausdruck bringt, schlägt ab 1934 in Ablehnung um. 1938 wird er aus der Reichsschrifttumskammer ausgeschlossen. Während des Krieges ist er wieder Militärarzt. Nach dem Selbstmord seiner zweiten Frau Herta von Wedemeyer 1945 heiratet er Ende 1946 Ilse Kaul.

Im Juli 1945 nimmt er seine ärztliche Praxis in Berlin wieder auf, wo er bis zu seinem Tod 1956 lebt. Er schreibt u. a. seine »Statischen Gedichte«. 1950 erscheint seine Autobiographie »Doppelleben«, in der er auf sein Verhältnis zum Nationalsozialismus eingeht. 1951 erhält er den Georg-Büchner-Preis. Er gilt als einer der bedeutendsten expressionistischen Dichter.

GOTTFRIED BENN

ANTWORT AN DIE LITERARISCHEN EMIGRANTEN

Sie schreiben mir einen Brief aus der Nähe von Marseille. In den kleinen Badeorten am Golf de Lyon, in den Hotels von Zürich, Prag und Paris, schreiben Sie, säßen jetzt als Flüchtlinge die jungen Deutschen, die mich und meine Bücher einst so sehr verehrten. Durch Zeitungsnotizen müßten Sie erfahren, daß ich mich dem neuen Staat zur Verfügung hielte, öffentlich für ihn einträte, mich als Akademiemitglied seinen kulturellen Plänen nicht entzöge. Sie stellen mich zur Rede, freundschaftlich, aber doch sehr scharf. Sie schreiben: was konnte Sie dahin bringen, Ihren Namen, der uns der Inbegriff des höchsten Niveaus und einer geradezu fanatischen Reinheit gewesen ist, denen zur Verfügung zu stellen, denen das ganze übrige Europa gerade diesen Rang bestreitet? Was für Freunde tauschen Sie für die alten, die Sie verlieren werden, ein? Wer wird Sie dort verstehen? Sie werden doch immer der Intellektuelle, das heißt der Verdächtige, bleiben, und niemand nimmt Sie dort auf. Sie stellen mich zur Rede, Sie warnen mich, Sie fordern von mir eine unzweideutige Antwort – »Wer sich in dieser Stunde nicht zu uns bekennt, wird von heute an und für immer nicht mehr zu uns gehören –«. Also hören Sie bitte meine Antwort, und die muß natürlich unzweideutig sein.

Ich muß Ihnen zunächst sagen, daß ich auf Grund vieler Erfahrungen in den letzten Wochen die Überzeugung gewonnen habe, daß man über die deutschen Vorgänge nur mit denen sprechen kann, die sie auch innerhalb Deutschlands selbst erlebten. Nur die, die durch die Spannungen der letzten Monate hindurchgegangen sind, die von Stunde zu Stunde, von Zeitung zu Zeitung, von Umzug zu Umzug, von

Rundfunkübertragung zu Rundfunkübertragung alles dies fortlaufend aus unmittelbarer Nähe miterlebten, Tag und Nacht mit ihm rangen, selbst die, die das alles nicht jubelnd begrüßten, sondern es mehr erlitten, mit diesen allen kann man reden, aber mit den Flüchtlingen, die ins Ausland reisten, kann man es nicht. Diese haben nämlich die Gelegenheit versäumt, den ihnen so fremden Begriff des Volkes nicht gedanklich, sondern erlebnismäßig, nicht abstrakt, sondern in gedrungener Natur in sich wachsen zu fühlen, haben es versäumt, den auch in Ihrem Brief wieder so herabsetzend und hochmütig gebrauchten Begriff »das Nationale« in seiner realen Bewegung, in seinen echten überzeugenden Ausdrücken als Erscheinung wahrzunehmen, haben es versäumt, die Geschichte form- und bilderbeladen bei ihrer vielleicht tragischen, aber jedenfalls schicksalbestimmten Arbeit zu sehen. Und mit diesem allen meine ich nicht das Schauspielhafte des Vorgangs, das impressionistisch Fesselnde von Fackeln und Musik, sondern den inneren Prozeß, die schöpferische Wucht, die in der Richtung wirkte, daß sie auch einen anfangs widerstrebenden Betrachter zu einer weitertreibenden menschlichen Umgestaltung führte.

Schon aus diesem Grunde werden wir uns kaum verstehen. Aber die Verständigung scheitert auch noch an einem anderen Problem, das seit Jahren als theoretischer Streit zwischen Ihrer Gruppe und mir stand, das sich nun aber plötzlich von so schroffer Aktualität erweist, daß es jeden vor eine direkte ausgesprochene Lebensentscheidung führt. Wir nähern uns diesem Problem am besten, wenn wir das Wort Barbarei betrachten, das in Ihrem Brief wiederholt auftaucht und auch in anderen Äußerungen die an mich gelangten. Sie stellen es so dar, als ob das, was sich heute in Deutschland abspielt, die Kultur bedrohe, die Zivilisation bedrohe, als ob eine Horde Wilder die Ideale schlechthin der Menschheit bedrohe, aber, und so lautet meine Gegenfrage, wie stellen Sie sich denn nun eigentlich vor, daß die Geschichte sich bewegt? Meinen Sie, sie sei in französischen Badeorten besonders tätig? Wie stellen Sie sich zum Beispiel das zwölfte Jahrhundert vor, den Übergang vom romanischen zum gotischen Gefühl, meinen Sie, man hätte sich das *besprochen*? Meinen Sie, im Norden des Landes, aus dessen Süden Sie mir jetzt schreiben, hätte sich jemand einen neuen Baustil *erdacht*? Man hätte *abgestimmt*: Rundbogen oder Spitzbogen; man hätte *debattiert* über die Apsiden: rund oder polygon? Ich glaube, Sie kämen weiter, wenn Sie endlich diese novellistische Auffassung der Geschichte hinter sich ließen, um sie mehr als das elementare, das stoßartige, das unausweichliche Phänomen zu sehen; ich glaube, Sie kämen den Ereignissen in Deutschland näher, wenn Sie die Geschichte nicht weiter als den Kontoauszug betrachteten, den Ihr bürgerliches Neunzehntes-Jahrhundert-Gehirn der Schöpfung präsentierte, – ach, sie schuldet Ihnen ja nichts, aber Sie ihr alles, sie kennt ja Ihre Demokratie nicht, auch nicht Ihren vielleicht mühsam hochgehaltenen Rationalismus, sie hat keine andere Methode, sie hat ja keinen anderen Stil, als an ihren Wendepunkten einen neuen menschlichen Typ aus dem unerschöpflichen Schoß der Rasse zu schicken, der sich durchkämpfen muß, der die Idee seiner Generation und seiner Art in den Stoff der Zeit bauen muß, nicht weichend, handelnd und leidend, wie das Gesetz des Lebens es befiehlt. Natürlich ist diese Auffassung der Geschichte nicht aufklärerisch und nicht humanistisch, sondern metaphysisch, und meine Auffassung vom Menschen ist es noch mehr. Und damit stehen wir vor dem Kern unseres alten Streites: Ihr Vorwurf, ich kämpfte für das Irrationale.

In Ihrem Brief lautet die Stelle so: »Erst kommt das Bekenntnis zum Irrationalen, dann zur Barbarei, und schon ist man bei Adolf Hitler.« Das schreiben Sie in dem Augenblick, wo doch vor aller Augen Ihre opportunistische Fortschrittsauffassung vom Menschen für weiteste Strecken der Erde Bankerott gemacht hat, wo es sich herausstellt, daß es eine flache, leichtsinnige, genußsüchtige Auffassung war, daß nie je in einer der wahrhaft großen Epochen der menschlichen Geschichte das Wesen des Menschen anders gedeutet wurde als irrational, irrational heißt schöpfungsnah und schöpfungsfähig. Verstehen Sie doch endlich dort an Ihrem lateinischen Meer, daß es sich bei den Vorgängen in Deutschland gar nicht um politische Kniffe handelt, die man in der bekannten dialektischen Manier verdrehen und zerreden könnte, sondern es handelt sich um das Hervortreten eines neuen biologischen Typs, die Geschichte mutiert, und ein Volk will sich züchten. Allerdings ist die Auffassung vom Wesen des Menschen, die dieser Züchtungsidee zugrunde liegt, dahingehend, daß er zwar vernünftig sei, aber vor allem ist er mythisch und tief. Allerdings denkt man hinsichtlich seiner Zukunft so, daß man ihn unten am Stamm okulieren muß, denn er ist älter als die Französische Revolution, schichtenreicher als die Aufklärung dachte. Allerdings empfindet man sehr weitgehend ihn als Natur, ihn als Schöpfungsnähe, man erlebt ja, er ist weit weniger gelöst, viel wundenvoller an das Sein gebunden, als es aus der höchstens zweitausendjährigen Antithese zwischen Idee und Realität erklingt. Eigentlich ist er ewiges Quartär, schon die letzten Eiszeiten feuilletonistisch überladener Hordenzauber, diluviales Stimmungsweben, tertiäres Bric à Brac; eigentlich ist er ewiges Urgesicht: Wachheit, Tagleben, Wirklichkeit: locker konsolidierte Rhythmen verdeckter Schöpfungsräusche. Wollen Sie, Amateure der Zivilisation und Troubadoure des westlichen Fortschritts, endlich doch verstehen, es handelt sich hier gar nicht um Regierungsformen, sondern um eine neue Vision von der Geburt des Menschen, vielleicht um eine alte, vielleicht um die letzte großartige Konzeption der weißen Rasse, wahrscheinlich um eine der großartigsten Realisationen des Weltgeistes überhaupt, präludiert in jenem Hymnus Goethes »An die Natur«, und wollen Sie auch das noch in sich aufnehmen: über diese Vision entscheidet kein Erfolg, kein militärisches oder industrielles Resultat, wenn zehn Kriege aus dem Osten und aus dem Westen hereinbrächen, um diesen deutschen Menschen zu vernichten, und wenn zu Wasser und zu Lande die Apokalypse nahte, um seine Siegel zu zerbrechen, der Besitz dieser Menschheitsvision bliebe vorhanden, und wer sie verwirklichen will, der muß sie züchten, und Ihre philologische Frage nach Zivilisation und Barbarei wird absurd vor so viel Legitimation als geschichtliches Sein.

Aber verlassen wir die Philosophie, und gehen wir zur Politik über, wenden wir uns von der Vision ab und stellen uns vor die Tatsachen der Erfahrung. Da sitzen Sie also in Ihren Badeorten und stellen uns zur Rede, weil wir mitarbeiten am Neubau eines Staates, dessen Glaube einzig, dessen Ernst erschütternd, dessen innere und äußere Lage so schwer ist, daß es Iliaden und Äneiden bedürfte, um sein Schicksal zu erzählen. Diesem Staat und seinem Volk wünschen Sie vor dem ganzen Ausland Krieg, um ihn zu vernichten, Zusammenbruch, Untergang. Es ist die Nation, deren Staatsangehörigkeit Sie besitzen, deren Sprache Sie sprechen, deren Schulen Sie besuchten, deren Wissenschafts- und Kunstpflege Sie Ihren ganzen geistigen Besitz verdanken, deren Industrie Ihre Bücher druckte, deren Theater Ihre Stücke spielte, der Sie Namen und Ruhm verdanken, von der Sie möglichst viel Angehörige zu Ihren Lesern wünschten und die Ihnen auch jetzt nicht viel getan hätte, wenn Sie hiergeblieben wären. Da werfen Sie nun also einen Blick auf das nach Afrika sich hinziehende Meer, vielleicht tummelt sich gerade ein Schlachtschiff darauf mit Negertruppen aus jenen sechshunderttausend Kolonialsoldaten der gegen Deutschland einzusetzenden berüchtigten französischen Forces d'outremer, vielleicht auch auf den Arc de Triomphe oder den Hradschin, und schwören diesem Land, das politisch nichts will als seine Zukunft sichern, und von dem die meisten unter Ihnen geistig nur genommen haben, Rache.

Sie schreiben in Ihrem Brief, jetzt erst, nun aber vollends seien Sie zum »wahren Marxisten« geworden, kein Vorwurf von »Vulgärmarxismus« oder »Materialismus« könne Sie abhalten, unsere »hysterische Brutalität« zu bekämpfen, Sie ständen auf Seiten »des Geistes« und zögen mit in den Krieg gegen »die politische Reaktion«. Ich weiß zwar gar nicht, was Sie mit diesen Ausdrücken eigentlich sagen wollen, es klingt mir alles wie aus einem anderen Erdzeitalter, ich könnte Sie auch fragen, ob Sie auch von hysterischer Brutalität gesprochen haben, als der Staat, in dem Ihr Marxismus siegte, die zwei Millionen bürgerlicher Intelligenz erschlug.

Aber ich will annehmen, Sie meinen Sozialismus, und die bedeutendsten der jetzt im Ausland lebenden deutschen Intellektuellen sind ja in den letzten Jahren oft für die Rechte des deutschen Arbeiters eingetreten, am aufrichtigsten und in der sichtbarsten Form und zu wiederholten Malen jedenfalls Thomas *Mann*. Denen also würde ich mitteilen, daß es dem deutschen Arbeiter heute besser geht als zuvor. Sie wissen, daß ich als Arzt mit vielen Kreisen, als Kassenarzt mit vielen Arbeitern in Berührung komme, auch mit früheren Kommunisten und Angehörigen der SPD, es kann gar nicht zweifelhaft sein, ich höre es von allen, daß es ihnen besser geht als zuvor. Sie werden in ihren Betrieben besser behandelt, die Aufsichtsbeamten sind vorsichtiger, die Personalchefs höflicher, die Arbeiter haben mehr Macht, sie sind besser geachtet, sie arbeiten in besserer Stimmung, in Staatsbürgerstimmung, und was die sozialistische Partei ihnen nicht erkämpfen konnte, gab ihnen diese neue nationale Form des Sozialismus: ein sie bewegendes Lebensgefühl. Seien Sie auch fest überzeugt, daß die Eroberung der Arbeiterschaft durch die neue Macht weiterschreiten wird, denn die Volksgemeinschaft in Deutschland ist kein leerer Wahn, und der Erste Mai war kein getarnter kapitalistischer Trick, er war höchst eindrucksvoll, er war echt: die Arbeit trug plötzlich nicht mehr ihren Makel als Joch, ihren Strafcharakter als proletarisches Leid, den sie die letzten Jahrzehnte trug, sondern sie stand da als Grundlage einer neu sich bildenden, die Stände auflösenden Gemeinschaft, es ist kein Zweifel, für keinen, der es sah, dies Jahr 1933 hat vielem, das seit Jahrzehnten an Sozialismen in der europäischen Luft lag, ein neues festes Gesicht gegeben und einen Teil der Menschenrechte neu proklamiert. Falls Sie also mit Ihrem Ausdruck politische Reaktion um Arbeiterrechte kämpfen wollten, müßten Sie dem neuen Staat beitreten, nicht ihn diffamieren.

    Schließlich richtet sich aber Ihr Brief auch unmittelbar an meine Person. An diese richten Sie Fragen, Warnungs- und Prüfungsfragen hinsichtlich der Besonderheit Ihres radikalen Sprachgefühls, das mir auf der anderen Seite nur Hohn und Spott eintragen würde, schließlich nach ihrer Verehrung bestimmter literarischer Köpfe, die jetzt auf *Ihrer* Seite sich befinden. Ich antworte Ihnen: ich werde weiter verehren, was ich für die deutsche Literatur vorbildlich und erzieherisch fand, ich werde es verehren bis nach Lugano und an das Ligurische Meer, aber ich erkläre mich ganz persönlich für den neuen Staat, weil es mein Volk ist, das sich hier seinen Weg bahnt. Wer wäre ich, mich auszuschließen, weiß ich denn etwas Besseres – nein! Ich kann versuchen, es nach Maßgabe meiner Kräfte dahin zu leiten, wo ich es sehen möchte, aber wenn es mir nicht gelänge, es bliebe mein Volk. Volk ist viel! Meine geistige und wirtschaftliche Existenz, meine Sprache, mein Leben, meine menschlichen Beziehungen, die ganze Summe meines Gehirns danke ich doch in erster Linie diesem Volke. Aus ihm stammen die Ahnen, zu ihm kehren die Kinder zurück. Und da ich auf dem Land und bei den Herden groß wurde, weiß ich auch noch, was Heimat ist. Großstadt, Industrialismus, Intellektualismus, alle Schatten, die das Zeitalter über meine Gedanken warf, alle Mächte des Jahrhunderts, denen ich mich in meiner Produktion stellte, es gibt

Augenblicke, wo dies ganze gequälte Leben versinkt, und nichts ist da als die Ebene, die Weite, Jahreszeiten, Erde, einfache Worte –: Volk. So kommt es, daß ich mich denen zur Verfügung stelle, denen Europa, wie Sie schreiben, jeden Rang abspricht. Dies Europa! Das hat wohl Werte, – wo es nicht bestechen und schießen kann, da steht es wohl recht kläglich da! Jetzt flüstert es Ihnen ins Ohr, es sei nicht das Volk, das sich hinter Hitler stellte, nur seine »Schafe«, wie es Lady Oxford in »News Chronicle« eben schrieb. Eine große Täuschung! Es ist das Volk! Vergleichen Sie einmal die beiden Geister Hitler und Napoleon. Napoleon war wohl sicher das große individuelle Genie. Nichts trieb Frankreich als Volk, die Pyramiden zu erobern und Europa mit seinen Heeren zu überziehen, dahin trieb es allein dies riesige militärische Genie. Heute und hier aber können Sie immer wieder die Frage hören: schuf Hitler die Bewegung oder die Bewegung ihn? Diese Frage ist bezeichnend, man kann sie beide nämlich nicht unterscheiden, da sie beide identisch sind. Es liegt hier wirklich jene magische Koinzidenz des Individuellen und des Allgemeinen vor, von der *Burckhardt* in seinen Weltgeschichtlichen Betrachtungen spricht, wenn er die großen Männer der historischen Weltbewegung schildert. Die großen Männer – alles ist da: die Gefahren des Anfangs, ihr Auftreten fast immer nur in schrecklichen Zeiten, die ungeheure Ausdauer, die abnorme Leichtigkeit in allem, namentlich auch den organischen Funktionen, dann aber auch die Ahnung aller Denkenden, daß er es sei, um Dinge zu vollbringen, die nur ihm möglich und dabei notwendig sind.

Beachten Sie wohl, ich sagte: aller Denkenden, und Sie wissen, wie über alles ich den Gedanken stelle. Es ist ein großer Eigensinn, der Eigensinn, der dem Menschen Ehre macht, nichts in der Gesinnung anerkennen zu wollen, was nicht durch den Gedanken gerechtfertigt ist, mit diesem Hegelwort überprüfte ich von je mein politisches Gefühl. Wollen Sie mir also glauben, wollen Sie sich also nicht täuschen, was auch immer Europa Ihnen zuflüstert, hinter dieser Bewegung steht friedliebend und arbeitswillig, aber, wenn es sein muß, auch untergangsbereit, das ganze Volk.

Schließlich noch etwas, über das Sie im Ausland, wenn Sie das Vorstehende lesen, sicher Bescheid wissen wollen: *ich gehöre nicht zu der Partei, habe auch keine Beziehung zu ihren Führern, ich rechne nicht mit neuen Freunden*. Es ist meine fanatische Reinheit, von der Sie in Ihrem Brief so ehrenvoll für mich schreiben, meine Reinheit des Gedankens und des Gefühls, das mich zu dieser Darstellung treibt. Ihre Grundlagen sind dieselben, die Sie bei allen Denkern der Geschichte finden. Der eine sagte: die Weltgeschichte ist nicht der Boden des Glücks (*Fichte*); der andere: Völker haben bestimmte große Lebenszüge an den Tag zu bringen, und zwar völlig ohne Rücksicht auf die Beglückung des einzelnen, auf eine möglichst große Summe von Lebensglück (*Burckhardt*); der dritte: die zunehmende Verkleinerung des Menschen ist gerade die treibende Kraft, an die Züchtung einer stärkeren Rasse zu denken. Dazu: eine herrschaftliche Rasse kann nur aus furchtbaren und gewaltsamen Anfängen emporwachsen. Problem: wo sind die Barbaren des zwanzigsten Jahrhunderts (*Nietzsche*).

Das alles hatte die liberale und individualistische Ära ganz vergessen, sie war auch geistig gar nicht in der Lage, es als Forderung in sich aufzunehmen und es in seinen politischen Folgen zu übersehen. Plötzlich aber öffnen sich Gefahren, plötzlich verdichtet sich die Gemeinschaft, und jeder muß einzeln hervortreten, auch der Literat, und sich entscheiden: Privatliebhaberei oder Richtung auf den Staat. Ich entscheide mich für das letztere und muß es für diesen Staat hinnehmen, wenn Sie mir von Ihrer Küste aus zurufen: Leben Sie wohl.

QUELLE: Gottfried Benn: Sämtliche Werke. Stuttgarter Ausgabe, Band IV: Prosa 2 (1933–1945), in Verbindung mit Ilse Benn herausgegeben von Gerhard Schuster; Klett-Cotta, Stuttgart 1989

ERICH KÄSTNER (1899–1974)

Erich Kästner wird am 23. Februar 1899 als Sohn des Sattlermeisters Emil Kästner und seiner Frau Ida geb. Augustin in Dresden geboren. Seine Kriegserfahrungen, die er als 17-Jähriger macht, prägen ihn als Antimilitaristen. Er studiert Geschichte, Philosophie, Germanistik und Theaterwissenschaften in Leipzig. Mit seinen Einnahmen als Journalist und Theaterkritiker bei der »Neuen Leipziger Zeitung« finanziert er sich sein Studium. Von 1927 bis

1933 entstehen in Berlin die ersten Kinderbücher (»Emil und die Detektive«, »Pünktchen und Anton«, »Das fliegende Klassenzimmer«) und 1931 der satirische Roman »Fabian – Die Geschichte eines Moralisten«. 1933 werden seine Bücher von den Nazis verbrannt. Trotz Schreibverbot und Verhaftungen emigriert er nicht: »Ich bin ein Deutscher aus Dresden in Sachsen. / Mich lässt die Heimat nicht fort. / Ich bin wie ein Baum, der – in Deutschland gewachsen – / wenn's sein muss, in Deutschland verdorrt.«
1945 zieht Kästner mit seiner Lebensgefährtin Luiselotte Enderle, Vorbild für die Mutter der Zwillinge in seinem Roman »Das doppelte Lottchen« (1949), nach München. Er arbeitet als Journalist und Kabarettist, seine Kinderbücher werden in zahlreiche Sprachen übersetzt und verfilmt. 1974 stirbt Erich Kästner in München.
In den 70er Jahren beginnt die Wiederentdeckung seines literarischen Werkes aus der Weimarer Republik. »Fabian« wird 1980 verfilmt.

ERICH KÄSTNER

FABIAN – DIE GESCHICHTE EINES MORALISTEN*

SECHSTES KAPITEL

Der Zweikampf am Märkischen Museum · Wann findet der nächste Krieg statt? · Ein Arzt versteht sich auf Diagnose

Als sie auf der Straße standen, fragte Labude ärgerlich: »Hast du mit dieser Verrückten etwas gehabt?«

---

* »Fabian. Die Geschichte eines Moralisten« erschien 1931 in der Deutschen Verlags-Anstalt. Die (längere) Urfassung unter dem Titel »Der Gang vor die Hunde« wurde erst 2013 im Atrium-Verlag ediert.

»Nein, ich war nur in ihrem Schlafzimmer, und sie zog sich aus. Plötzlich kam noch ein Mann hinzu, behauptete, mit ihr verehelicht zu sein, ich solle mich aber nicht stören lassen. Dann las er mir einen ungewöhnlichen Kontrakt vor, den die Beiden geschlossen hatten. Und dann ging ich.«

»Warum nahmst du die Schlüssel mit?«

»Weil die Haustür verschlossen war.«

»Ein schauderhaftes Weib«, sagte Labude. »Sie hing besoffen überm Tisch, und ich steckte ihr die Schlüssel schnell in die Handtasche.«

»Sie hat dir nicht gefallen?« fragte Fabian. »Sie ist doch sehr eindrucksvoll gewachsen, und das freche Konfirmandengesicht obendrauf wirkt so wunderbar unpassend.«

»Wenn sie häßlich wäre, hättest du die Schlüssel längst beim Portier abgegeben.« Labude zog den Freund weiter. Sie bogen langsam in eine Nebenstraße ein, kamen an einem Denkmal, auf dem Herr SchulzeDelitzsch stand, und am Märkischen Museum vorbei, der Steinerne Roland lehnte finster in einer Efeuecke, und auf der Spree jammerte ein Dampfer. Oben auf der Brücke blieben sie stehen und blickten auf den dunklen Fluß und auf die fensterlosen Lagerhäuser. Über der Friedrichstadt brannte der Himmel.

»Lieber Stephan«, sagte Fabian leise, »es ist rührend, wie du dich um mich bemühst. Aber ich bin nicht unglücklicher als unsere Zeit. Willst du mich glücklicher machen, als sie es ist? Und wenn du mir einen Direktorenposten, eine Million Dollar oder eine anständige Frau, die ich lieben könnte, verschaffst, oder alle drei Dinge zusammen, es wird dir nicht gelingen.« Ein kleines schwarzes Boot, mit einer roten Laterne am Heck, trieb den Fluß entlang, der noch schwärzer war als das schwarze Boot auf ihm. Niemand schien zu steuern. Fabian legte die Hand auf die Schulter des Freundes. »Als ich vorhin sagte, ich verbrächte die Zeit damit, neugierig zuzusehen, ob die Welt zur Anständigkeit Talent habe, war das nur die halbe Wahrheit. Daß ich mich so herumtreibe, hat noch einen andern Grund. Ich treibe mich herum, und ich warte wieder, wie damals im Krieg, als wir wußten: Nun werden wir eingezogen. Erinnerst du dich? Wir schrieben Aufsätze und Diktate, wir lernten scheinbar, und es war gleichgültig, ob wir es taten oder unterließen. Wir sollten ja in den Krieg. Saßen wir nicht wie unter einer Glasglocke, aus der man langsam aber unaufhörlich die Luft herauspumpt? Wir begannen zu zappeln, doch wir zappelten nicht aus Übermut, sondern weil uns die Luft wegblieb. Erinnerst du dich? Wir wollten nichts versäumen, und wir hatten einen gefährlichen Lebenshunger, weil wir glaubten, es sei die Henkersmahlzeit.«

Labude lehnte am Geländer und blickte auf die Spree hinunter. Fabian ging erregt hin und her, als liefe er in seinem Zimmer auf und ab. »Erinnerst du dich?« fragte er. »Und ein halbes Jahr später waren wir marschbereit. Ich bekam acht Tage Urlaub und fuhr nach Graal. Ich fuhr hin, weil ich als Kind einmal dort gewesen war. Ich fuhr hin, es war Herbst, ich lief melancholisch über den schwankenden Boden der Erlenwälder. Die Ostsee war verrückt, und die Kurgäste konnte man zählen. Zehn passable Frauen waren am Lager, und mit sechsen schlief ich. Die nächste Zukunft hatte den Entschluß gefaßt, mich zu Blutwurst zu verarbeiten. Was sollte ich bis dahin tun? Bücher lesen? An meinem Charakter feilen? Geld verdienen? Ich saß in einem großen Wartesaal, und der hieß Europa. Acht Tage später fährt der Zug. Das wußte ich. Aber wohin er fuhr und was aus mir werden sollte, das wußte kein Mensch. Und jetzt sitzen wir wieder im Wartesaal, und wieder heißt er Europa! Und wieder wissen wir nicht, was geschehen wird. Wir leben provisorisch, die Inflation nimmt kein Ende!«

»Zum Donnerwetter!« rief Labude, »wenn alle so denken wie du, wird nie stabilisiert! Empfinde ich vielleicht den provisorischen Charakter der Epoche nicht? Ist dieses Mißvergnügen dein Privileg? Aber ich sehe nicht zu, ich versuche, vernünftig zu handeln.«

»Die Vernünftigen werden nicht an die Macht kommen«, sagte Fabian, »und die Gerechten noch weniger.«

»So?« Labude trat dicht vor den Freund und packte ihn mit beiden Händen am Mantelkragen. »Aber sollten sie es nicht trotzdem wagen?«

In diesem Augenblick hörten beide einen Schuß und einen Aufschrei, und kurz darauf drei Schüsse aus anderer Richtung. Labude rannte ins Dunkel, die Brücke entlang, auf das Museum zu. Wieder klang ein

Schuß. »Viel Spaß!« sagte Fabian zu sich selber, während er lief, und suchte, obwohl sein Herz schmerzte, Labude zu erreichen.

Am Fuße des märkischen Roland kauerte ein Mann, fuchtelte mit dem Revolver und brüllte: »Warte nur, du Schwein!« Und dann schoß er wieder über die Straße weg auf einen unsichtbaren Gegner. Eine Laterne zerbrach. Glas klirrte aufs Pflaster. Labude nahm dem Mann die Waffe aus der Hand, und Fabian fragte: »Warum schießen Sie eigentlich im Sitzen?«

»Weil mich's am Bein erwischt hat«, knurrte der Mann. Es war ein junger stämmiger Mensch, und er trug eine Mütze. »So ein Mistvieh«, brüllte er. »Aber ich weiß, wie du heißt.«

Und er drohte der Dunkelheit.

»Quer durch die Wade«, stellte Labude fest, kniete nieder, zog ein Taschentuch aus dem Mantel und probierte einen Notverband.

»Drüben in der Kneipe ging's los«, lamentierte der Verwundete. »Er schmierte ein Hakenkreuz aufs Tischtuch. Ich sagte was. Er sagte was. Ich knallte ihm eine hinter die Ohren. Der Wirt schmiß uns raus. Der Kerl lief mir nach und schimpfte auf die Internationale. Ich drehte mich um, da schoß er schon.«

»Sind Sie nun wenigstens überzeugt?« fragte Fabian und blickte auf den Mann hinunter, der die Zähne zusammenbiß, weil Labude an der Schußwunde hantierte.

»Die Kugel ist nicht mehr drin«, bemerkte Labude. »Kommt denn hier gar kein Auto? Es ist wie auf dem Dorf.«

»Nicht mal ein Schutzmann ist da«, stellte Fabian bedauernd fest.

»Der hätte mir gerade noch gefehlt!« Der Verletzte versuchte aufzustehen. »Damit sie wieder einen Proleten einsperren, weil er so unverschämt war, sich von einem Nazi die Knochen

kaputtschießen zu lassen.«

Labude hielt den Mann zurück, zog ihn wieder zu Boden und befahl dem Freund, ein Taxi zu besorgen. Fabian rannte davon, quer über die Straße, um die Ecke, den nächtlichen Uferweg entlang.

In der nächsten Nebenstraße standen Wagen. Er gab dem Schofför den Auftrag, zum Märkischen Museum zu fahren, am Roland gäbe es eine Fuhre. Das Auto verschwand. Fabian folgte zu Fuß. Er atmete tief und langsam. Das Herz schlug wie verrückt. Es hämmerte unterm Jackett. Es schlug im Hals. Es pochte unterm Schädel. Er blieb stehen und trocknete die Stirn. Dieser verdammte Krieg! Dieser verdammte Krieg! Ein krankes Herz dabei erwischt zu haben, war zwar eine Kinderei, aber Fabian genügte das Andenken. In der Provinz zerstreut sollte es einsame Gebäude geben, wo noch immer verstümmelte Soldaten lagen. Männer ohne Gliedmaßen, Männer mit furchtbaren Gesichtern, ohne Nasen, ohne Münder. Krankenschwestern, die vor nichts zurückschreckten, füllten diesen entstellten Kreaturen Nahrung ein, durch dünne Glasröhren, die sie dort in wuchernd vernarbte Löcher spießten, wo früher einmal ein Mund gewesen war. Ein Mund, der hatte lachen und sprechen und schreien können.

Fabian bog um die Ecke. Drüben war das Museum. Das Auto hielt davor. Er schloß die Augen und entsann sich schrecklicher Photographien, die er gesehen hatte und die mitunter in seinen Träumen auftauchten und ihn erschreckten. Diese armen Ebenbilder Gottes! Noch immer lagen sie in jenen von der Welt isolierten Häusern, mußten sich füttern lassen und mußten weiterleben. Denn es war ja Sünde, sie zu töten. Aber es war recht gewesen, ihnen mit Flammenwerfern das Gesicht zu zerfressen. Die Familien wußten nichts von diesen Männern und Vätern und Brüdern. Man hatte ihnen gesagt, sie wären vermißt. Das war nun fünfzehn Jahre her. Die Frauen hatten wieder geheiratet. Und der Selige, der irgendwo in der Mark Brandenburg durch Glasröhren gefüttert wurde, lebte zu Hause nur noch als hübsche Photographie überm Sofa, ein Sträußchen im Gewehrlauf, und darunter saß der Nachfolger und ließ sich's schmecken. Wann gab es wieder Krieg? Wann würde es wieder soweit sein?

Plötzlich rief jemand »Hallo!« Fabian öffnete die Augen und suchte den Rufer. Der lag auf der Erde, hatte sich auf den Ellbogen gestützt und preßte seine Hand aufs Gesäß.

»Was ist denn mit Ihnen los?«

»Ich bin der Andre«, sagte der Mann. »Mich hat's auch erwischt.«

Da stellte sich Fabian breitbeinig hin und lachte. Von der anderen Seite her, aus dem Gemäuer des Museums, lachte ein Echo mit.

»Entschuldigen Sie«, rief Fabian, »meine Heiterkeit ist nicht gerade höflich.« Der Mann zog ein Knie hoch, schnitt eine Grimasse, betrachtete die Hände, die voll Blut waren, und sagte verbissen: »Wie's beliebt. Der Tag wird kommen, wo Ihnen das Lachen vergeht.«

»Warum stehst du denn da herum?« schrie Labude und kam ärgerlich über die Straße.

»Ach Stephan«, sagte Fabian, »hier sitzt die andre Hälfte des Duells mit einem Steckschuß im Allerwertesten.«

Sie riefen den Schofför und transportierten den Nationalsozialisten ins Auto, neben den kommunistischen Spielgefährten. Die Freunde kletterten hinterdrein und gaben dem Schofför Anweisung, sie zum nächsten Krankenhaus zu bringen. Das Auto fuhr los.

»Tut's sehr weh?« fragte Labude.

»Es geht«, antworteten die beiden Verwundeten gleichzeitig und musterten sich finster.

»Volksverräter!« sagte der Nationalsozialist. Er war größer als der Arbeiter, etwas besser gekleidet und sah etwa wie ein Handlungsgehilfe aus.

»Arbeiterverräter!« sagte der Kommunist.

»Du Untermensch!« rief der eine.

»Du Affe!« rief der andere.

Der Kommis griff in die Tasche.

Labude faßte sein Handgelenk. »Geben Sie den Revolver her!« befahl er. Der Mann sträubte sich. Fabian holte die Waffe heraus und steckte sie ein.

»Meine Herren«, sagte er. »Daß es mit Deutschland so nicht weitergehen kann, darüber sind wir uns wohl alle einig. Und daß man jetzt versucht, mit Hilfe der kalten Diktatur unhaltbare Zustände zu verewigen, ist eine Sünde, die bald genug ihre Strafe finden wird. Trotzdem hat es keinen Sinn, wenn Sie einander Reservelöcher in die entlegensten Körperteile schießen. Und wenn Sie besser getroffen hätten und nun ins Leichenschauhaus führen, statt in die Klinik, wäre auch nichts Besonderes erreicht. Ihre Partei«, er meinte den Faschisten, »weiß nur, wogegen sie kämpft, und auch das weiß sie nicht genau. Und Ihre Partei«, er wandte sich an den Arbeiter, »Ihre Partei …«

»Wir kämpfen gegen die Ausbeuter des Proletariats«, erklärte dieser, »und Sie sind ein Bourgeois.«

»Freilich«, antwortete Fabian, »ich bin ein Kleinbürger, das ist heute ein großes Schimpfwort.«

Der Handlungsgehilfe hatte Schmerzen, saß, zur Seite geneigt, auf der heilen Sitzhälfte und hatte Mühe, mit seinem Kopf nicht an den des Gegners zu stoßen.

»Das Proletariat ist ein Interessenverband«, sagte Fabian.

»Es ist der größte Interessenverband. Daß Ihr Euer Recht wollt, ist Eure Pflicht. Und ich bin Euer Freund, denn wir haben denselben Feind, weil ich die Gerechtigkeit liebe. Ich bin Euer Freund, obwohl Ihr drauf pfeift. Aber, mein Herr, auch wenn Sie an die Macht kommen, werden die Ideale der Menschheit im Verborgenen sitzen und weiterweinen. Man ist noch nicht gut und klug, bloß weil man arm ist.«

»Unsere Führer …« begann der Mann.

»Davon wollen wir lieber nicht reden«, unterbrach ihn Labude.

Das Auto hielt. Fabian klingelte am Portal des Krankenhauses. Der Portier öffnete. Krankenwärter kamen und trugen die Verletzten aus dem Wagen. Der wachthabende Arzt gab den Freunden die Hand.

»Sie bringen mir zwei Politiker?« fragte er lächelnd. »Heute nacht sind insgesamt neun Leute eingeliefert worden, einer mit einem schweren Bauchschuß. Lauter Arbeiter und Angestellte. Ist Ihnen auch schon aufgefallen, daß es sich meist um Bewohner von Vororten handelt, um Leute, die einander kennen? Diese politischen Schießereien gleichen den Tanzbodenschlägereien zum Verwechseln. Es handelt sich hier wie dort um Auswüchse des deutschen Vereinslebens. Im übrigen hat man den Eindruck, sie wollen die Arbeitslosenziffer senken, indem sie einander totschießen. Merkwürdige Art von Selbsthilfe.«

»Man kann es verstehen, daß das Volk erregt ist«, meinte Fabian.

»Ja, natürlich.« Der Arzt nickte. »Der Kontinent hat den Hungertyphus. Der Patient beginnt bereits zu phantasieren und um sich zu schlagen. Leben Sie wohl!« Das Portal schloß sich.

Labude gab dem Schofför Geld und schickte den Wagen weg. Sie gingen schweigend nebeneinander. Plötzlich blieb Labude stehen und sagte: »Ich kann jetzt noch nicht nach Hause gehen. Komm, wir fahren ins Kabarett der Anonymen.«

»Was ist das?«

»Ich kenne es auch noch nicht. Ein findiger Kerl hat Halbverrückte aufgelesen und läßt sie singen und tanzen. Er zahlt ihnen ein paar Mark, und sie lassen sich dafür vom Publikum beschimpfen und auslachen. Wahrscheinlich merken sie es gar nicht. Das Lokal soll sehr besucht sein. Das ist ja auch verständlich. Es gehen sicher Leute hin, die sich darüber freuen, daß es Menschen gibt, die noch verrückter sind als sie selber.«

Fabian war einverstanden. Er blickte noch einmal zum Krankenhaus zurück, über dem der Große Bär funkelte. »Wir leben in einer großen Zeit«, sagte er, »und sie wird jeden Tag größer.«

QUELLE: Erich Kästner: Der Gang vor die Hunde, hg. von Sven Hanuschek; © Atrium Verlag AG Zürich, 2013

WERNER FINCK (1902–1978)

Werner Finck wird am 2. Mai 1902 als Sohn des Apothekers Botho Finck in Görlitz geboren. Nach dem Abitur besucht er zunächst die Kunstschule in Dresden. Als Laienschauspieler entdeckt er sein Talent als Komiker und gründet 1929 das Kabarett »Die Katakombe« in Berlin, das in den 30er Jahren rege – auch von der Gestapo – besucht wird.

Von Goebbels heftig attackiert, wird er 1935 in das Konzentrationslager Esterwegen gebracht, von wo er auf Anordnung Görings wieder entlassen wird. 1939 verbietet ihm Goebbels jegliche politische Witze, er wird aus der Reichskulturkammer ausgeschlossen. Um einer drohenden Verhaftung zu entgehen, meldet sich Finck als Freiwilliger an die Front, organisiert dort Kabarettaufführungen für die Soldaten und wird im Russlandfeldzug mit dem Eisernen Kreuz 2. Klasse, von ihm Gefrierfleischorden genannt, ausgezeichnet.

Nach Entlassung aus amerikanischer Kriegsgefangenschaft gründet er

u. a. die satirische Zeitschrift »Das Wespennest«. Es folgen Auftritte in Kabaretts mit Programmen wie »Bewältigte Befangenheit« und kleinere Rollen in Filmen. In »Alter Narr – was nun?« (1972) hält er sein Leben fest. 1978 stirbt Werner Finck in München.

WERNER FINCK

WITZ ALS SCHICKSAL, SCHICKSAL ALS WITZ

DAS FRAGMENT VOM SCHNEIDER

Ein Kunde (Werner Finck) kommt zum Schneider (Ivo Veit)

SCHNEIDER: Womit kann ich dienen?
KUNDE *beiseite*: Spricht der auch schon vom Dienen! *Laut*: Ich möchte einen Anzug haben ... *Vielsagende Pause. Dann nachdenklich*: Weil mir etwas im Anzug zu sein scheint.
SCHNEIDER: Schön.
KUNDE: Ob das schön ist – na, ich weiß nicht.
SCHNEIDER *ein wenig ungeduldig*: Was soll's denn nun sein? Ich habe neuerdings eine ganze Menge auf Lager.
KUNDE: Auf's Lager wird ja alles hinauslaufen.
SCHNEIDER: Soll's was Einheitliches oder was Gemustertes sein?
KUNDE: Einheitliches hat man jetzt schon genug. Aber auf keinen Fall Musterung!
SCHNEIDER: Vielleicht etwas mit Streifen?
KUNDE: Die Streifen kommen von alleine, wenn die Musterung vorbei ist. *Resigniert:* An den Hosen wird sich ein Streifen nicht vermeiden lassen ...
SCHNEIDER: Fangen wir erstmal mit der Jacke an. Wie wäre denn eine mit Winkeln und Aufschlägen?
KUNDE: Ach, Sie meinen eine Zwangsjacke.
SCHNEIDER: Wie man's nimmt. Einreihig oder zweireihig?

KUNDE: Das ist mir gleich. Nur nicht diesreihig!*
SCHNEIDER: Wie wünschen Sie die Revers?
KUNDE: Recht breit, damit ein bißchen was draufgeht. Vielleicht gehen wir alle mal drauf. Der Kronprinz hat ja gesagt: Immer feste druff!
SCHNEIDER: Dann darf ich vielleicht einmal Maß nehmen?
KUNDE: Doch, doch, das sind wir gewöhnt.
Der Kunde nimmt Haltung an, der Schneider stellt sich mit dem Zentimetermaß neben ihn. Er nimmt Maß, während der Kunde die Hände stramm an die Hosennaht legt.
SCHNEIDER *auf das Maßband schauend*: 14/18 – Ach, bitte, stehn Sie doch einmal gerade.
KUNDE: Für wen?
SCHNEIDER: Und jetzt bitte den rechten Arm hoch – mit geschlossener Faust … 18/19. Und jetzt mit ausgestreckter Hand … 33 … Ja, warum nehmen Sie denn den Arm nicht herunter? Was soll das denn heißen?
KUNDE: Aufgehobene Rechte …

Ende Oktober 1936 wurde ich zusammen mit Günter Lüders, Walter Gross und anderen Kabarettisten vor das Sondergericht I in Berlin-Moabit gestellt, ein Gericht, das den meisten im Halse stecken blieb, um nicht zu sagen: ihnen den Hals kostete. Um so erstaunter war der Oberstaatsanwalt, als weithin durch die Gänge der fröhliche Gesang »Ein Prosit der Gemütlichkeit!« zu ihm hallte. Meine Kollegen vom »Tingeltangel« mußten nämlich den beanstandeten Sketch »Die Miesmacher auf der Herrenpartie« vorspielen, einen sangesfreudigen und anspielungsreichen Skatausflug. Die Anklageschrift bestand fast nur aus Sketchen, Chansons, politischen Witzen und Conférencen. Kein Wunder, daß es bei ihrer Verlesung in der nicht ausgeschlossenen Öffentlichkeit immer wieder zu ungeniertem Gelächter kam. Bis der Vorsitzende wütend dazwischenfuhr: »Wenn das Gelache nicht aufhört, lasse ich den Saal räumen! Wir sind hier nicht im Kabarett!« (Zwischenruf: »Schade«)

---

* Klang gesprochen wie: Dies Reich.

Dann kam ich mit meinem »Fragment vom Schneider« an die Reihe. Die Beisitzer verbissen sich das Lachen. Die lebensgefährliche Pointe (»Aufgehobene Rechte«) hatte ich beim Vorspielen entschärft, indem ich »Erhobene Rechte« sagte. Darauf verbesserte mich der Staatsanwalt: »Es heißt ›Aufgehobene Rechte‹!« Daraufhin ich: »Das können Sie sich erlauben zu sagen, Herr Staatsanwalt.« (Tumultartiger Beifall im Publikum). Nachdem man mit uns kurzen Prozeß gemacht hatte, war das Verfahren – ja, verfahren war es gründlich. Man mußte uns freisprechen. Bestraft wurden die Richter: Auf Anordnung von Goebbels wurden sie strafversetzt. In die Provinz. Da hatten sie nichts mehr zu lachen.

GEDICHT (1942 IN DER HAFT GESCHRIEBEN)

Ich wunderte mich lediglich, als im Mai die Gestapo-Verhöre aufhörten. Es kam halt nichts heraus bei der Sache. Außer mir. Im Dezember 1942 wurde ich aus dem Wehrmachtsuntersuchungsgefängnis entlassen. Die Wehrmacht selbst behielt mich. Sogar noch bis nach der Kapitulation. An meinen Sohn schmuggelte ich aus der Zelle diesen Kassiber:

Du brauchst dich deines Vaters nicht zu schämen,
mein Sohn.
Und wenn sie dich einmal beiseite nehmen
und dann auf mancherlei zu sprechen kämen,
sei stolz, mein Sohn.

Sie haben deinem Vater reichlich zugesetzt,
mein Sohn.
Ihn ein- und ausgesperrt und abgesetzt,
sie haben manchen Hund auf ihn gehetzt –
Paß auf, mein Sohn:

Dein Vater hat gestohlen nicht und nicht betrogen,
er ist nur gern mit Pfeil und Bogen
als Freischütz auf die Phrasenjagd gezogen –
Und so, mein Sohn,

Fackelläufer mit der olympischen Flamme, Berlin im August 1936
1936 fanden in Berlin die Olympischen Sommerspiele statt – mit 49 teilnehmenden Nationen. Über den Spielen hingen bereits die Schatten eines drohenden Weltkrieges. Der Spanische Bürgerkrieg tobte seit Juli, italienische Truppen waren in Abessinien, japanische in die Mandschurei eingefallen. In fast allen europäischen Staaten gab es faschistische Bewegungen, die das politische Klima anheizten. Hitler wusste den Erfolg der Olympischen Spiele propagandawirksam auszunutzen und Kritik z.B. an den Rassengesetzen auszublenden. In ihrem Film »Fest der Völker« hat Leni Riefenstahl diese Spiele in einzigartiger Weise filmisch dokumentiert.

kannst du den Leuten ruhig in die Augen gucken,
mein Sohn.
Brauchst, wenn sie fragen, nicht zusammenzucken.
Ich ließ mir ungern in die Suppe spucken,
das war's, mein Sohn.

Wie vieles hat der Wind nun schon verweht,
mein Sohn.
Der Wind, nach dem ich mich noch nie gedreht –
Daß dir mein Name einmal nicht im Wege steht,
gib Gott, mein Sohn.

Der freundlichen Intrige eines Kriegsgerichtsrats (Dr. Erich Kandt) verdankte ich es, daß ich nicht zurück in die Weiten Rußlands kam, wo mir das berüchtigte Bewährungsbataillon 999 geblüht hätte, sondern in das Land, wo mir die Zitronen blühten. Auch meine Truppenbetreuung kam hier zu ungeahnter Blüte.

QUELLE: Werner Finck: Witz als Schicksal, Schicksal als Witz. Ein deutsches Bilderbuch zu Nutz und Frommen. Aufgeblättert von Klaus Budzinski; Marion von Schröder Verlag, Hamburg 1966

INGE SCHOLL (1917–1998)

Inge Scholl wird am 11. August 1917 als Tochter des Wirtschafts- und Steuerberaters Robert Scholl und seiner Frau Magdalena geb. Müller in Ingersheim geboren. Ab 1934 Ausbildung zur Prüfungsassistentin bei ihrem Vater. Sie ist die älteste Schwester der Geschwister Hans und Sophie Scholl, die als Mitglieder der »Weißen Rose«, einer studentischen Widerstandsgruppe, 1943 wegen Verteilens von Flugblättern gegen den Krieg und Adolf Hitler zum Tode verurteilt und hingerichtet werden. Inge Scholl wird in diesem Zusammenhang mit ihren Eltern inhaftiert.
Inge Scholl gründet 1946 in Ulm eine der ersten Volkshochschulen im Nachkriegsdeutschland. 1952 heiratet sie Otl Aicher und führt den

Doppelnamen Aicher-Scholl. Ende der 1960er Jahre engagiert sie sich bei der Friedensbewegung und nimmt 1985 an Blockaden vor dem amerikanischen Raketendepot auf der Mutlanger Heide teil. 1995 wird sie mit der Verdienstmedaille des Landes Baden-Württemberg ausgezeichnet.

1947 wendet sich Inge Scholl mit einem Aufruf in verschiedenen Zeitungen an die Öffentlichkeit, um Material zur »Weißen Rose« zu erlangen. Die Geschichte ihrer Geschwister und der Widerstandsgruppe hält sie schließlich in ihrem 1952 erschienen Buch »Die weiße Rose« fest.

INGE SCHOLL

DIE WEISSE ROSE

FLUGBLÄTTER DER WIDERSTANDSBEWEGUNG IN DEUTSCHLAND

Aufruf an alle Deutsche!
Der Krieg geht seinem sicheren Ende entgegen. Wie im Jahre 1918 versucht die deutsche Regierung alle Aufmerksamkeit auf die wachsende U-Boot-Gefahr zu lenken, während im Osten die Armeen unaufhörlich zurückströmen, im Westen die Invasion erwartet wird. Die Rüstung Amerikas hat ihren Höhepunkt noch nicht erreicht, aber heute schon übertrifft sie alles in der Geschichte seither Dagewesene. Mit mathematischer Sicherheit führt Hitler das deutsche Volk in den Abgrund. *Hitler kann den Krieg nicht gewinnen, nur noch verlängern!* Seine und seiner Helfer Schuld hat jedes Maß unendlich überschritten. Die gerechte Strafe rückt näher und näher!

Was aber tut das deutsche Volk? Es sieht nicht und es hört nicht. Blindlings folgt es seinen Verführern ins Verderben. Sieg um jeden

Preis! haben sie auf ihre Fahne geschrieben. Ich kämpfe bis zum letzten Mann, sagt Hitler – indes ist der Krieg bereits verloren.

Deutsche! Wollt Ihr und Eure Kinder dasselbe Schicksal erleiden, das den Juden widerfahren ist? Wollt Ihr mit dem gleichen Maße gemessen werden wie Eure Verführer? Sollen wir auf ewig das von aller Welt gehaßte und ausgestoßene Volk sein? Nein! Darum trennt Euch von dem nationalsozialistischen Untermenschentum! Beweist durch die Tat, daß Ihr anders denkt! Ein neuer Befreiungskrieg bricht an. Der bessere Teil des Volkes kämpft auf unserer Seite. Zerreißt den Mantel der Gleichgültigkeit, den Ihr um Euer Herz gelegt! Entscheidet Euch, *ehe es zu spät ist!* Glaubt nicht der nationalsozialistischen Propaganda, die Euch den Bolschewistenschreck in die Glieder gejagt hat! Glaubt nicht, daß Deutschlands Heil mit dem Sieg des Nationalsozialismus auf Gedeih und Verderben verbunden sei! Ein Verbrechertum kann keinen deutschen Sieg erringen. Trennt Euch *rechtzeitig* von allem, was mit dem Nationalsozialismus zusammenhängt! Nachher wird ein schreckliches, aber gerechtes Gericht kommen über die, so sich feig und unentschlossen verborgen hielten.

Was lehrt uns der Ausgang dieses Krieges, der nie ein nationaler war?

Der imperialistische Machtgedanke muß, von welcher Seite er auch kommen möge, für alle Zeit unschädlich gemacht werden. Ein einseitiger preußischer Militarismus darf nie mehr zur Macht gelangen. Nur in großzügiger Zusammenarbeit der europäischen Völker kann der Boden geschaffen werden, auf welchem ein neuer Aufbau möglich sein wird. Jede zentralistische Gewalt, wie sie der preußische Staat in Deutschland und Europa auszuüben versucht hat, muß im Keime erstickt werden. Das kommende Deutschland kann nur föderalistisch sein. Nur eine gesunde föderalistische Staatenordnung vermag heute noch das geschwächte Europa mit neuem Leben zu erfüllen. Die Arbeiterschaft muß durch einen vernünftigen Sozialismus aus ihrem Zustand niedrigster Sklaverei befreit werden. Das Truggebilde der autarken Wirtschaft muß in Europa verschwinden. Jedes Volk, jeder einzelne hat ein Recht auf die Güter der Welt!

Freiheit der Rede, Freiheit des Bekenntnisses, Schutz des einzelnen Bürgers vor der Willkür verbrecherischer Gewaltstaaten, das sind die Grundlagen des neuen Europa.

Unterstützt die Widerstandsbewegung, verbreitet die Flugblätter!

Das letzte Flugblatt
Kommilitonen! Kommilitoninnen!
Erschüttert steht unser Volk vor dem Untergang der Männer von Stalingrad. Dreihundertdreißigtausend deutsche Männer hat die geniale Strategie des Weltkriegsgefreiten sinn- und verantwortungslos in Tod und Verderben gehetzt. Führer, wir danken dir!

Es gärt im deutschen Volk: Wollen wir weiter einem Dilettanten das Schicksal unserer Armeen anvertrauen? Wollen wir den niedrigsten Machtinstinkten einer Parteiclique den Rest unserer deutschen Jugend opfern? Nimmermehr! Der Tag der Abrechnung ist gekommen, der Abrechnung der deutschen Jugend mit der verabscheuungswürdigsten Tyrannis, die unser Volk je erduldet hat. Im Namen des ganzen deutschen Volkes fordern wir vom Staat Adolf Hitlers die persönliche Freiheit, das kostbarste Gut der Deutschen zurück, um das er uns in der erbärmlichsten Weise betrogen.

In einem Staat rücksichtsloser Knebelung jeder freien Meinungsäußerung sind wir aufgewachsen. HJ, SA und SS haben uns in den fruchtbarsten Bildungsjahren unseres Lebens zu uniformieren, zu revolutionieren, zu narkotisieren versucht. »Weltanschauliche Schulung« hieß die verächtliche Methode, das aufkeimende Selbstdenken und Selbstwerten in einem Nebel leerer Phrasen zu ersticken. Eine Führerauslese, wie sie teuflischer und zugleich borniert nicht gedacht werden kann, zieht ihre künftigen Parteibonzen auf Ordensburgen zu gottlosen, schamlosen und gewissenlosen Ausbeutern und Mordbuben heran, zur blinden, stupiden Führergefolgschaft. Wir »Arbeiter des Geistes« wären gerade recht, dieser neuen Herrenschicht den Knüppel zu machen. Frontkämpfer werden von Studentenführern und Gauleiteraspiranten wie Schulbuben gemaßregelt, Gauleiter greifen mit geilen Späßen den Studentinnen an die Ehre. Deutsche Studentinnen haben an der Münchner Hochschule auf die Besudelung ihrer Ehre eine würdige Antwort gegeben, deutsche Studenten haben sich für ihre Kameradinnen eingesetzt und standgehalten …

Das ist ein Anfang zur Erkämpfung unserer freien Selbstbestimmung, ohne die geistige Werte nicht geschaffen werden können. Unser Dank gilt den tapferen Kameradinnen und Kameraden, die mit leuchtendem Beispiel vorangegangen sind!

Es gibt für uns nur eine Parole: Kampf gegen die Partei! Heraus aus den Parteigliederungen, in denen man uns politisch weiter mundtot halten will! Heraus aus den Hörsälen der SS-Unter- und -Oberführer und Parteikriecher! Es geht uns um wahre Wissenschaft und echte Geistesfreiheit! Kein Drohmittel kann uns schrecken, auch nicht die Schließung unserer Hochschulen. Es gilt den Kampf jedes einzelnen von uns um unsere Zukunft, unsere Freiheit und Ehre in einem seiner sittlichen Verantwortung bewußten Staatswesen.

Freiheit und Ehre! Zehn lange Jahre haben Hitler und seine Genossen die beiden herrlichen deutschen Worte bis zum Ekel ausgequetscht, abgedroschen, verdreht, wie es nur Dilettanten vermögen, die die höchsten Werte einer Nation vor die Säue werfen. Was ihnen Freiheit und Ehre gilt, das haben sie in zehn Jahren der Zerstörung aller materiellen und geistigen Freiheit, aller sittlichen Substanz im deutschen Volk genugsam gezeigt. Auch dem dümmsten Deutschen hat das furchtbare Blutbad die Augen geöffnet, das sie im Namen von Freiheit und Ehre der deutschen Nation in ganz Europa angerichtet haben und täglich neu anrichten. Der deutsche Name bleibt für immer geschändet, wenn nicht die deutsche Jugend endlich aufsteht, rächt und sühnt zugleich, ihre Peiniger zerschmettert und ein neues geistiges Europa aufrichtet. Studentinnen! Studenten! Auf uns sieht das deutsche Volk! Von uns erwartet es, wie 1813 die Brechung des Napoleonischen, so 1943 die Brechung des nationalsozialistischen Terrors aus der Macht des Geistes. Beresina und Stalingrad flammen im Osten auf, die Toten von Stalingrad beschwören uns!

»Frisch auf mein Volk, die Flammenzeichen rauchen!«

Unser Volk steht im Aufbruch gegen die Verknechtung Europas durch den Nationalsozialismus, im neuen gläubigen Durchbruch von Freiheit und Ehre.

QUELLE: Inge Scholl: Die Weiße Rose; S. Fischer Verlag GmbH, Frankfurt am Main 1993

HANS FRIEDRICH LENZ (1902–1996)

Hans Friedrich Lenz kommt am 29. August 1902 als Sohn des Pfarrers Philipp Lenz in Wackernheim zur Welt. Nach dem Studium der Theologie in Gießen und Tübingen wird er 1926 zum Pfarrer ordiniert.

1930 tritt er der NSDAP bei. 1933 schließt er sich der Bekennenden Kirche an, einer Gegenorganisation der von den Nationalsozialisten unterstützten Deutschen Christen. 1941 heiratet er Leonore Waas. Nach seinem Ausschluss 1939 aus der NSDAP, wird er 1940 eingezogen und 1944 zur Waffen-SS als Kommandanturschreiber zum Außenlager des Konzentrationslagers Flossenbürg abkommandiert. Diese Zeit beschreibt er in dem 1982 erschienenem Buch »›Sagen Sie, Herr Pfarrer, wie kommen Sie zur SS?‹«.

Nach dem Krieg ist er bis zu seiner Pensionierung Dekan in Hungen. Als Mitglied der Kirchensynode wirkt er zwölf Jahre an der Erforschung des Kirchenkampfes der Evangelischen Kirche in Hessen und Nassau mit.

HANS-FRIEDRICH LENZ

»SAGEN SIE, HERR PFARRER, WIE KOMMEN SIE ZUR SS?«

3. MEIN KRIEGS- UND PFARRDIENST IN MÜNZENBERG

Seit Kriegsbeginn versuchte man, die Arbeit der Bekennenden Kirche zu lähmen, indem man die Pfarrer, besonders aber die illegalen Jungtheologen, einzog. Ich wurde ein Jahr früher als die Angehörigen meines Jahrgangs 1902 am 17. April 1940 zur Luftnachrichtentruppe einberufen. Viele Gemeindeglieder meinten damals, daß die Partei auf diese Weise nun endlich meinen Pfarrdienst beendet hätte.

Ein wohlwollender Dekan setzte auf Antrag der Kirchenvorstände meinen Vater als Verwalter der beiden Pfarreien ein. Die NS-Regierung hatte ihn 1939 als Diakonissenhausvorsteher und BK-Pfarrer in Darmstadt abgesetzt und das NS-Kirchenregiment vorzeitig seinen Ruhestand verfügt. Danach hatte er die illegale, hartbedrängte BK-Gemeinde in Gießen betreut, bis ihr Versammlungsraum durch die Gestapo geschlossen worden war. Mein Vorgänger im Pfarramt, ebenfalls Mitglied der Bekennenden Kirche und Religionsstudienrat im Staatsdienst und die Frau des an der Finnlandfront stehenden Vikars Hesselmann halfen ihm, wo sie nur konnten. Aber dieser Dienst wurde beiden bald durch die Geheime Staatspolizei verboten. Wiederum nahmen viele an, daß diese Verbote in Münzenberg angeregt worden waren.

Jetzt erfüllte mein Kompanieführer mir die Bitte, mich bei der Flugwache in Münzenberg einzusetzen. So konnte ich in meiner dienstfreien Zeit meinen alten Vater unterstützen. Zur allgemeinen Überraschung kehrte ich also nach einigen Wochen in meine Gemeinden zurück. Über vier Jahre war mein Doppeldienst als Soldat und Pfarrer den Gemeinden willkommen, mir eine, wenn auch anstrengende Freude, der NSDAP aber ein ständiges Ärgernis. Ein führender Nationalsozialist aus Münzenberg bemerkte dazu: »Der Lenz gehört auf dem Burgturm aufgehängt!«

Die Partei ließ es sich nicht nehmen, mich auch während meines Kriegsdienstes bei der Gestapo anzuzeigen. Neu war lediglich, daß ich nicht mehr durch die Gestapo, sondern auf der Gendarmeriestation vernommen wurde. Der wohlwollende Gendarmeriewachtmeister Dienst aus Rockenberg ließ mich die Vernehmungsprotokolle schreiben oder meine Aussagen mitstenographieren. Nach meinen Unterlagen waren es damals folgende Anzeigen:

1. Der zum Kriegsdienst eingezogene Pfarrer Lenz leistet in Zivil Pfarrdienst.

2. Heben einer verbotenen Kollekte in Eberstadt. (Ich hatte damals eine Kollekte für die Jungtheologen der BK erhoben, die im Kollektenplan nicht vorgesehen war.)

3. Übertretung der Luftschutzbestimmungen beim Silvesterabendgottesdienst.

4. Der Reichsminister für kirchliche Angelegenheiten hatte den Himmelfahrtstag »mit Rücksicht auf die Erfordernisse der Kriegswirtschaft« vom Donnerstag auf den nächsten Sonntag verlegt. »Aufforderungen zum Ungehorsam oder Zuwiderhandlungen gegen diese Verordnungen werden, sofern nicht die Tat … mit schweren Strafen bedroht ist, mit Geldstrafe in unbeschränkter Höhe bestraft.«

Eine Anzeige warf mir vor, diesen Tag wie einen Sonntag eingeläutet und am Tage selbst Abendgottesdienste gehalten zu haben. »Die Bauern sollen grundsätzlich nicht auf den Feldern gearbeitet haben, was auf Machenschaften des Pfarrers Lenz zurückgeführt wird.«

5. »Verstoß gegen die Verordnung zur Einsparung von Heizmaterial im Kriegswinter 1941/42.« Ich gab zu Protokoll: »Während wir die Gottesdienste u. a. Veranstaltungen der Gemeinde nicht in den Kirchen, sondern in kleineren Räumen und Häusern hielten, wurden sie in den anderen Gemeinden unbehindert in Kirchen und Sälen gehalten. Die Gastwirtschaften aber, auch die des eingezogenen Ortsgruppenleiters, sind trotz größter Leere weiterhin geheizt.«

6. Verlesung eines vor antichristlichen Tendenzen warnenden Briefes des damals erfolgreichsten Jagdfliegers, Oberst Mölders, bei dem Begräbnis eines im Lazarett gestorbenen Gemeindegliedes.

Mein Kompaniechef, Major Leonhardt aus Gießen, schrieb mir 1946 in einer eidesstattlichen Erklärung: »Pfarrer Lenz … nahm die schwere Doppelbelastung, neben seinem Militärdienst auch die Seelsorge seiner Gemeinden … durchzuführen, gerne auf sich, da er sich innerlich getrieben fühlte, auch unter den größten persönlichen Opfern allen Widerständen zum Trotz das religiöse Leben … in seinen Gemeinden wachzuhalten. Dabei waren viele Schwierigkeiten zu überwinden … Mir lagen mehrere Anzeigen vor, in denen Herr Lenz antinationalsozialistischen Wirkens beschuldigt und seine Versetzung für unbedingt erforderlich gehalten wurde. Auch höhere militärische Stellen wurden mit Schreiben überschüttet. Da jedoch gegen Herrn Lenz keine

Einwendungen gemacht werden konnten, lag kein Grund vor, gegen den Genannten vorzugehen.« Bei einem Lehrgang meiner Kompanie hatte man mich mit den Worten angekündigt: »Morgen kommt der Staatsfeind Lenz von Münzenberg!« Deswegen meldete ich mich dann öffentlich vor zahlreichen Kameraden: »Staatsfeind Lenz von Münzenberg zur Stelle!« Das hinderte die Lehrgangsteilnehmer freilich nicht, mich zu ihrem Sprecher zu machen. Der Lehrgangsleiter aber, der bis zu seiner Einberufung stellvertretender Kreisleiter der NSDAP in meinem Landkreis gewesen war, ließ mich immer wieder seinen Haß spüren.

Wiederholte Aufforderungen des Majors, an einem Reserveoffizierslehrgang teilzunehmen, lehnte ich ab, weil ich wegen meines Ausschlusses aus der Partei und der SA-Reserve von vornherein als »staatspolitisch unzuverlässig« abgelehnt worden wäre. Zwei meiner BK-Vikare hatte man bereits als Offiziersbewerber abgelehnt. Einer von ihnen, Walter Hesselmann, berichtete am 9. September 1942 von der Ostfront, daß die Gestapo seinem Kommandeur geschrieben habe, er wirke in Münzenberg »als Hilfsprediger des berüchtigten Bekenntnispfarrers Lenz«.

So blieb ich Feldwebel, was mir ohnehin lieber war. Schon vor dem Krieg hatte mich ein Major mehrmals aufgefordert, an Reserveoffizierslehrgängen teilzunehmen. Obwohl ich kein Militärdienstverweigerer war, lehnte ich schon damals ab. Denn unter Hitler wollte und konnte ich freiwillig keinen Militärdienst tun.

Bei Erlaß des berüchtigten »Nacht- und Nebelerlasses« Hitlers – danach durften sich ergebende Fallschirmspringer und »Sabotagekommandos« nicht gefangengenommen, sondern mußten »niedergemacht« werden – habe ich meinem Vorgesetzten erklärt, daß ich als Christ einem solchen Befehl nicht folgen kann.

Mein 1942 versetzter Kompaniechef wollte mich als Lehrer an eine Luftnachrichtenschule mitnehmen. Ich lehnte ab. Ob er mich der drohenden Schutzlosigkeit entziehen wollte?

Der neue Kompanieführer, der wie sein Vorgänger alter Pg *(Parteigenosse)* und ein korrekter Vorgesetzter war, schlug im Oktober 1942 meine Ernennung zum »Kriegspfarrer« vor. Wollte er auf diese Weise den Streit mit der Partei um meine Person beenden? Weil ich im

Fragebogen meinen Ausschluß aus der Partei und der SA-Reserve angeben mußte, schrieb ich an ihn: »… daß alle Bemühungen bei den Parteistellen, der Gestapo und dem Kirchenregiment, das von der Partei abhängig ist, zwecklos sein werden. Von dort ist keine sachliche Behandlung zu erwarten … Drei Stellen werden ihr Urteil abzugeben haben, aber keine Stelle ist anders als die andere. Daran, daß die Pfarrer, die sich an ihr Ordinationsgelübde gebunden wissen, heute geächtet sind, läßt sich nichts ändern. Wir tragen das, weil wir nichts anderes zu erwarten haben, und ohne uns in unserem Verhältnis zu Volk und Vaterland verrücken zu lassen.« Spätere Notiz: »Trotz der angegebenen Parteiausschlüsse kam ich auf die Liste der Kriegspfarrer. Allerdings ist der Bedarf vorerst gedeckt. «

Ein Gemeindeglied hatte ungewollt und unbemerkt vor der Tür des Bürgermeisterbüros gehört, wie in einem Gespräch zwischen dem Ortsgruppenleiterund dem Bürgermeister die Bemerkung fiel: »Es ist höchste Zeit, daß diese Drückeberger (gemeint war die Flugwache) an die Front kommen.« Ich forderte sofort den Bürgermeister telefonisch zur Zurücknahme der Beleidigung meiner Kameraden auf. Als dieser schroff ablehnte und von mir verlangte, ihm den Namen meines Zeugen preiszugeben, weil er mich sonst bei der Gestapo anzeigen wollte, erstattete ich Meldung bei der Kompanie. Diese zwang die NS-Funktionäre, die Beleidigung zurückzunehmen.

    Wahrscheinlich ist es aber auf diesen Vorgang zurückzuführen, daß die Gestapo über Weihnachten und Neujahr 1942/43 eine vierzehntägige Briefzensur verhängte. Aber ich tappte nicht in diese gefährliche Falle. Poststellenleiter Steul aus Münzenberg hatte mir Beginn und Ende der Kontrolle verraten. Die versteckt gekennzeichneten Poststücke, die mir nach Abschluß der Kontrolle zugestellt wurden, besitze ich heute noch.

    Nach diesem Mißerfolg erzwang die Partei meine Versetzung. Nun hatte zwar der Major voller Empörung gemeint: »Kamerad Lenz, der Kreisleiter hat mich Ihretwegen zu sich bestellt. Dem werde ich es stecken!« Doch ich ahnte schon, was ihn erwartete, und warnte ihn: »Herr Major, dort werden Sie über mich allerlei hören können.«

Nach seiner Rückkehr ließ er sich erschüttert auf seinen Sessel fallen: »Kamerad Lenz, was ich da über Sie, Ihren Vater und Ihren Onkel (auch ein Pfarrer der BK in Oberhessen) gehört habe! Ich kann Sie nicht mehr halten.« – »Herr Major, ich habe es Ihnen ja gesagt. Sie brauchen mich nicht zu halten. Ich kann an die Ostfront gehen und dort fallen wie die anderen. Nur freiwillig tue ich das nicht!«

So wurde ich Anfang Juli 1944 nach vierjährigem Doppeldienst als Soldat und Pfarrer in Münzenberg mit 38 Kompaniekameraden, die ich führte, nach Hagenow überstellt. Damit hatte die Partei nach zehnjährigem Kampf nicht nur meinen Ausschluß aus der Nationalsozialistischen Deutschen Arbeiterpartei und SA-Reserve, sondern auch meine Entfernung aus meinen beiden Gemeinden und meiner Kompanie erreicht. Von da ab hatte sie kein Interesse mehr an mir. In Hersbruck wurde ich, Gott sei Dank, niemals nach meinem Verhältnis zum Nationalsozialismus und zur NSDAP gefragt. Rückfragen bei der Gauleitung in Hessen hätten für mich katastrophale Folgen gehabt.

Zehn Jahre lang hatte man mich ununterbrochen bedrängt, hatte immer wieder gedroht, mich in ein KZ einzuliefern. All das wäre aus eigener Kraft kaum zu ertragen gewesen. Eine Hausangestellte verließ uns, weil sie es »nicht mehr aushalten konnte«. Mein vierjähriger Sohn bat mich vor der Abfahrt zu einer Bekenntnisversammlung: »Vati, geh nicht nach …! Dort sind böse Männer, die stecken dich ins Bekenntnis.« In kindlicher Naivität hatte er die beiden oft gehörten Worte »Gefängnis« und »Bekenntnis« verwechselt.

Es waren unruhige und beängstigende Zeiten mit zahllosen turbulenten Zwischenfällen in Pfarrhaus, Gemeinde und Kirche. Aber es waren auch gesegnete Zeiten getrosten Glaubens und Bekennens für die Bekennende Kirche, die Pfarrbruderschaft, meine beiden Gemeinden, für meine tapfere Frau und für mich.

Auf dem Flugplatz Hagenow, wo ich Kompaniefeldwebel war, wurden alle Soldaten vom Jahrgang 1906 an zur Ostfront geschickt. Ohne jede Fronterfahrung erlitten sie dort schwerste Verluste. Die Jahrgänge 1901–1905, also auch ich, sollten zur Gefangenenbewachung eingesetzt werden. Damit waren wir zufrieden; stellten wir uns doch darunter – ahnungslos wie wir waren – Wachdienst in einem Kriegsgefangenenlager vor.

Unangemeldet fuhren wir mit 1.100 Mann zum Truppenübungsplatz Jüterbog. Dort hielt uns der Kommandeur einige Tage nach dem Attentat auf Hitler am 20. Juli 1944 und dem Aufruf zum totalen Einsatz eine anfeuernde Ansprache, die wir über uns ergehen ließen. Die Bibeltexte für diese Tage waren voll überwältigender Aktualität und mir eine Quelle des Geborgenseins und der Kraft; z. B. Jeremia 1,8–9: »Fürchte dich nicht vor ihnen, denn ich bin mit dir! Siehe, ich lege mein Wort in deinen Mund, spricht der Herr.« Oder: Psalm 115, 84, 86; Jeremia 1,1–10; 17,5–14.

Es folgte ein sinnloser Katastropheneinsatz in den total zerbombten Junkersflugzeugwerken bei Dessau. Dort konnte ich mit meinem Kompanieführer, der vorher als »NS-Führungsoffizier« die politische Schulung einer Einheit zu leiten hatte, nach anfänglicher Spannung offene Gespräche über den Kirchenkampf und meinen Ausschluß aus der Partei führen.

An jedem Sonntag besuchte ich mit meinen Kameraden den nächstgelegenen Gemeindegottesdienst. Mit Ausnahme einer deutschchristlichen Predigt wurden wir durch die »Frohe Botschaft« gestärkt. In Jüterbog-Damm bot mir der Flugplatzkommandant zweimal an, in Damm zu bleiben. Bestimmt wußte er von unserem kommenden Einsatz in Hersbruck. Ich lehnte sein Angebot ab, weil ich bei meinen Kameraden bleiben wollte, mit denen ich mich hervorragend verstand.*

---

* Meine Überstellung zur Waffen-SS (Totenkopf) war die Folge eines Befehls, den Himmler am 11. Mai 1944 gab. Dieser Befehl befindet sich im Bundesarchiv, Koblenz, in den Akten des persönlichen Stabes des Reichsführers-SS (NS 19/neu 1922). Er lautet:
1. Der Führer hat befohlen, daß zur Bewachung der 200.000 Juden, die der Reichsführer-SS in die Konzentrationslager des Reiches überführt, um sie bei den großen Bauten der OT (Organisation Todt) und sonstigen kriegswichtigen Aufgaben einzusetzen, 10.000 Mann mit Offizieren und Unteroffizieren zur Waffen-SS überstellt werden.
2. Die Übernahme erfolgt aus dem Ersatzheer. Ich habe mich einverstanden erklärt, nur Männer über 40 Jahre zu nehmen sowie selbstverständlich nur Männer, die aber für den Wachdienst tauglich sein müssen.

4. ALS SCHREIBER IM KONZENTRATIONSLAGER HERSBRUCK

24 Tage unter Kommandoführer Fügner

So führte ich 47 Kameraden, darunter nur noch 16 aus meiner Heimatkompanie, nach Hersbruck, wo wir am 17. August 1944 eintrafen. Noch immer waren wir vollkommen ahnungslos. Auf zwei Fragen zum »Kriegsgefangenenlager« bekamen wir merkwürdige Antworten. Erst als ich an der Kaserne hinter einem hohen Zaun mit Stacheldraht Häftlinge in »Zebrakleidung« sah, wußte ich, daß wir in einem KZ waren. Die Kameraden erschraken. Sie wußten wie alle Deutschen seit 1933, daß es Konzentrationslager in Deutschland gab, in die Menschen ohne Gerichtsverfahren, ohne Angabe der Haftdauer aus politischen u. a. Gründen eingesperrt wurden. Was aber tatsächlich in den Konzentrationslagern vor sich ging, blieb unbekannt. Über diese Lager war eine totale Nachrichtensperre verhängt worden, und entlassene KZ-Häftlinge zwang man, einen Revers zu unterschreiben, in dem sie sich zu vollkommenem Schweigen verpflichten mußten, wollten sie nicht erneut in das KZ eingeliefert werden.

Diese Rechtsunsicherheit führte zu einer weitverbreiteten, von den Nationalsozialisten absichtlich geschürten Angst, eine andere als die nationalsozialistische Meinung zu vertreten. Wenn Menschen es

---

3. Die Übernahme hat innerhalb der nächsten 14 Tage zu erfolgen.
4. Ich wünsche, daß die Männer mit Handfeuerwaffen und Maschinengewehren sowie der notwendigen Ausrüstung übernommen werden.
5. Diese Wachverbände sowie alle die Angehörigen der Konzentrationslager-Verbände, die nicht in die SS aufgenommen wurden oder aufgenommen werden können (da sie den Bedingungen nicht entsprechen), erhalten als Spiegel einen solchen in schwarz entweder mit einem aufgestickten »W« (Wachverbände) oder einem mir noch vorzuschlagenden Abzeichen.
6. Die Angehörigen der Wachverbände unterstehen voll und ganz dem Reichsführer-SS und damit der SS-Gerichtsbarkeit.
gez. H. Himmler

Punkt 5 des Befehls wurde später geändert. Nach der Übernahme zur Totenkopf-SS trugen wir die grüne Felduniform der Waffen-SS mit dem Totenkopfabzeichen an der Feldmütze und auf dem linken Kragenspiegel.

wagten, sich in irgendeiner Form gegen das Naziregime zu äußern, mußten sie damit rechnen, in ein KZ gebracht zu werden. So erging es vielen bei oft nur geringfügigen Anlässen. Andere wiederum blieben trotz jahrelangen Bekennens davor bewahrt, weil es die Partei aus taktischen Gründen nicht wagte, den Widerstand aus Glaubensgründen radikal zu brechen.

Damals ging unter uns BK-Pfarrern das sarkastische Wort um: »Nach dem Dritten Reich werden wir Pfarrer gefragt werden: ›Waren Sie im Konzentrationslager? Wenn nein, warum nicht?‹« Bezeichnend auch, was Goebbels einmal während des Krieges sagte: »Nach dem Sieg wird der Führer alle BK-Pfarrer in Konzentrationslager einsperren.«

Aber nun waren wir nicht in, sondern an einem Konzentrationslager; am SS-Arbeitslager Hersbruck, dem wohl größten unter den 96 Außenlagern des KZ Flossenbürg in der Oberpfalz.

Die Stadt Hersbruck liegt etwa dreißig Kilometer östlich von Nürnberg am Eingang der »Hersbrucker Schweiz«. Das Lager hatte man am 17. Mai 1944 zunächst mit 150 Häftlingen des KZ Flossenbürg in der Mühle zu Happurg provisorisch und bald danach am Ostrand der Stadt zwischen Amberger Straße und Pegnitz auf dem Gelände einer ehemaligen Baumschule errichtet. Davor stand eine Kaserne, die früher zum Reichsarbeitsdienst gehört hatte. Hier waren Kommandoführer und die Wachkompanie mit 486 Mann untergebracht. Die Häftlinge mußten auf der Baustelle Houbirg arbeiten, die etwa vier bis fünf Kilometer vom Lager entfernt war. Sie bauten in drei Schichten gemeinsam mit den Insassen eines Deportierten- und eines SS-Straflagers in Happurg in dem steilen und mächtigen Felsenrücken Houbirg, 25 m unter der Bergdecke, eine unterirdische, »bombensichere« Fabrik für Flugzeugmotoren.

»Das Bauvorhaben (wurde im Februar 1945) von 120.000 qm (unterirdischer Produktionsfläche) auf 4.000 qm heruntergesetzt«, nachdem einige tausend Menschen zu Tode gekommen, viele tausend zugrunde gerichtet und »10 Millionen Reichsmark verbaut worden waren«. »Das Barackengelände (war) 25 Morgen« (62.500 qm) groß. Die gesamte Organisation lag in den Händen des SS-Führungsstabes und der Bauleitung in Happurg.

Beim SS-Führungsstab bin ich während meiner Dienstzeit in Hersbruck zweimal mit einem Botenauftrag gewesen. Die Baustelle und das Konzentrationslager Flossenbürg habe ich erst nach dem Krieg mit meiner Frau besichtigt.

Als ich in das Lager kam, also im August 1944, waren dort »1900 politische und kriminelle Häftlinge: Franzosen, Italiener, Litauer, Deutsche, Belgier, Ungarn, Juden, Ukrainer, Kroaten, Russen, Polen usw.«

Später stellte ich fest, daß die Häftlinge aus 23 Nationen kamen, einige sogar aus Staaten, mit denen sich das Dritte Reich nicht im Kriegszustand befand. Die Mehrzahl der Häftlinge gehörte zu den »Politischen«, also zu denen, die man wegen ihrer Gegnerschaft zum Nationalsozialismus in »Schutzhaft« genommen hatte. Sie trugen ein rotes Dreieck auf ihrem Kittel. Zu ihnen gehörten die zahlreichen ausländischen »Zwangsarbeiter« und auch die Juden, deren Kennzeichen in Hersbruck nicht der gelbe »Judenstern«, sondern das rote Dreieck der »Staatsfeinde« war. Deshalb konnte man sie als Juden nicht erkennen.

Unter den grün gekennzeichneten »Kriminellen« gab es so gut wie keine Ausländer. Sie stellten die »Kapos«; sicherlich nicht aus nationalen, möglicherweise aus sprachlichen Gründen, vor allem aber wohl, weil die SS von ihnen mehr Härte und SS-Hörigkeit erwarten konnte.

»Asoziale« mit schwarzem Dreieck und Homosexuelle mit rosa Dreieck gab es in unserem Lager nur wenige, »Ernste Bibelforscher« mit violettem Dreieck, die wegen Kriegsdienstverweigerung in KZ-Lagern waren, m. W. überhaupt nicht.

QUELLE: Hans-Friedrich Lenz: »Sagen Sie, Herr Pfarrer, wie kommen Sie zur SS?«. Bericht eines Pfarrers der Bekennenden Kirche über seine Erlebnisse im Kirchenkampf und als SS-Oberscharführer im Konzentrationslager Hersbruck; © Brunnen Verlag Gießen 1989

THEOLOGISCHE ERKLÄRUNG DER BEKENNTNISSYNODE IN BARMEN VOM 31. MAI 1934 (BARMER ERKLÄRUNG)

PRÄAMBEL

Die Deutsche Evangelische Kirche ist nach den Eingangsworten ihrer Verfassung vom 11. Juli 1933 ein Bund der aus der Reformation erwachsenen, gleichberechtigt nebeneinander stehenden Bekenntniskirchen. Die theologische Voraussetzung der Vereinigung dieser Kirchen ist in Art. 1 und Art. 2,1 der von der Reichsregierung am 14. Juli 1933 anerkannten Verfassung der Deutschen Evangelischen Kirche angegeben:

Art. 1: Die unantastbare Grundlage der Deutschen Evangelischen Kirche ist das Evangelium von Jesus Christus, wie es uns in der Heiligen Schrift bezeugt und in den Bekenntnissen der Reformation neu ans Licht getreten ist. Hierdurch werden die Vollmachten, deren die Kirche für ihre Sendung bedarf, bestimmt und begrenzt.

Art. 2: Die Deutsche Evangelische Kirche gliedert sich in Kirchen (Landeskirchen).

Wir, die zur Bekenntnissynode der Deutschen Evangelischen Kirche vereinigten Vertreter lutherischer, reformierter und unierter Kirchen, freier Synoden, Kirchentage und Gemeindekreise erklären, dass wir gemeinsam auf dem Boden der Deutschen Evangelischen Kirche als eines Bundes der deutschen Bekenntniskirchen stehen. Uns fügt dabei zusammen das Bekenntnis zu dem einen Herrn der einen, heiligen, allgemeinen und apostolischen Kirche.

Wir erklären vor der Öffentlichkeit aller evangelischen Kirchen Deutschlands, dass die Gemeinsamkeit dieses Bekenntnisses und damit auch die Einheit der Deutschen Evangelischen Kirche aufs schwerste gefährdet ist. Sie ist bedroht durch die in dem ersten Jahr des Bestehens der Deutschen Evangelischen Kirche mehr und mehr sichtbar gewordene Lehr- und Handlungsweise der herrschenden Kirchenpartei der Deutschen Christen und des von ihr getragenen Kirchenregimentes. Diese Bedrohung besteht darin, dass die theologische Voraussetzung, in der die Deutsche Evangelische Kirche vereinigt ist, sowohl seitens der Führer und Sprecher der Deutschen Christen als auch seitens des Kirchenregimentes dauernd und grundsätzlich durch fremde Voraussetzungen durchkreuzt und unwirksam gemacht wird. Bei deren Geltung hört die Kirche nach allen bei uns in Kraft stehenden Bekenntnissen auf, Kirche zu sein. Bei deren Geltung wird also auch die Deutsche Evangelische Kirche als Bund der Bekenntniskirchen innerlich unmöglich.

Gemeinsam dürfen und müssen wir als Glieder lutherischer, reformierter und unierter Kirchen heute in dieser Sache reden. Gerade weil wir unseren verschiedenen Bekenntnissen treu sein und bleiben wollen, dürfen wir nicht schweigen, da wir glauben, dass uns in einer Zeit gemeinsamer Not und Anfechtung ein gemeinsames Wort in den Mund gelegt ist. Wir befehlen es Gott, was dies für das Verhältnis der Bekenntniskirchen untereinander bedeuten mag.

Wir bekennen uns angesichts der die Kirche verwüstenden und damit auch die Einheit der Deutschen Evangelischen Kirche sprengenden Irrtümer der Deutschen Christen und der gegenwärtigen Reichskirchenregierung zu folgenden evangelischen Wahrheiten:

THESEN

I. *Jesus Christus spricht: Ich bin der Weg und die Wahrheit und das Leben; niemand kommt zum Vater denn durch mich. (Joh. 14,6)*
Wahrlich, wahrlich, ich sage euch: Wer nicht zur Tür hineingeht in den Schafstall, sondern steigt anderswo hinein, der ist ein Dieb und Räuber. Ich bin die Tür; wenn jemand durch mich hineingeht, wird er selig werden. (Joh 10,1.9)

Jesus Christus, wie er uns in der Heiligen Schrift bezeugt wird, ist das eine Wort Gottes, das wir zu hören, dem wir im Leben und im Sterben zu vertrauen und zu gehorchen haben.

Wir verwerfen die falsche Lehre, als könne und müsse die Kirche als Quelle ihrer Verkündigung außer und neben diesem einen Worte Gottes auch noch andere Ereignisse und Mächte, Gestalten und Wahrheiten als Gottes Offenbarung anerkennen.

> II. *Durch Gott seid ihr in Christus Jesus, der uns von Gott gemacht ist zur Weisheit und zur Gerechtigkeit und zur Heiligung und zur Erlösung. (1. Kor 1,30)*

Wie Jesus Christus Gottes Zuspruch der Vergebung aller unserer Sünden ist, so und mit gleichem Ernst ist er auch Gottes kräftiger Anspruch auf unser ganzes Leben; durch ihn widerfährt uns frohe Befreiung aus den gottlosen Bindungen dieser Welt zu freiem, dankbarem Dienst an seinen Geschöpfen.

Wir verwerfen die falsche Lehre, als gebe es Bereiche unseres Lebens, in denen wir nicht Jesus Christus, sondern anderen Herren zu eigen wären, Bereiche, in denen wir nicht der Rechtfertigung und Heiligung durch ihn bedürften.

> III. *Lasst uns aber wahrhaftig sein in der Liebe und wachsen in allen Stücken zu dem hin, der das Haupt ist, Christus, von dem aus der ganze Leib zusammengefügt ist. (Eph 4,15. 16)*

Die christliche Kirche ist die Gemeinde von Brüdern, in der Jesus Christus in Wort und Sakrament durch den Heiligen Geist als der Herr gegenwärtig handelt. Sie hat mit ihrem Glauben wie mit ihrem Gehorsam, mit ihrer Botschaft wie mit ihrer Ordnung mitten in der Welt der Sünde als die Kirche der begnadigten Sünder zu bezeugen, dass sie allein sein Eigentum ist, allein von seinem Trost und von seiner Weisung in Erwartung seiner Erscheinung lebt und leben möchte.

Wir verwerfen die falsche Lehre, als dürfe die Kirche die Gestalt ihrer Botschaft und ihrer Ordnung ihrem Belieben oder dem Wechsel der jeweils herrschenden weltanschaulichen und politischen Überzeugungen überlassen.

IV. Jesus Christus spricht: Ihr wisst, dass die Herrscher ihre Völker niederhalten und die Mächtigen ihnen Gewalt antun. So soll es nicht sein unter euch; sondern wer unter euch groß sein will, der sei euer Diener. (Mt 20,25.26)

Die verschiedenen Ämter in der Kirche begründen keine Herrschaft der einen über die anderen, sondern die Ausübung des der ganzen Gemeinde anvertrauten und befohlenen Dienstes.

Wir verwerfen die falsche Lehre, als könne und dürfe sich die Kirche abseits von diesem Dienst besondere, mit Herrschaftsbefugnissen ausgestattete Führer geben und geben lassen.

V. Fürchtet Gott, ehrt den König. (1. Petr 2,17)

Die Schrift sagt uns, dass der Staat nach göttlicher Anordnung die Aufgabe hat in der noch nicht erlösten Welt, in der auch die Kirche steht, nach dem Maß menschlicher Einsicht und menschlichen Vermögens unter Androhung und Ausübung von Gewalt für Recht und Frieden zu sorgen. Die Kirche erkennt in Dank und Ehrfurcht gegen Gott die Wohltat dieser seiner Anordnung an. Sie erinnert an Gottes Reich, an Gottes Gebot und Gerechtigkeit und damit an die Verantwortung der Regierenden und Regierten. Sie vertraut und gehorcht der Kraft des Wortes, durch das Gott alle Dinge trägt.

Wir verwerfen die falsche Lehre, als solle und könne der Staat über seinen besonderen Auftrag hinaus die einzige und totale Ordnung menschlichen Lebens werden und also auch die Bestimmung der Kirche erfüllen. Wir verwerfen die falsche Lehre, als solle und könne sich die Kirche über ihren besonderen Auftrag hinaus staatliche Art, staatliche Aufgaben und staatliche Würde aneignen und damit selbst zu einem Organ des Staates werden.

VI. Jesus Christus spricht: Siehe, ich bin bei euch alle Tage bis an der Welt Ende. (Mt 28,20)
Gottes Wort ist nicht gebunden. (2. Tim 2,9)

Der Auftrag der Kirche, in welchem ihre Freiheit gründet, besteht darin, an Christi Statt und also im Dienst seines eigenen Wortes und Werkes durch Predigt und Sakrament die Botschaft von der freien Gnade Gottes auszurichten an alles Volk. Wir verwerfen die falsche Lehre, als könne die Kirche in menschlicher Selbstherrlichkeit das Wort und Werk des Herrn in den Dienst irgendwelcher eigenmächtig gewählter Wünsche, Zwecke und Pläne stellen.

Die Bekenntnissynode der Deutschen Evangelischen Kirche erklärt, dass sie in der Anerkennung dieser Wahrheiten und in der Verwerfung dieser Irrtümer die unumgängliche theologische Grundlage der Deutschen Evangelischen Kirche als eines Bundes der Bekenntniskirchen sieht. Sie fordert alle, die sich ihrer Erklärung anschließen können, auf, bei ihren kirchenpolitischen Entscheidungen dieser theologischen Erkenntnisse eingedenk zu sein. Sie bittet alle, die es angeht, in die Einheit des Glaubens, der Liebe und der Hoffnung zurückzukehren.

Verbum dei manet in aeternum.

QUELLE: http://www.ekd.de/download/handzettel_barmer_theologische_erklaerung.pdf

ZEITDOKUMENT

INTERNATIONALES KOMITEE VOM ROTEN KREUZ

DIE TÄTIGKEIT DES IKRK ZUGUNSTEN DER IN DEN DEUTSCHEN KONZENTRATIONSLAGERN INHAFTIERTEN ZIVILPERSONEN

BERICHT DES CCC-DIENSTES ÜBER DIE VERTEILUNG DER WAREN DES DAMPFERS »CRISTINA« (AUGUST UND SEPTEMBER 1944)*

Genf, den 30. Oktober 1944

Mit Genehmigung des Amerikanischen Roten Kreuzes hat die Hilfsabteilung des IKRK dem CCC-Dienst am 20. August 1944 die Waren des beschädigten Dampfers »Cristina« zur Verfügung gestellt. Es handelte sich um zwei Warenposten:

1) 50.775 kg brutto verschiedener Lebensmittel
2) 12.000 kg brutto verschiedener Konserven

Die gemischte Hilfskommission, die für den CCC-Dienst arbeitet, hat in zwei Wochen eine Anzahl von Paketen mit einem Nettogewicht von 54.756 kg (25.600 Pakete zu 2,150 kg) fertiggestellt und versandt.
Die Sendungen sind zwischen dem 24. August und dem 9. September durchgeführt worden, was einem Ausgang von 1.700 Paketen täglich entspricht.

---

* Es handelt sich hier um einen internen und zusammengefaßten Bericht, der aus verschiedenen gleichartigen herausgenommen wurde. Er ist jedoch in Anbetracht seiner Bedeutung als Beispiel hier wiedergegeben worden.

Diese Sendungen »Cristina« wurden auf dem Postwege an die Hauptkonzentrationslager verschickt. Die Sendungen umfassten pro Lager sowie für jede Nationalität von Zivilhäftlingen:

a) persönlich adressierte Pakete
b) Pakete an den Lagerältesten jeder Nationalität

Die Lagerkommandanten wurden über die Anzahl der versandten Pakete unterrichtet. Jeder Lagerälteste erhielt ein Schreiben sowie Auszüge aus dem Sachverständigengutachten des Kantonslaboratoriums in Genf über die Qualität der Lebensmittel, ihre maximale Haltbarkeitsdauer und die Massnahmen zur Verhütung eventueller Vergiftungen.
Die Pakete wurden wie folgt auf die verschiedenen Nationalitäten verteilt:

	persönlich adressiert	an die Lagerältesten	insgesamt
Belgier	2.404	1.900	4.304
Spanier	–	300	300
Franzosen	5.386	3.200	8.586
Griechen	109	300	409
Niederländer	966	1.900	2.866
Polen	1.320	2.900	4.220
Norweger	3.115	500	3.615
Tschechen	–	800	800
Jugoslawen	–	400	400
Italiener	–	100	100
	13.300	12.300	25.600

Im Laufe des Monats September nahmen die Delegierten des Internationalen Komitees vom Roten Kreuz Verbindung mit den Lagern Dachau bei München, Buchenwald-Weimar, Natzweiler (Elsass), Ravensbrück bei Fürstenberg und Sachsenhausen-Oranienburg bei Berlin auf. Sie haben sich von der Notwendigkeit überzeugen können, die Sendungen fortzusetzen.

Ein Lagerältester aus einem dieser Lager konnte uns den ordnungsgemässen Empfang der Sendungen des Internationalen Komitees schriftlich bestätigen. Andererseits teilte dieser Lagerälteste sehr interessante Einzelheiten über die an jede Nationalität unter den Häftlingen gerichtete Anzahl von Paketen mit und unterrichtete das Komitee über seine Schätzungen bezüglich der Aufteilung der Sendungen:
ausreichend für die Norweger und die Niederländer
müssten für die Polen und die Franzosen verzehnfacht werden

[...]

Schreiben eines Lagerältesten aus dem Konzentrationslager Oranienburg an das Internationale Komitee vom Roten Kreuz (nach dem deutschsprachigen Originaltext)

Sachsenhausen-Oranienburg, den 26. Dezember 1944

Ich bestätige den Empfang Ihrer Sendungen Z 674, Z 254, 260, 266 und Z 251 A, die sehr pünktlich zu Weihnachten eingetroffen sind. Ihr Eingang löste Begeisterung und Freudenschreie aus. Im Namen aller Empfänger spreche ich Ihnen den aufrichtigsten Dank aus. Anlässlich der letzten Sendung Z 251 habe ich keine Ankündigung erhalten, so dass ich mich frage, ob inzwischen nicht andere Sendungen abgeschickt worden sind. Um eine Kontrolle zu gewährleisten, wäre ich Ihnen verbunden, wenn Sie mich ständig auf dem laufenden halten würden. Die gut in Kisten verpackte Sendung ohne Anschrift war leichter zu verteilen und hat es ermöglicht, die Mehrheit der Häftlinge zufriedenzustellen. Natürlich waren andere Gruppen – Jugoslawen, Spanier usw. – sehr enttäuscht, da sie seit vergangenem September nichts erhalten haben. Die Niederländer konnten die überwiegende Mehrheit ihrer Landsleute nicht zufriedenstellen. Wir möchten wünschen, dass Sie zu Neujahr die letzteren mehr berücksichtigen können. Die von uns dringend benötigten Toilettenartikel, Wäsche, Socken und Pullover sind noch nicht angekommen.

[...]

Brief des SS-Obergruppenführers Kaltenbrunner, General der Waffen-SS, in dem er die Vereinbarung mit dem Präsidenten des IKRK bestätigt (nach dem deutschsprachigen Originaltext)*

Den 29. März 1945

Vereinbarungsgemäss habe ich gleich nach meiner Rückkehr mit den zuständigen Behörden die von Ihnen aufgeworfenen Fragen erörtert. Ich freue mich, Ihnen mitteilen zu können, dass ich bei allen Beteiligten nur auf Wohlwollen gestossen bin. Ich erläutere hier im einzelnen, wie ich den von Ihnen vorgetragenen Wünschen entsprechen kann:

[...]

Note des IKRK vom 30. Juni 1944 an seine Delegation in Washington über die Unterstützung von Juden (Zusammenfassung)

Um den Juden aus den Ländern, die unter Kontrolle der Achsenmächte stehen, wirksam helfen zu können, wäre es wertvoll zu erfahren, was der »War Refugee Board« nach Durchsicht der ihm vom IKRK übermittelten Informationen und Dokumente zu tun beabsichtigt.

---

* Die Unterredung zwischen dem Präsidenten des IKRK und Obergruppenführer Kaltenbrunner fand am 12. März 1945 statt. Der Präsident des IKRK gab am 26. März 1945 vor den interessierten Delegierten des Roten Kreuzes und den Vertretern verschiedener Organisationen zu diesem Treffen und den sich daraus ergebenden Verträgen folgenden Kommentar:
»Gegenstand dieser Gespräche ist das Problem der Kriegsgefangenen, der inhaftierten und internierten Zivilpersonen, und man kann schon jetzt von erzielten Ergebnissen reden. Bisher konnte das IKRK die Lager für inhaftierte Zivilpersonen nicht besuchen. Die wenigen Besuche von IKRK-Delegierten fanden am Rand der Lager statt. Sie waren nur auf Kontakte mit den Lagerkommandanten beschränkt. Dagegen hat man anlässlich der kürzlichen Besprechungen vorgesehen, dass die Delegierten unter der Voraussetzung, dass sie bis zur Beendigung der Feindseligkeiten dort bleiben, in die Lager geschickt werden könnten.«
Die Verhandlungen über die Durchführungsbestimmungen zu den Verträgen Burckhardt-Kaltenbrunner fanden am 10. April in Konstanz und am 24. April in Innsbruck zwischen Vertretern des IKRK und den deutschen Behörden statt.

Wie schon oft gesagt, hat das IKRK immer den Wunsch, alles in seiner Macht Stehende zu tun, um den Verschleppten und Internierten in den Konzentrationslagern zu helfen. Diese Aktion muss jedoch so schnell wie möglich unter bester Ausnutzung der derzeitigen Möglichkeiten durchgeführt werden, wenn man sich nicht Gelegenheiten, die sich vielleicht nie wieder bieten, entgehen lassen will.

Das IKRK hat bereits die Notwendigkeit des Eingangs von Lebensmittelsendungen aus Übersee hervorgehoben, um eine allgemeine Hilfsaktion in den Konzentrationslagern durchführen zu können. Tatsächlich sind seine Bezugsmöglichkeiten in der Schweiz und in den übrigen neutralen Ländern Europas zu gering, als dass es ihm möglich wäre, jeder der hilfsbedürftigen Personen, deren Anschrift es kennt, monatlich ein Lebensmittelpaket zu schicken. Bis jetzt ist die Anzahl der Unglücklichen, denen es grundsätzlich Unterstützung gewähren könnte, sehr stark angewachsen, wogegen die Beschaffungsmöglichkeiten in Europa empfindlich zurückgegangen sind. Die angesprochenen amerikanischen Behörden haben dem IKRK jedoch noch immer nicht ihre Haltung in dieser Hinsicht mitgeteilt oder es unterrichtet, ob sie es in Betracht ziehen könnten, bei den Blockadevorschriften eine Ausnahme zu machen, um den für die Entwicklung der Hilfsaktion zugunsten der Zivilhäftlinge unbedingt erforderlichen Versand von Lebensmitteln zu ermöglichen. Das IKRK möchte dringend die Entscheidung des »War Refugee Board« erfahren.

QUELLE: Internationales Komitee vom Roten Kreuz (Hg.): Dokumentation über die Tätigkeit des Internationalen Komitees vom Roten Kreuz zugunsten der in den deutschen Konzentrationslagern inhaftierten Zivilpersonen (1939–1945), aus dem Französischen übersetzt, [Genf] 1985.

AXEL VON DEM BUSSCHE (1919–1993)

Axel Freiherr von dem Bussche wird am 20. April 1919 als Sohn von Georg Freiherr von dem Bussche und seiner dänischen Frau Jenny geb. Lassen in Braunschweig geboren. Nach seinen Jugendjahren auf dem elterlichen Besitz in Thale tritt er 1937 in das traditionsreiche Potsdamer Infante-

rieregiment 9 – in dem sich viele Widerstandskämpfer gegen Hitler befinden – ein.

Als er 1942 in der Ukraine Augenzeuge der Erschießung von Juden wird, ist er bereit zum Widerstand. Von Claus Graf Stauffenberg gefragt, stellt er sich für ein Attentat auf Hitler im November 1943 zur Verfügung. Das Attentat wird durch äußere Umstände vereitelt und er geht zurück an die Ostfront, an der er im Januar 1944 schwer verwundet wird. Wegen seines Lazarettaufenthaltes steht er für den Umsturzversuch am 20. Juli 1944 nicht mehr zur Verfügung, was ihm das Leben rettet.

Nach dem Krieg beendet Axel von dem Bussche sein Jurastudium in Göttingen, wo er die hier abgedruckte Rede hält. 1950 heiratet er Lady Camilla Acheson. Er wirkt an unterschiedlichen Posten, u. a. beim Aufbau der Bundeswehr, beim Weltkirchenrat, als Berater für die Weltbank und als Schulleiter von Salem. Sein Leben ist geprägt von dem Auftrag, gerade jungen Menschen eine Verantwortung zu vermitteln, den fehlerhaften Entwicklungen ihrer Zeit entgegenzuwirken. 1993 stirbt er in Bonn.

AXEL VON DEM BUSSCHE

EID UND SCHULD*

Auf einer öffentlichen Veranstaltung der Sozialistischen Studentengruppe hielt der Vorsitzende des Allgemeinen Studentischen Ausschusses, stud. iur. Axel von dem Bussche, am 20. Februar 1947 in Göttingen den nachfolgenden, nur unwesentlich gekürzten Vortrag zur Geschichte des 20. Juli 1944. Der Beitrag ist von der Redaktion ausdrücklich erbeten worden, nicht weil der Name des Verfassers in letzter Zeit mehrfach in Presse und Rundfunk genannt wurde, sondern weil in ihm die

---

* Zuerst gedruckt in: Göttinger Universitätszeitung, 2. Jahrgang, Nr. 7, Freitag, 7. März 1947.

wirklichen Konflikte im Herzen unserer Soldaten-Generation offen bekannt werden und weil der Verfasser darüber hinaus neue Tatsachen zur Geschichte des 20. Juli mitzuteilen weiß.

»Wenn durch die Hilfsmittel der Regierungsgewalt ein Volkstum dem Untergange entgegengeführt wird, dann ist die Rebellion eines jeden Angehörigen eines solchen Volkes nicht nur Recht, sondern Pflicht.«
(Adolf Hitler, »Mein Kampf«)

»Wenn ich heute zu Ihnen spreche, so geschieht es aus zwei Gründen: Erstens damit Sie meine Stimme hören und wissen, daß ich selbst unverletzt und gesund bin, zweitens damit Sie aber auch das Nähere erfahren über ein Verbrechen, das in der deutschen Geschichte seinesgleichen sucht.«
(Adolf Hitler, Rede in der Nacht zum 21.7.1944)

Die Gefühle der Öffentlichkeit gegenüber dem Versuch, Adolf Hitler am 20. Juli 1944 zu töten und damit das deutsche Volk gewaltsam vom Eide gegen seinen Führer zu entbinden, liegen auch heute noch im Spannungsfeld dieser beiden Zitate. Einerseits wird die Rebellion, das heißt der bewaffnete Aufstand, zur Pflicht erklärt, andererseits wird die Tat, als sie im Sinne des ersten Wortes notwendig erscheint, als ein ungeheuerliches Verbrechen angeprangert. Hier steht offenbar eine theoretisch-ethische Wertung gegen eine historisch-rechtliche Beurteilung. Uns will es heute scheinen, als ob beide Gesichtspunkte richtig seien. Angesichts der Dinge, die wir seit dem Zusammenbruch erlebt und erfahren haben, wäre es nach göttlichem und menschlichem Recht nötig gewesen, das deutsche Volk schon früher von Adolf Hitler zu befreien. Der Versuch, es wirklich zu tun, bleibt jedoch objektiv ein Verbrechen. Über die moralische Wertung eines solchen Verbrechens bedarf es hier keiner Verbreiterung. Die europäische Geschichte und Literatur ist reich an Zeugnissen und Urteilen über den Tyrannenmord. Shakespeare und Schiller haben ihn zum Gegenstand eines Dramas gewählt.

Es soll versucht werden, die Tat des Grafen Stauffenberg, indem wir sie von allem tagespolitischen und zeitgebundenen Beiwerk befreien, auf eine Ebene zu heben, auf der sie vielleicht eines Tages in die Reihe der klassischen Tyrannenmorde eingefügt werden kann. Mehr noch als die handelnden Personen berechtigt die historische Situation, aus der der 20. Juli heraus gesehen werden muß, zu dieser These. Unter dem millionenfachen Sterben des letzten Jahrzehnts würde jene – noch dazu mißglückte – Handlung vom rein menschlichen Standpunkt aus nicht schwerer wiegen als jeder andere Auflehnungsversuch auch. Am 20. Juli 1944 geht jedoch – so scheint es – ein historisches Prinzip zu Ende. Allen muß es klar werden, daß dieser Versuch die Selbstauflösung einer vielfach umstrittenen, aber auch vielfach bewährten Lebensform bedeutet. Das militante Preußentum stammt aus der Ordenstradition. Seine Träger sind einerseits die Ordensmeister und andererseits die Ordensritter. Nach der Reformation wird diese Tradition von den Hohenzollern als Ordensmeistern mit dynastischem Vorzeichen und dem preußischen Adel, »den Junkern«, übernommen. Die Zeit Friedrichs des Großen entkleidet das Preußentum in seiner Gesamtheit der letzten strengen Ordensformen und stellt das Preußentum in die aufgeklärte Welt des diesseitigen Lebens. 1918 wird es offenbar, daß die letzten Hohenzollern, die Träger jenes nun ganz verweltlichten militanten Preußentums, nicht mehr tragbar und nicht tragfähig sind. Es folgen jene berühmten »14 Jahre« des Suchens nach der neuen, angemessenen Form. Schließlich kommt eine kleine Schar von Leuten, die sich zur Führung berufen fühlen und ebenso finster wie zu Finsterem entschlossen die Macht ergreifen. Sie sind imstande, diese noch allen erinnerliche Form mit den Mitteln moderner Massenpsychologie und technischer Massenführung wieder neu zu beleben. Aber sie bringen nicht die moralische und ethische Potenz mit, die diesen preußischen Stil erfüllen muß, wenn er nicht unmenschlich werden soll. Und er ist unmenschlich geworden. Der Unmenschlichkeit Einhalt zu gebieten, ist eines der treibenden Motive zum 20. Juli gewesen. Hier verdichtet sich zur Tat, was schon allzulange nötig war: Einer der zukünftig zum Tragen berufenen Offiziere entschließt sich, seinen »Ordensmeister«, den verworfenen Nachfolger der preußischen Könige, zu töten.

Es soll hier nicht auf die Einzelheiten der Planung und Ausführung eingegangen werden. Seit dem Zusammenbruch ist durch den

Blätterwald der 300 deutschen Zeitschriften immer wieder um und über den 20. Juli geschrieben worden. Soweit nicht offensichtliche Tendenz die Vorgänge verzerrte, sind die Berichte wohl weitgehend so richtig, wie sie es unter den schwierigen Umständen der Tatsachenforschung heute sein können. Eine Gruppe von Ereignissen wird hier gleichsam durch verschiedenfarbige Brillengläser betrachtet, wobei Schattierungen anders liegen können und Akzente umgestellt sind, aber an dem sittlichen Kern der Geschehnisse wird nicht vorbeigegangen. Und auf lange Sicht, nur auf diese, wird es ankommen. Dem tut keinen Abbruch, daß die Rebellion jenes Tages – ein wenig banal ausgedrückt – der Versuch von Amateuren des Aufstandes gegen Professionals der rücksichtslosen Machtgewinnung und -behauptung gewesen ist. Diese Feststellung mit der ihr eingeschlossenen Kritik ist nötig und berechtigt.

Es sei gestattet, nach diesen überschauenden Gedanken zur subjektiven Erzählung des eigenen Erlebnisses zu kommen. Wenn man anfängt, von sich selbst zu sprechen, wird es für den Zuhörer und den Berichtenden leicht ein wenig peinlich. Jedoch erwächst aus der »Ichform« der Vorteil der Lebensnähe und der Verbindung von chronologischem Ablauf und Abstraktion, wie sie andeutend für die Schuld- und Eidfrage gewagt werden soll. Es sei voraus bemerkt, daß ich dem glückhaften Jahrgang 1919 angehöre und keinen Grund zur »Entschlackung« irgendwelcher Art habe. Ich war Offizier, »Militarist«, und bin »Junker«, gehöre also zu zwei Gruppen, die heute kollektiv in der Ecke stehen. 1937 ins Heer eingetreten, hoffte ich mehr, als daß ich daran glauben konnte – soweit man sich in diesem Alter überhaupt seiner Empfindungen rational bewußt ist –, daß eines Tages die graue Farbe aus der allgemeinen Verwirrung als entscheidendes Element der Ordnung gegen Braun und Schwarz hervorgehen würde. 1939 als Leutnant in Polen noch »im Gefühl freudig erfüllter Pflicht«, an dessen Wurzeln die Skepsis nur selten und immer wieder verdrängt nagte. 1940 Frankreich, im Herbst jenes Jahres als Besatzung an die mittlere Weichsel.

In diese Zeit fällt der Anfang meiner Freundschaft mit Fritz Graf von der Schulenburg, der als Reserveoffizier in unserem Regiment Dienst tat. Diese Bindung hat bis zu seiner Hinrichtung im Herbst

1944 gedauert. Seinen Werdegang schildert Gisevius in seinem Buch: »Bis zum bittern Ende« (Zürich 1946): »Sohn des bekannten Heerführers aus dem Ersten Weltkrieg, war Regierungspräsident Fritz Graf von der Schulenburg der maßgebliche Initiator der Verbindungsaufnahme des engeren Stauffenberg-Kreises zur extremen Linken im Jahre 1943/44. Er hatte bereits als Göttinger Korpsstudent kommunistischen Ideen gehuldigt. Über die intellektuellen Sozialisten war er dann zum Nationalsozialismus gestoßen. Seit 1938 erneut in der Opposition, war er es, der Stauffenberg gewann und fortan ihm innerlich am nächsten stand. Bestimmt der aktivste im engeren Kreis, nahm er scharf Stellung gegen die Kandidatur des »reaktionären« Goerdeler. An seiner Stelle nominierte er den weit links stehenden früheren sozialdemokratischen Wehrmachtreferenten Leber als Kanzler der ›Jüngeren‹.« Der Mensch Schulenburg mag Ihnen aus einem Brief an seine Frau aus dem Herbst 1941 deutlich werden: »Ich genieße diese verhältnismäßig ruhigen Tage und habe viel Ruhe nachzudenken. Was steht vor uns? Ich glaube, daß wir schweren Zeiten entgegengehen, voller Not und Gefahr für das Volk wie für den einzelnen. Manchmal wird der Ausblick so düster, daß man glaubt, hinter diesem Dunkel lauere unmittelbar der Abgrund, dem wir unaufhaltsam entgegengehen wie magisch angezogen. Und nirgends ein Ausweg und nirgends ein Ansatz, sich aus dieser Verstrickung zu befreien. Man sinnt und denkt und späht und nirgends ein Licht, das in diese Finsternis hineinleuchtet und Wege weist. Und doch fühle ich tief in meinem Innern mein Herz die Antwort geben, die der Verstand vergebens sucht. So gewiß Gott dieses Volk nach dem tiefen Fall von 1918 nicht hat versinken lassen, so gewiß erschüttert er es durch tiefste Schuld, Gefahr und Not, damit es, von den Schlägen des Schicksals am härtesten getroffen, sich tief innen besinne, die wahren Kräfte des Wesens erwecke, sich wandle und sich dann reiner erhebe. Das sagt mir mein Herz, und mein Herz hat Recht …« Diesem Mann verdanke ich es großenteils, in einer Zeit sehend geworden zu sein, in der die Mehrheit der Soldaten »bona fide« ihrem Führer diente, ohne den eisigen Hauch und den Leichengeruch zu verspüren, die hinter den Kulissen des Dritten Reiches herrschten. Der Anlaß dazu waren die Judenpogrome am 9. November 1940 in unserer kleinen Weichselstadt. In den Unterhaltungen hierüber wurde klar, daß man schießen müsse, um diesen Methoden Einhalt zu gebieten. Nur der bewaffnete Aufstand – so wurde es deutlich – werde eine Änderung, nur die gewaltsame Ausschaltung des allein befehlenden Mannes die heilsame Wandlung herbeiführen können.

1941 Vormarsch in Mittelrußland. Dann Lazarettzeit. Im Frühjahr 1942 wurde ich Regimentsadjutant einer Ersatztruppe in Potsdam. Schulenburg war auf der Krim, um im Stabe Manstein als Kriegstagebuchführer diesen zu gewinnen. Ich hatte die Verbindung zwischen ihm und Freunden in Berlin sowie die Durchsetzung unserer Truppe mit geeigneten Offizieren zu besorgen. Im Spätsommer erfolgte in kürzester Frist die Versetzung unserer in Ausbildungs- und Ersatzeinheit gespaltenen Truppe in die Ukraine.

Der in unserer kleinen, ehemals zaristischen Festung Dubno amtierende Gebietskommissar erbat sich bald nach unserem Eintreffen Hilfe für die »Aktion«, einer – wie er erklärte – vom Führer befohlenen Judenausrottungs-»Maßnahme«. Diese Hilfe zu verweigern war das einzige, was zu tun war. Wenige Tage später sind die Bewohner des Judenviertels – es waren zwischen 2.000 und 3.000 – in die Massengräber gestiegen, um sich in langen Reihen übereinanderliegend von einem SS-Kommando durch Genickschuß töten zu lassen. – Ich bin am darauffolgenden Tage im Ghetto gewesen. Man machte Jagd auf versteckte Einzelgänger. Eine Frau hat mich im Sinne des Wortes kniefällig um ihr Leben gebeten. Ich habe ihr nicht helfen können.

Erlauben Sie mir, an dieser Stelle etwas zur Eid- und Schuldfrage zu sagen. Der Treueid ist eine aus dem Germanischen ins Christliche übernommene Bindung zwischen Führendem und Gefolgsmann. Er ist gewissermaßen ein Vertrag zwischen zwei Freien auf Gott. Er kann nach alter Auffassung sowohl vom Gefolgsmann als auch vom Führer gebrochen werden, wenn das göttliche Gesetz verletzt wird. Darüber hinaus ist zu bemerken, daß es alte Auslegungen gibt, nach denen der Gefolgsmann die Pflicht hat, sich aufzulehnen, wenn der Führer den Eid gebrochen hat. Ich bin der Meinung, daß der Eid in der Tat nicht einmal, sondern tausendmal vom Führer des Dritten Reiches gebrochen worden ist. Er ist also entstellt und in seinem innersten Wesen verkannt, wenn er – wie es immer noch geschieht – als ein Gängelband betrachtet wird, das den Vereidigten auf Gedeih und Verderb an die möglicherweise verbrecherischen Machenschaften seines Herrn bindet.

Von hier aus ist es nicht weit zur Schuldfrage. Es ist eine Tatsache, daß ein überwältigender Teil unseres Volkes, besonders von den Soldaten, nicht gewußt hat, was geschah. Sei es, daß sie nie mit derlei Dingen in Verbindung gekommen sind, sei es, daß eine geheimnisvolle Verblendung, die zu erklären vielleicht einem Psychiater möglich wäre, sie ergriffen hatte. Ein Großteil der Treue gegenüber dem obersten Kriegsherrn ist »bona fide« geleistet worden. Solche Menschen stehen meinem Empfinden nach außerhalb jeder Einzelschuld. Wieweit ein Kollektiv sich »bona fide« schuldig zu machen in der Lage ist, kann hier nicht erörtert werden. Die Begriffe und Normen sind noch zu verschwommen. Für den, der sehend geworden war, lagen die Dinge unendlich verwickelt. Der Resignierte konnte in verzweifelt kühnem Kampf an der Front den Tod suchen. Viele haben auf diesem Wege ihrem Leben ein Ende gesetzt. Für den, der leben wollte, möchte ich angesichts der Ungeheuerlichkeiten, die geschahen, an drei Möglichkeiten denken: Man konnte überlaufen, sich ins Ausland flüchten, oder man mußte in die aktive Opposition gehen. Es gibt in jedem Volk einen verschwindend geringen Kreis von Menschen, der für sich das Recht in Anspruch nehmen kann, im Wissen um die eigene zukünftige Bestimmung abzuwarten und nichts zu tun, der nur die Pflicht hat übrigzubleiben. Die Lösung ihrer Schuldfrage zwischen sich und Gott müssen sie mit sich selbst austragen.

Dem Herbst in der Ukraine folgt ein Winter auf der Krim und dann Versetzung an die Nordfront. Dazwischen liegt ein kurzer Aufenthalt mit drängenden Gesprächen im Oberkommando des Heeres und in Berlin. Erst im frühen Sommer 1943 kommt es wieder soweit, daß man nahe an der Tat ist. Der Eigentümer des Landes, auf dem das Hauptquartier in Ostpreußen liegt, Graf Lehndorff – er ist später wie alle anderen gehängt worden – versichert, daß er aus Kenntnis des Gebietes um den Sperrkreis 1 – in dem Adolf Hitler lebt – weiß, daß jede gewaltsame Unternehmung an den SS-Sperrkommandos und Flakkampfposten um die Zentrale scheitern muß. Eine Reihe junger

Offiziere ist verfügbar, die sich zu gewaltsamer Unternehmung bereit erklären, aber ein Scheitern wegen unsicherer Vorbereitungen würde nur das Gegenteil des Erfolges herbeiführen: Restlose Radikalisierung, Lahmlegung jedes zentral geleiteten Planes.

Ein Gespräch mit einem hohen Beamten des auswärtigen Dienstes, dem Vater eines Freundes, erweckt wenigstens das Gefühl, das alles getan wird, um den Wahnsinn mit jedem Mittel ein geordnetes Ende zu bereiten.

Endlich im Herbst scheint ein Ansatzpunkt gefunden. Erneut in Berlin, treffe ich mit Schulenburg auf einige Tage in der Wohnung eines Pfarrers in Zehlendorf zusammen. Zwei nächtliche Gespräche, die noch heute zu denken geben, mögen angedeutet werden: Es geht um den erschreckenden Mangel an tragbaren und tragfähigen Persönlichkeiten. Schulenburg spricht von zwei, höchstens drei »Garnituren« verfügbarer Reichsminister, die sofort arbeitsfähig wären. Alle anderen sind nicht greifbar, sind verschollen, seit Jahren in Konzentrationslagern oder im Ausland, unauffindbar. Ein anderes Mal erzählt er von der geplanten Reichs- und Verwaltungsreform. Denkschriften, Landkarten sind vorbereitet. Stichworte müssen hier genügen: Neugliederung des Reiches in selbständige, auf Stammeszugehörigkeit beruhende Länder. Auflösung des Landes Preußen in selbständige Gebiete, etwa Ostpreußen, Pommern, Schlesien und Hannover. Dazu weiteste Selbstverwaltung – Demokratisierung.

Am anderen Tage führt uns unser Weg nach Düppel bei Berlin zum Ausweichquartier des Chefs der Heeresrüstung und des Ersatzheeres. Chef des Stabes der zentralen Abteilung dieses Hauses ist unter General Ulbricht der Oberstleutnant im Generalstabe Graf Stauffenberg. Später ist Stauffenberg noch Chef beim Befehlshaber selbst, General Fromm, geworden.

Dem Eintretenden sitzt am Schreibtisch ein Mann gegenüber, mit einer dunklen Kappe über dem zerstörten Auge. Er hat noch insgesamt zwei Finger. Das Gesicht ist nicht, wie oftmals unter solcher Binde, verdunkelt, sondern trägt von innen einen hellen Glanz der sicheren Gelassenheit zur Schau. Claus Stauffenberg ist nur unter drei Voraussetzungen zu verstehen: Seiner Herkunft aus einer Familie der schwäbischen Ritterschaft, seiner katholischen Erziehung und der eigenen geistigen Welt um Stefan George, der er eng verbunden ist. Es geht darum, daß Ende November oder Anfang Dezember ein junger Frontoffizier gesucht wird, der Adolf Hitler bei der Erklärung einer neuen Truppenausrüstung für die Ostfront in gemeinsamer Planung mit Oberst Stieff, dem Chef der Organisationsabteilung des Heeres, tötet. Damit soll der Anstoß zum Ablauf der Dinge gegeben werden, wie sie dann am Nachmittag des 20. Juli 1944 mißglückt sind.

Auf den vorbereitenden Reisen zwischen dem Hauptquartier Berlin habe ich damals Ernst Jüngers »Marmorklippen« gelesen. Die Dinge sind in Ostpreußen weit fortgeschritten. Die technischen Vorbereitungen mit Oberst Stieff ergeben Klarheit darüber, daß man nur mit vollem Einsatz seiner selbst handeln darf und muß. Zu der geplanten Vorführung werden Göring und Himmler anwesend sein. Dies ist für den Ablauf der Dinge ebenso wichtig, wie es seit Stalingrad selten geworden ist. Jene Tage sind getragen von der hellsichtigen Klarheit, die der Soldat vor dem Angriff kennt. Die Einzelheiten sind geregelt, Termine festgelegt, der Sprengkörper vorbereitet. Da kommt aus Berlin der Anruf, daß bei den schweren alliierten Luftangriffen in den letzten Novembertagen das Vorführungsmaterial – vor allem das unersetzliche Lederzeug – vernichtet worden ist. So kann nicht einmal zu der vorbereitenden Vorführung vor Minister Speer und General Zeitzler geschritten werden, die alles sehen müssen, worüber Adolf Hitler sich vor der Einführung in das Heer ein letztes Wort vorbehalten hat.

Ich habe nach diesen Wochen mein Bataillon völlig zerfleddert wieder bei Newel übernommen. Dezember und Januar vergehen wie im Traum. Am letzten Januartage werde ich verwundet, im Juni zum Major befördert, erst im Winter aus dem Lazarett entlassen.

Im März bringt man mir das Ritterkreuz. Ich habe es bis zum Schluß in Dankbarkeit getragen, weil es mir ein Beweis wurde, daß ich zwischen Hoch- und Landesverrat zu unterscheiden gewußt habe.

Im frühen Sommer kommt Schulenburg, am 17. Juli Friedrich-Karl Klausing, der mittlerweile Ordonnanzoffizier bei Stauffenberg geworden ist. Sie sind sich einig, daß man versuchen muß, die vor dem völligen Zusammenbruch noch zu erwartenden Zerstörungen und das wehrlos umsonst fließende Blut zu sparen. Sie empfinden sicher das Hoffnungslose der politischen Lage, sind aber getrost in ihrer Verzweiflung.

Lassen Sie mich zum Ende ein Sonett eines Freundes vorlesen, das auf die Toten des 20. Juli geschrieben ist, die fernab von Ehrgeiz und Hoffnung versucht haben, mit ihrem Leben die Ehre ihres Landes in einem anderen als dem sonst üblichen Sinne zu verteidigen:

Ihr Alten, deren zögernd klugen Händen
Ein Stärkerer die Zügel längst entwunden,
Die dienend hofften, durch die Pflicht gebunden,
Ein unaufhaltsam Unheil abzuwenden,

Ihr Jungen, die Ihr in den Bränden
Der Zeit des Meineids und der tausend Wunden
Wohl einen Glauben und ein Ziel gefunden,
Doch keinen Weg, den Schrecken zu beenden,

Zu spät wars, als Verzweiflung euch gebot,
Das fast vollendete Geschick zu beugen,
Mit Menschenkraft zu treffen die Dämonen.

Doch unvergeßlich macht Euch Euer Tod.
Gemartert und verleumdet bliebt Ihr Zeugen,
Nun tragt auch Ihr die kostbarste der Kronen.

QUELLE: Axel von dem Bussche, herausgegeben von Gevinon von Medem; © v. Hase & Koehler Verlag Mainz, 1994

RICARDA HUCH (1864–1947)

Ricarda Huch wird am 18. Juli 1864 als Tochter des Kaufmanns Richard Huch und seiner Frau Emilie geb. Hähn in Braunschweig geboren. Mit 23 Jahren wird sie Vollwaise und geht zum Geschichts- und Philosophie-

studium nach Zürich. 1891 veröffentlicht sie ihre ersten Gedichte. 1898 heiratet sie in erster Ehe Ermanno Ceconi. Die Ehe scheitert, so wie ihre zweite Ehe mit ihrem Cousin Richard Huch.

1912 erscheint »Der große Krieg in Deutschland« über den Dreißigjährigen Krieg. Während des Ersten Weltkriegs lebt Huch in der Schweiz und veröffentlicht u. a. »Luthers Glaube«. 1923 folgt »Michael Bakunin und die Anarchie«.

An ihrem 60. Geburtstag 1924 ehrt Thomas Mann sie als die führende Schriftstellerin Europas. Aus Protest gegen die NS-Diktatur tritt sie 1933 aus der Preußischen Akademie der Künste aus. Schon der erste Band ihres dreiteiligen Werks zum Heiligen Römischen Reich Deutscher Nation wird als Kritik am »Dritten Reich« empfunden. Doch die Nationalsozialisten scheuen einen offenen Bruch mit der angesehenen Schriftstellerin, und sie kann von 1936 bis zum Ende des Krieges in Jena leben und arbeiten. Ihr Haus ist Treffpunkt für kritisch Denkende, die zum Teil Mitgliedern des Widerstandes nahestehen. So ist ihr letztes großes Anliegen, ein Gedenkbuch für die Opfer des Widerstandes zu schreiben. Kurz vor ihrem Tod 1947 flieht sie vor dem aufkeimenden kommunistischen Regime nach Frankfurt am Main.

RICARDA HUCH

IN EINEM GEDENKBUCH ZU SAMMELN ... BILDER DEUTSCHER WIDERSTANDSKÄMPFER

FÜR DIE MÄRTYRER DER FREIHEIT
(Aufruf)

Aus unserer Mitte sind böse, brutale und gewissenlose Menschen hervorgegangen, die Deutschland entehrt und Deutschlands Untergang herbeigeführt haben. Sie beherrschten das deutsche Volk mit einem so klug gesicherten Schreckensregiment, daß nur Heldenmütige den Versuch, es zu stürzen, wagen konnten. So tapfere Menschen gab es eine große Anzahl unter uns. Es war ihnen nicht beschieden, Deutschland zu retten, nur für Deutschland sterben durften sie; das Glück war nicht mit ihnen, sondern mit Hitler. Sie sind dennoch nicht umsonst gestorben. Wie wir der Luft bedürfen, um zu atmen, des Lichtes, um zu sehen, so bedürfen wir edler Menschen, um zu leben. Sie sind das Element, in dem der Geist wächst, das Herz rein wird. Sie reißen uns aus dem Sumpf des Alltäglichen, sie entzünden uns zum Kampf gegen das Schlechte, sie nähren in uns den Glauben an das Göttliche im Menschen: Wenn wir derer gedenken, die im Kampf gegen den Nationalsozialismus ihr Leben gelassen haben, so erfüllen wir eine Pflicht der Dankbarkeit, zugleich aber tun wir uns selbst wohl, denn indem wir ihrer gedenken, erheben wir uns über unser Unglück.

Die durch den Nationalsozialismus bewirkte künstliche Vereinzelung der Deutschen ist Ursache, daß nicht allen alle unsere Märtyrer bekannt sind und daß von denen, die man kennt, nicht viel mehr als der Name bekannt ist. Ich habe es mir zur Aufgabe gemacht, Lebensbilder dieser für uns Gestorbenen aufzuzeichnen und in einem Gedenkbuch zu sammeln, damit das deutsche Volk daran einen Schatz besitze, der es mitten im Elend noch reich macht. Dazu bedarf ich der Hilfe vieler, an die ich mich bittend hier wende. Zunächst geht mein Ersuchen an die Angehörigen und Freunde der Hingerichteten, daß sie mich mit Mitteilungen über sie versehen, möglichst Äußerungen von ihnen selbst, Briefen und Tagebüchern, aber auch Schilderungen, kurz mit allen Nachrichten, die zur Schaffung eines Lebensbildes dienen können. Es gibt aber außer Angehörigen und nahen Freunden vielleicht Menschen, die mit den Verstorbenen in Berührung kamen und etwas von ihnen zu erzählen wissen, einen Eindruck von ihnen empfingen, auch diesen bin ich für jede Nachricht dankbar. Ganz besonders bitte ich um Bilder, sie sollen den biographischen Skizzen beigefügt werden. Ich versichere, daß alles, was an mich gelangt, mit der Liebe und Ehrfurcht aufgenommen und verwahrt wird, die ich für diese Toten empfinde.

Nicht alle von den gegen Hitler Verschworenen sind im Kampf gefallen, einige sind dem Tode entgangen. Sie sind nicht deshalb geringer, weil sie glücklicher waren, und ich möchte ihrer ebenso wie der Toten gedenken, aber es ziemt sich, so scheint es mir, zuerst Kränze auf die Gräber niederzulegen.

Ich nenne eine Reihe von Namen Hingerichteter: Geschwister Scholl, Professor Huber, Generaloberst Beck, Dietrich Bonhoeffer, Admiral Canaris, Jesuitenpater Delp, Paul von Hase, v. Hassell, Harnack und Frau, Ernst v. Harnack, Dr. Haubach, Adam Kuckhoff, Wilhelm Leuschner, Dr. Leber, Graf Moltke, v. Witzleben, Professor Reichwein, Rüdiger Schleicher, Staatsrat Schwamb, Goerdeler, Graf Stauffenberg, Elisabeth von Thadden, Graf York, Schulze-Boysen.

[…]

ERNST VON HARNACK

An der Wiege des kleinen Ernst von Harnack standen Gaben spendende gute Feen. War es doch ein Glück, dieser Familie anzugehören, wo der Vater seinen glänzenden Geist, seinen liebenswürdigen Humor, seinen sprühenden Witz, Eigenschaften, die er mit kindlicher Frömmigkeit vereinigte, den Kindern vererbte, die Mutter die Herzenswärme und die in der Familie Thiersch heimische künstlerische Begabung. Ernst, der erste Sohn, mit dankbarer Freude begrüßt, war der Mutter verwandter als dem Vater, obwohl er wie dieser hinreißend im Gespräch sein konnte. Als Kind still und beschaulich, als Jüngling oft leidenschaftlich überströmend, war er mehr künstlerisch als wissenschaftlich angelegt, malerisch und dichterisch begabt, am tiefsten von der Musik berührt.

Als er Gymnasiast war, beglückte es ihn, daß er aus den Kameraden ein kleines Orchester zusammenstellen und dirigieren konnte. Das elterliche Haus sowohl wie die geistig bewegte Stadt Berlin boten eine Menge Anregungen. Das Theater zog ihn besonders an. Er begeisterte sich für Gerhart Hauptmann und nahm teil an den literarischen Kämpfen der Zeit. Nicht nur, weil in seinem Wesen etwas Übereinstimmendes war, lockte ihn die Romantik, sondern auch, weil sein Vater diese Bewegung eher ablehnte und er infolgedessen in ihr ein Gebiet gewann, auf dem er selbständig schalten konnte. Der Vater liebte das, was sich klar in Worte fassen läßt, der Sohn liebte das Chaotische, das, was nur gefühlt und geahnt werden kann. Fast konnte man fürchten, er werde sich in seinen Neigungen und Begabungen, in der Geselligkeit, wo er im Gespräch sich ausgab, allzu sehr zerstreuen; aber nun zeigte es sich, daß er in sich selbst den Trieb und die Kraft hatte, das Ausschweifende zu zügeln, sich zu regelmäßiger Arbeit zu zwingen. Mochte die Phantasie schwärmen, wie sie wollte, der Ordnungssinn blieb auf seinem Posten.

Als Referendar – er studierte die Rechte – trat der junge Harnack in Beziehung zu den unteren Schichten des Volkes und wurde sich seines Mitgefühls für die Mühseligen und Beladenen bewußt. Er bekam Einblick in die räumliche und geistige Enge ihres Daseins, aus dem es für sie so schwer, fast unmöglich war, sich herauszuarbeiten. In vielen kleinen Vorkommnissen stellte sich ihm die Gedrücktheit und Abhängigkeit ihres Lebens dar, die ihm um so trüber erschien, weil er den Segen der Freiheit hatte genießen dürfen. War es eine gute oder eine böse Fee, die unbemerkt dem Kinde die Gabe des empfindlichen Mitgefühles für die Leiden anderer in die Wiege gelegt hatte?

Während des Weltkrieges im Umgange mit den einfachen Soldaten entwickelte dies Mitgefühl sich noch stärker. Viele junge Männer der höheren Stände erfreuten sich damals der Kameradschaft mit diesen Männern, deren schlichte Tapferkeit, Hilfsbereitschaft und Opferwilligkeit bei großer Anspruchslosigkeit sie bewunderten. Für Ernst von Harnack wurde das Erlebnis bestimmend für sein ganzes Leben und für seinen Tod. Der Drang, für diejenigen zu wirken, die keinen oder nur geringen Anteil an den Gütern des Lebens hatten, die ihm so reichlich geschenkt waren, führte dazu, daß er in die Sozialdemokratische Partei eintrat.

Das war damals für den Kreis, dem er durch Geburt und Erziehung angehörte, ein auffallender Schritt. Nicht daß man in seiner Familie kein Verständnis für die Beweggründe seines Entschlusses gehabt hätte; strittig war die Bindung an die Partei. Hatte der Vater starke Bedenken, so fühlte sich die Mutter wie immer in die Absichten des Sohnes ein. Überhaupt aber gehörte es zu der Eigenart der

Harnackschen Familie, daß den erwachsenen Kindern volle Freiheit zugestanden wurde; auf der kulturellen Grundlage, in die sie eingewurzelt waren, sollten sie sich nach eigener Sinnesart entfalten. So kam es, daß die verschiedensten Richtungen in der Familie vertreten waren, ohne daß die Harmonie dadurch gestört [worden] wäre. Im Kreise der Freunde und Bekannten war es anders: hier mußte Ernst schmerzliche Enttäuschungen erleben. Freunde wandten sich von ihm ab, die in ihm einen Verräter sahen oder einen Streber, der auf Schleichwegen, die Lage der Nachkriegszeit benutzend, sich eine erfolgreiche Laufbahn sichern wollte. Für die Bitterkeit dieser Erfahrungen entschädigte ihn ein glückliches Familienleben. Seine junge Frau trug mit, was ihn schmerzte, und milderte es dadurch. Allmählich gewann er in dem Lebenskreise, in den er nun eintrat, neue Freunde, namentlich unter den religiösen Sozialisten. Da er sich der Verwaltung zuwendete, lag es ihm ob, ein guter Beamter zu sein, und wirklich konnte er sich bald dieses Titels rühmen. Durch Ordnung, Pünktlichkeit und Regelmäßigkeit, Tugenden, die durchaus im Gegensatz zu seinem künstlerischen Temperament standen, brachte er es zu außerordentlicher Arbeitsleistung. Er änderte sich nicht, konnte immer noch in Gesellschaft ausgelassen sich verschwenden; aber weil er sich Schranken zu errichten wußte, konnte er sich zuzeiten gehenlassen.

Nachdem er eine Zeitlang im Kultusministerium unter dem Minister v. Haenisch gearbeitet hatte, wurde er nacheinander Landrat in Hersfeld, Vizepräsident von Hannover und Köln und im Jahre 1930 Regierungspräsident in Merseburg. In dem alten Merseburger Schloß fand er eine Umgebung, wie sie seiner Freude am Schönen zusagte. Fröhliche Geselligkeit entfaltete sich in den mit feinem Geschmack eingerichteten Räumen, bei der oft das Musizieren und das Vorlesen von Dichtungen im Mittelpunkt stand. Eine besondere Vorliebe hatte Harnack für den Egmont. Zu dem Goetheschen Helden, der unbekümmert um Gefahr für die Freiheit seines Volkes in den Tod geht, fühlte er sich hingezogen. Berührte doch der revolutionäre Atem dieser Dichtung wie etwas Gegenwärtiges, denn schon fing der Nationalsozialismus an, seine gefährlich maskierte Weltanschauung zu verbreiten und große Teile des Volkes zu verblenden. Harnack ließ sich keinen Augenblick täuschen, er warnte, klagte an und war denn auch einer der ersten, die abgebaut wurden.*

Wurde es ihm schwer, Merseburg zu verlassen, so schuf er in Zehlendorf bald wieder ein schönes Heim für die geliebte Frau und die geliebten Kinder, wo trotz der Schatten, die darauf fielen, heitere Geselligkeit wie auch die Musik gepflegt wurden. Gern hätten die Nazisten ihm Fehler in der Amtsführung nachgewiesen, aber das war einem so gewissenhaften Beamten gegenüber unmöglich. Indessen, wenn auch seine Ehre unbefleckt war, so war doch die Tatsache, daß er Sozialist war, wenn auch aus anderen Gründen als früher, ein Makel in den Augen vieler. Daß Lehrer und Kameraden seine Söhne in der Schule Feindseligkeit und Nichtachtung fühlen ließen, traf ihn bitter, wenn ihn auch die stolze Tapferkeit beglückte, mit der sie es ertrugen und der Verachtung vorzügliche Leistungen entgegensetzten.

Der Beruf hatte Harnack eine straffe Form für eine Tätigkeit geboten; es galt nun, sich ohne äußeren Zwang zu beschäftigen. Da lag es ihm nahe, die Erfahrungen seiner Beamtenzeit, seine Ansichten über die Aufgaben des Beamten und die Art ihrer Durchführung in einem großen Buche niederzulegen. Er nannte es »Die Praxis der öffentlichen Verwaltung«. Er ging dabei von der Auffassung aus, daß, wenn auch die Regierung wechseln und die Staatsform sich ändern möge, die Verwaltung immer dieselben Aufgaben habe, die sie mit denselben geschulten Kräften lösen müsse. Bei der umfassenden Anlage des Buches und den hohen Ansprüchen, die er an Form und Inhalt stellte, fiel ihm die Arbeit schwer, war er doch ein überwiegend auf Tat und mündlichen Ausdruck gerichteter Mensch. Das Buch sollte im Verlage Springer erscheinen und wurde bereits gedruckt, als die Reichsschrifttumskammer einschritt mit der ausdrücklichen Erklärung, das Verbot beziehe sich nicht auf das Werk, sondern auf den Verfasser. Harnacks Bemühungen, die Veröffentlichung doch durchzusetzen, scheiterten.

---

* Im hs. Manuskript findet sich anschließend die folgende, durchgestrichene Passage: »Damals lernte ich ihn in seinem Elternhaus kennen. Der Gegensatz zwischen Hitler und seinen Gegnern war schon so schroff, das Gefühl eines bevorstehenden Kampfes so lebhaft, daß kaum über etwas anderes gesprochen wurde. Für mich war Ernst von Harnack der Feind Hitlers, der Gesinnungsgenosse ...
Ich verließ Berlin bald darauf, sah ihn nachher nur noch gelegentlich.«

Daß sein Buch trotzdem und sogar bei der Ausbildung von Beamten benutzt wurde, konnte ihn wohl belustigen, aber es traf ihn doch hart, daß ihm die breite Wirkung durch gehässige Willkür abgeschnitten war. Es gab graue Tage, wo der Kampf gegen den verhaßten Feind ihm aussichtslos schien; aber aus der Tiefe seiner Seele schöpfte er immer wieder Kraft. Je brutaler das Schreckensregiment sich ausdehnte und befestigte, desto sicherer wurde seine Überzeugung von der inneren Schwäche desselben, die er einmal in die Worte faßte: »Ein System ohne Demut und ohne Güte kann nicht von Dauer sein.«

So wahr das sein mag: allzu lange kann es doch dauern, wenn skrupellose Menschen an seiner Spitze stehen und ähnliche finden, die sich zu ihren Werkzeugen hergeben. Harnack konnte seiner Veranlagung nach nicht müßig auf bessere Zeiten warten; er suchte sich Arbeit, wenn es auch keine ihm entsprechende wäre. Vorurteile des Standes hatte er nicht, und seine umfassende Bildung, sein Blick für alles Menschliche ermöglichten es ihm, in jeder Arbeit etwas Interessantes zu finden, in jeder etwas zu lernen. Als einfacher Arbeiter in der Firma Hollerith die Lebensbedingungen des Arbeiters kennenlernen zu können, war ihm sehr wertvoll, aber auch dieser Weg wurde ihm nach einiger Zeit verschlossen. Dann betätigte er sich mit Humor im Textilhandel, bis der Krieg dem Geschäft ein Ende machte. Ganz für ihn geeignet war der Auftrag, die Grabdenkmäler Berlins auf ihren künstlerischen und persönlichen Wert zu untersuchen. Er übernahm die Arbeit, die seiner Begabung und seinen Interessen sehr entsprach, mit Freude. Das Ergebnis seiner und der von ihm ausgewählten Mitarbeiter, Nachforschungen und Beurteilungen war ein großes Bildwerk, in dem die vielen schönen und bemerkenswerten Grabdenkmäler Berlins zum ersten Male zusammengefaßt waren. Wie reich die Hauptstadt an solchen ist, war wenig bekannt gewesen. Als der Krieg dieser so lieben Arbeit ein Ende machte und die Mittel zur Herstellung des Werkes zu fehlen begannen, übernahm er die Werbetätigkeit für den Bergbau, obwohl sie ihm schwerfiel. Hatte man früher den aufrichtigen, gewissenhaften Beamten schätzen müssen, bewundernswerter und liebenswerter ist der auf die Straße gestellte Arbeitslose, der geduldig und zäh das nächste Werkzeug ergreift, um etwas zu leisten.

Neben der beruflichen setzte er auch diejenige Tätigkeit fort, die ihm seit Hitlers Machtergreifung am Herzen gelegen und die er auch ausgeübt hatte, nämlich den vom System Verfolgten zu helfen. Dies heimliche Amt wurde im gleichen Maße mehr in Anspruch genommen, wie der Terror zunahm. Er scheute keine Mühe, kein Anstehen bei Behörden, keine Bittgänge, um den Betroffenen Recht zu verschaffen oder ihr Los zu erleichtern. Seine Empörung über die Gewalttätigkeit der regierenden Verbrecher und sein Mitgefühl mit den unglücklichen Opfern ließen ihn jede Rücksicht auf sich selbst vergessen. Wenn es schon qualvoll war, durch Gerüchte von den Unmenschlichkeiten Hitlers und seiner Kreaturen zu hören, was mußte derjenige leiden, der mit ansah, was die Gepeinigten durchmachten, und ihre Klagen hörte. Es war oft mehr, als er ertragen konnte. Zuweilen kam ihm zum Bewußtsein, in welche Gefahr er sich selbst durch diese Tätigkeit brachte. Dann überfiel ihn wohl ein Grauen, aber er überwand es, um immer von neuem, selbst dem Untergang nah, den Untergehenden die hilfreiche Hand zu bieten.

Der 20. Juli 1944, der Tag, an dem der Angriff der Offiziere auf Hitler mißglückte, war auch für Harnack verhängnisvoll. Es hatte sich für die gegen Hitler verschworenen Zivilisten darum gehandelt, die ehemaligen Gewerkschaften mit den zu Hitlers Sturz bereiten Militärpersonen in Verbindung zu bringen, damit diese nicht isoliert blieben und sich auf eine breite Schicht im Volke stützen konnten. Als Mitglied der sozialistischen Partei hatte Harnack wohl die Möglichkeit, sich mit den Gewerkschaften in Beziehung zu setzen.

Am 15. September 1944 besuchte uns Harnack in Jena. Ich stand damals noch ganz unter dem vernichtenden Eindruck des 20. Juli. Nicht nur darüber war ich unglücklich, daß der vermutlich letzte Versuch der Deutschen, sich selbst zu befreien, gescheitert war, sondern auch über den Verlust der tapferen und opferbereiten Männer, der mir unersetzlich schien. Er widersprach mir, indem er sagte, es gebe immer noch viele zu Tat und Opfer bereite Menschen. Das tröstete mich wohl, nur dachte ich an die vielen, die vermutlich in der nächsten Zeit der Rachsucht und Angst Hitlers zum Opfer fallen würden. Wer würde dann noch übrig sein?

Wir hofften, Harnack bald wiederzusehen; aber er sagte, daß er sich in Gefahr wisse und daß er sich seit einiger Zeit nie länger als einen Tag oder zwei Tage am selben Orte aufhalte. Dadurch hoffe er seinen Verfolgern zu entgehen. Das klang wohl beunruhigend, aber dennoch machten wir uns eigentlich keine Sorge um ihn; so schwer ist es, sich einen, den man in voller Lebenskraft vor sich sieht, dem Tode verfallen vorzustellen. Vierzehn Tage später wurde er verhaftet.

Freiheitsberaubung ist für jeden Menschen schwer erträglich, denn sie ist der Natur zuwider, sie war es vollends für Ernst von Harnack, der in der reinen Atmosphäre innerer und äußerer Freiheit aufgewachsen war und dessen Temperament und Geistesrichtung unter jeder Beengung litt. Vielleicht fühlte er sofort, daß er verloren war, aber der lebendige Mensch stellt sich aller Einsicht zum Trotz auf Leben ein, und wie hätte es Harnack nicht tun sollen, den so vieles, die Liebe zu Deutschland, zur Familie, zu Freunden an die Erde band. Seine Kunst, sich durch Einteilung der Zeit ein Gerüst für die flackernde Seele zu schaffen, bewährte sich: Lesen, Schreiben, künstlerische Arbeit, körperliche Übungen wechselten ab und verhinderten Ermüdung und Schwermut. Seine Frau und seine Geschwister konnten ihn mit Büchern, soweit solche erlaubt waren, und allerlei Dingen versehen, die es ihm ermöglichten, sich eine leidliche Behaglichkeit zu verschaffen. Mit den Häftlingen, die ihn zu besorgen hatten, setzte er sich in freundliche Beziehung; mit ihnen feierte er das Weihnachtsfest. Ein gewisser Verkehr mit den Mitgefangenen kam auch zustande. Da seinem Zellennachbarn eine Geige gewährt war, tröstete ihn zuweilen die geliebte Musik.

Seine schriftstellerischen Arbeiten bestanden in dem Entwurf eines Films vom Bergbau, der demnächst zur Aufführung kommen soll, und in der Eingabe an den Volksgerichtshof. Er entschloß sich, seine gegen die Regierung gerichtete Tätigkeit ohne Verschleierung darzustellen und ihre Gründe und Absichten zu erklären. Konnte er sein Leben nicht retten, so wollte er es sich gönnen, als innerlich Freier zu sterben. Erhebung fand er in Goethe und Dante, vor allem aber in der Bibel und seinem Gesangbuch. Er strich die Stellen an, die besonders zu ihm sprachen, darunter war ein Vers aus einem Gedicht von Spitta

»Daß ich fröhlich zieh hinüber,
wie man nach der Heimat zieht.«

Ehemalige Hinrichtungsstätte, Gedenkstätte Plötzensee
Seit der Machtübernahme der Nationalsozialisten 1933 gab es immer wieder Versuche, Adolf Hitler zu stürzen und/oder umzubringen. Die Widerstandsbewegung kam aus allen Bevölkerungsschichten und politischen Richtungen. Das Attentat am 20. Juli 1944 von Claus Graf von Stauffenberg steht als Symbol des deutschen Widerstandes gegen Hitler.

So hinübergehen war sein Wunsch, aber ohne schwere Kämpfe bereitet sich kein Lebender zu gewaltsamem Tode. Trotz aller Bemühung, die innere Haltung zu wahren, gab es Stunden des Verzagens und der Verzweiflung.

Am Tage vor seinem Tode, am 4. März, spielte ihm auf seine Bitte sein Zellennachbar drei Choräle auf der Geige: »Jerusalem, du hochgebaute Stadt«, eine Erinnerung an seinen Vater; »Wenn ich einmal soll scheiden« aus der Matthäuspassion, die zu hören ihn so manches Mal beseeligt hatte; und einen alten lateinischen Hymnus:

»Vocilla regis prodeant – Des Königs Fahnen ziehn vorauf.«

Das ist das letzte, was wir von ihm wissen. Die letzten Stunden seines Lebens war er allein. Der geistliche Beistand, der auch den Verbrecher tröstet und stützt, wurde ihm versagt. Wie schwer ihm der Abschied von denen, die er so liebte, geworden sein mag, auch nach drüben zog ihn ein starkes Band. Sein ältester Sohn war im Kriege gefallen, dieser Krieg, dessen Anstifter er haßte und bekämpfte, hatte ihn das geliebte Kind gekostet. Wir, die wir ihn betrauern, malen uns aus, daß er das Bild des Vorangegangenen vor den brechenden Augen hatte, auf der Schwelle des unbekannten neuen Lebens ihm entgegenkommend.

QUELLE: Ricarda Huch: In einem Gedenkbuch zu sammeln ... Bilder deutscher Widerstandskämpfer, herausgegeben und eingeleitet von Wolfgang Matthias Schwiedrzik; © Leipziger Universitätsverlag 1998

MARION GRÄFIN VON DÖNHOFF (1909–2002)

Marion Gräfin Dönhoff kommt am 2. Dezember 1909 als Tochter von August Graf Dönhoff und seiner Frau Maria geb. von Lepel auf dem Familienbesitz Schloß Friedrichstein, 20 Kilometer östlich von Königsberg/Ostpreußen, zur Welt. Nach den dort verbrachten Jugendjahren studiert sie Volkswirtschaft in Frankfurt am Main und Basel. Es folgen Reisen durch Europa, Afrika und die USA. 1938 übernimmt sie die Verwaltung des Familienbesitzes.

Mit dem Vorrücken der Roten Armee, die Ende Januar 1945 Friedrichstein in Schutt und Asche legt, erreicht sie nach sieben Wochen Ritt durch klirrende Kälte Verwandte im Westen. 1946 beginnt sie als Journalistin bei der Hamburger Wochenzeitung »Die Zeit«, wird 1968 Chefredakteurin und bis zu ihrem Tode Herausgeberin. Ihre publizistische Arbeit wird durch zahlreiche Ehrungen im In- und Ausland gewürdigt. 1992 wird auf ihre Initiative auch als Zeichen der Versöhnung in Königsberg/Kaliningrad eine Kopie des im Krieg verschollenen Kant-Denkmals aufgestellt.

In ihren Artikeln in »Die Zeit« und als Autorin zahlreicher Bücher, die getragen sind von liberal-konservativen Werten, hat sie sich besonders auch für die gebührende Anerkennung des deutschen Widerstandes im Zweiten Weltkrieg eingesetzt, dem sie durch Familie und Freunde eng verbunden war.

MARION GRÄFIN DÖNHOFF

NAMEN, DIE KEINER MEHR NENNT

Zwölf Monate später: Der Professor in Basel, der keine Ahnung hatte von den Kettenreaktionen, die sein Einfall ausgelöst hatte, fragte an, wann er endlich die ersten Kapitel zu sehen bekäme! Hätte ich über den jungen Marx gearbeitet, wäre ich jetzt fertig, dachte ich zornig. So aber fing die eigentliche Arbeit nun erst an. Allerdings hatte ich in der zurückliegenden Vorbereitungszeit mehr gelernt über die Geschichte Preußens, meiner Familie und ihres Besitzes, als in allen Jahren zuvor.

Plötzlich wußte ich, warum das Arbeitszimmer meines Vaters, das wie alle Räume des Hauses einen Namen hatte, »Gerichtsstube« hieß. Dort nämlich hatte bis zum Ende des 18. Jahrhunderts die Patrimonialjurisdiktion getagt, deren Protokolle ich geordnet hatte und die in bestimmten Abständen zusammentrat unter Assistenz eines Justitiars, der zu diesem Zweck aus Königsberg herbeigeholt wurde. Da ging es um Erbfälle und Kaufverträge unter den Bauern und Einsassen der Güter, um Diebstahl und Mord: »Die Jungfraw Eysenblätter gebar ein uneheliches Kind und hat es ersäufet.«

Auch wurde mir jetzt klar, daß die riesigen Netze, die wir beim Versteckspielen auf dem Boden entdeckt hatten und über deren Herkunft und Verwendungszweck niemand etwas wußte, zum Einlappen bei den Wolfsjagden gedient hatten, denn noch in sämtlichen Kontrakten des 18. Jahrhunderts war zu lesen, daß alle Bauern, auch die freien, die sonst keinerlei Scharwerksdienste zu leisten hatten, verpflichtet waren, einen Mann zur Wolfsjagd zu stellen.

Meine Dissertation begann mit der ersten Urkunde, die ich hatte aufspüren können. Sie stammte aus dem Jahre 1379 und war unterzeichnet vom Hochmeister Winrich von Kniprode, der den Besitz zu culmischem Recht verlieh gegen einen »Schweren Ritterdienst mit Pferd und Waffen nach des Landes Gewohnheit zu allen Heerfahrten, wenn, wie dick und wohin sie von uns oder von unseren Brüdern geheißen werden.«

Das Gesetz, nach dem der Orden dort im Osten angetreten war, hieß: »Allzeit zur Verteidigung bereit sein«, darum war der Besitz von Grund und Boden auch verknüpft mit der Verpflichtung zum Ritterdienst. Und darum war eine Klasse geschaffen worden, die über große Ländereien verfügte und die dafür bereit war, jederzeit alles im Stich zu lassen und dem Orden Gefolgschaft zu leisten, wenn dieser in Bedrängnis geriet.

Bei der Verleihung von Grund und Boden behielt der Orden sich immer das Obereigentum vor, dem Lehnsträger stand nur das Nutzungsrecht zu. Für je 40 Hufen (ca. 700 Hektar) mußte der Ritter einen schweren Ritterdienst leisten. Das heißt, wer 40 Hufen hatte, mußte »vollgepanzert mit schweren Waffen und einem bedeckten, der Rüstung angemessenen Roß, begleitet von zwei anderen Reitern« Dienst leisten. Bei weniger als 40 Hufen Besitz waren nur leichte Waffen und ein Pferd vorgeschrieben.

Oft waren es riesige Ländereien, die in der allerersten Zeit des Ordens auf diese Weise verliehen wurden, 3.000 Hufen waren keine Seltenheit. Um 1285 wurden einem Ritter Dietrich Stange sogar 12.000 Hufen verliehen, freilich war das auch eine Zeit, in der noch die Burgen und Städte das Zentrum der Kolonisation bildeten, und sich nur ganz wenige hinauswagten in das unerschlossene, gefährliche Land. Die dies taten, wurden denn auch mit weitgehenden Befugnissen ausgestattet, schon in Anbetracht der großen Entfernungen und der schwierigen Wegeverhältnisse war dies notwendig. Der Gutsherr war zumeist auch der Gerichtsherr mit niederer (Zivilprozeß) und hoher Gerichtsbarkeit (Strafsachen) und mit uneingeschränktem Jagdrecht, zu dem in späterer Zeit noch das Kirchenpatronat hinzukam.

Sowohl die Privilegien wie die Pflichten hafteten also am Besitz, wobei entsprechend den beiden Grundformen: Güter und Dörfer, die Ritter Kriegsdienst, die Bauern Zinsdienst zu leisten hatten (»der Ritter diente mit seinem Blut, der Bauer mit seinem Gut«). Allerdings begannen die bäuerlichen Siedlungen erst nach der großen Einwanderung im 14. und 15. Jahrhundert. Der Kriegsdienst war also keine persönliche Verpflichtung des Vasallen dem Lehnsherren gegenüber, wie dies im Westen der Fall war, sondern der Vasall mußte Ritterdienst leisten, weil dieser Ritterdienst als Real-Last an dem Stück Land haftete, welches er vom Orden zum erblichen Lehen bekam.

Überhaupt waren von vornherein die Anforderungen und Ansprüche, die der Ordensstaat an seine Glieder stellte, sehr vielseitig. Im Osten waren eben »staatliche Frondienste« von Anbeginn eine notwendige Voraussetzung der »kolonialen« Arbeit, denn wie hätten ohne sie die riesigen Sümpfe urbar gemacht werden und die Burgen und Befestigungen entstehen können.

Nun wäre es freilich verkehrt, bei dem Stichwort »kolonial« an den Kolonialismus der europäischen imperialen Mächte des 18. und 19. Jahrhunderts zu denken. Was damals im 13. und 14. Jahrhundert, also 500 Jahre zuvor, in Ostpreußen geschah, hatte nichts mit Imperialismus zu tun. Dies ging schon daraus hervor, daß der Verlauf der östlichen und südöstlichen Grenze Ostpreußens vom 14. bis zum 20. Jahrhundert mit Ausnahme einer Zeitspanne von zwölf Jahren unverändert blieb. Es gibt im Westen Europas nur ganz wenige Grenzen, denen ähnliche Dauer beschieden war – wahrscheinlich nur Teile der Grenze zwischen Spanien und Portugal und zwischen Schweden und Norwegen. Wenn man Ostpreußen als staatliche Einheit betrachtet, was es in der Geschichte jahrhundertelang war, so muß man folgern, daß es Staaten wie Spanien, die Niederlande und die Schweiz an Anciennität weit übertraf.

Es war in der Tat nicht imperiale Eroberungssucht, die den Orden nach Preußen trieb, sondern das für uns schwer vorstellbare christlich-ritterliche Ideal der ausgehenden Kreuzzugsepoche. Gerufen von Herzog Konrad von Masowien, dem Haupt eines damals noch selbständigen polnischen Teilfürstentums, der Hilfe gegen die ihn bedrängenden heidnischen Preußen benötigte, hatte der Orden, der ja zum Kampf gegen die Heiden verpflichtet war, erst nach längeren Vorbereitungen beschlossen, dem Ruf zu folgen.

Der Orden hatte sich zuvor nach allen Regeln der geltenden Rechtsvorstellungen abgesichert und sich das Land überschreiben lassen vom polnischen Herzog, vom deutschen Kaiser und vom römischen Papst. Daß es sich dabei nicht um eine im modernen Sinne nationale Angelegenheit handelte, geht auch daraus hervor, daß viele Angehörige fremder europäischer Ritterschaften an den Missionszügen nach Osten teilnahmen; vor allem viele Engländer, beispielsweise Henry von Derby, der spätere Heinrich IV. (1390/91 und 1392) oder auch Ottokar II., Böhmens König, nach dem Königsberg benannt wurde.

Wir hatten festgestellt, daß im Ordensgebiet der Ritterdienst nicht auf dem persönlichen Vasallenverhältnis zum Lehnsherrn beruhte, sondern daß er an dem Stück Land haftete, das der Orden als Lehen vergab. Neben dieser Eigenart des Ostens gab es noch einen weiteren, sehr wesentlichen Unterschied zum Westen, der ebenfalls auf eine besonders enge Verbindung zwischen Land und Besitzer hinwirkte. Es gab nämlich im Osten von eh und je den Gutsherrn, der sein Land mit eigenen Leuten selber bewirtschaftete, während der Westen eigentlich nur den Grundherrn kannte, dessen Tätigkeit sich darin erschöpfte, die ritterlichen Tugenden und Turniere zu pflegen und im übrigen den Zins der Bauern zu kassieren.

Es kam im 14. Jahrhundert nicht selten vor, daß englische und nordische Kaufleute auf die Güter Ostpreußens kamen, um Getreide aufzukaufen, oder auch, daß der Gutsherr sein Getreide auf eigenen Flößen nach Königsberg und Danzig verfrachtete. 1392 kamen 200 englische Schiffe auf einmal zum Getreidekauf nach Danzig. Mit der Schlacht von Tannenberg 1410 nahm diese Phase kapitalistischer Blütezeit des Ordens allerdings ihr Ende. Ungezählte Güter und Bauernhöfe waren damals verwüstet worden und die Bevölkerung etwa auf die Hälfte zurückgegangen. Für den Orden war die Folge, daß er in immer stärkere Verschuldung geriet, weil er sich nunmehr genötigt sah, ein Söldnerheer von beachtlicher Größe zu unterhalten.

Hier nun liegt der zweite Grund für das Entstehen des ostpreußischen Großgrundbesitzes, der diesmal ein längeres Leben haben sollte als die Latifundien von 1285, die ein Jahrhundert später bereits aufgeteilt waren. Viele der Familien, die bis zum Ende des zweiten Weltkrieges große Besitze in Ostpreußen hatten, kamen damals nach der Schlacht von Tannenberg als Söldnerführer mit eigenen, von ihnen selbst angeworbenen und unterhaltenen Söldnerheeren aus dem Westen.

In einer Aufstellung über die Söldnerhauptleute, die dem Orden im 13jährigen Bundeskrieg (1453 bis 1466) also vor dem zweiten Thorner Frieden gegen die Städte und Stände, die ihre Unabhängigkeit verlangten, dienten, sind verzeichnet: viermal Dohnas, dreimal Kanitz, sechsmal Schlieben, zweimal Eulenburg. Diesen Söldnerführern schuldete der Orden zum Teil große Summen, die er nur einzulösen vermochte, indem er seine Gläubiger mit Land befriedigte.

Die Dönhoffs waren schon viel früher in der Ruhrgegend, wo sie beheimatet waren, aufgebrochen, um gen Osten – allerdings noch weiter gen Osten – zu ziehen. Sie waren 1330 nach Livland gegangen, und Anfang des 17. Jahrhunderts, als einer von ihnen polnischer Gesandter am Brandenburgischen Hof wurde und dort heiratete, kaufte sich die nächste Generation in Ostpreußen an.

Der Besitz, den Graf Friedrich Dönhoff für 25.000 Thaler erwarb hieß Friedrichstein und lag 20 km östlich von Königsberg. Es bestand aus mehreren Höfen und Dörfern, die zusammen etwa 3.300 Hektar groß waren. Alle miteinander befanden sich in einem durch die Schwedenkriege und Tartareneinfälle sehr reduzierten Zustand. In ganz Ostpreußen war damals nur noch etwa ein Sechstel des urbaren Landes in Kultur. Fünfzig Jahre später tat die Pest dann noch ein übriges, um die Provinz ganz zu verheeren. Man schätzt, daß von 600.000 Menschen in den Jahren 1708 bis 1711 etwa 250.000 starben.

Die außerordentlich liberalen Verhältnisse im damaligen Preußen, die eine starke Anziehungskraft auf unterdrückte Minoritäten in allen Nachbarländern ausübte, sowie die sehr großzügigen Einwanderungs- und Kolonisationsbeihilfen Friedrich Wilhelms I. und Friedrichs des Großen haben erstaunlich rasch die Verluste wieder auszugleichen vermocht. Hatte Ostpreußen 1720 etwa 400.000 Seelen, so waren es 1775 schon 837.357.

Viele Salzburger, die um ihres Glaubens willen aus Österreich vertrieben worden waren, genau wie die Hugenotten aus Frankreich, wurden in Ostpreußen auf königlichem Grundbesitz als Bauern angesiedelt; Vieh und Geräte wurden ihnen zur Verfügung gestellt. So wurde Preußen allmählich wieder bevölkert und mit Hilfe der Hugenotten, die zur Blüte der französischen Nation gehörten, ganz neue industrielle, gewerbliche und künstlerische Impulse ausgelöst.

Friedrich der Große allein hat schätzungsweise 25 Millionen Thaler für fremde Kolonisten und Einwanderer aufgewandt. Das Werk, das er und sein Vater in dieser Hinsicht vollendeten, ist in Konzeption und Durchführung großartiger als alles, was seither geleistet wurde, und ist, was den Erfolg angeht, dem Wirtschaftswunder unserer Tage durchaus an die Seite zu stellen.

Die Friedrichsteiner Besitzer hatten schon 100 Jahre zuvor, angespornt durch das Kolonisationswerk des Großen Kurfürsten, der im großen Stil Holländer in der Elbinger Niederung angesiedelt hatte, fünf Dörfer im Pregeltal gegründet, in denen 45 Bauernfamilien eine Heimat fanden. Sie wurden Frei-Holländer genannt, waren aber, nach ihren Familiennamen zu urteilen, rein deutschen Ursprungs. Wahrscheinlich hießen sie nur wegen ihres besonderen juristischen Status (sie hatten keinerlei Dienste zu leisten) so.

Es entstanden damals auf dem Friedrichsteiner Besitz folgende Dörfer:

1604: Horst
1614: Klein-Barten
1615: Pregelswalde
1617: Birkenwalde
1619: Seewalde.

Wer die Verhältnisse im Osten nicht kennt, glaubt im allgemeinen, daß dort sozusagen von Natur aus ein starker polnischer Einschlag vorgeherrscht habe. Dies trifft jedoch allein für Masuren zu. Es ist verblüffend, die Personallisten der Güter und Dörfer, die zu Friedrichstein gehörten, durchzusehen. In allen Jahrhunderten findet man ganz selten einmal einen polnischen Namen. Greifen wir ein Gut heraus, beispielsweise Borchersdorf im Jahre 1749, die Leute dort heißen: Siebert, Dreher, Ebert, Gorschewski, Gronert, Stobbe, Stadie, Tobehn, Schwarz, Eisenblätter, Hochfeld. Alle diese Namen waren auch 1945 noch auf den Gütern vertreten.

Allein Masuren hatte einen slawischen Einschlag. Die Bevölkerung dort sprach einen polnischen Dialekt. Aber die Masuren stellen nicht, wie viele Leute glauben, die Überreste einer Art polnischer Urbevölkerung dar, sondern sie sind erst im 15. und 16. Jahrhundert auf Grund einer besonderen Einwanderungspolitik dort angesiedelt worden.

Da der Orden und später das Herzogtum ihnen und ihrer Sprache gegenüber sehr tolerant war, hatten sie schon bald ihre Bindung an das polnische Heimatland einschlafen lassen und sich mit der Zeit vollständig assimiliert, was schon darin zum Ausdruck kam, daß sie alle aus freien Stücken protestantisch geworden waren. (Die Reformation hatte ja die Verkündung des Evangeliums in der Muttersprache versprochen und durchgeführt, was sehr zu ihren raschen Erfolgen im Osten beigetragen hat.)

Alle polnischen Versuche in der Zeit des nationalen Erwachens im 19. und 20. Jahrhundert, die Masuren durch Zeitungs- und Parteigründungen als völkische Minderheit zu aktivieren, sind gescheitert, bis hin zu den 1920 unter alliierter Kontrolle durchgeführten Abstimmungen in Masuren und dem Ermland. In Allenstein entschieden sich 363.000 Stimmen für Deutschland, nur rund 8.000 für Polen; in Marienwerder 97.000 für Deutschland, 7.950 für Polen.

Da wir schon bei Irrtümern sind, mag noch auf eine andere unzutreffende Vorstellung hingewiesen werden: Ostpreußen war nicht urslawisches Gebiet, in das die Germanen erobernd eingedrungen waren, vielmehr sind die Slawen spät, erst etwa im 8. Jahrhundert nach Christus an der Weichsel und Oder erschienen. Eineinhalb Jahrtausende lang hatten dort zuvor Germanen gesessen. Schon um 1000 v. Chr.

lebten die Goten an der Weichselmündung und blieben in diesem Raum, bis die Völkerwanderung sie wegschwemmte und die Slawen nachrückten. Zur Zeit von Christi Geburt war Ost- und Westpreußen von Goten bewohnt, und im Posener Land saßen die Burgunder.

Dies alles hat nun aber wirklich nur noch historisches Interesse und keinerlei aktuelle politische Beweiskraft. Es wird hier aber noch einmal erwähnt, weil man sich auf beiden Seiten gern historischer Argumente bedient, ohne die Fakten zu kennen.

Doch zurück zu meiner Dissertation. Die zuvor geschilderte Form der Schuldablösung, wie der Orden sie den Söldnerführern gegenüber betrieb, war auch im privaten Verkehr der damaligen Zeit durchaus üblich. Jene erste Verschreibung der Friedrichsteiner Güter von Winrich von Kniprodes Hand 1379 umfaßte ein Areal von etwa 2.000 Hektar. Als Friedrich Dönhoff den Besitz (Friedrichstein, Wehnenfeld, Löwenhagen, Reichenhagen, Pregelswalde, Horst, Seewalde, Klein-Barthen, Birkenwalde) 1660 erwarb, war er rund 3.000 Hektar groß. Bis 1700 waren Schönmoor und Pilzenkrug mit 1.000 Hektar durch normalen Kauf hinzu erworben worden. 1713 wurde Hohenhagen mit Rosengarten, Klein-Hohenhagen, Schäferei und der Mäskenmühle gegen Übernahme der darauf ruhenden Schulden von der Landesherrschaft an Otto Magnus Dönhoff als Lehen verkauft. 1747 erwirbt dessen Sohn Borchersdorf und Weißenstein durch Pfandübertragung. Um 1800 umfaßt der Besitz dann etwa 8.000 Hektar.

Die Pfandübertragung war seit dem Mittelalter die typische Form der Kreditfundierung: Der Schuldner übergab dem Gläubiger als Sicherung für ihm geliehenes Geld meist auf 10 bis 30 Jahre seinen Besitz in natura (hypothekarische Sicherstellung gab es noch nicht). Und da der Schuldner gewöhnlich nach Ablauf der Frist die Aufwendungen, die inzwischen getätigt worden waren, nicht vergüten konnte, oft auch nicht das ursprüngliche Schuldkapital zu erstatten vermochte, verblieb das Land häufig im Eigentum des Gläubigers.

In der damaligen Zeit wechselten die Güter im allgemeinen sehr häufig den Besitzer. So wurde das Gut Groß-Barthen 1749 zu dem Friedrichsteiner Komplex hinzu erworben, aber schon 30 Jahre später wieder verkauft, um mit dem Erlös die Abfindungen nach einem Erbfall auszahlen zu können. 1872, also 100 Jahre später, erwarb es mein

Großvater von neuem, nachdem es inzwischen fünfmal den Besitzer gewechselt hatte.

Ganz allgemein war es so, daß nur, wer hohe Stellungen im Staat bekleidete und also über ein festes Einkommen verfügte, es sich leisten konnte, Grundbesitz zu erwerben und zu unterhalten. Denn die Einnahmen aus der Landwirtschaft waren minimal und das Risiko sehr groß.

Aus einer Aufstellung von 1695 ergibt sich, daß im Durchschnitt der vorausgegangenen drei Jahre Graf Friedrich Dönhoff in seiner Stellung als Amtshauptmann und Gouverneur der Festung Memel etwa doppelt so viel Einnahmen bezog wie aus dem damals rund 15.000 Morgen großen Besitz Friedrichstein. Nicht nur, daß die Erträge sehr gering waren: bis zum 19. Jahrhundert wurde kaum je mehr als das zweite oder dritte Korn geerntet (also die doppelte oder dreifache Menge der Aussaat, auch die ständigen Kriege im 17. und 18. Jahrhundert brachten immer neue Katastrophen.

In einer amtlichen Untersuchung von 1663 über den bäuerlichen Inventarbestand nach den Schwedenkriegen und dem Tartareneinfall heißt es über das bereits erwähnte Gut Borchersdorf: »Von 15 Bauern sind nur noch 7 auf ihren Höfen. Die übrigen 8 Höfe sind wüst. Im angrenzenden Weißenstein existieren von 13 Höfen nur noch 4.« Hundert Jahre später verwüstet der Siebenjährige Krieg die Güter von neuem. 1757 nach der verlorenen Schlacht von Großjägersdorf bei Wehlau hatte die preußische Armee während acht Tagen ihr Lager in den Friedrichsteiner Gütern genommen und laut Schätzung für 4.000 Thaler Schaden gemacht. In einem Bericht an den König vom 20. September 1757 schildert Christian August Dönhoff, wie die schwarzen Husaren geplündert und marodiert haben, wie sie »alle Türen erbrochen, die Leute verprügelt, gestohlen, die Gebäude zum Teil mutwillig demoliert und alles requiriert haben.«

Kurz darauf schlug eine Brigade der kaiserlich-russischen Armee ihr Hauptquartier in Friedrichstein und den umliegenden Ortschaften auf, und im Frühjahr 1759 erschienen schon wieder zwei russische Regimenter. Als sie endlich abrückten, wurden Güter und Bauern gezwungen, Wagen zu stellen, die die Soldaten während Wochen und Monaten bis nach Schlesien hinunter begleiten mußten.

Über dem Entsetzen des totalen Krieges, der in unserem Jahrhundert so viel Grauen und Verheerung vor allem über die Städte gebracht hat, vergißt man ganz, daß die Kriege früherer Jahrhunderte das flache Land mit kaum geringerem Schrecken überzogen: mit Plünderung, Brandschatzung, Zerstörung und der totalen Vernichtung vieler Existenzen. Die Ängste, die den Bauern überfielen, der am Ende eines mühevollen Arbeitsjahres seine kümmerliche Ernte eingebracht hatte und der plötzlich Pferdegetrappel und Landsknechts-Stiefel auf der Straße hörte (egal, ob die des eigenen oder fremden Heeres), diese Ängste waren sicherlich nicht geringer als die des Städters beim Motorengeräusch feindlicher Flieger während des zweiten Weltkrieges.

Wir meinen immer, früher sei alles ganz anders gewesen und eigentlich habe überhaupt alles erst in unserem technischen Zeitalter begonnen. So sprechen wir heute viel von der Interdependenz der Weltwirtschaft und glauben, daß sie eine Folge der heutigen allgemeinen Verflechtung sei. Mir sind Zweifel daran gekommen, seit ich die Folgen des amerikanischen Unabhängigkeitskrieges in den Kassenbüchern von Friedrichstein verfolgen konnte! In den Jahren von 1778 bis 1784 sind die Roheinnahmen ohne ersichtlichen Grund sprunghaft angestiegen. Gründliche Nachforschungen ergaben, daß Königsberg und Danzig damals in der Preisbildung für Getreide vom Londoner Markt abhängig waren. Die Preise in London zogen aber nach 1777 scharf an, und die wachsende Nachfrage nach ostpreußischem Getreide zu steigenden Preisen hatte in Ostpreußen eine Art boom erzeugt.

Die Aufgabe, die der Baseler Professor mir gestellt hatte, hatte gelautet: Die Entstehung eines östlichen Großgrundbesitzes von der Ordenszeit bis zur Bauernbefreiung zu untersuchen. Ich war ihm damals oft gram ob der langwierigen und komplizierten Untersuchungen, die dies involvierte. Heute weiß ich, wieviel Dank ich ihm und seinem Einfall schulde, der mir dazu verhalf, die Geschichte von Friedrichstein wirklich eingehend zu studieren – also geistig Besitz zu ergreifen, ehe es materiell verloren ging.

QUELLE: Marion Gräfin Dönhoff: Namen, die keiner mehr nennt. Ostpreußen – Menschen und Geschichte; © Eugen Diederichs Verlag, München, in der Verlagsgruppe Random House GmbH, 1962

SIGRID REISCH VON WAGNER (1899–?)

Sigrid von Wagner wird am 11. Mai 1899 als Tochter von Felix von Wagner auf dem väterlichen Besitz Ilsensee in Kurland (heute Lettland), geboren. Durch die Folgen des Ersten Weltkrieges geht der Familienbesitz verloren. 1918 heiratet sie Joachim Reisch, auf dessen Besitz in Perkallen/Ostpreußen sie flüchtet.

Im Zuge des Vormarsches der Roten Armee, der insgesamt rund 12 Millionen Deutsche aus ihrer Heimat vertreibt, flieht sie im Oktober 1944 gen Westen, wo sie nach Unterbrechungen Ende 1945 auf dem Gut ihres Schwagers nahe Gelnhausen eine neue Heimat findet.

SIGRID REISCH VON WAGNER

BALTISCH-OSTPREUSSISCHE ERINNERUNGEN

Im Sommer 1944 waren die Sowjets dicht vor der ostpreußischen Grenze in ihrem Vormarsch stehen geblieben, wohl nicht mehr als 40 Kilometer von Perkallen entfernt. Gerade in diesem herrlichsten der Sommer in Ostpreußen hatten wir noch unendlich viele liebe Gäste, als hätten sie geahnt, daß es der letzte Sommer in der alten Heimat sein sollte. So bekamen wir eines Tages von unseren lieben Freunden Dr. Schleußner aus Frankfurt am Main die Nachricht, daß ihr wunderschönes Haus völlig verbombt sei, sie nur notdürftig untergebracht wären und nicht wüßten, wohin sie ihre Söhne in die Sommerferien schicken könnten. Ein Blitztelegramm war die Antwort: die Söhne sollten sofort zu uns kommen. Und welch eine Freude war es, Hans und Wolfgang bei uns zu haben, die im Alter unserer Zwillinge waren. In welch großzügiger Weise die Familie Schleußner ihre Dankbarkeit für diese geringe Gastfreundschaft bekundet hat, kann ich in Worten gar nicht ausdrücken.

Das Leben auf den Gütern war damals in Ostpreußen noch fast unverändert und die Jugend konnte noch alle Freuden des Landlebens genießen: auf Jagd gehen, Tennis spielen, Baden, Kahn fahren auf dem Marienthaler See und anderes mehr. Man merkte noch so gut wie nichts von der nahen Front. Ab und zu machten wir mit unserer Jugend Ausflüge in die Rominter Heide und nach Trakehnen, natürlich im Jagdwagen, denn das Auto war requiriert und durfte nur im Notfall benutzt werden.

Anfang September bei der Beerdigung eines lieben Nachbarn im Kreis Goldap dröhnte die Erde wider vom schweren Kanonendonner. Eine unheimlich schwüle Stimmung herrschte auf dem Friedhof. Aber es blieb noch wochenlang so und man gewöhnte sich nach und nach an diesen Zustand. Ich glaube, noch nie war der Herbst bei uns so schön, so farbenprächtig, so mild gewesen wie in diesem Jahr. Die Ernte, eine Rekordernte war eingebracht. In den weiten Koppeln tummelten sich die verschiedenen Jahrgänge der Pferde, in den wunderbar grünen Wiesen weideten die Kühe – ein Bild tiefsten Friedens.

Aber immer drohender wurden die Nachrichten, die uns erreichten. (An den Heeresbericht des OK glaubte kein Mensch mehr!) Wir alle schliefen mit griffbereiten, fertig gepackten Koffern am Bett. In den ersten Oktobertagen rief plötzlich Dr. von Ondarza, den ich in Gastein kennengelernt hatte (Leibarzt von Göring) aus der Rominter Heide an und beschwor mich, mit Görings Sonderzug, der in Perkallen halten würde und nach Berlin gehen sollte, mitzukommen, es wäre die letzte Möglichkeit. Wie freundlich es auch gedacht war, lehnte ich dies Angebot dankend ab mit der Begründung, daß ich unsere Gefolgschaft unmöglich im Stich lassen würde. Dasselbe sagte ich auch unseren Leuten, daß wir unser aller Schicksal gemeinsam tragen würden, komme, was da wolle.

Am 18. Oktober erschien plötzlich mein Mann in großer Eile, um zu sagen, daß wir uns in höchster Gefahr befänden. Der Angriff der Russen würde in ein oder zwei Tagen beginnen, ohne aufgehalten werden zu können. Trakehnen hätte bereits alle Pferde von Hirten begleitet (Gestütswärter) gen Westen getrieben. Gestern hätten sie Gumbinnen passiert. Alle Wagen sollten sofort beladen und marschbereit gemacht werden.

Während wir dieses besprachen, hören wir plötzlich schwer lahmende Schritte auf der Freitreppe. Wir stürzten heraus: Achim, unser lieber Sohn, der mit einem Beinschuß schwer verwundet aus Frankreich kam. Eine große, aber kurze Freude! Genau 24 Stunden durfte er zu Hause sein. Gleich nach seiner Ankunft mußte mein Mann zu seinem Standort zurück und uns unserem Schicksal überlassen.

In der Nacht goß es in Strömen. Endlose Trecks aus Lettland und Litauen kamen mit ihren Panjewägelchen, Hilfe suchend, zu uns auf den Hof. Militärische Formationen aller Art überfluteten Hof und Haus. Bleich, müde, abgekämpft baten Offiziere und Soldaten um Quartier, legten sich, wo sie Platz fanden, auf den Fußboden und lagen völlig erschöpft wie tot da.

Unsere Söhne Achim und Winfried, der von Misdroy nach Wintersachen geschickt worden war, schliefen diese letzte Nacht bei mir in meinem Schlafzimmer. Meine Nichte und die Sekretärin im Nebenzimmer und unsere alte treue Wirtschafterin kochte die ganze Nacht über Kaffee für die Soldaten.

Am Morgen herrschte draußen Totenstille, kein Schuß, kein Flieger, nichts. Unsere langen Leiterwagen standen getarnt in der dunklen, schattigen Allee und vor den einzelnen Leutehäusern. Ich ging noch eiligst zu den einzelnen Familien und trieb sie zur Eile an. Am Abend vorher hatte der Ortsgruppenleiter gedroht, als er von den Vorbereitungen unseres Trecks erfahren hatte: »Wenn der Perkaller Major es zuläßt, daß die Perkaller trecken, wird er am ersten Alleebaum aufgehängt werden!«

Wir hatten bei Androhung der Todesstrafe Befehl bekommen, im Falle eines Abmarsches unsere russischen Kriegsgefangenen von der Gumbinner Kompanie abholen zu lassen, nur die Franzosen-Belgier durften mit. Da die Telefonleitung zerstört war und keine Möglichkeit bestand, die Kompanie zu verständigen, meldete sich unser Sohn Achim in vorbildlicher Einsatzbereitschaft, die Meldung zu überbringen. Es war für mich ein sehr schwerer Entschluß, ihn fortzulassen, aber wir hatten im Augenblick in Perkallen niemand, der den Auftrag hätte ausführen können. In diesen Tagen mußte jeder von uns das Äußerste wagen und – wo war man jetzt überhaupt noch sicher?!

Ein Militärauto nahm Achim nach Gumbinnen mit, dabei steckte er versehentlich die Schlüssel von unserem Auto ein, das vollgepackt bis oben mit Koffern und wertvollsten Sachen getarnt unter den Kastanien stand. Um 11 Uhr setzte ein fürchterliches Donnern und Krachen ein, es kam von oben, von den Seiten, von überall her. Mein Sohn Winfried und ich standen gerade vor dem Hinterausgang, als eine angespannte Stute unmittelbar vor uns von einer Granate zerrissen wurde. Geschosse schlugen in das Hofeingangstor und in den großen Remontestall ein. Dann trat plötzlich völlige Ruhe ein. Mittags erneuerte sich der Artillerieangriff und steigerte sich immer mehr. Der Durchbruch der Russen schien unmittelbar bevorzustehen. Da gab ich unserem Kämmerer Order, mit dem Treck abzurücken: Es waren 138 Menschen, 10 lange Leiterwagen, 2 Gummiwagen und ein Coupé. Schwer war es, die Leute zur Eile anzutreiben. Sie weinten und jammerten und waren kaum zu bewegen, die Wagen zu besteigen. Erst ein Machtwort von mir brachte den Treck in Gang, mit laut schluchzenden Frauen und Kindern, auf ihren letzten Habseligkeiten sitzend. Auch unsere beiden treuen Haushälterinnen aus ihren Zimmern zu bekommen, war ebenso schwer. Immer wieder gingen sie zurück, um noch etwas zu holen. Erst ein energisches Machtwort half.

Wir hatten insofern Glück im Unglück, als es ein strahlend schöner, sommerlich warmer Tag war, als gäbe es überhaupt nichts Böses, Schreckliches in der Welt. Aber vielleicht machte dies den Abschied gerade doppelt so schwer. Merkwürdig, wo ich so mit ganzer Seele an Perkallen hing, in diesen schicksalsschweren Stunden kamen weder Wehmut noch Zagen über mich. Ich bin überzeugt, es gibt im Leben Zeiten, in denen man über sich hinauswächst, in denen man Verantwortung tragen kann, in denen Mut und Kraft die Seele erfüllt und man befähigt ist, Entschließungen besonderer Art spontan und richtig zu treffen. Man lebt und handelt nicht selbst: man wird von höherer Hand geleitet. So konnte ich beispielsweise im Moment nicht verstehen, daß unser Sohn Winfried auf unserer besten Stute »Palucca«, die anscheinend im Stall vergessen stehen geblieben war, vor dem Hause hielt, die Augen voller Tränen. »Jetzt ist keine Zeit für Tränen«, herrschte ich ihn an. Später tat es mir leid, er war ja noch so jung und hing so ganz besonders an Zuhause, aber taten wir das nicht alle mit ganzer Seele?

Meine Nichte Ira, unsere Sekretärin und ich liefen zu unserem Auto. Hier merkten wir, daß die Autoschlüssel fehlten, Achim hatte sie versehentlich eingesteckt. Also an Fahren nicht zu denken! Was nun? Kurz entschlossen schlug meine Nichte, die sehr geschickt war, ein Fenster ein, kroch hinein und warf sämtliche Gepäckstücke heraus. In Windeseile liefen wir mit den Sachen zum Coupé, wo unsere beiden Haushälterinnen Platz genommen hatten. Alles wurde dort und im Gummiwagen verstaut, meine Nichte und die Sekretärin setzten sich zu den Alten, ich selbst stieg mit einem Stubenmädchen auf den Bock, neben uns Winfried, auf »Palucca« reitend. Unser Wagen verließ als letzter Perkallen. Kaum waren wir von der Chaussee auf den Feldweg eingebogen, als Tiefflieger über uns kamen und es von allen Seiten krachte. Unsere sehr gut gefütterten Kutschpferde drohten durchzugehen, aber ich hielt sie mit eiserner Hand. In großer Sorge war ich natürlich um Winfried, der neben uns ritt und als Einzelner den Tieffliegern besonders ausgesetzt war. In dieser aufregenden Stunde hatte ich nicht bemerkt, daß ein kleines Köfferchen, gefüllt mit Wertgegenständen und barem Geld, unter meinem Sitz herausgefallen war, was von niemand bemerkt werden konnte, da wir den Abschluß des Trecks bildeten. Wo es sich um so viel Wichtigeres, um Menschenleben handelte, hatte ich an diese Dinge überhaupt nicht gedacht. Über den Verbleib und das Schicksal des Köfferchens erzähle ich an späterer Stelle.

Nach einer Stunde erreichten wir unter dauerndem Beschuß unser Nachbargut Plicken. Auch hier stand der Treck startbereit auf der Straße. Hier sollten wir auf unsere Wagen von Marienthal warten, die – zu schwer beladen – auf den aufgeweichten Wegen stecken geblieben waren. Jetzt bewährte sich Winfried besonders, der, wie vorher sein älterer Bruder, einsatzbereit den Marienthalern entgegenritt, um helfende Verbindung aufzunehmen. Der Horizont Richtung Perkallen verfärbte sich bereits gefährlich rot. Da! Endlich erschienen die Marienthaler Wagen. Jetzt setzte ich mich mit unserem Wagen an die Spitze und übernahm die Führung. Kurz vor dem Plicker Walde erblickten wir in einiger Entfernung vor uns einen Mann mit seiner Familie auf Fahrrädern. »Das ist der verfluchte Ortsgruppenleiter, der uns zu trecken verboten hatte, den müßte man hängen«, schrien unsere Leute. Der Zorn packte mich. Ich trieb die Pferde an, um ihn einzuholen. Von meinem Kutschersitz hoch oben rief ich ihm zu: »Wenn es nach Ihnen gegangen wäre, Ortsgruppenleiter, wären wir Perkaller alle in die Hände der Russen gefallen, was Ihnen ja wohl völlig gleichgültig gewesen wäre!« Und fuhr an ihm vorbei. Wenigstens hatte ich meiner Empörung Luft gemacht.

Nach Durchquerung des Plicker Waldes, in dem wir Deckung gefunden hatten, nahmen uns erneut russische Tiefflieger unter Feuer. Es sauste, krachte und knallte um uns herum, wir hatten Mühe, die Pferde zu halten. Auf der Straße nach Buylien begegnete uns ein einzelner Bauer mit seinem Wägelchen, er hob beschwörend die Hände: »Zurück, zurück, der Russe ist auf dieser Straße fünf Kilometer hinter mir!« Auf der Straße mit so langen Wagen kehrt zu machen, war unmöglich. Also mußte unser Treck auf eine Wiese ausweichen, um in umgekehrter Richtung auf die große Chaussee zurückzuwenden. In dem Moment gewahrte ich zu meiner größten Freude Achim in unserem Auto. Er war, wie er berichtete, mit dem Militärauto eine Stunde nach unserer Abfahrt auf den Perkaller Hof gekommen, hatte die Situation sofort erfassend, unser Auto anspringen lassen und war uns gefolgt. Wir waren glückselig, ihn wieder bei uns zu haben. Nun setzte Achim sich an die »tête«, gefolgt von mir und dem ganzen Treck in Richtung Nemmersdorf über die Alleebrücke, die uns bereits als zerstört gemeldet war, was sich jedoch als Falschmeldung erwies. Inzwischen fing es an zu dunkeln. Kurz vor Nemmersdorf mußten wir halten, da bei zwei Wagen die Achsen gebrochen waren und ein Pferd Kolik bekam.

Ich hatte einen Augenblick Zeit, mich umzusehen. Ein schauriges Bild bot sich meinen Augen: Der ganze Horizont über Perkallen war glühend rot, Feuergarben loderten gegen den Abendhimmel, alles bei uns mußte in Flammen stehen. Während wir hielten, fuhren ein mit Hafer und Heu beladener Jagdwagen und mehreren Personen vorbei. Eine bekannte Stimme rief: »Sigrid, bist du da oben?« Es war unsere liebe Nachbarin Ems von Below-Serpenten. Sie war mit einigen Hausleuten dem Treck vorausgefahren, den ihr Mann leitete. »Gott befohlen!« – Und sie fuhren weiter.

Flüchtlingstreck 1945

Im Spätsommer 1944 beginnt die Rote Armee – gestärkt durch amerikanische Unterstützung – in die damaligen deutschen Gebiete Ostpreußen, Westpreußen, Pommern, und Schlesien vorzurücken. Damit wird in den folgenden Wochen eine in der Geschichte bisher nie dagewesene Flüchtlingswelle gen Westen von ca. 14 Millionen Menschen ausgelöst. Es beginnt ein Leidenszug ohne militärischen Schutz vor Übergriffen, im beginnenden Winter der eisigen Kälte ausgesetzt, ohne medizinische Versorgung und Lebensmittel. Parallel dazu setzt die systematische Bombardierung der Städte in Deutschland ein, die die Lage der Zivilbevölkerung nochmals ins Unermessliche verschlimmert.

Kaum hatten wir die Nemmersdorfer Brücke passiert, wurde sie nun tatsächlich in die Luft gesprengt. Wir waren zunächst gerettet! Einige Fahrer und einige unserer Leute waren übermüdet und wollten irgendwo rasten. Mein Mann hatte mir aber ans Herz gelegt, soweit wie nur irgend möglich wegzukommen. So zogen wir weiter durch Nemmersdorf. Totenstill, völlig verdunkelt, unheimlich, wie ausgestorben, lag es da. Sechs Stunden danach kamen die Russen dorthin und richteten ein furchtbares Blutbad an, von dem der Heeresbericht und die Zeitungen in aller Welt berichteten. Auf grausamste Weise waren die schlafenden Einwohner erschlagen, verstümmelt oder erschossen worden. Als wir davon Kunde erhielten, falteten wir die Hände in tiefer Dankbarkeit, von Gott behütet worden zu sein.

Nach einer langen, gefahrvollen Nachtfahrt erreichten wir in den Morgenstunden ein kleines Dorf, wo wir zunächst in Sicherheit zu sein schienen. Es mochte vier oder fünf Uhr morgens sein. Alles schlief noch. Wir blieben in unseren Wagen bis es hell wurde und das Leben im Dorf langsam begann. Zum erstenmal hatte es leicht gefroren, nachdem wir am Tage vorher bei noch großer Wärme abgefahren waren. Jede Perkaller Familie hatte zwei Tage vor Abmarsch ein Schwein geschlachtet, was natürlich streng verboten war. Aber mein Mann hatte es ihnen angesichts der kommenden Situation auf sein Risiko hin geraten. Das meiste hatten unsere Leute noch zu Hause abgekocht oder gebraten. Und nun wurde manches davon in den Dorfhäusern warm gemacht. Wir waren gerade dabei, unseren Hammelbraten zu wärmen, saßen zusammen in einer Bauernstube, da tat sich die Tür auf und zu meiner und unserer großen Freude erschien mein Mann, aber totenbleich und erschöpft. Da er am Vortage erfahren hatte, daß die Russen dicht vor Perkallen wären und in größter Sorge war, ob es uns gelungen sei, noch rechtzeitig wegzukommen, war er mit seinem Militärauto bis zu den Walterkehmer Höhen gefahren. Von dort konnte er genau beobachten, wie eine Riesenkolonne russischer Panzer die Chaussee nach Perkallen gezogen kam. Angesichts dieser Gefahrensituation suchte er uns auf dem Treckwege, den wir vorher gemeinsam besprochen hatten. An einer Wegebiegung im Dorf, wo wir rasteten, erkannte er im dichten Nebel den Kopf einer unserer schönsten Stuten, »Tilly«. Somit wußte er, daß wir gerettet waren. Bei einer Besprechung mit den deutschen Vorposten hatte er erfahren, daß die Russen bereits unmittelbar vor dem Dorf lagen. Er drängte uns, unverzüglich aufzubrechen und im Eilmarsch weiter nach Westen zu ziehen. Er selbst mußte natürlich sofort wieder zurück zu seiner Formation.

Drei Wochen lang sind wir so gezogen bei Wind und Wetter, Schnee und Eis, bis wir nach Pommern kamen. Wir handelten damit eigentlich ganz gegen die Anordnung der Gauleitung, wonach wir nach Südostpreußen hätten ausweichen sollen, was unseren sicheren Tod bedeutet hätte. Auf einem Kurzurlaub besuchte uns mein Mann, danach ein schwerer Abschied, von Angst und Ungewißheit erfüllt. Äußerst beeindruckend muß unser Treck gewesen sein, er war einer der ersten und größten von Ostpreußen: die endlos langen vierspännigen Wagen, zum Teil mit Teppichen und Planen überdacht, nur ganz wenige Männer dabei, fast nur Frauen und Kinder, die edlen Pferde todmüde mit hängenden Köpfen – so standen wir mittags oft auf den Marktplätzen. Viele Vorübergehende weinten, brachten uns heiße Suppe oder Süßigkeiten für die Kinder, holten die letzten Blumen aus ihren Gärten. – Ich möchte nicht unterlassen, wie vorbildlich sich unsere Leute in den drei Wochen langer, entbehrungsreicher Treckzeit bewährt haben, an der Spitze unser Kämmerer Wilhelm, Stallmeister August, Schmiedemeister Freiwald, Maurermeister Nern und so viele andere Treue. Wir waren wie eine große Familie.

QUELLE: Sigrid Reisch von Wagner: Baltisch-Ostpreußische Erinnerung; © Presse Informations AG

WERNER BERGENGRUEN (1892–1964)

Werner Bergengruen kommt am 16. September 1892 als Sohn des deutsch-baltischen Arztes Paul Bergengruen und seiner Frau Helene geb. von Boetticher in Riga zur Welt. Wegen der Russifizierungspolitik des Zarenreiches schickt ihn sein Vater 1903 nach Lübeck zur schulischen Ausbildung. 1910 beginnt er zunächst mit dem Studium der Evangelischen Theologie, danach der Germanistik und Kunstgeschichte, jedoch ohne Abschluss.

1914 meldet er sich als Freiwilliger des Deutschen Heeres an die Ostfront und kämpft zuletzt 1919 als Angehöriger der Baltischen Landeswehr gegen die Besetzung durch die Rote Armee. Im gleichen Jahr heiratet er Charlotte Hensel, eine Urenkelin von Fanny Mendelssohn-Bartholdy. Ab 1920 lebt er als Schriftsteller in Berlin. 1935 erscheint sein viel beachteter Roman »Der Großtyrann und das Gericht«. 1937 wird Bergengruen aus der Reichsschrifttumskammer ausgeschlossen.

Nach dem Krieg lebt Werner Bergengruen zunächst in Zürich, seit 1958 in Baden-Baden, wo er 1964 verstirbt. Sein umfangreiches schriftstellerisches Werk umfasst Romane, Novellen und Gedichte. Bergengruen steht für eine konservative Ethik, getragen von einem tiefen Glauben an das Gute im Menschen.

WERNER BERGENGRUEN

AN DIE VÖLKER DER ERDE

1945

Zwölf, du äußerste Zahl und Maß der Vollkommenheiten,
Zahl der Reife, der heilig gesetzten! Vollendung der Zeiten!
Zwölfmal ist das schütternde Eis auf den Strömen geschwommen,

zwölfmal das Jahr zu des Sommers glühendem Scheitel geklommen,
zwölfmal kehrten die Schwalben, weißbrüstige Pfeile, nach Norden,
zwölfmal ist gesät und zwölfmal geerntet worden.
Zwölfmal grünten die Weiden und haben die Bäche beschattet,
Kinder wuchsen heran und Alte wurden bestattet.
Viertausend Tage, viertausend unendliche Nächte,
Stunde für Stunde befragt, ob eine das Zeichen brächte!
Völker, Ihr zählt, was an Frevel in diesem Jahrzwölft geschehen.
Was gelitten wurde, hat keiner von euch gesehen,
keiner die Taufe, darin wir getauft, die Buße, zu der wir erwählt,
und der Engel allein hat Striemen und Tränen gezählt.
Er nur vernahm durch Fanfarengeschmetter, Festrufe und
    Glockendröhnen
der Gefolterten Schreien, Angstseufzer und Todesstöhnen,
er nur den flatternden Herzschlag aus nächtlichen Höllenstunden,
er nur das Wimmern der Frau'n, denen die Männer verschwunden,
er nur den lauernden Schleichschritt um Fenster und Pforten,
er nur das Haßgelächter der Richter und Häftlingseskorten – –
Völker der Welt, die der Ordnung des Schöpfers entglitt,
Völker, wir litten für euch und für eure Verschuldungen mit.
Litten, behaust auf Europas uralter Schicksalsbühne,
litten stellvertretend für alle ein Leiden der Sühne.
Völker der Welt, der Abfall war allen gemein:
Gott hatte jedem gesetzt, des Bruders Hüter zu sein.
Völker der Welt, die mit uns dem nämlichen Urgrund entstammen:
Zwei Jahrtausende stürzten vor euren Grenzen zusammen.
Alles Schrecknis geschah vor euren Ohren und Blicken,
und nur ein Kleines war es, den frühen Brand zu ersticken.
Neugierig witterte Ihr den erregenden Atem des Brandes.
Aber das Brennende war der Herzschild des Abendlandes!
Sicher meintet ihr euch hinter Meeren und schirmendem Walle
und vergaßt das Geheimnis: was einen trifft, das trifft alle.
Jeglicher ließ von der Trägheit des Herzens sich willig verführen,
jeglicher dachte: »Was tut es … an mich wird das Schicksal nicht
    rühren …
ja, vielleicht ist's ein Vorteil das Schicksal läßt mit sich reden …«

Bis das Schicksal zu reden begann, ja, zu reden mit einem jeden.
Bis der Dämon, gemästet, von unsrem Blute geschwellt,
brüllend über die Grenzen hervorbrach, hinein in die Welt.
Völker der Erde, ihr haltet euer Gericht.
Völker der Erde, vergeßt dieses Eine nicht:
Immer am lautesten hat sich der Unversuchte entrüstet,
immer der Ungestoßne gerühmt, daß er niemals gefallen.
Völker der Welt, der Ruf des Gerichts gilt uns allen.
Alle verklagt das gemeinsam Verrat'ne, gemeinsam Entweihte.
Völker, vernehmt mit uns allen das göttliche: Metanoeite!

QUELLE: Werner Bergengruen: Dies Irae. Eine Dichtung, Verlag Kurt Desch München, 1945

ZEITDOKUMENT

CHARTA DER DEUTSCHEN HEIMATVERTRIEBENEN

gegeben zu Stuttgart am 5. August 1950

Im Bewußtsein ihrer Verantwortung vor Gott und den Menschen, im Bewußtsein ihrer Zugehörigkeit zum christlich-abendländischen Kulturkreis, im Bewußtsein ihres deutschen Volkstums und in der Erkenntnis der gemeinsamen Aufgabe aller europäischen Völker, haben die erwählten Vertreter von Millionen Heimatvertriebenen nach reiflicher Überlegung und nach Prüfung ihres Gewissens beschlossen, dem deutschen Volk und der Weltöffentlichkeit gegenüber eine feierliche Erklärung abzugeben, die die Pflichten und Rechte festlegt, welche die deutschen Heimatvertriebenen als ihr Grundgesetz und als unumgängliche Voraussetzung für die Herbeiführung eines freien und geeinten Europas ansehen.
1. Wir Heimatvertriebenen verzichten auf Rache und Vergeltung. Dieser Entschluß ist uns ernst und heilig im Gedenken an das unendliche Leid,

welches im besonderen das letzte Jahrzehnt über die Menschheit gebracht hat.

2. Wir werden jedes Beginnen mit allen Kräften unterstützen, das auf die Schaffung eines geeinten Europas gerichtet ist, in dem die Völker ohne Furcht und Zwang leben können.

3. Wir werden durch harte, unermüdliche Arbeit teilnehmen am Wiederaufbau Deutschlands und Europas.

Wir haben unsere Heimat verloren. Heimatlose sind Fremdlinge auf dieser Erde. Gott hat die Menschen in ihre Heimat hineingestellt. Den Menschen mit Zwang von seiner Heimat trennen, bedeutet, ihn im Geiste töten.

Wir haben dieses Schicksal erlitten und erlebt. Daher fühlen wir uns berufen zu verlangen, daß das Recht auf die Heimat als eines der von Gott geschenkten Grundrechte der Menschheit anerkannt und verwirklicht wird.

So lange dieses Recht für uns nicht verwirklicht ist, wollen wir aber nicht zur Untätigkeit verurteilt beiseite stehen, sondern in neuen, geläuterten Formen verständnisvollen und brüderlichen Zusammenlebens mit allen Gliedern unseres Volkes schaffen und wirken.

Darum fordern und verlangen wir heute wie gestern:

1. Gleiches Recht als Staatsbürger nicht nur vor dem Gesetz, sondern auch in der Wirklichkeit des Alltags.

2. Gerechte und sinnvolle Verteilung der Lasten des letzten Krieges auf das ganze deutsche Volk und eine ehrliche Durchführung dieses Grundsatzes.

3. Sinnvollen Einbau aller Berufsgruppen der Heimatvertriebenen in das Leben des deutschen Volkes.

4. Tätige Einschaltung der deutschen Heimatvertriebenen in den Wiederaufbau Europas.

Die Völker der Welt sollen ihre Mitverantwortung am Schicksal der Heimatvertriebenen als der vom Leid dieser Zeit am schwersten Betroffenen empfinden.

Die Völker sollen handeln, wie es ihren christlichen Pflichten und ihrem Gewissen entspricht.

Die Völker müssen erkennen, daß das Schicksal der deutschen Heimatvertriebenen wie aller Flüchtlinge, ein Weltproblem ist, dessen Lösung höchste sittliche Verantwortung und Verpflichtung zu gewaltiger Leistung fordert.

Wir rufen Völker und Menschen auf, die guten Willens sind, Hand anzulegen ans Werk, damit aus Schuld, Unglück, Leid, Armut und Elend für uns alle der Weg in eine bessere Zukunft gefunden wird.

QUELLE: Charta der deutschen Heimatvertriebenen, herausgegeben vom Bund der Vertriebenen – Vereinigte Landsmannschaften und Landesverbände e. V., Bonn o. J.

CARL ZUCKMAYER (1896–1977)

Carl Zuckmayer wird am 27. Dezember 1896 als Sohn des Flaschenkapselfabrikanten Carl Zuckmayer und dessen Frau Amelie Friederike Auguste geb. Goldschmidt in Nackenheim geboren. 1914–1918 nimmt er als Freiwilliger am Ersten Weltkrieg teil. Nach kurzem Studium der Naturwissenschaften in Frankfurt am Main und Heidelberg beginnt er 1920 als Volontär und Regieassistent, u.a mit Bertolt Brecht, am Deutschen Theater in Berlin. 1925 hat er seinen ersten schriftstellerischen Erfolg mit der Komödie »Der fröhliche Weinberg«. 1925 heiratet Zuckmayer in zweiter Ehe Alice Frank geb. von Herdan. 1928 wird er mit dem Drehbuch zum Film »Der blaue Engel« nach Heinrich Manns Roman »Professor Unrat« berühmt. Auch der »Hauptmann von Köpenick« wird ein großer Erfolg. Zuckmayers Stücke bekommen 1933 Aufführungsverbot, 1939 wird er ausgebürgert und lebt während des Krieges in den USA. Hier schreibt er u. a. geheime Dossiers für den Nachrichtendienst des US-Kriegsministeriums. 1946 wird »Des Teufels General« uraufgeführt (1955 unter der Regie von Helmut Käutner verfilmt). 1946 ist Zuckmayer als Zivilangestellter des amerikanischen Kriegsministeriums auf Inspektionsreise, für das er 1947 eine sich kritisch mit der Besatzungspolitik auseinandersetzenden Bericht verfasst. Er wird erst 2004 als »Deutschlandbericht« veröffentlicht.

Seit 1951 hält sich Carl Zuckmayer mit seiner Frau vermehrt in Europa auf, 1958 siedelt er nach Saas-Fee in der Schweiz über. Seine Memoiren »Als wär's ein Stück von mir« werden zu einem viel gelesenen Publikumserfolg. Er stirbt am 18. Januar 1977 in der Schweiz.

CARL ZUCKMAYER

DEUTSCHLANDBERICHT FÜR DAS KRIEGSMINISTERIUM DER VEREINIGTEN STAATEN VON AMERIKA

DEUTSCHLAND, SOMMER 1948: JÜNGSTES GERICHT ODER STUNDE NULL?

Es war der Morgen des 17. Juni 1948, um etwa 10 Uhr. – Meine Frau und ich waren noch in unserem Zimmer in einem kürzlich wieder hergerichteten Hotel in München, – wir kämpften mit dem Telephon, das etwa so schnell und zuverlässig funktionierte wie ein Sammelanschluß in Vermont während eines dreitägigen Blizzards, – als wir ein merkwürdiges, rhythmisches Geräusch von der Straße unten hörten, – das Brüllen lauter, erregter Stimmen und das Schlurfen zahlreicher fest auftretender Füße. Von dem kleinen Balkon vor unserem Hotelzimmer aus konnten wir einen endlosen Umzug in der Mitte der breiten Straße beobachten, die hauptsächlich von Ruinen oder den Fassaden abgebrannter Häuser flankiert ist. Die meisten marschierenden Leute waren junge Männer zwischen etwa 19 und 29 Jahren – sie bewegten sich langsam, aber mit einer sehr entschlossenen Stetigkeit. Von Zeit zu Zeit brachen sie in einen Sprechchor aus, wie etwa: »Wir wollen keine Hungerdiktatur!« oder: »Wir sind kein Kolonialvolk!«, – und wenn sich ein Auto der MPs oder der deutschen Polizei näherte, begrüßten sie es mit einem Gebrüll oder mit einem schrillen Pfeifkonzert. Viele von ihnen waren mit Totenköpfen maskiert, oder sie gingen in weißer Kleidung mit aufgemalten

Rippen und Knochen wie Skelette, sie führten Särge und Grabsteine mit, einen Brotkorb auf einer hohen Stange, der eine winzige Kruste trockenes Brot enthielt, sowie andere Symbole von Elend, Hunger und Tod. Es war eine Demonstration von mehreren tausend Studenten – ähnliche Demonstrationen waren während dieser Woche aus vielen anderen Universitätsstädten in Westdeutschland gemeldet worden – gegen die erbärmlichen Bedingungen, die Hungerrationen, das jämmerliche Los der deutschen Intellektuellen drei Jahre nach dem Ende des Krieges. Meine Frau und ich standen da und beobachteten sie, hörten dem Chor ihrer Stimmen zu, ihrem Brüllen, Rufen, Schreien, und plötzlich sagten wir zueinander: »Es klingt anders … ganz anders …«

Wir wußten beide sehr genau, wovon wir redeten. Nicht weit von hier, nur ein paar Straßen weiter, in derselben Stadt, die damals die Hochburg der Nazibewegung war, waren wir einmal in einer Nazi-Studentendemonstration steckengeblieben – Anfang 1933 –, und wir hatten Glück gehabt, daß wir da lebend herausgekommen waren. Jetzt hörten wir dem Hungermarsch deutscher Studenten 1948 zu – und wir eilten auf die Straße herunter und folgten ihrem Umzug zum Odeonsplatz und der Ludwigstraße, um sie aus der Nähe zu beobachten … Ja, es klang anders, ihre Gesichter sahen anders aus. Die ganze Demonstration hatte nichts von aufgewiegeltem Fanatismus, gemeinem Haß, Gehässigkeit, die wiederum in eine blinde Raserei, eine blutige Verfolgung von Zuschauern und angeblichen Feinden umschlagen konnte. Sie hatte selbst in ihrer rebellischen und herausfordernden Stimmung eine gewisse Würde, eine ernsthafte Haltung von Ehrlichkeit und Zurückhaltung.

An demselben Tag lernte ich zufällig einige der Organisatoren und Anführer dieser Demonstration kennen. Es waren junge Männer von hoher Intelligenz und guter Erziehung, einer von ihnen war ein Verwandter der Münchner Antinazistudenten, die 1943 vom »Volksgerichtshof« hingerichtet worden waren – sie sagten, es ist unsere Pflicht und unser Recht jetzt an die Öffentlichkeit zu treten, in der Öffentlichkeit die Wahrheit unserer Lage beispielhaft darzulegen, die nicht mehr erträglich ist, die nicht mehr so weitergehen kann, ohne zu einem völligen Desaster zu führen. Es ist jetzt die letzte Chance, der allerletzte Moment, Deutschland für den Frieden und Wiederaufbau zu retten, für Europas Gesundung, für Kultur und Freiheit.

Ich glaube, jeder Amerikaner, der die deutsche Situation mit offenen Augen betrachtet, würde auch meinen, daß sie recht haben. Ich kenne die offizielle Einstellung der Militärregierung dieser Demonstration gegenüber nicht, aber ich habe zahlreiche amerikanische Persönlichkeiten kennengelernt, Armeeoffiziere oder Angestellte der US-Verwaltung in Deutschland, die voll und ganz dafür waren. Die allgemeine Reaktion der amerikanischen Besatzungsmächte war eine von Achtung und Verständnis für die demonstrierenden Studenten. Sie haben Hunger, hörte ich einige von ihnen sagen, – es hat sich für sie in drei Jahren nichts Wesentliches gebessert, sie müssen sich um alles Sorgen machen und sie werden trotzdem nicht zu Kommunisten, obwohl sie einigen Grund hätten, von uns enttäuscht zu sein. Wir müssen endlich etwas daran tun. – Es gab ein paar Zwischenfälle, einige von ihnen nicht ohne einen Touch von Humor. Neben Hitlers ehemaligem »Haus der Kunst«, das jetzt eine amerikanische Offiziersmesse ist (in der Nazizeit nannten es die Leute wegen seines unergründlichen Stilgemischs »griechischer Bahnhof«) näherte sich ein Kommando von MPs mit aufgepflanzten Bajonetten der Prozession, nicht um sie auseinanderzutreiben, sondern nur, um seine Richtung zu ändern. Dies löste auf der Seite der Demonstranten ein Protestgeschrei aus.

Ein amerikanischer Armeehauptmann, der gerade zu seinem Lunch kam, ging geradewegs auf die MPs zu und stieß das Bajonett eines Mannes zur Seite, das zu nahe auf die vorderste Linie der Studenten gerichtet war: »Geht mit euren Messern weg«, rief er, »das hier ist keine Angelegenheit für Waffen. Das ist eine Sache von Bürgerrecht und Freiheit.« – Dieser Hauptmann wurde von den deutschen Studenten auf den Schultern herumgetragen und als »Botschafter des Friedens und guten Willens« begrüßt. Einer der MPs, ein sehr junger Soldat, fiel vor Aufregung in Ohnmacht und erhielt von der Ambulanzgruppe der deutschen Studenten Erste Hilfe. Nach einer Weile bewegte sich der Marsch fort und endete vor der Universität, wo einige Sprecher zu ihnen sprachen und ihre Entschlossenheit ausdrückten, für bessere Bedingungen der akademischen Jugend zu kämpfen.

JUGEND IM NIEMANDSLAND (1949)

Die junge Generation Deutschlands steht heute allerorts im Brennpunkt besorgter Diskussionen. Was wächst da heran? Eine neue Gefahr für den Weltfrieden? Oder eine neue Potenz, im Kraftfeld des zukünftigen Europa? Naturgemäß gehen die Meinungen auseinander – oft nach Maßgabe dessen, was der Beobachter zu sehen oder zu berichten wünscht. Aber im großen ganzen scheinen die negativen Stimmen zu überwiegen, besonders bei journalistischen Reportagen in der Auslandspresse. Drei Vorwürfe werden vor allem laut: Erstens, die deutsche Jugend sei in erschreckendem Maße nationalistisch, ja »neo-nazistisch« gestimmt. Zweitens, sie sei zynisch und amoralisch, ohne ideelle und ethische Verantwortlichkeit. Drittens, sie sei nihilistisch, im Sinne völliger Ablehnung von konstruktiven Zielen und Aufgaben, wie etwa denen der politischen Demokratie.

Ich halte diese Art von Urteilen für oberflächliche Verallgemeinerungen, die am Wesentlichen vorbeitreffen. Eine sehr intensive Berührung mit den verschiedensten Kreisen und Schichten der jüngeren Generation, die sich aus meiner Arbeit und deren Wirkung in den letzten Jahren ergab, hat mich zu völlig andersgearteten Ergebnissen geführt. Um sie klarzulegen, muß versucht werden, drei Fragen zu beantworten. Woher kommen jene negativen Erscheinungen, die bei flüchtiger Betrachtung zweifellos in die Augen springen? Welche Bedeutung kommt ihnen in Wirklichkeit zu? Wie sind sie zu überwinden, wo steckt der positive Gegenpol?

Der Boden war bereitet für gute Saat

Als der Krieg zu Ende ging, war die ganze Welt überzeugt, eine von der Nazipropaganda und von der »totalen Erziehung« des Dritten Reiches völlig durchtränkte, gegen alle anderen Anschauungen versteifte Jugend vorzufinden, der man sich, wie verlassenen jungen Raubtieren, nur mit Schreckpistole und Eisenstange nähern könne und die man erst langsam um- und rückziehen müsse, um überhaupt eine Verständigungsbasis zu finden. Wäre es so gewesen, so hätte man sich darüber nach den Methoden der hitlerischen Demagogie, der die Heranwachsenden seit 1933 restlos ausgesetzt waren, nicht zu wundern brauchen. Es war aber ganz anders. Der Geist des »Werwolf« brach, bis auf geringe Überbleibsel, mit der Kapitulation zusammen. Was von den zerschlagenen Fronten, aus der Gefangenschaft, aus den zerbombten Städten und abgetrennten Landesteilen durch Deutschland strömte, auf Bahnhöfen und Landstraßen den Weg zurück suchte und sich schließlich zum Teil wieder in Universitäten, Schulen, an den verminderten Arbeitsplätzen zusammenfand, war eine Schar ernüchterter, hungriger, verzweifelt um ihre Existenz und um einen Sinn für diese Existenz ringender junger Menschen, die am Vergangenen keinen Halt mehr hatten und einen neuen, positiven und besseren noch nirgends erblicken konnten. Für das Deutschland von 1945 war zweifellos der Nationalsozialismus erledigt, und zwar für die große Mehrheit nicht etwa nur des verlorenen Krieges, sondern seines moralischen Bankrotts wegen – also aus einer vielleicht spät und langsam gewonnenen, aber durchaus ehrlichen Überzeugung heraus. Gerade in der Jugend, bis weit in die Kreise der HJ oder der Waffen-SS, keimten längst Kritik und Zweifel an dem, was einmal als Ideal und Heilslehre geglaubt worden war und dessen menschliche und geistige Unzulänglichkeit immer stärker hervortrat. Der Boden war bereitet und tief gepflügt, in den eine gute Saat hätte fallen und mächtig aufgehen können. Was aber gesät wurde, war – aus Gründen, die wohl mehr der unglücklichen Konstellation als dem Schuldkonto der Verantwortlichen zuzuschreiben sind – keineswegs stark und lebenskräftig genug, um eine erschütterte und zersplitterte Generation zu neuer Hoffnung oder Erkenntnis zu binden und zu sammeln.

Wie stellte sich dem jungen Deutschen, der abwartend oder fragend in die zerstörte Heimat zurückkehrte oder in ihr aufwuchs, das Bild der Nachkriegswelt dar, in der er sich zurechtfinden sollte?

Er sah Siegermächte, die untereinander zerfallen waren und immer mehr zerfielen und die ihm jenen Nationalismus, jene aggressive Intoleranz, die man ihm austreiben wollte und sollte, exemplarisch vorzuleben schienen. Ihre bessere Seite, etwa die echte, gewachsene Toleranz und Aufgeschlossenheit des einfachen Volkes in Amerika, kamen ihm – infolge einer sinnlosen Absperrungspolitik, die ihn jahrelang in Landes- und in Zonengrenzen einmauerte – kaum zu Gesicht. Er sah die Mißstände, wie sie jede militärische Besetzung eines fremden Landes mit sich bringen muß, vielfach in ihrer krassesten Form aus nächster Nähe. Die positiven Bemühungen einer echten Humanität blieben ihm hinter der Scheidewand der Bürokratie größtenteils verborgen und unbekannt; der offensichtliche Triumph des Schiebertums und des Opportunismus trat deutlicher ins Gesichtsfeld. Er empfand alle Ungerechtigkeiten, die sich naturgemäß aus dem Verhältnis zwischen Siegern und Besiegten ergeben und die durch die Schuld des Hitlerregimes verursacht worden waren, als gegen ihn selbst gerichtet, der ja an dieser Schuld keinen persönlichen oder bewußten Anteil hatte. Er erlebte eine Kette von Maßnahmen, die ihn – primitiv ausgedrückt – mit Zweifel erfüllen mußten, ob die andere Seite für bessere, weniger egoistische Ziele gekämpft hätte als die eigene, die ihn ins Chaos gestoßen hatte. Die psychologisch einschneidendste Maßnahme, die der »Entnazifizierung«, und all das was damit zusammenhing, verfehlte durchaus, den Glauben an einen Rechtsstaat in ihm zu erwecken – nicht weil Schuldige bestraft wurden, sondern weil eine dem natürlichen Rechtsempfinden entsprechende Unterscheidung und Behandlung von Schuldigen und Unschuldigen auf solchem formaljuristischem Weg gar nicht zu bewerkstelligen war.

QUELLE: Carl Zuckmayer: Deutschlandbericht für das Kriegsministerium der Vereinigten Staaten von Amerika, herausgegeben von Günther Nickel, Johanna Schrön und Hans Wagner (Zuckmayer-Schriften, im Auftrag der Carl-Zuckmayer-Gesellschaft herausgegeben von Gunther Nickel, Erwin Rotermund und Hans Wagner); © Wallstein Verlag, Göttingen, 2004

HEINRICH GEORGE (1893–1946)

Heinrich George (seit 1932 offiziell) kommt als Georg August Friedrich Hermann am 9. Oktober 1893 als Sohn von August Schulz und seiner Frau Anna in Stettin zur Welt. Dem Wunsch des Vaters nach einer bürgerlichen Karriere steht die frühe Ambition zum Theaterspielen entgegen. 1912/13 erhält er seine erste Anstellung am Theater in Bromberg und dann in

Neustrelitz. Von 1914 bis 1917 nimmt er am Ersten Weltkrieg teil. Es folgen Theaterengagements in Dresden, Frankfurt am Main und schließlich unter Max Reinhardt am Deutschen Theater in Berlin sowie Filmrollen (»Metropolis«, 1927), die ihn zu einem der renommiertesten Schauspieler der Weimarer Republik machen.

1932 heiratet er die Schauspielerin Berta Drews. Seine herausragenden Qualitäten als Theater- und Filmschauspieler werden in der NS-Diktatur erkannt und ausgenutzt (»Jud Süß«, 1940). George spielt von 1921 bis 1945 in knapp 80 Filmen mit. 1938 wird er zum Intendanten des angesehen Schiller-Theaters in Berlin ernannt, mit dem er vor und auch während des Krieges auf Tourneen geht.

1945 wird er denunziert und vom sowjetischen Geheimdienst interniert, zuletzt im Speziallager Nr. 7, dem ehemaligen KZ Sachsenhausen. Dort stirbt er völlig entkräftet am 25. September 1946.

KURT FRICKE

SPIEL AM ABGRUND – HEINRICH GEORGE*

SOWJETISCHE BESATZUNG UND TOD

Über die Vorwürfe, er wäre ein aktiver Nationalsozialist und Kriegsverbrecher ärgert sich George: »Man wird durch alle diese Zwangsmaßnahmen, die mich scheinbar besonders getroffen haben, zur Verantwortungslosigkeit gezwungen, die mir gar nicht mehr so liegt. Ich mache mir Sorgen […] na schön, so bin ich eben Kriegsverbrecher und werde mit allen in einen Topf geschmissen. Aber tröste dich, es gibt viel härtere Lose, ich habe hier einiges kennengelernt an tragi-

---

* Für diese Ausgabe wurde auf den Anmerkungsapparat des Textes in der Originalausgabe verzichtet.

schen Schicksalen, denn alles kommt zu mir um sich Trost zu holen.« Er glaubt schon nicht mehr an Hilfe durch ehemalige Kollegen und findet sich mit einer längeren Internierung ab. »Die können ja alle nicht's machen. Von draußen kann mir keine Hilfe kommen habe ich das Gefühl und vielleicht ist es gut, so diese Zeit hier zu überstehen, sie darf nur nicht zu lange dauern, für den Winter hier bei diesen Verhältnissen.«

Durch einen sowjetischen Offizier wird George aus der Fabrik ins Lager Hohenschönhausen überwiesen. Er bekommt das Angebot ein Lagertheater anzuführen. »Man hat eine Gruppe Artisten zusammengestellt, deren Gruppenführer ich werden sollte. Ich habe aber dankend abgelehnt und so macht das jetzt ein Schauspieler Konstantin, der angeblich bei ›Rose‹ war und russisch spricht, ich habe keinen künstlerischen Ehrgeiz mehr, beteilige mich dennoch mit dem ›Erlkönig‹ und dem ›Blitzzug‹ am Programm.« Ernst Konstantin verschiebt diesen Sachverhalt später zu seinen Gunsten, in einem Artikel schreibt er: »Es war mir gelungen, von der Lagerleitung die Erlaubnis zur Eröffnung eines Lagertheaters zu erwirken.« Ferner führt er aus: »Als es mir, dem ›Theaterdirektor‹, gelang, ein kleines Einzelzimmer zu erhalten, nahm ich George mit, der bis dahin in einem großen Gemeinschaftsraum mit 200 anderen Häftlingen gewohnt und auf nackten Holzpritschen geschlafen hatte.« George schreibt allerdings in dem vorerwähnten Brief: »Ich schlafe jetzt mit dem netten Bulgaren Bebel zusammen.«

George arbeitet nun kontinuierlich in dem kleinen Theater mit, daß an so manchem Abend hunderte Internierte ihren harten Alltag vergessen läßt. Ein Mitglied des Theaters schreibt 1956 an Berta Drews: »Und dabei habe ich erfahren können, welch ungeheure Kraft und künstlerische Besessenheit in diesem gewaltigen Menschen steckte, gepaart mit unerwarteter Zartheit, die sich auch in seinen Lagergedichten äußerte, deren teilweise Lesung durch ihn selbst mit leiser Stimme mir unvergeßlich ist.« Für George bedeutet seine Theatertätigkeit eine allgemeine Verbesserung seiner physischen und psychischen Lage. Seiner Frau schreibt er: »Liebste […] nun sind wir schon 85 Tage getrennt. […] Sonst ist nicht viel von mir zu berichten, nur daß es mir wesentlich besser geht, seit ich in der Gruppe Artisten bin, wir bekommen besser zu essen. Bebel der Bulgare und ich wir essen jetzt in der Offiziersmesse, ausgezeichnet, könnte ich euch Lieben doch etwas abgeben. Wir fahren mit unseren Programmen in die Umgegend [...] in andere Lager auf Lastwagen, mit Bewachung selbstverständlich. Die Russen, besonders die Offiziere sind sehr nett zu mir.« Nachdem die kleine Theatergruppe zunächst ein selbstgeschriebenes Stück aus dem Filmmilieu unter dem Titel »Achtung! – Aufnahme« zur Aufführung bringt, dringt George auf wirkliche Kunst. Er inszeniert den Urfaust, mit ihm als Dr. Faustus und einer 16jährigen Inhaftierten als Gretchen. »Der Eindruck war erstaunlich und ein Sieg Goethes, Georges und der Darsteller über alle Zweifler. Das ganze Lager strömte ins Kellertheater und holte sich für viele Tage Anregung, Inhalt und Vergessen aus diesen Stunden, in denen George sich als Faust so verjüngte, daß man ihn kaum wiedererkannte.« Die sowjetischen Offiziere haben anscheinend eine hohe Meinung von seiner Darstellungskunst, denn George berichtet seiner Frau über ein Gespräch, in dem er zum größten Schauspieler der Welt, mit Ausnahme Rußlands (sic!) ernannt wird. »Ich wünschte meine Kollegen hätten eine ähnliche Meinung von mir, aber es ist besser so, nur quält mich, daß sie für dich nicht mehr tun, diese falsche Bande [...] aber sie sind alle feige, keiner hat Zivilcourage, ich will mich nicht loben, aber da habe ich mich doch anders eingesetzt. Na schön, Wegener spielt den ›Lear‹ und das freut mich, es freut mich überhaupt wie man immerhin noch von mir lebt. Meine Schauspieler sind doch sehr begehrt, bis auf dich, aber verzeih mir, das wird auch anders.«

In Hohenschönhausen ist es möglich, ab und zu seine Angehörigen zu treffen, George schöpft aus diesen seltenen und kurzen Zusammenkünften mit seiner Frau immer wieder Mut. Nach einem Zusammensein schreibt er seiner Frau: »Mein liebster Mensch, wie qualvoll ist es unfrei zu sein, wenn man einer der freiesten und gelöstesten Menschen war, die es gegeben hat, haben wir beide heute zu spüren bekommen und trotz allem gehören die 20 Minuten unseres heutigen Beisammenseins nach so langer Zeit, 3 Monaten, zu den schönsten der letzten Monate, die schwer, sehr schwer waren. Laß dir danken. Jetzt weiß ich wieder, daß wir weiterleben müssen, selbst wenn man uns die schwersten Fesseln anlegen sollte.« George versucht im Lager zu helfen, wo er kann. Für einen Mithäftling übermittelt George mit Hilfe von Berta Drews einen Kassiber seiner Braut. Sein Verhalten in der Haft ist für die Mithäftlinge ein Beispiel. Ernst Konstantin berichtet über eine Begebenheit: »Als ihn z. B. einmal ein betrunkener Sowjetsoldat anhielt und verlangte er solle auf der Stelle ›Deutschland, Deutschland über alles‹ singen, sah George ihn nur an, drehte sich um und ging ruhig davon. Wir glaubten alle, der Soldat würde ihn niederschlagen, aber der war sprachloser als wir […] Wieviel Mut im Jahre 1945 zu Georges Verhalten gehörte, kann nur ermessen, der selbst im Lager war.«

Seinen 52. Geburtstag begeht George in der Haft. Berta Drews schreibt ihm: »Und dann bleibe gesund und ein bißchen heiter wenn's geht! Wir werden alle drei so sehr an Dich denken und Dich viele Male küssen und Dir danken für alles Schöne, das Du uns schenktest.« Am 13. Oktober schreibt Berta Drews an George: »Es war sehr schmerzlich, daß ich Dich gerade am 8. Oktober nicht sehen sollte. […] und hoffe nun so sehr, daß es am Montag wie immer sein wird! […] Liebeneiner und Harlan haben nun doch schweres Auftrittsverbot bekommen, auch Rühmann hat durch die Amis Schwierigkeiten und ist seine Filmvollmachten los. Es ist alles erneut strengstens kontrolliert und dann gesiebt worden. Die Denunziation blüht in alter Frische. Jannings, Klöpfer, Krauß, Gründgens und Du sind in Haft, somit die ganze erste Garnitur – bis auf Altmeister Wegener. (Der Brief an ihn ist mit einem Gruß von mir besorgt!) […] Fenneker sprach ich – er grüßt Dich sehr und meint, ohne Dich macht Theater keinen Spaß! […] Ach ja: Olga Tschechowa grüßt Dich sehr. Sie hat in Friedrichshagen ein sehr schönes Haus von den Russen bekommen, war <u>nie</u> in Moskau, tingelt Samstag u. Sonntag, glaubt vorläufig nicht an Film und sagt, man könne leider gar nichts für Euch tun, jede Einmischung von außen verschlimmert alles. Sie hat es bei Gründgens versucht und größten Mißerfolg zu verzeichnen.«

Die Internierung zieht sich hin, im Dezember ist George ein halbes Jahr in Haft. Freunde und Kollegen setzen sich nach wie vor für ihn ein. Berta Drews teilt George mit: »Kai [Möller] ist schon 2x umsonst zum Lager gekommen, und nun auch Raeck umsonst!! Bobby Müller hat ein Gesuch zur Sprecherlaubnis mit Dir eingereicht – und grüßen soll ich Dich von Lotte und Hans Fischer (sie schrieb!), von Siebert (Inspizient) […] und vielen, die mich sehen – vor allem, die Bühnenarbeiter.« Das Weihnachtsfest und die Silvesternacht verbringt George getrennt von Frau und Kindern. Die lange Haft zermürbt ihn, er sieht keinen Sinn mehr in dem endlosen Leiden. Seiner Frau schreibt er im Februar 1946: »Ich habe meine Bewährung mit 9 Monaten glaube ich hinter mir, es waren nicht die leichtesten meines Lebens und ich habe es mir nie leicht gemacht. Wie verhält sich Paule W. [Paul Wegener] Was spricht man überhaupt über meinen Fall? […] ich kann alles vertragen seelisch bin ich noch stark und zu jedem Aufbau bereit, körperlich weniger. Ich habe immerhin 83 Pfd. abgenommen.« Es ist Georges letzter Brief an Berta Drews.

Im Osten Berlins wird die Entnazifizierung der Künstlerschaft nach sowjetischer Vorlage weiter vorangetrieben. Auf einer Kulturtagung der KPD im Februar 1946 erklärt Eduard von Winterstein: »Zunächst möchte ich feststellen, daß die deutsche Schauspielerschaft in ihrer überwältigenden Mehrheit den Nazischwindel und die Herrschaft der Nazis von Anfang an richtig eingeschätzt, durchschaut, erkannt, gehaßt und verachtet und, soweit dies möglich war, bekämpft hat. Von einem ernsthaften und erfolgreichen Bekämpfen konnte ja bei der raffinierten Gesetzespolitik dieser Tyrannen keine Rede sein. Ich stelle das mit aller Bescheidenheit und doch mit berechtigtem Stolz fest.« Ein wenig Raum für Selbstkritik bleibt aber dennoch: »Darin haben auch wir Schauspieler […] gesündigt. Wir waren noch stolz darauf und prahlten damit. Ich kümmere mich nicht um Politik!« Auf der Tagung wird auch die Entnazifizierung des Kultursektors angemahnt: »Das sind die künstlerisch und schöpferisch Tätigen, die Regisseure und Schauspieler, bei denen es sehr viele gab, die keine offiziellen Pgs waren, aber die in ihren Handlungen schlimmer waren als die mit dem Bonbon geschmückten. Hier muß eine saubere Scheidung erfolgen.«

Georges ehemalige Kollegen versuchen derweil durch Petitionen eine Freilassung Georges zu erreichen. Ernst Schröder, im Oktober 1945 aus US-amerikanischer Kriegsgefangenschaft entlassen, geht wieder nach Berlin. Nachdem Schröder Karl Heinz Martin trifft, der inzwischen das Hebbel-Theater übernommen hat und ihm von Georges Verhaftung berichtet, organisiert er die Eingabe. »Ich habe diesen Mann nicht nur wegen seiner unbedingten Ehrlichkeit geliebt. Gemeinsam mit Kurt Raeck verfaßte ich ein Memorandum für seine Freilassung, das von allen ehemaligen Schillertheaterleuten unterschrieben und der Kommandantur eingereicht wurde.« Das Gesuch unterschreiben neben Ernst Schröder und Kurt Raeck noch Lu Säuberlich, Walter Felsenstein, Robert Müller, Wilhelm Fraenger, Wolfgang Lukschy, Ernst Walter Mitulski und Hubert von Meyerinck. Das Gesuch zeitigt keine Wirkung, bezeichnenderweise ist es in Georges NKWD-Akte ebensowenig enthalten wie andere entlastende Eingaben und wird auch nicht erwähnt. Wolfgang Staudte, Horst Caspar, Lissy Steinrück und Robert Müller geben zudem Einzelerklärungen ab, die sich ebenfalls nicht in der NKWD-Akte befinden.

Am 15. März wird die Kammer der Kunstschaffenden auf Befehl der Alliierten Kommandantur in die Abteilung Kunst des Berliner Magistrats umgewandelt. Für Gustav Gründgens ist die Internierung in dieser Zeit beendet. Sein erstes Engagement erhält er am Berliner Deutschen Theater. Am 18. April 1946 hält der Deutsche Prüfungsausschuß fest, daß keine Bedenken gegen eine schauspielerische Tätigkeit von Gründgens bestehen. »Es steht durch eidesstattliche Erklärungen einwandfreier Antifaschisten fest, daß Herr Gründgens während des Dritten Reiches politisch oder rassisch Verfolgten wirksame Hilfe geleistet hat. Es ist ferner nicht zu verkennen, daß es Herrn Gründgens gelungen ist, die Mitwirkung in Propagandagastspielen in den von Deutschland vorübergehend besetzten Gebieten und ferner in Propagandafilmen zu vermeiden.«

Da das Lager Hohenschönhausen bis Oktober 1946 aufgelöst werden soll, werden die Häftlinge verlegt. Am 7. Juli 1946 erfolgt Georges Überführung nach Sachsenhausen. Von dort läßt sich nichts mehr nach draußen schmuggeln, der Briefwechsel mit seiner Frau bricht ab. Ein Mithäftling, der Mitte Juli nach Sachsenhausen kommt, erinnert sich: »In diesen Tagen sah ich auch den Schauspieler Heinrich George. Er war sehr zurückhaltend und in sich gekehrt, versuchte aber gelegentlich auch, andere aufzumuntern. ›Bleib ruhig, wir kommen hier wieder raus‹, sagte er einmal zu mir.« Das sogenannte Speziallager Nr. 7 ist das größte NKWD-Lager in der sowjetischen Besatzungszone. Das NKWD nutzt das Gelände des ehemaligen Konzentrationslagers

Sachsenhausen, das die SA 1933 als eines der ersten in Deutschland einrichtete. George kommt in die Zone I, hier sind durchschnittlich 10.000 Internierte untergebracht, alle ohne Verurteilung. Die Bedingungen sind katastrophal: es fehlt an Lebensmitteln, medizinischer Versorgung, ordentlichen Schlafgelegenheiten. Die sowjetische Organe verwalten das Chaos zunächst nur, sie haben kein Interesse, ihre Feinde besser zu versorgen, als die eigene Bevölkerung.

In Sachsenhausen besteht bereits eine Theatergruppe aus inhaftierten russischen Schauspielern, ehemaligen Emigranten. Ein Mithäftling berichtet: »Einer der russischen Künstler (Garrow) bewirkte Georges Aufnahme in die russische Künstlergruppe. Auf Veranlassung Georges wurde auch ich aufgenommen.« Mit unwahrscheinlicher Willenskraft studiert George Szenen des Puschkinschen »Postmeisters« in russischer Sprache ein, um sie zunächst vor dem Wachpersonal zu spielen. Auch wenn George wieder die Möglichkeit zu spielen hat, ein wichtiges Lebenselexier für den theaterbesessenen Künstler, quält ihn die Gefangenschaft außerordentlich. Ein erhaltenes Gedicht zeugt davon: »Du spürst die Freiheit erst, wenn du gefangen bist, und liebst sie heilig erst, wenn alle glühenden Gedanken, die einst der Welt gehörten, gefesselt an dies kleine Stückchen Erde sind und nur dem Gleichschritt des Gefangenseins verhaftet.« Ernst Konstantin erinnert sich in einem Zeitungsbericht: »Offen sprach er über jene Zeit, in der er sich wie ein Kind habe blenden lassen. Man müßte schon von seiner Natur ausgehen, sagte er, um zu verstehen, daß ihn alle Vorzüge, die er durch dieses Regime genossen, blind gemacht hätten für die große, dahinterstehende Schuld. Als es dem Ende zugegangen sei, habe er es nicht mehr sehen wollen – damals habe er noch nicht die Kraft besessen, gegen seinen eigenen Dämon anzukämpfen. Trotz und Verbissenheit hätten ihn sogar veranlaßt, in seinem eigenen Hause das Abhören feindlicher Rundfunksender streng zu verbieten. Eine mahnende Stimme habe er im Alkohol ersäuft. ›Ich war wie ein Tier‹, sagte er oft von sich.« Dieser Bericht ist allerdings mit äußerster Vorsicht zu genießen, da Konstantin offensichtlich zur publikumswirksamen Ausschmückung seiner Erinnerungen neigt.

Auch in Sachsenhausen ist George für seine Mitgefangenen da. »In der Atmosphäre des Leidens, das er ganz bewußt als Strafe für seine

Schuld auf sich nahm, hatten Güte, Einsicht, Duldsamkeit und Kameradschaft sowie der spürbare Abglanz einer menschlichen Weisheit ihn vollendet.« Ein Mithäftling schreibt 1956 an Berta Drews: »Im Lager war er außerordentlich beliebt u. wo er nur in Erscheinung trat, war er Gegenstand aufrichtiger Verehrung […] Uns ging es ja allen gleich: der entsetzliche Hunger, die Sorge um unsere Lieben und unsere völlig ungewisse Zukunft hatten uns ja alle an den Rand der Verzweiflung gebracht. Jedenfalls hatte Heinrich die Zuneigung des gesamten Lagers, was man z. B. von Gründgens nicht sagen kann, mit dem ich wenige Wochen zuvor im Konzentrationslager Weesow bei Bernau zusammen war.« Ein Sanitäter aus Sachsenhausen berichtet später: »In abendlichen Gesprächen schüttete er sein Herz aus über die Menschen aus seiner nächsten Umgebung, die ihn enttäuscht haben; er wolle nach seiner Freilassung nicht mehr in Berlin arbeiten.« George versucht weiter, durch Dichtung seinen Gedanken äußere Form zu verleihen. Aus den Zeilen läßt sich die Verzweiflung über seine Lage herauslesen. In einem Gedicht heißt es: »Soll dieses Leid denn nie ein Ende finden? Zu schwer wird mir die Last, sie ganz allein zu tragen! Hilf weiter, Herr! Ich will ja gar nicht klagen – hilf weiter, auch mich selbst zu überwinden.« Außerhalb der Lagerwelt keimt derweil wieder Hoffnung auf. Georges Kollegin aus Dresdner Tagen, Lotte Fischer-Klein, schreibt am 2. Juni 1946 an Berta Drews: »Nun kann es ja doch nicht mehr allzu lange dauern – hier dürfen fast alle Bestraften nach einem Jahr wieder ihre alte Tätigkeit aufnehmen. Weißt Du, ich vertraue so sehr auf seine überdimensionale Kraft, dass ich irgendwie an ein gutes Ende glaube. Er wird alle Qualen gut überstehen und noch größer in seiner Kunst werden.« Aber die Hoffnung erweist sich als verfrüht, die sowjetischen Besatzungsbehörden handeln wesentlich anders als ihre westlichen Pendants: George bleibt weiter in Haft – sein körperlicher Zustand verschlechtert sich zusehends. Gerhard Klaus kommt im Sommer 1946 nach Sachsenhausen, hier trifft er auch George: »George schlief in der normalen Lagerbaracke, in der ich ihn kurz vor seiner Einlieferung in das Lazarett aufgesucht hatte, denn er wollte am 27. September 1946 in der Baracke 66, in der ich untergebracht war, Schillersche Balladen vortragen.« Am 23. September 1946 wird George mit einer akuten Blinddarmentzündung ins Lazarett eingeliefert, die Ärzte operieren sofort. Sein Zustand bleibt kritisch, das Lagerleben hat den oftmals kranken George weiter geschwächt. Der Lagersanitäter Bantz schreibt: »Am 25. September, meinem Geburtstag, – ich war zu seiner alleinigen Betreuung abkommandiert – betrat ich schon früh seinen Schlafraum. Nach der Morgenvisite des Arztes merke ich, dass George etwas besonderes loswerden will. Mit einem fast feierlichen Gesicht beglückwünscht er mich und überreicht mir als Geschenk sein Feuerzeug und eine einzige Zigarette, die er schon über Monate bei sich getragen hat. Ich sollte mich freuen – das war sein Gedanke.« Für George ist dieser Tag der letzte auf Erden, mittags richtet er sich noch einmal auf und ruft den Namen Götz. Am Nachmittag stirbt der große Schauspieler nach 15 Monaten Lagerhaft.

QUELLE: Kurt Fricke: Spiel am Abgrund. Heinrich George. Eine politische Biographie; © mdv Mitteldeutscher Verlag 2000

MAGNUS FREIHERR VON BRAUN (1878–1972)

Magnus Freiherr von Braun wird am 7. Februar 1878 auf Gut Neucken/Preußisch Eylau als Sohn von Maximilian Freiherr von Braun und seiner Frau Eleonore geboren.
Nach seinem Studium der Rechts- und Staatswissenschaften in Göttingen und Königsberg tritt er 1905 in den preußischen Staatsdienst ein. 1910 heiratet er Emmy von Quistorp. Er ist u. a. 1917 Pressechef in der Reichskanzlei, dann Leiter der politischen Abteilung in Wilna (Vilnius/Litauen) und 1918 vorübergehend Stadthauptmann in Dünaburg (Daugavpils/Lettland).
Als Sympathisant des Kapp-Putsches muss er 1920 den Staatsdienst verlassen. Während der Weimarer Republik ist er in landwirtschaftlichen Verbänden tätig. 1932 wird er unter Reichskanzler Franz von Papen Minister für Ernährung und Landwirtschaft und Reichskommissar für die Osthilfe. Mit dem Rücktritt

des Kabinetts Kurt von Schleicher Ende Januar 1933 scheidet er aus jedem politischen Amt aus.

Sein Sohn, der Raketeningenieur und Vater der amerikanischen Raumfahrt, Wernher von Braun stellt zum Kriegsende den amerikanischen Besatzungstruppen sein Wissen und seine Arbeit zur Verfügung und geht mit rund 100 weiteren Fachleuten nach Texas. Sein Vater folgt ihm 1947, kehrt aber 1952 nach Deutschland zurück, wo er 1972 in Oberaudorf verstirbt.

MAGNUS FREIHERR VON BRAUN

WEG DURCH VIER ZEITEPOCHEN

DIE NEUE WELT

21. Amerika
1947–1952

Das Schiff, das uns im Frühjahr 1947 nach Amerika trug, war nichts als ein amerikanischer Truppentransporter, uns aber bedeutete es etwas weit Schöneres, uns war es Symbol der liebenden Fürsorge unserer Söhne, die ihre aller Mittel beraubten Eltern nicht der Sorge ums tägliche Brot aussetzen wollten. Wernher – Professor und Doktor der Physik – war im Krieg Leiter der Raketenversuchsanstalt in Peenemünde an der Ostsee gewesen, Magnus – Diplom-Ingenieur der Chemie – Flugzeuglehrer und längere Zeit einer der Leiter der Serienherstellung im Raketen-Mittelwerk bei Nordhausen. Mit den meisten anderen führenden Männern der Raketenforschung und -produktion hatten sie sich schließlich in Oberjoch im Allgäu den Amerikanern ergeben. Sie hatten sich dort – übrigens ohne jeden Druck – zur Mitarbeit in Amerika zur Verfügung gestellt, da sie keine Möglichkeit mehr sahen, in Deutschland zu wirken, und ihnen von unseren bisherigen Feinden Amerika menschlich, politisch und auch arbeitsmäßig am meisten zusagte. So arbeiteten nun beide seit November 1945 in Fort Miss bei El Paso – Texas – und auf dem Versuchsplatz White Sands im Staate New Mexiko unweit El Paso. Wieder und wieder hatte Wernher uns in dringenden Briefen gebeten, die Söhne von der Sorge um das Ergehen der Eltern zu befreien und hinüberzukommen; die amerikanische Armee sorge für den Transport der Angehörigen. (Sigismund – unser Ältester – verlangte später, als er – nach Aufgabe seiner Stellung an der Vatikanischen Botschaft – ein neues Arbeitsfeld gefunden hatte, ebenso fürsorglich unsere Rückkehr nach Deutschland, wo er ja für die Eltern sorgen könne!) Lange Zeit habe ich mich dem Gedanken der Verpflanzung des alten Baumes nach Amerika widersetzt. Ich wollte mein Vaterland, dem meine Lebensarbeit gegolten hatte, nicht in schwerster Notzeit verlassen. Wernher aber argumentierte, ich könne in meinem Alter und bei der politischen Konstellation in Europa nichts helfen, wohl aber sei dies sehr viel eher in Amerika möglich, wo die Kenntnis europäischer Verhältnisse völlig ungenügend sei. Dies Argument, das auch von meiner Frau geteilt wurde, zog schließlich, und wir gingen schweren Herzens aber in der Hoffnung, doch noch etwas nützen zu können, im März 1947 hinüber mit der festen Absicht, sobald wie möglich nach Deutschland zurückzukehren, was sich aber durch meine Krankheit verzögerte.

Die Fürsorge, mit der uns Alte unsere drei Söhne in schwerster Zeit umgaben, legt es mir nahe, ein kurzes Wort über Erziehung einzuflechten. Wir haben nicht versucht, Genies oder Heilige aus unseren Söhnen zu machen. Nicht mit der totalitären Forderung eines Diktators auf »bedingungslose Übergabe«, nicht mit der Zwangsjacke, die nur Bitterkeit erzeugt, sondern mit der Liebe, mit diesem Vitamin der Seele, haben wir versucht, uns das Vertrauen unserer Kinder zu erwerben und zu erhalten. Man kann auch geistige Interessen nicht eintrichtern; man kann nur ein Licht entzünden, Interesse erwecken und damit zur Selbstarbeit hinführen. Das »now how« ist weit weniger wichtig als das »know why«. Wir haben auch nie versucht, die Berufswahl der Kinder entscheidend zu beeinflussen. Ein besonderes Beispiel ist Wernher. Meine naturgeschichtlich und astronomisch interessierte Frau hatte den Kindern schon frühzeitig die Wunder des gestirnten Himmels gedeutet und damit bei Wernher eine wahre Begeisterung für Astronomie geweckt. Auf dem Landeserziehungsheim der Hermann-Lietz-Schule in Spiekeroog in der Nordsee hatte er sich mit zusammengebetteltem Geld ein kleines Observatorium gebaut Es wurde zur Initialzündung für seine Raketenforschung. Nach den Erfahrungen meines Lebens, legte ich von vornherein großen Wert auf Sprachenkenntnis. Sie ermöglicht Einblicke, die andern nicht zugänglich sind. Nichts schließt die Menschen mehr zusammen, nichts erleichtert mehr das Einleben in das Denken und Fühlen eines fremden Volkes, als die vermittelnde Kraft der Sprache, denn in ihr drückt sich sein Stil aus: Die Klarheit des Denkens, die Grazie, das Ritterliche, das Pathos, der praktische Sinn, die Musikalität. Wir haben nie die Forderung gestellt, daß die Kinder in »Kategorien« der Eltern denken. Eltern, die nicht mit ihren Kindern und in ihren Kategorien denken können, werden schwerlich Erfolg in der Eroberung der Kinderseele haben.

Hinter der Arbeit steht heute vielfach der brutale Zwang der wirtschaftlichen Verhältnisse. Selfmademen, die gezwungen waren, sich durchzubeißen um jeden Preis, werden oft ichbezogen, hart und geldlüstern. Das ist kein Vorwurf, sondern nur eine Feststellung.

Die Motive im Kinde als Vehikel zu benutzen ist entscheidend. Ist nicht die Neugier die Mutter aller Wissenschaft, aller Forschung? Ist ohne Neugier überhaupt ein Fortschritt denkbar? Die Eitelkeit, der Wunsch etwas zu gelten, vielleicht sogar vor der Nachwelt, gehört zu den Waffen im Kampf ums Dasein. Wenn das Geltungsbedürfnis nicht als Unkraut alles andere überwuchert, kann es mit Erfolg bei der Erziehung verwendet werden.

Auf der Nachahmung – außer dem Hungermotiv wohl dem ersten Zeichen des erwachenden Menschen – beruht das Beispiel der Erziehung. Die Furcht ist ein weiteres Motiv. Beruht nicht die medizinische Wissenschaft auf der Furcht vor Krankheit und Tod, die Schaffung künstlichen Lichts auf der Furcht vor der Dunkelheit, die Agrarwissenschaft auf der Furcht vor dem Hunger? usw. Am schwierigsten ist in der Erziehung die Behandlung der Religion. Unsere Religionen, insbesondere auch die christliche, sind alle in Zeiten entstanden, in denen die Wissenschaft uns noch wenig geschenkt hatte. Es ist daher kein Wunder, daß sie im Laufe der Jahrhunderte immer wieder in Konflikte mit der Wissenschaft und ihren Erkenntnissen kamen. Man übergeht heute oft diese Fragen und überläßt der Entwicklung das Weitere. Daraus entsteht dann leicht jene rein materielle Auffassung des Lebens, an der viele Menschen schließlich zerbrechen oder stumpf werden. Sie trösten sich mit dem »ignoramus, ignorabimus«. Die orientalischen Religionen basieren alle auf der Hilflosigkeit der Menschen gegenüber der Allmacht Gottes. Dem Pionier, der sich seine Welt geschaffen hat und dem Kinde, das sich gern stark fühlt, leuchten solche Gedanken oft nicht ein.

Eine weitere Schwierigkeit kommt bei der religiösen Erziehung hinzu. Wir sind unfähig, Gott zu begreifen und zu beschreiben. Wie wir seine Gesetze zwar teilweise darlegen, aber nicht fassen können. Wir können Gott immer nur in Analogien (Gott Vater, Gott Sohn), nur in menschlich faßbaren, womöglich sichtbaren Formen begreifen und darstellen. Wenn wir aber Gott nicht begreifen können, wie sollen wir ihn definieren, wie in Worten oder Begriffen einfangen? Kinder wollen begreifen und sehen. Wie will ich einem Kinde Gott näherbringen? Wir sollten selbst ruhig zugeben, daß wir alle viel zu klein wären, Gott zu begreifen; unsere Augen, unsere Ohren, unsere Sinne reichen dazu nicht aus. Aber seine Gesetze kennen wir, die Gesetze der Gesundheitslehre, der Physik, der Astronomie, der Chemie und so fort. Jede Überschreitung dieser Gesetze rächt sich. Darüber hinaus hat uns Gott das Gesetz der Liebe, der Hilfsbereitschaft, der Unterordnung, des Zusammenhalts innerhalb der Familie und des Volkes, ja der Menschheitsfamilie und das Gesetz der Gerechtigkeit gegeben. Im Gewissen haben wir das Gleichgewichtsorgan erhalten, wie wir es in unserm Ohr kennen, das uns anzeigt, was gut und böse ist. Vielleicht offenbart sich Gott uns Menschen nirgends deutlicher, als in diesem Gleichgewichtsorgan des Gewissens, weil sich in ihm das elementare Streben nach Harmonie alles Seienden manifestiert. Nirgendwo sind diese Gesetze klarer, schöner und einfacher dargelegt, als im Neuen Testament und besonders in der Bergpredigt. Man soll auch den Kindern durch Erzählung, Lektüre und Augenschein die Menschen näherbringen, die sich im Guten vollenden. Keine Religion kann ohne Heilige – ohne Beispiele – auskommen. Musik und Kunst sind Helfer bei diesem Werk.

[…]

Aus der Geschichte der Raumfahrt einige Daten:

»Am 21. Dezember 1932 – so schrieb Leithäuser ›Ufer hinter dem Horizont‹ – in einer bitterkalten Winternacht hielten sich einige Männer in einem Kiefernwäldchen südlich von Berlin auf und trafen dort geheimnisvolle Vorbereitungen. Nach langen Planungen sollte ein Versuch stattfinden, der ein neuartiges Prinzip der Fortbewegung ausprobierte, den S t r a h l a n t r i e b. In einem Prüfstand für Flüssigkeitsraketen-Brennkammern stand von zwei Scheinwerfern beleuchtet ein 50 cm langer Raketenofen aus Aluminium, die Düsenmündung nach unten gerichtet, aus der ein mit flüssigem Sauerstoff und Spiritus erzeugter gewaltiger Antriebsstrahl schießen sollte. Zahlreiche Meßgeräte inmitten von Leitungen, Schaltern, Instrumenten, Ventilen, Hähnen usw. sollten in nebenliegenden Beobachtungsräumen genauestens registrieren, was sich bei der Entladung alles abspielte. Endlich waren die letzten Handgriffe beendet. Die Zündung konnte erfolgen. Ein junger Student, namens Wernher von Braun, kam mit einer 4 Meter langen Stange heran, an deren Ende ein Becher mit Benzin befestigt war, zündete das Benzin an und hielt dann sein Riesenstreichholz unter die Strahldüse des Raketenantriebes. Ein gewaltiger Knall – eine Flamme schießt hoch – Bretter, Aluminiumstücke wirbeln durch die Luft, die Scheinwerfer erlöschen und dann brennt die ganze Versuchseinrichtung unter Krachen und Gestank ab. Ein trauriger Trümmerhaufen verbogener Eisenstücke, verschmorten Gummis und vernichteter Meßapparaturen bleibt zurück. Glücklicherweise sind Menschen dabei nicht zu Schaden gekommen. Das war – so schrieb Leithäuser – der Beginn der Weltraumfahrt.«

*

In den seitdem verflossenen 30 Jahren hat sich manches geändert. Nach zahlreichen Versuchen und Fehlschlägen stieg in Peenemünde an der Ostsee am 3. Oktober 1942 die erste A-4 Rakete auf eine Höhe von 90 km und schlug fünf Minuten später, in einer Entfernung von 192 km, mit vielfacher Schallgeschwindigkeit in die Ostsee. Im Augenblick des Abhebens von der Startvorrichtung stieg die Drehzahl der Turbopumpen auf 4.000 Umdrehungen pro Minute. Mit einer Leistung von 550 PS drückten sie 125 Liter flüssigen Sauerstoff und Alkohol pro Sekunde in die Brennkammer. Die Wucht des Einschlags war die gleiche, als ob 50 Lokomotiven von je 100 Tonnen Gewicht mit einer Geschwindigkeit von 100 Stundenkilometern gleichzeitig zusammenstießen. Die Freude in dieser Geburtsstunde des Raketenzeitalters soll unbeschreiblich gewesen sein (Wernher behauptete, der Alkoholkonsum der Ingenieure hätte dem der Rakete nur wenig nachgestanden)! Tatsächlich läßt sich die jetzige Raumforschung sowohl in Amerika als auch in Rußland auf diesen Anfangserfolg mit der A-4 Rakete zurückführen. Historisch ist es von peinlichem Reiz zu erfahren, daß 1945 beim Anrücken der Russen Kopien aller Peenemünder Akten, Zeichnungen und Berechnungen in die Hände der Russen fielen. Nach den zwischen den Westalliierten und ihren sowjetischen Verbündeten getroffenen Abmachungen wurde Kriegsbeute in Form von wissenschaftlichen Berichten oder technischen Zeichnungen brüderlich geteilt. Wenn man berücksichtigt, daß die Arbeit an wissenschaftlichen Versuchsanstalten dem in tatsächlicher Produktion befindlichen Gerät stets um mehrere Jahre vorauseilt, so ist leicht einzusehen, daß die russische Raketenforschung durch diesen Fischzug an Berichten und Studien aus Peenemünde eine außerordentlich wirksame »Starthilfe« erhielt Einige Peenemünder Wissenschaftler gingen zudem teils freiwillig, teils gezwungen nach Rußland mit. Sie halfen den Russen dabei nicht so sehr durch direkte Mitarbeit an neuen Vorhaben, sondern durch Beantwortung der vielen Fragen, die die Russen beim Studium des Beutematerials zu stellen hatten. Etwa im Jahre 1953, als die Befragung im Wesentlichen beendet war, wurden die Wissenschaftler nach Deutschland entlassen.

Mit ihren Sputniks, Luniks und bemannten Weltraumflügen haben die Russen der Welt bewiesen, daß auch sie hervorragende Wissenschaftler haben und daß ihr nationaler Stolz ein dynamischer Treibstoff ist. Sie haben es außerdem verstanden, ihre Erfolge in der Raumfahrtforschung zu einem wirksamen Propagandamittel für ihre Gesellschaftsform zu machen. Sie konzentrierten sich von vornherein auf spektakulärste Einzelerfolge in der Raumfahrt, während die USA sich mehr auf die Sammlung wissenschaftlicher Erkenntnisse auf breitester Basis verlegten. So ist es erklärlich, daß heute aus USA über 70, aus Rußland nur 8 Satelliten die Erde umkreisen. Andrerseits sind die russischen Satelliten und Raumsonden jedoch fast ausnahmslos schwerer als die amerikanischen. Dieses scheint jedoch auf die einfache Tatsache zurückzuführen zu sein, daß die Russen sich lange vor den Amerikanern entschlossen, militärische interkontinentale Fernraketen zu bauen, – und daß zu jenem früheren Zeitpunkt atomische Kampfköpfe noch viel schwerer waren und daher für ihre Beförderung mächtigere Raketen benötigten. In USA war die aktive Raumfahrtforschung für lange Zeit amtlich gestoppt. Wernher und seine Mitarbeiter hatten für längere Zeit ein ausdrückliches Verbot daran zu arbeiten: Der damalige Verteidigungsminister, Wilson, fand es unsinnig »ein Stück Eisen für so viel Geld in die Luft zu werfen«.

*

Dann aber kam der 4. Oktober 1957. Wernher versuchte beim Essen in Huntsville, den an Stelle von Wilson als Verteidigungsminister in Aussicht genommenen Mr. Mc Elroy für seine Weltraumpläne zu gewinnen. Da wurde er ans Telefon gerufen. Der Sputnik war gestartet. Sofort erklärte Wernher sich bereit »wie Jules Verne in 80 Tagen« einen künstlichen Satelliten um die Erde kreisen zu lassen. Nachdem das grüne Licht gegeben war, dauerte es 84 Tage bis am 31. Januar 1958 der Explorer I startete. Der Jubel in Amerika muß überwältigend gewesen sein.

QUELLE: Magnus Freiherr von Braun: Weg durch vier Zeitepochen. Vom ostpreußischen Gutsleben der Väter bis zur Weltraumforschung des Sohnes; © Verlag C. A. Starke, Limburg, 1965

ERNST VON SALOMON (1902–1972)

Ernst von Salomon wird am 25. September 1902 als Sohn des Kriminalkommissars Felix von Salomon in Kiel geboren. 1913 kommt er auf die Kadettenanstalten in Karlsruhe und Berlin-Lichterfelde. 1919/20 versucht er als Freikorpskämpfer im Baltikum und Oberschlesien die dortige deutsche Bevölkerung vor der Roten Armee bzw. polnischen Aufständischen zu schützen. Er ist beteiligt an der Ermordung von Außenminister Walther Rathenau und wird zu fünf Jahren Zuchthaus verurteilt. In seinem 1930 veröffentlichten Buch »Die Geächteten« und in »Die Kadetten« (1933) setzt er sich mit dem Bruch der preußisch-nationalen Ordnung nach dem Ersten Weltkrieg auseinander.

1945/46 kommt er als »automatic arrest« zusammen mit seiner jüdischen Lebensgefährtin Ille Gotthelft in amerikanische Kriegsgefangenschaft. Den von der amerikanischen Besatzung verpflichtend auszufüllenden Fragebogen mit 131 Fragen zur Entnazifizierung nimmt er zum Anlass, die jüngere Geschichte Deutschlands bis 1950 in dem Roman »Der Fragebogen« zu beschreiben.

Als Antikriegsgegner nimmt er 1961 an der »Weltkonferenz gegen die Atombombe« in Tokio teil. Ernst von Salomon stirbt 1972 in Stoeckte bei Winsen.

ERNST VON SALOMON

DER FRAGEBOGEN

MILITARY GOVERNMENT OF GERMANY

Fragebogen
WARNING: Bead the ontire Fragebogen carefully before you start to fill it out. The English language will prevail if discrepancies exist between it and the German translation. Answers must be typewritten or printed clearly in block letters. Every question must be answered precisely and conscientiously and no space is to be left blank. If a question is to be answered by either »yes« or »no«, print the word »yes« or »no« in the

appropriate space. If the question is inapplicable, so indicate by some appropriate word or phrase such as »none« or »not applicable«. Add supplementary sheets if there is not enough space in the questionnaire. Omissions or false or incomplete statements are offenses against Military Government and will result in prosecution and punishment.

WARNUNG. Vor Beantwortung ist der gesamte Fragebogen sorgfältig durchzulesen. In Zweifelsfällen ist die englische Fassung maßgebend. Die Antworten müssen mit der Schreibmaschine oder in klaren Blockbuchstaben geschrieben werden. Jede Frage ist genau und gewissenhaft zu beantworten, und keine Frage darf unbeantwortet gelassen werden. Das Wort »ja« oder »nein« ist an der jeweilig vorgesehenen Stelle unbedingt einzusetzen. Falls die Frage durch »Ja« oder »Nein« nicht zu beantworten ist, so ist eine entsprechende Antwort, wie z. B. »keine« oder »nicht betreffend« zu geben. In Ermangelung von ausreichendem Platz in dem Fragebogen können Bogen angeheftet werden. Auslassungen sowie falsche oder unvollständige Angaben stellen Vergehen gegen die Verordnungen der Militärregierung dar und werden dementsprechend geahndet.

Ich habe nun den gesamten Fragebogen sorgfältig durchgelesen. Ich habe ihn sogar, ohne dazu besonders aufgerufen zu sein, mehrfach durchgelesen, Wort für Wort, Frage für Frage, die Sätze in deutscher und die in englischer Sprache. Es ist dies nicht der erste Fragebogen, mit dem ich mich beschäftige, ich habe mich schon mit mehreren Fragebogen gleichen Inhaltes und einer großen Reihe ähnlichen Charakters befaßt, zu einer Zeit und unter Umständen, über die in der Rubrik »Bemerkungen« dieses Fragebogens noch einiges zu sagen ist. Auch während jener Zeitspanne vom 30. Januar des Jahres 1933 bis zum 6. Mai des Jahres 1945, einer Zeitspanne, die gewöhnlich als die des »Dritten Reiches«, billig als die des »Tausendjährigen Reiches«, kurz als die des »Nazi-Regimes« und gut als die der nationalsozialistischen Regierung in Deutschland bezeichnet wird, auch während dieser Zeitspanne haben mir zahlreiche Fragebogen vorgelegen, und ich kann versichern, daß ich sie in jedem Falle sorgfältig durchgelesen habe.

Um von vornherein allen Ansprüchen zu genügen, die an mich auch in diesem Falle gestellt werden, möchte ich sogleich mitteilen, daß die Lektüre aller dieser Fragebogen stets die gleiche Wirkung hatte: sie löste in mir eine Reihe von Gefühlen aus, deren erstes und stärkstes das eines durchdringenden Unbehagens war. Wenn ich mich bemühe, dieses Gefühl genau zu bestimmen, so gelange ich dahin, es ehestens mit dem eines ertappten Schuljungen zu vergleichen, eines sehr jungen Menschen also, der erst zu Beginn seiner Erfahrungen mit jenen großen und drohenden Mächten steht, die sich ihm als Gesetz, Sitte, Ordnung und Moral darstellen. Er kann die Welt in ihrer Berechtigung, so zu sein, wie sie ist, noch nicht kennen, er hat ein gutes Gewissen, wenn er glaubt, mit ihr soweit in Einklang zu sein, und ein schlechtes, wenn dies nicht der Fall ist. Und er kann auch nicht wissen, daß sehr wohl einmal der Augenblick kommen wird, da er das berauschende Glück erfährt, diese Welt mit ihren Einrichtungen vor seinem eigenen Gewissen als schlecht zu empfinden, schlecht und von Grund auf neu zu gründen.

Nun bin ich infolge von Umständen, die in der Antwort auf die Frage 19 dieses Fragebogens behandelt werden müssen, in keiner Weise legitimiert, mich über Fragen des Gewissens gültig auszulassen. Nicht ich bin es, der es wünscht, dies zu tun. Aber wie soll ich die gesamte Einrichtung des Fragebogens anders auffassen als einen modernen Versuch, mich zu einer Gewissenserforschung zu bewegen?

Die bewunderswürdigste Institution dieser Welt, die ich kenne, die katholische Kirche, kennt die Ohrenbeichte. Die Heilseinrichtung des Sakramentes der Beichte kennt nur Sünder, keine Verbrecher, und sie kennt nur eine Sünde, die nicht vergeben werden kann, die Sünde wider den Heiligen Geist. Die katholische Kirche sucht den Heiden, der da trachtet nach seinen eigenen Maßstäben glücklich zu werden, zu dessen Heil zu bekehren, dem Ketzer aber, der einmal die Botschaft gehört, ihr aber nicht folgen will, vermag sie nicht zu verzeihen. Das ist eine klare und runde Sache, um in einem gängigen Jargon zu reden, eine Angelegenheit voll sublimer Konsequenzen, die das Beichtgeheimnis in sich einschließen wie auch die Möglichkeiten für den Einzelnen, das Maß an Gnade, das er sich erhofft, zu einem guten Teile von der eigenen, innersten Entscheidung abhängig zu machen, und ich könnte mich wohl dazu bekennen, müßte ich nicht befürchten, schon allein die Quintessenz der Lehren der Kirche, die zehn Gebote, stünden in einem schmerzhaften Widerspruch zu einer Reihe von Gesetzen, die ich neuerdings sehr zu beachten gehalten bin.

Denn nicht die katholische Kirche ist es, die in Fragen der Erforschung meines Gewissens an mich herangetreten ist, sondern eine Institution, weitaus weniger bewunderungswürdig, die Alliierte Militärregierung. Sie kennt freilich jene sublimen Konsequenzen nicht. Sie naht mir nicht wie der Geistliche dem armen Sünder in der von der Welt abgeschiedenen Zelle des Beichtstuhles, sie sendet mir den Fragebogen ins Haus und beginnt sofort barschen Tones wie ein Untersuchungsrichter gegenüber dem Verbrecher mit einer Flut von 131 Fragen, sie fordert von mir kalt und knapp nichts weniger als die Wahrheit und droht gleich zweimal, am Anfang und am Ende des Fragebogens mit Strafen, deren Art und Ausmaß ich (siehe auch unter »Bemerkungen«) herzlich zu fürchten nicht umhin kann.

Es waren Vertreter der Alliierten Militärregierung, Männer in schmucken Uniformen und mit vielen bunten Auszeichnungen, die mich eindringlich darauf aufmerksam machten, daß die Frage nach dem Gewissen sich vor jedem Tun nicht zu stellen eines Mannes unwürdig sei. Sie saßen vor mir, einer nach dem anderen, sympathische und gepflegte junge Leute, und sie sprachen schlicht und selbstverständlich von einer so großen Sache wie dem Gewissen, und ich bewunderte sie wegen ihrer apodiktischen Sicherheit und beneidete sie um die Geschlossenheit ihres Weltbildes.

Wenn ich auch immer versuchte, irgendein beabsichtigtes Tun mit irgendeiner Art von Gewissen in Einklang zu bringen, so stand ich jedesmal vor der grausamen Alternative, entweder an der Legislative des Gewissens zu zweifeln oder aber jegliches Tun gänzlich zu unterlassen.

Aus Ton und Inhalt des Fragebogens geht nicht hervor, aus welchen Gründen ich gefragt werde. Es ist mir nicht gelungen, von irgendeinem Vertreter irgendeiner Militärregierung zu erfahren, welchen Zwecken etwa die Frage 108 wohl dienen möge. Wenn ich mich gewissenhaft prüfe, ob ich diesen Fragebogen ausfüllen kann, so ist der Gedanke unabweisbar, daß ich zumindest mit Beantwortung solcher Fragen, wie etwa 18 oder 25 oder 99 bis 102 oder 120 oder 126 bis 128, eine flagrante Verletzung der Rechte anderer begehen kann und damit etwas tue, was ich zutiefst für widersittlich halte. Angesichts des gesamten Tenors dieses Fragebogens und in Kenntnis der Tatsache, daß fast jeder Deutsche zumindest der westlichen Teile unseres Landes gehalten ist, ihn auszufüllen, muß ich geschärften Gewissens endlich die Befürchtung hegen, teilzuhaben an einem Akte, der unter seinen nicht kontrollierbaren Umständen doch geeignet sein kann, einem Lande und einem Volke, dem ich unausweichlich angehöre, zu schaden im Auftrag fremder Mächte, die ihre Herrschaft ausüben lediglich durch die historische Tatsache des deutschen Zusammenbruchs und auf Grund einer Abmachung, die geschlossen wurde mit Männern, von denen ihre Partner von vornherein annahmen, daß sie Verbrecher seien, fremder Mächte, die damit jedes Recht zur Herrschaft gewonnen haben, – jedes Recht außer dem einen, dem Recht nach dem Gesetz, nach dem sie selber angetreten, und gerade dadurch ein Vacuum entstehen ließen, in welchem uns erlaubt sein möge, uns anzusiedeln, uns, die wir uns jedes Rechtes begeben haben, jedes Rechtes außer dem einen, dem Recht nach dem Gesetz, nach dem wir selber angetreten.

Nur Ruhe, ich werde diesen Fragebogen ausfüllen. Ich habe auch die anderen alle ausgefüllt. Stets war der eigentliche Angelpunkt des Verfahrens der gleiche, wie er sich hier in der Frage 1 ausdrückt, die Spekulation auf den Wunsch des Befragten, sich einfach einer dummen und beschämenden Belästigung zu unterwerfen, um weiterhin eine Tätigkeit ausüben zu können, die ihm sinnvoll dünkt, und auf der sich seine ganze Existenz aufbaut.

Es gehört zu den merkwürdigsten Erscheinungen, daß jede Macht in sich eine eigene Gegenkomponente entwickelt, die einzige Gewalt, durch die sie gestürzt werden kann, wenn es ihr nicht gelingt, sie so lange zur Erhöhung der eigenen Spannkraft einzubauen, bis sie mit ihr erschöpft zu Boden sinkt. Die Gegenkomponente der Mächte unserer Zeit scheint mir der solidarische Akt.

Von diesem Aspekt aus handele ich freilich vorbildlich, wenn ich etwas tue oder mich weigere, etwas zu tun, was zu tun oder sich weigern, zu tun für alle in der gleichen Lage wie ich verbindlich wäre. Aber das Perfide der oben genannten Spekulation beruht ja gerade darin, den Einzelnen in einer künstlich herbeigeführten Vereinzelung zu schlagen. Nicht alle sollen sich einem Verfahren unterwerfen, welches alle angeht, sondern jeder einzelne in seinem eigenen Fall. Hier ist jede Art von Heroismus sinnlos, weil er nicht zur Kenntnis anderer gelangt, oder weil er in jedem anderen Falle nicht mehr verbindlich ist. Es bleibt natürlich die Möglichkeit eines Heroismus aus sittlichem Prinzip, und ich zweifle nicht daran, daß es Menschen gibt, die eher sterben wollen als sich einer dummen und beschämenden Belästigung zu unterwerfen. Ich frage mich nur, warum sie es dann nicht vorziehen, sogleich nach ihrer Geburt das Zeitliche zu segnen.

Nein, hier ergibt sich für den Einzelnen nichts als die Pflicht, zu prüfen ob in seiner Unterwerfung nicht eine andere Möglichkeit beschlossen liegt, verbindlich zu Dingen zu gelangen, die einen solidarischen Akt herbeiführen können. Und da zeigt mir just der Fragebogen, der vor mir liegt, ein versöhnliches Gesicht. Er ist so angenehm umfangreich. Gerade die Fülle seiner Fragen bedingt eine Fülle von Antworten. Und ich halte es für verdienstlich in jedem Falle, mich mit den Möglichkeiten jenes merkwürdigen Dinges zu befassen, welches die allgemeine Skepsis einfach »Wahrheit« zu benennen übereingekommen ist.

Der Erfinder des historischen Idealismus, Friedrich von Schiller, hat einmal festgestellt, daß die Wahrheit in allem nur teilweise steckt, nirgends aber ganz und in ihrer reinen Gestalt vorhanden ist. Um sich ihrer zu bemächtigen, bedarf es einer größtmöglichen Anzahl von Zeugnissen, – die Wahrheit in ihrer reinen Gestalt muß also bestimmt sein durch die Quantität der erfaßten Beziehungen des Geschehnisses. Nun, das ist nichts anderes als das Ergebnis einer Untersuchung, die der Erfinder des historischen Materialismus, Karl Marx, veranstaltet hat, – er fand den Punkt, an dem die Quantität in die Qualität umschlägt. Wenn zwei so verschiedene Geister zu dem gleichen Resultat gelangen, so muß das wohl zu denken geben. Nun gehören

Fragebogen der amerikanischen Besatzungsbehörden
(Faksimile, Haus der Geschichte Bonn)
Im Zuge der sogenannten Entnazifizierung setzten die amerikanischen Besatzungsbehörden u.a. auf Fragebögen, in denen die erwachsenen Einwohner ihrer Besatzungszone 131 Fragen zu beantworten hatten. Bis März 1946, als diese Aufgabe den deutschen Behörden übertragen wurde, hatten die Amerikaner über 1,2 Mio. Fragebögen ausgewertet.

MG/PS/G/9a
(Rev. 15 May 45)

MILITARY GOVERNMENT OF GERMANY
Fragebogen

WARNING: Read the entire Fragebogen carefully before you start to fill it out. The English language will prevail if discrepancies exist between it and the German translation. Answers must be typewritten or printed clearly in block letters. Every question must be answered precisely and conscientiously and no space is to be left blank. If a question is to be answered by either "yes" or "no", print the word "yes" or "no" in the appropriate space. If the question is inapplicable, so indicate by some appropriate word or phrase such as "none" or "not applicable" Add supplementary sheets if there is not enough space in the questionnaire. Omissions or false or incomplete statements are offenses against Military Government and will result in prosecution and punishment.

WARNUNG: Vor Beantwortung ist der gesamte Fragebogen sorgfältig durchzulesen. In Zweifelsfällen ist die englische Fassung maßgebend. Die Antworten müssen mit der Schreibmaschine oder in klaren Blockbuchstaben geschrieben werden. Jede Frage ist genau und gewissenhaft zu beantworten und keine Frage darf unbeantwortet gelassen werden. Das Wort „ja" oder „nein" ist an der jeweilig vorgesehenen Stelle unbedingt einzusetzen. Falls die Frage durch „Ja" oder „Nein" nicht zu beantworten ist, so ist eine entsprechende Antwort, wie z. B. „keine" oder „nicht zutreffend" zu geben. In Ermangelung von ausreichendem Platz in dem Fragebogen können Bogen angeheftet werden. **Auslassungen sowie falsche oder unvollständige Angaben stellen Vergehen gegen die Verordnungen der Militärregierung dar und werden dementsprechend geahndet.**

A. PERSONAL / A. Persönliche Angaben

1. List position for which you are under consideration (include agency or firm). — 2. Name (Surname). (Fore Names). — 3. Other names which you have used or by which you have been known — 4. Date of birth. — 5. Place of birth. — 6. Height. — 7. Weight. — 8. Color of hair. 9. Color of eyes. — 10. Scars, marks or deformities. — 11. Present address (City, street and house number). — 12. Permanent residence (City, street and house number). — 13. Identity card type and Number. — 14. Wehrpass No. — 15. Passport No. — 16. Citizenship. — 17. If a naturalized citizen, give date and place of naturalization. — 18. List any titles of nobility ever held by you or your wife or by the parents or grandparents of either of you. — 19. Religion. — 20. With what church are you affiliated? — 21. Have you ever severed your connection with any church, officially or unofficially? — 22. If so, give particulars and reason. — 23. What religious preference did you give in the census of 1939? — 24. List any crimes of which you have been convicted, giving dates, locations and nature of the crimes.

1. Für Sie in Frage kommende Stellung: ....

2. Name: .... 3. Andere von Ihnen benutze Namen
        Zu-(Familien-)name   Vor-(Tauf-)name

oder solche, unter welchen Sie bekannt sind. ....

4. Geburtsdatum .... 5. Geburtsort ....

6. Größe .... 7. Gewicht .... 8. Haarfarbe .... 9. Farbe der Augen ....

10. Narben, Geburtsmale oder Entstellungen ....

11. Gegenwärtige Anschrift ....
         (Stadt, Straße und Hausnummer)

12. Ständiger Wohnsitz ....
         (Stadt, Straße und Hausnummer)

13. Art der Ausweiskarte .... Nr. .... 14. Wehrpaß-Nr. .... 15. Reisepaß-Nr. ....

16. Staatsangehörigkeit .... 17. Falls naturalisierter Bürger, geben Sie Datum und Einbürgerungsort

an. ....

18. Aufzählung aller Ihrerseits oder seitens Ihrer Ehefrau oder Ihrer beiden Großeltern innegehabten Adelstitel ....

19. Religion .... 20. Welcher Kirche gehören Sie an? .... 21. Haben Sie je offiziell oder inoffiziell Ihre Verbindung mit einer Kirche aufgelöst? .... 22. Falls ja, geben Sie Einzelheiten und Gründe an. .... 23. Welche Religionsangehörigkeit haben Sie bei der Volkszählung 1939 angegeben? .... 24. Führen Sie alle Vergehen, Übertretungen oder Verbrechen an, für welche Sie je verurteilt worden sind, mit Angaben des Datums, des Orts und der Art. ....

B. SECONDARY AND HIGHER EDUCATION / B. Grundschul- und höhere Bildung

Name & Type of School (If a special Nazi school or military academy, so specify) Name und Art der Schule (Im Fall einer besonderen NS oder Militärakademie geben Sie dies an)	Location Ort	Dates of Attendance Wann besucht?	Certificate Diploma or Degree Zeugnis, Diplom o. akademischer Grad	Did Abitur permit University matriculation? Berechtigt Abitur od. Reifezeugnis zur Universitätsimmatrikulation?	Date Datum

25. List any German University Student Corps to which you have ever belonged. — 26. List (giving location and dates) any Napola, Adolph Hitler School, Nazi Leaders College or military academy in which you have ever been a teacher. — 27. Have your children ever attended any of such schools? Which ones, where and when? — 28. List (giving location and dates) any school in you have ever been a Vertrauenslehrer (formerly Jugendwalter).

25. Welchen deutschen Universitäts-Studentenburschenschaften haben Sie je angehört? ....
26. In welchen Napola, Adolf-Hitler-, NS-Führerschulen oder Militärakademien waren Sie Lehrer? Anzugeben mit genauer Orts- und Zeitbestimmung. ....

27. Haben Ihre Kinder eine der obengenannten Schulen besucht? .... Welche, wo und wann? ....

28. Führen Sie (mit Orts- und Zeitbestimmung) alle Schulen an, in welchen Sie je Vertrauenslehrer (vormalig Jugendwalter) waren. ....

C. PROFESSIONAL OR TRADE EXAMINATIONS / C. Berufs- oder Handwerksprüfungen

Name of Examination Name der Prüfung	Place Taken Ort	Result Resultat	Date Datum

J989 A 2911

beide, Schiller wie Marx, zwar einer Nation an, deren Zeugnisse in der Welt keinen sehr guten Ruf genießen, sie haben die barbaresken Züge eines Volkes, das nun schon seit Tausenden von Jahren hinter den Hügeln lagert und von dem man sich selbst jetzt noch manches gewärtigen muß. Aber wenn ich angesichts des Fragebogens den Forderungen des Gewissens zu folgen gehalten bin, dann doch in den Fragen der Wahrheit, und da bietet sich mir in der Tat keine andere Methode als die von Schiller und Marx.

Ich habe, wie aus der Anführung des Punktes Nummer 24 ersichtlich ist, hinreichend oft Gelegenheit gehabt, die in Deutschland geübte richterliche Verfahrensweise zu studieren. Ich hatte dabei das Glück, immer zu verspüren, wie mir die Qualifikation zur inneren Auflehnung durch eine Maxime genommen wurde, welche sich die Wahrheitserschöpfungspflicht des Richters nannte. Ich vermag um der korrekten Ausübung eben dieser Maxime willen an jeden der präsidierenden Richter nur mit dem Gefühl der größten Hochachtung zurückzudenken. Sie scheuten wahrlich keine Mühe, aus der Anhäufung einer größtmöglichen Anzahl von Fakten das Bild der Wahrheit in ihren zartesten Konturen herauszusublimieren. Ich erkannte sehr bald, daß es durchaus in meinem Vorteil läge, sie in ihrem Vorhaben zu unterstützen, aktiviert durch meinen Verteidiger, dessen Weisheit in der Einsicht kulminierte, daß er seinerseits mit der Wahrheit am besten lügen könne. Das Verfahren, welches sich durch diesen Fragebogen dokumentiert, kennt keinen Verteidiger, aber gerade, weil niemand weiß, welche Absichten es verfolgt, weiß auch niemand, ob in seinen Methoden nicht doch unvermutet die Möglichkeit einer Wahrheitserschöpfung verborgen ist. Dieser Möglichkeit will ich dienen, in der Hoffnung, daß gleich mir noch vielen der gleiche Anreiz lächelt, so daß am Ende doch aus der Quantität der Antworten sich die Qualität eines wenigstens annähernd wahren Bildes extrahiert über das, was in unserem Lande geschah, und wie es eigentlich gewesen ist. Dann aber richten sich die Fragen dieses Fragebogens nicht an mein Gewissen, sondern an mein Gedächtnis!

QUELLE: Ernst von Salomon: Der Fragebogen, Europäischer Buchklub, Stuttgart/Zürich/Salzburg 1951; © Rowohlt Verlag, Hamburg, 1951

HERMANN JOSEF ABS (1901–1994)

Hermann Josef Abs wird am 15. Oktober 1901 als Sohn des Rechtsanwaltes Josef Abs und seiner Frau Katharina geb. Lückerath in Bonn geboren. Nach seinem Abitur beginnt er eine Lehre als Bankkaufmann. Diese Laufbahn führt ihn in den 20er Jahren u. a. zum Bankhaus Delbrück. Es folgen Arbeitsaufenthalte in den Niederlanden, England, den USA und Lateinamerika. 1937 wird er Mitglied im Vorstand der Deutschen Bank, bei der er mit Unterbrechungen – u. a. gründet er 1948 die Kreditanstalt für Wiederaufbau (KFW) – sein Leben lang bleibt, zuletzt als Ehrenvorsitzender.

Beim Londoner Schuldenabkommen 1953 gelingt es ihm als Verhandlungsleiter, die deutschen Vor- und Nachkriegsschulden gegenüber 70 Staaten zu regeln. Damit schafft er die Voraussetzung für die politische Souveränität der Bundesrepublik Deutschland und ihren wirtschaftlichen Wiederaufbau.

Als großer Kunstmäzen wirkt er 1983 u. a. an der Ersteigerung des Evangeliars Heinrichs des Löwen mit und verhindert dadurch einen Verkauf ins Ausland.

HERMANN J. ABS

ENTSCHEIDUNGEN

VORWORT

Fast ein halbes Jahrhundert nach dem Ende des Zweiten Weltkrieges haben sich die Bürger der Bundesrepublik Deutschland daran gewöhnt, in einem respektierten, manchmal wegen seiner Wirtschaftskraft auch gefürchteten Land, der führenden Wirtschaftsmacht Europas, zu leben. Im Jahre 1945 wäre eine solche Vision Deutschlands, wie sie zum Ende des Jahrhunderts Wirklichkeit geworden ist, unvorstellbar gewesen. Vielmehr schien ein bescheidenes Überleben im Schatten anderer Länder unser Schicksal zu sein.

Die Weichen für den Wiederaufstieg Deutschlands wurden schon in den ersten Jahren nach dem Krieg gestellt. Der Marshall-Plan, eine Hilfe zur Selbsthilfe, gab den Anstoß, daß das zerstörte Europa begann, wieder auf die Beine zu kommen. Die deutsche Währungsreform des Jahres 1948 beseitigte die primitive Tauschwirtschaft, die sich in den Zeiten des wertlosen Geldes nach dem Kriege breitgemacht hatte, und schuf mit einer stabilen Währung die Voraussetzung für eine hochorganisierte, arbeitsteilige Wirtschaft.

Mit der Regelung der Schulden, und zwar sowohl der öffentlichen wie der privaten Vorkriegsschulden wie auch der im wesentlichen durch die alliierten Hilfeleistungen nach dem Kriege entstandenen Nachkriegsschulden, erlangte die Bundesrepublik nicht nur ihre kaufmännische Kreditwürdigkeit im engeren Sinne, sondern etwas, was darüber hinaus im Wort *credere* liegt: Die Welt begann, diesem Staat wieder zu vertrauen. Diese Zielrichtung, das zwischen 1933 und 1945 verlorene und verspielte Vertrauen wiederzugewinnen, zeigt schon, daß es auf der Londoner Schuldenkonferenz keineswegs nur darum gehen konnte, einen für den Schuldner möglichst günstigen Vergleich auszuhandeln. Vielmehr mußten die Gläubiger in der ganzen Welt – in London sah sich die deutsche Delegation Vertretern aus 25 Ländern gegenüber, dazu kamen die Delegationen der im Dreimächteausschuß vertretenen Staaten und eine Abordnung der Bank für Internationalen Zahlungsausgleich – davon überzeugt werden, daß ein Schuldner, der einen großen Teil seines Territoriums eingebüßt hatte und durch den verlorenen Krieg in seiner Wirtschaftskraft empfindlich geschwächt war, gleichwohl sein Äußerstes tun würde, um *bona fide* seine Gläubiger – so gut es eben ging – zu befriedigen.

Nachdem es sich ausschließlich um Auslandsschulden handelte, konnte es dabei nicht nur auf die Leistungskraft des Schuldners, gemessen in seiner eigenen Währung, ankommen. Den Rahmen für die Rückzahlung der Verbindlichkeiten bildeten die vorhandenen Transfermöglichkeiten. Devisen waren knapp, und am knappsten waren amerikanische Dollars. Kapital- und Zinsschuld gleichzeitig zu bedienen, wäre unmöglich gewesen. Diesem Umstand trug das Schuldenabkommen Rechnung.

Es ging bei der Londoner Schuldenkonferenz aber noch aus einem anderen Grunde als der Wiederherstellung des Vertrauens um mehr als nur ein günstiges kaufmännisches Ergebnis für einen schwachen internationalen Schuldner. Die Hauptgläubiger waren ja auch die Sieger des Krieges, die dem Schuldner als Besatzungsmächte gegenüberstanden, mit denen ein vielfältiges politisches Interessengeflecht bestand; die Angelegenheit komplizierte sich noch dadurch, daß die Vereinigten Staaten, England und Frankreich nicht immer einheitliche Standpunkte vertraten.

Zur gleichen Zeit wie mit den Vor- und Nachkriegsgläubigern wurde mit dem Staat Israel über eine globale Regelung zur Wiedergutmachung verhandelt. Dies war eine moralisch-politische Aufgabe von höchster Wichtigkeit. Die Verpflichtungen gegenüber Israel mußten bei der Einschätzung der zukünftigen Leistungskraft des Schuldners berücksichtigt werden.

Die Entstehung des Londoner Schuldenabkommens ist bisher noch nicht in Form einer Monographie behandelt worden. Bei der vorliegenden Arbeit habe ich mich bemüht, nicht allein meinem Gedächtnis zu vertrauen, sondern versucht, für diese bedeutsame Phase meines Lebens möglichst alle wesentlichen Aussagen überprüfbar zu machen. Damit erklärt sich die Vielzahl der Anmerkungen, die künftiger zeitgeschichtlicher Forschung den Einstieg erleichtern soll; es wäre wünschenswert, wenn sie sich des Themas weiter annähme.

Die Kausalität einzelner Ereignisse für spätere Entwicklungen ist nur sehr schwer nachzuweisen. Es wäre aber sicherlich reizvoll, dem Einfluß der markanten Nachkriegsereignisse auf das wirtschaftliche Erstarken und damit verbunden auf die Wiedergewinnung der außenpolitischen Souveränität nachzugehen. Auch nach Jahrzehnten zeigen sich noch einschneidende Folgen. Ohne den starken Sog der wirtschaftlich prosperierenden Bundesrepublik hätte die Wiedervereinigung nicht so rasch stattfinden können.

Ein Buch wie dieses ist selten allein die Leistung dessen, der auf dem Titelblatt steht. Den vielen, die in den benutzten Bibliotheken und Archiven zum Entstehen dieser Arbeit beigetragen haben, kann ich nur pauschal danken. Eine Ausnahme ist gegenüber Bernd Kulla angebracht, ohne den das Buch in dieser Form nicht entstanden wäre.

Frankfurt am Main, im Juni 1991　　　　　　　　　Hermann J. Abs

[...]

II. DIE NACHKRIEGSSCHULDEN

1. Zur Situation Deutschlands nach dem Ende des Zweiten Weltkrieges

Gestützt auf die Ergebnisse der Konferenzen von Teheran und Jalta teilten nach der Kapitulation Deutschlands 1946 die alliierten Siegermächte das Land in vier Besatzungszonen auf und übernahmen die oberste Regierungsgewalt. Das weitere Vorgehen wurde auf der vom 17. Juli bis zum 2. August 1946 abgehaltenen Potsdamer Konferenz festgelegt.

Entmilitarisierung und Entnazifizierung, Dezentralisierung der Verwaltung und »Umgestaltung des deutschen politischen Lebens auf demokratischer Grundlage« waren politische Ziele. Außerdem wollten die Alliierten die Strukturen der deutschen Wirtschaft grundlegend umgestalten, die Industrieproduktion auf ein Minimum beschränken und die Großindustrie entflechten. In diesem Zusammenhang verhandelten sie auch über Wiedergutmachungen an die im Krieg durch Deutschland zerstörten Länder. Sie legten fest, daß im Zuge der Demontage der Rüstungsbetriebe jede Besatzungsmacht ihre Ansprüche in Sachwerten aus ihrer Zone zu befriedigen habe. Allein der Sowjetunion gestanden sie zusätzlich ein Viertel der in den Westzonen zu demontierenden Werke zu. Eine absolute Summe der Wiedergutmachungen und genaue Ausführungsbestimmungen wurden von ihnen nicht genannt.

Auf der Konferenz in Potsdam erörterten die drei alliierten Regierungschefs auch die Frage von Gebietsabtretungen. Die von der Sowjetunion besetzten deutschen Gebiete östlich von Oder und Neiße stellten sie »bis zur endgültigen Regelung in einem Friedensvertrag« unter polnische Verwaltung, das nördliche Ostpreußen schlossen sie der Sowjetunion an. Im Gegensatz zu den bisherigen Teilungsplänen wurde im Potsdamer Abkommen vorgesehen, Deutschland als wirtschaftliche Einheit zu erhalten. Es war von einem Friedensvertrag und einer zukünftigen deutschen Regierung die Rede. Zentrale Verwaltungsstellen wurden geplant, und die alliierten Mächte sollten in einem Kontrollrat für Deutschland insgesamt verantwortlich sein. Dieser »Alliierte Kontrollrat« in Berlin nahm am 30. August 1945 seine Tätigkeit auf. Aber die wachsenden Meinungsverschiedenheiten unter den Alliierten, die bereits in Potsdam nur mühsam zu überbrücken gewesen waren, erschwerten seine Arbeit zunehmend, und der Auszug des sowjetischen Vertreters im März 1948 zerstörte seine Funktionsfähigkeit schließlich völlig.

Im Zeichen des beginnenden Kalten Kriegs wurde immer offenkundiger, daß sich die im Potsdamer Abkommen vorgesehene deutsche Zentralverwaltung zur einheitlichen Entwicklung in allen Besatzungszonen nicht verwirklichen ließ. Die gegensätzlichen Auffassungen zwischen der Sowjetunion und den westlichen Alliierten traten bei zahlreichen Gelegenheiten immer deutlicher hervor. Als die Sowjetunion im Juni 1946 eine Grenzsperre zwischen der sowjetischen Zone und den westlichen Zonen errichtete und zusammen mit Frankreich den amerikanischen Vorschlag einer wirtschaftlichen Vereinigung aller Besatzungszonen ablehnte, sahen sich die Vereinigten Staaten und England zu einer Änderung ihrer Deutschlandpolitik veranlaßt. Sie kamen überein, mit Beginn des Jahres 1947 ihre beiden Zonen in einem »Vereinigten Wirtschaftsgebiet«, der sogenannten Bi-Zone, zusammenzulegen, um die Eingliederung von Flüchtlingen, die industrielle Produktion und die Verteilung von Lebensmitteln besser steuern zu können. Im Zusammenhang damit setzten sie deutsche Verwaltungsstellen ein: den Verwaltungsrat für Wirtschaft in Minden, für Ernährung und Landwirtschaft in Stuttgart, für Verkehr in Bielefeld, für Post- und Fernmeldewesen in Frankfurt und den Finanzrat in Bad Homburg. Am 10. Juni 1947 errichteten sie eine Zwei-Zonen-Verwaltung, die aus einem Wirtschaftsrat und einem Exekutivausschuß bestand. Dem Wirtschaftsrat gehörten 52 Abgeordnete aus den Landtagen beider Zonen an, in den Exekutivausschuß entsandten die Landesregierungen je einen Vertreter. Im Frühjahr 1948 suchte auch Frankreich Anschluß an die Bi-Zone. Damit entstand aus den drei westlichen Zonen jenes einheitliche Gebiet der »Tri-Zone«, das 1949 zur Bundesrepublik Deutschland wurde.

Einem dynamischen wirtschaftlichen Aufbau standen hingegen immer noch die Bestimmungen des Potsdamer Abkommens über die Zerschlagung der deutschen Rüstungsindustrie, die radikale Senkung der Industriekapazität und die Reparationsleistungen und ihre späteren Durchführungsgesetze entgegen. Nicht nur die deutsche Industrie, sondern auch das Bankensystem mußte sich erhebliche Umstrukturierungen gefallen lassen. Dieses Vorhaben ist mit dem Namen des Direktors der Finance Division der US-Militärregierung, Joseph M. Dodge, verknüpft. Er legte Ende 1945 mehrere Pläne vor, die auf eine rigide Regionalisierung des Bankensystems hinausliefen. Aufgrund der unterschiedlichen Anschauungen der amerikanischen und der britischen Besatzungsmacht verzögerte sich die Durchführung dieser Pläne, schließlich setzten die Amerikaner ihre Vorstellungen weitgehend durch. Aus den drei früheren Großbanken entstanden dreißig Institute, deren Geschäftstätigkeit regional begrenzt wurde. Die Aufgaben der Reichsbank gingen 1948 auf das neue Zentralbanksystem mit der Bank deutscher Länder als Spitzeninstitut und einem Unterbau von elf Landeszentralbanken über.

1946 legten die Siegermächte Umfang und Art der Demontage und Reparationsleistungen im Kontrollrat fest. Auf amerikanische Initiative hin entstand ein »Plan für Reparationen und den Nachkriegsstand der deutschen Wirtschaft«. Dieser »Erste Industrieplan« sah die Begrenzung der industriellen Erzeugung Deutschlands auf etwa 55 Prozent des Standes von 1938 vor, was etwa der Produktion des Krisenjahres 1932 entsprach. Mehr war nach Auffassung der Siegermächte für eine Friedenswirtschaft nicht nötig, und den Deutschen sollte schließlich nur ein »mittlerer europäischer Lebensstandard verbleiben«. Unter diesem Aspekt verbot der Plan nicht nur die Herstellung von Waffen, Munition und anderem Kriegsgerät, sondern auch die Produktion von Kugel- und Rollenlagern, den Bau von schweren

Werkzeugmaschinen, Traktoren, Seeschiffen und Flugzeugen, die synthetische Gewinnung von Benzin, Öl und Gummi sowie die Erzeugung von Rohaluminium und Magnesium. In einem langen Register waren die erlaubten Produktionskapazitäten der einzelnen Industriezweige im Verhältnis zur Produktion des Jahres 1938 aufgelistet, alle darüber hinausgehenden Kapazitäten sollten demontiert werden. Die Idee Morgenthaus, Deutschland auf den Stand eines Agrarlandes zurückzuführen, verwirklichte der »Industrieplan« zwar nicht, aber die vorgesehene Begrenzung der Industrieproduktion machte den Wiederaufbau unmöglich.

Über die Auslegung der Reparationsbedingungen kam es unter den Alliierten schon sehr bald zu ernsten Meinungsverschiedenheiten. Die sowjetische Besatzungsmacht, die entschlossen war, möglichst viel aus ihrer Zone herauszuholen, hielt sich nicht an das Potsdamer Abkommen und entnahm auch erhebliche Teile aus der laufenden Produktion zu Reparationszwecken. In den Vereinigten Staaten erhob sich im Laufe des Jahres 1946 Kritik an den Demontagen. Der amerikanische Außenminister Byrnes äußerte sich in einer Rede in Stuttgart am 6. September 1946 kritisch zu dieser Politik und stellte eine Revision des »Industrieplans« in Aussicht. Deutschland dürfe kein Armenhaus werden, betonte er, denn die deutsche und die europäische Wirtschaft seien aufeinander angewiesen. Diese Verbindung der deutschen mit der europäischen Perspektive zeigte die Richtung an, in der sich die amerikanische Politik von nun an bewegte.

Die veränderte Einstellung wurde im »Zweiten Industrieplan« vom 26. August 1947 deutlich, der nur für die Bi-Zone galt. Die erlaubte Industrieproduktion wurde auf den Stand des Jahres 1936 angehoben, die Demontage der überschüssigen Kapazitäten ging jedoch weiter. Zwar wurden an den Demontagelisten 1949 noch einmal beträchtliche Abstriche vorgenommen, aber der Abtransport von Maschinen und Anlagen aus dem Gebiet der Bundesrepublik hörte erst im April 1951 auf. Zu diesem Zeitpunkt hatte Westdeutschland freilich schon hohe Beträge an amerikanischer Wirtschaftshilfe erhalten, mit denen die demontierten Anlagen wieder aufgebaut werden konnten. Nichts vermochte deutlicher die Unsinnigkeit der Demontagepolitik zu beweisen. Erst im Petersberger Abkommen vom 22. November 1949 wurde die Frage der Demontage zwischen der Bundesregierung und den Westalliierten geklärt.

[…]

X. DAS ABKOMMEN IM RÜCKBLICK

Die Gefahr, die Bedeutung von Ereignissen zu überschätzen, mit denen man besonders vertraut ist, liegt natürlich nahe, wenn der deutsche Delegationsleiter auf der Schuldenkonferenz versucht, die Wirkungen des Abkommens im Rückblick zu beurteilen. Es ist allerdings bereits auf den ersten Blick ersichtlich, daß keine der bedeutsamen wirtschaftlichen Entwicklungen der fünfziger Jahre sich ausschließlich auf das Londoner Schuldenabkommen zurückführen läßt. Das muß seine Bedeutung nicht schmälern, denn in dem komplizierten Nebeneinander von politischen und wirtschaftlichen Entscheidungen der Nachkriegsjahre gibt es kaum eine, von der man sagen kann, sie allein habe den Gang der Geschichte verändert. Es ist daher Hans-Peter Schwarz zuzustimmen, wenn er feststellt, daß »komplexe Prozesse in einem komplexen System durch Kontingenz gekennzeichnet sind und entsprechend studiert werden müssen«. Damit ist auch eine Aufgabe künftiger Forschung angedeutet, für die meine Darstellung nur ein erster Ansatz sein kann: den Standort des Londoner Schuldenabkommens im Zusammenhang der deutschen Westintegration zu bestimmen. Immerhin ist bemerkenswert, daß die bisherigen Forschungen zu diesem in den letzten Jahren ausgiebig untersuchten Thema gerade in dieser Hinsicht einen »blinden Fleck« aufweisen: von der Regelung der deutschen Auslandsschulden ist nämlich so gut wie keine Rede.

In der Wirtschaftsgeschichte der Bundesrepublik fällt das Inkrafttreten des Schuldenabkommens mit Adenauers Wahlsieg von 1953 zusammen, der die Wirtschaftsordnung im Sinne Erhards endgültig festigte. Die eigentliche Zeit der Entscheidungen, die den Übergang von Unsicherheit zur Konsolidierung markieren, mag man etwas weiter fassen und die Jahre 1952 bis 1954 hinzunehmen. War schon zwischen 1948 und 1953 eine erstaunliche Entwicklung der deutschen Wirtschaft zu verzeichnen gewesen, so wandelte sich innerhalb der nächsten fünf Jahre die wirtschaftliche Szenerie in der Bundesrepublik erneut von Grund auf. Den rapiden Wandel illustriert die Zufälligkeit eines Datums: Es war der 16. September 1958, an dem ein Vertrag mit der Anglo American Corporation of South Africa über die Begebung einer DM-Anleihe abgeschlossen wurde. Es handelte sich um das erste Geschäft dieser Art seit 1914; beinahe ein halbes Jahrhundert lang hatten die politischen und wirtschaftlichen Bedingungen in Deutschland Kapitalexport nicht zugelassen.

Am Ende von zehn Aufbaujahren des »deutschen Wirtschaftswunders« konnte die Bundesbank feststellen, noch nie seien die wirtschafts- und währungspolitischen Ziele des »Magischen Dreiecks« – Vollbeschäftigung, Preisstabilität und außenwirtschaftliches Gleichgewicht – so gut erreicht worden wie im Jahre 1958. Der wirtschaftliche Aufstieg war nicht nur begleitet, sondern zum Teil sogar verursacht von der wachsenden Integration der Bundesrepublik in die Weltwirtschaft, genauer: in deren Überreste. Sie mußte sich von neuem entwickeln, denn die außenwirtschaftlichen Bedingungen der Zwischen- und Nachkriegszeit mit ihrer Unzahl von bilateralen Handels- und Zahlungsabkommen berechtigten kaum, von Weltwirtschaft zu sprechen. Es brauchte Zeit, den Bilateralismus zu überwinden. In Europa hat die Europäische Zahlungsunion dazu einen nicht zu unterschätzenden Beitrag geleistet.

In diesen Entwicklungsgang gilt es nun das Londoner Schuldenabkommen einzuordnen. Pointiert gefragt: Kann man sich die rasche Wiedereingliederung der Bundesrepublik in die Weltwirtschaft auch ohne Regelung und Abwicklung der Auslandsschulden vorstellen? In einem früheren Beitrag habe ich das Londoner Schuldenabkommen als für die wirtschaftliche Entwicklung der Bundesrepublik ebenso wichtig wie die Währungsreform bezeichnet. Eine solche Aussage ist inzwischen zweischneidig geworden, denn der Versuch, die Auswirkungen des Schuldenabkommens zu beschreiben, insbesondere sie zu quantifizieren, ist in mehrfacher Hinsicht problematisch. Zudem hat im Verlauf der letzten Jahre die zeitgeschichtliche Forschung versucht, einige wirtschaftliche Ereignisse der unmittelbaren Nachkriegszeit neu zu bewerten. Nicht nur der Marshallplanhilfe, sondern auch der Währungsreform von 1948 wurde gelegentlich jene Schlüsselfunktion abgesprochen, die, wenn auch mit unterschiedlicher Gewichtung, beiden Ereignissen zuvor ohne jeden Zweifel zuerkannt worden war. Nun dauern die Kontroversen noch an, und vor diesem Hintergrund mag es unmöglich erscheinen, ohne ausführliche Untersuchungen die Auswirkungen des Schuldenabkommens auf die deutsche Wirtschaft präzisieren zu wollen.

Worüber sich wohl am ehesten Einigkeit erzielen läßt, ist die Aussage, daß durch das Londoner Schuldenabkommen die deutsche Wirtschaft international kreditwürdig geworden ist. Zwar muß man auch hier differenzieren, denn Kredite hat die Bundesrepublik bereits vor 1953 erhalten, etwa den Überbrückungskredit der Europäischen Zahlungsunion im Herbst 1950. Aber es waren Notlösungen, und es waren keine privaten Kredite. Normale Zahlungsbedingungen im Außenhandel gab es erst, nachdem das Schuldenabkommen in Kraft getreten war.

Während bei den kurzfristigen Krediten die positive Wirkung des Abkommens außer Zweifel steht, war bemerkenswerterweise der Anstieg des Imports von mittel- und langfristigen Kapital eher gering. Es gehörte zur Politik der Bank deutscher Länder, ihn zu begrenzen. Auch eine Anleihe bei der Weltbank, die 1953 erörtert wurde, erwies sich als entbehrlich.

Ein weiteres Ereignis, das sich mit dem Schuldenabkommen in Verbindung bringen läßt, ist der Übergang zur Währungskonvertibilität im Jahre 1958. Der Zusammenhang ist nicht ohne weiteres nachzuweisen, denn immerhin liegen zwischen beiden Ereignissen gut fünf Jahre. Fragt man auch hier umgekehrt, ob die Konvertibilität ohne Schuldenregelung möglich gewesen wäre, so wird zwar die Antwort deutlicher, klar wird aber auch, daß von den verschiedenen Ereignissen, die die Konvertibilität ermöglicht und vielleicht sogar erzwungen haben, das Schuldenabkommen nur eines von mehreren ist. Ab 1953 herrschte in der Bundesrepublik kein Devisenmangel mehr, sondern die Devisenüberschüsse entwickelten sich vor allem im Verkehr mit den Ländern der Europäischen Zahlungsunion zu einem Problem. Schon daraus ergab sich ein starkes Interesse, zu einer Konvertibilität der europäischen Währungen zu gelangen. Es bestand die Gefahr, daß der Mechanismus der EZU der Belastung durch die kumulierten deutschen Überschüsse nicht mehr gewachsen war.

Auf lange Sicht gesehen halte ich auch den Beitrag des Londoner Schuldenabkommens zur Wiedererlangung der deutschen Souveränität von Bedeutung, wobei der Begriff der Souveränität nicht allein rechtlich zu sehen ist. Auch wenn ich nun nicht spekulieren möchte, ob die wirtschaftliche oder die politische Bedeutung des Abkommens größer gewesen sei, so sollte man doch folgendes bedenken: Für die Zeit der Verhandlungen um die Schuldenanerkennung 1950/51 ist unbestritten, daß die Frage der deutschen Auslandsverschuldung eine hochpolitische Angelegenheit war. Dies war durch die Verbindung mit der Lockerung des Besatzungsstatuts bedingt. Nun ist behauptet worden, danach seien die Verhandlungen auf die Expertenebene abgesunken. Ein Blick auf die beteiligten Personen scheint diese Ansicht zu stützen, denn der Bundeskanzler mußte sich in der Schuldenfrage nie wieder so stark exponieren wie im Herbst 1950. Das ist eine allgemeine Beobachtung: sind Grundsatzentscheidungen getroffen, haben die Fachleute das Wort. Aber die politischen Bedingungen blieben, und ich glaube, die Zeitgenossen haben das schärfer gesehen: »Wer den Gang der fast zweijährigen internationalen Besprechungen genau verfolgt hat, der weiß, daß das Vertragswerk in seinen einzelnen Teilen mit unendlicher Mühe und Geduld ausbalanciert worden ist. [...] Das Londoner Schuldenabkommen ist [...] im Schatten der Bonner Verträge und das heißt, indirekt mit Rücksicht darauf zustande gekommen. Diese Zusammenhänge und Verknüpfungen wollen gesehen werden. Sie lassen sich nur schwer und vermutlich in naher Zukunft nicht wieder auflösen.«

Die Querverbindungen zum Deutschland-Vertrag – unter anderem in der Frage der Reparationen – belegen den politischen Charakter des Schuldenabkommens, und denkt man daran, welche Bedeutung der wirtschaftliche Aufstieg der Bundesrepublik für ihre außenpolitische Anerkennung hatte, so wird ein weiterer Zusammenhang deutlich.

Nun kann es nicht darum gehen, im nachhinein dem Londoner Schuldenabkommen Schlüsselcharakter für die Entwicklung der Bundesrepublik zuschreiben zu wollen. Es hat seinen Platz im Zusammenhang mit anderen Ereignissen, aber dort sollte es vor dem Vergessen bewahrt bleiben. Daß es im öffentlichen Bewußtsein nie eine Rolle gespielt hat, hebt es von den Reparationsplänen der zwanziger Jahre ab. Seine unauffällige Abwicklung ist ein Zeichen seines Erfolges.

QUELLE: Hermann J. Abs: Entscheidungen. 1949–1953. Die Entstehung des Londoner Schuldenabkommens; © v. Hase & Koehler Verlag Mainz, 1991

LUDWIG ERHARD (1897–1977)

Ludwig Erhard kommt am 4. Februar 1897 als Sohn des Textilwarenhändlers Wilhelm Erhard und seiner Frau Augusta geb. Hassold in Fürth zur Welt. Er nimmt am Ersten Weltkrieg teil und wird 1918 an der Westfront schwer verwundet. 1923 heiratet er Luise Schuster. Sein Wirtschaftsstudium schließt er 1925 mit einer Promotion über Währungspolitik ab. Ab 1928 setzt er sich unterschiedlichen Aufgaben mit wirtschaftspolitischen Themen auseinander, u. a. 1944 mit einer Denkschrift »Kriegsfinanzierung und Schuldenkonsolidierung«, in der er die Konsequenzen eines verlorenen Krieges aufzeigt. 1948 leitet er parallel zur Währungsreform die Aufhebung der Bewirtschaftung und die Freigabe der Preise in den westlichen Besatzungszonen ein. Das von ihm begründete Konzept der Sozialen Marktwirtschaft begrenzt die wirtschaftliche Aufgabe des Staates auf die Schaffung von Rahmenbedingungen für den Wettbewerb. Zugleich besteht eine Fürsorgepflicht des Staates gegenüber denjenigen, die nicht am Arbeitsprozess teilnehmen können. Eng verbunden mit seinem Wirken als bundesdeutscher Wirtschaftsminister (1949–1963) ist das sogenannte deutsche Wirtschaftswunder.

LUDWIG ERHARD

WOHLSTAND FÜR ALLE

DIE FREIHEIT OBERSTES ZIEL*

In einer Fußball-Elf ist es z. B. auch nicht üblich, daß sich alle elf Mann ins Tor stellen. Wenn sie das tun wollten, würden wir als Zuschauer mit Recht zu pfeifen anfangen, weil wir das als unfair und als den Regeln widersprechend empfinden. Von Stürmern verlangen wir, daß sie stürmen. Wenn diese meinten, daß sie »mauern« oder sich gar ins Tor stellen sollten, dann empfinden wir dies als durchaus unangebracht und störend, ja, wir dulden es nicht. Ganz ähnliche Funktionen hat die wirtschaftliche Ordnung wahrzunehmen. Ich glaube, daß wir diesem Modell einer wirtschaftlichen Ordnung, das sich im Hintergrund all meiner Handlungen abzeichnet, unsere Erfolge verdanken. Dieses Modell behält auch dann seine Gültigkeit, wenn wir im einzelnen einmal bereit waren und bereit sein müssen, davon abzuweichen.

Die Zuschauer eines Fußballspiels würden es den Spielpartnern auch außerordentlich übelnehmen, wenn diese vorher ein Abkommen geschlossen und dabei ausgehandelt haben würden, wieviel Tore sie dem einen oder dem anderen Teil zubilligten und dann nicht das von uns erwartete und auch durch ein Eintrittsgeld honorierte, faire Wettspiel durchführten, sondern lediglich ihre Vereinbarung kampflos erfüllen würden. So vertrete ich denn auch die Auffassung, daß es die Grundlage aller Marktwirtschaft ist und bleiben muß, die Freiheit des Wettbewerbs zu erhalten. Diese herrscht nur dort, wo *keine Macht, die Freiheit zu unterdrücken* geduldet wird, sondern wo die Freiheit, in dem Sitten- und Rechtskodex eines Volkes verankert, *zum*

---

* In der Originalausgabe wurde mit Anmerkungen auf Reden, Aufsätze und Schriften verwiesen, die im Anhang in Datum und Anlaß gegliedert wurden. Dabei sind die geäußerten Gedankengänge entweder wörtlich oder sinngemäß übernommen worden.

allgemein verpflichtenden Gebot, ja zum höchsten Wert der Gemeinschaft selbst wird.

Wir werden – das ist meine feste Überzeugung – nur so lange eine freie Unternehmungswirtschaft haben, als wir von Staats wegen über die Freiheit wachen. Wenn man im unternehmerischen Lager allenthalben geglaubt hat, sich darüber beschweren zu müssen, dies wäre umgekehrt eine unbillige Einschränkung der Freiheit durch den Staat, dann kann ich darauf nur erwidern, daß es eine falsch verstandene Freiheit ist, wenn man meint, unter dem Namen und mit dem Dogma der Freiheit die Freiheit selbst unterdrücken zu können.

So wie es im staatlichen, d. h. im politisch gesellschaftlichen Raum eine Ordnung durch das Grundgesetzt gibt, das das Zusammenleben der Menschen regelt und die Beziehungen gestaltet, so gilt ein Gleiches für die Wirtschaft. Hier sind die Verantwortungen klar geschieden. Der *Unternehmer* hat die *Verantwortung* für seinen *Betrieb*; dort kann er mit Fug und Recht fordern, daß sein Handeln von staatlicher Weisung oder Gängelung frei bleibt, daß er also echte unternehmerische Freiheit und Freizügigkeit genießt und üben darf. Ich bin der erste, der den Unternehmer in dieser Forderung unterstützt. *Die Verantwortung* für die *Wirtschaftspolitik* aber hat allein der Staat zu tragen. Wir wissen, wohin es führt, wenn man diese beiden Funktionen miteinander vermengt.

Diese kurzen Ausführungen sollen deutlich machen, wie nach meiner Auffassung die Grundlagen einer marktwirtschaftlichen Politik gestaltet sein müssen, und wo ich die *Grenzen* zwischen dem *Individuum* und dem *Staat* gezogen wissen möchte.

Es bedarf einer Erklärung, warum ich diesen Fragen so entscheidende Bedeutung beimesse, warum ich überhaupt die Wirtschaft für schicksalhaft wichtig halte. Ich will dabei keineswegs den Eindruck erwecken, als ob ich glaubte, aus der Wirtschaft heraus das Allheilmittel für alle unsere gesellschaftlichen und sozialen Nöte finden zu können. Ich bin weit davon entfernt! So wie der einzelne Mensch seines physischen Lebens bedarf, um im transzendenten Sinn Mensch zu sein, um Geist und Seele entfalten zu können, so ist es auch im Leben eines Volkes. Die Wirtschaft ist vielleicht das Primitivste, aber sie ist auch das Unentbehrlichste; erst auf dem Boden einer *gesunden*

Wirtschaft kann die Gesellschaft ihre eigentlichen und *letzten Ziele* erfüllen.

Diese Grundlage muß gesund sein, wenn nicht schon von dort aus Verzerrungen und Aufspaltungen im Volkskörper ihren Ausgang nehmen sollen. Der Wirtschaft die geistige, die seelische und die materielle Ausrichtung zu geben, das ist zuletzt Sache der Politik, Angelegenheit der Gesellschaft. Wenn diese meine Ansicht nicht den Verdacht aufkommen lassen kann, daß ich das Materielle überbewerte, so glaube ich andererseits, daß vielleicht mit Ausnahme des Genies der Mensch sich seiner Persönlichkeit und Würde erst bewußt werden kann, wenn er nicht von materiellen Sorgen, von den kleinen Nöten des Alltags geplagt ist, d. h. also, wenn das Materielle dank der Möglichkeit einer Befriedigung keine übermächtige Rolle zu spielen braucht.

[…]

DEUTSCHES WUNDER?

Wenn ich mich hier mit *Anliegen* mancher *mittelständischer* Wirtschaftskreise besonders auseinandersetzen mußte, so gestehe ich auch freimütig, manchmal den Eindruck zu haben, daß auch auf Seiten unserer *Industrie* allenthalben mit *verkehrter Frontstellung gekämpft* wird. Es entstand in den letzten Jahren manches Mal das Bild, als ob die Industrie die *Marktwirtschaft als* etwas *Störendes* empfinden würde und, wenn auch nicht gerade offen, sich dieser Marktwirtschaft entziehen wolle. Richtig ist natürlich allein die gegenteilige Auffassung. Die Industrie müßte geschlossen und nachdrücklich bekennen, daß sie aus Überzeugung das Prinzip der freien Marktwirtschaft vorbehaltlos bejaht.

Wo die Marktwirtschaft in ihrer Funktion gehemmt ist, sollte die Forderung dahin lauten, die Bedingungen der Freiheit so weit als möglich herzustellen. Die Industrie kann fordern, daß der Staat die Freizügigkeit des Unternehmers nicht künstlich oder über Gebühr beschränkt, daß ihm die Steuerpolitik des Staates genügend Kapital beläßt, um den unternehmerischen Aufgaben im volkswirtschaftlichen Interesse genügen zu können. Kämpft die Industrie in dieser Weise, dann kämpft sie in der richtigen Stoßrichtung. Dann wird sie von mir jede Unterstützung erwarten können.

Die obigen Darlegungen dürften deutlich gemacht haben, daß für mich die Vorstellung, *Einzelinteressen* der Wirtschaft wahrzunehmen, völlig *außerhalb* des Bereichs *meiner Denkungsart liegt*; ja, diese Feststellung kann mit allem Nachdruck getroffen werden, zumal – um das Gesagte noch einmal auf einen Nenner zu bringen – in *meinem Weltbild* und auch in meiner wirtschaftspolitischen Vorstellung der *Mensch* im *Mittelpunkt* allen Geschehens steht. Alle wirtschaftspolitischen Maßnahmen, die ich ergreife, gehen immer von Überlegungen aus, wie die Menschen reagieren werden, welche Konsequenzen sie aus einer Veränderung der ökonomischen Daten ziehen wollen.

Weil ich alle Erfolge, die mittels meiner Wirtschaftspolitik errungen wurden, auf das Tun und Lassen der beteiligten *Menschen* zurückführe, bin ich übrigens auch nicht geneigt, den Begriff des »*deutschen Wunders*« gelten zu lassen. Das, was sich in Deutschland in den letzten neun Jahren vollzogen hat, war alles *andere* als ein *Wunder*. Es war nur die Konsequenz der ehrlichen Anstrengung eines ganzen Volkes, das nach freiheitlichen Prinzipien die Möglichkeit eingeräumt erhalten hat, menschliche Initiative, menschliche Energien wieder anwenden zu dürfen. Wenn darum dieses deutsche Beispiel über das eigene Land hinaus einen Sinn haben soll, dann kann es nur der sein, aller Welt den Segen der menschlichen Freiheit und der ökonomischen Freizügigkeit deutlich zu machen.

[...]

DAS GEHEIMNIS DER MARKTWIRTSCHAFT

Dieses Wissen um die Unteilbarkeit der Freiheit mußte *jedem Politiker*, der sich um das Wohl der Allgemeinheit bemüht, *nach den Jahren der politischen Unfreiheit* die *Verpflichtung* bewußt sein lassen, *endlich den Menschen wieder Freiheit zu gewähren*. Dieses Verantwortungsgefühl bewog mich, sofort nach meiner Amtsübernahme mit dem ganzen Spuk aufzuräumen, der die Wirtschaft und den wirtschaftenden Menschen von Staats wegen zu gängeln versuchte. Damit habe ich für meinen Ressortbereich die Grundvoraussetzung einer echten demokratischen Ordnung geschaffen; ich habe der Freiheit zum Durchbruch verholfen.

Das ist ja gerade das Geheimnis der Marktwirtschaft, und das macht ihre Überlegenheit gegenüber jeder Art von Planwirtschaft aus, daß sich in ihr sozusagen täglich und stündlich die Anpassungsprozesse vollziehen, die Angebot und Nachfrage, Sozialprodukt und Volkseinkommen sowohl in quantitativer als auch in qualitativer Beziehung zu richtiger Entsprechung und so auch zum Ausgleich bringen. Wer also nicht Leistungswettbewerb und freien Marktpreis will, hat jedes Argument gegen die Planwirtschaft aus der Hand gegeben.

Nun mag von meinen Gegnern die Frage aufgeworfen werden, ob die von mir so betonte Freiheit des Unternehmers nicht gerade dadurch zu sehr eingeschränkt wird, daß man dem Unternehmer nicht mehr gestatten möchte, seine Freiheit so zu gebrauchen, wie er es für richtig hält, das heißt also auch gegebenenfalls dazu zu benutzen, die freie Betätigung des einzelnen Unternehmers einzuschränken. Ich gebe gern zu, daß es sich hierbei um die *zentrale Frage* der *Marktwirtschaft* moderner Ausprägung handelt. Diese Frage zu stellen und zu beantworten, heißt *den eklatanten Unterschied* zwischen der sozialen Marktwirtschaft, wie wir sie in Westdeutschland seit 1948 zu verwirklichen suchen, und der liberalistischen Wirtschaft alter Prägung *aufzuzeigen*.

Nach meiner Auffassung beinhaltet die *soziale Marktwirtschaft* eben *nicht die Freiheit* der Unternehmer, durch *Kartellabmachungen die Konkurrenz auszuschalten*; sie beinhaltet vielmehr die Verpflichtung, sich durch eigene Leistung im Wettbewerb mit dem Konkurrenten die Gunst des Verbrauchers zu verdienen. Nicht der Staat hat darüber zu entscheiden, wer im Markt obsiegen soll, aber auch nicht einer unternehmerische Organisation wie ein Kartell, sondern ausschließlich der *Verbraucher*. *Qualität* und *Preis* bestimmen Art und Richtung der Produktion, und nur nach diesen Kriterien vollzieht sich auf der privatwirtschaftlichen Ebene die Auslese.

In dieser Sicht ist die *Freiheit* ein staatsbürgerliches Recht, das von *niemandem außer Kraft gesetzt* werden darf. Die von den Kartellfreunden geforderte Freiheit zur Unterbindung oder zur Beseitigung der Freiheit ist nicht der Freiheitsbegriff, den ich im Interesse des Fortbestehens freier Unternehmer als verpflichtend vorangestellt wissen möchte. Wer das Wort Freiheit im Munde führt, muß es damit auch ehrlich meinen. *Die Freiheit* – ich wiederhole es – *ist und bleibt ein Ganzes und Unteilbares.* Sie darf nicht nach Zweckmäßigkeitsgründen verteidigt oder verworfen werden.

Den Gegenpol der wirtschaftlichen Freiheit stellt die Ausprägung wirtschaftlicher Macht dar. Es ist daher gesetzlich sicherzustellen, daß die Vorzüge der Wettbewerbswirtschaft nicht durch historisch erwiesene Nachteile einer bedenklichen Machtkonzentration aufgewogen werden.

Der Gesetzgeber muß also dem Problem der wirtschaftlichen Macht als einem möglichen Störungsfaktor des marktwirtschaftlichen Gleichgewichts seine besondere Aufmerksamkeit zuwenden. Der Wettbewerb und die durch ihn bedingte Leistungssteigerung und Fortschrittsförderung müssen durch staatliche Ordnungsmaßnahmen sichergestellt und gegenüber allen Störungselementen abgeschirmt werden. Insbesondere ist zu gewährleisten, daß die Funktion der freien Preisbildung in einem nicht manipulierten Markt als Steuerungsmittel des Wirtschaftsablaufs keine Behinderung erfährt.

SIZILIEN LIEGT NICHT AN DER RUHR

Diese kritische Anmerkung gilt natürlich auch gegenüber solchen Vorstellungen, die ebenso abwegige Gedanken unter einem anderen Motto, dem der »*Harmonisierung*«, verfolgen und unter dieser Flagge eine Gleichmacherei aller ökonomischen Verhältnisse betreiben wollen. Ich übertreibe nicht, wenn ich berichte, daß man dabei an die Löhne, die Sozialleistungen, die Urlaubsregelung, an die Bezahlung der Überstunden denkt. Ist man aber bereit, die These der sozialen Harmonisierung anzuerkennen, dann gibt es logisch keine Grenze, und mit gleicher Berechtigung könnte dann die Forderung auf Einbeziehung der Energie- und Transportkosten oder der Steuern erhoben werden.

Wollte man den Versuch unternehmen, alle betriebswirtschaftlichen Kostenelemente von Land zu Land und über einen größeren Bereich von Ländern hinaus so zu harmonisieren, d. h. auszugleichen, daß der Wettbewerb keine »störenden« Wirkungen zeitigen kann, bedeutet dies nicht Integration, sondern eine *Desintegration* schlimmsten Ausmaßes.

Ich will mit dieser Feststellung gar nicht leugnen, daß sicherlich jeder Krankheitsherd im nationalen Bereich zugleich auch eine Störung der zwischenstaatlichen Beziehungen bedeutet. Diese Erkenntnis darf aber nicht dahin führen, irgendeinem Land das Recht zu geben, seine Partner im Gemeinsamen Markt aufzufordern oder sogar zu zwingen, in schneller Folge fragwürdige Prinzipien des eigenen Landes zur Anwendung zu bringen.

Unter dem Stichwort »Harmonisierung« ging das Ansinnen sogar so weit, daß am Ende der Übergangsperiode *die Lohnniveaus* der einzelnen Mitgliedsstaaten *angeglichen* und ihre Gesamt-Arbeitskosten *»äquivalent«* sein müßten. Man könnte über diese Forderung hinweggehen, weil sie volkswirtschaftlich einfach nicht realisierbar ist, denn von Sizilien bis zum Ruhrgebiet kann es keine gleiche Produktivität und mithin auch keine gleichen Arbeitskosten geben. Die Praktizierung dieses Grundsatzes müßte gebietsweise sogar zu einem wirtschaftlichen Massensterben führen. *Die Lohnkosten sind in ihrer jeweiligen Höhe ein Ausfluß der Produktivität und nicht die Voraussetzung einer gleichen Leistungskraft.*

Niemand kann glauben wollen, daß es möglich sein könnte, in allen beteiligten Ländern quer durch alle Industriezweige einen gleichen Produktivitätsstandard zu setzen und einen gleichen Produktivitätsfortschritt zu erzielen. Selbst wenn durch künstliche Manipulationen an einem bestimmten Stichtag gleiche Startbedingungen gesetzt werden könnten, würden am Tage danach schon wieder Veränderungen Platz greifen, weil die Vorstellungen und das Verhalten der Menschen und auch der Völker hinsichtlich ihres Sparen-und-Verbrauchen-Wollens, des Leistungsstrebens, ihres Fleißes u. ä. m. auch in einem gemeinsamen Markt niemals auf einen gemeinsamen Nenner gebracht werden können.

Jene Forderung beruht also auf einer völlig *illusionären Verkennung* ökonomischer Gesetze und Tatbestände, aber sie charakterisiert zugleich eine *geistige Haltung*, die sich in einem integrierten Europa unter *keinen Umständen* durchsetzen darf, wenn nicht menschliche Initiative und schöpferische Kraft, ja das Leben selbst, erstickt werden sollen.

Es ist also eine Illusion, die hinter diesen Vorstellungen steht, *der Wahn*, zu glauben, man könnte die natürlichen Gegebenheiten korrigieren und die strukturellen Bedingungen von Land zu Land mit künstlichen Mitteln so weit ausgleichen, daß jedes Land in jedem Bereich mit gleichen Kosten arbeitet. Ich halte dies – von der Unmöglichkeit, daß man dieses fragwürdige Ziel jemals wird erreichen können, einmal abgesehen – auch in *keiner Weise* für *erstrebenswert*. Dann gäbe es auch keinen Hinderungsgrund mehr, wieder in die nationale Isolierung zurückzufallen, denn wenn jeder Mann jede Ware zu den gleichen Kosten anbieten kann, warum – so frage ich – soll ich sie dann anderwärts kaufen? Hier *verliert* der zwischenstaatliche *Güteraustausch* seinen letzten und eigentlichen Sinn. Das ist doch gerade der Witz, daß alle Länder unter verschiedenen Bedingungen arbeiten, daß bei dem einen die Gunst auf dieser, bei dem andern auf jener Seite liegt, daß der eine da und jener dort leistungsfähiger ist. Gerade hieraus erwächst ja die Notwendigkeit der gegenseitigen Ergänzung und die Fruchtbarkeit eines solchen Bemühens.

Wer dieser Harmonisierungstheorie folgt, darf nicht der Frage ausweichen, wer die Opfer bringen und womit die Zeche bezahlt werden soll. In der praktischen Konsequenz muß ein solcher Wahn naturnotwendig zur Begründung sogenannter »Töpfchen« führen, d. h. von Fonds, aus denen alle diejenigen, die im Nachteil sind oder es zu sein glauben, entweder entschädigt oder künstlich hochgepäppelt werden. Das aber sind Prinzipien, die mit einer *Marktwirtschaft nicht in Einklang* stehen. Hier wird nicht die Leistung prämiiert, sondern das Gegenteil getan, es wird der Leistungsschwächere – aus welchen Gründen auch immer – subventioniert. Das scheint mir nicht das Prinzip zu sein, welches geeignet ist, echten Fortschritt zu bringen, jenen schnellen Fortschritt, den wir in Europa so notwendig brauchen. So läßt sich auch nicht das Ziel erreichen, die Lebensmöglichkeiten

Blick vom Turm der Kreuzkirche auf das durch die Luftangriffe vom Februar 1945 zerstörte Dresden

Dresden, das vom 13. bis 15. Februar 1945 von britischen und amerikanischen Bombern komplett zerstört wurde, steht wie keine andere Stadt für die Fragwürdigkeit der alliierten Kriegsführung gegen die Zivilbevölkerung. Dresden hatte zu diesem Zeitpunkt rund 600.000 Einwohner, hinzu kamen ungezählte Flüchtlinge. Heute erstrahlt das Elbflorenz in neuem, altem Glanz. Die Folgen der Zerstörung und des rudimentären Aufbaus zur Zeit der DDR sind weitgehend überwunden.

unseres Volkes und diejenigen aller europäischen Völker zu verbessern.

Gegenüber diesen Theorien habe ich zu wiederholten Malen darauf hingewiesen, daß ich jene »*Sozialromantik*«, die hier zum Ausdruck kommt, für außerordentlich gefährlich halte. Dagegen trete ich dafür ein, daß gemeinsame Mittel nach strukturellen und soziologischen Maßstäben einer echten Produktivitätssteigerung sowie für die Erhaltung lebensfähiger Wirtschaftszweige nutzbar gemacht werden. Die Geister scheiden sich *nicht* in der Fragestellung, *ob* ein gemeinsamer Markt sobald als möglich entstehen soll oder nicht; es geht ausschließlich um die Ordnungsprinzipien und die geistige Ausrichtung.

QUELLE: Ludwig Erhard: Wohlstand für alle, bearbeitet von Wolfram Langer, 8. Auflage, Econ-Verlag, Düsseldorf; © Ludwig-Erhard-Stiftung e.V.

ALEXANDER KLUGE (* 1932)

Alexander Kluge wird am 14. Februar 1932 in Halberstadt geboren. Am 8. April 1945 überlebt er nur knapp die Zerstörung seiner Heimatstadt. Nach seinem Abitur in Berlin promoviert er 1956 zum Dr. jur., wird juristischer Berater des Frankfurter Instituts für Sozialforschung und Vertrauter von Theodor W. Adorno.

Anfang der 60er Jahre wird Kluge als Schriftsteller und Filmemacher bekannt. Er beeinflusst maßgeblich den Neuen Deutschen Film in Theorie und Praxis. 1962 wird er Mitglied der »Gruppe 47«, eines hochrangigen literarischen Forums der Nachkriegszeit, dem u.a. Heinrich Böll, Paul Celan, Günter Grass, Peter Handke, Siegfried Lenz und Marcel Reich-Ranicki angehören.

Seit 1982 ist er mit Dagmar Steurer verheiratet. In seinen Filmen und Büchern setzt sich Kluge mit aktuellen gesellschaftlichen Strömungen auseinander, wie z. B. 1978 mit der Roten Armee-Fraktion (RAF) in dem

Film »Deutschland im Herbst«. Sein Œuvre umfasst mehr als 30 Filme. Sein Film- und Erzählwerk ist mit zahlreichen Ehrungen ausgezeichnet. Inhalt seines Schaffens ist die authentische Vermittlung von Erfahrungen in ihrer gesellschaftlichen Wirklichkeit.

ALEXANDER KLUGE

REDEN ÜBER DAS EIGENE LAND: DEUTSCHLAND

Ich kann mit dem, was ich unter dem Wort *Deutschland* verstehen könnte, nicht umgehen, wenn wir uns nicht einigen auf recht erhebliche Zeitmaße, Dimensionen, Zeitmaße, die wir im aktuellen Herbst 1983 vergessen könnten ...

Nehmen Sie das Geburtsjahr meiner Mutter beispielsweise, das Jahr 1908. Da sind sehr viele Erwachsene, während dieses Baby dort strampelt, die einen Krieg für drohend halten, mit einem Krieg rechnen, die Militärs vornweg, die sagen: Der Krieg ist unvermeidlich; je eher er ausbricht, desto besser für uns Mittelmächte. Dieses Kalkül hat aber überhaupt nichts damit zu tun, was dann zwischen 1914 und 1918 *tatsächlich* geschieht. Keiner kann sich irgend etwas von diesem wirklichen Krieg vorstellen. Und ich kann mir während dieses Kriegs, einer einbruchartigen neuen Erfahrung – zum Beispiel Verdun 1916 – nicht vorstellen, was *nach* 1918 geschehen könnte. Und dann springe ich auf 1932, das ist mein Geburtsjahr, und wieder haben Sie im Grunde sehr viele Leute, die einen Krieg für drohend halten, damit rechnen. Es gibt Leute im Zentralkomitee in Moskau, die errechnen: Es ist geradezu zwingend, daß diesmal England und USA einen Krieg führen, und zwar im Jahre 1931. 1933 kommt aber etwas völlig anderes, und wieder kann man sich eigentlich nicht recht vorstellen, was 1939 oder 1941 geschieht oder 1945. Und 1945 kann man sich wiederum nicht vorstellen, daß das Ganze wieder aufgebaut werden soll und wie es 1951 aussehen wird. Sie können mir glauben, daß diese Gefühle, wenn Sie so wollen, mich jedes Jahr erneut *bewegen*; und wenn ich in diesem Jahr, auf den Filmfestspielen in Venedig, Sommer, blaue See, die Adria vor mir sehe, dann denke ich an nichts anderes ernsthaft, außer an August 1914: daß wir im Grunde in diesem Jahrhundert *nachsitzen* müssen, daß wir praktisch gar nichts gelernt haben und daß die Wiederholungszwänge in diesem Jahrhundert in massiverem Maß zunehmen als in jedem vorangegangenen.

[…]

Und wenn ich jetzt an konkrete Menschen denke, und um einen Zeitrahmen zu gewinnen, bitte ich Sie, an einen Menschen zu denken, der 1932 *arbeitet*. Er widmet seine Zeit hauptsächlich der Arbeit, er verausgabt sich, und er muß auch Hoffnungen haben, weil der Mensch nur so sein Können einsetzt, Das macht der Mensch so, er muß sein Können einsetzen, das ist seine Natur bzw. seine Kultur, seine Erziehung, das was aus der Natur gemacht worden ist. Und er verausgabt jetzt seine Kräfte einmal kräftig in den dreißiger Jahren in der Hoffnung auf Volkswagen, auf ein Haus, das er einmal bekommen wird – ich weiß nicht, was er alles denkt, ich kann mich nicht in ihn hineindenken; ich war zu klein dafür. Ich weiß aber, er hat sein Vertrauen und seine Hoffnung einmal verausgabt, und jetzt wird er in einen Krieg hineingeführt; das war nicht in seinem Sinn, aber er ist in diesem Krieg, und jetzt verausgabt er nochmals für den Endsieg seine Kräfte. Und ich kann nicht verächtlich von ihm sprechen, nachdem der Krieg zu Ende ist und alles in Trümmern liegt und alle Hoffnungen eigentlich zerstört sind, und ich frage Sie: Wer zählt *diese* Inflation und *diese* Währungswechsel, die in der Verausgabung von Hoffnung und Vertrauen ihren Kern haben? Er baut wieder auf. Und 1949, als vieles, trotz Reparationenleistung, wiederaufgebaut ist, kommen aus den Tresoren die Akten heraus, und Juristen belehren ihn, daß das, was aufgebaut wurde, ihm nicht gehört, auch nicht seinen Kameraden. Um so mehr setzt er jetzt seine Hoffnungen und sein Vertrauen in den Wiederaufbau und ist gegen 1968 noch weiter verausgabt. Seine Erfahrungen, sein Vertrauen, seine Treue, seine Kräfte hegen zerstreut auf den Abschnitten, in denen er sie verausgabt hat. Sie sind dort *wirklich* gebunden, in Form von wirklichen Dingen festgemacht. Und jetzt soll er seinen Kindern, der neuen Generation, die ihn wahrscheinlich nicht fragt, erklären, was seine Erfahrungen sind. Und das ist sehr dünn, was er berichten kann, denn einerseits bekommt er seine Erfahrungen nicht in den Gesprächsmoment hinein, denn sie hegen ja verstreut, er kann sein Vertrauen, die Hoffnung, d.h., den Gefühlston, mit denen er diese Kräfte verausgabt hat, in den Moment des Berichtens nicht einbringen. Die Kinder sind auch sehr ungeduldig, denn sie möchten ja eigentlich Eltern haben, auf die sie stolz sein können. Diese Eltern, auf die kann man sehr schwer stolz sein, meinen die Jungen, weil sie ja sozusagen ihre Kräfte für Sinnloses geopfert haben oder sogar Schuld auf sich gehäuft haben. Dies ist der große Kollektivrahmen. Hier entsteht so etwas wie ein Generationenbruch, denn Erfahrung, die über Jahrhunderte gewachsen ist und die das Unglück genauso wie die Produktivität hervorgerufen hat, kann nicht recht weitergegeben werden. Ich halte das für die wichtigsten Momente in der Geschichte eines Landes. Und wenn ich über das eigene Land, Deutschland, rede, kann ich nur aus dieser Perspektive heraus sprechen; diese Perspektive ist immer eine Zeitdimension und hat mit der räumlichen Frage Deutschland wenig zu tun.

[...]

QUELLE: Reden über das eigene Land: Deutschland. 1983–1987, Verlag C. Bertelsmann, München 1988; © Alexander Kluge

HORST KRÜGER (1919–1999)

Horst Krüger wird am 17. September 1919 in Magdeburg geboren. Seine Kindheit und Jugend verbringt er in Berlin. Nach dem Zweiten Weltkrieg studiert er Philosophie und Literaturwissenschaften an der Humboldt-Universität Berlin und später an der Albert-Ludwigs-Universität Freiburg.

Von 1952 bis 1967 leitet Krüger das Literarische Nachtstudio des Südwestfunks Baden-Baden. Er schreibt vor allem Reiseerzählungen und setzt sich mit der nationalsozialistischen Vergangenheit und der Teilung Deutschlands auseinander, so in seinem autobiographischen Roman »Das zerbrochene Haus. Eine Jugend in Deutschland« (1966) oder 1983 in seinen Reiseskizzen »Tiefer deutscher Traum«. Sein schriftstellerisches und feuilletonistisches Werk wird mit zahlreichen Auszeichnungen gewürdigt. 1990 erhält er das Bundesverdienstkreuz. 1999 stirbt Horst Krüger, »der einzige große Reiseschriftsteller der Nachkriegszeit« (Die Zeit), in Frankfurt am Main.

HORST KRÜGER

TIEFER DEUTSCHER TRAUM

DAS ERSTE BILD

Interhotel »Stadt Berlin«: 19. Stock, Zimmer 17, ein Eckzimmer mit zwei Fenstern nach West und Nord. Ich stand am Westfenster. Abendstimmung, ein etwas verwaschener, grauer Himmel, Dämmerung, die Nacht zog schon auf. Ich sah Groß-Berlin, die ganze Stadt, ungeteilt. Ich sah den alten Rathausturm, die Marienkirche tief unter mir liegen, winzige Spielzeughäuschen. Ich sah, wie sich die S-Bahn Richtung Jannowitzbrücke schlängelte. Unter den Linden war nichts zu sehen, aber dahinter die Umrisse des Brandenburger Tors und dahinter, ganz fern, die Lichter von West-Berlin, die eben zu flimmern begannen. Die Mauer ist aus so großer Höhe nicht zu sehen. Die ganze Stadt lag mir zu Füßen. Es war tiefe Wunscherfüllung: mein Riesenspielzeug, meine Kinderstadt, meine alte, immerwährende Kitschgeschichte – mein Heimatdorf, riesig und doch verspielt. Ich war sehr glücklich – da oben. Daß wir das geschafft haben! Seit zwanzig Jahren wollte ich das. Wie oft habe ich es früher versucht beim Presseamt der DDR: Aufenthaltsgenehmigung drüben. Nie hat es geklappt. Jetzt endlich. Wir werden hier bleiben, hier wohnen, hier leben, die historische Mitte der Stadt entdecken. West-Berlin ist doch nur Vorstadt gewesen, früher. Altberlin ist immerhin 750 Jahre da. Berlin-Alexanderplatz: auch ein Roman von Döblin.

Ach, was für ein Quatsch! Was für ein komisches Rührstück. Ich immer meine verlorene Zeit suchend. Ach, du lieber Augustin, alles ist hin! Kein Stein ist hier auf dem anderen geblieben. Alles ist anders, ist neu und fremd geworden. Es gibt den alten Alex nicht mehr. Ich war in ein kaltes, unbekanntes Berlin gekommen. Man muß es wohl sozialistisch nennen? Es pfiff uns ein eisiger Wind um die Ohren. Preußische Barschheit schlug mir entgegen, als ich später unten vor dem Hotel mein Auto noch etwas unexakt rumrangierte. Sie sind wohl verrückt, herrschte mich der Volkspolizist an. Sehen Sie denn nicht das Halteverbot an dieser Stelle! So etwas kostet bei uns hundert Mark! Ost- oder West, bitte? wollte ich heiter zurückfragen, aber ich tat es nicht. Ich biß mir still auf die Zunge. Die guten Zeiten von Quedlinburg waren vorbei. Ich begriff es so langsam. Du bist in die Zentrale, in die Hauptstadt der Macht gekommen. Hoheit geht um. Hier herrscht ein strammer Ton. Preußen ist eingemischt.

Und als wir dann noch etwas später unten in der Hotellobby die »Zillestuben« suchten, mußten wir einmal quer durch das ganze Haus. Man kommt da auch an den Konferenzräumen und Privatsalons vorbei, die jedes große Hotel, halböffentlich, hat. Eine Versammlung Uniformierter löste sich eben im »Salon Weimar« auf. Lauter Militärs, Offiziere der Nationalen Volksarmee, alle von höherem Rang. Sie hatten hier wohl eine Konferenz gehabt, ein Meeting im kleinen Kreis? Man sah jedenfalls noch auf den Tischen Reste eines großen Soupers, das man feudal nennen muß: Kaviar und Sekt, Lachs und köstliche Südfrüchte standen in Massen. Die Massen haben das nicht. Die neue Klasse hatte getagt und geschmaust – auf wessen Kosten?

Ungute, schwere, etwas verschwommene Gesichter. Der deutsche Kleinbürger in Uniform, der ewige Befehlsempfänger: Schirmmütze, Schulterstücke, Ordensbrett an der Brust, die Aktentasche in der

Hand, und wie sie dann durch den Flur gingen zum Ausgang: massig, unterwürfig und anmaßend zugleich – die Arroganz der Macht. Die sind verläßlich, ging es mir durch den Kopf. Wenn's befohlen wird, schießen die auf ihre eigenen Leute. Übrigens sahen die gleichen bei den Nazis ganz anders aus: schmissiger, kälter, schneidender. Die damals waren Rasiermesser: blutig. Die heute sind Holzknüppel: blaue Flecken.

Ich will von unserem ersten Abend in den »Zillestuben« sprechen. Wer Zille war, weiß jeder. Die Stuben waren ein sehr kultiviertes, feines, auch gemütliches Restaurant, der S-, also der Luxus-Klasse. Nicht, daß wir zu klagen gehabt hätten; uns ging es gut. Die jungen Berliner, die draußen vor der Tür standen, auch reinwollten, es aber nicht wagten, sie machten mich nachdenklich. Zwei Burschen, waschechte Arbeitersöhne vom Alexanderplatz, hatten tatsächlich gewagt, die Tür eigenmächtig zu öffnen, die neue Klassengrenze zu durchbrechen. Wie sie dastanden: langhaarig, jeansblau, hilflos, aber doch hoffend, und wie sie dann vom Saalchef gefeuert wurden: Zack, flogen sie raus, an einigen Graphiken des Meisters vorbei, die ähnliche Unterdrückung des Volkes zeigten – das hatte schon Stil, auch das war von Klasse. Ich frage: Ist Heinrich Zille in Kategorie S nun eigentlich rauf- oder runtergekommen?

Trotzdem, die nächsten Tage brachten Pluspunkte, massenhaft. Ich hole nach, ich lernte viel zu. Ich war erstaunt, rund um den Alexanderplatz einen Aufbau zu sehen, den man imponierend nennen muß. Wir im Westen sollten diese gewaltige Leistung zur Kenntnis nehmen. Viele unterschätzten sie noch. Ost-Berlin draußen, gleich an der Schönhauser Allee und dann in Köpenick und in Friedrichshagen sieht es immer noch grau und verkommen aus; vereinzelte Neubaukomplexe dazwischen. Hier aber im Zentrum, also vom Brandenburger Tor ab bis ungefähr S-Bahnhof Jannowitzbrücke, ist ein riesiges, funkelnagelneues Musterberlin entstanden, das imponierende Zukunftsmodell der Republik. Es ist, gemessen an den meist monströsen Metropolen der Ostblockstaaten, geradezu von überwältigender Modernität. Vieles ist gelungen, einiges sogar schön. Merke, vergiß es nicht: Das kommunistische Berlin ist heute mit Abstand die westlichste Stadt im Sowjetimperium, architektonisch gesehen. Vom

Lebensgefühl, der Stadtatmosphäre her ist natürlich Warschau oder Budapest viel westlicher.

Daß man die historischen »Linden« im schönen Stil des preußischen Klassizismus wieder hergestellt hat, ist bekannt. Der alte Lustgarten, der neue Marx-Engels-Platz sind dann auch akzeptabel. Der Palast der Republik hat mir von außen gleichfalls gefallen. Man muß schließlich bedenken, wo man hier ist: im letzten, überanstrengten Nervenzentrum von Moskau. Innen ist etwas mißlungen. Sie sind nach meinem Geschmack um eine Nuance zu sehr ins andere Extrem verfallen: die tausend Lichter, gespreizt, die zu dicken Teppiche und Sessel, die vielen Rolltreppen, mich erinnerte es an amerikanische Warenhäuser: Macy's in New York lockt so seine Kunden an, immerhin. Palazzo Prozzi haben's die Berliner getauft.

Erst dahinter beginnt jenes Quadrat, das mir unbekannt war, das jüngste, neue Musterberlin, nicht übel in der Komposition. Der ganze Platz ist ein Viereck geworden. Linker Hand auf der Liebknechtstraße: helle, weiße Hochhäuser, Geschäfte, Büros, Hotels, alles im westlichen Look, schwedische, japanische Firmen bauen da mit. Rechter Hand, also zwischen der Marienkirche und dem Rathaus Berlin, ein großer Platz, eine weiträumige Grünanlage, in deren Mitte, gewaltig und drohend in seiner schwindelnden Höhe, der neue Fernsehturm steht.

Sozialistischer Städtebau, man spürt sofort: Das ist nicht ein Fernsehturm wie bei uns, etwa der in Stuttgart oder jener in Frankfurt-Ginnheim, also ein Funktionsträger der Fernmeldetechnik mit etwas Touristen-Schnickschnack drumrum. Das ist nun wirklich der große Bruder: seine phallische Demonstration. Wer hat den größten Turm? Damit die sozialistische Weltordnung nicht ins Wanken gerate: Der in Moskau ist tatsächlich noch ein paar Meter länger. Die Stimme der Macht, die alles beherrscht, dirigiert, einschüchternd in ihrer himmelstürmenden Majestät. Von dort oben also werden jene Fernsehprogramme abgestrahlt, die niemand sieht? Man soll sich diesem Heiligtum der Republik nur mit festlichen Gefühlen nähern. Weite Grünanlage also davor, bunte Blumenrabatten, breite Parkwege, viele Bänke zum Sitzen, Sinnen und Staunen und Hunderte von Springbrunnen – alles vielfältig vor dem Fernsehturm gestaffelt.

Wir haben diesen Brennpunkt der Republik öfter des Nachts bestaunt. Eine Automatik, die nicht immer, aber doch meistens funktioniert, schaltet unzählige Springbrunnen sozusagen nach Potsdamer Grenadier-Reglement: Zack, spritzen alle Fontänen plötzlich steil hoch, halten sich eine Weile, beginnen dann, halbhoch zurückgenommen, schüchtern zu tänzeln, gehen runter, ersterben fast, aber nicht ganz, kommen wieder hoch, senken sich zu halben Freundlichkeiten, jagen dann wieder steil empor. Betörende Farbspiele von rot über blau bis grün mischen das Ganze ins Wunderbare. Trotzdem hat das köstliche Wasserspiel etwas Soldatisches: Knie beugt, Brust raus – ein Rekrut exerziert.

Das komische ist: Trotz dieser imponierenden Einladungsgebärde wirkt dieser Brennpunkt der Republik, des Abends vor allem, leblos und leer. Ein öffentliches Glück wird zelebriert, das nicht stattfindet. Das Land ist tot, hat Biermann gesungen, geschrien, geklagt. So weit will ich nicht gehen. Wir sind eine Woche lang um zehn Uhr abends über diesen neuen Alexanderplatz gelaufen. Wir kamen meist aus dem Theater, wollten zurück ins Interhotel, das gleich hinter dem Turm liegt. Kein Pärchen flanierte, kein Hund war zu sehen: menschenleer. Manchmal ein Betrunkener, der ganz rechts an den Passagen vorbeitorkelte. Es sind fast bewußtlose Wracks, die man – pardon – nur besoffen nennen kann. Schon um Mitternacht, wo es am Kurfürstendamm ziemlich verrückt lebt, ist der Alexanderplatz ausgestorben, eine Mondlandschaft, über die von Zeit zu Zeit Polizisten patrouillieren, immer mit Sprechfunk und Schußwaffen, manchmal auch von Hunden begleitet. Wo glimmt hier ein Funke? Wo ist hier wer aus der Reihe getanzt? In welcher Diskothek wurde was gesagt? Immerhin hat es hier am Alexanderplatz schon einige Tote und die Rufe: Russen raus! gegeben. 1977 war das eine kleine Schlacht gewesen. Auch von jungen Hakenkreuz-Schmierereien ist die Republik nicht so frei, wie sie tut. Man braucht sich trotzdem nicht zu sorgen: Magst ruhig sein, lieb Vaterland, sozialistisch. Wenn hier was glimmt, sie werden es eisern austreten mit ihren Stiefeln. Da bleibt dann kein Auge trocken. Ich sah es einmal im S-Bahnhof Jannowitzbrücke. Nur eine kleine Affäre: zwei Burschen, die nicht gleich parierten. Die schlagen zu, daß es nur so kracht in den Knochen.

Es wird ja bei uns im Westen von besorgten Linken oft geklagt, die Bundesrepublik sei auf dem Wege zum Polizeistaat. Ich teile jede Sorge um den Verfall demokratischer Freiheiten. Ich bin nur nicht so sicher, ob das Wort richtig gewählt ist. Ich weiß, was sie meinen. Der Begriff scheint mir falsch. Geht doch mal hier auf den Alex, zehn Uhr abends. Ihr könnt das ja, geht nur aus Gründen der Begriffsklärung. Da könnt ihr studieren, wie ein Polizeistaat aussieht, beschaffen ist, funktioniert: perfekt. Meint ihr dies?

QUELLE: Host Krüger: Tiefer deutscher Traum, Hoffmann und Campe Verlag GmbH; © Horst Krüger, 1983

HILDE DOMIN (1909–2006)

Hilde Domin wird als Hilde Löwenstein am 27. Juli 1909 als Tochter des Justizrates Eugen Löwenstein und seiner Frau Paula geb. Trier in Köln geboren. Sie studiert zunächst Jura, später Philosophie und politische Wissenschaften in Heidelberg, Köln und Berlin.
1932 geht sie mit ihrem späteren Ehemann Walter Palm (Heirat 1936) zur Beendigung ihrer Studien nach Italien. 1939 muss das Ehepaar Italien aufgrund antijüdischer Rassegesetze verlassen. Ihr Weg führt sie über Paris, Großbritannien und Kanada nach Santo Domingo in der Dominikanischen Republik. Hier beginnt Hilde Palm zu schreiben und nennt sich seit 1954 Hilde Domin. Das Ehepaar kehrt 1954 mit einem Rückkehrstipendium des Deutschen Akademischen Austauschdienstes nach Deutschland zurück.
Hilde Domin hat autobiographische Texte, literaturwissenschaftliche Essays und vor allem Gedichte (»Gesammelte Gedichte«, 1987) geschrieben. Trotz ihrer in langen Auslandsaufenthalten angeeigneten Sprachen hat sie das Deutsche immer als ihre dichterische Heimat empfunden.

HILDE DOMIN

UNTER AKROBATEN UND VÖGELN

FAST EIN LEBENSLAUF

Ich, H. D., bin erstaunlich jung. Ich kam erst 1951 auf die Welt. Weinend, wie jeder in diese Welt kommt. Es war nicht in Deutschland, obwohl Deutsch meine Muttersprache ist. Es wurde spanisch gesprochen, und der Garten vor dem Haus stand voller Kokospalmen. Genauer, es waren elf Palmen. Alles männliche Palmen und also ohne Früchte. Meine Eltern waren tot, als ich auf die Welt kam. Meine Mutter war wenige Wochen zuvor gestorben.

Aber natürlich war ich schon immer da gewesen. »Immer«, das reicht zurück bis kurz vor den sogenannten ersten Krieg. Natürlich waren meine Eltern damals am Leben, natürlich wurde deutsch gesprochen, das Kindermädchen, an das ich mich nicht erinnere, war bestimmt keine Mulattin, und vor dem Haus auf der Ringstraße wuchsen ganz alltägliche Bäume, ich glaube Ahorn. Vor dem Haus selbst stand und steht ein kleiner japanischer Mandelbaum. Die Ahornbäume sind abgeholzt. Trotzdem war die Straße, als ich ein Kind war, viel breiter als heute. Mindestens doppelt so breit.

Wie ich, Hilde Domin, die Augen öffnete, die verweinten, in jenem Hause am Rande der Welt, wo der Pfeffer wächst und der Zucker und die Mangobäume, aber die Rose nur schwer, und Apfel, Weizen, Birken gar nicht, ich verwaist und vertrieben, da stand ich auf und ging heim, in das Wort. »*Ich richtete mir ein Zimmer ein in der Luft / unter den Akrobaten und Vögeln.*« Von wo ich unvertreibbar bin. Das Wort aber war das deutsche Wort. Deswegen fuhr ich wieder zurück über das Meer, dahin, wo das Wort lebt. Es war drei Jahre nach meiner Geburt. Ich war 22 Jahre weg gewesen.

Ich überschlug einen Zug in der Stadt, wo der Mandelbaum steht. Meine Eltern saßen auf dem Bahnsteig. Ich ging an ihnen vorbei, wir sprachen nicht miteinander. Sie waren ja auch nicht in Deutschland begraben. Wir nahmen ein Taxi, mein Mann und ich.

»Am Haus meiner Kindheit blühte
im Februar
der Mandelbaum.
Ich hatte geträumt, er werde blühen.«

Wenn ich an das Kind denke, das täglich die Gittertür bei dem Mandelbaum öffnete, so sehe ich deutlich, daß ich etwas anfangen kann mit diesem Kind. In der Tat, ich war dies Kind. (Rückblickend scheint ja immer alles darauf angelegt gewesen zu sein, und also meine Kindheit auf mich.)

Mein erster Schultag, zum Beispiel. Ich lief der Lehrerin nach auf den Gang, erwischte sie gerade noch beim Rock, als sie ins Lehrerzimmer entschwand, und sagte: »Fräulein, ich habe von Ihnen geträumt.« Ich sehe ihr Gesicht nicht mehr, das sicher verlegen war. Nur die hellgrau gestrichene Tür des Lehrerzimmers und auch den Rock, den ich in meiner kleinen Hand hielt. Ich war ein zartes, von seinen Eltern überdies noch verzärteltes Kind, wurde erst spät zur Schule geschickt. Hätte sie mir damals eine Ohrfeige gegeben oder mir zumindest den Unterschied zwischen Öffentlichkeit und Zuhause streng beigebracht, so hätte ich ein für allemal begriffen, was Konvention ist. Alle, die mich kennen, wissen, daß ich noch immer leicht jemanden am Ärmel zupfe (ich bin ja gewachsen) und Dinge sage, die man nicht sagt.

Mein letzter Schultag war auf seine Weise genau so sehr der meine. In Geschichte hielt ich ein Referat über Paneuropa. Ich war ganz dafür. Der Schulrat war ganz dagegen. Niemand hatte mir gesagt, daß Schulräte – heute wären sie's wohl nicht mehr – gegen Paneuropa waren, und sicher hätte ich's auch trotzdem getan. Er gab mir eine schlechte Note, und so machte ich das Abitur mit 2 statt mit 1. Ich trug an dem Unglückstag ein sanft-dunkelblaues Seidenkleid mit weißem Spitzenkragen. Es war ein taubensanftes Blau, das den Namen von Patou, dem damaligen Dior, trug. Die Seide war sehr dick und hatte Härchen wie ein Fell. Ich habe nie wieder ein derartiges Kleid gehabt. Ich sage das nur, weil ich dies Kleid zerriß, vor Wut und Kummer zerriß, sowie ich nach Hause kam. So empört war ich über den Schulrat. Meine Mutter tadelte mich nicht wegen des Kleids, was andere Mütter vielleicht getan hätten. Sie war viel zu bestürzt. Alle, die mich kennen, werden nicht daran zweifeln, daß diese Geschichte wortwörtlich wahr ist. Aus der Schulzeit selber erinnere ich mich noch, daß ich einerseits expansiv war und gut mit den andern auskam, so daß ich z. B. zur Sprecherin für die Klasse gewählt wurde, sobald dies Amt eingeführt wurde. Andererseits wieder gab es Zeiten, in denen mich das Leben innerhalb der Gruppe so bedrückte, daß ich mich während der Pausen auf dem Klosett einschloß und am liebsten auf das Abitur verzichtet hätte, obwohl mir das Lernen leicht fiel, bloß um aus dem Klassenverband auszubrechen. Auch heute noch ergreife ich oft abrupt die Flucht, aus heiterster Geselligkeit in die strikteste Klausur, und bedarf eines unbescheidenen Atemspielraums. Die Lehrerin sagte meiner Mutter, es gebe kein Kind in der ganzen Schule, das so heiter und so traurig sein könne wie ich. Meine Mutter hörte mit Unbehagen, daß ich zu solchen Extremen neige.

Ich studierte zunächst Jura, aus Begeisterung für meinen Vater. Hauptsächlich wohl wegen eines Prozesses, bei dem mein Vater einen harmlosen Bürger, der bei einem weniger harmlosen in Zwangsmiete wohnte, gegen die Anklage der Brandstiftung zu verteidigen hatte. Dieser Prozeß erstreckte sich über einen großen Teil meiner Kindheit. Ich schwänzte die Schule, um den Gerichtsverhandlungen beizuwohnen, und bestärkte meinen Vater darin, diesen lange schon zahlungsunfähigen Mandanten durch alle Instanzen zu verteidigen. Ich sehe den Vater noch, wie er am Abend nach einer Gerichtsverhandlung im Bett lag, halb krank vor Aufregung, weil er Drohbriefe erhielt, und wie meine Mutter dafür war, es aufzugeben – aber er konnte mich einfach nicht enttäuschen, und hätte es unsere gesamte Existenz gekostet. Dieser Mann, der dann nach fünf Jahren des Hin und Her auf ein Gnadengesuch meines Vaters von Hindenburg begnadigt wurde, war einer der ersten, die, nach 1933, aufhörten, meinen Vater, einen jüdischen Rechtsanwalt, auf der Straße zu grüßen.

Von der Jura wechselte ich zu Nationalökonomie und Soziologie, erlebte die große Zeit von Heidelberg, durfte zu Jaspers und Karl

Mannheim in Kolleg und Seminar gehen, einen politischen Glauben haben und verlieren, und lebte ein erstes Leben, zu dem diese Kindheit auch paßt und das mich über Rom und England nach Santo Domingo führte. Ich unterrichtete, öffentlich und privat, ich jonglierte Texte aus vielen Sprachen in viele Sprachen. Und ich habe bei allem Unglück immer gerade noch das nötige Glück gehabt, ohne das sich nicht mehr von diesem Unglück erzählen ließe.

In den Tagen, als ich Hilde Domin wurde und all diese Wanderjahre von Land zu Land, von Sprachgebiet zu Sprachgebiet, sich plötzlich als Vorbereitung, als Lehrjahre dafür erwiesen, war ich Lektorin für Deutsch an der Universität Santo Domingo. Mein erstes Gedicht schloß mit den Zeilen:

»Und eine große Blüte stieg
leuchtend blaß
aus meinem Herzen.«

Seither ist Schreiben für mich wie Atmen: Man stirbt, wenn man es läßt.

Die ersten 150 oder 200 Gedichte schrieb ich sehr rasch hintereinander, zwischen Herbst 51 und Herbst 53, noch in Santo Domingo, in Haiti und dann in den Vereinigten Staaten, in New York und auf der Insel Vinalhaven, hoch oben an der kanadischen Grenze. Diese erste Periode kam zum Abschluß in dem langen Gedicht »Wen es trifft«, das mir immer noch wichtig ist, wenn ich mich auch heute einfacher ausdrücke. Es handelt von dem, den es »getroffen« hat und der davongekommen ist,

»… als wär er
aus dem zehnten oder zwanzigsten Stock
– der Unterschied ist gering
beim Salto Mortale
ohne Netz –
auf seine Füße gefallen

mitten auf Times Square
und mit knapper Not
vor dem Wechsel des roten Lichts
den Schnauzen der Autos entkommen.

Doch eine gewisse Leichtigkeit
ist ihm
wie einem Vogel
geblieben.«

Danach habe ich anderthalb Jahre keine Zeile mehr schreiben können. Wir fuhren nach Deutschland, mein Leben bestand aus Reisen und Tippen.

Zunächst dachte ich nicht an Veröffentlichen, es stieß mir zu, wie mir das Schreiben zugestoßen war. Ich tat nichts dafür. Es passierte in München. Dr. Schöningh fragte mich, die ich nur mitgekommen war: »Und was tun Sie?« Auf seinen Wunsch schickte ich ihm ein Gedicht, ein einziges. Es war drei Jahre alt, das dritte, das ich geschrieben hatte. Schöningh druckte es in der nächsten Nummer des »Hochland«. Ich schämte mich sehr, für ein Gedicht gelobt zu werden. Im Anfang – aber vielleicht geht das allen so – blieben die Gedichte noch lange ein Teil von mir. Heute ist das anders, heute werden sie gleich abgenabelt und machen sich selbständig. Der eigene Weg, das »Kunstwollen« wird ja auch zunehmend bewußter. Vielleicht ist »Kunstwollen« wissen, was man nicht will. Bei mir ist es eine Selbsterziehung zum »Weglassen«: mit Weniger mehr tun.

Eigentlich zu veröffentlichen begann ich bei meiner zweiten Rückkehr nach Deutschland, 1957. »Die neue Rundschau« hatte bereits Gedichte zum Druck angenommen, die ich, eine Unbekannte, noch aus Madrid geschickt hatte. Daraus, aus dem Briefwechsel über eine Gedichtzeile, erwuchs dann ganz von selbst meine Beziehung zum S. Fischer Verlag. Weihnachten 1957 wurde ich gleichzeitig von der »Neuen Rundschau« und von »Akzente« vorgestellt. Danach öffneten sich mir alle Redaktionen und alle Arme. Es war eine euphorische Heimkehr.

Nicht im 9. Jahre, wie Horaz vorschreibt – nono imprimatur in anno –, aber doch im 8. Jahr veröffentlichte ich mein erstes Buch »Nur eine Rose als Stütze« (1959), das Walter Jens, der nichts von mir wußte, in seiner Kritik mit den Worten begrüßte: »Eine Dichterin, die warten konnte, stellt sich vor.« Von meinen in Übersee geschriebenen Gedichten nahm ich ganze acht in diesen Band auf, der eine Anthologie aus vier Schaffensperioden darstellt, während mein zweiter Gedichtband »Rückkehr der Schiffe« (1962) eine Einheit bildet, sich an den letzten Teil des ersten Bandes anschließt oder noch daneben entstanden ist. Die »Lieder zur Ermutigung«, jetzt der Anhang, wären wohl mein dritter Band geworden: ein Heimkehrerbuch. (Was die »Schiffe« trotz dieses Titels, keineswegs sind!)

Bei meiner dritten – wer wagte, zu sagen »endgültigen« – Rückkehr nach Deutschland, im Januar 1961, bekam ich in Heidelberg, meiner alten Universitätsstadt, all die erstaunlichen Dinge, die die Menschen zu haben pflegen und die ich seit meiner Kindheit nie in dieser Weise gehabt hatte: das Bett, den Tisch, den Briefkasten, und was sonst zu einem Zuhause gehört. Ich, die ich immer unterwegs gewesen war und das »Haben« verlernt habe, »*als hätte ich nicht mehr die Hände zum Haben*«.

Die »Lieder zur Ermutigung« waren die Umkehr meines Themas vom Verlust: das »Geschenk«, das zu halten schon die Hände fehlen. Ich weiß nicht, mit was man es dann annimmt. Nur daß es ein Äußerstes ist, ein Grenzglück, das Zerbrechlichste. Etwas wie »*Und aus den Bächen herauf glänzt das begrabene Gold*«.
Ich habe dieses Buch des Beschenktseins nicht geschrieben. Nicht immer wird auf der hergerichteten Szene das erwartete Stück gespielt. Man ist nicht ungestraft so glücklich, ich weiß nicht, welchen Göttern ich versäumt hatte zu opfern bei diesem Zuviel.

»Wenn die Welt …
dir ein Einhorn
gesattelt
zur Tür schickt
…

wenn alles dich einlädt
das ist die Stunde
wo dich alles verläßt.«

Vielleicht lag es an den Umständen meiner Geburt. Ich berichtete von meiner Parthenogenese, 1951. Der Nichthumanist hat dies Wort so zu verstehen: Es ist wie bei einem Feuerwerk. Eine Lichtgarbe ist schon nahe dem Ende ihrer Kurve, müßte nun fallen. Da tut es einen Knall, und es fängt neu an. Hätte ich nur, als ich mein eigener Sohn wurde, gleich ganze Sache gemacht und auch das Geschlecht gewechselt. Als Junge hätte ich es einfacher gehabt.

Wie es ist, ist mein Mann in zweiter Ehe mit mir verheiratet. Mit mir, einer Person, die noch nach den gleichen Kochrezepten kocht wie früher und deren Soufflés nicht gelitten haben, die auch immer noch gerne morgens bis 9 Uhr im Bett bleibt. Aber sonst ist einfach alles anders geworden. Früher war ich rundlich und prall, jetzt bin ich grazil. Früher plante ich, jetzt ist jeder Tag immer nur Heute, selbst der Abend ist jeden Morgen unvorstellbar weit weg. Ich, so nützlich, bin unnütz geworden. Und, was das Schlimmste ist, ich bin ein Sohn, der alles umgekehrt tut. Der viel Geduld verlangt und den man manchmal am liebsten hinauswürfe. Jeder Atemzug, den ich tue, ist der eines enfant terrible. Das liegt nicht an mir, es liegt daran, daß ich auf die Welt gekommen bin mit diesem Knall.

1951, als ich zu schreiben begann, wurde mir, wie jedem, der beginnt, alles bis dahin Getane zur Vorgeschichte. (Auch der Surrealismus, den ich draußen ja früher mitbekam als die drinnen.) Weshalb ich zu den jüngsten deutschen Lyrikern gehöre, etwa zur Generation von Peter Rühmkorf.

Wenn ich also einer unserer jüngeren Autoren bin, ich, die ich mir bereits die Haare auffärben lasse – etwas heller als früher –, so verletze ich auch darin alle Regeln, daß ich, mit dem »Divan« und Heine über dem Bett aufgewachsen, von Mannheim, Weber und Jaspers trainiert, mich als gebürtigen Schüler der Spanier betrachten muß, unter denen ich, mehr noch als unter den Italienern, den größeren Teil meines bewußten Lebens zugebracht habe. Was Krolow bei Alberti, was

Enzensberger bei Neruda findet, das fließt in meinen Adern, ist von Geburt mein Teil. Auch die Schwierigkeit, zwischen Gefühl, dem legitimen, und Sentiment zu entscheiden, die daraus erwachsende Beklommenheit, entfällt bei mir wie bei allen Romanen.

Es ist daher vielleicht auch kein Zufall, daß meine Gedichte, auf die jene für die neuen spanischen Lyriker geprägte Formel des »Tradition und doch modern« anwendbar ist, ganz wie die Gedichte der Spanier oder auch Ungarettis sich auf vielen Ebenen lesen lassen. Ein einfacher Ostflüchtling erkennt sich darin wieder genau wie ein high brow.

In noch etwas bin ich ein Sonderfall: Wenn alle es heute mit Kafka halten, der sagt, seine Taube sei heimgekehrt und habe »nichts Grünes« gefunden, so sehen meine Gedichte mit aufgerissenen Augen, wie abgefressen alle Wiesen sind, wie leer die Aste. Wie es überall hohl ist. Und vor Schrecken fliegen sie dann so weit und so hoch, daß sie irgendwo doch noch ein – schon ganz durchsichtiges – Blau oder Grün erwischen. Wie wir es in Wahrheit doch alle immer wieder tun, denn sonst lebten wir nicht. Das Nur-Negative ist eine Attitüde.

So ist es eine Tatsache, daß meine Gedichte zu den gelesenen gehören. In andern Worten, sie werden »gebraucht«. Dabei ist ein Gedicht, glaube ich, kein Gebrauchsgegenstand wie andere, es nützt sich nicht ab. Vielmehr gehört es zu jenen magischen Gebrauchsgegenständen, die, wie der Körper der Liebenden, in der Anwendung erst richtig gedeihen. Oft empfinde ich daher meine Gedichte als stärker als mich, die ich – wie keine Pflanze und kein Tier in einer botanischen oder zoologischen Versuchsstation – gekreuzt und wieder gekreuzt bin. Außerhalb jeder Regel. Von der Natur nicht vorgesehen. Vielleicht durfte es mich nicht geben. Vielleicht gibt es mich nicht. Aber daß es meine Gedichte gibt, scheint außer Zweifel.

1962

QUELLE: Hilde Domin: Gesammelte autobiographische Schriften. Fast ein Lebenslauf; © S. Fischer Verlag GmbH, Frankfurt am Main 1993

HELMUT GOLLWITZER (1908–1993)

Helmut Gollwitzer wird am 29. Dezember 1908 in Pappenheim in eine Pfarrersfamilie geboren. Er studiert Philosophie und evangelische Theologie in München und Bonn. Als Protest gegen die von den Nationalsozialisten unterstützten Deutschen Christen wird er Mitglied der Bekennenden Kirche, bei der u. a. Dietrich Bonhoeffer, Martin Niemöller und Karl Barth aktiv sind. Nach der Inhaftierung von Martin Niemöller übernimmt er dessen Pfarrstelle. Wegen seiner Kontakte zu Mitgliedern des Widerstandes wird er mehrmals verhaftet und schließlich als Sanitäter an der Ostfront eingesetzt. Dort gerät er 1945 in sowjetische Kriegsgefangenschaft (bis 1949). Diese Zeit hat er in seinem Buch »... und führen, wohin du nicht willst« (1951) festgehalten.

1950 folgt Gollwitzer Karl Barth auf den Lehrstuhl für Systematische Theologie in Bonn. Er heiratet 1951 Brigitte Freudenberg. Ab 1957 lehrt er bis zu seiner Emeritierung 1975 in Berlin. Er beteiligt sich an den politischen Debatten der Bundesrepublik, z. B. in der Frage von Atomwaffen, und nimmt regen Anteil an der 68er Studentenbewegung als Freund von Rudi Dutschke und Seelsorger von Ulrike Meinhof (RAF). Bis ins hohe Alter setzt er sich für einen christlichen Sozialismus ein.

HELMUT GOLLWITZER

BEERDIGUNGSPREDIGT FÜR RUDI DUTSCHKE (7.3.1940–24.12.1979) AUF DEM ST.-ANNEN-FRIEDHOF IN BERLIN-DAHLEM

Unser Abschiedsgottesdienst geschieht im Namen Gottes, des Vaters, von dem alles Leben kommt und zu dem alles Leben zurückgeht, – im Namen des Sohnes, Jesus Christus, der herabgestiegen ist in unsere Todeswelt, um uns zu befreien für das Leben, – im Namen des

Heiligen Geistes, den wir bitten, unserem schwachen menschlichen Geiste beizustehen.

Wir sind zum Abschied von Rudi Dutschke versammelt in der St.-Annen-Kirche und auf dem St.-Annen-Friedhof. In dieser Kirche, der Kirche Martin Niemöllers, haben wir nach Niemöllers Verhaftung 1937 und bis 1945 acht Jahre lang täglich vormittags und abends versammelt zur Fürbitte für Martin Niemöller und für alle Verfolgten des Nazi-Regimes. Darum ist es für uns, die in jenen Jahren dabei waren, tief bedeutsam, daß Rudi jetzt an der Seite mancher Menschen, die sich damals im Widerstand bewährt haben, sein Grab haben wird, und wir danken der Dahlemer Gemeinde, daß sie, ihrer bekennenden Tradition gemäß, ihn auf ihrem Friedhof aufgenommen hat.

Wir hören Worte des 39. Psalms (Vers 3,10. 13).
Ich bin verstummt und still und schweige fern der Freude und muß mein Leid in mich fressen. Mein Herz ist entbrannt in meinem Leibe; wenn ich daran denke, brennt es wie Feuer. So rede ich denn mit meiner Zunge:»Herr, lehre mich doch, daß es ein Ende mit mir haben muß und mein Leben ein Ziel hat und ich davon muß. Siehe, meine Tage sind eine Handbreit bei dir, und mein Leben ist wie nichts vor dir. Wie gar nichts sind alle Menschen, die doch so sicher leben! Sie gehen daher wie ein Schatten und machen sich viel vergebliche Unruhe; sie sammeln und wissen nicht, wer es einbringen wird.« Nun, Herr, wessen soll ich mich trösten? Ich hoffe auf dich. Errette mich aus aller meiner Sünde und laß mich nicht den Narren zum Spott werden. Ich will schweigen und meinen Mund nicht auftun; denn du hast es getan ... Höre mein Gebet, Herr, und vernimm mein Schreien, schweige nicht zu meinen Tränen; denn ich bin ein Gast bei dir, ein Fremdling wie alle meine Väter.

Liebe Freunde und Genossen von Rudi Dutschke, lieber Vater Dutschke, liebe Brüder Dutschke, lieber Hosea und liebe Polly, meine liebe Gretchen!

Wir verstummen im Tode, und wir verstummen beim Tode. Der Anblick des Toten, die Größe des Verlustes verschlägt uns die Sprache. Der Tote ist allein, und wir sind allein, und daß alles Leben zum Tode verurteilt zu sein scheint, das droht uns nichtig zu machen, was uns doch wichtig ist: dieses irdische Leben mit seinen Freuden und seinen Verantwortungen, auch diesen Kampf für das Leben, gegen seine Erniedrigung, Verkümmerung und Massentötung, diesen Kampf, in dem wir uns mit Rudi gefunden haben, in dem er uns mitgerissen hat durch seine Leidenschaft, und in dem er uns nun bitter fehlen wird.

Angesichts des Todes werden wir stumm. Es kommt darauf an, daß wir nicht auch taub werden, taub und gefühllos für die Stimmen des Klagens und die Tränen der Verlassenen, aber auch nicht taub und hoffnungslos, wenn Worte des Lebens laut werden, Worte von einer Position des Lebens aus, die dem Tode das letzte Wort bestreiten, die gegen das Nichtigwerden ankämpfen, die Auferstehung proklamieren an den Gräbern, die das Licht Gottes gegen die Nacht des Todes setzen. Solche Worte, die Worte des Evangeliums, machen uns das irdische Leben wieder wichtig und geben so auch unserem politischen Kampf für das Leben gegen die Todesmächte einen Sinn, der bis in die Ewigkeit reicht.

In der Stunde, in der Rudi vom Tod überfallen wurde, wiederholten über den ganzen Erdball hinweg unzählige Stimmen den Ruf der Gottesboten über dem Arme-Leute-Feld von Bethlehem: »Ehre sei Gott in der Höhe und Frieden auf Erden den Menschen; denn Gott meint es gut mit ihnen.« Wie wir auch dieses Fest der Erscheinung des Lichtes in der Finsternis, des Lebens mitten in der Todeswelt haben verkommen lassen, wie wir es auch entleert, verkitscht, kommerzialisiert haben, immer noch durch Gottes Gnade dringt dieser Ruf zu uns, auch jetzt zu uns, die wir stumm werden am Grabe, hinein in unsere taubgewordenen Ohren und Herzen, und will uns öffnen fürs Leben, damit wir weiterleben, auch unverzagt weiterkämpfen können fürs Leben. Gott meint es gut mit uns, sagt dieser Ruf uns, die wir es so oft schlecht meinen mit unseren Mitmenschen und auch mit uns selbst, und die wir so oft meinen, in Zeit und Ewigkeit meine es niemand gut mit uns.

Es ist einer da, der es gut mit uns meint. Er, der es gut mit uns meint, hat das letzte Wort über uns und für uns, und nicht der Tod und das Nichts. Gott – das heißt auf deutsch: Der es gut mit uns meint. Gott meint es gut mit dir, liebe Gretchen, Gott meint es gut mit euch, Hosea und Polly. Mitten im Schmerz umgibt er euch mit seiner Liebe und bittet euch, ihm zu vertrauen. Er wird euch führen und weiterhelfen, immer wieder werden Menschen Werkzeuge seiner Hilfe für euch sein, und daß er euer Leben mit Rudi verbunden hat, auch das kam aus seiner Liebe.

Gott hat es gut gemeint mit Rudi. Durch den Tod hat er ihn, wie es uns allen verheißen ist, dorthin geführt, wo er mit uns allen von Angesicht zu Angesicht ihm dankt: Du hast es gut gemeint und gut gemacht, Ehre sei dir in der Höhe! Rudi hat das in seiner Jugend, in der Jungen Gemeinde, durch das Evangelium gehört, vor allem auch durch seine Mutter, und das hat ihn nie ganz verlassen, wie problematisch ihm als einem Intellektuellen unseres Jahrhunderts auch vieles von der christlichen Glaubenstradition geworden ist. Weil das Evangelium von dem Gott spricht, der es gut mit allen Menschen meint, deshalb war es ihm wichtig, daß Christentum und Sozialismus zusammengehören, ursprüngliches Christentum und ein Sozialismus, der es gut meint mit den Menschen. Am Gründonnerstag, an dem die Christenheit Jesus auf seinem Todesweg begleitet, trafen Rudi 1968 die Schüsse, die sich nun als tödlich erwiesen haben, und am vergangenen Heiligen Abend hat er kurz vor seinem Tod mit Heinz Brandt ein Telefongespräch geführt, bei dem Heinz Brandt ihm richtig sagte: »Rudi, du hast nie verlassen, wovon du ausgegangen bist, deine Anfänge bei der Jungen Gemeinde in der DDR und bei der Kriegsdienstverweigerung.« Rudi bejahte das, und sie grüßten sich gegenseitig mit dem Weihnachtsgruß: »Friede auf Erden!« Jawohl, diesem Grundimpuls ist er treu geblieben, er ist in ihm zur Leidenschaft geworden. Deshalb war es bei ihm immer eine Leidenschaft für Menschen, radikal, aber nie fanatisch. Immer blieb er sich bewußt, daß Sozialismus eine Sache für die Menschen ist, daß nicht die Menschen für den Sozialismus da sind, sondern der Sozialismus für die Menschen. Dafür brannte er, eine an beiden Enden brennende und sich verzehrende Kerze. In diesen Dienst stellte er seinen wachen, offenen lernbegierigen Intellekt. Nie verschwand ihm der Mensch hinter der Sache, der einzelne hinter der Masse. Darum schrieb er an den armen Josef Bachmann tröstend ins Gefängnis. Darum überwältigte uns immer wieder der Eindruck seiner Güte, seiner Freundlichkeit, seiner Teilnahme am Schicksal anderer Menschen. Darum war er euch Kindern ein fürsorglicher Vater und uns ein so fürsorglicher Freund.

Als ob eine Fackel plötzlich entzündet und an der Kolonne vorbeigetragen wird und dann ebenso plötzlich wieder, in die Dunkelheit hineingeworfen, verlischt, so war sein Leben unter uns in diesen fünfzehn Jahren. Rudi hat seine Legende überlebt, den Mythos Dutschke, Gott sei Dank, – er wurde wieder einer unter vielen, umstritten und kritisiert, wie es sich unter uns gehört. Der Ruhm machte ihm Spaß, aber Führer zu sein, Chefideologe, Autorität, danach stand ihm nicht der Sinn. Für ihn galt, was Che Guevara in dem Abschiedsbrief an seine Eltern von sich sagt: er war »einer von denen, die ihre Haut hinhalten, um ihre Wahrheiten zu beweisen«. Sein Mut kam aus seiner Selbstlosigkeit und seine Selbstlosigkeit daraus, daß er es gut meinte mit den Menschen – in der Tat ein Nachfolger dessen, der es gut meint mit uns Menschen.

Nach dem Attentat durfte er noch einmal in Fahrt kommen, dafür sind wir dankbar, und mitten aus der Fahrt wurde er uns plötzlich jetzt entrissen. So steht er in der Reihe jener Revolutionäre, die auf dieser Erde nicht alt geworden sind. Karl Liebknecht, Rosa Luxemburg, Gustav Landauer ließ man nur zehn Jahre älter werden als ihn; Georg Forster starb, wie Rudi 39jährig, im Exil, Camillo Torres und Che Guevara fielen in seinem Alter, und wie viele, viele mit ihnen in diesen Jahrzehnten der blutigen, menschenfeindlichen Konterrevolution! Die Tränen, die um sie alle geweint wurden, sind nun auch unsere Tränen. Rudi, daß wir dich nicht mehr umarmen, nicht mehr deinen kratzigen Kuß an unserer Backe spüren, nicht mehr deine stürmischen Fragen, die persönlichen und die politischen, hören können, das will uns jetzt das Herz abdrücken. Unentbehrlich und unersetzlich – das sind Worte, die in den Briefen, die ich in diesen Tagen zu Rudis Tode bekomme, immer wieder zu lesen stehen. Das ist wahr, und dafür war mir hilfreich, Worte zu lesen, die Dietrich Bonhoeffer am Heiligen Abend 1943 in seiner Gefängniszelle draußen in Tegel niedergeschrieben hat: »Es gibt nichts, was uns die Abwesenheit eines uns lieben Menschen ersetzen kann, man soll das auch gar nicht versuchen; man muß es einfach aushalten und durchhalten; das klingt zunächst sehr hart, aber es ist doch zugleich ein großer Trost; denn indem die Lücke wirklich unausgefüllt bleibt, bleibt man durch sie miteinander verbunden. Es ist verkehrt, wenn man sagt, Gott füllt

Rudi Dutschke (Mitte) bei einer Demonstration am 18. Februar 1968
Der in der DDR aufgewachsene Rudi Dutschke gilt als Motor der 68er Studentenbewegung. Der von ihm geführte Sozialistische Deutsche Studentenbund (SDS) und die sich formierende Außerparlamentarische Opposition (APO) bekämpften die Politik der Großen Koalition. Die zunächst als Einheit auftretende Protestbewegung mündete zum Teil in der neu gegründeten DKP (Deutsche Kommunistische Partei und DKP ML, Marxisten/Leninisten). Ein weiterer Teil bildete terroristische Vereinigungen wie die Rote Armee Fraktion (RAF). Andere, wie auch Rudi Dutschke, fanden ihre politische Heimat bei den Grünen.

die Lücke aus; er füllt sie gar nicht aus, sondern er hält sie vielmehr unausgefüllt und hilft uns dadurch, unsere alte Gemeinschaft – wenn auch unter Schmerzen – zu bewahren. Ferner: je schöner und voller die Erinnerung, desto schwerer die Trennung. Aber die Dankbarkeit verwandelt die Qual der Erinnerung in eine stille Freude.«

Das gilt es jetzt zu lernen, und weil das ein Lernprozeß ist, fällt es uns zunächst schwer einzustimmen: »Ehre sei Gott in der Höhe!« Wir spüren bitter den Widerspruch zwischen dem Versprechen, daß Gott es gut mit uns meint, und dem Schmerz, der uns zugefügt ist, den Widerspruch zwischen der Verheißung des Sieges des Lebens und der Wirklichkeit des Todes. »Der Tod ist notwendig eine Konterrevolution«, schrieben Pariser Studenten im Mai 1968 an die Mauer der Sorbonne. Damit wir vor keiner Konterrevolution kapitulieren, damit wir weiter tätig uns zum Leben bekennen und alle Verhältnisse revolutionieren, die dem Tode dienen statt dem Leben, und damit wir uns nicht verlassen wähnen, wenn ein so guter Freund uns verläßt, bittet uns Jesus Christus, an dessen Geburtsfest Rudi in die Ewigkeit hinübergerufen worden ist, im Namen des lebendigen Gottes: »Glaubt mir, glaubt meinem Rufe des Lebens! Vertraut dem, der es in Zeit und Ewigkeit gut mit uns meint! Haltet euch an seine Nähe und Liebe! Seid nicht taub für seine Worte! Empfangt seinen Frieden auf Erden und tut von daher und ausgerüstet von ihm, was ihr könnt, für den Frieden auf Erden!« Amen.

QUELLE: Radikale Leidenschaft für Menschen. Zum 30. Todestag von Rudi Dutschke, in: Junge Kirche. Eine Zeitschrift europäischer Christen, 41. Jahrgang, Heft 1/1980 (Januar), Bremen

MARGARETE BUBER-NEUMANN (1901–1989)

Margarete Buber-Neumann kommt am 21. Oktober 1901 als Tochter des Brauereidirektors Heinrich Thüring und seiner Frau Else in Potsdam zur Welt. Ihren Beruf als Lehrerin übt sie in den 20er Jahren nur kurz aus. Sie engagiert sich in der KPD, wo sie Rafael Buber, den Sohn des Religionsphilosophen Martin Buber, kennenlernt und 1922 heiratet. Aus der Ehe, die 1929 geschieden wird, stammen zwei Töchter.

1932 reist sie mit ihrem späteren Ehemann Heinz Neumann, Mitglied des Zentralkomitees der KPD, in die Sowjetunion. Zur Zeit der Moskauer Schauprozesse wird Neumann 1937 verhaftet und ermordet. Margarete Buber-Neumann wird zu fünf Jahren Arbeitslager in Sibirien verurteilt, 1940 aber an Deutschland ausgeliefert und in das Konzentrationslager Ravensbrück gebracht, aus dem sie kurz vor Kriegsende entlassen wird.

Nach dem Krieg brandmarkt sie vehement die kommunistischen Verbrechen und setzt sich für Demokratie und Freiheit ein. Sie stößt damit aber immer wieder auf Widerstand, nicht zuletzt bei der Linken in der Bundesrepublik, denn das Bild einer verbrecherischen Sowjetunion passt nicht zu dem Mythos als Sieger über den Nationalsozialismus. Ihre Erfahrungen hat sie u. a. in ihrem Buch »Als Gefangene bei Stalin und Hitler« (Stockholm 1948, dt. 1949) dokumentiert.

MARGARETE BUBER-NEUMANN

VERWIRRUNG AUF ALLEN STUFEN

Am »Boston Colloquium for the Philosophy of Science, Boston University«, hielt Margarete Buber-Neumann 1969 einen Vortrag über die Alte und die Neue Linke. Erstere kannte sie aus eigener Erfahrung, letztere beobachtete sie seit 1967 mit wachsender Besorgnis.

Ebenso wie bei den Alten Linken ist auch bei den Neuen Linken der Anfang eine gefühlsmäßige Reaktion, und zwar die der Rebellion und Ablehnung der existierenden Gesellschaft. Doch die Bedingungen der späten 60er Jahre waren, besonders in Westdeutschland, sehr verschieden von denen der ersten Jahre nach dem Ersten Weltkrieg. Das

Land war nie so wohlhabend, die parlamentarischen Institutionen waren dort nie so stark gewesen wie in den 60er Jahren. Der Aufstieg der Neuen Linken in Westdeutschland war sicherlich insofern einmalig, als er tief beeinflusst wurde von der massiven Unterwanderung der meisten existierenden Jugend- und Studentenorganisationen durch Mitglieder der kommunistischen Partei und Jugendbewegung, die unglücklicherweise in der Bundesrepublik seit 1956 illegal waren. Diese Unterwanderung wurde aus ostdeutschen Quellen überreichlich finanziert. Die absolut außergewöhnliche finanzielle Lage der deutschen Neuen Linken ist auf den ersten Blick an der materiellen Qualität ihrer Publikationen zu erkennen.

Doch Unterwanderung und Geld allein sind natürlich nicht genug, um eine revolutionäre Bewegung zu schaffen. Was bereitete die Jugendlichen auf diese Entwicklung vor? Trotz der wirtschaftlichen Prosperität und politischen Stabilität war die Generation der Jugendlichen der 50er Jahre als »die skeptische Generation« bekannt. Wenn sie überhaupt ein starkes politisches Ideal besaß, war dies das eines vereinten Europas, und dieses Ideal war bald frustriert worden. Sie neigte nicht zum Patriotismus, nicht einmal zu Heimatgefühl. Die Schande der Nazi-Zeit und die damit verbundene Scham hatten diesen Effekt erzeugt. Trotzdem hatten die meisten dieser Jugendlichen den Parlamentarismus nicht angenommen und sich mit keiner politischen Partei identifiziert. Offensichtlich brauchten sie ein neues Ideal. Was die Alten und Neuen Linken teilten, war also das große emotionelle Bedürfnis nach einem neuen Weg. Die jugendliche Rebellion gegen jede Autorität und das Bedürfnis der Zugehörigkeit zu einer Gemeinschaft, verbunden mit der Suche nach einem bedeutsamen Lebensziel, erwiesen sich wieder als eine explosive Mischung. Eine fehlende Komponente der Neuen Linken war das soziale Gewissen: in der Situation der Alten Linken war das Elend sichtbar und weit verbreitet, in jener der Neuen Linken war es viel weniger spürbar, und die Streitpunkte mussten importiert werden. Erst importierte die Friedensbewegung aus Großbritannien die Idee der einseitigen Abrüstung. Dann kam Vietnam. Auch die Methoden des Kampfes wurden importiert. *Free-speech,* dirty-speech, sit-in und teach-in wurden aus Berkeley importiert; die rennenden, brüllenden behelmten Sturmtrupps aus Tokio.

Die emotionelle Basis für das Entstehen der Neuen Linken war natürlich von Land zu Land etwas verschieden. So war der Krieg in Vietnam der spürbarste und schmerzlichste Streitpunkt für die Studenten in den Vereinigten Staaten. In verschiedenen Ländern gab es verschiedene Streitpunkte, die die unmittelbaren Bedürfnisse der Jugendlichen, besonders der Studenten, betrafen, die zum großen Teil Folgen des schnellen Anwachsens der Studierenden waren.

Im Unterschied zur Alten Linken gibt es bei der Neuen Linken keine zentrale Ideologie und keine organisatorische Einheit. Verschiedene Gruppen, die oft widersprüchliche Ideologien und verschiedene Methoden haben, werden gemeinsam als Neue Linke bezeichnet. Einige der alten Parolen werden aber beibehalten: sie sind auch gegen Big Business, Imperialismus und das Militär. Doch statt von Kapitalismus und kapitalistischer herrschender Klasse wird jetzt öfter vom »System«, vom »Establishment« und in den Staaten vom »military-industrial complex« gesprochen. Eine ökonomische Analyse der heutigen Situation fehlt vollkommen: Worte wie »post-industriell«, »neo-kapitalistisch« oder »Konsumgesellschaft« sind Schlagwörter ohne ökonomische Bedeutung. Ihre Versuche politischer Analysen sind meist recht oberflächlich. Mit Schlagwörtern wie »militaristisch«, »faschistisch«, »neo-faschistisch«, »neo-kolonialistisch« sind sie sehr freigebig. Der auffallendste Zug ist das Moralisieren; ihre verbreitetsten Ausdrücke sind »verfault«, »Völkermord«, »Entfremdung« und »manipuliert«. Hier ist ein typisches Zitat aus einer deutschen Quelle: »Die postfaschistische Ära der Bourgeoisieherrschaft in Deutschland unterscheidet sich allenfalls in ihrer Form, nicht jedoch ihrem Inhalt und ihrer Intention nach von ihrer Vorgängerin. Es ist zunächst bezeichnend, dass die verselbständigte faschistische Exekutive bruchlos von der Militär-Exekutive der Alliierten weitergeführt wurde.«*

Ein gemeinsamer Zug der Neuen Linken im ganzen Westen ist das Fehlen der Behauptung, dass ihre Ideologie einen wissenschaftlichen

---

* Frank Deppe, Parlamentarismus – Parlamentarische Aktion – Sozialistische Aktion; in: »neue kritik«, Nr. 44, November 1967, S. 54.

Charakter habe. Es gibt in der Neuen Linken sogar gewisse starke antiwissenschaftliche und antirationale Strömungen. Während die Alte Linke den Glauben an Wissenschaft, Rationalität und Fortschritt naiv akzeptierte, tut das die Neue Linke in betonter Weise nicht. Ihr Skeptizismus, besonders was die Möglichkeit einer rationalen Gesellschaftswissenschaft betrifft, schuldet dem Existentialismus und der »Frankfurter Schule« viel. Wie sich alle diese diversen Tendenzen, wie z. B. die Doktrinen Herbert Marcuses, sowohl mit dem sogenannten klassischen Marxismus-Leninismus als auch mit der Guerilla-Romantik von Regis Debray kombinieren lassen, weiß ich nicht; doch kann ich berichten, was in der Praxis der deutschen Neuen Linken geschieht. Meiner Meinung nach ist ein Haupteffekt dieses ideologischen Mischmaschs die Intensivierung der Verwirrung auf allen Stufen. Ein Resultat ist die Ablösung von Ideologie durch Idolatrie und Heldenverehrung; hier ist die Kombination der Helden noch fragwürdiger: Bilder von Marx, Engels, Bakunin, Liebknecht, Luxemburg, Lenin, Mao, Ho, Fidel, Che und Dutschke erscheinen zusammen auf allen Demonstrationen, sogar Stalin erscheint manchmal.

Die Revolution, die von allen Teilen der Neuen Linken gepredigt wird, ist ein sehr vager Begriff. Die Worte »Revolution« und »Befreiung« werden im unwahrscheinlichsten metaphorischen Sinne und in den trivialsten Situationen benutzt. Die einzige Idee, die in der Literatur über die Revolution erkennbar ist, ist die eines erwarteten Kataklysmus, eines Zusammenstoßes zwischen dem Westen und der unterentwickelten oder Dritten Welt. Eine Hoffnung auf eine eigenständige Revolution im Westen besteht nicht mehr, nur eine demoralisierende Bewegung.

So unklar das Bild der Revolution ist, das Bild der Gesellschaft der Zukunft der Neuen Linken ist noch unklarer. Der einflussreichste und theoretischste junge deutsche Führer, Rudi Dutschke, erwartet von der Revolution die »wirkliche Befriedigung der Bedürfnisse, so wie sie die chinesischen Massen haben«. Er nennt sie »der Sprung in das Reich der sozialistischen Armut«. Die Alte Linke glaubte fest an die Technik als an den Schlüssel zu einer vollkommenen zukünftigen Welt – nachdem die gesellschaftlichen Hindernisse weggeräumt wären – und an zentrale Wirtschaftsplanung; die Neue Linke behandelt die Technik von oben herab oder gar ablehnend, hält den Überfluss in der eigenen Umgebung für selbstverständlich und lehnt ihn gleichzeitig ab, und sie fürchtet Zentralisierung und Bürokratie. Das ist natürlich lobenswert, doch führt es zu nichts. Obwohl sie alle für die Abschaffung des Kapitalismus sind und das Profitmotiv verdammen, haben sie keinen Plan für eine alternative Wirtschaftsform und keine Idee, wie es möglich wäre, die Bürokratie nach der Revolution zu verhindern. Ein gewisses Maß an Anarchismus ist weit verbreitet, hauptsächlich als Ausdruck der Feindseligkeit allen Institutionen und Autoritäten gegenüber. Was die politischen Formen der post-revolutionären Gesellschaft betrifft, so ist die einzige Losung, die von der amerikanischen Neuen Linken benutzt wird, die der »participatory democracy«, und bei der deutschen Neuen Linken ist es erstaunlicherweise die abgedroschene Losung »Alle Macht den Räten«. Alle Neuen Linken lehnen das westliche Erbe der demokratischen und parlamentarischen Institutionen ab, und zwar ohne jegliche Analyse und Verantwortung. Es ist, als ob die schmerzliche Erfahrung mit rechter und linker Diktatur, die meine Generation erlebt hat, nie gewesen wäre. Wenn sie schreien:»Alle Macht den Räten!«, so heißt das nicht, dass sie das sowjetische Vorbild akzeptieren, sie lehnen es ausdrücklich ab, mindestens dadurch, dass sie das chinesische oder das kubanische Modell dem sowjetischen vorziehen. Ihre Irrationalität liegt darin, dass – da die Sowjetunion den Kapitalismus und vermutlich auch die Klassen aufgehoben hat – sie von ihnen als besser als der Westen angesehen wird. Und sie nehmen einfach an, dass Sowjetrussland vermutlich doch irgendwie im Hafen der Vollkommenheit landen werde. Sie weigern sich, die sowjetische Erfahrung im einzelnen zu untersuchen.

Der offensichtlichste Unterschied zwischen der Alten und der Neuen Linken betrifft die Frage nach den revolutionären Kräften. Die Alten Linken verließen sich auf das industrielle Proletariat als der historisch vorherbestimmten revolutionären Kraft; die Neuen Linken sind im allgemeinen von den Arbeitern enttäuscht und stehen ihnen manchmal sogar feindselig gegenüber. In Deutschland kommt es hin und wieder zwischen Jugendlichen der Neuen Linken und Arbeitern zu Schlägereien. In Frankreich hatten sie einen kurzen und nervösen Moment der Kooperation. Ein Alter Linker, italienischer Journalist, sagte, dass sein Herz mit den proletarischen Polizisten schlug, als diese mit den bürgerlichen Bengeln der Studenten-Demonstranten zusammenstießen. Trotzdem versuchen manche Gruppen der Neuen Linken regelmäßig, das alte Bündnis mit den Arbeitern wiederherzustellen, gewöhnlich ohne spektakulären Erfolg. Studenten und Intellektuelle formen die Kader. Manche Ideologen versuchen dies zu rechtfertigen: die Arbeiter, so sagt uns Dutschke, haben keine Zeit zu denken; Studenten, so sagt Marcuse, haben die neue Sensibilität. Doch es sind die Verbündeten, nicht die Kader, die nötig sind, um endlich die Befreiung der Welt zu erreichen. Und diese sind die armen und ausgenützten Nationen der Dritten Welt und die Unterklassen des Westens. Anders als in den Vereinigten Staaten fällt es den deutschen Neuen Linken schwer, Unterklassen in ihrer Mitte zu finden, doch sie versuchen es trotzdem.

Der Hauptpunkt, in dem die meisten Teile der Neuen Linken übereinstimmen, betrifft den Feind. Gegen wen immer sich sowohl Moskau als auch Peking erklären, der Feind ist: der amerikanische Imperialismus und der israelische Zionismus. Besonders der amerikanische Imperialismus ist das Objekt von nahezu Orwellschen Hassübungen.

QUELLE: Margarete Buber-Neumann: Verwirrung auf allen Stufen. Die alte und neue Linke (Reihe Apropos, 17); Verlag Neue Kritik, Frankfurt am Main 2001

ECKART KRONEBERG (1930–2013)

Eckart Kroneberg wird am 10. Juni 1930 in Stünzhain bei Altenburg geboren. Nach dem Abitur 1948 studiert er Theologie und Philosophie in Berlin. 1957 wird er wissenschaftlicher Referent des Evangelischen Forums für Literatur und Kunst in West-Berlin. 1961 erscheint sein erster

Roman »Der Grenzgänger«, in dem er die Notjahre einer im »Dritten Reich« aufgewachsenen Jugend schildert und die »Beschreibung einer Mauer«.
Er reist viel, durchlebt die 68er Jahre und verarbeitet das Erlebte in seinen Romanen. Seine Erfahrungen als Theravada-Mönch unter dem Namen Bhikkhu Ananda in Sri Lanka veröffentlicht er in seinem Buch »Buddha-Berlin-Wilmersdorf, Annäherungsversuche an den Vollerwachten«, später unter dem Titel »Buddha in der City. Achtsam leben im Alltag«. Seine letzten Jahre lebte er versorgt von seinem singalesischen Adoptivsohn in Berlin.

ECKART KRONEBERG

BESCHREIBUNG EINER MAUER

Sie beginnt in *Rudow*. Dort versperrt sie die *Waltersdorfer Chaussee*. Rudow liegt in Südosten der Stadt, du kommst aus Neukölln, überquerst den Teltow-Kanal, in die bis dahin geschlossenen Häuserfronten schieben sich Gärten, später auch Felder, in Rudow gibt es richtige Bauernhöfe. Deine Straße endet vor der Mauer. Die ist niedrig hier, du kannst hinüberblicken. Links und rechts liegen Kleingärten. Am Straßenrand, links und rechts, hört die Mauer schon wieder auf. Dort wird sie, links und rechts, fortgesetzt von einer Doppelreihe aus Betonpfeilern. Die sind zwei Meter hoch, und sie sind mit Stacheldraht verspannt, nicht nur Pfeiler mit Pfeiler, sondern auch Reihe mit Reihe. Links führt ein Feldweg daran entlang. Auf beiden Seiten Kleingärten. Die linker Hand sind gepflegt, geschmückt, bunte Häuschen darinnen, manche Besitzer verbringen hier den Sommer. Auch fehlt es nicht an Gartenzwergen und anderem Zierat, womit man in Deutschland seinen Garten auszuschmücken pflegt. Die Gärten auf der anderen Seite scheinen verlassen. Ein breiter Streifen, den Stacheldraht entlang, ist frisch gerodet. Rot sind die Stümpfe von Kirschbäumen, weiß und gelb die von Apfel und Birne. Es geht rasch, bebautes Land in Ödnis zu verwandeln.

Nach zweihundert Schritten biegt der Sticheldraht nach Norden ab, die Gärten bleiben zurück, kilometerweit ziehen die Betonpfeiler über Felder. Zwei Grenzpolizisten beobachten den Fußgänger durch Feldstecher. Ein Hubschrauber kreist in geringer Höhe, und die Uniformierten kriechen unter ein Gebüsch. Wie groß ist der Himmel über dieser Stadt. Auf den Feldern drüben viel Mais und Sonnenblumen. Maiskolben. »Wurst am Stiel« hat das Chruschtschow genannt. Inmitten von Feldern und Gärten, im Westen, dicht an der Grenze: Die Eternit-Werke.

Johannisthaler Chaussee. Die Brücke über den *Teltow-Kanal* ist auf dem östlichen Ufer zugemauert. Grün uniformierte Grenzpolizisten stützen die Ellbogen auf die Betonplatten und beobachten das westliche Ufer durch Feldstecher. Auf diesem Ufer, hinter einer Baumgruppe, steht ein amerikanischer Schützenpanzer. Antennengewirr. Kinder ringsum, meistens Jungen. Ein Knirps macht große Augen, bis ihm ein GI einen Chewing Gum schenkt. Die Seligkeit. Vergeblich versucht ein Schupo, die Kinder von dem Kampffahrzeug zu vertreiben. Betonpfähle mit Stacheldraht am östlichen Kanalufer. Immer – wieder, Doppelposten, ausgerüstet mit Schnellfeuergewehr und Feldstecher. Sie suchen, mit ihren Gläsern das westliche Ufer ab.

Sonnenallee, Übergang für Westberliner. Zoll und ein Bereitschaftswagen der Schupo auf dieser Seite. Immer noch Gartengelände, aber schon erheben sich da und dort Wohnblocks. Betonplatten auf der Straße, links, rechts, links, rechts, Slalom nennt man das. Dazwischen Grenzpolizei, jeder hat seinen Feldstecher und benutzt ihn ohne Pause. Gleich hinter dem Stacheldraht eine Großbaustelle, Wohnhäuser, langgestreckte Kästen. Ein hoher Baukran. Als Baumaterial benutzen sie diese rötlichen Betonplatten, daß heißt: Großblockbauverfahren. Sie waren sehr stolz darauf, als sie es vor Jahren zum erstenmal am Ostbahnhof ausprobiert hatten. In Windeseile kannst du aus diesen Platten Häuser erbauen. Und Mauern. Auf dem runden Zementsilo steht mit großen Buchstaben: VEB VOLKSBAU BERLIN LICHTENBERG. Sonnenallee ist ein Übergang für Westberliner, aber es geht niemand über. Am Fahrbahnrand im Westen liegt ein verrotteter Totenkranz, merkwürdig, gut erhalten die weißen Schleifen: Ein letzter Gruß von Klaus, Irmgard und Heinz.

Die Treptower Straße stößt auf die S-Bahn, Ring über Ostkreuz, früher. Auf dem Bahnkörper, hoch über der Straße, stehen sie mit Karabinern und aufgepflanztem Bajonett, eine FDJ-Fahne weht im Wind: Auf blauem Grund eine aufgehende Sonne und die Buchstaben FDJ, gelb. Hinter der Mauer stehen zwei Halbwüchsige in graublauer Uniform, sie heben die Maschinenpistolen, einer schreit: »Nehmen Sie die Hände von der Mauer! Zurück!«

Ich gehe weiter durch die *Heidelberger Straße*. Auf der linken Seite neue Wohnhäuser, große Fenster, bunte Balkons, die Inschrift: Wohnungsneubau Neukölln 1960. Der Gehsteig vor der Häuserzeile ist schmal, der Stacheldraht, doppelt, verläuft auf der Fahrbahn. Grenze ist die Gehsteigkante. Viel Uniformen da drüben, alle zwanzig Meter zwei Mann, die Schnellfeuergewehre schußbereit.

...

Die nächste Straßenbrücke ist zugemauert. Sie verband früher die *Schlesische Straße* (Kreuzberg) mit dem Bezirk Treptow. Über die Mauer ragen zwei Litfaßsäulen. Auf der linken steht: »Mit dem Friedensvertrag zu Frieden und Einheit der Nation! Mit dem Sozialismus zum Glück des Volkes! Wählt die Kandidaten der nationalen Front!« Auf der rechten Säule ein Kinoplakat: »Fall Gleiwitz«. Auf dunkelgrünem Grund die schwarze Silhouette eines Mannes mit Maschinenpistole. Hier geht es nicht weiter.

In der Schlesischen Straße, sie ist sehr breit, fehlen noch immer viele Häuser. Die Ruinenfelder sind mit weißen Holzgittern abgezäunt, Plakatwände: Diolen auch im Herbst! Frisch und froh durch Fanta! Aus einem Kiosk weht es verführerisch: Currywurst, Schaschlik, Ein Arbeiter, fordert mich auf, ein Bier mit ihm zu trinken. Er sagt: »Ick hab nämlich heute mein' soßjalistischen Tag, Nasdarowije!« Er setzt sein Glas ab, wischt sich den Mund und sagt: »Den Nikita, den mißte man uffhängn.«

Es geht gegen Abend. Die Pastellfarben der breiten Berliner Straßen. Kreuzberg. Eine Arbeitergegend, hätte man früher gesagt. Und noch früher: Proletarierviertel. Das alles stimmt nicht mehr. Die Burschen sind schon gekleidet zum Ausgehen. Sie haben die »Fliege« unter die Kragenecken geklemmt. Ihre Mädchen schminken sich die Lippen modisch blaß. Kein Unterschied zwischen Schlesischer Straße und Kurfürstendamm, was das betrifft.

Die Schlesische stößt auf die *Oberbaumbrücke*, auch das ist ein Übergang für Westberliner, aber niemand passiert die Sperre. Die Hochbahnbrücke über den Osthafen ist ein Alptraum. Als Brückenpfeiler dienen zwei neugotische Backsteintürme, sie sind stark bombengeschädigt. Unter der Brücke bilden Plankenzäune einen verwinkelten niedrigen Gang, das ist der Fußgängerweg. Die kleinen Läden unter der Brücke haben geschlossen, hier kauft niemand mehr, die Kundschaft kam von drüben. Vor den Hafen- und Speicherbauten am Ostufer liegen Lastkähne. Die Lücken zwischen den Bauwerken sind frisch vermauert. Ziegel und die rötlichen Betonplatten. Am Westufer lehnen Menschen am Eisengeländer, dicht bei dicht. Sie blicken hinüber.

Die Straße biegt jetzt vom Hafen ab, die Grenze weicht zurück. Ruinenflächen, einzelne Wohnhäuser, gebaut etwa 1900, häßlich, grau in grau. Weit entfernt auf einem Ruinengrundstück zwei alte Lagerhäuser: riesig, kahl die schwarzen Fensterhöhlen. Ein moderner Wohnblock auf der linken Straßenseite, rot, grün, rot, grün. Alle Querstraßen rechter Hand enden nach wenigen Metern vor der Mauer. Hinter der Mauer fließt die *Spree*.

Vom Osthafen an verläuft die Grenze auf dem westlichen Spreeufer. Industriegelände. Ein Jeep mit aufmontiertem Maschinengewehr, hello! In der *Brommystraße* blickst du über die Mauer auf geborstene Pfeiler einer Brücke, die es nicht mehr gibt.

Köpenicker Straße. Ruinen, Ruinen. Etwas weiter: BEHALA-VIKTORIASPEICHER, ein Steinkasten. Eine Kranbrücke gegen den dunkelnden Himmel. Kokshalden. Dahinter fließt die Spree, aber vorher kommt die Mauer. Sehr weit an einem langgestreckten Bau die Leuchtschrift: Berlin-Ostbahnhof.

Jetzt sind alle Straßenlampen eingeschaltet, der Himmel wird schwarz. Die Köpenicker Straße stößt gegen die Mauer. Also links einbiegen in den *Bethaniendamm*. Immer an der Wand lang. Die westliche Häuserflucht ist die Grenze; aber die Mauer verläuft erst am Rande des Gehsteigs. »Nur auf eigene Gefahr können Sie da durch!« warnt der Schupo. Zwei Taubstumme wollen den schmalen Gang zwischen Häuserfront und Mauer betreten, der Schupo gestikuliert, die wollen ins Bethanienkrankenhaus, der Polizist schreibt es ihnen auf einen Zettel: »Zurück! Nicht hier durch!«

Die beiden kehren um. Wir kommen etwas ins Gespräch, der Schupo und ich. Es gibt nur ein Thema. Er sagt abschließend: »Wissen Sie, ich komme mir vor wie im Zirkus; da sitzt man auf dem Rang, und unten, in der Arena, da zerfleischen sie sich.« Er starrt auf die Mauer, auf die Vopos, die uns über die Mauer hinweg, aus zwanzig Meter Entfernung mit Feldstechern beobachten. Dann sagt er leise: »Das Schlimme aber ist, daß wir in Wirklichkeit gar keine Zuschauer sind, sondern selber in der Arena sind. Das ist das Schlimme.« Wir verabschieden uns durch Handdruck. Ein paar Schritte bin ich schon gegangen, da ruft er mir nach: »Das ist das Schlimme, daß wir mit drin stecken!«

Bethaniendamm, dieser Gang, zwischen Häuserfront und Mauer. Fünffach läuft der Stacheldraht über der Mauer. Matt schimmernde Gewehrläufe über den Steinen. Augen, die meiner Bewegung folgen. Kein Mensch. Kein Wort. Dunkel. Einige hundert Meter. Jetzt richten sie Ferngläser auf mich, über die Mauer hinweg, aus drei Meter Entfernung. Dann ist der Gang zu Ende, die Mauer weicht rechts zurück. Eine Kuppelkirche, erhellte Fenster, Orgelmusik. Die Fuge g-Moll.

Krankenhaus Bethanien. In der *Waldemarstraße* hält mich ein Schupo auf. Der Gehsteig längs der Mauer gehört schon nach drüben. »Un was wolln Se schließlich auch«, sagt der Schupp, »Se sehn ja sowieso nischt: Nur Mauer und die Vopos dahinter.«

An der Ecke *Sebastian-/Luckauerstraße* ein handgeschriebenes Schild: »Warnung, dieser Gehweg gehört zum Sowjetsektor.« Wie eben am Bethaniendamm Die linke Häuserflucht gehört zum Westen. Die Mauer steht am Rand des Gehsteigs. Sie wird von einem großen Schild überragt: »Bürger der Sebastianstraße! Wir machen Sie darauf aufmerksam, daß der von Ihnen benutzte Bürgersteig zum Territorium der DDR gehört und die Hausfluchtlinie Staatsgrenze ist. Wir erwarten, daß Sie in Ihrem eigenen Interesse jegliche Provokation auf diesem Gebiet verhindern, da sonst von uns die notwendigen Sicherheitsmaßnahmen durchgeführt werden.«

Übergang *Heinrich-Heine-Straße*: Du kommst aus der Sebastianstraße und stehst plötzlich östlicher Grenzpolizei gegenüber, zehn Schritte, kein Zaun, keine Mauer. Aber um die Hausecke herum, da stehen Schupos. Hinter ihnen, dreißig, vierzig Meter vom Übergang entfernt, dichte Menschengruppen, stumm. Ich zeige meinen Ausweis, alles in Ordnung, der ist nur durch die Sebastianstraße gegangen, alles in Ordnung. Ich mache einen Bogen um den Übergang (für Westdeutsche) und stoße weiter vor in die Verlängerung der Sebastianstraße. Links unerkennbare Ruinen, dann planiertes Gelände. Am Gehsteigrand Betonpfeiler in Doppelreihe, Stacheldraht, dahinter erst die Mauer. Die Neonlampen auf der anderen Seite beleuchten deinen Kopf, aber deine Füße tappen im Dunkeln. Vorn blendet jetzt ein starker Scheinwerfer auf, die Augen schmerzen, Kein Mensch, kein Mensch. Einundzwanzig Uhr. Stacheldraht und Mauer biegen im Winkel von neunzig Grad links ein, stoßen auf die Brandmauer eines Hauses. Also zurück.

Stallschreiber- und *Kommandantenstraße*. Stacheldraht, Betonpfeiler, Mauer. Dahinter die Ruine einer Kirche, durch die leeren Fensterhöhlen das Licht von Straßenlaternen. Das Gelände wird noch unübersichtlicher. Winkel und Ecken, Ruinenfelder, Grünanlagen. Links ein moderner Wohnblock. Durch die Glasscheiben des Hochhauses siehst du die leuchtend roten Treppen. In der Kommandantenstraße mußt du die Mauer verlassen. Vorüber an einem neuen Würfelbau, Fabrik, rote Leuchtschrift an der Breitseite: MURATTI.

Kochstraße. Wieder schiebt sich die Mauer heran. Alle Querstraßen rechter Hand enden vor den Betonplatten. Menschen, viele Menschen hier, die stehen da und schauen hinüber und sagen nichts.

Markgrafenstraße, Enkestraße, Friedrichstraße: Der amerikanische Panzer steht nicht mehr da. Einige Jeeps, Funkanlagen, Mannschaftswagen der Schupo. Das erste Gebäude auf der anderen Seite zeigt in Leuchtschrift: UNION-VERLAG und NEUE ZEIT. Verlag und Zentralorgan der mitteldeutschen CDU. Grenzpolizei auf der Kreuzung Friedrich-/Zimmerstraße. Straßensperren, der Slalomweg. Maximalgeschwindigkeit fünf Kilometer. Das ist der Übergang für Diplomaten und Ausländer. Auf einem Verkehrsinselchen, noch auf westlicher Seite, steht ein Bürotisch, davor ein Stuhl. Auf dem Tisch liegt ein großer flacher Kasten. Im plötzlich aufflammenden Scheinwerferlicht eines Jeeps erkenne ich die Farbe von Stuhl und Tisch: US-Army. Eine Kneipe zwischen Zimmer- und Kochstraße ist leer. TREFFPUNKT. Wer trifft hier noch wen? Ein GI kauft ein paar Flaschen Coca-Cola.

Und weiter zur *Wilhelmstraße*. Ruinen, Ruinen. Über die Mauer ragt das Gebäude des ehemaligen Luftfahrtministeriums, jetzt heißt es Haus der Ministerien, es steht zwischen *Niederkirchner* und *Leipziger Straße*. Einige Fenster sind erleuchtet. Der einsame Schupo auf dieser Seite der Mauer vertritt sich die Füße und gähnt.

Am nächsten Morgen regnet es, der Sommer ist zu Ende. Du steigst aus am U-Bahnhof Gleisdreieck und gehst durch die *Schöneberger Straße* am Gebäude der Reichsbahndirektion entlang, ein riesiger Bau, leidlich wiederhergestellt. An der Fassade des zweiten Stockwerks acht Steinplastiken, überlebensgroße Figuren: ein Schaffner mit Kelle, ein Streckenarbeiter. Vier Figuren fehlt der Kopf. Und am *Halleschen Ufer* entlang; das da ist wieder der Landwehrkanal, ein Regenschauer rauht den Wasserspiegel auf. Rechts eine Ziegelmühle, ungeheure Halden aus Trümmerziegeln und Ziegelmehl, schmutzigrot im Regen. Dann der nördliche Teil des *Anhalter Bahnhofs* der Bahnkörper erhöht, vielleicht sechs Meter über der Straße, im Norden eine Art Appendix der großflächigen Anlage. Bahnkörper heißt das, ja, und dieser Körper ist to: und in Verwesung. Hier fahren seit sechzehn. Jahren keine Züge mehr. Wie eine uralte Burg so liegt das da. Obenauf einige bizarre Hausruinen. Und blaue Trapos mit Karabiner und aufgepflanztem Bajonett hin und her, hoch über dem pausenlos flutenden Verkehr am Landwehrkanal.

Linkstraße. Zwischen ausgebrannten Häusern und Teilruinen ein altes Hotel. Und rechter Hand die hohen ungefügen Häuser: Zugemauert, vergittert, sie gehören zum Bahnkörper, zum Sektor. Ruinenfassade. Seltsam ein einzelnes Fenster im Hochparterre, es ist verglast, hinter den Scheiben helle Stores, hinter den Stores bunte Gardinen. Durch einen Gardinenspalt schimmert die Ziegelmauer.

Die Linkstraße endlich stößt auf den *Potsdamer Platz*. Der ist ein einziges Gewirr von Stacheldraht und Betonmauern, hier scheint jeder Meter extra eingezäunt zu sein, der ganze Platz ist kreuz und quer versperrt durch die Doppelreihen von Betonpfeilern und Stacheldraht, dahinter die Mauer, immer wieder neu ansetzend, zwei- drei-, vierfach. Die kleinen Läden auf der Westseite sind mit einer Ausnahme geschlossen. Das ist ein Kurzwarengeschäft, das letzte vor der Mauer. Unter der gestreiften Markise schaukelt ein Bündel Petticoats im Wind, hellblau, rosa, gelb. Aber kein Käufer zeigt sich. Hinter der leeren Coca-Cola-Bude steht ein amerikanischer Panzerspähwagen, der Motor läuft. Drüben, auf der anderen Seite, in einiger Entfernung ein Lautsprecherwagen, Zivilisten in Ledermänteln, Grenzpolizei, Volkspolizei, Volksarmisten mit Stahlhelm.

Durch die *Bellevuestraße* gehe ich in Richtung *Tiergarten*, die Grenze bildet hier einen spitzen Winkel, Bellevue- und Lennestraße sind die Schenkel. Die *Lennéstraße* ist schmal, sie wird links vom Tiergarten, rechts vom Stacheldraht eingezäunt. Die Mauer beginnt erst dahinter. Ein Westschupo verwehrt mir den Durchgang zur Lennéstraße: Der Draht verläuft zwar auf der rechten Seite, aber die Straße gehört dennoch auf längere Strecken schon ganz zum Sektor. So gehe ich geradeaus in den Tiergarten, biege nach etwa hundert Metern rechts ab und, wieder rechts und stoße nun doch auf die Lennestraße.

Jetzt gehe ich am Stacheldraht entlang, in zwei Meter Abstand, bis dicht an die *Ebertstraße*, da, über dem Buschwerk, ist schon das *Brandenburger Tor* zu sehen.

Plötzlich werde ich angerufen. Hinter dem Stacheldraht, der hier nur einfach ist, stehen zwei Volkspolizisten, die Schnellfeuergewehre haben sie an die Hüfte gehoben. »Haun Se ja bloß schnell ab«, sagt der eine, »Se befinden sich schon aufm Boden der deutschen demokratischen Republik!« Seiner Sprache nach könnte er aus Zwickau stammen. Schön, ich will abhauen, aber sofort ruft er, ich soll ja stehenbleiben und die Hände heben. Was noch? Der Stacheldraht hat kein Loch. Der Sprecher kommt dicht an den Zaun heran. Er sagt nachdrücklich: »Horche mal druff, solche wie dich, die genn' ich! Ihr wollt hier bloß brovoziern!« Das bestreite ich. Der andere Volkspolizist, halb hinter dem Sprecher, kneift ein Auge zu und macht eine etwas abfällige Kopfbewegung auf seinen Kollegen hin. Dieser sagt noch mehr. Er sagt: »Ich säh doch, was so'n Achtgroschenjunge is', hau bloß ab, Mensch!« Diesmal erlaubt er mir, daß ich seiner Aufforderung Folge leiste.

Straße des 17. Juni. Der englische Posten vor dem russischen Ehrenmal wird gerade abgelöst, es ist kurz vor dreizehn Uhr. Er springt aus dem Schilderhäuschen, seine Stampfschritte– links, rechts, links, und Haltung! – wirken etwas komisch. Die russischen Posten im Denkmalsinneren haben sich zurückgezogen, es regnet stärker. Auch der englische Armeestacheldraht rings um das Denkmal beginnt schon zu rosten.

Spanische Reiter vor dem Brandenburger Tor. Die Mauer endet etwa fünfzig Meter rechts und links neben dem Tor. Die Lücken sind mit Blumenkübeln verstellt, zwei rot blühende Halbkreise verbinden Mauer und Tor. Naß klatschen die roten Fahnen gegen die Masten, naß auch die große Fahne oben, hinter der Quadriga, Schwarz-Rot-Gold mit dem Ährenkranz. Grenzpolizisten hinter den Torsäulen beobachten die Westseite mit Feldstechern. Die Mauer verschwindet hinter dem Reichstagsgebäude. Mein Weg führt über das bewachsene Trümmerfeld zum *Lehrter Bahnhof.* Vorher sehe ich noch unter den Bäumen hinter dem sowjetischen Denkmal das englische Biwak: Panzerspähwagen, Schützenpanzer, Lkws, Jeeps.

Über die *Moltkebrücke* kommst du über die *Spree* zum Westufer des *Humboldthafens.* Das Gewässer gehört zum Sektor, aber Stacheldraht und Mauer stehen auf dem Ostufer. Hier haben sie den ersten Flüchtling erschossen, hier, im Wasser dieses Hafens. Drüben hinter dem Stacheldraht beginnt das Gelände der Charité. Rote, mehrstöckige Ziegelbauten, überwuchert von Efeu, die schwarzgrauen Schieferdächer.

Am *Lehrter Bahnhof* der Übergang Invalidenstraße. Über die Straßenmauer hinweg beobachten Grenzpolizisten die westliche Seite mit Feldstechern. Kein Weiterweg, zurück, *Heidestraße,* am Gelände des Lehrter Bahnhofs entlang, rechts Industrieanlagen, Schuppen, Lagerplätze. Auf dem Gehsteig steht mit großen roten Buchstaben: KAMPF DEM ATOMTOD.

Stacheldraht und Mauer siehst du erst wieder am *Nordhafen.* Auf dem östlichen Ufer. Der Nordhafen ist im Westen und Norden mit Grünanlagen umgeben, Laubengänge, verschwiegene Bänke. *Ecke Nordhafen-Sellerstraße* ein weißes Schild: FIN DU SECTEUR FRANÇAIS. Dahinter: die Mauer aus den rötlichen Betonplatten. Sie trägt hier schon ein Dach aus frischen roten Ziegeln, es wird ja Winter.

Jetzt verläßt dich die Mauer nicht mehr. Ein Stück *Chausseestraße*, die Mauer folgt auf der rechten Seite, am Gehsteigrand. Die Chausseestraße ist auch ein Übergang für Westberliner, sie führt zum Walter-Ulbricht-Stadion, gleich dahinter liegt der Friedhof der *Dorotheenkirche*. Da liegen Hegel und Fichte. Und Brecht. Vor vier Wochen bin ich noch dort gewesen. Jetzt aber stehen an der Kreuzung *Chaussee–Liesenstraße* Ost- und Westpolizei einander gegenüber. Grenzpolizei und Vopos und Zöllner drüben, alle, bis auf die Zöllner, schwer bewaffnet. Auf der Westseite ein Zivilist mit Stoppkelle, ein Zöllner, ein Schupo. Durch die Liesenstraße rollt langsam ein französischer Schützenpanzer, ein Jeep voran. Kämme blitzen auf den schwarzen Helmen der Soldaten. Menschen in dichten Gruppen blockieren die Gehwege und schauen in die Chausseestraße hinein, in Richtung Osten. Osten und Westen – das sind längst keine geographischen Begriffe mehr.

Die Liesenstraße führt am Friedhof der Französischen Domgemeinde entlang. Die breite brusthohe Friedhofsmauer ist aufgestockt. Sie ist jetzt fünf bis sechs Meter hoch. Höher noch als die alte Mauer, die den *Stettiner (Nord-)Bahnhof* von der *Gartenstraße* trennt.

Die Gartenstraße stößt im rechten Winkel auf die *Bernauer*. Hier ist die rechte Häuserflucht Staatsgrenze, wie sie es nennen. Bis zum ersten Stock ist jedes Loch zugemauert. Und in den Wohnungen darüber blinken da und dort schon schwarze Fensterscheiben, die Bewohner wurden umgesiedelt, sie waren nicht zuverlässig im Sinne derer, die die Mauer erdachten.

Auch der Friedhof der *Sophienkirche* ist zugemauert, auch hier dürfte die Mauer fünf bis sechs Meter hoch sein. Die *Versöhnungskirche* ist zugemauert. Über den Mauerfirst sieht noch das Kruzifix. Rot springen einige Kirchenpfeiler durch die Betonmauer, daran hängen in Anschlagkästen noch die Mitteilungen der Kirchgemeinde, FROHE BOTSCHAFT FÜR ALLE. Die kleinen und großen Querstraßen der Bernauer in Richtung Osten sind zugemauert. Vor der Mauer stehen Einwohner der linken Straßenseite, sie winken hinüber. Von weither, aus Fenstern und unten von der Straße, winken die Menschen zurück, eine Ansammlung, es werden mehr und mehr, hier, in der Bernauer, und drüben, am Ende der Seitenstraße. Nach einer Weile geht die Volkspolizei vor. Mit Wasser gegen die Westberliner, mit Tränengas gegen die Ostberliner. Der Wind steht schlecht, die Gasschwaden treiben über die Mauer, die Polizisten husten.

An eine Hauswand gepreßt steht eine Frau und schaut nach oben. Aus dem zweiten Stock beugt sich ein Ehepaar. So dicht an die Hauswald gepreßt, kann die Vopo nicht sehen, daß man miteinander spricht. Und wenn doch, so kam sie's wenigstens nicht verstehen, die Frau und das Ehepaar, sie flüstern nur miteinander. Das Haus Nummer 48 ist ein häßlicher grauer Ziegelbau ohne Verputz, fünfstöckig. Im zweiten Stock hat sich einer den Essenbalkon zur bunten Gartenlaube ausgebaut. Schräg darüber das Fenster, aus dem vor drei Wochen die ältere. Frau gesprungen ist. Unten, auf dem Gehsteig, liegen Kränze und frische Blumen. Menschen mit Tränen auf ihren Gesichtern, Einwohner dieser Straße.

Vom Ende der Bernauer an läuft die Grenze am S-Bahnkörper entlang. Wo eine Straße durch die Hochbahn führt, ist sie zugemauert, mannshoch, aber da und dort ist ein Stein ausgelassen, in dem Loch siehst du die Gläser eines Feldstechers. Auf dem Bahnkörper patrouillieren Trapos, Karabiner, aufgepflanztes Bajonett. Jetzt verläuft die Grenze nicht mehr in Winkeln und Kurven. Zwischen *Wilhelmsruh* und *Wittenau* biegt sie um hundert Grad nach Norden ab, nach Nordosten, sie folgt jetzt der Bahnstrecke nach Blankenfelde und Basdorf. In *Blankenfelde* ist das Aufnahmelager für »Westflüchtlinge«…

Bald geht die Mauer wieder in schlichten Stacheldraht über, Doppelreihen von Betonpfeilern. Die Gegend wird ländlicher, Kleingärten, die ersten Felder. Hinter dem Dorf *Lübars* stoßen Stadt- und Sektorengrenze. zusammen. Das ist ein hügeliges Gelände, Felder, nach Norden zu senkt sich das *Tegeler Fließ*, ein Landschaftsschutzgebiet, sumpfig, verschilft, öde. Auf einem Hügel der erste Wachtturm. Ein Feldweg schlängelt sich darauf zu. Hinter dem Stacheldraht patrouillierende Doppelposten. Zwanzig Meter vor dem Turm. Ein Feldstecher ist auf mich gerichtet von da oben. Und eine Kamera. Und ein Gewehrlauf. Ich gehe in zwanzig Meter Entfernung am Verhau ent-

US-Präsident John F. Kennedy, Berlins Regierender Bürgermeister Willy Brandt und Bundeskanzler Konrad Adenauer 1963 vor dem Brandenburger Tor
Am 26. Juni 1963 – zwei Jahre nach dem Berliner Mauerbau – besuchte John F. Kennedy die Stadt. Aus der Rede des amerikanischen Präsidenten vor dem Berliner Rathaus Schöneberg wird heute immer noch sein Bekenntnis zu West-Berlin zitiert: »All free men, wherever thay may live, are citizens of Berlin, and, therefore, as a free man, I take pride in the words: ›Ich bin ein Berliner.‹«

lang. Der Gewehrlauf folgt meiner Bewegung. Der Gewehrlauf folgt jedem Schritt, den ich gehe.

QUELLE: Eckart Kroneberg: Beschreibung einer Mauer, DIE ZEIT, Heft 38/1961

WOLF BIERMANN (* 1936)

Wolf Biermann wird am 15. November 1936 als Sohn des Hamburger Werftarbeiters Dagobert Biermann und seiner Frau Emma, beide sind Kommunisten, in Hamburg geboren.
1953, kurz nach Stalins Tod, übersiedelt Biermann nach Ost-Berlin und studiert an der Humboldt-Universität zunächst Wirtschaftswissenschaften, dann Philosophie und Mathematik. Erste Lieder entstehen 1960. Nach dem Bau der Mauer 1961 gründet er ein Hinterhoftheater, das 1963 verboten wird. 1965 wird ein Auftritts- und Publikationsverbot verhängt, 1976 wird ihm nach einem Konzert in Köln die Einreise in die DDR verweigert, und er wird gegen seinen Willen ausgebürgert. 1989 heiratet er in zweiter Ehe Pamela Rüsche.
Als Liedermacher und mit seinen Gedichten wirkt er bis heute kritisch auf das politische Geschehen ein. Sein Schaffen ist mit zahlreichen Preisen ausgezeichnet. 2008 wird ihm die Ehrendoktorwürde der Humboldt Universität Berlin verliehen.

WOLF BIERMANN

WOLFGANG HEISE – MEIN DDR-VOLTAIRE

Dieser Tage beriet ich mich, wie gelegentlich in mehr pathetischen Zeiten, mit dem wahren Philosophen der DDR, also mit Wolfgang

Heise. Der sitzt seit 1987 oben auf der Wolke zusammen mit Hölderlin und Hegel, neben Voltaire und Marx. Ich fragte ihn da oben: Soll ich, wenn demnächst deine und Hegels Nachfolger an der Humboldt-Universität mir das Diplom von damals aushändigen, soll ich dann auch den Ehrendoktortitel mir anhängen lassen? Heise lächelte und sagte: »Eigentlich nicht. Uneigentlich doch. Nimm die Ehrung an, schon aus Respekt vor denen, die ein Unrecht von vor 45 Jahren wieder gut machen wollen. Aber heikel ist solch ein Titel! Damen und Herrn, Sie hören jetzt ein Lied von Doktor Biermann … das klingt nach einem Rezept für Schmerztabletten. Also: Nimm den Titel an, aber verwende ihn nicht. Du brauchst keinen Titel. Und ein richtiger Philosoph bist Du, trotz des Studiums, nie geworden, du suchst ja nicht nach dem Absoluten wie unsereins. Für so Poeten gilt Goethes Replik in einem Brief an Schiller vom April 1801: Der Dichter braucht eine »gewisse gutmütige, ins Reale verliebte Beschränktheit, hinter welcher das Absolute verborgen liegt.«

Wahre Worte des Johann Wolfgang von Heise. Von wegen das Absolute … Meine Diplomarbeit schrieb ich über ein absolut relatives Modethema: Max Benses Informations-Ästhetik, also eine Kritik der Anwendung mathematischer Methoden auf die Ästhetik. Der Tag heute ist mir eine gute Gelegenheit, über meinen Lehrer, den Philosophieprofessor Wolfgang Heise, zu sprechen. Ich will Ihnen erzählen, was passierte in diesem lehrreichen Jahr 1963, als ich die Prüfungen erst im Nebenfach Mathematik, dann im Hauptfach Philosophie an der Humboldt-Universität absolvierte. Nun halte ich – 45 Jahre später – das Diplom in der Hand, korrekt geschmückt mit Stempel und Unterschrift des neuen Chefphilosophen und von ihm und seinen Kollegen Bernd Wegener und Christoph Markschies überreicht: Lieber Professor Dr. Volker Gerhardt – danke!

Meine viel zu lange Rede ist nur ein kurzer prosaischer Anlauf, damit ich am Ende die poetische Summe ziehen kann, in einem neuen Lied. So sagen ja die Franzosen: »Et tout finit par des chansons«. Der Titel des Liedes: »Voltaire-Chanson«: Und unser Heise war ja mein DDR-Voltaire. Dieses Chanson beginnt in der ersten Strophe in kafkaesker Verrücktheit mit einer Fliege: »Was ist das für 'ne Fliege / Das ist gar keine Fliege / Sieht aus wie 'n Kind der Liebe / Aus

Mücke und Hornisse …« – Diese Fliege im Chanson ist eine von den Fliegen aus dem Drama des Existenzphilosophen Jean-Paul Sartre. »Les Mouches« sind Metapher für eine Metapher: für die Erinnyen, das sind die griechischen Rachegöttinnen, also die Quälgeister auch des edlen Muttermörders Orest. Diese Furien erscheinen als ekliges Insektengeschmeiß, wie Voltaires Nachgeborener Sartre es in Paris auf die Bühne brachte, während der Besetzung Frankreichs durch die Deutsche Wehrmacht. Machen wir eine kurze Zeitreise. Zwei Jahre nach dem Mauerbau erwies sich dies verfluchte Jahr 63 als lehrreich. Ich leitete damals, neben meinem Studium, das alternativ-alternaive »b. a. t.« das »Berliner Arbeiter- und Studententheater« im Prenzlauer Berg. Und weil ich damals so begeistert wie kindlich war, wollte ich zudem auch klug sein. Also wurde ich Kandidat der SED. Schwankende Intellektuelle, zu denen die Nomenklatura auch die Studenten rechnete, brauchten in der DDR zwei Jahre Kandidatenzeit bis zur Mitgliedschaft als Genosse. Echten Arbeitern aber wurde von der Parteiführung ein gesunder Klasseninstinkt unterstellt, für die reichte ein Jahr im Kandidatenstatus.

Genosse der SED hatte ich werden wollen, damit ich nicht länger in meiner Funktion als parteiloser Prinzipal des »b. a. t.«-Ensembles in der Belforter Straße eine Parteigruppe über mir hatte, der ich nicht angehörte und die ich also kaum hätte prinzipalisieren können. Eine Mitgliedschaft in der Staatspartei strebte ich auch an, weil ich der Meinung war, dass wir jungen Kommunisten diese stalinistische Festung erobern müssen. Wir wollten die Kaderpartei SED entrieren, gegen das Pack der Monopol-Bürokraten. Ich hatte den Vers von Brecht an einen Genossen der Partei im Kopf: »Gehe nicht ohne uns den richtigen Weg, denn ohne uns ist er der falscheste.« Und mir gefiel damals noch Brechts zynisches Credo: »Wofür wärest Du dir zu gut … versinke im Schmutz, umarme den Schlächter, aber verändere die Welt, sie braucht es!«

Als ich 1963, nach zwei Jahren Wartezeit, endlich zum ordentlichen Mitglied der Partei gewählt werden sollte, stimmten die Studenten meiner Parteigruppe im 5. Studienjahr der Philosophie für mich – genauer: 17 Kommilitonen standen gegen 4, eine satte Mehrheit. Aber der anwesende Instruktor der übergeordneten SED-Bezirksleitung

Berlin erhob statutengerecht Einspruch. Und so musste eine neue Parteiversammlung organisiert werden, in der abermals abgestimmt werden sollte, denn so funktionierte die undemokratische Praxis des »demokratischen Zentralismus«. Inzwischen hatten die übergeordneten Funktionäre der Parteizentrale sich die Mitglieder meines Studienjahres einzeln vorgeknöpft. Und sie hatten Erfolg mit ihrem Überzeugungsterror. Das nächste Abstimmungsergebnis lautete nur noch knapp 11 zu 10 für mich. Abermals kam das Veto vom Genossen aus Paul Verners Bezirksleitung. Na ja – und dann, bei der dritten Versammlung, stimmten endlich 20 gegen mich, und nur noch einer stand für den Kandidaten Biermann. Es war der Sohn des Arbeiterschriftstellers Ludwig Turek (n. b.: sein Buch »Ein Prolet erzählt« aus dem Jahre 1930). Mein falscher Turek hatte widerstanden, leider aber – wie ich dreißig Jahre später in meinen Akten las – im Auftrage des MfS.

Die ganze Prozedur mündete in eine hexenjägerisch aufgeheizte Partei-Vollversammlung des Instituts, das heißt mit Teilnahme auch der Genossen des Lehrkörpers. Es hagelte vernichtende Statements aller Studienjahre gegen den Kandidaten. Der Direktor unseres Instituts, ein Professor Hermann Ley, führte routiniert das Wort. Dieser Genosse Ley war ein Doktor der Zahnmedizin, berühmt berüchtigt, weil er ohne Vorbereitung über jedes philosophische Thema einen einstündigen Vortrag halten konnte. Im Präsidium saß auch Heise, der eigentliche Kopf. Wir verehrten diesen Mann mit dem gramgrauen Gesicht, wir bewunderten sein breites und tiefes Wissen und seinen stoischen Stolz. Solche beißwütigen Maulhelden wie Professor Doktor Ley beneideten heimlich ihren hochgebildeten Kollegen, fürchteten seinen Scharfsinn und verachteten seine altmodisch guten Manieren. Unter uns Studenten wurde kolportiert, dass der flotte Zahnarzt-Philosph Hermann Ley seine Doktorarbeit in der Nazizeit geschrieben hatte, mit dem Thema: »Karies und Rasse« – aber diese zeitgemäße Dissertation blieb unauffindbar, so wie heute auch die Dissertation des flotten Gregor Gysi. Ein böses Bonmot kursierte: Ley ist der größte Philosoph unter den Zahnärzten und der größte Zahnarzt unter den Philosophen.

In dieser aufgeregten Versammlung trat unerwartet griesgrämig der gute Heise gegen mich auf. Auch er votierte gegen meine Aufnahme in die Partei mit einem sibyllinischen Satz: »Wolf Biermann ist kein Kommunist!« – Ich war verwirrt und wütend, ich verstand die Volte meines Lehrers nicht. Geschweige denn konnte ich damals schon ahnen, dass Heise mir eigentlich einen Gefallen tat. Als Jahre später sein Student Wolfgang Thierse in die SED reingepresst werden sollte, warnte Heise ihn mit dem dunklen Orakelspruch: »Wolfgang, tu 's nicht, es ist nicht gut für dich.«

Im gleichen Jahr 1963 war auch unser Hinterhof-Theater »b. a. t.« im Prenzlauer Berg liquidiert worden. Wir wurden verboten, weil ich ein Stück geschrieben und dort inszeniert hatte über die Mauer. Meine Fabel erzählte eine tragische DDR-Liebesgeschichte aus den Tagen des Mauerbaus im August 1961, ein zehnmal verschlechtbessertes Theaterstück, in dem ich den Bau der Mauer erklärte, sogar verteidigte, aber sie eben nicht ideologisch verklärte als »antifaschistischen Schutzwall«. Deshalb war unsere Aufführung, trotz all meiner faulen Kompromisse, nach der Generalprobe verboten worden. Die über hundert Arbeiter, Studenten und Berufskünstler, die dort zwei Jahre hart und begeistert aus einem stillgelegten Schluffen-Kino ein richtiges Theaterchen gebaut hatten, wurden auseinandergejagt wie räudige Hunde der Konterrevolution. Die zerbrechtete Kader-Canaille Manfred Wekwerth krallte sich das Haus dann als Regietheater für die Studenten der Schauspielschule »Ernst Busch«.

Weil nun unsere Fürsten mir meine kleine Theater-Kanone weggenommen hatten, verlegte ich mich immer mehr auf poetische Handfeuerwaffen. Ich produzierte von da ab lieber Lieder und Gedichte. Meine Tonaufnahmen erlebten eine wundersame Vermehrung: Kopien kopierter Kopien verbreiteten sich extensiv, ja in geradezu geometrischer Reihe. Und meine Gedichte schrieben sich junge Leute im Osten heimlich mit der Hand ab: DDR-Samisdat.

Diese Turbulenzen waren wohl der Grund dafür, dass vom Politbüro des ZK der SED ein Hinweis aus der Bevölkerung kam, also ein Parteiauftrag von ganz oben an die Kreisparteileitung der Humboldt-Universität: Dieser politisch ungefestigte Biermann darf auf keinen Fall teilnehmen an den Prüfungen zum Diplom.

In jenen wirren Tagen nahm Wolfgang Heise mich beiseite und sagte: Wolf, Du solltest sofort, noch vor den Prüfungen – und für lange genug – krank werden, bitte eine schwere Krankheit. Die Gründe kann ich dir nicht sagen.« – Ich verstand das Unverstehbare, fragte nicht groß nach, sondern lief Richtung Weidendammer Brücke zu einem Internisten, der hatte seine Praxis am Schiffbauerdamm. Er war, schon seit ich Mitglied des Berliner Ensemble wurde, mein Hausarzt und bald auch Freund geworden. Dieser Doktor »Goggi« Tsouloukidse lieferte ohne Umschweife seine Diagnose: Student Karl-Wolf Biermann hat eine progressive Herzkranzgefäßverengung, Gefahr eines Herzinfarkts. Rezept, Stempel, Unterschrift, Krankschreibung.

Solch eine unpolitisch-medizinische Dysfunktion funktionierte wie eine sportliche Auszeit im inner-sozialistischen Klassenkrampf. Eine solide Krankheit war politisch akzeptiert. Muskeln, Blut, Knochen, Nerven als ein letzter gemeinsamer humaner Nenner. Meine Kommilitonen gingen also in die Diplomprüfungen – und ich fuhr nach Norden in die Sommerferien und erholte mich von dem Leiden, das ich nicht hatte.

Paar Monate später, ich war zurück in meiner Wohnung Chausseestraße 131, wurden in der großen Politik von unseren dschugaschwilischen Schweinepriestern schon längst wieder andere Säue durchs Dorf getrieben. Es jagte ja eine Kampagne die andre. Und der Fall des kleinen Philosophie-Studenten war zum Glück viel zu unwichtig. Nun also meldete sich mein Professor Heise und sagte: So, Wolf, nun solltest du schleunigst wieder gesund werden. Ich habe eine außerordentliche Prüfungskommission zusammengestellt, korrekt mit den vorgeschriebenen Professoren und Dozenten. Denke nicht, dass wir es Dir besonders leicht machen. Im Gegenteil: wir dürfen uns keine Blöße geben gegenüber Zuträgern und so ungnädigen Genossen wie Alexander Abusch und Paul Verner und Kurt Hager im Politbüro. Auf keinen Fall dürfen wir formale Regeln verletzen. Es wird Ärger genug geben. Dein Freund Walter Besenbruch soll dabei sein als ordentlicher Professor, und vermutlich Dr. Erwin Pracht wird mitmachen, der Hörz vielleicht.«

Mir passte Heises Mannschaft, denn den Ästhetik-Dozenten Erwin Pracht kannte ich gut genug, der wusste viel und verstand wenig, und war kein Lump. Den wahrhaft einäugigen Besenbruch respektierte ich. Der wusste zwar wenig, aber er verstand viel. Er war ein glasäugiges Naturtalent der Philosophie und hatte im Konzentrationslager Hamburg-Fuhlsbüttel die Tiefen des Lebens studiert, als Häftling, genau wie mein Vater.

Wolfgang Heise und ich redeten, das fällt mir erst heute auf, niemals darüber, dass wir beide nach dem Gesetz der Nazizeit Halbjuden waren, im Jargon der Nürnberger Rassegesetze »Mischlinge Ersten Grades.« Bedeutung hatte für uns nur, dass wir beide in diesem Heil-Hitler-Deutschland zufällig aus Kommunistenfamilien kamen. Sein Vater ein Intellektueller, mein Vater Hafenarbeiter. Heise war nach der Halacha jüdischer als ich, denn die Mutter war Jüdin. Ich aber war proletarischer, nach dem Klassenkodex des kommunistischen Katechismus.

Wolfgang Heise schrieb damals grade an seinem Buch »Aufbruch in die Illusion«, das im VEB Deutscher Verlag der Wissenschaften, Berlin 1964, veröffentlich wurde. Der Untertitel zeigt schon, wo bei Heise der Hase lang lief: »Zur Kritik der bürgerlichen Philosophie in Deutschland« – also eine marxistische Abrechnung mit verschiedenen Ideologien im Westen. In dem Kapitel »Geschichte der Philosophie – ein Erkenntnisprozess« beruft Heise sich auf Hegels Philosophie der Geschichte wie auf Hegels Geschichte der Philosophie gleichermaßen. Er prangerte parteitreu die anti-aufklärerischen Tendenzen im Westen an: »Die Wendung zur Religion ist charakteristisch für die Bürgerliche Philosophie am Ausgang des Kapitalismus. Sie ist eine aktive Negierung des Wesens der Philosophie als wissenschaftliche Erkenntnis und damit zugleich Wendung gegen die Geschichte der Philosophie. Denn diese ist im Ganzen ein Prozess fortschreitender Erkenntnis, der Weg vom Nicht-Wissen zum Wissen, von roher Ahnung über kühne Spekulation, über Rückfälle in vorphilosophische Vorstellungen und Geisteshaltungen hin zu wissenschaftlicher Einsicht – und zwar zur Philosophie des Marxismus-Leninismus.« – O ja, Heise sah die westliche Welt als eine am Rande des Abgrunds, also am »Ausgang des Kapitalismus« – dabei befanden wir uns längst in der Endphase des todkranken Sozialismus! Mein kluger Freund predigte, wenn auch vom Zweifel gepeinigt, parteifromm die Religion des Marxismus-Leninismus, obwohl wir längst in der Epoche nach dem XX. Parteitag der KPdSU lebten, als der kommunistische Tierversuch an der Menschheit ja schon vor aller Augen gescheitert war. Ich vermute: Unser geliebter Lehrer wusste um all das selber und wohl auch tiefer als wir Anfänger. Er wollte wohl die Wahrheit partout nicht wahr haben, dass der kommunistische Versuch, das Himmelreich auf die Erde zu zwingen, scheitern muss – biblisch gesprochen – er predigte noch immer den Irr-Weg ins soziale Narrenparadies, ins marxistische Nirwana, in den Garten Eden, darin der Löwe dem Schaf auch noch das Gras wegfrisst. Dieser irrationale Erlösungsweg hatte sich als realer Weg in die Höllen des GULag erwiesen. Die marxistische Endlösung der sozialen Frage hatte bewiesen, dass die Utopie wirklich das ist: ein Un-Ort, hinter Stacheldraht.

Hätte aber nun Wolfgang Heise bei seiner Attacke gegen die Illusionen der Westideologen offen zugegeben, dass er selbst die schlimmste Illusion von allen hat, zudem die plumpeste: Die Illusion, ihn selber habe gar keine Illusion, ja, dann hätte das Buch in der DDR nicht erscheinen können.

Dass mein hin- und hergerissener Professor gegen die Anweisung der Obrigkeit mich die Prüfungen doch hatte machen lassen, blieb nicht unentdeckt. Aus dem ZK kam nun der hysterische Parteibefehl, diesem Biermann auf keinen Fall die Dokumente mit Stempel und Unterschrift auszuhändigen. Mir wurde all das damals immer egaler. Ich wollte sowieso nicht Philosoph werden, sondern Drachentöter. Ich brauchte keinen staatlichen Stempel auf meine Gitarre, will sagen: auf das Holzschwert mit den sechs klingenden Nylon-Saiten.

Im Dezember 1965 brach über uns alle eine heilsame Desillusionierung herein, ein Schock: das 11. Plenum des ZK der SED. Damals wurde der junge Wolf Biermann neben den Alten Robert Havemann und Stefan Heym an den Pranger gestellt. Wir drei Ketzer wurden mit Pauken und Trompeten entgnadet und exkommuniziert. Für mich, den Novizen, erwies sich das totale Verbot als eine enorme Erleichterung und Beförderung. Die schönen Töchter der Göttin Mnemosyne, die Musen Erato und Polyhymnia, küssten mich leidenschaftlicher als vordem. Bei mir war nun endgültig Schluss mit dem Versuch, taktisch zu sein, Schluss mit den schlauen Kompromissen. Ich hackte mir fortan keinen Fuß mehr ab, um besser voran zu kommen.

Nun hatte sich also der Biermann endgültig entlarvt als Konterrevolutionär und Renegat, als ein gekaufter Agent des Klassenfeindes. Für Professor Heise aber wurde mein Fall ein Sturz. Nun präsentierte die Partei ihrem ungehorsamen Genossen die Rechnung aus dem Jahre 1963. Ein Parteiverfahren gegen Heise wurde durchgezogen. Er selbst machte wenig Worte darüber, aber es wird hier im Saal Fachleute geben, die womöglich dabei waren und es besser wissen und die sich auch genauer erinnern als ich.

Das erinnere ich: Wolfgang Heise verlor die Position als Professor für die Königsdisziplin: Philosophiegeschichte. Er wurde abgestellt auf ein Nebengleis, wo er nicht so viel Schaden anrichten konnte: Ästhetik. Diese Degradation liefert mal wieder ein Beispiel für lebendige Dialektik. Wir verdanken dieser Strafversetzung das vielleicht tiefsinnigste Werk von Heise mit dem Titel: »Hölderlin – Schönheit und Geschichte« – manche behaupten, es sei Heises Opus magnum. Es erschien ein Jahr nach meines Lehrers Tod, und also ein Jahr vor dem Tod der DDR. Dieses Buch ist eine subtile und subversive Liebeserklärung an die Schönheit als ästhetische Kategorie: Schönheit als atheistischer Gottesbeweis für Fortschritt, für Wahrheit und Humanität im Geschichtsprozess.

Heise und ich blieben Freunde. Manchmal spielte ich ihm und seiner Frau Rosi und den Zwillingen zuhaus, draußen in Hessenwinkel, paar Lieder vor. Ich besuchte ihn dort, wenn ich auf dem Weg raus nach Grünheide war, zu Robert Havemann, meinem besten und stärksten Freund in all den Jahren. Heise – immerhin – wollte immer auf dem neuesten Stand meiner Dummheit sein, er machte sich Sorgen um seinen eigensinnigen Schüler, wollte wissen, ob sein ungezogener Zögling noch was Brauchbares zustande bringt.

Wie in Notwehr schrieb ich damals, mitten in den Tagen des kulturfeindlichen Kulturplenums des ZK der SED, meine aggressive Populärballade. Nun unsere Herren mich knebeln wollten, nahm ich schon gar kein Blatt mehr vor den Mund. So sang ich also:

> Warum die Götter grad Berlin
> Mit Paule Verner straften
> Ich weiß es nicht, der Gouverneur

> Ließ neulich mich verhaften
> Das Kreuzverhör war amüsant
> Auch für die Kriminalen
> Ich wette dieses Kreuzverhör
> Geht ein in die Annalen
> Mit Marx und Engelszungen sang
> Ich, bis sie Feuer fingen
> So brachten die im Kreuzverhör
> Noch keinen Mann zum Singen
> Das ist der ganze Verner Paul
> Ein Spatzenhirn mit Löwenmaul
> Der Herr macht es sich selber schwer:
> Er macht mich populär!

Sie sehn ja selbst: das ist keine enigmatische Lyrik in den verschlüsselten Metaphern der Sklavensprache. Im Strafgesetzbuch der DDR wurden solche Verse als politische »Hetze« gewürdigt, für dermaßen offene Attacken drohte einem der gefürchtete Gummiparagraph 106. Paul Verner, damals unser Oberaufseher in Ostberlin, war ein besonders gefürchteter und verachteter Betonkopf im Politbüro der SED. Und gleich in der nächsten Strophe knallte ich auch den Provinzchef der Partei im Bezirk Halle an und krähte im Refrain des Spottliedes wie ein Berliner Straßensänger in Knüttelversen:

> Ach Sindermann, du blinder Mann
> Du richtest nur noch Schaden an
> Du liegst nicht schief,
> Du liegst schon quer:
> – Du machst mich populär!

Das war nicht grade Heises Tonart. Als ich Heise nun dieses Pasquill vorsang, verzog er verächtlich den Mund. Solche persönlichen Angriffe, noch dazu mit Namensnennung! Er tadelte mich: »… nein, Biermann, das geht nicht, und du gehst zu weit!« – Ich widersprach: »Aber wir müssen doch ein bisschen zu weit gehn, allein schon deshalb, weil all die Feiglinge immer viel zu kurz gehn!« – Und Heise dagegen: »Gewiss zu weit, aber nicht zu weit zu weit!« – Darauf ich: »Aber nimm François Villon! Der nannte in seinem Großen und im Kleinen Testament doch seine Feinde auch beim Namen, die großen Fürsten und die Gauner bei den Coquillards. Kein Aas kennt die Muschelbrüder heute noch.« – Dagegen er: »Du bist kein Villon, und die Genossen sind weder Fürsten noch Ganoven. Und die Kommunisten im ZK sind nicht unsre Feinde, sie sind Andersdenkende, die sich manchmal irren, wie ja auch du und ich. Außerdem ist das an den Pranger stellen der Namen keine Dichtung, sondern Kabarett … und im Grunde unmarxistisch! Wir Kommunisten wollen uns nicht verbeißen ineinander wie Hunde, damit dann die Klassenfeinde genüsslich das Blut lecken. Und wenn etwas schlecht und falsch ist bei uns, dann wollen wir die gesellschaftlichen Strukturen analysieren, wollen solidarisch kritisieren. Es geht voran nur mit der Partei. Fehler korrigieren können wir niemals gegen die Partei …« Nun ja, meinen Professor bekümmerten solche grobianischen Verse:

> Im Neuen Deutschland finde ich
> Tagtäglich eure Fressen
> Und trotzdem seid ihr morgen schon
> Verdorben und vergessen
> Heut sitzt ihr noch im fetten Speck
> Als dicke deutsche Maden
> Ich konservier Euch als Insekt
> Im Bernstein der Balladen …
> Und steht der Vers auf Sindermann
> Im Lesebuch der Kinder dann
> Wird er, was er gern heut schon wär:
> Na, was wohl? – populär!

»Stabreime sind keine Argumente!« – stöhnte mein Lehrer. »Außerdem landest du damit in Bautzen. Und es ist zudem menschenverachtend: dicke deutsche Maden … Insekt … im Bernstein der Balladen … Hitler nannte die Juden Ungeziefer …« – Und ich dagegen: »Das ist eine Metapher, die Heinrich Heine erfunden hat …!« – Nun aber Heise: »Du bist nicht Heine. Und keiner kann es noch sein, weil

Demonstranten werfen am 17. Juni 1953 in Berlin mit Steinen nach sowjetischen Panzern

Angesichts von Stalins Tod am 5. März 1953 hofften die Menschen auf eine Befreiung von der sowjetischen Besatzung. Aus einem Arbeiterkonflikt entwickelte sich ein Volksaufstand, der die deutsche Einheit, politische Freiheit und Demokratie forderte. Er wurde mit sowjetischen Panzern blutig niedergeschlagen – ebenso wie der Volksaufstand in Ungarn 1956 und der Prager Frühling 1968. Die sowjetische Vormachtstellung in Mittel- und Osteuropa wurde erst durch den Widerstand der Arbeiter in Polen, der im Juni 1989 in freie Wahlen mündete, die friedliche Revolution 1989 in der DDR und die weiteren Demokratiebestrebungen in den Ländern des Ostblocks beendet, die zur deutschen Wiedervereinigung, dem Fall des Eisernen Vorhangs und zur Auflösung der Sowjetunion führten.

wir nicht mehr wie Heine und Villon in der antagonistischen Klassengesellschaft leben, sondern ...« – Und dann ich schon wütend: »... sondern?!!!«

An solchen taktischen Sollbruchstellen brach unser Gespräch ab. Beim nächsten Besuch saßen wir wieder brüderlich beisammen. Heise hielt mir geduldig das gute Beispiel Heiner Müller vor die Nase. Ja Müller! Das war ein Dichter nach Heises Herzen. Auch meinen Freund Volker Braun empfahl Heise mir als Vorbild! Solche Dichter schrieben komplexer, sie waren geschichtsbewusster, die kämpften womöglich klüger. So argumentierte Heise: »Der Müller kritisiert unsere Gesellschaft ja auch radikal ... aber nicht so romantisch aggressiv ... nicht so grob, nicht so feindselig gegen konkrete Personen. Du solltest poetisch überhöhen und vertiefen, wie es dir gelungen ist in deinem starken Barlach-Lied. Ja, wenn du es von mir nicht annehmen willst, dann lerne es gefälligst von dir selber! Beherzige, was Brecht sagt über die Schwierigkeiten beim Schreiben der Wahrheit, verwende die Verfremdungs-Techniken, nutze die Fabel, Galileis List der Vernunft, den griechischen Mythos als Modell, das Hässliche als Parabel, das Schöne als Gleichnis. Genial, wie Heiner Müller die Geschichte des Philoktet auf die Bühne bringt. Am Beispiel des Griechen vor Troja versteht dann jeder bei uns in der DDR, dass die Partei einen kritischen, aber unentbehrlichen Genossen eben nicht aus dem Kollektiv der Kämpfenden ausstoßen darf, nur weil ihn unterwegs auf der Insel eine Schlange gebissen hat und seine Wunde nun schwärt und unerträglich stinkt und weil die Genossen seine Schmerzensschreie nicht mehr aushalten ... und wie der Ausgestoßene dann doch wieder dazugehört. Du darfst kein stinkender Philoktet werden, dessen Geschrei die führenden Genossen nicht aushalten. Du kennst doch den Spruch: ›Der Helm eines echten Bolschewiken hat viele Beulen – und nicht alle stammen vom Klassenfeind!‹«

Ja: Geist und Macht ... Die Intelligenzia gerät immer wieder in die Bredouille mit dem Problem, das Brecht geschildert hat in seinem TUI-Roman-Fragment: dem Buch der Wendungen. Er beschreibt die Intellektuellen, die direkt oder indirekt sich verkaufen oder sich vermieten an die Herrschenden. Brecht nannte diese systemkonformen Intellektuellen verballhornt »Tellektuelinns« und kürzte das Unwort tellektuelinn ab zum lapidaren Schmähwort TUI. Dass Brecht selbst ein TUI geworden war und es durchschaute – etwa in Ostberlin, als die sowjetischen Panzer aus den streikenden Arbeitern Hackfleisch machten – darüber findet sich kaum etwas in Brechts Werk.

Sie sehen schon: Mich erinnert das Beispiel Brecht auch an meinen Lehrer Heise, der immer beides war, ängstlicher TUI und zugleich tapferer Soldat in dem, was Heinrich Heine in seinem Gedicht »Enfant Perdu« den ewigen Freiheitskrieg der Menschheit nannte. Als eine Elite der DDR-Schriftsteller nach dem Kölner Konzert im November 1976 gegen meine Ausbürgerung protestierte, da unterschrieb Heise die beim Klassenfeind im Westen veröffentlichte Petition von Stephan Hermlin & Co nicht. Er schrieb lieber einen Brief an den obersten Ideologiewächter im Politbüro, an Kurt Hager. Heises Pamphlet war klug, war radikaler als die Protest-Petition, denn er ging tiefer an die Wurzel des politischen Übels. Aber der tapfere Text blieb damals unveröffentlicht, und das bedeutet leider: Das Politische blieb unpolitisch.

Dass Heise zwei Jahre vor seiner hassgeliebten DDR an einem Herzinfarkt starb, passt in mein Bild von ihm und passt zu dem Refrain meines Liedes mit dem Voltaire-Zitat: »Ce qui touche le cœur se grave dans la mémoire.« Ja, er nahm sich die DDR zu Herzen, und das erwies sich als tödlich – er starb, genau wie Brecht, zwanzig Jahre zu früh.

Der Philosoph Wolfgang Heise war das, was die Jidden so nennen: »a mensch«. Er hat mein Herz berührt, wie es bei Voltaire geschrieben steht: Ce qui touche le cœur, se grave dans la mémoire … das was mein Herz erschüttert, im Guten wie im Bösen, – das gräbt sich tief ein ins Gedächtnis. Also gedenke ich seiner … aber nicht mit Nachsicht, sondern mit Liebe.

VOLTAIRE-CHANSON

Was ist das für 'ne Fliege?
Das ist gar keine Fliege!
Sieht aus wie 'n Kind der Liebe
Aus Mücke und Hornisse

Hat hinterm Kopf zwei Risse
Giftgelb auf schwarzem Grunde
Und ich hab Angst vor diesem Tier
Es fliegt mir auf mein Blatt Papier
Und landet grad auf dem bon mot
Zwei Zeiln, die von Voltaire sind
Wie 'n Lied-Refrain, der einsam steht
Und sich nach zwei drei Strophen sehnt:
Ce qui touche le cœur
se grave dans la mémoire

Passé! der Todesstreifen
Totalitäre Possen
Die machtbesoffnen Fressen
Allmächtiger Genossen
Die rotgetünchten Phrasen
– ich hab das Pack vergessen
Vergaß den Stacheldraht im Hirn
Die Ketten, die im Innern klirrn
Doch daß mit falschem Slüsselin
Die Stasi dir! mein Herz rausriß
Das wird den Mördern nie verziehn
Das bleibt mir bis zum Tod gewiß
Ce qui touche le cœur …

Der Krieg der falschen Brüder
Im Jahre Achtundsechzig
Schwamm drüber und vergeben
All die Millionen Opfer
Von Bautzen bis Workuta
Gott, damit muß ich leben
Die Massenmorde steh ich aus
Es stirbt der Mensch halt wie 'ne Laus
Doch riß dies Pack mir meinen Sohn
Vom Herzen in dem Tierversuch
Das werd ich nicht und nie verzeihn

Herrn Honeckers Gesangsverein
Ce qui touche le cœur …

Mein Lehrer Wolfgang Heise
Im Krieg der Illusionen
Ein Waisenkind der Weisheit
Und ist daran zerbrochen
Brach auf zur letzten Reise
Im Jahre Sieb'n-und-achtzig
Prometheus der Parteiraison
Hat haßgeliebt sein Vaterland
Sein Herz blieb stehn aus Rebellion
Er war mein DDR-Voltaire
Denn er durchschaute immer schon
Auch seine eigne Illusion
Ce qui touche le cœur …

Mémoire? Mémoire frißt ja
Mein Herz. Ich will vergessen!
Nicht Kummer-Steine fressen!
Den Schmerzensbiermann machen!
Nicht nur zum Weinen ist ja
Zum Lächeln und zum Lachen
Ist dieses Leben auch. – Mémoire
Macht mir mein Herzleid unheilbar
Mensch, beides lähmt die Lebenslust
Zu wenig und zu viel gewußt
Trotzalledem gefällt mir der
Bonmot-Refrain vom Herrn Voltaire
Ce qui touche le cœur
se grave dans la mémoire

QUELLE: Wolf Biermann: Wolfgang Heise – mein DDR-Voltaire. Festvortrag anlässlich der Verleihung der Ehrendoktorwürde, 7. November 2008, Humboldt-Universität zu Berlin, herausgeben vom Präsidenten der Humboldt-Universität zu Berlin, Berlin 2009 (http://edoc.hu-berlin.de/humboldt-vl/155/all/PDF/155.pdf); © Wolf Biermann, 2008

JOACHIM GAUCK (* 1940)

Joachim Gauck wird am 24. Januar 1940 als Sohn des Kapitäns Wilhelm Gauck und seiner Frau Olga geb. Warremann in Rostock geboren, wo er auch aufwächst. 1951 »verschwindet« sein Vater und wird wegen angeblicher Spionage und antisowjetischer Hetze zu zweimal 25 Jahren verurteilt und in ein sibirisches Arbeitslager verbannt. Im Zuge der Moskauer Verhandlungen von Bundeskanzler Konrad Adenauer, die zur Entlassung aller noch inhaftierten deutschen Kriegsgefangenen führen, wird Wilhelm Gauck 1955 körperlich schwer gezeichnet entlassen. Geprägt durch das durch die SED-Diktatur verursachte Leiden seines Vaters wählt Joachim Gauck 1958 als Studienfach Theologie. Er heiratet seine Schulfreundin Gerhild Radtke. 1967 erhält er seine erste Pfarrstelle. Gauck organisiert Kirchentage und schließt sich 1989 dem Neuen Forum an, über das er 1990 als Abgeordneter in die Volkskammer gewählt wird. Mit der Wiedervereinigung wird er von 1990–2000 erster Bundesbeauftragter für die Unterlagen des Staatssicherheitsdienstes der ehemaligen Deutschen Demokratischen Republik. In Vorträgen und Büchern setzt er sich für demokratische Rechte und Pflichten und die Würdigung von Freiheit ein, so auch 2009 mit seinen Erinnerungen »Winter im Sommer – Frühling im Herbst«. 2012 wird Joachim Gauck zum 11. Präsidenten der Bundesrepublik Deutschland gewählt.

JOACHIM GAUCK

WINTER IM SOMMER – FRÜHLING IM HERBST

ZUM BEISPIEL

Spät nachts entdeckte die Streife der Schutzpolizei eine Parole in der Rostocker Innenstadt. »Wir sind mündig, doch wir haben nichts zu sagen«, prangte in signalroten Lettern 1,60 Meter hoch am Kröpeliner Tor, an der Westseite der Altstadt, am Ende der Einkaufsstraße. Wenige Minuten später stieß sie gegenüber dem Zooladen auf die nächste Parole: »Das Leben hat doch keinen Sinn, wenn ich Kanonenfutter bin.« Auf dem Schaufenster des Kaufhauses »Flax und Krümel« hieß es: »Frieden schaffen ohne Waffen, Biermann lebt«, auf der Presspappe eines geschlossenen Schaufensters: »DDR eingesperrt«; darunter deuteten mehrere senkrechte und zwei waagerechte Striche ein Gitter an.

Ich wusste sehr schnell, wer die Parolen gemalt hatte. Gunnar und Ute Christopher sowie Dörte Neubauer berichteten davon nicht ohne Stolz. Alle drei gehörten zu meiner Jungen Gemeinde. Dörte kannte ich bereits aus der Christenlehre und dem Konfirmandenunterricht, Ute und Gunnar waren erst als Jugendliche und aus eigenem Interesse zur Jungen Gemeinde gestoßen, sie stammten nicht aus christlichen Elternhäusern.

»Die öffentliche Herabwürdigung gemäß § 220 StGB«, schrieb die Kreisdienststelle der Rostocker Staatssicherheit wenige Stunden nach Entdeckung der Tat, habe in der Nacht des 3. September 1985 wahrscheinlich zwischen 0.30 und 1.30 Uhr stattgefunden. Angehörige der SED-Kreisleitung hatten drei Jugendliche gegen 1.45 Uhr am Leibnizplatz gesehen, aber keinen Argwohn gehegt. Dass jemand antisozialistische Parolen mitten in der Stadt malen könnte, lag außerhalb ihrer Vorstellungskraft.

Der Apparat begann auf Hochtouren zu laufen. Die Kriminalpolizei fotografierte alle Losungen, sicherte Farbpartikel zur Bestimmung ihrer stofflichen Zusammensetzung, suchte und fand Pinsel und Farbreste in einer Mülltonne in der Wallensteinstraße und nahm eine »Geruchsprobe« des Pinsels. Mithilfe eines Fährtenhundes ermittelte sie zudem die Tour, die die »Täter« vom Kröpeliner Tor zu elf weiteren Stellen geführt hatte.

Der Verdacht fiel sofort auf Jugendliche, die den Wehrdienst verweigert oder einen Ausreiseantrag gestellt hatten, auf politisch Aktive, die gerade zwei Tage zuvor, am 1. September 1985, eine Schweigestunde am Mahnmal der Opfer des Faschismus im Rosengarten veranstaltet hatten. Insgesamt führte die Kriminalpolizei neunzig Befragungen durch und verlangte von allen neunzig Verhörten Schriftproben. Sechzehn Jugendliche aus dem engeren Kreis der Verdächtigen wurden zudem einer demütigenden Prozedur unterzogen: Sie mussten sich weiche, gelbe Tücher für einige Minuten in die Unterhosen stecken, anschließend wurden diese Tücher in Gläsern »eingeweckt«. Doch der Abgleich dieser Geruchskonserven mit der des Pinsels führte ebenso wenig zur Ermittlung der Täter wie der Vergleich der Schriftproben.

Als mir die Drei von ihrer Malaktion erzählten, musste ich an mich selbst denken, an den Sechzehnjährigen, der mit seinem Cousin in Güstrow 1956 nach einer Möglichkeit gesucht hatte, seiner Empörung über die Niederschlagung des Ungarn-Aufstands Ausdruck zu verleihen. Wir hatten die Hilferufe der Aufständischen im Westradio gehört und konnten nicht fassen, dass der freie Westen die Niederschlagung der Revolution zuließ. Wir wollten ein Flugblatt verfassen, vom Pfarrhaus meines Onkels Gerhard über die Mauer auf den Hof der John-Brinckmann-Oberschule steigen und den Zettel am Schwarzen Brett anbringen. Ich empfand tiefe Sympathie für die Drei, ihre Beweggründe waren mir vertraut, aber ich sagte im Bewusstsein meiner Verantwortung: »Wenn ihr mich vorher gefragt hättet, hätte ich euch abgeraten.« Denn würden sie entdeckt, das war mir klar, würden sie in den Knast kommen.

Im Nachhinein stellt sich natürlich die Frage, ob Gunnar und Ute das Risiko einer Inhaftierung – und sei es unbewusst – nicht sogar einkalkuliert hatten, um einen Freikauf durch den Westen zu erreichen. Ute wollte die DDR seit ihrem vierzehnten Lebensjahr verlassen. Sie hatte die Mutter vor Augen, die weinte und litt, weil ihr jede Besuchsreise zu Eltern und Geschwistern in den Westen verweigert wurde. Nicht einmal zur Beerdigung ihres Vaters hatte sie fahren dürfen. Ute selbst war mit elf Jahren in eine Kinderpsychiatrische Klinik gekommen, wo sie zeitweilig an das Bett gefesselt worden war, danach für ein Jahr in ein Kinderheim, wo man sie gedemütigt und geschlagen und eine Woche lang in eine Dunkelzelle gesteckt hatte. Sie wollte irgendwie in den Westen, und zwar schnell, und hatte schon ihren Onkel gebeten, sie im Kofferraum zu schmuggeln.

Gunnar hatte nach seiner Ausbildung als Maschinen- und Anlagenmonteur eine Stelle an einer VEB Minol-Tankstelle angenommen. Er wollte, wie er sagte, nicht mehr »produktiv« für den Staat tätig sein. Er hatte auch jeden Dienst im Rahmen der Nationalen Volksarmee abgelehnt, war also ein »Totalverweigerer« und musste mit einer Haftstrafe von achtzehn bis vierundzwanzig Monaten rechnen, falls ihm nicht vorher die Ausreise gestattet würde.

Als »Übersiedlungssuchende« lebte das Paar in einem permanenten Provisorium. Alles, was die Ausreise beschleunigen würde, konnte ihnen nur recht sein.

Die Malaktion entstand spontan. Dörte und Ute hatten eines Nachmittags ganz einfach ihre Fantasie schweifen lassen, welche antisozialistische Aktion möglichst großes Aufsehen erregen und, so die Hoffnung, Menschen wach rütteln würde. Flugblätter von den Dächern in der Innenstadt heruntersegeln zu lassen, erschien ihnen zwar spektakulär, aber Flugblätter herzustellen, bei denen der Text aus Linoleum herausgeschnitten und die anschließend Blatt für Blatt mit schwarzer Farbe »gedruckt« werden mussten, erwies sich als sehr mühselig. So wurde das Projekt Linoleum-Schnitt für das unkompliziertere und mindestens ebenso spektakuläre Projekt Malaktion aufgegeben. Spät abends machten sich Dörte, Ute und Gunnar mit Farbe und Pinsel auf den Weg – mit Bus und Straßenbahn, den Eimer in einem Beutel in der Hand.

Die Straßen in der DDR waren schlecht beleuchtet. Im Dämmerlicht der Laternen fühlten sich die Drei geschützt. Gunnar ging ein Stück vor, Dörte blieb ein Stück zurück, so sondierten sie die Lage. Ute malte währenddessen Parolen in signalroter Farbe an Stellen, für die sie sich spontan entschieden. Nach etwa anderthalb Stunden in der menschenleeren Innenstadt war das Werk ohne jeden Zwischenfall vollbracht. Sie entsorgten Eimer und Pinsel, setzten sich wieder in die Straßenbahn und kehrten heim. Als die Großfahndung anlief, lagen sie schon in ihren Betten.

Alles schien gut gegangen zu sein. Die Drei deckten sich gegenseitig, außer mir war niemand eingeweiht. Monate gingen ins Land. Dann verliebte sich Dörte in einen jungen Mann und erzählte ihm als Ausdruck ihres besonderen Vertrauens von ihrer Heldentat. Und als Ausdruck seiner unbedingten Vertrauenswürdigkeit lieferte der neue Freund die Information an die Stasi weiter.

Als Gunnar am 11. Februar 1986 morgens um 7 Uhr in der VEB-Minol-Tankstelle zur Arbeit erschien, warteten bereits zwei unbekannte Herren auf ihn. Sie drängten ihn in ein Auto und transportierten ihn in das Stasi-Untersuchungsgefängnis in der Rostocker August-Bebel-Straße. Alle drei wurden getrennt vernommen, vom Morgen bis zum Abend. Gunnar leugnete, bis ihm ein Zettel mit der Handschrift seiner Frau gereicht wurde: Sie hatte gestanden. Ute leugnete, bis ihr ein handschriftlicher Zettel von ihrem Mann gezeigt wurde: Er hatte gestanden. Die beiden kamen in Untersuchungshaft, während sich Dörte, die noch nicht volljährig war, unter bestimmten Auflagen bis zum Prozess frei bewegen durfte.

Da alle drei zu meiner Jungen Gemeinde gehörten, vermutete die Stasi, ich sei »unmittelbar oder mittelbar als Inspirator der feindlich-negativen Aktivitäten und Handlungen« zu betrachten, konnte dies aber nicht beweisen. Über den Referenten für Kirchenfragen bei dem Rat der Stadt (IMS Scheler) versuchte sie, auf quasi offiziellem Weg entsprechende Informationen aus mir herauszulocken. Auch Gespräche mit den Inhaftierten sollten genutzt werden, gerichtsverwertbares Belastungsmaterial gegen mich zu sammeln. Ich ahnte nicht, dass ausgerechnet jemand, dem ich vertraute und den ich daher gebeten hatte, die Verteidigung von Ute zu übernehmen, gegen mich arbeiten würde.

Rechtsanwalt Wolfgang Schnur war damals schon bekannt als Verteidiger von politisch Verfolgten. In der ganzen Republik trat er auf Veranstaltungen in den Kirchen auf und erteilte Rechtsberatung vor allem für Bausoldaten und Totalverweigerer. Jugendliche Wehrdienstverweigerer reichten sich seinen Namen weiter für den Fall, dass sie einmal juristischen Beistand gebrauchen würden.

Seit seinem Umzug von Binz auf Rügen nach Rostock im Jahre 1978 wohnte Rechtsanwalt Schnur in einem Einfamilienhaus in Brinckmansdorf, dem Stadtteil, in dem ich groß geworden war und in dem meine Eltern immer noch wohnten. Er hatte eine der sehr seltenen Einzelzulassungen für eine Rechtsanwaltskanzlei erhalten, und so mancher fragte sich, wie er zu diesem Privileg gekommen sei. Er könne, sagten einige Frauen aus der Kirche, dem Anderen nicht in die Augen sehen, und sie wunderten sich, warum jemand wie er in die Synode gewählt werden sollte. Wir aber, die wir glaubten, ihm vertrauen zu können, wehrten ab: »Entweder ihr führt Beweise an oder ihr schweigt.« Schnur trat auf wie einer von uns, sprach uns mit »Schwester« und »Bruder« an, tauchte häufig bei kirchlichen Veranstaltungen auf, und ich befürwortete seine Wahl in die Landessynode, weil ich dachte, dass wir bekannte Menschen wie ihn gut gebrauchen könnten.

Gleich eine der ersten Fragen, die Schnur seiner Mandantin Ute stellte, betraf meine eventuelle Mitwisserschaft. Ute erklärte wahrheitsgemäß, dass ich »erst im Nachgang von den Ausführungshandlungen« erfahren hätte. Ferner: »Gauck soll ihr gegenüber deutlich zu erkennen gegeben haben, dass er diese Handlung missbillige. Sie trug jedoch mit vor, dass Pastor Gauck einen wesentlichen Persönlichkeitseinfluss auf sie ausgeübt habe und sie vor allen Dingen auch dadurch eine sehr starke kritische Haltung zu den gesellschaftlichen Fragen in der DDR erhalten habe. Sie habe in Pastor Gauck auch den Ersatz der Vaterstelle gesehen, weil sie sich hier offen aussprechen konnte.« Abgesehen davon, dass Ute gegen das DDR-System bereits äußerst kritisch eingestellt war, als sie zu uns stieß, stimmte ganz sicher, dass die Junge Gemeinde für sie zum Zufluchtsort geworden war.

Mir ist nicht bekannt, ob Wolfgang Schnur, alias IM Torsten, versucht hat, seine Mandantin zur Rücknahme ihres Ausreiseantrags zu bewegen. Der Stasi-Spitzel, mit dem Gunnar gezielt zusammengelegt worden war, nachdem er einige Tage bei Dauerlicht in Einzelhaft gesessen hatte, war jedenfalls erfolgreich. Er überzeugte Gunnar davon, dass es einen Weg aus der DDR geben werde, ohne dass er ein oder zwei Jahre im Knast zubringen müsse – und Gunnar. zog seinen Antrag zurück. Es war schmerzlich für Ute, diese Kehrtwendung mitzuerleben, obwohl auch sie nicht geglaubt habe – so ihr Verteidiger Schnur in seiner Rolle als IM Torsten an die Stasi –, »dass die Auswirkungen ihrer Handlungen so hart bestraft werden« und »sie noch in eine Strafvollzugseinrichtung« müsse. Es empörte sie, dass Gunnar auch sie, wenn sie im Gefängnis zusammengeführt wurden, zu überreden versuchte. Nach einem Gespräch mit seiner als »psychisch sehr labil« beschriebenen Mandantin am 13. März 1986 meldete Wolfgang

Schnur wiederum als IM Torsten: »Sie selbst will, dass die Scheidung eingereicht wird.«

Mir war klar, dass Ute schrecklich unter den Gefängnisbedingungen leiden musste. Als ich im April 1986 völlig unerwartet eine Ausreisegenehmigung zur Präsidiumssitzung des Evangelischen Kirchentages in Fulda erhielt, bat ich den damaligen Bundespräsidenten Richard von Weizsäcker, sich für sie zu verwenden. Weizsäcker scheint tatsächlich umgehend gehandelt zu haben, denn schon nach wenigen Tagen war das Büro des Ost-Berliner Rechtsanwalts Wolfgang Vogel, der für die DDR-Regierung den Häftlingsfreikauf verhandelte, mit dem Fall von Ute Christopher betraut.

Gunnar hingegen wurde kurz vor Beginn des Prozesses zu einem ihm unbekannten Stasi-Offizier in ein Vernehmungszimmer gerufen. Es sei sehr lobenswert, sagte ein freundlicher Stasi-Offizier, dass er, Gunnar Christopher, seinen Ausreiseantrag zurückgezogen habe. Und: Er könne seine positive Haltung gegenüber der DDR nun dadurch beweisen, dass er sich bereit erkläre – selbstverständlich gegen künftige Vergünstigungen –, mit der Stasi zusammenzuarbeiten. Gunnar war darauf vorbereitet. Eine derartige Zusammenarbeit, sagte er in ebenso freundlichem Ton, könne er sich durchaus vorstellen – und unterschrieb eine Verpflichtungserklärung.

Dass er einen Fehler begangen hatte, als er den Ausreiseantrag zurückgezogen hatte, war ihm inzwischen klar geworden. Seine Situation hatte sich taktisch sogar verschlechtert. Wie sollte ihn die Bundesrepublik freikaufen, wenn doch gar kein Antrag lief? Doch zurück konnte er nicht mehr, nur noch vorwärts. So hatte er eine neue Taktik entworfen: Er musste so schnell wie möglich aus dem Knast heraus, um draußen wieder einen Ausreiseantrag zu stellen.

Also würde er sich zur inoffiziellen Mitarbeit mit der Stasi bereit erklären, damit seine Entlassung beschleunigt würde. Erst einmal draußen, würde er ihr mitteilen, dass er keineswegs vorhabe, sich als Zuträger missbrauchen zu lassen.

Gunnars Rechnung ging tatsächlich auf. Bei der Urteilsverkündung Anfang Juni 1986 erhielt Ute als die eigentliche »Parolenschmiererin« achtzehn Monate Haft ohne Bewährung. Sie wurde in das Frauengefängnis Hoheneck in Sachsen verlegt. Gunnar hingegen kam mit dreizehn Monaten davon, seine Strafe wurde zudem auf Bewährung ausgesetzt. Am 1.Juli 1986 konnte er das Gefängnis verlassen. Die noch minderjährige Dörte blieb mit zehn Monaten auf Bewährung auf freiem Fuß.

Noch am Tag seiner Entlassung suchte Gunnar die Aussprache mit seinem Freund Jan und zwei weiteren Mitgliedern der Jungen Gemeinde: »Ihr braucht euch nicht zu fürchten.« Als sie zufällig auf den VW-Bus stießen, den unsere Gemeinde aus dem Westen geschenkt bekommen hatte, warteten sie dort auf mich. Noch am Tag seiner Haftentlassung »dekonspirierte« sich Gunnar auch vor mir. Seine Offenheit milderte unsere Enttäuschung, keiner von uns hat ihm jemals Vorwürfe gemacht. Mir war aber klar, dass die Stasi sich rächen würde. Er würde nicht ungeschoren davonkommen. Die Stasi würde sich nicht an der Nase herumführen lassen.

Noch im Knast waren Gunnar Ort und Zeitpunkt des ersten konspirativen Treffens mitgeteilt worden. Also fuhr er zu einem Hochhaus im Ortsteil Lichtenhagen und wartete auf einer Bank, bis ein Mann aus einer Haustür trat, sich vorsichtig nach allen Seiten umschaute und ihn dann zu sich winkte. Sie nahmen die Treppe. Der Führungsoffizier ging voran, Gunnar folgte im Abstand weniger Stufen. Sie schwiegen. Erst in der dritten Etage drehte sich der Stasi-Mitarbeiter plötzlich um und streckte Gunnar zur Begrüßung die Hand entgegen. Doch Gunnar hatte inzwischen seine Selbstsicherheit wiedergewonnen: »Nehmen Sie es mir nicht übel, aber Leuten wie Ihnen gebe ich nicht die Hand. Im Übrigen habe ich nicht vor, für die Stasi zu arbeiten. Falls erforderlich, kann ich Ihnen das auch erklären.« Der Stasi-Mitarbeiter machte auf dem Absatz kehrt, die konspirative Wohnung durfte dem Abtrünnigen auf keinen Fall bekannt werden; an Gunnars Erläuterungen war er nicht interessiert: »Bilden Sie sich nicht ein, dass Sie lange auf freiem Fuß bleiben. Wir werden uns Ihrer bald annehmen.«

Gunnar war wieder in die Hochhauswohnung in Evershagen gezogen, die er mit Ute geteilt hatte. Er hatte sofort wieder einen Ausreiseantrag gestellt, und er arbeitete gerade so viel, dass er sich über Wasser halten konnte. Als das Tankstellen-Kollektiv vom VEB Minol ihn ins Öllager abschieben wollte, sagte Gunnar: »Im Öllager arbeite ich nicht.« Er wechselte zur Großwäscherei VEB Fortschritt, fuhr saubere Wäsche zu den Hotels und nahm die Dreckwäsche mit zurück. Als ihm unterstellt wurde, bei einem Lkw einen Getriebeschaden verursacht zu haben, sagte Gunnar: »Für eine Zusammenarbeit gibt es kein Vertrauen mehr.« Als seine anschließende Bewerbung als Eilzusteller bei der Post abgelehnt wurde und auch die als Verkäufer in einer Kunstgalerie, beschloss er, in der DDR überhaupt nicht mehr zu arbeiten, schon gar nicht im produktiven Sektor, denn – so führte er später in der Vernehmung durch die Stasi aus – »ich möchte nicht, dass von meinen Steuergeldern solche Organe wie die Staatssicherheit oder die Kriminalpolizei und die NVA finanziert werden, weil diese Organe die Menschen in der DDR unterdrücken. Außerdem möchte ich vermeiden, dass durch meine Arbeit Mittel erwirtschaftet werden, die für den Kauf von Waffen zur Anwendung kommen, zumal diese Waffen wiederum gegen die Menschen in diesem Land gerichtet werden.« Er lebte von der Unterstützung, die er von Utes Mutter und einigen Freunden erhielt. Er war bescheiden, vom Leben in der DDR erwartete er nichts mehr.

Als erneut Parolen in Evershagen entdeckt wurden, nahm die Stasi dies zum willkommenen Anlass, um Gunnar wieder verhaften zu lassen. Es war ihm recht. Er hatte damit nicht nur rechnen müssen, er hatte es sogar ein wenig herbeigesehnt.

Am 11. Dezember 1986 drangen sie morgens um 6 Uhr in seine Wohnung ein. »Ch. ignorierte das Ausweisen und die Aufforderung, zur Dienststelle mitzukommen«, hielt das Protokoll der Kriminalpolizei fest. »Er schrie um Hilfe und rief nach der Polizei. Ch. wurde nochmals aufgefordert, sich ruhig zu verhalten und den Forderungen der Kriminalpolizei Folge zu leisten. Diesem kam er nicht nach, worauf ein FSTW [Funkstreifenwagen] angefordert wurde … Ch. verhielt sich provozierend, indem er auf Fragen der Genossen der Kriminalpolizei provozierend antwortete. Er zog sich sehr langsam an, rauchte in Ruhe eine Zigarette und trank auch Kaffee.«

Die »Schmierereien« in Evershagen konnten Gunnar nicht nachgewiesen werden. Aber die Stasi wusste sich zu helfen: »Bei der Durchsuchung der Wohnräume wurden für Besucher sichtbar angebrachte Losungen herabwürdigenden Inhalts wie

– DDR? Nein danke. Hab' schon viel zuviel davon.

– Vorsicht! Hinter der Tür fängt die DDR wieder an.

– Willkommen in Gunnars deutscher Republik (GDR) sichergestellt.«

Die Anklage lautete auf Beihilfe zur öffentlichen Herabwürdigung.
   Als Verteidiger wählte Gunnar Rechtsanwalt Wolfgang Schnur. Dieser sei ihm gegenüber immer sehr korrekt gewesen, berichtete Gunnar später, und nicht nur das. Am Morgen des Heiligabend 1986 habe sein Verteidiger ihn sogar im Untersuchungsgefängnis besucht und ihm eine Tafel Schokolade geschenkt. Außerdem habe er später in seiner Stasi-Akte keinen einzigen IM-Bericht von Schnur gefunden.
   Schnur war eine schillernde Figur, ein Mensch mit zwei Gesichtern. 1965 als IM geworben und als »außerordentlich wertvolle Quelle« gelobt, geriet er Anfang der achtziger Jahre selbst ins Visier der Stasi, da er eigenständige, der Stasi verheimlichte Kontakte zu einem Mitarbeiter der Ständigen Vertretung der Bundesrepublik in Ost-Berlin unterhielt. Eine Zeitlang führte ihn die Staatssicherheit daraufhin auf doppelte Weise: als Spitzel und als Bespitzelter, einmal als IM Torsten, das andere Mal als Operativer (Opfer-)Vorgang »Heuchler«.
   »Torsten« übte Selbstkritik, verwies auf private Probleme und gelobte Besserung: »Ich will der Treue unserer Sache dienen«, und er suchte Schutz: »Bitte helfen Sie mir aus meiner inneren Not.« 1986 führte die Stasi noch einmal eine Aussprache mit ihm herbei, da es wieder Anzeichen von Unehrlichkeit gab. In etlichen Fällen, so der Vorwurf, hätte IM Torsten zu wenig oder gar nicht über Kontakte zu Bundesbürgern und über Mandanten unter den Ausreisern berichtet. Vielleicht hatte Gunnar das Glück, zu denen zu gehören, die nicht von Schnur verraten wurden.
   Gunnars zweiter Prozess fand aufgrund der angeblichen Schwere des Delikts vor dem Ersten Strafsenat des Bezirksgerichts Rostock statt. Wir wussten, dass die politischen Verfahren dort unter Ausschluss der Öffentlichkeit geführt wurden, hatten uns aber nicht von den Pförtnern zurückweisen lassen und uns am Morgen des 6. April

1987 im Saal des Bezirksgerichts demonstrativ in die erste Reihe gesetzt: Gunnars Mutter, seine Schwiegermutter und ich.

Das Gericht zog ein, die Richterin schloss als Erstes die Öffentlichkeit aus, aber unser Ziel war erreicht: Gunnar hatte uns gesehen. Er wusste nun, dass wir ihn nicht vergessen hatten. »Beim Verlassen (des Saales)«, so meldete Verteidiger Wolfgang Schnur in seiner Doppelexistenz als IM Torsten kurz darauf der Stasi, »wurde durch Pastor Gauck die Tür heftig geschlagen.«

Gunnar erhielt 4 ½ Jahre und wurde sofort in die Strafvollzugsanstalt in Cottbus überführt.

Im Stasi-Gefängnis in Rostock war ihm der Aufenthalt noch relativ erträglich erschienen. Er hatte die letzte Zeit in einer Sechs-Mann-Zelle verbracht, in der er auf Mitglieder einer Gruppe gestoßen war, die bei einem Fluchtversuch erwischt worden waren. Nach Instruktion durch ein Gruppenmitglied, das seinen Wehrdienst an der innerdeutschen Grenze verrichtet hatte und mit den Gegebenheiten dort bis ins kleinste Detail vertraut war, hatten sie eine Leiter gebaut. Als sie ihre Fluchtvorbereitungen endlich abgeschlossen hatten, war die Mauer nachgerüstet worden: Sie war gewachsen. So hatten sie auf dem Grenzstreifen gestanden und waren nicht hinübergekommen. Nun saßen sie. Nicht verzweifelt, nicht depressiv, sondern eher in der festen Gewissheit, dass der Tag des Freikaufs nicht fernliegen würde. Gunnar hatte von ihrem Optimismus profitiert. Sie hatten Schach gespielt, viel gelesen und viel gelacht, da ein gutmütiger Heizer wunderbare Geschichten erzählte.

In Cottbus herrschten völlig andere Zustände. Der Knast war berüchtigt. 1933 bis 1945 waren hier unter der NS-Herrschaft ebenfalls überwiegend politische Häftlinge untergebracht wie zwischen 1945 bis 1989 unter dem DDR-Regime. Im zweiten Stock lagen die so genannten Tigerkäfige, Einzelzellen, in denen eine Toilette dicht an der Tür durch Gitterstäbe vom restlichen Raum abgetrennt war. Im hinteren Teil befanden sich ein Holzbett, das tagsüber hochgeklappt wurde, ein Hocker und ein kleiner Tisch. Die Tür blieb für den Insassen unerreichbar.

Gunnar landete hier, weil er sich mit Hubert Schulze angelegt hatte, einem berüchtigten Aufseher, den die Häftlinge nur den »Roten Terror« nannten. 1997 wurde dieser Aufseher zu zwei Jahren und acht Monaten verurteilt, weil er Häftlinge mit dem Gummiknüppel verprügelt, ihnen die Schneidezähne eingeschlagen, sie eine Treppe hinuntergestoßen und stundenlang in eiskaltem Wasser hatte stehen lassen. Schulze war ein fanatischer DDR-Anhänger. Sein Traum sei, so hatte er Gunnar einmal erklärt, das erste sozialistische Gefängnis in Bonn zu leiten. Gunnar hatte höhnisch bemerkt, er habe wohl Scheuklappen vor den Augen. Daraufhin hatte Schulze ihn zusammengeschlagen und für fast eine Woche in Einzelhaft stecken lassen.

Eines Tages erschien in jener Zeit bei Gunnar ein älterer Mitgefangener, ein treuer DDR-Bürger, der in Konflikt mit der Staatsmacht geraten war, weil er sich couragiert für seinen Sohn eingesetzt hatte, der einen Fluchtversuch unternommen hatte. Er habe durch Zufall eine wichtige Information mitbekommen, sagte der Mann, der als eine Art Sprecher der Häftlinge fungierte. Während seines ersten Gefängnisaufenthaltes hatte Gunnar gelernt, dass im Knast Informationen gegen Ware getauscht werden; entsprechend hatte er sich vor seinem erneuten Haftantritt mit Rasierwasser, Duschgel und anderen Artikeln aus dem Westen eingedeckt. Gegen eine Dose Nivea-Creme erhielt er nun die Information, dass ein Transport in die Bundesrepublik bevorstehe und sein Name sich auf der Liste befinde.

Anfang Juli 1987, als er wieder in den normalen Vollzug verlegt wurde, ging Gunnar bereits davon aus, dass der Tag der Freiheit nicht mehr fern sei. Diese Hoffnung machte die letzten Wochen erträglicher.

In der Nacht vor dem angekündigten Transport war Gunnar sehr aufgeregt, schlief schlecht, am Morgen glaubte er sich schon getäuscht. Normalerweise wurden die Häftlinge früh um 6 Uhr aus den Zellen geholt, doch um 8 Uhr war immer noch nichts passiert. Aber dann ging die Zellentür doch auf. Gemeinsam mit anderen Häftlingen wurde er in den Abschiebeknast von Karl-Marx-Stadt gebracht, wo die Ausreiser in der Regel zehn, vierzehn Tage aufgepäppelt wurden.

Dann kam endlich der lang ersehnte Tag der Ausreise. Gunnar trug seine Ausbürgerungsurkunde aus der Staatsbürgerschaft der DDR in der Tasche, ebenso die Bescheinigung über seine Haftentlassung, und er trug wieder dieselbe Kleidung, mit der er die Haft angetreten hatte. Er bestieg einen von zwei ganz normalen Reisebussen aus dem Westen, die mit DDR-Kennzeichen auf das Gefängnisgelände gefahren waren, im Ohr die Ermahnung, dass sie Stillschweigen bewahren sollten über die Knastzeit, verbunden mit der Drohung: »Die DDR reicht bis in die Bundesrepublik.«

Während der Fahrt zum Grenzübergang Herleshausen war es still im Bus, totenstill, als hielten alle den Atem an. Keiner wollte riskieren, unter irgendeinem fadenscheinigen Vorwand wieder herausgeholt zu werden. Noch einmal stoppte der Bus auf DDR-Gebiet. Rechtsanwalt Wolfgang Vogel verabschiedete sie und bat um Verständnis für die kleine Verzögerung, die sich am Morgen ergeben habe, weil ein Ostgegen einen Westspion ausgetauscht worden sei. Schließlich setzte sich der Bus wieder in Bewegung und überquerte ohne Kontrolle die Grenze. Auf Knopfdruck wurden die DDR-Kennzeichen durch westdeutsche Nummernschilder ersetzt. Am Rastplatz Herleshausen verließ der Bus die Autobahn. Sie waren im Westen. Sie waren in Freiheit.

Jubel brach aus. Sie fielen sich um den Hals, sie weinten, lachten, waren überglücklich. Die Türen des Fahrzeugs öffneten sich, »Westfrüchte« wurden gereicht, Kaffee, Tee, Saft. Sie waren erwartet worden, sie wurden willkommen geheißen. Am 12. August 1987 begann Gunnars neues Leben.

Ute war bereits fünf Monate zuvor freigekauft worden. Bis heute leidet sie unter den Spätfolgen der Haft.

Dörte Neubauer, obwohl auf Bewährung verurteilt, wurde im September 1986 fristlos von der Medizinischen Fachschule entlassen.

Wolfgang Schnur hingegen machte drei Jahre später, 1989, noch einen übermütigen Karrieresprung: Er wurde Vorsitzender der Oppositionsgruppe Demokratischer Aufbruch und saß mit am Runden Tisch. Im Wahlkampf für die Volkskammerwahlen 1990 reiste er als Spitzenkandidat der Allianz für Deutschland mit Bundeskanzler Helmut Kohl durch die Lande und präsentierte sich als künftiger Ministerpräsident der DDR. Als wenige Tage vor der Wahl Beweise für seine sechzehnjährige IM-Tätigkeit auftauchten – in Rostock fanden sich 38 Aktenordner über ihn –, erklärte er dies als »Höhepunkt einer Hetz- und Schmutzkampagne« und ließ auf seinen Wahlplakaten die Banderole anbringen »Trotz Verleumdung«. Doch am 15. März 1990, drei Tage vor der Wahl, musste er nach einer Aufforderung durch die

Bundes-CDU seinen Rücktritt von allen Ämtern erklären, wenig später wurde er aus der Partei ausgeschlossen. 1994 verlor er seine Zulassung als Rechtsanwalt, 1996 verurteilte ihn das Landgericht Berlin wegen Verrats seiner ehemaligen Mandanten Freya Klier und Stephan Krawczyk zu einem Jahr Gefängnis auf Bewährung.

Für viele blieb sein Verhalten bis heute ein Rätsel. Schnur hat in der Regel unbeliebte Fälle von Wehrdienstverweigerung, »Republikflucht« und »staatsfeindlicher Hetze« übernommen, auch schwierige Fälle bearbeitet und Bibeln in die Gefängnisse gebracht. Er hat im Januar 1988 die Verteidigung von Inhaftierten nach der Berliner Rosa-Luxemburg-Demonstration übernommen. 1988 hat man ihn sogar in die Synode der Evangelischen Kirche in Mecklenburg berufen, und er wurde Mitglied der Synode des Bundes der Evangelischen Kirchen. Manche seiner Mandanten werden bis heute nicht mit seinem Verrat fertig.

QUELLE: Joachim Gauck/Helga Hirsch: Winter im Sommer – Frühling im Herbst. Erinnerungen; © Wolf Jobst Siedler Verlag, München, in der Verlagsgruppe Random House GmbH, 2009

RENATE FEYL (* 1944)

Renate Feyl wird am 30. Juli 1944 in Prag geboren und wächst in Jena auf. Nach dem Abitur lernt sie zunächst Buchhändlerin. Sie studiert 1966 bis 1971 an der Humboldt-Universität Berlin Philosophie und ist als freie Journalistin für verschiedene DDR-Zeitschriften tätig.

Bekannt wird sie durch ihr 1981 erschienenes Buch »Der lautlose Aufbruch. Frauen in der Wissenschaft«, das 1983 auch in der Bundesrepublik erscheint. Ein Schwerpunkt ihrer schriftstellerischen Tätigkeit sind bedeutende Frauengestalten des 18. und frühen 19. Jahrhunderts. In »Ausharren im Paradies« be-

schreibt sie die Umbruchsituation in Berlin direkt nach dem Fall der Mauer. Renate Feyl lebt als freie Schriftstellerin in Berlin.

RENATE FEYL

AUSHARREN IM PARADIES

VI

Drei Tage nach dem Fall der Mauer klingelte am frühen Morgen das Telefon. Kogler war gerade aufgestanden. Ungehalten darüber, daß jemand schon um diese Zeit anrief, nahm er den Hörer ab. Edy war am Apparat.

Edda, rief er freudig, ich kann dich gut hören.

Ihre Stimme klang seltsam aufgeregt. Ich wollte nur sagen, daß ich am Flughafen Tegel bin.

Kogler stutzte. Tegel, Moment mal, wieso Tegel, ich denke, du bist in New York!

Ja, sagte Edda, ich gehöre zu den Glücklichen, die noch einen Flug nach Berlin bekommen haben. Ich miete mir jetzt ein Auto und bin in einer Stunde bei euch. Jesusmaria! rief Kogler, wir haben doch gar nichts vorbereitet!

Das macht nichts, bis gleich.

Er stürzte zu Anna, die noch im Bett lag. Aufstehen, rief er, schnell, beeil dich, das Edderl kommt hierher!

Anna glaubte sich verhört zu haben, dann sprang sie mit einem Freudenschrei aus dem Bett, heizte rasch den Kachelofen an, lüftete die Zimmer, eilte ins Bad, hängte Franz das weiße Hemd und das Jackett heraus, zog sich selber sonntäglich an, legte auf den Tisch ein feines Damasttuch und holte das gute Service aus dem Schrank. Kogler griff noch einmal zum Hörer, um die frohe Botschaft seiner anderen Tochter mitzuteilen, hörte zum zweiten Mal einen Freudenschrei an diesem Morgen und bat Katharina, sofort zukommen, damit sie alle beisammen wären, wenn Edda erschien. Dann rasierte er sich schnell und legte auf Annas Hinweis eine Flasche Sekt in die Tiefkühltruhe, dieweil sie zum Bäcker lief, um Kuchen, Torte und Schrippen zu holen, vor allem frische Schrippen, die im Osten ganz anders, ursprünglicher, eben besser schmeckten und die Edy in Westberlin stets so vermißt hatte. Es sollte an nichts fehlen.

Unterdessen fuhr Edda langsam und mit stockendem Atem auf den Grenzkontrollpunkt zu. Auf beiden Seiten der Straße sah sie Menschen über Menschen, die in den Westteil der Stadt strömten. Daß sie ausgerechnet jetzt in die entgegengesetzte Richtung wollte, berührte sie seltsam, weil es in diesem Augenblick fast eine Fahrt gegen den Strom der Geschichte war. Doch die konnte sie sich um so mehr leisten, da sie ihnen allen diesen Weg in den Westen, diesen Schritt in die Freiheit, voraushatte. Sie sah die Grenzer plaudernd in Grüppchen zusammenstehen und glaubte ihren Augen nicht zu trauen, als sie freundlich durchgewinkt wurde. Jetzt erst wußte sie, daß sich die Welt verändert hatte, und konnte es trotzdem nicht fassen. Viele Male hatte sie ein Einreisevisum nach Ostberlin beantragt, und jedesmal war es ohne Begründung abgelehnt worden. Daß plötzlich selbstverständlich sein durfte, was bislang als unüberwindbar galt, war so, als würde sich die stets für verkehrt gehaltene Welt erneut verkehren wollen. Im Augenblick schien nichts mehr zu stimmen. Das eigentlich Normale, die Eltern und die Schwester besuchen zu können, kam ihr plötzlich wie das Unnormale vor, so daß sie seltsam irritiert durch die altbekannten Straßen fuhr. Sie war erschrocken, daß alles noch so aussah, wie sie es verlassen hatte, aber auch, daß alles noch mehr verfallen war. Im stillen dachte sie, die Bewohner hätten wenigstens einmal ihre Fensterrahmen streichen können. Das wäre doch wohl in all den Jahren zu schaffen gewesen. Aber es mußte ja jeder selbst wissen, wie er seine Umgebung gestaltete. Sie hatte glücklicherweise diesen Verhältnissen rechtzeitig den Rücken gekehrt und begriff nicht, wie es die Menschen hier überhaupt aushalten konnten.

Als sie in die Straße einbog, wo ihre Eltern wohnten, sah es nicht weniger trostlos aus. Jeder, der hier wohnen mußte, tat ihr leid, nur leid. Sie parkte direkt vor dem Haus, nahm eine Champagnerflasche aus dem Kofferraum und zwei große Plastiktüten voller Geschenke, stieg aufgeregt die Treppen empor, hielt einen Augenblick inne und holte tief Luft, um dem Moment des Wiedersehens gewachsen zu sein. Sie klingelte zweimal kurz hintereinander wie früher, und dann ging schon die Tür auf, und da standen Franz und Anna, weißhaarig und würdig. Sie fiel ihrer Mutter um den Hals, umarmte ihren Vater, rannte auf Katharina zu, und es herrschte Freude und ein Jubel, der kein Ende nehmen wollte.

Dann begrüßte sie ihren Schwager, den sie heute zum ersten Mal sah. Alle gingen ins Wohnzimmer, standen um den schön gedeckten Tisch, und Hellberg mußte die Champagnerflasche öffnen. Sie tranken auf das Unfaßbare, auf das Wunder der Geschichte und waren fast verlegen vor so viel Glück. Keiner wußte, womit er zuerst beginnen sollte, denn es gab zu viel zu erzählen. Plötzlich schien sich alles überschlagen zu wollen, die Erinnerungen und das Tagesgeschehen, denn sie waren vom Fall der Mauer derart überrascht worden, daß sie sich innerlich noch ganz benommen fühlten.

Hellberg verglich mit stillem Vergnügen die beiden Schwestern, die sich auf den zweiten Blick verblüffend ähnelten. Katharina war beeindruckt von Edys auffälliger Eleganz und schien sich ganz sicher, daß so eine westliche Erfolgsfrau aussehen mußte. Sie bemerkte, daß die Schwester etwas betroffen das Zimmer in Augenschein nahm, denn außer dem Gummibaum, der eine exotische Üppigkeit entfaltete und dem ein geheimnisvolles Wachstum innezuwohnen schien, hatte sich nichts verändert. Wie zum Trost erhob sie noch einmal das Glas und sagte: Hauptsache, ihr seid alle gesund.

Kogler nahm freudig einen vollen Zug, und Edy meinte: Das trinkt man langsam und genießt es. Das ist schließlich Champagner!

Nun, es ist ja noch genügend da, sagte Kogler, wir haben ja auch ein gutes Fläschchen Sekt kaltgestellt.

Um jeglichem Ausfragen am Familientisch zuvorzukommen, bemerkte Edy, daß viele New Yorker sie jetzt beneideten, denn sie hatte noch einen stand-by-Flug nach Deutschland bekommen. Seit dem Fall der Mauer zog es die Amerikaner in Scharen nach Berlin, und auch für sie war es nur eine Stippvisite. Sie mußte morgen schon wieder in die Staaten zurückfliegen. Doch vorher wollte sie noch ihre Nichte sehen und natürlich ins Stadtzentrum gehen, zum Brandenburger Tor. In zwei Jahren komme ich dann für immer nach Deutschland zurück, sagte sie, denn die Firma wartet schon auf meine neuen Ideen.

Anna war stolz auf Edy, die ihren Jugendtraum lebte, denn nichts hätte sie lieber getan, als einmal für ein paar Jahre nach Amerika gehen zu können. Daß sich dies nun indirekt durch ihre Tochter erfüllte, war ihr ein großer Trost. Kogler dagegen hatte eigentlich gehofft, daß Edda etwas zur Bereicherung der deutschen Kultur beitragen würde. Statt dessen flatterte sie in diesem heruntergekommenen Amerika umher, wo es für seine Begriffe ohnehin nichts Vernünftiges zu lernen gab. Im stillen bedauerte er seine Tochter, die einem unglückseligen Reisetrieb folgte und leider noch immer ungebunden war. Er begriff bis heute nicht, weshalb sie damals diesen prächtigen Uwe Lidman nicht geheiratet hatte, der immerhin schon Professor war, eine Kinderklinik leitete und ein Lehrbuch geschrieben hatte. Aber das war ihr ja alles nicht gut genug.

Du wirst dich doch dort drüben nicht etwa mit einem Amerikaner oder gar noch mit einem Schwarzen eingelassen haben, sagte Kogler, und Edy lächelte ihrer Schwester und dem Schwager zu, meinte nur, daß er sich darüber keine Sorgen zu machen brauche, und fügte mit spitzer Zunge hinzu, daß sie selbstverständlich deutsch, keusch und rein geblieben sei.

Katharina amüsierte sich über die Schlagfertigkeit ihrer Schwester, sie tranken sich fröhlich zu, und Kogler ergriff wie immer, wenn alle am Familientisch versammelt waren, die Gelegenheit zu einem Privatissimum, welches der Belehrung diente und stets die allgemeine Weltlage in den Mittelpunkt der Betrachtung stellte. Daß den Ostdeutschen die größte Befreiungstat ihrer Geschichte gelungen war, erfüllte ihn mit ganz besonderem Stolz.

Jetzt erst merkte Edy, daß der Vater sich nicht verändert hatte, denn es war wie immer: Er sprach und gab die Linie. Ihr habt die Mauer viel zu lange geduldet, warf sie ein, und Kogler bestritt dies ganz energisch.

Nachdem feststand, daß die Russen nicht mehr eingreifen werden, sagte er, haben die DDR-Bürger umgehend dieses System abgeschüttelt. Schneller und erfolgreicher ist bislang in der deutschen

Teilgeschichte noch nicht gehandelt worden. Anna hatte Sorge, es könnte zu einem politischen Streitgespräch kommen, holte den Sekt und wollte mehr von Edys Leben in Amerika hören, doch Kogler fuhr unbeirrt in seinen Betrachtungen über den Niedergang des Sozialismus fort. Daß er einmal so reden würde, hätte sich Edy nie vorstellen können, und sagte nur: Aber damals hast du uns begeistert die zehn Gebote der sozialistischen Moral aufsagen lassen.

Ja und, meinte Kogler, hat es dir etwa geschadet? Du bist doch ganz gut in der Welt damit gefahren. Das war doch ein stabiles Gerüst. Außerdem sah es in den Anfangsjahren mit dem Sozialismus noch ganz anders aus. Da war Schwung dahinter und Elan. Da war noch etwas von einer großen weltverändernden Idee spürbar, und die Partei hatte auf ihre Fahnen geschrieben: Deutsche an einen Tisch. Das war doch wenigstens eine nationale Konzeption.

Ich konnte am Sozialismus nichts Gutes entdecken, bemerkte Edy, und Kogler meinte nur: Du hast dich ja auch nie mit den Fragen seiner Theorie beschäftigt.

Mir hat die Praxis genügt, entgegnete sie kurzangebunden, denn sie sah nicht ein, sich vom Vater indirekt sagen lassen zu müssen, daß sie geistig dem vermeintlich weiten Horizont des Sozialismus nicht gewachsen war und wohl überhaupt in diesen Dingen nicht mitreden konnte. Und das alles auch noch im Beisein ihres Schwagers, vor dem sie sich schon gar nicht zurechtweisen lassen wollte. Schließlich war sie weit in der Welt herumgekommen.

Anna versuchte, von der aufgekommenen Spannung abzulenken, schenkte allen Sekt nach, erhob erneut das Glas, um auf das Wiedersehen und den Fall der Mauer zu trinken, und sagte nur glücklich: Ach Kinder, daß wir das noch erleben dürfen!

Auch Kogler erhob das Glas und trank auf die Vorfreude, denn nun war für seine Begriffe die Einheit nicht mehr aufzuhalten.

Es kursieren schon Gerüchte über einen Währungsumtausch, meinte Katharina, und überall gibt es schon Panikkäufe.

Eine Währungsunion wäre natürlich das Beste, sagte Edy, denn wenn ihr erst einmal die Westmark habt, dann ändert sich ohnehin alles. Dann könnt ihr euch wirklich freuen und seid keine Menschen zweiter Klasse mehr.

Katharina wechselte mit Hellberg und Anna einen Blick, und sie alle schauten zu Kogler, der gleichfalls fühlte, daß dieser Satz nicht unwidersprochen hingenommen werden durfte. Na hör mal du, was heißt hier Menschen zweiter Klasse, sagte er ungehalten, aber daß du bei Nacht und Nebel damals auf und davon gegangen bist und genau wußtest, in welche Schwierigkeiten du uns damit hättest bringen können – das war wohl in Ordnung oder wie soll ich das verstehen?

Doch nicht heute, warf Anna ein.

Edda hatte natürlich geahnt, daß diese Auseinandersetzung kommen mußte, aber sie wollte sich keine Vorhaltungen machen lassen, geschweige denn sich rechtfertigen, sondern sagte nur: Im Gegensatz zu dir habe ich schon damals erkannt, daß dieser Staat nichts taugt, und du könntest stolz sein, daß wenigstens einer aus der Familie beizeiten die Konsequenzen gezogen und sich für die richtige Seite entschieden hat.

Du tust ja gerade so, als ob du dich für uns hättest aufopfern müssen, entgegnete Kogler. Dich hat damals keiner bedrängt und keiner verfolgt, im Gegenteil: Dir standen alle Türen offen, und du hättest auch hier gute künstlerische Chancen gehabt.

Edda lachte auf. Chancen? Na, ich danke! Wer hatte denn hier schon Chancen? Doch nicht mal du! Wärst du damals gleich in den Westen gegangen, müßtest du heute nicht in dieser Armutei sitzen.

Wieso Armutei? wehrte Kogler ab, ich habe alles, was ich brauche, und das genügt mir.

Edy fand, so konnte nur jemand reden, der nichts von der Welt gesehen hatte und nicht wußte, wie anderswo die Professoren lebten.

Wenn du dir wenigstens ein Grundstück oder ein Haus gekauft hättest – Dinge, die ja im Osten preiswert zu haben waren und die man im Westen nicht mehr bezahlen kann. Aber nichts, gar nichts hat dir der Sozialismus gebracht.

Katharina gab zwar der Schwester recht, daß sie alle zu keinem Wohlstand gekommen waren, aber meinte dennoch: Das bessere System und die bessere Mark machen noch nicht den besseren Menschen aus.doch mehr wollte sie dazu nicht sagen, sondern bog die Auseinandersetzung ab, denn dafür war jetzt nicht die Stunde. Jetzt wollten sie sich erst einmal freuen.

QUELLE: Renate Feyl: Ausharren im Paradies; © Verlag Kiepenheuer & Witsch GmbH & Co. KG, Köln, 1992

ATLANTIK-BRÜCKE e.V.

Die Atlantik-Brücke wird im Jahr 1952 von Eric M. Warburg (Bankier), Erik Blumfeld (Unternehmer und Politiker), Dr. Marion Gräfin Dönhoff (Journalistin und Herausgeberin), Ernst Friedlaender (Journalist), Dr. Hans Karl von Borries (Unternehmer) und Dr. Gotthard Freiherr von Falkenhausen (Bankier) als überparteiliche Vereinigung gegründet. Ziel der Gründungsväter und -mütter des Vereins, der bis 1956 den Namen Transatlantik-Brücke trägt, ist es, nach dem Zweiten Weltkrieg das Vertrauen der Amerikaner in die Deutschen wiederaufzubauen und so den Grundstein für ein gutes transatlantisches Verhältnis zu legen. In den USA wird zeitgleich mit der Atlantik-Brücke der American Council on Germany als amerikanische Schwesterorganisation gegründet. Die Geschäftsstelle der Atlantik-Brücke ist seit 1999 in Berlin.

Der hier abgedruckte Bericht ist aus dem Youth-for-Understanding-Programm entstanden, das 35 ostdeutschen Schülern 1991 nach dem Fall der Mauer die Möglichkeit zu einem einjährigen Aufenthalt in den USA bot.

MANUELA ANHALT (* 1973)

MANUELAS GESCHICHTE

Leben im Sozialismus – aufregend? Von einigen bereits romantisch verklärt? Ein wenig Nostalgie gefällig? Alles Auffassungen, vor denen wir uns hüten sollten. Schon oft bin ich gefragt worden, wie »es« denn nur war, nicht selten in der Erwartung spannender, unglaublicher Enthüllungen. Doch gehöre ich mit meinen 19 Jahren nicht zu denen, die jetzt beklagen, 40 Jahre lang betrogen worden zu sein.

Denke ich zurück, unterscheidet sich mein Lebenslauf bis 1989 sicher kaum von dem der meisten jungen Ostdeutschen. Kinderkrippe, Kindergarten, Einschulung, Jung- und Thälmannpionier, Gruppenrat, FDJler, Schule mit erweitertem Fremdsprachenunterricht. Alles Dinge, die vorprogrammiert waren. Von Timurtrupp bis Thälmanngarde, von der Freundschaft zu unserem Brudervolk, der Leninschen Devise »Lernen, Lernen, nochmals: Lernen!«, die schon in der Fibel der ersten Klasse zu lesen war, den Pionier- und Arbeiterkampfliedern, der Geschichte vom kleinen Trompeter, die mich immer so bewegt hat ..., davon kann ich erzählen, wenn ich an meine Kindheit denke. Nun sind gerade diese Erinnerungen nicht nur prägend, glaube ich, vielmehr sind es auch diejenigen, durch die ich mich von Jugendlichen anderer Länder unterscheiden mag. Wie ging es weiter mit der Entwicklung dieser meiner, für uns so typischen Identität? Deutsch waren wir nicht, das hatte diesen sehr westlichen, nationalsozialistisch-patriotischen Beigeschmack. Deutsch also nicht, sondern DDR-Bürger. Bürger, die wußten, daß die Mauer zum Schutz des Friedens und der sozialistischen Errungenschaften unbedingt notwendig war.

Die Deutsche Frage, auch das brachte uns der Geschichtsunterricht bei, war endgültig, und selbst, wenn sich bundesdeutsche Politiker noch so verantwortlich für uns fühlten, die Partei der Arbeiter und Bauern verdiente natürlich viel eher Vertrauen als die westliche antikommunistische Propaganda. Jeder kleinste Kratzer, den die TV-Programme hiesigen Regierenden beibrachten, wurde für uns sofort korrigiert: Ob nun im Schwarzen Kanal oder in der wöchentlichen Politdiskussion, die uns zum Bilden einer allgemein gefälligen Meinung anregen sollte. Doch dies soll kein Unterricht werden, nur ein Einblick in unsere Sichtweise.

Ich glaube an die Manipulierbarkeit der Masse, und eine absolut einseitige ideologische Beeinflussung habe ich am eigenen Leib erfahren. Sicher ist Anpassung auch immer mit Anpassungsbereitschaft verbunden, und ich denke nicht, daß man, wenn man 16 oder 17 Jahre alt ist, es noch nur mit Jugend begründen kann, daß man nicht selbständig denkt. Bequemlichkeit? Karrierismus? Ja. Wie schwer es doch ist, das vor sich selbst eingestehen zu müssen, und viele von uns sind schon lange dabei, in ihrem Gedächtnis zu kramen und fleißig zu streichen. Am liebsten würde sich jeder einzelne heute als ehemaligen Widerstandskämpfer betrachten, doch nennen wir es beim Namen: Wir alle kennen noch gut die Sache mit der doppelten Meinung.

Wie viele Welten liegen zwischen diesen wenigen Jahren. Wie konnten wir uns selbst nur weismachen, die eine Hälfte hätte abgerechnet mit der faschistischen Vergangenheit, während die andere noch immer schuldig war? Wie simpel, wie primitiv das doch war! Doch es ist natürlich schön, mit einem auf die Art beruhigten Gewissen schlafen zu gehen. Oder die Friedensbemühungen. Warum nur beanspruchten wir rein friedliche Interessen für uns, während die bösen Kapitalisten danach strebten, sich selbst und uns alle unter die Erde zu bringen? Es paßte so schön in die Ideologie hinein. Wie haben wir uns aufgeregt über die Umweltverschmutzung, und der sozialistische VEB Bitterfeld war eine gepriesene Errungenschaft. Aufgeregt über die kapitalistische Ausbeutung der Entwicklungsländer, wo doch das offene Streben nach Gewinn nicht viel schlechter ist als die scheinheilige Bedingung, materielle Hilfe zu verbinden mit der Kopie gesellschaftlicher Strukturen.

Ich selbst war in der Lage, hier zunächst alle Vorzüge genießen zu können: eine solide, kostenlose Ausbildung, Geborgenheit in der Familie, materielle Sicherheit. Doch diese Abschirmung verkrüppelt auch. Die glückliche Sorglosigkeit glaubt gern, und wenn plötzlich Flecken auf der weißen Weste auftauchen, ist es schwer, dieses vorgegaukelte Ideal fahrenzulassen. Wer begräbt schon freiwillig und leichten Herzens seine Utopie?

All die widerlichen Enthüllungen und Skandale, die mit der Wende einhergingen, führten ganz einfach zur Ermüdung. Was hätte Besseres passieren können als jemand, der kommt und der dir sagt: Geh' einfach fort von hier, laß das alles eine Weile hinter dir zurück, du kannst es woanders ausprobieren?

Das war eine unbeschreibliche Situation: Zunächst das letzte Aufflackern mit den Feiern zum 40. Jahrestag, dann der totale Zusammenbruch, und gleich darauf öffnete sich eine neue Tür. Ein Dreiklang, denke ich, der unglaubliche Möglichkeiten in sich barg, die beste Chance überhaupt, um zu lernen.

Und das auch noch in Amerika! Niemals, und das kann sicher jeder nachfühlen, der hier gelebt hat, wäre ich auch nur im Traum darauf gekommen, jemals dorthin zu gelangen. Heimlich hatten wir alle daran gedacht, wie schön es sein müßte, in den Schwarzwald zu fahren, auf dem Kudam spazieren zu gehen, oder Sankt Pauli zu ergründen. Aber die USA? Nicht im Traum. Ich wundere mich heute, in welchem Maße ich mich bereits abgefunden hatte mit der Unerreichbarkeit.

An die endlosen Formalitäten erinnere ich mich wie an ein vorüberziehendes Rauschen. Doch ein Erlebnis hat sich bei mir tief eingeprägt, das war unsere Vorbereitungstagung in Nienwohld. Das erste Mal hautnaher Kontakt zu jungen Westdeutschen – wir hatten keine Verwandten dort – und für viele von ihnen war es auch eine neue Erfahrung.

Nächtelang haben wir diskutiert und gestaunt; das gemeinsame Ziel ließ uns einander von Beginn an verbunden fühlen, und wer von uns nicht das Besondere gespürt hat, der hat etwas verpaßt. Nach all den schlechten Dingen, die wir über uns selbst gelernt hatten, nach allen unbequemen Eingeständnissen war dies ein Erlebnis, daß mir viel von meinem Selbstvertrauen zurückgab.

Die Unsicherheit und Aufgestörtheit der Eltern zurücklassend, wurden hier neue Gedankengänge angeboten, und ich sage bewußt »angeboten«.

Nicht die Beschäftigung mit der anderen Kultur stand im Vordergrund, mit all den Einzelheiten des täglichen Lebens etwa, sondern die Beschäftigung mit dem eigenen Ich, mit dem eigenen Wir. So banal und abgegriffen das auch klingen mag, aber diese Tage waren der erste wirkliche Schritt in Richtung Aufarbeitung bzw. Verarbeitung der Vergangenheit und all dessen, was um uns herum passierte. Wie wichtig es war, neue Perspektiven auszuprobieren und vor allem noch einiges an Wissen zu erlangen, bestätigte sich für mich später in den USA.

Was ich über dieses Land vorher wußte, war weder tiefgründig noch vielseitig, umfangreich oder genau. Unser Verhältnis war sehr politisch und von Dogmen wie von Vorurteilen geprägt.

Von dem, was eigentlich typisch ist, von einer durchschnittlichen Familie, von Jugendlichen, von Kleinstädten, vom gewöhnlichen täglichen Leben dort hatte ich nicht die leiseste Ahnung. Ich kann mich zwar nicht mehr genau erinnern, und es mag auch nur ein ganz kurzer Moment gewesen sein, aber als ich das erste Mal von diesem Austausch hörte, dachte ich an Gefahr. Kein Wunder, denn wir waren aufgeklärt worden über den Rassismus, die Kriminalität und Gewalt, die Drogen, die Obdachlosigkeit, die Arbeits- und Hoffnungslosigkeit; über jeden Fehler und Makel wußten wir Bescheid.

Dieses Bild von einem Land krasser Gegensätze und Widersprüche wurde nur bestätigt durch die amerikanischen Spielfilme und Seifenopern – oft neben den ohnehin verfärbten Nachrichten die einzigen Informationsquellen. Der amerikanische Patriotismus mußte uns geradezu seltsam anmuten nach all den schlechten historischen Erfahrungen. Auch die wahnsinnige Aufrüstung ließ uns nicht eben besser über dieses Land denken.

Trotzdem war alles, was in Erfahrung zu bringen war, immer aufregend und interessant für uns, denn diese andere Welt war so weit weg, das machte sie umso mehr zum Abenteuer. Allein landschaftlich hätte wohl jeder von uns gern einmal Nordamerika erkundet. Und dann verfehlten natürlich die Geschichten vom bewußten Tellerwäscher, der zum Millionär wird, nicht ihre Wirkung. Unbegrenzte Möglichkeiten, wer erträumt sich die nicht? Freiheit, Demokratie, alles sehr schöne Ideale. Da nahmen wir eine von uns vorausgesetzte gewisse »Kulturlosigkeit« der Amerikaner recht leicht in Kauf. Denn wo von früh bis spät der Fernseher läuft, wo Kinder Comics statt Märchen lesen, wo das vitaminarme und fettreiche Fast Food erfunden wurde – wie kann es dort denn noch Kultur geben? Macht nichts, ein Europäer, der auf viele Jahrhunderte Geschichte zurückblicken kann, wird wohl für eine Weile Amerika erkunden können, ohne gleich Schaden zu nehmen. Es überläuft mich kalt, während ich das niederschreibe, und ich hoffe, daß ich ein wenig dazu beitragen kann, die hierzulande gepflegte unglaubliche Arroganz diesem Land gegenüber abzubauen;

sie ist zutiefst beschämend. Denn was ist Kultur? Europas historische Bauwerke? Die haben wir weder geschaffen noch jemals alle besichtigt. Und wer ist es, der entscheidet, daß in griechischen Tempeln oder deutschen Burgen mehr von diesem Ding Kultur steckt als in einem Indianerzelt oder einem Herrenhaus in Georgia?

Oder ist Kultur Musik? Es gibt so viele unmusikalische Menschen. Ist es vielleicht die Philosophie? Ich habe nicht all die Schriften der Dichter und Denker vor mir gelesen. Für mich persönlich hat Kultur eher etwas damit zu tun, wie ich mich anderen Menschen gegenüber verhalte, ob ich in der Lage bin, meine Erfahrungen und Auffassungen sinnvoll in meine Umwelt einzugliedern.

Zwei Beispiele: Kulturvoll finde ich, wenn heute Menschen trotz der jahrelang staatlich verordneten Freundschaft und trotz Wende und Freiheit und Offenheit gen Westen eine Beziehung zu den östlich von uns gelegenen Ländern aufrechterhalten und fähig sind, Toleranz und Verständnis zu üben, fähig sind, trotz jahrelang gespendeter, in dubiosen Geschäften verwendeter Solidaritätsgelder heute noch immer zu helfen. Kulturlos finde ich, wenn eine deutsche Schülerin ihrer wirklich großzügigen Gastmutter, die erschüttert ist von einer Fernsehsendung, die von mehreren Morden in ihrer Region berichtet, an den Kopf wirft, daß das wohl so wäre in Amerika. Es fällt mir schwer, in Worte zu fassen, was ›mein Jahr‹ mich gelehrt hat und wie ich mich dadurch verändert habe. Doch ich will es versuchen und von Beginn an erzählen. Auch ich stand die tausend Ängste aus, die jeder Austauschschüler mit sich herumschleppt. Trotzdem, für mich war da nie ein Ja oder Nein gewesen; als ich von YFU erfuhr, faßte ich diese Chance als eine Art Wunder auf, an dem ich unbedingt festhalten müsse, weil etwas Ähnliches mir gewiß nicht zweimal passieren würde. Das mag übertrieben klingen; ich jedenfalls habe es so erlebt.

Und dieser Wunsch, dabeisein zu dürfen, verstärkte sich, je mehr ich über den Austausch erfuhr und vor allem, je mehr ich die Menschen, die das für mich möglich machten, kennen- und schätzenlernte. Genauso wollte ich auch sein.

Noch als ich im Flugzeug saß, konnte ich kaum fassen, daß das alles wirklich mir, Manuela Anhalt, passierte. Das Englisch allerdings, das um mich herum gesprochen wurde, und die Übelkeit, die mich beim Abheben überkam, waren sehr real und erinnerten mich daran, daß mir nun noch wenige Stunden bleiben würden, um mich auf das erste Treffen mit meiner Gastfamilie vorzubereiten.

Ohne sie zu kennen, habe ich diese Leute bereits bewundert. Und ich weiß bis heute, wie berechtigt das war. Denn es ist durchaus nicht normal oder üblich – gerade in unseren Breiten –, daß man sein Haus und seine Familie, sein ganzes Leben öffnet, einem völlig Fremden öffnet.

Die Reise war mit einigen Pannen verbunden; nachdem wir in Frankfurt zu spät gestartet waren, verpaßte ich meinen Anschlußflug in New York und mußte dort stundenlang warten. Alles, was mich während dieser Zeit beschäftigte, war der Gedanke, daß meine neue Familie sicher bereits wütend wurde, weil sie sich nun schon bereit erklärt hatten, mich zu sich zu nehmen und dafür jetzt auch noch so lange warten mußten. Nur daran dachte ich immerzu. Und als wir uns dann später begrüßten und sie mir erzählten, daß sie sich große Sorgen gemacht hätten und wie froh sie wären, daß ich nun da war, in dem Augenblick ahnte ich, daß es trotz all der Unterschiede so viele Gemeinsamkeiten geben muß, die uns verbinden.

Das also war meine Ankunft in Pennsylvania, neue Heimat für ein Jahr. Über diesen Bundesstaat wußte ich fast noch weniger als über den Rest der USA. Ganz ehrlich: Mein einziger touristischer Wunsch war es, einmal die Niagarafälle zu sehen, wenn ich denn irgendwo in der Nähe leben sollte. In meiner Naivität den amerikanischen Größenordnungen gegenüber ordnete ich »Nähe« ein von etwa Virginia bis Maine bis Illinois. Einmal in Pennsylvania, korrigierte ich mich schnell. Und das war ohnehin nicht mehr so wichtig.

Jeder Tag barg neue Eindrücke, für mich ebenso sehr wie für meine neue Familie. Ich hatte jetzt eine Schwester, das war für uns beide eine neue Erfahrung.

So lernte ich schnell eine Menge junger Leute kennen, und das Einleben wurde mir allerorten wirklich leicht gemacht. Die Offenheit und Aufgeschlossenheit, der ich überall beggenete, und das Interesse, das ich spürte, wenn ich erzählte, das alles gab mir ein tolles Gefühl.

Oft dachte ich mir, daß es für Ausländer bei uns – selbst wenn es US-Amerikaner sind – sicher schwerer sein würde, so schnell und unkompliziert Bekanntschaften zu machen und Freundschaften zu schließen. Es war einfach so, daß ich diese Stadt, diese Leute, meine Familie schnell als mein neues Zuhause betrachten konnte, und einen besseren Start als all diese positiven Erfahrungen hätte ich mir nicht wünschen können.

Was ich entdeckte, war, daß meine amerikanischen Freunde oft genausowenig über Deutschland wußten wie ich vorher über die USA. Und gerade von dem Leben hinter der Mauer hatten sie ebenso horrende Vorstellungen wie ich vom Leben in amerikanischen Großstädten.

So hatten wir vieles, das wir voneinander lernen konnten, und ich bin dankbar, eine so geduldige Schwester gehabt zu haben, die mich schnell in die Geheimnisse des nicht ganz unwichtigen Slang-Wortschatzes einweihte. Die Sprache kam ohnehin fast wie von selbst, und während ich in der ersten Zeit meist verständnislos lächelte, wenn Witze erzählt wurden, konnte ich bald darauf mitlachen – meine ersten Erfolgserlebnisse.

Gerade die Gespräche mit meinen Eltern, Grandma, Tante, Onkel waren es, die mir neue Blickwinkel verschafften auf meine Heimat, auf mein bisheriges Leben. Deshalb habe ich mich stets unheimlich gern mit ihnen über Gott und die Welt – im wörtlichen Sinne – unterhalten; das war wenig genug, was ich tun konnte, um meine Dankbarkeit und Freude zu beweisen. Während sie es zum Beispiel für sich selbst als unmöglich erachteten, ohne Gott und Glaube zu leben, respektierten sie meine atheistischen Anschauungen. Im Gegenzug versuchte ich, viel über die verschiedenen Religionen und ihre Bedeutung für das tägliche Leben zu lernen. Ich weiß, daß ich wirklich etwas versäumt hätte ohne diese Erfahrungen. So lernte ich auch einiges über die Rolle, die die Kirchengemeinden im sozialen Leben der US-Amerikaner spielen. Eines der Erlebnisse, das mich bis heute am nachhaltigsten beeindruckt, war ein Gospelgottesdienst, den ich mit Onkel und Tante besuchte.

Der Gesang allein war phantastisch, aber ich hatte dort auch das Gefühl, diese Menschen haben etwas gefunden, das ihr Leben schön und sinnvoll macht. Von Kirche und Religiosität hatte ich vorher eine denkbar schlechte – und denkbar überhebliche – Meinung; hier waren Leute, die mich Respekt und Toleranz lehrten. Auch wenn ich heute noch immer nicht besonders kompetent bin in der Bibelgeschichte – ich winke nicht mehr abfällig mit der Hand oder verdrehe die Augen, wenn es sich um den Glauben an Gott handelt: Eine meiner wichtigsten Lektionen über die Freiheit, denke ich. Wenn es vielleicht auch für Austauschschüler unüblich ist, ich habe gelernt, nicht mehr alles und jeden politisch zu sehen, sondern mir ganz einfach einen menschlichen Standpunkt zu verschaffen. Ich denke, daß das für mich persönlich sehr wichtig war, denn man kann nicht – so wie es mir beigebracht worden ist – alles in »materialistisch« oder »idealistisch« einordnen wie in Schubfächer für Richtig und Falsch. Das heißt nicht, daß ich mich weniger interessiere für das, was politisch um mich herum passiert.

Aber es bedeutet, daß ich nicht mehr so schnell bei der Hand bin mit einem fertigen, unverrückbaren Urteil, sondern länger brauche, um meine ureigene Richtung festzulegen. Ob das nun eindeutig positiv ist oder negativ – ich denke, daß ich mit den früher eingepaukten und dahergefaselten Dogmen allenfalls unglaubwürdiger war, als ich es jetzt mit einer vielleicht etwas schwerfälligen, dafür aber ehrlichen und selbständigen Auffassung sein werde.

Ich erlebte die endgültige deutsch-deutsche Vereinigung in den USA sowie auch den Golfkrieg. Am 3. Oktober bestürmten mich alle mit Fragen, ob es nicht schlimm für mich sei; ich verpaßte all die Parties. Ich antwortete wahrheitsgetreu, daß mein Aufenthalt mir das »Opfer« nun wirklich leicht machte.

Ich will hier kein erschöpfendes Urteil fällen über das, was am Golf geschah: Persönlich verabscheue ich jede Art von Okkupation, Gewalt und Krieg. In der Schule hatten wir sowohl einen Piloten, der in der ersten Nacht der Bombardierung geflogen war, als auch die Frau eines Offiziers, der zur Zeit des Krieges in Deutschland stationiert war, und die berichtete von der Angst wegen des blühenden Antiamerikanismus hier. Zu keiner anderen Zeit war ich so auf die Probe gestellt worden, denn natürlich wurde von mir Zustimmung erwartet.

Und ich werde die Vereinigten Staaten wohl auch nie wieder so patriotisch erleben wie damals. Jeden Beitrag, der über die Mattscheibe flimmert, und der von »meinem« Land berichtet, verschlinge ich. Mag es sich um die Präsidentschaftswahlen oder die Diskussion über Abtreibung handeln, ich werde immer Vergleiche anstellen mit dem, was ich in den USA gelernt habe: Das ist eines der Dinge, die ich meinte, als ich davon schrieb, daß mein Lernprozeß noch lange nicht beendet wäre.

Apropos Lernen: Susquenita High School war super. Daß sich die gegenwärtige Rezession negativ gerade auf die öffentlichen Schulen auswirkt, daß das gesamte Bildungssystem einem wirklichen Notstand entgegensteuert, daß es noch immer viele Analphabeten gibt in den Vereinigten Staaten – das alles läßt sich in wissenschaftlichen Studien nachlesen und ist mir klar. Meine Grandma selbst hat Analphabeten, hervorgegangen aus diesem System, anonym unterrichtet.

Und trotzdem: Oft scheint mir die Überheblichkeit hiesiger Gymnasialschüler mindestens ebenso bedenklich, was mir beweist, daß auch unser auf Effektivität getrimmtes Schulsystem nicht das Nonplusultra darstellt. Für mich nicht.

Die Erziehung zur Individualität, zur Selbständigkeit und Toleranz, die Fähigkeit zur Teamarbeit, vor allem die ständige Herausforderung zur Aktivität, die ich dort erlebte: All das hat mich verändert. Homecoming, Prom, unsere Star-Footballspieler, der traditionelle Schulabschluß, unser Musical und vor allem der Unterricht in amerikanischer Literatur: All das hat mich begeistert. Und mein Softballtraining im Frühling hat mich zwar nicht zum Superathleten werden lassen, aber es war eines der schönsten Dinge, die ich je unternommen habe: Gerade auf dem Sportplatz habe ich einiges über Amerika gelernt, das ich nicht missen möchte.

Viele Lehrer und Schüler, in fast all meinen Klassen, fragten mich nach meiner Ansicht und fragten mich aus, repräsentativ für Deutschland, aber auch ganz persönlich. Auf der einen Seite war es immer eine Bestätigung und verschaffte mir das Gefühl, miteinbezogen zu werden in alle Vorkommnisse; auf der anderen Seite offenbarte sich mir deutlich jede einzelne Wissenslücke. So lernte ich in den Staaten, angestachelt durch Schüler und Lehrer, viel dazu über meine Heimat, die ich aufgrund der politischen Entwicklung zum größeren Teil nicht einmal kannte. Doch nicht nur über Deutschland.

Ich fühlte mich während meines Austauschjahres eigentlich mehr als Europäerin denn als Deutsche; seltsam: Ich mußte auf diesen Kontinent gelangen, um zu entdecken, wie interessant doch Europa ist. Darüber wurden mir dort wahrhaftig die Augen geöffnet durch Menschen, die mir sehr nahe stehen. Soviel noch einmal zur bei uns belächelten »Kulturlosigkeit«, die ich hoffentlich wenigstens in Ansätzen widerlegen konnte. Wir sind es wohl, die den Fehler machen und Kultur mit Kassenhits verwechseln.

Doch ich will nochmal auf ein Thema kommen, das mich gerade als Ostdeutsche sehr beschäftigt: die Anpassung. Kurz bevor ich dieses Land verließ, war sie der Inbegriff all dessen, was hier falsch gemacht worden war; es wurden sogar Vergleiche angestellt mit dem Dritten Reich. Anpassung als Untertauchen in der Masse, begünstigender Umstand für extreme politische Entwicklungen, Ausdruck von Feigheit, fehlendem Selbstbewußtsein und fehlender Individualität. Doch diese Definition ist für mich wirklich zu einseitig; es sei denn, man fände einen neuen Begriff für die Notwendigkeit, Freiheit auch die Freiheit des anderen sein zu lassen, sich also bestimmten Normen und Regeln zu unterwerfen.

Denn auch das ist Anpassung, und ohne sie wären weder meine Gastfamilie noch ich in Duncannon, Pennsylvania, glücklich geworden. Nach meinen Erfahrungen schließt das Individualität nicht aus; gerade im Austausch hatte ich die Chance, viele meiner Grenzen auszuprobieren und zu entdecken trotz oder gerade wegen der Einordnung in völlig neue Lebensumstände.

An dieser Stelle will ich nochmals Bewunderung und Dankbarkeit ausdrücken für meine amerikanische Familie. Es gibt jetzt Menschen auf diesem anderen Kontinent, die immer dasein werden für mich, denen ich mich ebenfalls nahe fühle. Das ist unbeschreiblich.

Daß sie für mich zu einer richtigen Familie geworden sind, lehrte mich, daß wir uns tatsächlich nicht in allzu vielen Dingen unterscheiden. Und daß wir dieses Jahr miteinander verbracht haben, das uns verbindet, zeigt deutlich, daß jegliche Unterschiede überwunden werden können, daß wir sogar von Kontinent zu Kontinent in der Lage sind, einander zu verstehen. Eine Lektion, die ich so manchem Politiker wünschte. Natürlich war nicht jeder Tag eitel Sonnenschein, für keinen von uns. Von einem Tag zum anderen zwei Töchter bzw. eine Schwester zu haben, ist nun einmal nicht ganz unkompliziert. Ebensowenig wie die Konfrontation mit völlig anderen Eßgewohnheiten, wenn man schon so wählerisch ist, wie ich es war. Oder ein Hund, der am liebsten ausgerechnet auf dem Bett schlief, das doch für die Neue war.

Glücklicherweise besaßen wir alle genug Humor, um den täglichen Widerwärtigkeiten zu trotzen.

Sie haben unendlich viel für mich getan, die Hollenbaughs, einfach dadurch, daß sie für mich da waren, wann immer ich sie brauchte. Sie lehrten mich einiges über die amerikanische Mentalität, und sie ließen mich nie fühlen, daß ich als Gast gekommen war. Für alle war es Fakt – ich war eben Tochter des Hauses. Toll.

Und, die Hollenbaughs erfüllten mir sogar meinen Wunsch: Nach dem Schulabschluß reisten wir zu den Niagarafällen. Über Weihnachten machten wir Florida unsicher, und all die Wochenendausflüge mit der Familie kann ich gar nicht aufzählen. Nachdem ich jetzt besser über die US-amerikanischen Größenordnungen informiert bin, weiß ich diese Großzügigkeit umso mehr zu schätzen. Über Pennsylvania weiß ich jetzt mehr als über jeden anderen Bundesstaat; es wird meine zweite Heimat bleiben. Der Abschied fiel schwer.

Ich wußte, daß ich so schnell nicht die Möglichkeit haben würde zurückzukehren, und ich ließ nicht nur meine Familie, sondern auch so viele Freunde, mir liebgewordene Gewohnheiten und die Umgebung zurück.

Ich denke nicht, daß ich der verkitschten Auffassung von der heilen Welt erlegen bin; im Gegenteil, es gibt so manche Haltung, die ich bis heute nicht teile, so die Ansicht über den Wohlfahrtsstaat oder den Glauben an die ausschließlich persönliche Verantwortung für das eigene Schicksal. Ich habe gelernt zu verstehen, doch deshalb kann ich es noch nicht als für mich gültig erklären. Nun, gerade das ist wiederum ein Teil der Lebenshaltungen, die wir respektieren lernen, im besten Falle verstehen lernen müssen. Dazu gehört einfach, daß wir nicht an der Oberfläche bleiben bei unseren Beobachtungen. Das mag wie ein Lehrsatz klingen; für mich hat es sich als richtig erwiesen.

Wenn ich überwiegend positiv schreibe, dann deshalb, weil ›mein‹ Jahr eine überwältigend positive Erfahrung war, die sich nicht durch kleinliche Streitigkeiten und Probleme überschatten läßt. Und deshalb, weil gerade meine Schwierigkeiten mir oftmals die Augen geöffnet und mich besser, verständnisvoller gemacht haben.

Die Rückkehr nach Deutschland war wiederum eine jener Begebenheiten, die mich in eine seltsame Situation versetzten. Bevor ich ging, hatte jeder Tag viele Veränderungen, viel Neues gebracht. Nun war ich für ein Jahr herausgelöst aus diesem Prozeß. Sicher verändert sich jedes Land innerhalb einer solchen Zeitspanne, doch gerade hier, wo die gesamte Gesellschaft umgestaltet wurde, hatte die Entwicklung andere Ausmaße. Ich war gespannt, was mich erwartete.

Obwohl meine Familie mich großzügig versorgt hatte, wußte ich nicht genau, ob es ihnen wirklich gutging. Alle hatten geschrieben von Arbeitslosigkeit, zunehmender Unsicherheit, Mieterhöhungen, Preiserhöhungen, sogar von höheren Steuern. Und wir hatten weder telefoniert noch einander etwa gesehen. Wieder einmal war es Zeit zu lernen, diesmal über meine alte neue Heimat.

Ich kam aus einer Welt, wo ich als Ausländerin, als Fremde, akzeptiert und geliebt worden war, hierher, wo gerade Gewalt und Gebrüll gegenüber Menschen anderer Kulturen an der Tagesordnung waren. Angefüllt mit Optimismus und Tatendrang, hat mich das Verhalten meiner Landsleute zutiefst entsetzt. Soviel Stumpfheit, Engstirnigkeit, Unverständnis tun weh.

Gleichzeitig sah ich den Mann in einer tiefen Krise, ohne den all die Veränderungen nicht möglich gewesen wären. Denn mit seiner Außenpolitik und der Losung von der Freiheit der Wahl war es Gorbatschow, der endgültig ideologische und politische Fesseln zerriß und dem dafür meine ganze Achtung gehört. So erlebte ich den Putsch als wirkliche Katastrophe. Besonders seitdem macht es mir Sorgen, wie sich dieses Land entwickelt; ich frage mich, ob es auf lange Sicht eine Möglichkeit gibt, auch diese Menschen endlich in die positiven

Seiten der weltpolitischen Umwandlungen miteinzubeziehen. Das waren die Ereignisse, die mich gerade nach meiner Rückkehr besonders bewegten.

Inzwischen ist fast ein weiteres Jahr vergangen; viel habe ich Familie und Freunden von meinen Erfahrungen erzählt, und erst jetzt ist mir ein Vergleich richtig möglich. Ich empfinde das als Bereicherung, denn ich kann mir von den Herangehensweisen, die ich kannte, und die ich kennenlernte, jetzt diejenige wählen, die mir am günstigsten scheint. Dadurch zum Beispiel unterscheidet sich mein Verhalten von früher. Ich bin selbstbewußter, überlegter, wohl tiefgründiger und kompromißfähiger geworden.

Täglich werde ich an bestimmte Erlebnisse erinnert, und oft wünsche ich mir, meine amerikanische Familie könnte endlich sehen, wie ich hier lebe, daß es mir gut geht, daß ich sie nicht vergesse und daß man sie hier hoch einschätzt. Die Welt ist kleiner geworden, mein Blickwinkel dafür größer. Da wir aus der ehemaligen DDR die ersten Schüler im Austausch waren, tragen wir nicht nur eine besondere Verantwortung, denke ich, vielmehr befinden wir uns in derselben Situation wie die ersten deutschen Austauschschüler vor vielen Jahren überhaupt. Verantwortung also, Youth For Understanding auch hier zu verwirklichen, Verantwortung, unsere Erfahrungen und das Wissen, das wir haben, zu vermitteln und uns so an der Gestaltung unserer neuen Heimat direkt zu beteiligen.

QUELLE: Susan Stern/James Neuger: Ten Went West. East German Students Between Three Worlds, herausgegeben vom Atlantik-Brücke e. V., Bonn 1992

ERICH LOEST (1926–2013)

Erich Loest wird am 24. Februar 1926 in Mittweida/Sachsen, geboren. Er wird Mitglied der Hitlerjugend und 1944 zur Wehrmacht eingezogen. Nach kurzer amerikanischer Kriegsgefangenschaft arbeitet er zunächst bei den Leuna-Werken und geht dann 1947 als Volontär zur »Leipziger Volkszeitung«.

1950 erscheint sein erster Roman »Jungen die übrig bleiben«, in dem er seine Kriegserlebnisse verarbeitet. Seine wachsende Kritik an der SED-Führung nach der Niederschlagung des Aufstandes am 17. Juni 1953 in Ost-Berlin durch sowjetische Panzer führt 1957 zu seiner Verurteilung zu siebeneinhalb Jahren Zuchthaus, die er in Bautzen mit absolutem Schreibverbot verbüßt. Nach seiner Entlassung 1964 schreibt er u. a. Kriminalromane unter dem Pseudonym Hans Walldorf. 1979 tritt er aus Protest gegen die Zensur seines Romans »Es geht seinen Gang oder Mühen in unserer Ebene« (1978) aus dem Schriftstellerverband der DDR aus. 1981 kann er weiteren Repressalien durch Ausreise in die Bundesrepublik entgehen.

Nach der Wiedervereinigung setzt er sich intensiv mit der deutschen Teilung und dem Leben in der DDR auseinander, so in seinem auch verfilmten Roman »Nikolaikirche« (1995). 1998 zieht er zurück nach Leipzig, wo er 2013 stirbt. Sein schriftstellerisches Werk umfasst mehr als 70 Bücher.

ERICH LOEST

NIKOLAIKIRCHE

1987, MAI

»Unsere Beratung«, begann schwungvoll der zweite Sekretär der SED-Bezirksleitung, »findet in einer Phase innenpolitischer Ruhe und Stabilität statt. Genauer: Es war schon schlimmer, aber es könnte besser sein.« Er schaute sich schmunzelnd um. Über die Entwicklung der Friedensgebete in Leipziger Kirchen referierte er, beginnend mit dem November 1981, als Studenten auf die Idee gekommen waren, nach dem Muster von Königsau an zehn Tagen hintereinander für den

Frieden zu beten. »Natürlich haben wir nichts gegen Händefalten, aber sehr viel gegen Aufwiegelung. Ihr entsinnt euch, Genossen, daß damals schon die Idee eines sogenannten sozialen Friedensdienstes spukte. Wir haben den Pastoren klargemacht, daß wir Bitten an Gott dafür nicht mögen. Es scheint, sie haben es kapiert.«

Hauptmann Bacher war einer der drei eingeladenen Genossen aus der Bezirksverwaltung des MfS, er saß zwischen einem Stellvertreter des Generals und dem Leiter der Abt. XX, Major Tinnow. Er fand den Vortrag im Ton nicht der Lage gemäß, meinte, Leichtfertigkeit und sogar Überheblichkeit herauszuhören. Es war nicht weit her mit dieser Bezirksleitung. Seinerzeit war der Leipziger Paul Fröhlich als Ulbrichts Kronprinz ausersehen gewesen. In Leipzig hätte sich eine Ulbricht-Fraktion erhalten, wurde noch immer gemunkelt, die Honecker seine Erfolge neide. Der jetzige Erste im Bezirk galt als Ulbrichts Ziehsohn – das war keine gute Ausgangsposition.

»Im Frühjahr dreiundachtzig hieß es in der Michaeliskirche: ›Frieden – ein hoffnungsloser Fall?‹ Damals waren Angriffe gegen den Wehrdienst zu erkennen. Wir haben die führenden Kirchenmänner zu kameradschaftlichen Gesprächen geladen, hübsch was auf den Tisch gestellt und ihnen in kultivierter Atmosphäre unseren Friedenskampf erläutert. Danach war allerhand Dampf raus. Aber in der Lukaskirche machten sie weiter. Nikolai war nun auch dabei, manchmal saßen nur fünf oder zehn einsame Friedensbeter in den Bänken. Insgeheim bildeten sich Gruppen unter allen möglichen Vorwänden und Themen: Frieden, Umwelt, Nicaragua, überhaupt Dritte Welt, und immer wieder Wehrersatzdienst.«

Bacher blickte aus dem Augenwinkel heraus auf Tinnow, der saß ohne erkennbare Regung. Ein Wühler, ein Mann mit fabelhaftem Gedächtnis, der immer den Kontakt zu ganz vorn suchte, möglichst zu jedem seiner IM. »Ich bin Jürgen«, so pflegte er sich vorzustellen, die Hand ausgestreckt, kumpelhaft. Jeder sollte sich einbezogen fühlen, zugehörig der großen Familie. Was der Mann über diese Gruppen zusammengetragen hatte, war fabelhaft, seine IM saßen überall. Wenn die Partei beizeiten dieses Wissen summarisch abgeschöpft und daraus Schlußfolgerungen gezogen hätte, stünde sie besser da.

»Genossen, Verschärfung geht von der Lukaskirche aus. Der Pfarrer dort hat einen Berliner Sänger eingeladen, so einen Biermannverschnitt. Wir haben die Sache sofort hoch angebunden: Unser Ratsvorsitzender hat sich den Landesbischof vorgeknöpft und ihm deutlich gemacht, der Bogen sei überspannt. Auf der Kirchenschiene ist das nach unten gegangen. Der Pfarrer hat eins auf den Deckel gekriegt. Ob ihn das beeindruckt hat, wird sich zeigen. In diesem Zusammenhang wurde ein Gespräch mit dem Rektor des Theologischen Seminars geführt. Der Mann, Genossen, bezog folgenden vorbildlichen Standpunkt: Wenn bekannt wird, daß ein Student den Antrag auf Ausreise gestellt hat, wird ihm eine Bedenkzeit von einer Woche eingeräumt. Bleibt er bei seiner Haltung, fliegt er. Aber es wuchert weiter von unten, das ist wie Pilzbefall. Im Keller der Michaeliskirche hat sich eine Arbeitsgruppe für sogenannte Menschenrechte etabliert. Nach dem Reaktorunglück in der Ukraine spielen die selbsternannten Umweltschützer verrückt. Genossen, vielleicht wird in unserem Bezirk oder kurz hinter der nördlichen Grenze ein Kernkraftwerk gebaut. Nach einigen Probebohrungen ist allerlei in die Öffentlichkeit gedrungen. Wir werden den Kirchenleuten demnächst unsere Energiepolitik erläutern müssen. Beim Berliner Kirchentag soll es einen sogenannten Kirchentag von unten geben. Auch beim Olof-Palme-Friedensmarsch sind unkontrollierte Aktivitäten zu erwarten.«

Als erster ergänzte Tinnow. Natürlich nannte er das Referat richtungsweisend. Sicherlich hatte er Fakten beigesteuert, so fiel das Lob auch auf ihn zurück. Sein linkes Auge stand schräg unter einem zernarbten Lid, die Folge eines Unfalls, als Tinnow noch an einer Drehbank gestanden hatte. Er redete sächsischer als alle anderen hier und kehrte auch in Wortwahl und Wurstigkeit gern den Proleten heraus. »Genossen, ich schildere euch einen Fall, damit ihr seht, wie sich die Dinge hochschaukeln. Ich erzähle euch was über die Führungskraft der Gruppe ›Frauen für den Frieden‹, Ursula Kämpe. Sie fiel auf, als sie sich während einer Veranstaltung im Kulturbund über die neue Kindergartenordnung zu Wort meldete. Ich lese mal aus einem Bericht vor. Genossen, Mitschreiben ist jetzt nicht erwünscht.« Wieder breitete sich allgemeines Schmunzeln aus, wer hier saß, kannte die Spielregeln.«»Also: ›Am siebzehnten September letzten Jahres wurde eine langfristig vorbereitete Veranstaltung zum Thema Erziehung von Kindern im Vorschulalter im Klub der Intelligenz durchgeführt. Damit wurde einer Anfrage der Kämpe zur neuen Kindergartenordnung entsprochen. Diese Veranstaltung wurde planmäßig zur Einführung geeigneter IM sowie zur offensiven Auseinandersetzung mit den feindlich-negativen Mitgliedern des Arbeitskreises und insbesondere zur Bloßstellung der Kämpe benutzt. Diese trat mit provozierenden Fragen und Argumenten in Erscheinung. Sie hatte sich intensiv vorbereitet und nutzte mitgebrachte Materialien, in denen sie Wörter und Aussagen aus dem Zusammenhang riß und aggressiv zur Diskussion stellte. Wie ist dieses Programm entstanden, mit welcher Zielstellung, wer hat es erarbeitet? Damit wollte sie den Nachweis herauskitzeln, daß der Staat über die Köpfe der Eltern hinweg entscheidet. Auf die sachlichen Argumente des Gesprächsleiters, der entsprechend gewarnt war, reagierte die Kämpe mit weiteren provozierenden Fragen. Massiv wurden Begriffe wie Feindbild und Erhöhung der Verteidigungsbereitschaft als Ausdrücke der Militarisierung der DDR angegriffen. Die Kämpe und die anderen feindlich-negativen Kräfte stießen auf den Widerspruch von staatsbewußten Teilnehmern des Forums. Das führte zu ihrer Isolierung, so daß sie die Veranstaltung deprimiert verließen.‹ Soweit, Genossen, aus dem Bericht. Alles wäre nicht so positiv abgelaufen, wenn wir nicht im Vorfeld gewußt hätten, was die Damen planten. Übrigens haben die Genossen meiner Abteilung einen hübschen Namen für sie gefunden: ›Die Wespen‹. Ihr seht, auch unser Alltag hat seine Poesie. Die Kämpe ist Krankenschwester mit unregelmäßigem Dienst, manchmal macht sie so viele Überstunden, daß sie drei oder vier Tage hintereinander frei hat. Ein Frauentreffen in Magdeburg – sie war dabei. Ständig fuchtelt sie mit sogenannten Thesenpapieren herum, die sich gegen unsere Politik richten. Bei einer sogenannten Wochenendrüste des Arbeitskreises in Beyern im Kreis Herzberg war sie natürlich auch dabei. Sie unterhält Kontakte zur Kirchengemeinde Königsau, dort hat sich neuerdings auch ein Frauenkreis für den Frieden gebildet. Während der Frühjahrsmesse hat sich ein BRD-Journalist an sie herangemacht.« Er legte eine Pause ein, blätterte, seufzte. »Der Mann ließ sie wissen, daß er als freischaffender Journalist die alternative Friedensbewegung der DDR unterstützen wolle. Die ging vorsichtig auf seine Absichten ein, ließ sich keine Namen entlocken, versicherte aber, sie sei bereit, sich wieder mit ihm zur Messe in Leipzig oder in Berlin zu treffen. Der Agent versprach Materialien aus dem grün-alternativen Bereich. Wir hätten die beiden festnehmen können, klar, haben es aber für besser befunden, über den Rat der Stadt den zuständigen Superintendenten vom illegalen Treiben seines Schäfchens zu informieren. Die Aussprache muß innerhalb der Kirche selber geführt werden; durch unsere Kräfte werden wir erfahren, ob und wie das abläuft.«

Der Zweite dankte und nannte das Vorgehen des MfS vorbildlich. Dann führte er noch ein Beispiel für raffinierte subversive Tätigkeit an: Kirchenkreismitglieder hatten versucht, den Präses der Landessynode, Dr. Gäbler, zu einer Aussprache zu gewinnen. Sie spekulierten dabei auf Gäblers Teilnahme an einem Empfang beim Staatsratsvorsitzenden. Dort hatten beide ein längeres Gespräch über Probleme der Wehrdienstverweigerer geführt. Da derlei nicht in den Zeitungen stünde, wollten sie Widersprüche zwischen der friedenssichernden Außenpolitik und der innenpolitischen Praxis konstruieren. »Verdammt hinterhältig, Genossen, nicht wahr?«

Auf dem Rückweg nahm Tinnow Bacher in seinem Wagen mit. »Ich hab oben natürlich nicht alles erzählt. Der angebliche Westjournalist war ein Oberleutnant aus der Normannenstraße. Bei dem stimmte alles: Klamotten von drüben bis zum Taschentuch. Der hat sich zwei Wochen lang in Hamburg rumgetrieben, der kann dir erzählen, in welcher Kneipe welches Bier aus dem Zapfhahn läuft und wie die Pfarrer in den einzelnen Kirchen heißen. Stammt aus Wismar, redet Platt. Wollte die Kämpe bumsen, aber die hat getan, als könnte sie nicht bis drei zählen. Jetzt stecken wir unseren Spaß dem Superintendenten, und der poltert: Liebe Schwestern, seid vorsichtig mit dem bösen Wolf«

»Sehr hübsch.«

»In diesem Wespennest ist übrigens die Genossin Protter aufgetaucht.«

»Was für Zeug?«

»Zweimal. Hat sie dir nichts davon erzählt? Doch nicht etwa in unserem Auftrag?«

Bacher stieß einen schnaufenden Laut aus. »Von welcher Abteilung, das müßten wir doch wissen!«

»Paß auf sie auf.«

»Ist das denn sicher?« Natürlich war seine Frage blöd. Irgendwann im nächsten Jahrtausend wirst du General wie ich, hatte sein Vater einmal gesagt. Nicht mit einer Schwester, die politisch fremdging.

»Sie hat zwei, drei Fragen gestellt, mehr nicht.«

»Ich kümmere mich.«

»Is klar, Sascha.«

Kümmern, aber wie. Manchmal war Astrid tageweise in der Klinik, dann wieder zu Hause, der Wechsel erschwerte jede Kontrolle. Sich hinter Harald stecken, dem Professor einen Wink geben oder deutlich werden: Agenten waren hinter seiner Patientin her? Natürlich schob Tinnow seine Weisheit nach oben weiter, mußte ja. Eine elende Klemme. Und wenn die Zentrale einen ihrer Schönlinge auf Astrid ansetzte, wenn Tinnow ihm das hinrieb oder er sogar den Kuppler spielen mußte und nicht einmal denken, geschweige denn sagen durfte: Tinnow, du verdammter dreckiger schielender Hund?

QUELLE: Erich Loest: Nikolaikirche. Roman (Werkausgabe, Band 7); © Linden-Verlag, Leipzig 1995, 2004

KARL THEODOR FREIHERR VON UND ZU GUTTENBERG (1921–1972)

Karl Theodor zu Guttenberg kommt am 23. Mai 1921 als Sohn von Georg zu Guttenberg und seiner Frau Elisabeth geb. Freiin von und zu der Tann auf Schloss Wesendorf bei Höchstadt zur Welt. Nach dem Abitur 1938 tritt er als Offiziersanwärter in die Wehrmacht ein. 1943 heiratet er Rosa Prinzessin und Herzogin von Arenberg. Er gerät im Herbst 1944 in britische Gefangenschaft und arbeitet für den britischen Soldatensender Calais, der Antikriegspropaganda verbreitet. Sein Onkel Karl Ludwig Frei-

herr von und zu Guttenberg wird nach dem Hitler-Attentat vom 20. Juli 1944 hingerichtet.
Nach dem Krieg übernimmt er die Verantwortung für den Familienbesitz in Guttenberg. 1952 wird er zum Landrat seines Heimatkreises gewählt. Von 1957 bis 1972 ist er Mitglied des Deutschen Bundestages und über viele Jahre außenpolitischer Sprecher der CDU/CSU-Bundestagsfraktion. In der SPD/FDP-Regierung unter Bundeskanzler Willy Brandt (SPD) und Außenminister Walter Scheel (FDP) gehört er zu den wenigen, die 1972 gegen die Ostverträge stimmen, während die Mehrheit seiner Fraktion sich enthält, um die Ratifizierung der Verträge zu gewährleisten.

KARL THEODOR FREIHERR VON UND ZU GUTTENBERG

ZU DEN OSTVERTRÄGEN (BONN, 27. MAI 1970)

Freiherr von und zu Guttenberg (CDU/CSU): Frau Präsidentin! Meine Damen und Herren! Lassen Sie mich bitte zunächst eine kurze Bemerkung zu den Reden machen, die die beiden Herren Fraktionssprecher der Regierungskoalition gehalten haben. Ich sage nur dies: mir scheint, daß beide Reden dem Ernst der Sache nicht angemessen waren.

(Beifall bei der CDU/CSU.)

Lassen Sie mich dann auf das eingehen, was der Herr Außenminister hier soeben erklärt hat. Er hat einiges gesagt, was festgehalten werden muß; z. B. daß nichts in diesem Vertrag mit Moskau stehen darf, was die deutsche Option behindert. Wir werden Sie, Herr Außenminister an diese Worte erinnern.

(Abg. Dr. Barzel: In diesem Vertrag!)

Sie haben zweitens, Herr Außenminister, ein Wort gesagt in Zurückweisung dessen, was Herr Stoph zu **Westberlin** geäußert hat, und Sie haben Herrn Stoph mit Recht des Annexionismus beschuldigt. Aber, Herr Außenminister, ich möchte Sie in diesem Zusammenhang darauf hinweisen, daß die Sowjetunion von uns verlangt, die Formel zu akzeptieren, daß wir, die Bundesregierung die Bundesrepublik, keine Gebietsansprüche hätten. Das, was die Sowjetunion hiermit sagt, ist nicht mehr und nicht weniger, als daß wir unsere Bindungen zu Berlin lösen sollten; denn sie versteht unter dieser Formel deren »Gebietsansprüche« unsere Bindungen zu Berlin. Diese, sagt sie, seien widerrechtliche .Ansprüche; und ich frage Sie, Herr Außenminister, ob Sie es zulassen werden, daß eine solche Formel, ohne daß die Sowjetunion für alle erkennbar und verbindlich sagt, daß die bisherige Auslegung, die sie dieser Formel gegeben hat, nicht mehr gültig sei, in den Vertrag aufgenommen wird.

Ein dritter Punkt. Herr Außenminister, Sie haben gesagt, Berlin werde natürlich in die Verhandlungen in Moskau eingeschlossen sein. Sie haben dann aber erklärt, es gebe keine zeitliche Priorität der Berlin-Verhandlungen für Vereinbarungen mit Moskau. Herr Außenminister, ich antworte Ihnen, daß es hier der Natur der Sache nach nur dann eine Sachpriorität für Berlin geben kann, wenn es auch eine zeitliche Priorität gibt.

(Beifall bei der CDU/CSU.)

Denn sonst, Herr Minister, wären in Moskau präjudizielle Entscheidungen gefallen, von denen Sie schwerlich wieder herunterkommen werden.

Ein Viertes, Herr Außenminister, Sie haben gesagt – und darüber war ich in der Tat sehr erstaunt –, die Sowjetunion wolle vollenden, was seinerzeit Adenauer und Bulganin mit der Aufnahme diplomatischer Beziehungen begonnen haben. Sie haben erklärt, die Sowjetunion habe also die Absicht, die **»Normalisierung« der Beziehungen zwischen der Sowjetunion und der Bundesrepublik** zu erreichen. Herr Außenminister, was meinen Sie damit? Wissen Sie denn nicht, was die Sowjetunion unter Normalisierung versteht? Genau das, was

Breschnew, wie Herr Barzel heute zitiert hat, in Prag gesagt hat: die Unterwerfung der Bundesrepublik unter .den sowjetischen Machtwillen. Dies wäre die Normalisierung á la Breschnew.

(Beifall bei der CDU/CSU.)

Fünftens, Herr Außenminister, ich habe mit gespitzten Ohren gewartet, daß Sie, der Außenminister und Vorsitzende der Koalitionspartei FDP, die Frage des Herrn Barzel beantworten würden, ob Sie damit einverstanden waren oder heute einverstanden sind, daß der Bundeskanzler in Kassel die **völkerrechtliche Anerkennung der DDR** als nicht mehr ausgeschlossen bezeichnet hat. Sie haben dazu nichts gesagt. Ihr Schweigen mag beredt sein.

(Abg. Dr. Barzel: Qui tacet, consentire videtur!)

Sechstens, Sie haben viel zu Europa gesagt, und ich bestätige, daß ich Sie, Herr Außenminister, als jemanden ansehe, der in der Tat mit dem Herzen **Europapolitik** macht. Aber, Herr Außenminister, ich weiß nicht, ob Sie das wissen: es gibt ein Papier der deutschen Sozialdemokratischen Partei,

(Abg. Dr. Barzel: Aha!)

welches auf Anforderung anderer europäischer Sozialisten Antworten auf einen Katalog. zu Europafragen enthält. Darin hat Ihre Partei, Herr Bundeskanzler, Antworten auf diese Fragen gegeben, Antworten, die z. B. sinngemäß sagen, Haag sei deshalb so sehr zu begrüßen, weil man dort nicht utopischen Vorstellungen gehuldigt, sondern Realismus betrieben habe und weil man dafür gesorgt habe, daß der wirtschaftlichen Integration lediglich politische Kooperation zugesellt werden solle.

(Abg. Dr. Barzel: Hört! Hört!)

Herr Bundeskanzler, ich glaube, Sie wissen auch, daß es andere europäische sozialistische Parteien gibt, die über dieses Papier der deutschen

Sozialdemokraten keineswegs erfreut waren. Anders gesagt, Ihre Partei wäre in guter sozialdemokratischer Gesellschaft, wenn sie ein wenig mehr – entschuldigen Sie – europäischen Mumm beweisen würde.

(Beifall bei der CDU/CSU. – Zuruf von der SPD: Zerbrechen Sie sich doch nicht den Kopf über uns! – Abg. Rasner: Schade, daß Mommer nicht mehr da ist!)

Herr Außenminister, Sie haben eine letzte Frage in Ihren Ausführungen nicht beantwortet, von der ich gehofft habe, Sie wären näher darauf eingegangen. Es ist das, was der Fraktionsvorsitzende der CDU/CSU zum Problem des **sowjetischen Gewaltvorbehalts** im Rahmen eines Gewaltverzichts-Vertrags gesagt hat. Herr Außenminister, kann die Bundesregierung auf Grund der bisherigen Sondierungen und Textentwürfe dem deutschen Volk wirklich guten Gewissens verkünden, auch die Sowjetunion verzichte auf Gewalt? Kann sie das? Kann sie verkünden, daß der bisherige Gewaltvorbehalt gegen die Bundesrepublik, d. h. die rechtswidrige sowjetische Auslegung der Art. 53 und 107 der UN-Satzung, eindeutig ausgeräumt ist? Können Sie das? Oder ist es nicht vielmehr so, daß auch in dieser Frage leider Schein und Mehrdeutigkeit herrschen?

(Abg. Dr. h. c. Kiesinger: Feigenblätter!)

Ist es nicht so, daß die Sowjetregierung in Wirklichkeit doch an ihrer Rechtsauffassung und politischen Begründung festhält, die sie uns in den Jahren 1967 und 1968 von sich aus in aller Form schriftlich übermittelt hat?

(Abg. Dr. Barzel: Sehr wahr!)

Gilt die politische Qualifikation der rechtswidrigen sowjetischen Thesen durch die Regierung der Großen Koalition nicht mehr? Wenn nein, frage ich, was sich geändert hat? Etwa nur die des raschen Wechsels fähige Meinung der Bundesregierung oder auch die der Sowjetregierung?

Ich sage hier – und ich weiß, was ich sage –: eine reine Hervorhebung des Art. 2 der UN-Charta im bilateralen Verhältnis zwischen Sowjetunion und Bundesrepublik ist ungenügend,

(lebhafter Beifall bei der CDU/CSU)

solange die Sowjetunion nicht expressis verbis darauf verzichtet, unsere friedlichen Bemühungen um Wiedervereinigung in Freiheit als – ich zitiere die UN-Charta – »Erneuerung aggressiver Politik« zu bezeichnen und dann aus Art. 53 ihren Gewaltvorbehalt zu folgern. Wir benötigen, Herr Bundeskanzler, in dieser nur scheinbar juristischen, in Wirklichkeit hochpolitischen und für die Zukunft weittragenden Frage eine klare Antwort der Bundesregierung.

Meine Damen und Herren, die Opposition hatte nur einen einzigen Grund für ihre Große Anfrage, über die wir heute hier debattieren, nämlich die tiefe Sorge, wohin die Reise führen soll, die die Bundesregierung nach Osten angetreten hat.

(Beifall bei der CDU/CSU.)

Man hat uns andere, nämlich billige parteipolitische oder personale Motive unterstellt. So hat heute Herr Apel hier gesagt, es sei nicht die Sache, es seien Personalprobleme, die die CDU zu dieser Großen Anfrage veranlaßt hätten.

(Abg. Rasner: Dummes Zeug!)

Herr Apel, ich sage hier für mich: dies ist eine Kränkung der führenden Männer der CDU/CSU.

(Beifall bei der CDU/CSU.)

Für uns sind die Dinge unserer Nation keine Parteipolitik, sondern Sache des Gewissens. Das nehmen Sie bitte zur Kenntnis!

(Lebhafter Beifall bei der CDU/CSU. – Zurufe von der SPD.)

Meine Damen und Herren! Ein Minister der SPD sagte mir vor kurzem etwa wörtlich: »Ihr – CDU/CSU – macht das falsch, wenn ihr Wähler gewinnen wollt, dann dürft ihr euch nicht auf die Außenpolitik stürzen, dann müßt ihr Finanz- und Wirtschaftspolitik machen.«

(Zuruf von der SPD: Können!)

Dieser Mann merkte noch nicht einmal, meine Damen und Herren, daß er uns damit unfreiwillig selber bestätigt hat, daß es uns also um diese Sache geht, wenn wir nicht nachlassen, die Regierung auf diesem Felde zu bedrängen.

(Beifall bei der CDU/CSU.)

Auch wir kennen die Meinungsumfragen, Herr Außenminister. Dennoch sagen wir hier unsere Meinung. Ist dies nicht der beste Beweis dafür, daß wir die Dinge, die Sache meinen und nichts anderes?

(Erneuter Beifall bei der CDU/CSU.)

Ich will die Sache, die hier auf dem Spiele steht, um deretwillen wir schwerste, sage ich, Sorge haben, gleich bei ihrem Namen nennen. Diese Sache ist nicht mehr und nicht weniger als das Recht der Deutschen – aller Deutschen –, frei zu sein und selbst über sich zu bestimmen.

(Beifall bei der CDU/CSU.)

Dies war, dies ist und dies wird bleiben der feste, unveränderliche Kern und Auftrag aller konkreten deutschen Politik, wo und solange sie von Demokraten geführt wird und solange diese Demokraten sich selbst erkennen.

(Beifall bei der CDU/CSU.)

Ich sage: aller konkreten deutschen Politik, denn meine Freunde und ich sind nicht willens, dieses unveräußerliche Freiheitsrecht zu einer – und diejenigen, die es angeht, mögen dies in ihren Ohren klingen lassen – salvatorischen Klausel, zu einer abstrakten Maxime werden zu lassen,

(Beifall bei der CDU/CSU.)

die allen Bezug auf das aktuelle, auf das tägliche politische Handeln verloren hat, ja gegen welche zu handeln heute sogar erlaubt sei, da doch – und ich zitiere wieder einen amtierenden Minister der SPD – dies – nämlich die Selbstbestimmung der Deutschen – »bestenfalls eine Sache des Jahres 2030 sei«.

(Abg. Dr. Stoltenberg: So sind die Herren! – Abg. Rasner: So sind sie!)

Ich sage noch einmal, meine Damen und Herren: aller konkreten deutschen Politik, weil ein Handeln gegen das **Freiheitsrecht aller Deutschen** zugleich ein Handeln gegen den Frieden in Europa ist.

(Beifall bei der CDU/CSU.)

Denn, um es einfach und wiederum konkret zu sagen, wer Unterdrückung legitimierte, der ermunterte die Unterdrücker

(Abg. Lücke (Bensberg): Sehr richtig!)

und damit die Friedensstörer.

(Sehr gut! bei der CDU/CSU.)

Wer hingegen für seine und seiner Nachbarn Freiheitsrechte einsteht, der stärkt jene Kräfte, die in Wahrheit den Frieden tragen.

(Beifall bei der CDU/CSU.)

Ist nicht eben dies die wahre Lehre aus jener schrecklichen Zeit, als Adolf Hitler durch brutale Gewalt,

(Abg. Dr. Barzel: Sehr wahr!)

wenn auch zunächst ohne Blut, Grenzen in Europa zu seinen Gunsten verrückte, um dann die europäischen Demokratien einzuladen, feierlich und durch Vertrag diese Unrechtsgrenzen zu achten?

(Zustimmung bei der CDU/CSU.)

Wo, meine Damen und Herren, ist der qualitative Unterschied, wo, frage ich, ist dieser Unterschied,

(Sehr wahr! bei der CDU/CSU)

wenn heute Moskau von uns fordert, jene **Unrechtsgrenzen**, die Moskau auf deutschem und auf anderem Boden für sein und innerhalb seines Imperiums erzwungen hat, zu respektieren und als unabänderlich zu erklären?

(Beifall bei der CDU/CSU.)

Ich sage hier für meine Freunde und für mich mit allem Nachdruck, mit allem Ernst und leider auch mit der heute nötigen Sorge: Wir, die CDU/CSU, sind nicht bereit, sogenannte Realitäten zu achten, zu respektieren oder gar anzuerkennen, die den Namen »Unrecht« tragen.

(Lebhafter Beifall bei der CDU/CSU.)

Wer immer dieser Debatte hier oder im Lande oder draußen in der Welt zuhört, muß wissen, daß dies das letzte, das entscheidende und das nicht aufhebbare Motiv für die Deutschlandpolitik der Christlich-Demokratischen und der Christlich-Sozialen Union ist.

(Beifall bei der CDU/CSU.)

Ich setze die Frage hinzu: Ist hier einer, der ernsthaft vorbringen wollte, daß Unrecht dadurch Recht würde, daß es Jahre, ja Jahrzehnte dauert? Ich bitte jeden in diesem Haus, sich zu prüfen. Meine Damen und Herren von der SPD, dies gilt besonders für Sie, weil Sie als Partei die Ehre für sich in Anspruch nehmen dürfen, unter Hitler Tausende von Märtyrern gestellt zu haben. Meine Frage heißt: Ist einer hier bereit, wäre einer hier bereit, seinen Frieden mit Adolf Hitler zu machen, wenn es diesem Mann gelungen wäre, 37 Jahre durchzuhalten? Ich sage nein, ich sage dreimal nein.

(Beifall bei der CDU/CSU. –
Zurufe von der SPD.)

Aus dem gleichen Grunde kann es keine Anerkennung für neues Unrecht auf deutschem Boden, für Herrn Ulbricht geben.

(Lebhafter Beifall
bei der CDU/CSU.)

Vielleicht fragen Sie mich jetzt, warum ich dies sage, und ich werde Ihnen offen und ohne Rückhalt antworten. Aber lassen Sie mich zuvor erklären, daß ich bei dem, was ich jetzt sagen werde, mit keinem Gedanken an polemische Anklage oder gar an Verketzerung denke; anders als Sie, Herr Kollege Apel, der Sie uns vorgeworfen haben, daß wir hier wider besseres Wissen Unterstellungen betreiben. Dieser Satz allein, Herr Kollege Apel, disqualifiziert Ihre Rede.

(Beifall bei
der CDU/CSU.)

Ich bin nicht der Meinung, daß wir uns hier gegenseitig die guten und honorigen Motive absprechen dürfen oder können. Aber ich bin der Auffassung, daß wir ehrlich und frei unsere Meinung sagen sollen, wohin die Politik des anderen führt, die wir für falsch halten. Ich will mir daher heute den Mut und die Freiheit nehmen, an unser aller – aller in diesem Hause – Gewissen zu appellieren, und ich will gleichzeitig ins Bewußtsein rufen, daß auch der, der besten Willens dem Frieden zu dienen meinen mag, gefährlich irren kann.

(Zustimmung bei der CDU/CSU.)

Er irrte dort am gefährlichsten, wo er sich verleiten ließe,

(Zurufe von der SPD)

einer militanten totalitären Ideologie mit jenem wertfreien bloßen Pragmatismus begegnen zu können, der für das tägliche Geschäft unter Demokraten selbstverständlich durchaus angemessen ist.

(Abg. Dr. h. c. Kiesinger: Sehr gut!)

Dies vorausgeschickt, sage ich jetzt, Herr Bundeskanzler, offen und deutlich: ich bin davon überzeugt, daß Ihre Regierung auf **Anerkennungskurs** liegt. Dieser Kurs wird dazu führen, daß eine Tages der Schutz der NATO zerbröckeln

(Sehr richtig! bei der CDU/CSU)

und die Sowjetunion ihre Vorherrschaft über ganz Europa gewinnen kann.

(Beifall bei der CDU/CSU. – Abg. Dr. Apel: Unterstellungen! – Gegenruf des Abg. Dr. h. c. Kiesinger.)

Herr Bundeskanzler, um dies über allen Zweifel deutlich noch einmal zu sagen: gewiß nicht, weil Sie das so wollen – –

(Abg. Dr. Barzel: Hier spricht ein Mann mit letzter Kraft, und der Bundeskanzler lacht darüber! – Weitere Zurufe und Unruhe bei der CDU/CSU.)

Lassen Sie mich noch einmal sagen, Herr Bundeskanzler: gewiß nicht, weil Sie das so wollen, aber weil es nach unserer gewissenhaften Prüfung Ihrer Politik in der Logik dieser Politik liegt.

Herr Bundeskanzler, ich habe in diesem Hause einmal vor langen Jahren gesagt, daß ein damals von Ihren Freunden vorgetragener Kurs zur Einheit Deutschlands führen möge, daß ich aber fürchtete, daß dann die Trümmer unserer Freiheit am Wege liegen würden. Ich habe auch damals nicht gesagt, daß Sie das wollten, um Himmels willen, nein. Aber ich glaube, daß das gegen Ihren Willen geschähe, wenn Sie nicht rechtzeitig haltmachen.

Sie, Herr Bundeskanzler, sind dabei, das **Deutschlandkonzept des Westens** aufzugeben und in jenes der Sowjetunion einzutreten.

(Beifall bei der CDU/CSU. – Abg. Dr. Stoltenberg: Sehr wahr! – Lebhafte Pfui-Rufe von der SPD. – Abg. Dr. Apel: Ein unanständiger Mensch! – Unruhe.)

– Meine Damen und Herren, da sagt jemand »pfui«, da sagt jemand, dies sei »unanständig«. Ich sage hier, daß ich bereit wäre, in dieses sowjetische Deutschlandkonzept einzutreten, wenn ich davon überzeugt wäre, daß man mit dem Status quo den Frieden gewönne. Ich, Herr Apel, werde niemandem den guten Willen abstreiten, wenn er diese Meinung hat. Ich habe sie nicht, und deshalb widersetze ich mich dieser Meinung.

(Beifall bei der CDU/CSU.)

Herr Bundeskanzler, nicht anders als so, wie ich es gesagt habe, ist es zu werten, daß Ihr Unterhändler in Moskau, wie es nach allem, was wir hören, scheint, weitgehend – wir werden es bald erfahren; wir reden ja nicht in den Wind – jene altbekannten **sowjetischen Teilungs- und Anerkennungsformeln** akzeptiert hat. Nicht anders ist es zu werten, daß Sie selbst in Kassel die Möglichkeit völkerrechtlicher Anerkennung angedeutet haben und daß Ihre Regierung in Warschau dabei ist, eine Anerkennungsformel für die Oder-Neiße-Grenze zu suchen.

Was aber wäre denn die unausweichliche Konsequenz eines solchen, ich sage es so, Herr Außenminister, **Scheinfriedens** auf der Basis einer sanktionierten Teilung Deutschlands und Europas? Die erste Konsequenz wäre die, daß viele, allzu viele dann in Amerika sagen würden, nun sei das entscheidende Problem in Europa gelöst; wozu also noch amerikanische Truppen in Europa?

(Abg. Dr. Barzel: Sehr wahr! – Zurufe von der SPD.)

Die zweite Konsequenz wäre die, daß die Sowjetunion in der wichtigsten und zentralen Auseinandersetzung in Europa über den Westen einen entscheidenden politischen Sieg errungen hätte und daß sich der Wind dann in Europa zugunsten der Sowjetunion drehen würde. Die dritte Konsequenz wäre die, daß das Ergebnis dieses politischen Sieges der Sowjetunion eben nicht die von vielen, die guten Willens sind, erhoffte – ich sage dies noch einmal nach den Pfui-Rufen von dieser Seite – Festigung des Friedens, sondern die Ermutigung und Bestärkung jener notorischen Friedensstörer wäre, deren – vorerst? – letztes Opfer die CSSR im Jahre 1968 gewesen ist.

(Beifall bei der CDU/CSU.)

Gewiß, Herr Bundeskanzler, werden Sie mein Wort bestreiten, daß Ihre Regierung auf Anerkennungskurs liege. Sie werden darauf hinweisen, daß Sie die alliierten Vorbehalte und damit den Friedensvertragsvorbehalt respektierten. Sie werden sagen, daß Sie am **Selbstbestimmungsrecht** festhielten und daß Sie vorhätten, den Sowjets wenigstens einseitig zu erklären, Ihr Ziel sei nach wie vor die Wiedervereinigung Deutschlands durch Selbstbestimmung. Aber, Herr Bundeskanzler, all das ist – erlauben Sie mir, ein Wort von Ihnen aufzugreifen – nun wirklich Formelkram. Denn diesen theoretisch-abstrakten Rechten und Zielsetzungen steht Ihre konkrete Politik gegenüber, die diesen theoretischen Maximen diametral entgegensteht. Denn wie kann man glaubhaft vom Selbstbestimmungsrecht aller Deutschen reden, wenn man die staatsrechtliche Anerkennung Ost-Berlins bereits zugestanden und sich in Kassel nun auch der völkerrechtlichen

Anerkennung genähert hat? Oder wie kann man glaubhaft davon sprechen, daß erst ein Friedensvertrag die Ostgrenze Deutschlands festlegen könne, wenn man gleichzeitig bereit ist, die Anerkennung von Oder und Neiße als polnische Westgrenze zwischen Bonn und Warschau festzulegen? Und dient es, Herr Bundeskanzler, dieser Glaubhaftigkeit Ihrer Selbstbestimmungspolitik, wenn wir mehr und mehr und öfter und öfter hören, daß der Deutschlandvertrag und sein Art. 7 eine Einengung – ein bedauerliches Faktum also –, eine Einengung der Handlungsfreiheit der Bundesregierung sei,

(Sehr richtig! bei der CDU/CSU)

jener Art. 7 des Deutschlandvertrags, der eine der größten und geschichtlich wirksamsten Errungenschaften Adenauers war, weil mit diesem Art. 7 die Westmächte die Verpflichtung auf sich genommen haben, für die Freiheitsrechte der Deutschen einzutreten?

(Lebhafter Beifall bei der CDU/CSU.)

Spüren Sie nicht selbst, Herr Bundeskanzler, daß diese und andere Widersprüche Ihnen selbst und Ihrer Regierung in ständig steigendem Maße eine Sprache aufzwingen, die viele – und ich zähle mich dazu – schlechterdings erschrecken läßt? Dort nämlich, wo Ihre Regierung offenbar versucht, einen Vertrag mit der Sowjetunion durch Formeln zustande zu bringen, die von beiden Seiten mit verschiedenen Inhalten gefüllt werden.

(Abg. Dr. Barzel: Sehr wahr!)

Denn was bedeutet in der sowjetischen Terminologie z. B. – ich zitiere – »die Achtung der territorialen Integrität der DDR«? Doch nichts anderes als den endgültigen und ausnahmslosen Verzicht, der uns auferlegt werden soll, auf jede Forderung nach freiheitlichen **Veränderungen im anderen Teil Deutschlands**. Dies, Herr Bundeskanzler, kann doch nicht Ihre Interpretation sein und ist es auch nicht. Was also, wenn diese Formel dennoch im Vertrag erschiene, angesichts dessen, Herr Außenminister, was Sie begrüßenswerterweise in Ihrer Antwort auf unsere Anfrage gesagt haben, daß – ich zitiere – über den »Inhalt dieser Begriffe volle Klarheit bestehen müsse«

(Abg. Dr. Barzel: Hört! Hört!)

und daß ein »offener oder versteckter Dissens in einem Vertrag mit Moskau das Verhältnis weiter belasten müßte?«
Oder ein anderer Begriff, den wir täglich hören, jener von der »**Normalisierung**«. Ich habe schon davon gesprochen. Meine Damen und Herren, wann wird es denn in Deutschland wieder normal sein – es sei denn, man setzt die Sprache außer Kraft –? Doch erst dann, wenn es keine Mauer mehr gibt und keine Schüsse mehr in der Nacht, sondern Menschenrechte für alle Deutschen.

(Lebhafter Beifall bei der CDU/CSU.)

Ist dies mit dem Wort von der Normalisierung gemeint oder etwa ein Vertrag, in dem uns sage und schreibe, wenn Worte noch einen Sinn haben, zugemutet wird, zu respektieren, was die Männer, die drüben Verantwortung haben, in ihrem Hoheitsbereich geregelt haben? So steht es in Punkt 5 der Vorschläge des Bundeskanzlers in Kassel.

(Abg. Dr. Barzel: Sehr wahr!)

Ein drittes Beispiel für diese neue, diese erschreckende Sprache. Diese Bundesregierung sagt, sie spreche nur für die Bundesrepublik. Ich widerspreche, Herr Bundeskanzler. Nicht weil ich alte Formulierungen wie etwa jene des **Alleinvertretungsrechts** für bessere Juristerei hielte als Ihre neuen Formeln; auch nicht deshalb, weil ich etwa einem Völkerrechtsgelehrten mehr glaubte als einem anderen. Nein, Herr Bundeskanzler, ich brauchte noch nicht einmal eine Verfassung, ich brauche nur mein Gewissen, das mir sagt, daß ich als Abgeordneter in diesem Hause Verantwortung für mein ganzes Volk trage

(lebhafter Beifall bei der CDU/CSU)

und damit also auch und vor allem für jene, die zum Schweigen verurteilt sind. Deswegen wehre ich mich gegen jenen Trick – Trick sage ich –, nach welchem, die Bundesregierung die **Oder-Neiße** als polnische Westgrenze deshalb anerkennen könne, da sie ja nur für die Bundesrepublik und eben nicht und in keiner Weise für alle Deutschen sprechen könne; denn niemand kann uns, die frei gewählten Abgeordneten des deutschen Volkes, aus der Pflicht entlassen, uns um das Schicksal unseres ganzen Volkes zu kümmern. Wir sollten auch keinen Augenblick vergessen, daß unter dieser Chiffre der Oder-Neiße mehr und anderes verstanden werden muß als eine bloße Grenzfrage, nämlich vor allem **verletztes Menschenrecht**.

(Beifall bei Abgeordneten
der CDU/CSU.)

Deshalb sollte man endlich überall begreifen, daß unsere strikte Weigerung, einer friedensvertraglichen Regelung heute vorzugreifen, nichts, aber auch gar nichts mit Nationalismus zu tun hat. Das Gegenteil ist der Fall. Jene, die heute glauben, dieses ganze komplexe große Problem der Gebiete jenseits der Oder-Neiße und der Menschen, die von dort stammen, und jener, die dort heute ihre Heimat haben, mit dem einfachen Rezept des Festnagelns von Grenzpfählen bewältigen und lösen zu können, die so denken, meine Damen und Herren, denken in alten nationalstaatlichen überholten Schemata.

(Lebhafter Beifall bei der CDU/CSU.)

Noch auf einem weiteren Gebiet wird heute von unserer Regierung eine neue, eine andere und eine nach meiner Überzeugung falsche und, gefährliche Sprache gesprochen; dort nämlich, wo man glaubt, die Wirklichkeit, die volle Wirklichkeit jedenfalls, verschweigen oder beschönigen zu müssen, weil man fürchtet, die ganze Wahrheit auszusprechen könne der erwünschten Zusammenarbeit und Verständigung mit den Machthabern drüben im Wege stehen. Aber, Herr Bundeskanzler, bei allem Verständnis für Ihr politisches Argument, es gibt ein Argument, das weit, weit mehr wiegt, das Argument nämlich, daß die Demokratie davon lebt, daß die Demokraten die Wahrheit sagen, und zwar die ganze Wahrheit.

(Beifall bei der CDU/CSU. – Zurufe von der SPD.)

Glauben Sie mir, Herr Bundeskanzler, glauben Sie mir, Demokraten können nicht straflos ständig von der **Gleichberechtigung** zwischen diesem freien Deutschland hier und einem kommunistischen Zwangsregime drüben auf deutschem Boden reden.

(Zustimmung bei der CDU/CSU.)

Und glauben Sie mir auch, es kann nur wie ein schleichendes Gift im Körper unserer Demokratie wirken, wenn einerseits führende Männer – Sie selbst, Herr Bundeskanzler, haben das leider mehrfach getan; ich erspare mir die Zitate – sich immer wieder der verbalen Verwischung der fundamentalen Unterschiede zwischen drüben und hier schuldig machen und wenn andererseits jene, die das aussprechen, was ist, die also Terror Terror und Mord an der Mauer Mord an der Mauer nennen, als unbelehrbare kalte Krieger verschrieen werden.

Die deutsche Demokratie ist schon einmal zugrunde gegangen, jawohl, Herr Dorn, deshalb, weil damals unter Deutschen eine geistig-moralische Verwirrung angestiftet und die Grenze zwischen demokratischer Rechtsstaatlichkeit und totalitärem Verbrecherregime verwischt wurde.

(Beifall bei der CDU/CSU. – Zurufe von der SPD.)

Es gibt leider Grund, davor zu warnen, daß diese Grenze erneut vernebelt werden könnte, und diesmal durch Demokraten.

Sagen Sie mir nun nicht, meine Damen und Herren von der Koalition, ich hätte hier nur Kritik geübt, aber nicht gesagt, was wir eigentlich wollten. Sie haben diese Torheit immer und immer wieder vorgebracht, auch heute wieder. Denn, meine Damen und Herren von der SPD: haben wir nicht zusammen eine Politik gehabt: Die kennen Sie doch. War es nicht eine große und nützliche Sache, daß es gelungen war, in der Großen Koalition diese Gemeinsamkeit zu konkretisieren? Dies ist unsere Politik; denn wir haben diese Politik für richtig, nützlich und für erfolgreich gehalten.

(Beifall bei der CDU/CSU.)

Sie, meine Damen und Herren von der SPD, haben diese gemeinsame Politik ohne Not, ohne überzeugende Begründung verlassen. Sie gehen heute einen anderen, einen gefährlichen Weg. Wir, die Union, wir bleiben bei dieser Politik, die wir gemeinsam mit Ihnen geführt haben. Ich bin sicher, daß Sie von mir keine Nachhilfestunde wünschen, was diese Politik war. Sie kennen sie.

Wir bleiben bei der Politik des Angebots der **Verständigung mit dem Osten** unter strikter **Wahrung der Freiheitsrechte unserer Nation.**

(Beifall bei der CDU/CSU.)

Wir bleiben bei der Politik der Beharrlichkeit, des langen Atems und der zähen Geduld. Wir wenden uns gegen jene Geschichtsklitterung, die es dauernd gibt, auch heute wieder hier gegeben hat, nämlich daß die CDU/CSU lange Jahre auf falschem Wege gewesen sei und die Lage verhärtet habe und daß nun erst die neue Alternative komme. Die Wahrheit ist doch die, daß Sie, meine Damen und Herren von der SPD und von der FDP, mit uns zusammen zwei Jahrzehnte lang die Grundpositionen dieser Politik getragen und geteilt haben.

(Beifall bei der CDU/CSU.)

Sie haben Ihren neuen Weg angetreten mit dem Vorwurf an uns, unsere Politik – jene, deren Grundlagen durch 20 Jahre auch die Ihren waren – habe nichts bewegt. Sie haben den Eindruck zu erwecken versucht, als verfügten Sie über die Alternative, die die Dinge in Bewegung bringen könne.

Lassen Sie mich ganz nüchtern sagen: ist es nicht so, daß Sie in Kassel gelernt haben sollten, daß es eben nicht stimmt, was Sie behauptet haben, nämlich daß es die starre **Politik der CDU** gewesen sei, die allen Fortschritt bisher unmöglich gemacht habe? Den Fortschritt verweigert hat bisher nichts anderes als die Intransigenz der SED.

Heute reden Sie selbst von der notwendigen Geduld und von den langen Jahren, die Sie benötigen. Damit nehmen Sie für sich in Anspruch, was Sie uns verwehrten; mit einem Unterschied allerdings: Sie haben, um diese bittere Erfahrung zu machen, Preise aus unserem gemeinsamen nationalen Schatz bezahlt, und ich fürchte, Sie sind bereit, noch weiter diesen Schatz zu leeren.

(Beifall bei der CDU/CSU.)

Denn leider haben wir nicht den Eindruck, daß Sie aus Kassel auch jene andere Lehre gezogen haben, die da heißt, daß sich – ich weiß, Sie mögen das Wort nicht, aber gewöhnen Sie sich bitte daran, daß wir es aussprechen, weil es den Tatsachen entspricht – **Vorleistungen** und Vorauszahlungen gegenüber totalitären Regimen nie bezahlt machen.

(Zustimmung bei der CDU/CSU.)

Lassen Sie mich nun am Ende mit allem mir zur Verfügung stehenden Ernst ausdrücken –

(Beifall und Zurufe von der SPD.)

– Ich verstehe, daß Sie dort gerufen haben: »Gott sei Dank!« Ich hätte mir an Ihrer Stelle meine Rede auch ungern angehört, und deshalb habe ich sie gehalten.

(Beifall bei der CDU/CSU. – Abg. Dr. Apel: Nur keine Selbstüberschätzung!)

Lassen Sie mich also sagen, wo ich den eigentlichen Unterschied sehe zwischen dem, was Sie heute versuchen, und der Haltung der CDU und CSU. Einer Ihrer Minister, Herr Bundeskanzler, der von mir sehr geschätzte Kollege Helmut Schmidt, hat mir vor einigen Tagen in einer Fernsehdiskussion sinngemäß geantwortet, daß der **Friedensver-**

tragsvorbehalt für ganz Deutschland und für seine östlichen Grenzen zwar rechtlich nötig sei; er – dieser Friedensvertragsvorbehalt – aber habe viele bei uns verleitet, Lebenslügen aufrechtzuerhalten, die 26 Jahre nach dem Krieg nun als solche erkannt werden müssen. Meine Damen und Herren, ich habe lange über diesen Satz von Herrn Schmidt nachgedacht. Ich komme zu dem Schluß, daß dieser Satz, so, wie er ihn da gesagt hat, nichts anderes bedeuten kann als die Aufforderung, wir sollten vor **Macht und Gewalt** resignieren.

(Widerspruch bei der SPD.)

Wir, die Union, resignieren nicht.

(Lebhafter Beifall bei der CDU/CSU.)

Wir hoffen darauf und wir wirken dahin und dafür, daß unser Volk, daß unser ganzes Volk – allen modischen Strömungen zum Trotz – jene moralische Widerstandskraft aufbringt, die notwendig ist, um wenn es sein muß, durch eine ganze Generation und, wenn es nötig ist, noch länger für **Recht, Freiheit und Menschenwürde** aller Deutschen einzustehen.

(Lebhafter Beifall bei der CDU/CSU.)

Auch wir wissen und brauchen .darüber keine Belehrung, daß **Rechtstitel** allein nach keine Politik sind; wohl aber, daß Rechtstitel unverzichtbare Instrumente einer Freiheitspolitik sind; denn das Recht war immer die Waffe der Schwachen und der Friedfertigen.

(Lebhafter Beifall bei der CDU/CSU.)

Wir weisen auch jene zurück, die uns einreden wollen, die Deutschen drüben hätten bereits. ihren inneren Frieden mit Fremdherrschaft und Unterdrückung gemacht.

(Sehr gut! bei der CDU/CSU.)

Wer in diesem Hause wagte dies zu sagen, solange eine fremde Macht den Menschen drüben verwehrt, ihren politischen Willen zweifelsfrei zu sagen!

Und weiter: Ist einer hier – einer! –, der mir widerspräche, wenn ich sage, daß keiner ein Recht hat, die Freiheitsliebe der Deutschen in der Zone geringer einzuschätzen als jene der Tschechen und der Slowaken, die im Frühjahr 1968 das Gewissen der Welt erschüttert haben?

(Lebhafter Beifall bei der CDU/CSU.)

Auch wir, die CDU und CSU, wissen nicht, wann die Stunde der Freiheit jenseits von Mauer und Stacheldraht wieder schlagen wird. Wir wissen aber dies: daß sie dann nie wieder schlagen würde, wenn wir, die freien Deutschen, bereit wären, vor schierer Macht und bloßer Gewalt in die Knie zu gehen.

(Zustimmung bei der CDU/CSU.)

Und wir wissen, daß unsere Unterwerfung unter den Willen der Sowjetmacht dieser den Weg öffnen würde hinein ins freie Europa. – Ich danke Ihnen.

(Anhaltender stürmischer Beifall bei der CDU/CSU. – Ein Teil der Abgeordneten der CDU/CSU erhebt sich.)

[…]

QUELLE: Deutscher Bundestag. 53. Sitzung. Bonn, Mittwoch, den 27. Mai 1970, Verlag Dr. Hans Heger, Bonn-Bad Godesberg; Plenarprotokoll-Nr. 06/53 vom 27.05.1970 (http://dip21.bundestag.de/dip21/btp/06/06053.pdf)

WILLY BRANDT (1913–1992)

Willy Brandt wird am 18. Dezember 1913 als Sohn von Martha Frahm unter dem Namen Ernst Karl Frahm in Lübeck geboren.
1929 schließt er sich der Sozialistischen Arbeiterjugend an, 1931 wird er Mitglied der SAPD (Sozialistische Arbeiterpartei Deutschlands), einer Abspaltung von der SPD. 1933 flüchtet er aus Angst vor Verfolgung zunächst nach Dänemark und dann nach Norwegen, wo er sich Willy Brandt nennt. In den folgenden Jahren ist er u.a. als Journalist tätig und engagiert sich im Widerstand gegen NS-Deutschland (1938 Ausbürgerung). Nach dem Krieg arbeitet er in der SPD, der er 1942 wieder beigetreten ist, und erhält 1948 die deutsche Staatsbürgerschaft  zurück. Er heiratet nach einer ersten gescheiterten Ehe die Norwegerin Rut Hansen (1948) und in dritter Ehe Brigitte Seebacher (1983).
Von 1957 bis 1966 ist Brandt Regierender Bürgermeister von Berlin, danach Außenminister in der Großen Koalition. 1969 wird er zum ersten sozialdemokratischen Bundeskanzler der Bundesrepublik gewählt. Seine neue Ostpolitik wird 1971 mit der Verleihung des Friedensnobelpreises gewürdigt.
Als sein persönlicher Referent Günter Guillaume als Spion der DDR entlarvt wird, tritt er 1974 zurück. In den 80er Jahren ist er als politischer Berater international tätig. 1991 wird auf seinen Antrag hin Berlin Hauptstadt des wiedervereinigten Deutschlands.

WILLY BRANDT

DIE NEUE OSTPOLITIK (BONN, 10. MAI 1972)

Brandt, Bundeskanzler: Herr Präsident! Meine Damen und Herren! »Unser nationales Interesse erlaubt es nicht, zwischen dem Westen und dem Osten zu stehen. Unser Land braucht die Zusammenarbeit und Abstimmung mit dem Westen und, die Verständigung mit dem Osten.« Mit diesem Satz aus der Regierungserklärung vom 28. Oktober 1969 möchte ich meinen Beitrag zur heutigen Entscheidung einleiten.

Bei den Verträgen, über die der Deutsche Bundestag zu befinden hat, geht es also darum, die bewährte Freundschaft mit dem Westen zu ergänzen durch den jetzt möglichen sachlichen Ausgleich mit dem Osten.

(Beifall bei den Regierungsparteien.)

Es geht darum, daß wir unseren eigenen konkreten Beitrag zur Entspannung leisten und daß wir uns im Rahmen einer illusionslosen Friedenspolitik beharrlich um unsere eigenen Interessen kümmern. Bei beiden Verträgen handelt es sich um Antworten auf bittere Fragen, die uns der Zweite Weltkrieg hinterlassen hat. Aber es handelt sich nicht nur um einen Abschluß, sondern vor allem auch um einen neuen Anfang. Die Verträge bieten die Chance, die Beziehungen zu den unmittelbaren Vertragspartnern, aber auch zur Gesamtheit der osteuropäischen Staaten zu verbessern und die sachliche Zusammenarbeit mit ihnen auszubauen. Wenn die Verträge in Kraft getreten sind, werden wir **Ostpolitik** unter gleichen Bedingungen betreiben können wie andere westliche Länder auch, nicht mehr und nicht weniger.

(Beifall bei den Regierungsparteien.)

Als ein unmittelbares Ergebnis wird die Berlin-Regelung in Kraft treten, und im Verhältnis zur DDR werden sich menschliche Erleichterungen ergeben. Wann es zu einem Vertrag mit der CSSR kommen wird, läßt sich noch nicht übersehen, aber an unserem guten Willen soll es nicht fehlen. Die diplomatischen Beziehungen werden auch mit Ungarn und mit Bulgarien aufgenommen werden können. Weiter werden wir in der Lage sein, die wirtschaftliche, technische und kulturelle Zusammenarbeit mit der Sowjetunion und den anderen Staaten des Warschauer Paktes so zu entwickeln, wie es den beiderseitigen Interessen entspricht. Wir werden aktiv mitarbeiten an einer Konferenz über Sicherheit und Zusammenarbeit in Europa. Mit unseren Verbündeten werden wir das große, schwierige, aber wichtige Thema anpacken können, das von der gleichgewichtigen Truppenreduzierung in Ost und West handelt. Wir werden verstärkt daran mitarbeiten können, die gute Nachbarschaft der europäischen Völker zu entwickeln. Mit anderen Worten, meine Damen und Herren, bei allem, worüber gestritten worden ist und worüber hier noch gestritten werden mag, wir dürfen bitte nicht den Blick verlieren für die politischen Möglichkeiten, die vor uns liegen; denn der Streit um die Vergangenheit darf nicht auf Kosten der Zukunft gehen.

(Lebhafter Beifall bei den Regierungsparteien.)

Seit der ersten Lesung der Verträge Ende Februar hat sich viel ereignet. Die Ausschüsse des Bundestages haben, wie sie es zu tun pflegen, gründlich gearbeitet. Ich darf für die Bundesregierung den Ausschüssen und den Berichterstattern aufrichtig danken. Und in den letzten anderthalb Wochen – ich darf darauf gleich noch einmal zurückkommen – ist in **Gesprächen zwischen den Partei- und Fraktionsvorsitzenden** der intensive Versuch unternommen worden, den Verträgen eine breitere Zustimmung zu sichern. Unsere bisherigen Diskussionen, die jetzigen Beratungen und die anstehende Entscheidung finden, wie wir alle wissen, eine ungewöhnlich starke Aufmerksamkeit in Ost und West, überall in der Welt. Wir haben auch feststellen können, daß einige praktische Auswirkungen der Verträge eingetreten sind, obwohl diese noch nicht rechtswirksam wurden.

Ich möchte auch die Erklärungen und Empfehlungen nicht übergehen, mit denen sich zahlreiche Bürger unseres Landes, nicht zuletzt aus den Bereichen der Wissenschaft, zu Wort gemeldet haben, auf ihre Art. Ich halte dieses Engagement von Frauen und Männern, die sich normalerweise zu politischen Tagesfragen öffentlich nicht äußern, für sehr bedeutsam und möchte dafür danken.

(Beifall bei den Regierungsparteien.)

Meine Damen und Herren, nach einer mehr als zweijährigen öffentlichen Diskussion, nach der detaillierten Prüfung in den Ausschüssen und in den Arbeitskreisen der Fraktionen, einer Prüfung, bei der es gewiß auch um Punkt und Komma ging, gilt es jetzt, das Ganze zu sehen und über das Ganze zu entscheiden.

(Zuruf von der CDU/CSU: Sehr wahr!)

Das Ganze heißt: einmal die Verträge von Moskau und Warschau, das Berlin-Abkommen der Vier Mächte, die damit verbundene Transitregelung zwischen der Bundesregierung und der Regierung der DDR sowie die Vereinbarung zwischen dem Berliner Senat und der DDR, schließlich auch die mit dem unterschriftsreifen Verkehrsvertrag verbundenen menschlichen Erleichterungen. Dies gehört alles zusammen.

Das Ganze heißt auch: Die Bundesrepublik Deutschland will durch ihre Mitwirkung an und ihre Beiträge zu diesen Verträgen und Vereinbarungen an einem bedeutsamen, ja, ich sage: historischen Schritt in Richtung auf gesicherten Frieden mitwirken, einem Schritt in Richtung auf bessere Zusammenarbeit der Staaten, in Richtung auf Aussöhnung der Völker. Darüber ist zu entscheiden.

Niemand kann erwarten, daß hier jeder Satz, jede Einzelformulierung des Vertragswerks freudig begrüßt würde. Bei aller Unvergleichbarkeit im einzelnen gab es ja übrigens auch damals, als die Bundesrepublik ihr Verhältnis zu den Drei Mächten normalisierte, manche Formulierung, die uns klarwerden ließ, daß Deutschland den Krieg verloren hat und daß wir Hypotheken übernommen haben, die nur langsam abzutragen sind. Lassen Sie mich bitte wiederholen, was ich am 12. August 1970 im Kreml gesagt habe. Ich sagte, es sei wahr, »daß kein Volk auf Dauer leben kann ohne Stolz und ohne die Aussicht, seinen Willen friedlich zu vollenden«. Und ich fuhr fort:»Die Geschichte darf nicht zu einem Mühlstein werden, der uns niemals aus der Vergangenheit entläßt. Ich verstehe diesen Vertrag in gewisser Hinsicht als einen Schlußstrich und als einen neuen Anfang, der unseren beiden Staaten gestattet, den Blick nach vorn zu richten in eine bessere Zukunft, als einen Vertrag, der uns von den Schatten und den Belastungen der Vergangenheit befreien soll – Sie wie uns – der Ihnen wie uns die Chance eines neuen Anfangs gibt.«

(Beifall bei den Regierungsparteien.)

Meine Damen und Herren, im Verhältnis zur Sowjetunion und zu Osteuropa ist das viel schwerer, nicht nur wegen der so unterschiedlichen politischen Ordnung und Gesellschaftssysteme. Auf den Trümmern einer blutigen Geschichte durch den Zweiten Weltkrieg liegen mehr als 30 Millionen Tote zwischen uns Deutschen und den Völkern Osteuropas, auf den Trümmern einer blutigen Geschichte haben sich Berge von Mißtrauen, Unkenntnis, Angst und Vorurteilen aufgetürmt. Es wird viel Zeit brauchen, dies abzubauen, aber es muß damit endlich begonnen werden.

(Beifall bei den Regierungsparteien.)

Den Nutzen werden wir alle haben. Wenn der Friede in Europa gefestigt wird, so wird der Welt eine Sorge genommen sein, und man wird sich der Lösung dringender Probleme an anderen Stellen der Welt in anderen Kontinenten stärker annehmen können. Die Völker Europas werden einander näherkommen. Dies wird nicht zuletzt für unser Volk, das jetzt in zwei Staaten leben muß, ein Segen sein, und nicht zuletzt – ich sagte es schon – wird Berlin einer besseren Zukunft entgegensehen, jene Stadt, die wie keine andere in unserem Lande bezahlt hat für die Spaltung und den kalten Krieg.

(Beifall bei den Regierungsparteien.)

Wir haben, meine verehrten Kolleginnen und Kollegen, abzuwägen zwischen dem Opfer mancher vertraut gewordener Vorstellung oder Hoffnung und dem Bekenntnis zur Wirklichkeit, aus der gemeinsam neue Hoffnung wachsen kann.
Es geht nicht um einen Friedensvertrag. Die Bundesrepublik Deutschland kann ihn allein weder nach Westen noch nach Osten

machen. Aber den Frieden zwischen den Völkern, den wir nach Westen gewonnen haben, können wir jetzt auch, so meine ich, nach Osten gewinnen. Wenn es zu einem Friedensvertrag kommt, so werden wir oder die, die nach uns kommen, abermals abzuwägen haben zwischen Opfern und Gewinn. Ich zweifle nicht an der Entscheidung für diesen Fall, so wie es heute keinen Zweifel geben kann an dem eindeutigen Ja unseres Volkes zur uneingeschränkten feierlichen und völkerrechtlich verbindlichen Absage an die Gewalt, und zwar gerade auch dann, wenn es um die Erreichung der Ziele geht, die uns durch die Verfassung gegeben sind und die von unserer tiefen Überzeugung getragen werden.

Versöhnung zwischen der Bundesrepublik Deutschland und den Völkern Osteuropas kann es mit ehrlichem Herzen nur geben, wenn das Buch der deutschen Geschichte nicht zugeschlagen wird. Aber es muß dann auch gleich hinzugefügt werden: auf den neuen Seiten dieses Buches wird Gutes über das deutsche Schicksal nur dann zu berichten sein, wenn wir die Hand zum Ausgleich und zur Versöhnung ergreifen, wenn wir ja sagen zu einer anders als durch unseren eigenen Beitrag nicht möglichen guten Entwicklung in Europa.

(Beifall bei den Regierungsparteien.)

Nun haben wir in den letzten anderthalb Wochen, ich sagte es schon, eine große Anstrengung unternommen und, wie ich meine, eine wichtige Erfahrung gemacht: es ging um den Versuch, uns womöglich über eine breite Zustimmung zu diesen wichtigen Verträgen zu verständigen. Am Freitag vorletzter Woche hatte ich von dieser Stelle aus dargelegt, weshalb ich es einerseits für notwendig hielt, die Entscheidung über die Verträge nicht länger aufzuschieben, und weshalb wir andererseits versuchen sollten, die Entscheidung auf eine breitere Basis zu stellen. Meine Frage war: »Können wir oder können wir nicht im Zusammenhang mit den Verträgen doch noch zu gemeinsamen Feststellungen in der Außen- und Deutschlandpolitik kommen, um«, wie ich sagte, »anläßlich der Abstimmung über die Verträge in einer **gemeinsamen Entschließung** dieses Hohen Hauses die außenpolitischen Ziele unseres Landes, in deren Gesamtzusammenhang die Verträge gehören, erneut zu bekunden?«

…

Ich kann also für die Bundesregierung feststellen, daß die Verständigung über den Komplex der Europäischen Gemeinschaft nicht schwer zu erreichen war. Es war in den Beratungen nicht umstritten – was die Bundesregierung auch früher gesagt hat –, daß nämlich die Sowjetunion aus dem Vertrag keinerlei Rechte herleiten kann, gegen die Entwicklung der **Europäischen Wirtschaftsgemeinschaft** oder gegen deren Weiterentwicklung bis zu einer Politischen Union zu intervenieren.

Wir gehen hier, so hoffe ich, in diesem Haus miteinander davon aus, daß die Sowjetunion und die anderen Staaten des COMECON oder des, wie man dort sagt, RGW die **Zusammenarbeit mit der EWG** aufnehmen werden. Von sowjetischer Seite ist versichert worden, die Sowjetunion stehe der EWG nicht feindselig gegenüber, sie wolle sie nicht unterminieren, sie schließe eine Zusammenarbeit mit ihr nicht aus und verfolge de Entwicklung. Wie die Beziehungen sich gestalten würden, hänge von beiden Seiten ab. Im übrigen konnte festgestellt werden, daß beide Seiten dieses Hauses im Gespräch darüber bleiben wollen, wie wir die stufenweise Entwicklung zur Politischen Union Westeuropas wirksam fördern können.

Zu einem anderen Punkt kann ich als Ergebnis der Gespräche zwischen den Fraktionen und der Regierung erklären: die Bundesrepublik Deutschland tritt für eine solche **Regelung des Verhältnisses zur DDR** ein, durch die die Teilung für die Menschen erträglicher wird. Formalisierung und Normalisierung des Verhältnisses zwischen den Staaten und für die Menschen gehören zusammen. Hier gibt es gemeinsame Erwartungen. Solche Erwartungen werden auch durch jüngste Erklärungen der DDR-Führung ermutigt, die von der sowjetischen Regierung unterstützt werden. Wir haben uns auf die Bildung bzw. den Ausbau einer interfraktionellen Arbeitsgruppe verständigt, die mit Vertretern der Regierung alle Fragen der Verhandlungen zwischen der Bundesrepublik Deutschland und der

DDR mit dem Ziel erörtern soll, eine gemeinsame Basis herzustellen. Weiter haben wir uns darauf verständigt – wenn ich damit zu weit gehen sollte, wiederhole ich –, daß wir über die **praktischen Auswirkungen der Verträge** ebenso in einem engen Meinungsaustausch und außenpolitischen Zusammenwirken bleiben wollen, sollten – ich stelle anheim – wie über die Vorbereitungen für die Konferenz über Sicherheit und Zusammenarbeit in Europa.

Zur Thematik des Selbstbestimmungsrechts ist bekannt, daß der »Brief zur deutschen Einheit« in das sowjetische Ratifizierungsverfahren eingeführt wurde, d. h., daß man dort von der Tatsache dieses Briefes ausgeht. Die sowjetische Seite ist im übrigen der Meinung, daß das in der Charta der Vereinten Nationen verankerte **Recht auf Selbstbestimmung** – jetzt füge ich bewußt hinzu: unterschiedlich, wie es von den verschiedenen Staaten verstanden und – nicht vom Moskauer Vertrag berührt werde.

…

Im Zusammenhang mit dem gestern erörterten – wie ich glaubte, ausgehandelten – Projekt einer gemeinsamen Erklärung darf ich noch folgende Feststellungen treffen: Mit der sowjetischen Seite gibt es keine Meinungsverschiedenheit darüber, daß der Vertrag eine **Friedenskonferenz** nicht unnötig mache; dazu seien zwei Staaten durch einen bilateralen Vertrag auch gar nicht in der Lage. Die sowjetische Seite hat noch einmal hervorgehoben, daß der Vertrag nicht in die Sphäre der Vier-Mächte-Rechte vorstoße. Dies hat Außenminister Gromyko vor der Kommission des Obersten Sowjet ausdrücklich erklärt. Aus der Sicht und der Verantwortung der Bundesregierung ist noch festzuhalten, daß die Feststellung, die Verträge schüfen, da sie eine friedensvertragliche Regelung nicht vorwegnähmen, keine Rechtsgrundlage für die heute bestehenden **Grenzen**, selbstverständlich keine Einschränkung der insbesondere im Warschauer Vertrag für die Bundesrepublik Deutschland übernommenen Verpflichtungen bedeutet.

…

Ich will hinzufügen: Diese Bundesregierung hat selbstverständlich an die **Bemühungen früherer Bundesregierungen** angeknüpft, wenn sie auch, was zu leugnen nicht ehrlich wäre, neue Wege zu beschreiten für notwendig hielt.

(Beifall bei den Regierungsparteien.)

Weiter liegt mir daran, festzuhalten, daß die Regierung bei ihren Verhandlungen selbstverständlich auch auf die Haltung einer **starken Opposition** hingewiesen hat, auf ihre – der Opposition – Grundsätze für Versöhnung und Ausgleich ebenso wie auf ihre Forderungen und die Notwendigkeit, ein Ergebnis zu erzielen, das von der großen Majorität unseres Volkes akzeptiert werden kann. Die Heftigkeit der innenpolitischen Auseinandersetzung hat die Vertreter der Bundesregierung nicht davon abgehalten, im gemeinsamen Interesse dieses Staates jedes brauchbare Argument, auch das der Opposition, zu nutzen, obwohl es uns manche Vertreter der Opposition – dies sei in aller Offenheit hinzugefügt – durch ihre Polemik während der Verhandlungen ja auch nicht immer ganz leicht gemacht haben.

(Unruhe in der Mitte. – Zuruf von der CDU/CSU: Umgekehrt!)

...

Meine Damen und Herren, ich hatte von den Perspektiven, den neuen Möglichkeiten gesprochen, die sich aus einer Verbesserung unseres Verhältnisses zu den osteuropäischen Staaten ergeben. Ich habe über eine Reihe von Klarstellungen berichtet, an denen unseren Kollegen aus der CDU/CSU gelegen war. Es scheint mir wichtig zu sein, dem noch einige Feststellungen zu solchen früheren Einwänden hinzuzufügen, die uns in dieser zweiten Lesung im Grunde nicht mehr zu beschäftigen brauchen.

Es war gefordert worden, die Sowjetunion müsse auf einen **Interventionsanspruch** nach den Art. 53 und 107 der UNO-Charta verzichten. Dieses Thema ist in unserem Sinne geklärt.

Es war behauptet oder befürchtet worden, aus den Ostverträgen würden sich **Reparationsforderungen** ergeben. Es wurde sogar von einem »finanziellen Super-Versailles« gesprochen. Es ist längst geklärt, daß sich aus den Verträgen keinerlei Reparationsansprüche ergeben.

Weiter war befürchtet worden, die Ostverträge gefährdeten den **Zusammenhalt des Westens**, die Bindung zwischen Europa und den USA und die Funktionstüchtigkeit der NATO. Auch dies waren unbegründete Befürchtungen, denn unsere Vertragspolitik wird bekanntlich von den Verbündeten befürwortet und mitgetragen. Die Zusammenarbeit im Westen würde nicht erleichtert, sondern erschwert werden, wenn wir aus der gemeinsamen Entspannungspolitik ausscheren sollten.

Schwere Bedenken waren dagegen geltend gemacht worden, daß sich die Bundesregierung im Zusammenhang mit den Verträgen zugunsten einer allgemeinen **Konferenz über Sicherheit und Zusammenarbeit in Europa** – unter Teilnahme der USA und Kanadas, versteht sich – ausgesprochen habe. Einigen der Kritiker schien dabei entgangen zu sein, daß sich schon die Regierung der Großen Koalition zugunsten einer gesamteuropäischen Konferenz ausgesprochen hatte. Dasselbe gilt für die NATO insgesamt. Unsere Partner im Atlantischen Bündnis denken doch ebensowenig wie wir selbst daran, Interessen der Sowjetunion zu Lasten des Westens Vorschub zu leisten.

Man kann an Hand dieser Punkte – ich lasse es einmal mit den soeben genannten genug sein – feststellen, daß sich der Bereich des Umstrittenen nicht erweitert, sondern, wenn man die Dinge durchgeht, immer mehr eingeengt hat. Dabei kann ich mich natürlich nur auf den seriösen oder jedenfalls repräsentativen Teil der Diskussion beziehen. Extreme Opponenten wollen ohnehin keine sachliche Auseinandersetzung. Daran kann ich nichts ändern. Darunter darf aber das Interesse des Staates nicht Schaden leiden.

(Beifall bei den Regierungsparteien.)

Meine Damen und Herren, wir haben **Berlin** und seine Sicherung in den Mittelpunkt unserer Politik gestellt.

(Erneuter Beifall bei den Regierungsparteien.)

Wir waren bereit, dafür unser ganzes Gewicht einzusetzen, auch die Verträge von Moskau und Warschau, die ihren Wert in sich haben, aber ohne eine Regelung für Berlin unvollständig geblieben wären. Gegenüber manchem Druck aus Ost und West und West hat sich die Bundesregierung daran gehalten, die Verträge dem Deutschen Bundestag nicht vorzulegen, solange nicht die Berlin-Frage geregelt war. Berlin ist auch von der Opposition damals als der entscheidende Prüfstein für den Entspannungswillen der Sowjetunion bezeichnet worden. Der frühere Streit um die Reihenfolge von Verträgen und Berlin-Regelung kann angesichts des Ergebnisses begraben werden.

Es ist aber die Frage aufgetaucht, ob in den jetzigen Zusammenhang nicht auch gleich eine grundsätzliche, grundvertragliche **Regelung der Beziehungen zur DDR** gehört hätte. Natürlich hat uns diese Frage beschäftigt. Wenn schon die Voraussetzungen für das, was mit dem zuweilen etwas unscharf verwendeten Begriff Wiedervereinigung gemeint ist, nicht gegeben sind, dann ist es gewiß an der Zeit, das Verhältnis zwischen den beiden Staaten in Deutschland so zu regeln, daß die Teilung für die Menschen erträglicher wird und jene Normalisierungsprozesse begonnen werden, die neben der Ordnung im Formalen auch den Bewohnern hier und dort durch ein Hinüber und Herüber zugute kommen.

Der Graben zwischen der Bundesrepublik Deutschland und der DDR ist tiefer als zwischen allen anderen Staaten Europas. Dies war die Lage, von der wir auszugehen hatten. Über die Beurteilung der Lage brauchen wir, die meisten von uns, nicht zu streiten, auch nicht darüber, was es über Reiseerleichterungen hinaus so zu beeinflussen gilt, daß es geändert werden kann. Als das Berlin-Abkommen im vorigen September ausgehandelt war, habe ich erklärt: »Wer wünschte nicht, daß mehr erreicht werden könnte! Und daß die Deutschen sich frei bewegen können. Daß es keine Grenzen gäbe, an denen geschossen wird!« Nun, die Vier Mächte haben das, wie wir wissen, leider nicht erreicht.

Ich habe mich auch mit allem Freimut geäußert, als ich im August 1970 in Moskau war. In meiner Fernsehansprache aus der sowjetischen Hauptstadt habe ich – die Mauer stand damals neun Jahre – gesagt ich darf das mit Erlaubnis des Herrn Präsidenten zitieren –:

Heute haben wir, so hoffe ich zuversichtlich, einen Anfang gesetzt, damit der Zerklüftung entgegengewirkt wird, damit Menschen nicht mehr im Stacheldraht sterben müssen, bis die Teilung unseres Volkes eines Tages hoffentlich überwunden werden kann.

Meine Damen und Herren, ich bin sicher, daß ich das, was ich dort sagte, hier mit Zustimmung aller Fraktionen wiederholen und unterstreichen durfte.

(Beifall bei den Regierungsparteien und
bei Abgeordneten der CDU/CSU.)

...

Die DDR erkennt jetzt an, daß es zwischen den Menschen in den beiden Staaten dringende Familienangelegenheiten gibt. Sie ist bereit, entsprechende Reisen in die Bundesrepublik zuzulassen, ohne an einer Altersgrenze festzuhalten. Hier weiß jeder, daß wir weitergehende Wünsche haben. Aber gegenüber dem Zustand vor zweieinhalb Jahren steht ein beachtlicher Unterschied greifbar vor uns.

(Beifall bei den Regierungsparteien.)

Es geht immerhin um die Wünsche von Millionen einzelner Menschen, die jetzt erfüllbar werden. Zum erstenmal seit 20 Jahren entfernen wir uns nicht weiter voneinander, sondern kommen einander etwas näher.

(Lebhafter Beifall bei den Regierungsparteien.)

Die Erfahrung zeigt also, daß sich das Ergebnis staatlicher Verhandlungen mit der Regierung der DDR in menschliche Erleichterungen umsetzen läßt. Der politische Zusammenhang zwischen den Verträgen und dem weiteren Verhältnis zur DDR liegt mit auf der Waage. Hier gilt mehr noch als auf anderen Gebieten, daß man nur Schritt für Schritt vorankommen kann. Im übrigen sind wir bereit, den Meinungsaustausch, den Herr Honecker für die DDR angeboten hat, nach Unterzeichnung des Verkehrsvertrages aufzunehmen. Niemand kann natürlich wissen, wie lange die Verhandlungen über ein geregeltes Nebeneinander, aus dem ein gedeihliches Miteinander werden könnte – oder, um den Ersten Sekretär des ZK der SED zu zitieren, normale gutnachbarliche Beziehungen mit dem Ausblick zu einem Miteinander –, dauern werden, zumal es eben nicht nur um Formen gehen kann, sondern auch um Inhalte für die Menschen gehen muß. Neben einer Formalisierung, die die völkerrechtliche Lage Deutschlands respektiert, sollte also nicht nur der Austausch von Waren und Gütern, sondern auch der Austausch von kulturellen Werken und geistigen Werten, von Meinungen und Informationen möglich werden, auch von Theaterensembles und Orchestern, von Sportmannschaften und Jugendgruppen.

(Beifall bei den Regierungsparteien.)

…

Besonders berührt hat mich, was mir vor wenigen Wochen aus Cottbus der Generalsuperintendent Günter Jacob geschrieben hat. Er ermächtigte mich, von dem Brief unter Nennung seines Namens Gebrauch zu machen. Dieser Brief enthält einen Dank für unsere Politik der Verhandlungen und, wie es heißt, »für die im Zusammenhang mit diesen Verträgen und Abkommen erreichten Erleichterungen in den zwischenmenschlichen Beziehungen.« Es heißt weiter:

> Wir sehen die Dinge durchaus realistisch und nüchtern, aber wir wissen jede Erleichterung für Kommunikation und Begegnung zu schätzen.

Mit Genugtuung habe er zur Kenntnis genommen, daß die Kritiker der Verträge in der ersten Lesung es unterlassen hätten, ihre ablehnende Haltung – ich zitiere – »auch mit einer Berufung auf die Brüder und Schwestern im Osten, wie es oft nicht ohne sentimentale Untertöne hieß, zu begründen«. Hier sei man ehrlich geblieben. »Denn die Mehrheit der Bevölkerung in der DDR«, – ich zitiere – »und zwar ganz unabhängig von dem jeweiligen parteipolitischen Standort und ganz unabhängig von der jeweiligen Beurteilung der Politik unseres Staates im einzelnen« – also des Staates dort –, hoffe dringend, daß der Bundestag die Ratifizierung der Verträge vollziehen werde. Und dann weiter:

> Wenn sich jemand auf ein positives Votum der Bürger und auch der Christen in der DDR berufen kann, so sind Sie es, Herr Bundeskanzler, wie ich aus einer Fülle von Gesprächen weiß.

Meine Damen und Herren, ich könnte viele solcher Meinungsäußerungen vortragen.

(Beifall bei den Regierungsparteien. – Abg. Dr. Barzel: Herr Bundeskanzler, ich habe viele Gegenmeinungen! – Abg. Frau Griesinger: Die Christenverfolgung nimmt zu und nicht ab, Herr Bundeskanzler!)

Ich sage jetzt nichts weiter, als wie sehr ich mich über diese Zeichen des Verstehens gefreut habe, wie sehr ich mich dadurch zusätzlich in die Pflicht genommen fühle und daß ich ganz einfach dankbar dafür bin.

(Beifall bei den Regierungsparteien.)

Meine Damen und Herren, jedermann soll von hier aus auch noch einmal erfahren, was wir den Vertragspartnern zum **Recht auf Selbstbestimmung** gesagt haben, und zwar vom ersten Augenblick, ohne zu schwanken oder zu finassieren. Wir haben gesagt, hier handelt es sich um eines der unveräußerlichen Rechte, die in der Charta der Vereinten Nationen niedergelegt sind. Es ist nicht aufgebbar, und es kann deshalb auch nicht Gegenstand von Verhandlungen sein. Unsere Vertragspartner wissen das, und gerade diese Tatsache, ohne die es die Verträge nicht geben könnte, berechtigt zu der Erwartung, daß das Werk der Zusammenarbeit nicht auf Sand gebaut wird. Von der Regierungserklärung im Oktober 1969, in der es hieß, niemand könne uns ausreden, daß die Deutschen ein Recht auf Selbstbestimmung haben wie alle anderen Völker auch, bis zum heutigen Tag spannt sich der Bogen einer geschlossenen Politik. Dies haben wir überall freimütig vertreten, ebenso wie wir es, anders als es uns leichtfertige Kritiker meinten unterstellen zu sollen, in Moskau und in Warschau konsequent abgelehnt haben, die **Spaltung Deutschlands** oder die **Vertreibung der Deutschen aus den Ostgebieten** nachträglich legitimieren zu helfen.

(Beifall bei den Regierungsparteien.)

Auch dies wurde in meiner Fernsehansprache am 7. Dezember 1970 aus der Hauptstadt Polens gesagt. Es wurde am 11. Dezember vergangenen Jahres in Oslo unterstrichen, und zwar mit den Worten: »Über die Prinzipien der Menschenrechte und der Selbstbestimmung darf man nicht mit sich handeln lassen.«

(Beifall bei den Regierungsparteien. – Ironischer Beifall bei Abgeordneten der CDU/CSU.)

…

Meine Damen und Herren, die Lage in Europa läßt jeder Bundesregierung nur noch den einen Weg der Normalisierung, der Verständigung und Aussöhnung mit den östlichen Nachbarn auf der Grundlage dessen, was in den letzten 25 Jahren entstanden ist. Strittig kann im Grunde nur noch sein, wie wir diesen Weg gehen. Ich meine, wir sollten ihn nicht zögernd und zaudernd gehen und als ob wir unter Zwang stünden, einem Zwang folgten,

(Zurufe von der CDU/CSU)

sondern zügig, mutig, aus eigenem Entschluß.
Ich möchte unterstreichen, daß sich in den anderthalb Jahren seit der Unterzeichnung der Verträge nichts von ihrer Bedeutung, nichts von

ihrem Gewicht, nichts an dem Buchstaben und nichts an dem Geist verändert hat. Deshalb wiederhole ich bewußt noch einmal, was am 12. August 1970 in Moskau gesagt wurde, nämlich dies:

> Der Vertrag ist ein entscheidender Schritt, um unsere Beziehungen zur Sowjetunion und anderen östlichen Nachbarn zu verbessern – ein Vierteljahrhundert nach der Katastrophe, die von den Völkern im Osten noch mehr als im Westen unsägliche Opfer gefordert hat. Rußland ist unlösbar in die europäische Geschichte verflochten. Nicht nur als Gegner und Gefahr, sondern auch als Partner, historisch, politisch, kulturell und ökonomisch. Nur wenn wir in Westeuropa diese Partnerschaft ins Auge fassen und nur, wenn die Völker Osteuropas dies auch sehen, können wir zu einem Ausgleich der Interessen kommen.

Das war da gesagt, das sei hier wiederholt.

Um diesen sachlichen Ausgleich der Interessen ging es zentral auch bei meinen **Gesprächen mit Generalsekretär Breschnew** in Oreanda im September vorigen Jahres. Wir drückten die Überzeugung aus, daß eine entscheidende Wende in den Beziehungen zwischen der Bundesrepublik Deutschland, der Sowjetunion und Polen und eine dauerhafte Zusammenarbeit zum Nutzen der heutigen und künftiger Generationen möglich werden sollen.

Dies gilt auch für die Grundfrage unseres **Verhältnisses zu Polen**. Ich fühle mich im Einklang mit der überwältigenden Mehrheit unseres Volkes und seiner politischen Kräfte, wenn ich sage: Diese Frage liegt uns heute ebenso am Herzen wie im Dezember 1970.

Ein Vertrag ist ein Anfang. Der Austausch von Botschaftern, wirtschaftliche Zusammenarbeit, selbst die Lösung humanitärer Probleme werden die Hypothek vieler Jahrzehnte nur langsam abtragen. Wir wollen uns aber beharrlich um die innere, nicht nur auswärtige Normalisierung bemühen.

Die **Entschließung**, um die wir uns bemüht hatten und zu der ich mich schon geäußert hatte, greift einen **Beschluß der NATO-Ratstagung vom Dezember 1970** auf, in welchem die Mitglieder der NATO

Der Kniefall von Willy Brandt in Warschau
Bundeskanzler Willy Brandt legte am 7. Dezember 1970 anlässlich der Unterzeichnung des Warschauer Vertrages (einem der sogenannten Ostverträge) mit der Volksrepublik Polen vor dem Ehrenmal der Helden des Ghettos in Warschau einen Kranz nieder. Nach dem Richten der Kranzschleife verharrte er nicht wie üblich stehend, sondern kniete einige Zeit schweigend nieder. Diese außergewöhnliche Geste der Demut wurde weltweit als besonderes Zeichen der Versöhnung verstanden.

die Verträge begrüßen als Beiträge zur Minderung der Spannungen in Europa und als wichtige Elemente des Modus vivendi, den die Bundesrepublik Deutschland mit ihren östlichen Nachbarn herstellen will. Sicherlich sind die Verträge Teil dieses Bemühens, und wir gehen davon aus, daß nun auch die Normalisierung unserer Beziehungen zu anderen Ländern des Warschauer Pakts gelingen wird.

Nur, niemand darf und wird glauben, daß damit die Ziele unserer Friedenspolitik gegenüber der Sowjetunion und Polen schon voll umschrieben wären. Auf beiden Seiten ist da zu viel an Geschichte, zu viel auch an leidvoller Erfahrung im Spiel, als daß sich dies – das sage ich auch nach dem Vortrag des Kollegen Bach als Mitberichterstatter des Ausschusses – in ein paar noch so wichtigen juristischen Formeln oder Betrachtungen einfangen ließe.

Das Jahr 1772 markierte den Beginn einer Politik, die die Existenz des polnischen Staates in Frage stellte. Das Jahr 1972, so hoffen wir, markiert den Beginn einer Epoche, in der die Polen in gesicherten Grenzen leben können.

(Lebhafter Beifall bei den Regierungsparteien.)

...

Dazu gibt es auf beiden Seiten zu viele Wunden. Dieser Vertrag bedeutet, daß wir alte Wunden vernarben lassen und keine neuen aufreißen wollen.

(Beifall bei den Regierungsparteien.)

Er bedeutet, daß wir überall da zusammenarbeiten wollen, wo dies für unsere Völker und für Europa gut und nützlich ist.

Beide Verträge konnten nur nach gewissenhafter Prüfung, ja, nach ernster Gewissenserforschung unterschrieben werden. Wir betrachten sie heute wie damals als den Beweis unserer Reife und des Mutes zum Erkennen der Wirklichkeit. Das Ja zum **Vertrag von Warschau** wie zum **Vertrag von Moskau** bleibt zugleich ein Bekenntnis zur deutschen Gesamtgeschichte. Und ein klares Geschichtsbewußtsein verträgt weder unerfüllbare Ansprüche noch geheime Vorbehalte. Dies gilt für beide Verträge. Dies gilt für unsere **Abmachungen mit der DDR**. Die Abstimmung, die uns hier abverlangt wird, soll es bestätigen. Die Entscheidung, vor der das Parlament unserer Bundesrepublik steht, lautet nicht: dieses Vertragswerk oder ein anderes. Die Entscheidung lautet vielmehr: dieses Vertragswerk oder kein Vertrag.

(Beifall bei der SPD.)

Die **Alternative** heißt heute in Ost und West: Erleichterung oder Enttäuschung. Im Osten heißt sie: ermutigte Hoffnungen oder tiefe Erbitterung. Noch niemals hat Europa, nicht nur Westeuropa, ähnlich erwartungsvoll auf den Deutschen Bundestag geblickt.

(Beifall bei den Regierungsparteien.)

Dabei stellt sich erstens die Frage: Würden unsere Verbündeten, würden unsere atlantischen und westeuropäischen Freunde die Bundesrepublik unterstützen, wenn nach dem etwaigen Scheitern dieser Verträge ein neuer Versuch unternommen würde? Meine Antwort: Die NATO und die anderen westlichen Gemeinschaften haben sich so eindeutig für die Verträge ausgesprochen, daß keine der westlichen Regierungen in naher Zukunft ihre Unterstützung für eine Alternativpolitik bieten könnte.

(Beifall bei den Regierungsparteien. –
Zurufe von der CDU/CSU.)

Zweitens: Ist zu vermuten, daß sich die Richtung westlicher Ostpolitik insgesamt wesentlich ändert? Meine Antwort: Dies ist ganz unwahrscheinlich. Die Richtung, in Washington ebenso erkennbar wie in Paris und London, läuft – da können Sie »Vietnam« ruhig dazwischensagen –

(Zuruf von der CDU/CSU)

– ich würde nicht lachen, wenn heute das Wort »Vietnam« ausgesprochen wird –,

(lebhafter Beifall bei den Regierungsparteien – Zurufe von der CDU/CSU)

die Richtung läuft insgesamt, auf unseren Teil der Welt bezogen, auf einen möglichen Abbau der Gegensätze hinaus. Niemand darf neben der starken Tendenz zur Entspannung die starke Gefahr neuer Spannungen verkennen.

(Beifall bei der SPD.)

Europa ist bisher davon verschont geblieben, und wir sollten alles tun, meine verehrten Kolleginnen und Kollegen,

(Abg. van Delden: Auch Sie allmählich!)

um diesen Zustand nicht zu verändern.

(Beifall bei den Regierungsparteien.)

Auch dies ist heute zu bedenken.
 Drittens: Spricht irgendein vernünftiger Grund dafür, daß die sowjetische Führung durch eine negative Haltung gegenüber dem Vertrag zu positiven Reaktionen gegenüber Deutschland bewegt werden könnte? Meine Antwort: Alles spricht für das Gegenteil. Deshalb geht es jetzt auch nicht um irgendeine zusätzliche verbale Konzession Moskaus, sondern um unsere eigene Konzession an die politische Vernunft.

(Beifall bei den Regierungsparteien.)

Viertens. Kann man annehmen, daß eine Ablehnung der Verträge unser Verhältnis zu den Staaten zwischen Deutschland und Rußland vorteilhaft beeinflussen würde? Meine Antwort: Genau das Gegenteil würde eintreten. Jede Verschlechterung des westöstlichen Verhältnisses, zumal wenn es auf Ursachen in Bonn zurückgehen könnte, wäre ein Rückschlag für die Politik der Aussöhnung.

Fünftens. Ließe sich ein Nein zum Moskauer Vertrag dadurch rechtfertigen, daß man Ja allein zum Warschauer Vertrag sagt? Meine Antwort: Ein solcher Gedankengang beruht auf einer gefährlichen Verkennung der Wirklichkeit.

(Zurufe von der CDU / CSU.)

In Polen würde man meinen müssen, daß wir nach allem anderen auch noch politische Experimente auf ihre Kosten machen wollten.

(Abg. Wehner: Sehr wahr! – Beifall bei den Regierungsparteien. – Zurufe von der CDU / CSU.)

Damit wäre das deutsch-polnische Verhältnis auf unabsehbare Zeit vergiftet.

Die Stellung, das Ansehen unserer Bundesrepublik in der Welt hat an Gewicht gewonnen. Das dürfen wir nicht aufs Spiel setzen. Schon gar nicht dürfen wir uns durch solche rechtsradikalen Phantasten in Gefahr bringen lassen, die zu meinen scheinen, sie könnten den Zweiten Weltkrieg doch noch nachträglich gewinnen.

(Beifall bei den Regierungsparteien.)

…

Eine – wie immer motivierte – Auflehnung gegen die Interessengemeinschaft des Westens, in der unsere Sicherheit geborgen ist, würde das Bündnis belasten, würde seinen Charakter zersetzen, und dies würde Tendenzen ermutigen, die schlummernd immer vorhanden sind: die Neigung, sich über unsere Köpfe hinweg zu verständigen. Eine antideutsche Koalition war der Alptraum Bismarcks, der Alptraum Adenauers. Auch wir können nicht ganz frei von dieser Sorge sein. Wir dürfen nicht selbst dazu beitragen, daß aus der Sorge eine Bürde wird.

Schließlich – ich habe es mehrfach gesagt –: die schwierigen Fragen liegenzulassen, das hieße, sie der nachfolgenden Generation aufzubürden. Dies wäre ein nicht zu vertretendes Ausweichen vor der Verantwortung.

(Abg. Dr. Barzel: Das sagen Sie nach unserer Unterredung! – Weitere Zurufe von der CDU/CSU.)

Meine Generation hat noch die Pflicht, den Jüngeren, die nach uns kommen, eine möglichst geordnete Erbschaft zu hinterlassen, ihnen dann aber auch zu sagen, was sie, die Jüngeren, durch demokratische Mitverantwortung dazu beitragen müssen, daß sich die Schrecken der Vergangenheit nicht wiederholen.

(Zustimmung bei der SPD.)

...

Vielleicht hilft dem einen oder anderen von uns der Gedanke an unser Nachbarland Frankreich, die Erinnerung an Präsident de Gaulle. Frankreich und die Franzosen mußten vor gar nicht so langer Zeit die Algerien-Krise durchkämpfen

(Zurufe von der CDU/CSU)

mit einer Leidenschaft, die unseren Auseinandersetzungen gleichkam, mit blutigen Verirrungen, die uns glücklicherweise erspart geblieben sind.

(Unruhe bei der CDU/CSU.)

Die Krise wurde durchgestanden. Inzwischen sind die Namen der meisten, die damals gegen General de Gaulle agierten, verblaßt. Geblieben ist die Entscheidung und Frankreichs neuer Weg. Die Geschichte hat das Votum des Präsidenten, das zur Entscheidung der Nation wurde, gewogen und es nicht für zu leicht befunden.

Ähnlich wird es auch bei uns sein. Jeder einzelne Abgeordnete hat seine gewichtige Stimme. Aber hier steht nicht die Zukunft einer Regierung, nicht die Zukunft einer Opposition, hier stehen nicht die Interessen dieser oder jener Partei auf dem Spiel. Wir haben alle eine Entscheidung, die Entscheidung für die Bundesrepublik Deutschland zu fällen.

Der Bundeskanzler spricht jetzt nicht als der erste Mann seiner Partei. Er spricht nicht für eine Koalition, sondern einzig und allein für diesen unseren Staat. Die Folgen eines Nein würden wir alle zu tragen haben, die Folgen eines Ja werden uns allen zugute kommen.

(Lang anhaltender Beifall bei den Regierungsparteien.)

QUELLE: Deutscher Bundestag. 186. Sitzung. Bonn, Mittwoch, den 10. Mai 1972, Verlag Dr. Hans Heger, Bonn-Bad Godesberg; Plenarprotokoll-Nr. 06/186 vom 10.05.1972 (http://dipbt.bundestag.de/dip21/btp/06/06186.pdf)

MARTIN WALSER (* 1927)

Martin Walser wird am 24. März 1927 als Sohn des Gastwirtes Martin Walser und seiner Frau Augusta geb. Schmid in Wasserburg geboren.
Als Jugendlicher nimmt er in den letzten beiden Jahren am Zweiten Weltkrieg teil und gerät vorübergehend in amerikanische Kriegsgefangenschaft. 1946 kann er in Lindau sein Abitur erlangen und studiert anschließend Literatur, Geschichte und Philosophie in Regensburg und Tübingen. 1949 bis 1957 ist er als Reporter bei Funk und Fernsehen tätig. 1950 heiratet er Katharina Neuner-Jehle. Seitdem ist er freier Schriftsteller. Für seinen ersten Roman »Ehen in Philippsburg« wird er mit dem Hermann-Hesse-Preis ausgezeichnet. Seine Einschätzung der deutschen Teilung 1988 in »Über Deutschland reden« sorgt für Diskussion. Sein Werk umfasst bis heute rund 70 Romane und Theaterstücke.

MARTIN WALSER

ÜBER DEUTSCHLAND REDEN

(EIN BERICHT)

Ist man fähig oder gar verpflichtet, Kindheitsbilder nachträglich zu bewerten, oder darf man sich diesem allerreichsten Andrang einfach für immer überlassen? Ich habe das Gefühl, ich könne mit meiner Erinnerung nicht nach Belieben umgehen. Es ist mir, zum Beispiel, nicht möglich, meine Erinnerung mit Hilfe eines inzwischen erworbenen Wissens zu belehren. Die Erinnerung reicht zurück in eine Zeit, von der ich inzwischen weiß, daß sie furchtbar gewesen ist. Jedes Parteigesicht, jede Militärerscheinung, jede Lehrperson und alle Gesichter aus der Nähe zeigen, daß sie aus jener Zeit stammen. Aber das Furchtbare selber zeigen sie nicht. Ein Sechs- bis Achtzehnjähriger, der Auschwitz nicht bemerkt hat. Kindheit und Jugend entfalten ihren unendlichen Hunger und Durst, und wenn Uniformen, Befehlshabergesichter und dergleichen angeboten werden, dann wird eben das alles verschlungen. Der Ortsgruppenleiter erscheint mir als das, was er für mich schon damals gewesen ist: ein hilflos bairisch-fränkisch quakender Mann in einer schreiend gelbbraunen Uniform, die nirgends hingehörte, nicht in die Gegend und nicht in die Jahreszeit. Er wirkte, als habe es ihn seinen ganzen Mut gekostet, mit dieser grotesken Uniform seine Beamtenwohnung zu verlassen und auf die Dorfstraße hinauszutreten. Jeder weitere Schritt muß weiteren Mut gekostet haben. Wenn er dann an seinem Versammlungsziel ankam, brachte er nur noch dieses verzagte Quaken heraus.

Das Licht, in dem mir die Erinnerung Gegenstände und Menschen von damals präsentiert, ist ein festhaltendes Licht, eine Art Genauigkeitselement. Man hat nicht gewußt, daß man sich das für immer so genau merken wird. Man hat vor allem nicht gewußt, daß man diesen Bildern nichts mehr hinzufügen können wird. Keinen Kommentar, keine Aufklärung, keine Bewertung. Die Bilder sind jeder Unterrichtung unzugänglich. Alles, was ich inzwischen erfahren habe, hat diese Bilder nicht verändert. Wenn ich die Bilder umkreise mit den Maßstäben von heute, kommt mir vor, die Bilder bedürften der Belehrung auch gar nicht. Das erworbene Wissen über die mordende Diktatur ist eins, meine Erinnerung ist ein anderes. Allerdings nur so lange, als ich diese Erinnerung für mich behalte. Sobald ich jemanden daran teilhaben lassen möchte, merke ich, daß ich die Unschuld der Erinnerung nicht vermitteln kann. Ich habe nicht den Mut oder nicht die Fähigkeit, Arbeitsszenen aus Kohlenwaggons der Jahre 1940 bis 43 zu erzählen, weil sich hereindrängt, daß mit solchen Waggons auch Menschen in KZs transportiert worden sind. Ich müßte mich, um davon erzählen zu können, in ein antifaschistisches Kind verwandeln. Ich müßte also reden, wie man heute über diese Zeit redet. Also bliebe nichts übrig als ein heute Redender. Einer mehr, der über damals redet, als sei er damals schon der Heutige gewesen. Ein peinliches Vorgehen. Für mich. Vergangenheit von heute aus gesehen – kann es etwas Überflüssigeres geben? Etwas Irreführenderes sicher nicht. Irreführend, wenn damit Vergangenheit dargestellt werden soll. Die meisten Darstellungen der Vergangenheit sind deshalb Auskünfte über die Gegenwart. Die Vergangenheit liefert den Stoff, in dem einer heute sich human bewährt.

    Historiker, die so vorgehen würden wie ich, rechnet man, glaube ich, zum Historismus. Eine offenbar momentan nicht besonders geschätzte Schule. Es gibt aber, zum Beispiel in England, immer noch Forscher, die damit Wichtiges zutage bringen.

    Ich habe das vorweg sagen müssen, weil Deutschland für mich ein Wort aus jener Vergangenheit ist. Ich weiß, über diese Vergangenheit soviel Nachträgliches wie jeder andere auch. Das Ausmaß unserer Verbrechen. Und wenn es schon schwer zu erklären ist, wie man jede Kindheitsszene von dem frei halten kann, was diese Kindheit direkt umgab, wie soll man erklären, daß man sogar ein Wort wie Deutschland noch retten möchte? Retten für weiteren Gebrauch. Zuerst glaubt man natürlich, man könne über dieses Land, über *unser* Land reden, ohne von Deutschland reden zu müssen. Aber die Geschichte ist unerläßlich. Wenn sie gutgegangen wäre, wäre Deutschland sicher nicht zu einem solchen Tag- und Nachtthema geworden.

Wenn die Geschichte gutgegangen wäre, würde ich heute abend in Leipzig ins Theater gehen und morgen wäre ich in Dresden, und daß ich dabei in Deutschland wäre, wäre das Unwichtigste. Aber weil es fehlt, hält Thüringen mich besetzt mit Heiligen und Handwerkern, mit Spielzeug und Eßzeug, mit Köhlern und Wäldern, mit einer bis ins Erdinnere reichenden Gliederungsvielfalt. Wenn ich heute mit dem Zug an Magdeburg vorbeifahre, weiß ich vor Verlegenheit und Bedauern nicht, wo ich hinschauen soll. Und wenn mir Königsberg einfällt, gerate ich in einen Geschichtswirbel, der mich dreht und hinunterschlingt. Jedesmal komme ich wie der Fischer in Edgar Allan Poes Maelström-Geschichte noch weißhaariger zurück. Daß man nicht einverstanden sein kann mit dem, was passiert ist, zehrt. Das liegt am Jahrgang. Jüngere sind frei davon. Was ist ihnen Hekuba bzw. Königsberg. Aber auch jahrgangsnähere Zeitgenossen sind freier davon als ich. Das ist die Erfahrung, über die ich zu berichten habe. Das ist mein Problem. Ich werde vorerst noch nicht müde, es auszusprechen, in der Hoffnung, dadurch doch noch zu erfahren, daß es nicht nur mein Problem sei.

Wenn sich das Gespräch um Deutschland dreht, weiß man aus Erfahrung, daß es ungut verlaufen wird. Egal ob ich mich allein in das Deutschland-Gespräch schicke, ins Selbstgespräch also, ob ich es schreibend oder diskutierend versuche – es verläuft jedesmal ungut: ich gerate in Streit mit mir und anderen. Das Ende ist Trostlosigkeit. Sogar das Selbstgespräch über Deutschland ist peinlich, weil man ja nicht wirklich allein ist dabei, man reagiert auf Argumente, die einem die anderen aufgedrängt haben, die man, obwohl sie einem nicht genehm sind, nicht mehr los wird. Gerade beim Deutschland-Gespräch erlebt man, daß jeder recht hat. Gibt es etwas, was man über Deutschland sagen kann, was nicht auch noch zutrifft? – Bei mir kann diese Erfahrung auf gut und gern zehn Jahre zurückblicken. Auch mit alten Bekannten, Fastschonfreunden endet das Gespräch jedesmal in Frost, Abstand, Peinlichkeit. Allmählich wird mir klar, daß jeder bei diesem Gespräch eine andere Geschichte aufarbeitet. Seine eigene und oft noch seine ganze Familiengeschichte. Nie böllern aus mir die Schlagwörter so unbremsbar heraus wie beim Deutschland-Gespräch. Aber beim Diskussionspartner doch auch. Aber wer hat angefangen? Und schon ist die Kriegsschulddebatte unser eigenster Text, aus Diskussionspartnern sind Gegner geworden, und die Schlagwörter, die uns jetzt als Personen gar nicht mehr brauchen, donnern im peinlich engen und gänzlich deutschen Raum. Vielleicht sollten wir einander so trösten: Wer beim Deutschland-Gespräch nicht unter sein Niveau gerät, hat keins. Ich will ein paar dieser Wörter, die mich regelmäßig erbittern, ein paar Reizwörter also, hier aufsagen: Deutschland habe es sowieso nie gegeben. Von tausend Jahren nur die paar Jahrzehnte 1870 bis 1945. Und das seien in der ganzen Geschichte doch wahrhaft die schlimmsten gewesen. Mit gutem Grund habe Clemenceau die Friedensverhandlungen 1919 am 18. Januar eröffnet, also an dem Tag, an dem 48 Jahre vorher das sogenannte Deutsche Reich in Versailles gegründet worden sei. Also nie mehr Deutschland. Denn nie mehr dürfe von deutschem Boden … Diese Phrase kennt jeder. Ohne jede Aussicht, die Drescher zu beeindrucken, zitiere ich den kanadischen Sozialdemokraten und Friedensforscher Hans Sinn (1986): »Heute befinden sich auf dem Gebiet der DDR und der BRD mehr Massenvernichtungsmittel als irgendwo anders auf der Welt.« Und das ist doch wohl zuerst eine Folge unserer Nicht-Souveränität in Ost und West. Eine Folge der Teilung. Schlimmer als diese zwei waffenstarrenden Deutschlandfragmente könnte ein vereintes Deutschland, in etwa österreichischer oder schweizerischer Weltzugewandtheit, nicht sein. Und Kriege finden in Europa sowieso nicht mehr statt. Das ist keine Leistung, sondern Ergebnis eben jener 75 Jahre, jener zwei letzten Großkriege. Neuerdings wissen es sogar die Falken hier und dort. Also komme keiner und sage: ein weniger geteiltes, ein ganzes Deutschland sei eine Gefahr für den Frieden. Das Paradeargument zur Rechtfertigung der Teilung – ich habe es gehört von Intellektuellen hüben und drüben –, daß es Deutschland nie gegeben habe, immer nur die hadersüchtigen Kleinstaaten, erklärt einfach die von feudalen Kabinetten verfaßte Staatenkarte zur deutschen Geschichte schlechthin. Als die universalistische Reichsidee, die ja immerhin die deutsche Nation im Titel führte, ausgeglitten hatte, wurde doch vom Volk sofort die reale, nämlich nationale Einigung versucht. Vaterländisch zu sein war 1848 ein Verbrechen, es hieß soviel wie demokratisch sein, die nationale Einheit wollen. Die kommunistische Partei hat im Jahr 1848 formuliert: »Ganz Deutschland wird zu einer einigen, unteilbaren Republik erklärt.« Was 1871 gegründet wurde, war ja nicht das, was 1848 gewollt worden war. Zwei Beispiele aus dem historischen Alltag der Deutschen. Der Arzt Dr. Karl Christian Wolfart aus Berlin schrieb 1812 in einer von Heinrich Zschokke in der Schweiz herausgegebenen Zeitschrift über den aus der Bodenseegegend stammenden Arzt Franz Anton Mesmer, der dreißig Jahre vorher durch das nach ihm benannte Heilverfahren berühmt geworden war: »Die Ehre dieser großen Entdeckung gehört unstreitig Deutschland an, sowie es die Wiege ihres Urhebers war.« Und ein Frankfurter Arzt schreibt, auch 1812, in einem Brief an Franz Anton Mesmer: »Ich kann nicht umhin, Ihnen meine Freude zu bezeugen über den Beweis, den Sie kürzlich von der großen Aufmerksamkeit der deutschen Ärzte und einer deutschen Regierung auf Ihre Lehre ... erhalten haben.« *Der* deutschen Ärzte und *einer* deutschen Regierung. Das ist sehr genau, also doch wohl zuverlässig. Es hat Deutschland gegeben, trotz mehrerer deutscher Regierungen. Und so ist es heute wieder. Nur: damals wollte man, daß das sogenannte Vaterland eine politische Fassung erhalte; heute haben sich zumindest die Wortführer – und zwar die hellsten, die gescheitesten – abgefunden mit dem Strafprodukt Teilung. Dazu leben sie mit einer Auswahl aus der deutschen Geschichte, die ihrem aktuellen Bedürfnis dient. An dieser Stelle des Deutschland-Gesprächs werde ich regelmäßig auf Österreich hingewiesen. Wolle ich denn Österreich auch wieder heimholen? Ich will nicht. Der gutgemeinten, aber doch simplen Selektion jetzt herrschender Geschichtsbilder darf man zur Entsimplifizierung mitteilen, daß sich die »Provisorische Nationalversammlung« in Wien am 12. November 1918 auf das durch Präsident Wilson proklamierte Selbstbestimmungsrecht der Völker berief und einen Beschluß faßte, dessen Artikel 2 so ausging: »Deutschösterreich ist ein Bestandteil der deutschen Republik.« Der Sozialdemokrat Karl Renner, der erste Regierungschef des demokratischen Österreich, hat damals kommentiert: »Der Artikel 2 ist ein Bekenntnis.« Und am 21. März 1919 beschließt die Weimarer Nationalversammlung: »Deutschösterreich tritt als Ganzes als ein Gliedstaat dem Deutschen Reiche bei.« Aber schon im September desselben Jahres ließ Clemenceau diesen Einigungsversuch verbieten. Österreich mußte sich und konnte sich verselbständigen. Die allmähliche Verselbständigung Österreichs kann aber nicht mit einer Teilung verglichen werden. Teilung ist das Gegenteil von Entwicklung. Worauf in Wien zu bauen war, das kann sich in Ostberlin niemals bilden. Teilung ist Eingriff, Machtausübung, Strafaktion. Daß ich Jalta, Teheran und die Folgen Strafaktion nenne, ruft Stirnrunzeln hervor. Ich beeile mich zu sagen, daß wir die verdient hatten. Aber doch nicht für immer. Strafe dient nicht der Sühne, sondern doch wohl der Resozialisierung. Fühlen wir uns nicht resozialisiert? In Ost- und Westdeutschland kein Anzeichen irgendeiner Rückfallmöglichkeit. Daß Deutschland je harmlos sein könne, wird nicht geglaubt. Ich wiederum bitte, mir keine Fotos von einem Schlesiertag und Meldungen über zwei Wehrsportneurotiker vorzuhalten. Dabei kommt es mir schon sehr ungerecht vor, Schlesierschmerz und Neonazitum in einem Atemzug zu nennen. Aber wenn mit solchen Argumenten deutsche Geschichtsentwicklungen verhindert werden dürften, müßte US-Amerika in eine geschlossene Anstalt eingeliefert werden, Diagnose: rassistisch-religiöser Autismus; ist aber nicht nötig, weil die Diagnose trotz aller Clan- und Fernsehpredigerpeinlichkeiten überhaupt nicht stimmt. Also: wenn die Rückfallgefahr ausgeschlossen ist – und wer das nicht sieht, der verneint schlicht unsere letzten 40 Jahre –, dann gibt es nur noch ein Motiv für die Fortsetzung der Teilung: das Interesse des Auslands. In östlichen und westlichen Ländern. Ein Interesse, das zwar alles entscheidet, das aber nicht mehr mit genaueren Namen benannt werden darf. Das gehört auch zu der simplen, aber uns beherrschenden Meinungsselektion. Wir nicken zu gar allem vor lauter Angst, sonst für Nazis gehalten zu werden. Und das Ausland tut so, als sei ein nicht mehr geteiltes Deutschland wieder eine Gefahr wie in der ersten Jahrhunderthälfte. In allen europäischen Ländern ist das in den letzten 30 Jahren oft genug so formuliert worden. Es ist das Interesse des Auslandes, unter diesem Vorwand die deutsche Teilung ungemildert zu erhalten. Grotesk ist nur, daß im Inland, vor allem im westlichen Inland, dieser Vorwand inbrünstig nachgesprochen wird. Am meisten von Intellektuellen. Viele kommen sich fortschrittlich vor, wenn sie diese letzte Kriegsfrucht für vernünftig halten. Sie ziehen, je nach Fach, einschlägig behäkelte Trostdeckchen über den Trennungsspalt: Geschichtsnation; Kulturnation; Sportnation (durch Medaillenaddition während der olympischen Spiele). *Darens Nyheter* stellte Erich Honecker 1986 folgende Frage: »Während der jetzt stattfindenden Fußball-Weltmeisterschaft haben wir gemerkt, daß man hier, seit die DDR nicht mehr an der Ausscheidung teilnimmt, für die BRD-Mannschaft die Daumen drückt. Tun Sie das auch, Herr Honecker, und sollen wir das als Zeichen deutscher Zusammengehörigkeit werten?« Honecker war so unfrei, so verklemmt, verbaut, verkorkst, daß er nur sagen konnte: »Das glaube ich nicht. Wenn man ein richtiger Fußballanhänger ist, dann fiebert man für die beste Mannschaft. Ich möchte das nicht als eine politische Stellungnahme verstanden wissen«, und so weiter.

Wahrscheinlich ist der Zwang, unter dem solche Slalom-Sätze entstehen, historisch schon überwunden. Moskau ist nicht mehr so imperialistisch, daß es seine eigensüchtige Internationalismusforderung noch mit unempfindlicher Macht vertreten könnte. Esten, Letten, Litauer und andere melden den nationalen Anspruch an. Und die Deutschen basteln Slalom-Sätze! Warum schlagen wir nicht wenigstens unseren westlichen Freunden vor, sich eine Grenze wie die zwischen uns einmal am Ohio, an der Loire oder zwischen Rom und Florenz vorzustellen! Vielleicht könnte das einem Andreotti die Grenze an der Elbe vorstellbarer machen. Nur wenn die Gefahr bestünde, daß wir ins Hohenzollern- oder Hitlerdeutsche zurückfielen, wäre die Teilung gerechtfertigt, ja geradezu notwendig. Uns diese Gefahr nachzusagen ist grotesk.

An dieser Stelle mache ich gern den Fehler, meinen Widersachern vorzuwerfen, sie verewigten den Faschismus dadurch, daß sie auf antifaschistischen Haltungen bestünden. Dann fliegt mir natürlich das Brechtzitat an den Kopf, daß der Schoß, aus dem das kroch, noch fruchtbar sei.

Ich: Das Bild sei genial, weil genau geschöpft aus den Verhältnissen der ersten Jahrhunderthälfte. Auch hier sei nur der erste ein Genie. Dann wird mir also die heutige Version serviert: »Die Deutschen sind alle Nazis«. »… ganz gleich wo wir Nudeln einkaufen, es sind immer nur Nazis.«

(In diesem Fall Bernhard, aber genauso laut und simpel gibt es das von Achternbusch u. a. Geradezu dankbar meldet man, daß einem so was von Peter Handke nicht zugefügt wird; von Botho Strauß und Werner Herzog schon gar nicht.) Wer diesem polit-masturbatorischen Modeton widerspricht, zieht sich die schlimmste Ahndung zu: der versteht keinen Spaß. Verstehen wir also Spaß, seien wir eben alle Nazis. Nein. Der Kurswert ist zwar enorm, aber der Nennwert zu gering. Darüber müssen einmal Geschichtsschreiber sich wundern: wie viele bedeutende Leute Jahrzehnte nach der Erledigung des Faschismus ihren Zorn und ihr gutes Gewissen lebenslänglich durch antifaschistische Regungen belebten. Wenn wir »alle« noch »Nazis« wären, müßten wir um die Fortsetzung der Teilung geradezu bitten! Zum Glück hat es den Historiker-Streit gegeben. Vielleicht war da ein bißchen zuviel gutes Gewissen auf einer Seite. Trotzdem darf man sehr dankbar sein, daß Jürgen Habermas diesen Streit, wie Sontheimer formulierte, »losgetreten« hat.

Dieser Streit hat ein Angebot von Sichtweisen und Urteilsarten entfaltet. Statt der paar Parolen, die vorher kursierten, eine Vielfalt von Auffassungen. Jetzt können wir, wenn wir über Deutschland reden, von diesen Angeboten Gebrauch machen. Anstatt mit Sportlern, kann man sich auch einmal mit einem Historiker identifizieren. Da sie einander nicht gelten lassen, wissen wir am Ende auch nichts Sicheres, aber unsere Unsicherheit besteht aus deutlicheren Positionen, die Widersprüche sind schärfer in uns vorhanden. Ich habe dabei eine Erfahrung gemacht: je mehr sich einer als der einzig Wissende und vor allem als der einzig Gerechtfertigte aufführt, desto weniger kann ich mir seine Ansicht über unsere Geschichte zu eigen machen. Am meisten habe ich mich von Christian Meier an- und ausgesprochen gefühlt. Aber keine dieser gegeneinander streitenden Ansichten war mir ganz fremd. Was da so polemisch gegeneinander wütete, ist mir als eigenes Innenleben bekannt. Habermas *und* Hillgruber haben meinungsmäßig bequem in mir Platz. Um das Unmögliche meiner Einstellung noch deutlicher zu machen: mir scheint, die deutsche Frage sei nicht von »rechts« oder von »links« aufzufassen. Da sehe ich schon, wie ich in der nächsten Runde des Deutschland-Gesprächs von *FAZ* und *konkret* Wilhelm II. ins Ärmchen geschubst werde, weil der einmal nur noch Deutsche kennen wollte.

Ein Beispiel, wie die nationale Frage unter eher literarischen Intellektuellen gehandelt wird:

In der *FAZ* (17.12.86) wurde ein Satz von Franz Xaver Kroetz mitgeteilt: »Mir ist die DDR so fremd wie die Mongolei.« Dazu Marcel Reich-Ranicki, der ja nicht gerade ein Genie der Zustimmung ist: »Das gefällt mir außerordentlich.« Und noch einmal Kroetz: »Es ist schon eine weise Sache, daß wir zwei Deutschlands haben.« Weil dadurch der »Weltfrieden« weniger in Gefahr sei. Also wieder die unbeweisbarste, abgegriffenste aller Formeln zur Rechtfertigung der Teilung. Reich-Ranicki: »… Respekt vor einem Mann, der sich der hierzulande jetzt üblichen nationalen, mitunter ins Nationalistische übergehenden Heuchelei mit einer solchen Erklärung widersetzt.« Ist das so? Ist »hierzulande« jetzt »üblich« eine »nationale, mitunter ins Nationalistische übergehende Heuchelei«? Soviel versteht man: wenn einem »die DDR so fremd« ist »wie die Mongolei«, dann »gefällt« man Reich-Ranicki »außerordentlich«. Argumentiert muß da nicht werden, man gefällt oder gefällt nicht. Und das argumentlose persönliche Gefallen wird ausgestattet mit Zeitungsmacht. Ein solcher Satz als solcher sagt ja herzlich wenig. Aber in der *FAZ* macht er Stimmung zugunsten der deutschen Teilung. Daß ich mich, anders als Kroetz, mit der Teilung nicht abfinden will, erklärt der Kritiker damit, daß ich Bonner »Losungen« verfallen sei; »vierzig Jahre lang« seien mir die Alemannen und die Schwaben »ungleich wichtiger« gewesen »als die ganze deutsche Frage«; ich bin also schlicht opportunistisch den neuesten Trends verfallen. Eigenartig ist das schon: anstelle eines Arguments die Unterstellung eines Motivs, eines möglichst schlimmen natürlich. Ist also mein Deutschland-Interesse eine Wirkung neuester Bonner »Losungen«? Da muß ich jetzt über ein Jahrzehnt zurückgreifen und aus einer Rede zitieren, die am 30.8.1977 in nächster *FAZ*-Nachbarschaft, in Bergen-Enkheim, gehalten wurde und die seit 1978 gedruckt zu haben ist. Damals habe ich mich so zu fassen versucht: »Daß es diese zwei Länder gibt, ist das Produkt einer Katastrophe, deren Ursachen man kennen kann. Ich halte es für unerträglich, die deutsche Geschichte – so schlimm sie zuletzt verlief – in einem

Katastrophenprodukt enden zu lassen … Wenn jemand von 1955 bis 1975 das deutsche Problem nur als Konsument der sogenannten Medien wahrgenommen hat, dann wartet er heute, wenn er sich konservativ informiert hat, in einem gotischen Kyffhäuser-Gewölbe auf den ehernen Wiedervereinigungstag, oder er ist, wenn er sich liberaler orientiert hat, bereit, für immer als narkotisierter Pragmatiker um eine offene Wunde herumzutänzeln. Ich könnte nicht einen einzigen praktischen Schritt nennen zur Überwindung des tragikomischen Un-Verhältnisses zwischen den beiden Deutschländern. Aber ich spüre ein elementares Bedürfnis, nach Sachsen und Thüringen reisen zu dürfen unter ganz anderen Umständen als denen, die jetzt herrschen. Sachsen und Thüringen sind für mich weit zurück und tief hinunter hallende Namen, die ich nicht unter ›Verlust‹ buchen kann. Nietzsche ist kein Ausländer. Leipzig ist vielleicht momentan nicht unser. Aber Leipzig ist mein. Aus meinem historischen Bewußtsein ist Deutschland nicht zu tilgen. Sie können neue Landkarten drucken, aber sie können mein Bewußtsein nicht neu herstellen. Ich weigere mich, an der Liquidierung von Geschichte teilzunehmen. In mir hat ein anderes Deutschland immer noch eine Chance. Die Welt müßte vor einem solchen Deutschland nicht mehr zusammenzucken. Und doch ist es im Augenblick reine Utopie, ist ›Wunschdenken‹. Der historische Prozeß richtet sich nach dem Bedürfnis. Ja, er entsteht sogar aus ihm. Also liegt es wirklich an uns. Allerdings an uns allen. Wir alle haben auf dem Rücken den Vaterlandsleichnam, den schönen, den schmutzigen, den sie zerschnitten haben, daß wir jetzt in zwei Abkürzungen leben sollen. In denen dürfen wir nicht leben wollen. Wir dürften, sage ich vor Kühnheit zitternd, die BRD so wenig anerkennen wie die DDR. Wir müssen die Wunde namens Deutschland offenhalten.«

Ende des Redezitats aus dem Jahre 1977. Auch ein prominenter *FAZ*-Redakteur kann nicht alles, ja, er darf nicht alles wissen. Je weniger einer weiß, um so infallibler ist er. Und am infallibelsten ist immer der Papst. Interessant für mich war, daß mein Geständnis, ich könne mich nicht mit der Teilung abfinden, im Jahr 1986 von *FAZ* und von *konkret* mit gleichgestimmtem Hohn beantwortet wurde. Das drückt aus, wie abgemeldet oder, aktuell ausgedrückt, wie wenig angesagt das nationale Thema ist. Zu den guten Gründen für diesen Zustand gehört der konservative Mißbrauch und das Adenauersche Wiedervereinigungsgedöns. Andererseits haben Brandt und Bahr zur Zeit des Grundlagenvertrags noch von der offenen deutschen Frage gesprochen. Heute metaphert Brandt die deutsche Frage zur »Schizophrenie« herab, mit der wir der Welt nicht länger lästig fallen sollen, und Bahr empfiehlt uns »Verfassungspatriotismus«. Das Wort riecht nach dem Abfindungslabor, aus dem es stammt. Alles, was uns angeboten wird, riecht nach Ersatz. Und zum Realismus Schilys, der zur Vermeidung weiterer 17.-Juni-Heucheleien die Verfassungspräambel, die uns Deutschland zur Pflicht macht, streichen will, fehlt mir der kühle Mut. Also lieber noch weiterheucheln?! Was ich denn vorschlagen könne?! Die Lösung, bitte?!

Es ist immer mehr möglich, als Fachleute auszurechnen imstande sind. Das konnte man schon vor Gorbatschow sagen. Zwei vernünftige Leute gleichzeitig im Amt, einer in Washington, einer in Moskau, und in Bonn und Ostberlin keine bloßen Verwalter, dann schrumpft die Trennung. Seit Gorbatschow fällt es leichter, so etwas zu sagen. Seit er im Amt ist, ist die Welt weniger scharf geteilt. Ich will mich nicht als Kreml-Astrologe betätigen und die jeweils letzten Gorbatschowsätze nachkauen und deuten. Was auch immer er formulieren mag und muß – der von ihm entfachte Wirbelwind Perestroika wird eines Tages auch die DDR erreichen, dann wird die politische Sprache ihre pseudoreligiösen Blenden abwerfen, und Deutsche werden einander wieder verstehen. Jetzt wird schon eine Zeit vorstellbar, in der man die Adenauer-Ulbricht-Feindseligkeit mit dem Kopfschütteln betrachten wird, mit dem wir längst die grotesken Zwiste zwischen Katholiken und Protestanten betrachten. Hans Magnus Enzensberger hat das »Deutschland-Problem« schon im Jahr 66 im *Kursbuch 4* als einen »Anachronismus« bezeichnet, es sei ein »besonders komplexer, lang verschleppter, überständiger Streitfall aus der Zeit des Kalten Krieges«. Enzensberger hat damals so positiv und voller Geschichtsphantasie wie kein anderer Vorschläge gemacht, hat »die Respektierung der DDR« empfohlen, weil sie »eine zukünftige Einigung, vielleicht sogar Vereinigung« begünstige. Er will die beiden Deutschländer konföderieren, daraus einen »Deutschen Rat« entstehen lassen, in dem Delegierte des Bundestages und der Volkskammer zusammenarbeiten. In Artikel 61 seines *Katechismus zur deutschen Frage* fragt er sich, welche Rückwirkung seine Vorschläge auf die »gesellschaftlichen Ordnungen in Deutschland« haben könnten, und antwortet: »Sie verlören ihre Geschlossenheit; sie müßten voneinander lernen; sie könnten einander Versionen ihrer Zukunft anbieten.« Leider haben die zwei deutschen Staatsbahnen dieses Kursbuch nicht zur Kenntnis genommen. Und trotzdem ist das nicht umsonst geschrieben worden. Was einen an diesem Katechismus heute noch freuen kann: ein Intellektueller geht mit unserem Problem um, als sei es für ihn lebensnotwendig, das Problem zu lösen. Am Ende zeigt ein Satz, den man als eine Genauigkeitstrophäe bezeichnen kann, was einem passiert, wenn man sich der deutschen Frage aussetzt: »… das Notwendige scheint mit dem Unmöglichen identisch« zu sein. Erinnert das nicht an die mecklenburgische Standfestigkeit, mit der Uwe Johnson bis zuletzt darauf bestanden hat, daß er mit dem Wechsel von der DDR in die BRD nicht den Staat, sondern nur den Wohnort gewechselt habe!

Es hat sich aber seit Enzensbergers Katechismus und Uwe Johnsons Behauptungsarbeit die Vereitelungspotenz des kalten Krieges so sehr erschöpft, daß wir, nahezu unversehens, dem Frieden näher sind als je zuvor.

Vielleicht liegt eine Art Vernunft darin, daß der 1945 beendete Krieg bis jetzt ohne Friedensschluß geblieben ist. Auf einen Frieden à la Versailles oder Jalta kann man verzichten. Vielleicht wird diesmal der Frieden erst geschlossen, wenn die, die ihn schließen, wirklich friedfertig geworden sind. Und daß dann eine Teilung nicht mehr nötig ist, müssen sogar die zugeben, die sie bis jetzt als eine Voraussetzung für den Frieden ansehen. Jetzt kommt es darauf an, daß die Teilung in unserer Empfindung keine Zukunftswürdigkeit hat. Das wäre momentan schon genug »Lösung«. Politik, Schule und Medien, die Wortführer also, haben, mit kraß verschiedenen Motiven, viel getan, die Teilung vernünftig zu machen.

Linke Intellektuelle und rechte sind sich bei uns im Augenblick wahrscheinlich über wenig so einig wie darüber: die Teilung ist annehmbar. Der BRD-Erfolgsmensch will seine hart erarbeiteten

Standards – auch die demokratischen – nicht auf jetziges Magdeburg zurückschrauben. Das versteht man. Am meisten Angst habe ich im Deutschland-Gespräch immer vor der Frage: Was fehlt Ihnen denn? Weil der Mangel, den ich ausdrücken will, offenbar schwer verständlich zu machen ist, weiche ich aus auf das, was anderen fehlt. Ich zitiere, was ein Edward Vogelgesang, aus Polen in die BRD gekommen, in der *FAZ* schreibt (Nicht im Literaturteil): »Trotz des Aufgebens der deutschen Sprache hat meine Mutter, eine Frau mit starkem deutschem Bewußtsein, auch mir dieses Gefühl vermittelt. Doch sind wohl Spuren einer psychischen Spaltung geblieben. Die Deutschen, die aus irgendwelchen Gründen oder Zwängen in den ehemaligen deutschen Ostgebieten blieben, haben einen hohen Preis dafür bezahlt; sie bezahlten mit dem Verlust ihrer Muttersprache und nicht selten (die Jüngeren) mit dem Verlust ihrer nationalen Identität.«

Dann zieh' ich gleich noch einen Brief heraus und zitiere, was meiner Nachbarin Ricarda aus Dresden geschrieben wird: »Nun seien Sie bloß nicht sauer, wenn ich doch etwas gemeckert habe, aber es geht einfach nicht mehr anders. Aber Ihnen das Leben hier verständlich zu machen, das gelingt sowieso nicht, der Unterschied ist zu riesengroß. Wenn ich damit nur erreicht habe, daß Sie glücklich und froh sind, daß Ihre Familien seinerzeit bei der Teilung Deutschlands auf der richtigen Seite gewohnt haben. Daß Sie mich nicht vergessen werden, das macht mich sehr froh ...«

Damit will ich beweisen, es gebe noch Deutsche. Das muß man beweisen, weil einem im Deutschland-Gespräch auch Karthago und die Azteken vorgehalten werden. Und wenn ich behaupte, es gebe noch Deutsche, dann habe ich keinerlei Flaggenhissung und Hymnen im Sinn. Ich weiß ja, wie wenig ernst der BRD-Erfolgsmensch seinen Paß nimmt. Er ist mindestens Europäer. Er muß allerdings damit rechnen, daß er in Paris vor allem Franzosen, in London Engländern und in Rom Italienern begegnen wird. Was ist er dann? Gerade im Ausland erfährt man, daß man ein Deutscher sei. Selbst Metternich hat sich (1813) im Gespräch mit Napoleon offenbar als Deutschen bezeichnet. Heute ist es jedesmal eine eher traurig als selig machende Erfahrung, wenn man im Ausland daran erinnert wird, daß man ein

Deutscher sei. Aber wer wäre man, wenn man den deutschen Schatten, den man offenbar wirft, schick zupuderte?

Es soll in den letzten dreißig Jahren öfter vorgekommen sein, daß Deutsche im Ausland durch entgegenkommend gemeintes, betont undeutsches Auftreten besonders unangenehm deutsch gewirkt haben.

Es gibt immer noch Deutsches, das man im Ausland als »german to the bone« bezeichnen würde und das so ehrenwert geblieben ist wie seine französische oder polnische oder italienische Entsprechung. Es gibt, zum Beispiel, eine deutsche Sprache, eine literarische Tradition, die von 33 bis 45 nicht in Verruf gebracht wurde und die nach 45 nicht im Internationalen aufging.

QUELLE: Martin Walser: Über Deutschland reden; © Suhrkamp Verlag Frankfurt am Main 1988

PETER SLOTERDIJK (* 1947)

Peter Sloterdijk kommt am 26. Juni 1947 in Karlsruhe zur Welt. Seine Mutter lernte seinen Vater in den Nachkriegswirren kennen. Die Ehe hält nicht lange, so dass er bei seiner Mutter aufwächst.
Von 1968 bis 1974 studiert Sloterdijk Philosophie, Geschichte und Germanistik in München und Hamburg. Eine einschneidende Lebenserfahrung ist sein zweijähriger Aufenthalt in einem Ashram (1978–1980). Mit seiner »Kritik der zynischen Vernunft« wird er als philosophischer Schriftsteller bekannt. Seine kulturkritischen Thesen erregen immer wieder öffentliche Debatten. Er lehrt u. a. in Wien, New York und Paris. Seit 1992 ist er Professor für Philosophie und Medientheorie an der Hochschule für Gestaltung Karlsruhe, seit 2001 deren Rektor. Von 2002 bis 2012 moderiert er zusammen mit Rüdiger Safranski im ZDF »Das Philosophische Quartett«.

In seinen Schriften setzt sich Peter Sloterdijk mit den verschiedensten philosophischen und gesellschaftsrelevanten Themen auseinander. Der hier abgedruckte Auszug basiert auf einer Rede, die Sloterdijk 2007 anlässlich der 6. Deutsch-Französischen Kulturgespräche an der Universität Freiburg gehalten hat.

PETER SLOTERDIJK

THEORIE DER NACHKRIEGSZEITEN

DEUTSCHLAND 2007: DER IDIOT DER EUROPÄISCHEN FAMILIE IN DER NORMALISIERUNGSPHASE – DIE AFFÄRE WALSER

Bei der Beschreibung der deutschen Lage im Horizont der Daten und Stimmungen von 2007 kann ich mich mit dem Offenkundigen begnügen. Dieses Land ist in eine Phase eingetreten, in der es anfangen darf, die Früchte seiner metanoetischen Anstrengungen zu ernten. Es hat das Vertrauen seiner Nachbarn zurückgewonnen – wenn man von einigen vergifteten Depots in England und Polen absieht, wo sich antideutsche Affekte wie unter Luftabschluß reproduzieren –, und es hat auch dort, wo das Verzeihen jenseits des Menschenmöglichen liegt, einen gewissen Respekt vor seiner Wandlung hervorgerufen. Für diese Sachverhalte gibt es keinen stärkeren Ausdruck als die Wahl eines Deutschen zum Papst. Als das in Rom versammelte Kardinalskollegium am 19. April 2005 Joseph Ratzinger zum neuen Oberhaupt der katholischen Kirche wählte, mag es vor allem seine Besorgnisse um die Kontinuität der katholischen Belange in der Welt zum Ausdruck gebracht haben – das sind nicht unbedingt unsere Sorgen, aber man versteht auch aus einer neutralen Beobachterposition, worum es bei dieser Entscheidung ging. Es setzte zugleich ein Zeichen von überwältigender Deutlichkeit, das besagte: Eine deutsche Herkunft muß kein Grund mehr für Vertrauensentzug sein; ein deutscher Name kann wieder ein Integritätssymbol höchsten Niveaus darstellen. Es steht jedem Kommentator frei, diese Wahl für einen Zufallstreffer oder für die Resultierende rein innerkatholischer Konstellationen zu halten, doch wer sich näher damit befaßt, kommt kaum umhin festzustellen: Diese Wahl hat auch eine außerkatholische Vorgeschichte. Sie wirft indirekt, doch unverkennbar ein Licht auf die sechzigjährige Arbeit der Deutschen an sich selbst. Aus dieser Sicht wäre die Wahl Benedikts XVI., was immer sie sonst bedeuten mag, die externe Ratifizierung des politisch-moralischen Prozesses, von dessen Anfängen und Motiven weiter oben die Rede war.

Es gehört zu den Besonderheiten des kulturellen Klimas in Deutschland, daß viele Akteure auf dem Feld der veröffentlichten Meinung große Mühe damit haben, sich zu den Möglichkeiten und Wirklichkeiten der neu erarbeiteten deutschen Integrität in ein anerkennendes Verhältnis zu setzen. Sie können und wollen nicht wissen und nicht glauben, daß sich die Nachkriegszeit im alltäglichen wie im anspruchsvollen Sinn des Wortes auch hierzulande ihrem Ende nähert, und zwar aus chronologischen wie aus psychopolitischen und (wenn der Ausdruck erlaubt ist) kulturbiologischen Gründen. Ja, es erscheint ihnen als eine arge Zumutung, anerkennen zu sollen, die Arbeit der Deutschen an sich selbst habe zu vorzeigbaren Resultaten geführt. Kehrt man den Winkel der Betrachtung um, so darf man die beharrliche Fortexistenz der Normalisierungsverweigerer ihrerseits als ein Erfolgszeichen interpretieren. Nichts wäre in Deutschland unnormaler, als wenn alle gleichzeitig mit narzißtischem Lärm die Schwelle zu einem gesund sein wollenden Patriotismus überschritten. Von der deutschen Annäherung an die psychopolitische Normalität ist folglich eine gewisse Einkrümmung in sich selbst nicht wegzudenken. Zu deren Artikulation rechnet die Arbeitsteilung zwischen denen, die jetzt etwas unbefangener mit der Lizenz zur Selbstliebe experimentieren und von den neuen Möglichkeiten der metanoetisch gefilterten Affirmation Gebrauch machen, und jenen, die jeder Regung dieser Art ihren tief habitualisierten Widerwillen entgegensetzen.*

---

* Dieser Widerwille schließt auch die Erinnerung an deutsche Opfer des Krieges ein. Wenn anläßlich einer Veranstaltung zum Gedenken an die Bombardierung Dres-

Wenn diese Überlegungen in die richtige Richtung zielen, dann dürfte aus ihnen der Schluß gezogen werden, die lange Serie der landesüblichen Skandalisierungen, die von Botho Strauß' Essay *Anschwellender Bocksgesang* und Hans Magnus Enzensbergers *Aussichten auf den Bürgerkrieg*, beide von 1993, über Martin Walsers Paulskirchenrede im Herbst 1998 bis zu Günter Grass' öffentlichen Waffen-SS-Geständnissen im Jahr 2006 reicht, müsse sich aus sachimmanenten Gründen demnächst erschöpfen. Die »Sache selbst«, aus deren inneren Gesetzen diese Erregungen hervorgingen, nämlich die psychopolitische Verfassung der Bundesrepublik, ist im Lauf des letzten Jahrzehnts unverkennbar in einen neuen Aggregatzustand eingetreten. Dieser macht die Wiederholung der bisherigen Stürme zunehmend unwahrscheinlich – womit nicht gesagt sein soll, die nach wie vor semitotalitär wirksamen Medien würden künftig auf ihre Vollmacht verzichten, symbolische Lynch-Aktionen und opportunistische Massenpsychosen vom Zaun zu brechen.

Was ich hier als die kritische »Sache« bezeichne, ist nichts anderes als der seit längerem absehbare Eintritt Deutschlands ins manifeste Stadium seiner Normalisierung – wobei man durchaus zugeben kann, daß es sich, nach einer langen Deformationsgeschichte, um eine paradoxe erstmalige Normalität handelt. Man möge in die Ausdrücke »Normalität« und »Normalisierung« nicht zuviel hineinlesen. Da von einem »entwickelten« Land des Westens die Rede ist, weist es zugleich die für seine Entwicklungsstufe typischen Paradoxien auf – und ob es in einer kapitalgetriebenen Welt überhaupt so etwas wie stabile Normalitäten geben kann, haben wir hier nicht zu untersuchen. Was die erwähnte Skandalserie angeht, so ergibt sie letztlich nur Sinn, wenn man sie als eine Kaskade von Übergangskrisen versteht, mit denen die Hochspannung der deutschen Nachkriegsarbeit an sich selbst auf

---

dens am 13./14. Februar 2004 in München Demonstranten mit dem Slogan *Bomber Harris, do it again!* auftreten, so ist das mehr als nur ein Manifest des schwarzen Humors. Es zeigt vor allem, wie weit sich manche Normalisierungsgegner in ihrem Furor des negativen Nationalismus von den zivilgesellschaftlichen Normen entfernt haben.

mittlere Werte heruntergefahren wurde.* Sie kündigten die Auflösung des permanenten metanoetischen Ausnahmezustands und seine Überführung in gewöhnliche alltagspatriotische Verhältnisse an.

Für einen solchen Übergang mochte es typisch gewesen sein, wenn in seinen Krisen ausgerechnet die Namen von Autoren strittig wurden, die während der deutschen Nachkriegsarbeit an uns selbst als die sichersten neuen Integritätsgaranten galten – ich denke hier vor allem an Martin Walser und Günther Grass. Aber während Grass jüngst nur von den Überspitzungen seines eigenen Moralismus eingeholt wurde, dessen zuweilen etwas hohlen Klang wahrzunehmen man sich plötzlich in nachträglicher Entrüstung erlaubte, zog Walser ein sehr viel heftigeres und gründlicheres Ressentiment auf sich, falls Ressentiment gründlich sein kann. Dies geschah, weil er sich etwas früher als andere – für viele sogar viel zu früh, unanständig früh – die Freiheit genommen hatte, überhaupt die Möglichkeit einer Normalisierung in Aussicht zu stellen – was am Hypermoral-Standort Deutschland nicht ohne weiteres hinzunehmen war. Der Konflikt deutete sich erstmals in den achtziger Jahren an, als Walser die schöne Unklugheit beging, die deutsche Wiedervereinigung zu einer wünschbaren Option zu erklären – sein Hinweis erwies sich bald darauf als eine Prophezeiung, deren Erfüllung ihm viele nicht verzeihen wollten. Und es geschah noch einmal, als er kurz vor der Jahrtausendwende das noch unklügere Wagnis einging, eine intimistische, literarisch obertonreiche Sonntagsrede an die deutsche Nation zu halten, um ihr zu signalisieren, sie sei, von Selbstbeobachtungen ausgehend, seiner Meinung nach demnächst reif genug, um zu gewissen veräußerlichten pseudo-meta-noetischen Ritualen auf Distanz gehen zu können. In diesem Kontext hat die Moralkeulen-Metapher ihren Platz – sie liegt den Keulenherstellern und -benutzern bis heute schwer im Magen, da sie ihre Chancen auf den Moralmärkten deutlich beeinträchtigt. Zehn Jahre nach der Rede in der Paulskirche wissen wir, daß Walser auch in dieser Affäre zu früh recht hatte, und das Publikum von da-

---

* Vgl. die systemtheoretisch inspirierte Monographie von Günter Sautter, *Politische Entropie. Denken zwischen dem Mauerfall und dem September 2001 (Botho Strauß, Hans Magnus Enzensberger, Martin Walser, Peter Sloterdijk)*, Paderborn 2002.

mals, das nach der Rede lange einmütig stehend applaudierte, wußte es *in situ* ebenso. Mit diesem Applaus war man sich selber ein paar Minuten lang zehn Jahre voraus und gab seine Zustimmung zu der soeben erlebten rhetorisch glanzvollen Antizipation einer möglichen deutschen Normalisierung.*

Was danach kam, war, um das mindeste zu sagen, eine Phase der Verwirrung. Am verständlichsten war vielleicht die scharfe Reaktion des damaligen Vorsitzenden des Zentralrats der Juden in Deutschland, Ignatz Bubis, der aus dem klaren Auftrag seines Amts heraus vor den möglichen Gefahren einer Selbstexkulpation der Deutschen warnte, die sich hinter dem Vorwand der Normalisierung verbergen könnte. Sein bitterböses Wort von der »geistigen Brandstiftung«, das man seit Frisch hierzulande nicht nur auf Biedermänner anwendet, hat er später widerrufen und Walser integre Absichten trotz mancher »mißverständlicher Formulierungen« zugestanden. Die anklagende Übertreibung, zu der Bubis Zuflucht nahm, hatte den Vorzug, daran zu erinnern, daß zwischen Deutschen und Juden auf sehr lange Zeiten keine Normalisierung im Sinne von Vergessen und Vergeben eintreten kann, schon gar keine von deutscher Seite verordnete. Hellhörigkeit gehört zu den moralischen Privilegien und Pflichten derer, die für die Seite der Opfer zu sprechen haben – und etwas überhellhörig mag Bubis im kritischen Augenblick gewesen sein.

Eindeutig bestürzend war hingegen, was auf der deutschen Seite des Tumults um die Walser-Rede zu beobachten war. Wollte man sich in positivem Denken üben, könnte man auf die unter Homöopathen gängige Formel zurückgreifen, die Krise stehe oft im Dienst der Genesung. Am bedenklichsten an der Meinungsorgie, die sich an den Zusammenstoß zwischen Bubis und Walser anschloß, war die starke Entdifferenzierung, durch die das kulturtragende Prinzip, wonach erworbene Verdienste nicht verfallen, vorübergehend außer Kraft gesetzt wurde. Das Prinzip des Skandals ist stets die Enteignung der Wahrnehmung durch die Paraphrase, und seine Vollzugsform ist die

---

* Man kann die Rede und den darauf folgenden Streit darüber nachlesen in der von Frank Schirrmacher herausgegebenen voluminösen Dokumentation *Die Walser-Bubis-Debatte*, Frankfurt 1999.

Vernichtung des Wortlauts durch das Gerücht. Daß Walser über Jahrzehnte hin einer der fleißigsten Arbeiter im Weinberg der deutschen Metanoia gewesen war, schien bei seinen Anklägern wie über Nacht vergessen. Auch daß er in der Paulskirche in einem rhetorisch nuancierten, subjektiven Modus gesprochen hatte, spielte nun keine Rolle mehr. In einem Rausch des tendenziösen Lesens im Nicht-so-Gesagten und des quälfreudigen Festhaltens am leicht bereinigbaren Mißverständnis warf man ihm vor, er habe Deutschland insgesamt von seinen Erinnerungspflichten losbinden wollen, indessen doch jedem, der hören und lesen konnte, sofort deutlich war, daß der Autor ausschließlich eine bestimmte, stark ritualisierte, um nicht zu sagen mechanisierte Form pseudo-metanoetischer deutscher Schuldlustrhetorik für kontraproduktiv erklärte (was die Angesprochenen naturgemäß zu einer zusätzlichen Probe provozierte). Indem Martin Walser, dem *in puncto* »Hinsehen« kein Zeitgenosse etwas voraushat, die Erinnerung an den von deutschen Akteuren zu verantwortenden Schrecken wieder nachdrücklicher ins innere Forum der Einzelnen legen wollte, plädierte er für eine Form der Metanoia, die sich dem Geschehen authentischer zuwendet, als jede noch so gut gemeinte Denkmalpflege es vermöchte. Ob er damit den Ansprüchen der Gedächtnispolitik unter ihren öffentlichen Veranstaltungsformen gerecht wurde, mag offen bleiben (er selbst hat die Berechtigung offizieller Erinnerungsakte und förmlicher Symbole später etwas deutlicher zugestanden) – die Walsersche These jedoch, es könne ohne innere Vergegenwärtigung keine ernsthafte, durchs Gewissen gehende Befassung mit den Schrecken deutscher Verbrechen geben, bildet ein notwendiges Korrektiv gegen die Selbstläufigkeiten der veranstalteten Erinnerung.

Nachdem sich die Wellen etwas geglättet haben, ist zu hoffen, daß die Aktivisten der Anklage, namentlich die nicht-jüdischen, irgendwann ruhig und redlich genug sein werden, einen zweiten Blick auf die Affäre zu werfen. Das deutsche Feuilleton, das damals Schuld auf sich geladen hat, indem es seinen gewöhnlichen skandalsüchtig imitativen Reflexen folgte, täte in der jetzigen Entspannungsphase gut daran, darüber nachzudenken, ob nicht zwischen den Namen Martin Walsers und Benedikts XVI. ein Zusammenhang besteht, der es verdient, explizit gemacht zu werden. In meiner Sicht existiert dieser tatsächlich, und er ist, sobald man ihn aus einem geeigneten Blickwinkel ansieht, transparent genug. Beide Namen stellen nachgewachsene deutsche Integritätssymbole dar, die durch bemerkenswerte Lebensleistungen in der Ära nach 1945 begründet sind. Hinsichtlich ihrer Interessen, Themen und Tendenzen könnten sie nicht divergenter sein. Dennoch stehen sie nebeneinander und miteinander – zusammen mit anderen Namen wie Heuss, Niemöller, Adorno, Dahrendorf, Willy Brandt, Weizsäcker, Grass, Kluge und Enzensberger – für nicht weniger als die Tiefenerholung der deutschen Nachkriegszivilisation. Wenn der Papstname im Lande gegenwärtig heller leuchtet als der Schriftstellername, so unter anderem deswegen, vom astralen Mehrwert der Papstposition abgesehen, weil man sich mancherorts noch immer gegen das Offensichtliche sträubt: Man kann einem Autor von der Balzac analogen Statur Walsers vielleicht für die Dauer einer Krise, aber nicht längerwährend einen Vorwurf daraus machen, daß er zehn oder zwanzig Jahre zu früh auf seine gewiß sehr eigensinnige südwestdeutsche Weise die Wahrheit gesagt hatte – man nehme das Wort Wahrheit hier wie anderswo zu den Bedingungen, die unserem Wissen vom Dasein in Perspektiven entsprechen.*

Was diese mentalitätsgeschichtlichen Überlegungen für das künftige Verhältnis zwischen Deutschen und Franzosen bedeuten, liegt auf der Hand. Mit der sich vollendenden Wandlung Deutschlands zu einer metanoetisch stark durchgearbeiteten und zivilisatorisch einigermaßen regenerierten Nation sind die Zeiten zu Ende, in denen schon die Wendung »deutsche Interessen« als ein Rückfall in Denkformen der NS-Zeit galt. Wenn es ein halbes Jahrhundert lang im deutschen Interesse lag, so wenig wie möglich Interessen zu zeigen, so kann die Zukunft des Landes nur in einer Rückkehr zu einer gemäßigten Affirmativität liegen. Diese wird im übrigen von den auslän-

---

* Auch von den gegen Walser erhobenen Vorwürfen anläßlich seiner Satire auf Marcel Reich-Ranicki in *Tod eines Kritikers* bleibt nach Überprüfung des Wortlauts nur die Einsicht in deren Gegenstandslosigkeit – und in die Eigendynamik der Antisemitismus-Hellseherei – zurück.

dischen Partnern der Deutschen erwartet, weil man sich im Feld der Politik auf den berechenbaren Egoismus jedes einzelnen Mitspielers und Gegenspielers verlassen können will, in der EU wie in der übrigen Welt.

Deutschland ist tatsächlich schon seit einer Weile dabei, seine Übergangsrolle als Idiot der europäischen Familie abzulegen und sich zu einem gewöhnlichen politischen Egoisten zu entwickeln. Man tritt niemandem zu nahe, wenn man feststellt, daß es sich hierbei von Frankreich eine Menge abschauen kann.

Es mag nun den Anschein haben, als hätte ich in dieser psychopolitischen Betrachtung die metanoetische Bilanz einseitig zugunsten der deutschen Seite gezogen und Frankreich als Nährboden für zwei massive Lebenslügen getadelt. Ich möchte diesem Eindruck nicht widersprechen, jedoch durch eine zusätzliche Bemerkung für eine ausgeglichenere Evaluierung sorgen. Tatsächlich kehren sich die Pole von Nachkriegswahrheit und Nachkriegslüge zwischen den beiden Ländern um, sobald man an den sensitiven Punkt der deutschen wie der französischen Staatsraison rührt. Ich spreche von der Neudefinition der militärischen Funktionen in beiden Ländern nach den Niederlagen von 1940 bzw. 1945. In diesem Punkt ist festzustellen, daß Frankreich aus seiner Lebenslüge eine Wahrheit gemacht hat, insofern es sich als verteidigungswillige und verteidigungsfähige Nation zu neuer Aufstellung brachte. Deutschland hat aus der Wahrhaftigkeit seiner Metanoia eine Lüge gemacht, da es seine totale Abhängigkeit von der militärischen Schutzfunktion anderer wie eine moralische Leistung vor sich her trägt. Die Deutschen neigen zu der Überzeugung, sie hätten aufgrund ihrer vergangenen Verbrechen einen höheren Anspruch darauf erworben, in einer Welt zu leben, in der es keine Kriege gibt. Hieraus ist ein Syndrom der anmaßenden Schwäche entstanden, das kommenden Prüfungen nicht standhalten kann. So bleibt abzuwarten, ob und wie auch in diesem basalen Segment der Neuregelung des kulturellen Decorums auf deutscher Seite eine Normalisierung im realistischen Sinn erfolgen wird.

QUELLE: Peter Sloterdijk: Theorie der Nachkriegszeiten. Bemerkungen zu den deutsch-französischen Beziehungen; © Suhrkamp Verlag Frankfurt am Main 2008

CARL J. BURCKHARDT (1891–1974)

Carl J. Burckhardt kommt am 10. September 1891 als Sohn des Staatsrates Professor Carl Christoph Burckhardt in Basel/Schweiz zur Welt. Nach Schul- und Studienjahren u. a. in Basel, München, Göttingen und Zürich wird er dort 1929 an der Universität Zürich zum Professor für Neuere Geschichte berufen. 1926 heiratet er Elisabeth de Reynold.

Neben seinem Wirken als Historiker und Essayist ist er ab 1937 als vom Völkerbund bestellter Hoher Kommissar der Freien Stadt Danzig tätig. Von 1944 bis 1948 ist er Präsident des Internationalen Komitees des Roten Kreuzes und bis 1949 Gesandter in Paris.

In seinen weiteren Lebensjahren konzentriert er sich auf sein literarisches Schaffen, u. a. auf die Fertigstellung seines Hauptwerkes, eine Biographie über Richelieu und »Meine Danziger Mission 1937–1939«. 1954 wird ihm der Friedenspreis des Deutschen Buchhandels verliehen.

CARL J. BURCKHARDT

HEIMAT

Ich bin hier, um zu danken. Danken zu dürfen in der eigenen Sprache ist für denjenigen, der oft von ihr getrennt ist, eine Freude eigener Art; diese Freude wird noch vertieft, wenn die Stätte, an der man sich zu diesem Danke einfinden darf, einen so vertraut empfängt. In der Tat, wenn ich den Boden der alten Stadt Frankfurt betrete, erfüllt mich heimatliches Empfinden. Unzählige Male seit der Knabenzeit habe ich im Geiste den »Osterspaziergang« mitgemacht, und immer hat er mich durch die Gassen Ihrer Stadt und vor ihre Tore an den Main geführt.

Heimat ist ein Wort, das unser Sprachgeist geschaffen hat, das in andern Sprachen nicht zu finden ist und das völlig andere Gefühle weckt, stillere, stetigere, zeit- und geschichtslosere, als das leidenschaftliche Wort Vaterland. Wir verlassen die Heimat, um uns hinaus in die Fremde zu begeben. Wo endet Heimat, wo beginnt das Unvertraute, das andere? Bei jedem neuen Menschen, der uns begegnet, stellt sich die Frage: Wie weit reicht seine Heimat, wo vermag er wirklich zu Hause zu sein? Jede Bemühung um Selbsterkenntnis wie um Kenntnis der andern schließt diese Frage ein. Ihre Beantwortung lehrt uns, daß gerade dort, wo das Heimatgefühl das allerweiteste ist, die Grenzen des wirklich Fremden und Nichtentsprechenden am deutlichsten gezogen sind.

Wie berührt uns die milde Gewalt der Heimat in der Odyssee, im Beginn unseres europäischen Lebens, in dem Gedicht, durch dessen Geschehen sie als zwingende Mitte hindurchwirkt und wo alles, was geschieht, durch das Streben nach Heimat ausgelöst wird, durch Überwindung der Widerstände, die sich dem Heimkehren entgegensetzen. Und doch will es der Tiefsinn dieses Gedichtes, daß Odysseus am Ende seiner Fahrten aus der Erfüllung der Heimkehr als endlich Zurückgekehrter ganz zuletzt wieder aufzubrechen hat, um sich eine neue Heimat zu schaffen. Woraus wird er sie schaffen? Aus dem unbeirrbaren Sinn für das Heimatliche, für das Gemäße, das er in sich trägt. Im Gemäßen fest zu wurzeln und zugleich das Gemäße ständig zu schaffen, ist das Wesen der Persönlichkeit. Jede wahre Persönlichkeit besitzt ein schöpferisches Heimatgefühl, auch wenn sie ihre ursprüngliche Heimat längst verlor. Wie unvergleichlich ist dieses schöpferische Heimatgefühl gegenwärtig in Virgils Aeneis, der Dichtung, welche die ungeheure Epoche unserer Geschichte abschließt, die mit Ilias und Odyssee beginnt. Der Held Virgils, Aeneas, zieht mit seinen Larengöttern von Ländern zu Ländern, dem Fremden, dem Nichtgemäßen wird er immer wieder entrissen, auch wenn es noch so lockend wirkt, er wird geführt dorthin, wo seine Götter das ihnen gemäße Erdreich für die Schaffung jener größeren Heimat finden werden, aus welcher das Römische Reich hervorwachsen wird. Diese führenden Götter sind ein Teil von Aeneas' Seele. Indem sie ihn führen, nicht irgendwohin, sondern an vielem vorüber und zu einem ganz bestimmten Ziele, befreien sie ihn vom Zufall und schenken ihm die Freiheit der Wahl. Er wählt den Ort, der seine Heimat sein wird, und somit den Ort des tiefsten Vertrauens, der tiefsten Ruhe, den Ort, der die Ruhe des Vertrauens schenkt. Wohl demjenigen, der das Maß und die Freiheit des Aeneas besitzt, den untrüglichen Sinn für das ihm Zugehörige, das ihm Entsprechende, eben das Heimatliche. Auf unserm Lebenswege liegt vorerst alles drüben, jenseits der Hügelkämme und der Gebirge, die zu übersteigen sind. Dort liegt das Wunderbare, das Furchtbare, die Öde und die fruchtbare Erde. Später dann hat man auf seinem Wege vieles hinter sich gebracht, und der Wanderer hat sich angeeignet, was ihm entspricht. Vieles, wenn er mutig ist, wenig, wenn die Angst ihn am Wählen hindert. Eng ist die Heimat desjenigen, der sich durch die Furcht beraten läßt, durch das Mißtrauen. In der Tat, für wieviel Armut und Enge, für wie viele Untaten und Friedensbrüche ist die Furcht verantwortlich, wie endgültig vermag sie es, unser Vertrauen zu zerstören, es in Enttäuschung und Zorn umzuwandeln und durch Fehlleistungen unsere Heimat endgültig aufs Spiel zu setzen. Dem Menschen, der ohne es zu wissen in der Furcht lebt, ist alles fremd, was ihn umgibt, wenn seiner aber viele werden, so stehen sich zwei fremd empfindende Gruppen gegenüber, und schon heben Furcht und Mißtrauen an, die Abwehr wird vorbereitet, und alsbald erscheint diese Vorbereitung der Abwehr als Drohung, wie von doppelten Spiegeln wird die Furcht hin- und zurückgeworfen in drohenden Bildern. Einst war die Welt sehr weit und voll von unbekannten Gefahren. Heute ist die äußere Welt überblickbar, die Gefahren sind nicht kleiner geworden, sondern größer. Aber auch diese Gefahren sind uns jetzt bekannt, sind unserm Vorstellungsvermögen zugänglich geworden, und auch mit diesen Gefahren können wir somit vertraut werden. Dieses Vertrautsein mit der Gefahr aber ist nichts anderes als das Wesen des wirklichen Mutes, im Unterschied zu der blinden Kühnheit, die die Gefahr nicht sehen will, oder gar zur Tollkühnheit, die die Ausgeburt der Furcht ist. Der wahre Mut und sein Vertrautsein mit allen Schrecken ist die Grundbedingung besonnenen Handelns, Besinnung heißt Freiheit und wiederum richtige Wahl im Nehmen und im Geben. Wahl vor allem der Mittel, durch welche wir die eine wie die andere unserer Haltungen für die andern verständlich und annehmbar machen. Besonnener Mut ist ebensosehr Grundbedingung jedes sittlichen Handelns wie Grundbedingung jedes reifen Umgangs mit Menschen und somit Bedingung der schwersten und verantwortungsvollsten aller Künste, der Politik.

Nun ließe sich ein Zustand denken, der hin und wieder den Verfassern der großen Utopien vorschwebte, ein Zustand, in welchem keine Politik mehr nötig wäre, weil die Welt so vertraut, so offen, so heimatlich geworden wäre, keine Furcht und kein Mißtrauen mehr kennen würde. Aber dies wäre das wiedergewonnene Paradies, und wir sind weiter denn je von ihm entfernt. Weiter denn je, weil wir die Gewohnheit angenommen haben, durch äußere Gegensätze und Spannungen zu leben, weil wir meinen, Kraft und Leistung ließen sich nur aus der sichtbaren Spannung gewinnen. Dies ist eine eminent europäische Haltung, aus europäischen Erfahrungen gewonnen, und sie wird heute auf die ganze Welt übertragen. Indem wir aber gelernt haben, das Hervorspringen jeder Kraft nur aus äußerlich Gegensätzlichem zu erwarten, haben wir die allerhöchste Kraft verloren, jene, die aus Einklang und Übereinstimmung entsteht. Die Kraft, welche sich nicht an äußeren Wider- ständen bildet, sondern an der Überwindung unserer inneren Gegensätze, der Gegensätze in uns selbst, die entspannte Kraft auf den höchsten Stufen, die Kraft der Weisheit, von welcher Heraklit gesagt hat, daß sie in uns entstehe durch das Zusammenwirken des Gegensätzlichen in uns selbst wie bei Bogen und Saite der Leier. Wenige haben den Preis dieser Weisheit, haben dieses entspannte, vertrauensvolle Offensein vor dem angeblich Fremden in so vollständiger Weise erreicht wie der größte Sohn der Stadt Frankfurt, welchen wir sagen hören: »Es gibt eine Stufe, wo man gewissermaßen über den Nationen steht und man ein Glück und Wehe seines Nachbarlandes empfindet, als wäre es dem eigenen begegnet.« So kann nur einer reden, der unendlich sich andrängenden Stoff, das Fremde überwindend, sich einverleibt hat, ihn heimatlich werden ließ. Wir können ihm nur von ferne nachstreben, jeder in seiner Weise.

Jeder von uns tritt seinen Weg unter Voraussetzungen an, die alles Spätere mitbestimmen. Am heutigen Tage darf ich vielleicht in diesem Zusammenhang ein kurzes Wort über mich selbst sagen: Ich bin in freier Landschaft, auf der Flanke eines der letzten Ausläufer des Jura über der weit aufgetanen Rheinebene aufgewachsen, vor dem täglichen Blick auf den fernen Stromlauf, auf Schwarzwald und

Vogesen. Im Jahre 1896 sagte mein Großvater einmal zu mir, als wir das Versinken der Sonne hinter den Vogesen-Kämmen betrachteten: »Dort läuft die Grenze.« Das war damals ein harter Schnitt in die heimatliche, tiefvertraute Landschaft täglichen Anblicks, der Einbruch geschichtlicher, unheimlicher Mächte in eine übergeschichtliche seelenhafte Einheit frühester Lebenszeiten.

Zum anderen Teile bin ich in einer ehemaligen Reichsstadt aufgewachsen, in welcher das Herkommen ungebrochen wirkte, weil sie durch ihre schon vierhundertjährige Zugehörigkeit zu meinem Vaterland, der Eidgenossenschaft, dem Drängen und Zerren gewaltiger, aus den Abgründen des Fremdseins einander entgegenwirkender Weltkräfte entrückt war. Das war der geschichtliche Zufall meiner Voraussetzung.

Immermann hat einmal gesagt, überall, wo er noch auf Spuren des alten Reiches gestoßen sei, habe es ihm das Herz bewegt. So erging es auch mir lebenslang. Jenes alte Reich, das sich niemals völlig verwirklicht hat, ist nicht mehr, und wir sollen nicht zurückschauen und sollen ihm nicht nachtrauern, wir dürfen jedoch an die Kraft des Gedankens glauben, der einst jene ehrwürdige Form entworfen hatte, um uns die Mahnung zu hinterlassen, immer wieder nach neuen Formen friedlicher Gemeinschaft zu streben.

Bisweilen vernehmen wir diese Mahnung wie den tiefen Ton kontrapunktischer Klangsetzung: Im September 1939 war ich in Reval, ungewiß über den Weg, den ich zu meiner Rückkehr in mein Vaterland würde einzuschlagen haben. Angesichts des unmittelbar drohenden Einbruchs des Ostens in die baltischen Länder saß ich eines Tages voller Unruhe auf der die Stadt krönenden Terrasse vor dem Dom. Am Tage des Kriegsbeginns, am 1. September, hatte ich Danzig verlassen, Hoffnung und Vertrauen waren gebrochen worden, und dennoch, an jenem Tage in Reval, aller schmerzlichen Erfahrung, harten Einsicht und tiefen Befürchtung entgegen, umfing mich plötzlich auf jenem unvergeßlichen, hochgelegenen Kirchplatz mit unwiderstehlicher Kraft das Gefühl des Heimatlichen: Ich befand mich in einer alten Reichsstadt.

Reichsstädte: Mein Großvater mütterlicherseits lebte in Genf und somit in einer anderen einstigen Reichsstadt. In Genf traf für denjenigen, der die nach den Tiefen hin getürmten Schichten jahrtausendalten Geschehens zu spüren vermag, französische, germanisch-burgundische und sardisch-italienische Welt zusammen. Von Kind auf wurde mir in Genf unsere andere Landessprache, das Französische, vertraut, fast so vertraut wie die eigene, die mir auf dem an Überraschungen und Geschenken so reichen Umweg über die alemannische Mundart, die Sprache Johann Peter Hebels, zufloß.

Mit den ersten Worten begann für mich das Gespräch. Über die segensvollen Möglichkeiten seiner Wirkung wurde vor einem Jahr, hier an dieser Stelle und in Ihrer Mitte Unvergeßliches ausgesagt: Das Gespräch, das alles an uns heranträgt, alles anbietet und auch das Gegenteil von allem, und in dessen Mitte wir zu bestehen haben, innerhalb der Grenzen unseres Vertrauens, der strengen Freiheit unserer Wahl. Worte, gesprochene und geschriebene, vermitteln uns die Kenntnis der Natur, gewesenes und zeitgenössisches Denken, vergangenes und gleichzeitiges Geschehen und auch vorerst totgesagtes, unvertrautes Sprachgut, das für jeden von uns auch heute noch zu einer weiten Heimat zu werden vermag. Durch Anschauung werden wir gebildet, durch Worte erzogen, zwischen dem »Du sollst« und dem »Dir ist versagt«, das uns von außen zugerufen wird, wirkt unsere Erziehung nur bis dort, wo wir ihr Angebot annehmen, und damit wären wir wieder beim Gemäßen angelangt. Aus dem uns Gemäßen bauen wir unser Wesen, bauen wir unsere innere Heimat auf, aus unserer Wahl sind wir zu erkennen.

Einst sprach ein nach Europa Zurückgekehrter sich mir gegenüber aus: Er hatte lange in New York gelebt, aber er stammte aus einer größeren, norddeutschen Stadt; zum erstenmal betrat er den alten Kontinent nach dreißig Jahren wieder, er landete in Genua. Abends, in den engen Gassen des Hafenquartiers, saß er vor einer Schenke, und um ihn herum rauschte die Menge, von den Schiffen her und eilig getrieben wieder nach andern Schiffen hin – die Menge, so wie sie Nietzsche in Genua einst gesehen und in seinen Gedanken an den Tod im Aphorismus 278 des IV. Buches seiner »Fröhlichen Wissenschaft« begriffen und beklagt hat; plötzlich, in dieser Menge, zogen drei junge Burschen vorbei, sie sangen, und sie sangen Verse aus Ariosts »Orlando furioso«. In jenem Augenblick, so erzählte mir dieser Heimkehrer, habe er sich, mit einem Male bis zu Tränen überwältigt, wieder in der Heimat gefühlt, in dieser Fülle sei das Heimatliche nie wieder in ihm ausgebrochen, auch nicht als er die Straße, in der er einst seine Kindheit verbracht, und das Haus, in dem er bis zu seinem zwanzigsten Jahre gewohnt hatte, wieder betrat.

Es ist uns vieles gelehrt worden, aber wir wissen das Gelernte, ohne es zu lieben. Das historische Denken, das so viele Europäer veranlaßt, aus einem Arsenal falsche Argumente zu entleihen, sich an längst verklungenem Pathos frostig zu steigern, ist jenem erschütternden Begegnen uralter Heimat, wie es dieser Zurückgekehrte erlebte, völlig entgegengesetzt, denn bei ihm handelte es sich nicht um Kenntnisse, sondern um ein Wiedererkennen auf den Wellen stärksten Gefühls, um eine Offenbarung der Zugehörigkeit.

Wer von uns hätte dieses Wiedererkennen nicht erlebt, das Wiedererkennen des Tiefvertrauten, des Zugehörigen: einst trat ich zu früher Stunde aus einem ostpreußischen Wald, vor die nebelbrauende Ebene, aus welcher dunkel zwischen den Schilfgärten eine schwarze Seefläche spiegelte. »Dort liegt Mohrungen«, sagte plötzlich der Mann, der mich begleitete, und er streckte die Hand ins Ungefähre des Nebelmorgens. Mit einem Male waren mir Wald und östliches Flachland vertraut und liebenswert für immer. Mohrungen, das war Herders Geburtsort, und ich glaubte in jener Morgenstille die »Stimme der Völker in Liedern« zum Chor vereint zu hören, jene herrliche Weltoffenheit eines unserer großen Geister auf Sekunden leuchtend zu erfahren, und von diesem Augenblicke an ist mir jenes ostpreußische Land auch zur Heimat geworden. So war es je und je, auch damals, als ich zum erstenmal in die goldene Schale, die fruchtbare Ebene der Champagne hinunterstieg und mir wie mit einem Schlage alles gegenwärtig war, was jemals aus dieser großen Landschaft kommend auf mich eingewirkt hatte: die Fabliaux, der höfische Roman, die Chansonniers, sodann Villehardouin und Joinville, die herrlichen Memoiren von Fleurange, Jacques Gillots Pamphlete und der quellklare Lafontaine. Damals dachte ich auch an die katalaunischen Felder, die Felder von Châlons, auch an jene Jungfrau, die ihren König zur Krönung nach Reims führte, aber auch an Cäsar und den Prinzen Eugen.

Wie oft erfuhr ich dies in Italien, in Spanien, wo ich das mir so vertraute Österreich schon spürte, und die portugiesische Erde hätte ich gerne umarmt wie Wilhelm der Eroberer die englische, als ich während des letzten Krieges von einem Flug über den Atlantik auf unserm Kontinente landete.

Unlösliche Bindungen der Treue und Dankbarkeit lassen uns unserm Vaterlande angehören. Dies steht als ein Bestandteil unseres Schicksales fest. Unsere innere Heimat aber können wir in Freiheit täglich erweitern und vertiefen, immerzu können wir das Fremde und scheinbar Feindliche auflösen und mit seinem Wesen vertraut werden. Jeder wirklich große Gedanke, der innerhalb der Nation gedacht wird, je reiner, je ungetrübter sein heimatlicher Ursprung ist, wird universal werden. Universal ist das philosophische Denken, die wahre Wissenschaft, die Musik und die große Kunst, und das schöpferische Wirken des Geistes ist das einzige, dem Menschen gegebene Mittel, in alle Weiten vorzudringen, diese Weiten mit unserer eigensten Art, mit unserm heimatlichen Wesen zu durchdringen. Mit den heimatlichen Werten, den uns völlig vertrauten, die, wenn wir irgendwo in der Welt auf sie stoßen, uns ergreifen, wie dies jenem Zurückgekehrten in de n Gassen Genuas geschah.

Dieses Vordringen durch Erlebnis, Erfahrung und Vergeistigung ist nichts anderes als dasjenige, was Goethe unter lebendiger Bildung verstand, die so ferne ist von dem toten Herbeibringen ungeliebter Begriffe, ungeliebten Materials, die nutzlos gehäuft oder schließlich nur zur Beschwerung kurzlebender, polemischer Argumente und gegensätzlicher Theorien gebraucht werden. Gemeinsamer geistiger Besitz, immer wieder neu begonnen, nach strenger Wahl erlebt, erfahren ohne Anhauch trügerischer, sentimentaler Verständigungsformeln, lebende Bildung als ein gemeinsamer Lebensstrom mit seinen Schroffen und Wasserstürzen, dahinströmend in Licht und Dunkel, unter den Wettern und unter gestillten heitern Himmeln, aber immer strömend und an seinen beiden Ufern eine Heimat schaffend für jene, die es wagen, diesen Strom zu befahren.

Genug der Bilder von der schon langen Fahrt. Indem ich es wage, hier an dieser Stätte meinem Dank und meiner Verbundenheit Ausdruck zu verleihen, indem ich das große Gefühl einer uns allen ge-

Teilnehmer der Menschenkette »Baltischer Weg«
In den von der Sowjetunion besetzten baltischen Ländern Litauen, Lettland und Estland bildeten die Menschen am 23. August 1989 eine zusammenhängende Menschenkette über 600 km von Tallinn (Reval) über Riga nach Vilnius (Wilna) als Zeichen ihres unbeugsamen Wunsches nach Freiheit und Unabhängigkeit. Anlass war der 50. Jahrestag des Hitler-Stalin-Pakts, nach dessen geheimen Zusatzprotokoll Estland, Lettland und Litauen an die Sowjetunion fielen und die dortige seit 700 Jahren lebende deutsche Bevölkerung in den Warthegau (1815–1919 Regierungsbezirk Posen) umgesiedelt wurde. Wider Erwarten wurde die Kette nicht durch sowjetische Panzer auseinandergerissen. Die Menschenkette stand in engem Zusammenhang mit der von dem damaligen Generalsekretär des Zentralkomitees der Kommunistischen Partei der Sowjetunion Michail Gorbatschow vollzogenen Aufgabe der sowjetischen Vormachtstellung in Ost- und Mitteleuropa.

meinsamen Heimat aufrufe, weiß ich, Herr Bundespräsident, daß Sie nicht nur als unser nächster Nachbar, als Württemberger, die Sprache der Denker und Dichter und auch die nüchterne Alltagssprache, den reinigenden, befreienden Humor verstehen, der zu unserer ursprünglichsten Heimat gehört, daß wir uns somit fast ohne Worte heimatlich verständigen, nein, ich weiß auch, daß Sie in der schweren Geschichte Ihres Landes dastehen als einer, der die Sprache der andern vernimmt, ihr Wesen erkennt auf dem Wege jener wirklichen, jener erlebten Erfahrung, jener Vergeistigung, die uns die weise Gabe der Geduld verleiht, bisweilen auch durch das Mittel des Humors.

Und Sie, meine verehrten Damen und Herren von der deutschen Verlegerschaft und vom deutschen Buchhandel, Ihnen habe ich zu danken: einmal weil Sie mir die große und unverdiente Vergünstigung zuteil werden ließen, am heutigen Tage an dieser Stelle zu stehen, und sodann weil Sie selbst an vorderster Stelle am Erschließen jener geistigen Heimat wirken, deren Grenzen immer weiter werden sollen, ohne daß jemals das Ungemäße, das wirklich Fremde, das Wesen des Unbehausten, des »Heimatlosen ohne Zweck und Ruh« einzudringen vermöge.

QUELLE: Carl J. Burckhardt: Heimat. Dankesrede anlässlich der Verleihung des Friedenspreises des Deutschen Buchhandels 1954, herausgegeben vom Börsenverein des Deutschen Buchhandels e. V., Frankfurt am Main 1954

ANGELA MERKEL (* 1954)

Angela Merkel wird am 17. Juli 1954 als Tochter des evangelischen Theologen Horst Kasner und seiner Frau Herlind geb. Jentzsch in Hamburg geboren. Der Vater übernimmt kurz danach eine Pfarrstelle im brandenburgischen Quitzow, und 1957 zieht die Familie nach Templin.

Während ihres Physikstudiums in Leipzig heiratet sie ihren Kommilitonen Ulrich Merkel. Die Ehe wird 1982 kinderlos geschieden. Von 1978 bis 1989 arbeitet Angela Merkel am Zentralinstitut für physikalische

Chemie in Ost-Berlin. 1984 heiratet sie den Quantenchemiker Joachim Sauer. Mit dem Fall der Mauer beginnt ihr politisches Engagement beim Demokratischen Aufbruch (DA), der später mit der CDU fusioniert. Ihr politischer Weg wird von unterschiedlichen Förderern begleitet. Unter Bundeskanzler Helmut Kohl wird sie 1991 Bundesministerin für Frauen und Jugend. 1989 wird sie Generalsekretärin der CDU und 2000 Bundesvorsitzende. Seit 2005 ist sie in unterschiedlichen Regierungskoalitionen Bundeskanzlerin der Bundesrepublik Deutschland.

Ihre politische Karriere verdankt Angela Merkel ihrer persönlichen Integrität und der Fähigkeit, das jeweils Machbare unter Berücksichtigung langfristiger Ziele zu erkennen. Hierzu gehört auch ihre Vision von Europa, für die ihr 2008 der Internationale Karlspreis verliehen wurde.

ANGELA MERKEL

REDE ZUR VERLEIHUNG DES INTERNATIONALEN KARLSPREISES

Sehr geehrter Herr Staatspräsident, lieber Nicolas Sarkozy,
Exzellenzen,
sehr geehrter Herr Oberbürgermeister,
sehr geehrter Vertreter des Karlspreis-Komitees,
sehr verehrte Karlspreis-Trägerinnen und -Träger,
meine Damen und Herren!

Je te remercie, cher Nicolas, de tout cœur pour tes si gentilles parolles qui m'ont très, très touché.

Lieber Nicolas, es ist mir eine besondere Freude, dass Du heute hier in Aachen die Laudatio gehalten hast. Du hast in einem nicht einfachen Wahlkampf Frankreich mit Ehrlichkeit und Klarheit zurück in das Herz Europas geführt. Dafür Dir ein ganz herzliches Dankeschön! Frankreich hat Deutschland während seiner Präsidentschaft sehr unterstützt. Ich möchte Dir heute sagen: Wenn Frankreich in der zweiten Hälfte dieses Jahres die europäische Präsidentschaft innehaben wird, dann wird Deutschland auch Frankreichs Arbeit zum Wohle Europas aus ganzem Herzen unterstützen.

Das ist hier heute auch der Ort, mich bei meinen anderen europäischen Kollegen, von denen viele heute hier sind, was mich besonders freut, ganz herzlich zu bedanken. Sie alle haben einen Anteil daran, dass ich heute den Internationalen Karlspreis in Empfang nehmen kann. Für diese Ehre sage ich dem Karlspreis-Direktorium meinen aufrichtigen Dank.

Wenn ich mir die lange Liste der bisherigen Karlspreis-Träger vor Augen führe, dann bin ich mir auch der großen Ehre bewusst, die mir mit dieser heutigen Auszeichnung zuteil wird. Ja, ich glaube, sagen zu können: Es ist eine besondere Auszeichnung. Aber ich sage auch: Wenn ich heute diesen Preis bekomme, kommt es letztlich nicht darauf an. Das Wichtigste ist, dass wir die Auszeichnung so wie der Initiator des Karlspreises, Dr. Kurt Pfeiffer, verstehen sollten – nämlich als Verpflichtung. Es ist eine Verpflichtung, die sich seit der ersten Preisverleihung 1950 zwar gewandelt, die aber nichts an Aktualität verloren hat. Denn »Freiheit, Menschlichkeit und Frieden« – nach Kurt Pfeiffer »die höchsten irdischen Güter« – sind auch in einem enger zusammenwachsenden Europa immer wieder aufs Neue zu hegen und zu pflegen.

Sicherlich: Vor mehr als 50 Jahren sah man sich dabei anderen Herausforderungen gegenüber als heute. Dementsprechend stehen natürlich auch die Preisträger für die verschiedenen Phasen der Europa-Debatte und der europäischen Integration. So unterschiedlich ihr jeweiliges Wirken auch gewesen sein mag oder ist, so eint sie alle doch das gemeinsame Ziel der Völkerverständigung und eines friedlichen Zusammenlebens in Europa. Ich sage: Hier reihe ich mich in aller Demut sehr, sehr gerne ein.

Konrad Adenauer hat in seiner Dankesrede zur Karlspreisverleihung 1954 gesagt – ich zitiere: »Gerade in Aachen wird man die Mahnung verstehen, dass Europa uns heute Schicksalsgemeinschaft ist. Dieses Schicksal zu gestalten ist uns übergeben.«

In der Tat: Europa war, ist und wird unser gemeinsames Schicksal sein. Den Willen, Europa zu gestalten, haben wir, die Mitglieder der Europäischen Union, im vergangenen Jahr bewiesen. Gemeinsam haben wir die Grundlagen der Europäischen Union erneuert. Damit sind wir auf dem besten Weg, unser gemeinsames Ziel zu erreichen, das wir uns im vergangenen Jahr zum 50. Jahrestag der Unterzeichnung der Römischen Verträge gesetzt haben: Wir wollen die Lähmung der Europäischen Union vor den Wahlen zum Europäischen Parlament 2009 beenden. Ich hoffe, dass uns dies wirklich gelingen kann.

Europa hat allen Grund, selbstbewusst in die Zukunft zu blicken. Gewiss, man muss nicht aus dem Nähkästchen plaudern, um zu sagen, dass die Verhandlungen über den Vertrag von Lissabon keineswegs immer reibungslos verlaufen sind. Das wäre in einer Gemeinschaft von 27 Ländern auch geradezu unnatürlich. Aber dass wir im Ernstfall, wie eben auch im letzten Jahr, immer wieder zu einer Einigung gekommen sind – diese Kraft ist für Europa lebenswichtig.

Wir sollten uns ab und an fragen: Was macht denn diese Kraft eigentlich aus? Woher kommt diese Kraft, dass wir uns im entscheidenden Moment doch immer wieder einigen können? Der französische Soziologe und Philosoph Edgar Morin stellte einmal fest – ich zitiere: »Außerhalb von Europa fühlt man sich als Europäer, und anderswo in Europa fühlt man sich zu Hause.«

Ich glaube, er hat Recht. Zwar mögen wir immer wieder gegensätzliche Ansichten im Detail hegen, doch in grundsätzlichen Fragen einen uns feste Bande. So bin ich tief davon überzeugt, dass wir Europäerinnen und Europäer ein gemeinsames Ideal des gesellschaftlichen, wirtschaftlichen und sozialen Lebens haben.

Ich möchte dies an *vier* Beispielen verdeutlichen.

Erstens: Europa bedeutet nicht nur Herkunft, sondern auch Heimat.

Wir Europäerinnen und Europäer wollen wissen, woher wir kommen. Dementsprechend sind wir in Traditionen verwurzelt. Wir haben Respekt vor dem, was gewachsen ist.

In unseren Städten spiegelt sich die wechselvolle Geschichte unseres Kontinents wider. Ob in Krakau oder Paris, in Dubrovnik oder hier in Aachen – wohin wir auch kommen, wir erkennen stets das Bild der europäischen Stadt wieder. Hier können wir uns sofort zu Hause fühlen. Wir sorgen uns darum, dass unsere Städte und Dörfer Orte bleiben, in denen sich Jung und Alt, Familien, Einheimische und Zugewanderte entfalten und wohlfühlen können. Orte, in denen Wohnen und Wirtschaften zwei Seiten ein und derselben Medaille sind. Orte, die lebens- und liebenswert sind. Heimatgefühl und Offenheit für andere gehören für uns zusammen.

Wir Europäer lernen gerne fremde Sprachen, um andere näher kennen und verstehen zu lernen. Aber wir verteidigen mit Begeisterung unsere jeweilige Muttersprache, denn sie ist Ausdruck unserer geistigen Heimat. Jede Sprache, jeder Dialekt enthüllt einen feinen, über Jahrhunderte gewachsenen Unterschied in der Art zu denken. So gingen aus jeder europäischen Region auch immer wieder großartige Dichter und Denker hervor, die einen festen Platz im jeweiligen Nationalbewusstsein gefunden haben.

Dies führt mich zu meinem *zweiten* Beispiel: Europa bedeutet Drang und Wille nach Selbsterkenntnis und Wissen, aber auch Selbstkritik.

Spiegel der Selbsterkenntnis sind unsere Künste, die unzähligen Bühnen, Theater, Orchester, Musikschaffenden und Schauspieler. Über eine Theaterinszenierung können wir uns genau so streiten, wie wir uns über die Meisterschaft eines Musikers freuen können.

Wir lassen uns nicht nur von den schönen Künsten hinreißen. Wir sind genauso fasziniert von Wissenschaft, Forschung und Technik. Europa hat die Wissenschaft als experimentelle und freie Wissenschaft und deren tragende Institution – die Universität – ins Leben gerufen. Gestern konnte ich mich im Gespräch mit Studentinnen und Studenten der Rheinisch-Westfälischen Technischen Hochschule hier in Aachen davon überzeugen, mit welcher Kraft, mit welcher Leidenschaft und Zukunftsfreude auch die Jugend von heute sich ihren Aufgaben stellt.

Wir wissen aber auch: Wissenschaft und Fortschritt können an Grenzen stoßen – Grenzen, die von Moral und Ethik gezogen werden.

So gehören Zweifel und Selbstkritik zur europäischen Lebensauffassung. Sie helfen zu vermeiden, dass sich der Mensch über alles stellt. Sie machen Erkenntnis erst möglich. Deshalb ist unsere europäische Lebensauffassung wandelbar – durch Selbstkritik ebenso wie durch offenen Austausch mit anderen.

Damit bin ich bei meinem *dritten* Beispiel angelangt. Denn beides, Selbstkritik und offener Austausch, resultiert nicht unwesentlich aus Erfahrung und Erinnerung. Auch das macht Europa aus.

Europa ist voller Zeugnisse kultureller Blütezeiten, es trägt aber auch schreckliche Wunden der Vergangenheit in sich. Die Erfahrungen mit der wechselvollen Geschichte Europas waren oft keine verbindenden, sondern trennende Erfahrungen. Europa hat allzu oft erleben müssen, dass der Mensch zu Furchtbarem fähig ist. Immer wieder wurde unser Kontinent mit Krieg, Gewalt und Vertreibung überzogen. Die schlimmste Zeit von Hass und Vernichtung liegt noch kein Menschenalter hinter uns. Von deutschem Boden aus wurde unsägliches Leid über Europa und die Welt gebracht. In deutschem Namen wurde der unfassbare Zivilisationsbruch der Shoah begangen.

Nur wenn wir die Erinnerung daran wach halten, können wir die Zukunft gestalten. Nur wenn wir das erkennen, bleibt uns auch bewusst, wie wunderbar das Geschenk der Aussöhnung zwischen unseren Völkern ist und welches Wunder das Friedenswerk der europäischen Einigung ist. So kostbar dieses Geschenk auch ist, so groß ist dennoch die Gefahr, dass wir uns dem trügerischen Gefühl der Selbstverständlichkeit hingeben könnten.

Geradezu selbstverständlich reisen wir heute durch europäische Länder, die noch vor 20 Jahren durch den Eisernen Vorhang voneinander getrennt waren. Ich habe die ersten 35 Jahre meines Lebens in der ehemaligen DDR verbracht. Ich habe selbst erfahren, dass Werte wie Freiheit und Demokratie keine Selbstverständlichkeit sind. Aber ich habe auch erlebt, was der Drang nach Freiheit zu bewegen vermag.

Doch ist das auch den Generationen bewusst, die bereits in Freiheit und Demokratie aufwachsen? Werden sie die nötige Pflege solcher grundlegenden Werte walten lassen, ohne die ein gedeihliches

Miteinander nicht möglich ist? Wissen sie um die Zerbrechlichkeit dieser Werte?

Deshalb ist und bleibt es – davon bin ich zutiefst überzeugt – eine Daueraufgabe, junge Menschen auch für die dunklen Kapitel europäischer Geschichte zu sensibilisieren. Denn nur wer seine Vergangenheit kennt, kann die Zukunft verantwortungsbewusst gestalten. Nur eine selbstkritische Erinnerung macht uns auch in den Augen anderer glaubwürdig – anderer, die wir von unserer Einsicht und Erfahrung gerne überzeugen wollen: Wer grundlegende Werte beachtet und lebt, hat, wie ich glaube, alle Chancen auf Stabilität und Prosperität.

Wir können am Beispiel unserer europäischen Geschichte aufzeigen: Nach Jahrhunderten gewalttätiger Auseinandersetzungen haben wir das kaum Denkbare geschafft: Ein friedliches und freundschaftliches Miteinander in Europa. Warum soll das nicht auch in anderen Regionen der Welt zu schaffen sein? Für mich ist das keine Utopie. Nein, für mich ist das eine Vision, und zwar eine, die in einen konkreten Auftrag mündet. Daher bin ich auch davon überzeugt: Es ist jede Mühe wert, auf friedliche Konfliktlösungen hinzuwirken. Gelingen kann dies aber nur auf der Grundlage gemeinsam anerkannter Werte. Die Geschichte Europas ist der lebendige Beweis dafür.

So ist unsere gemeinsame Wertegrundlage mein *viertes* Beispiel dafür, dass Europa eine gemeinsame Lebensauffassung hat.

Für uns steht der Mensch im Mittelpunkt. Seine Würde ist unantastbar. Daraus leiten sich zentrale Werte ab, die Europa im Kern zusammenhalten. So setzen wir uns gemeinsam für Frieden und Freiheit, für Solidarität und Toleranz, für Demokratie und Rechtsstaatlichkeit ein. Wir Europäerinnen und Europäer wissen um unsere Verantwortung für die Schöpfung. Wir wissen auch um unsere soziale Verantwortung – im Innern unserer Gesellschaften, aber auch im Umgang mit anderen. Wenn wir uns unserer gemeinsamen Werte bewusst sind, dann haben wir einen verlässlichen Kompass für unser Handeln in Politik und Gesellschaft.

Meine vier Hinweise enthalten einen Gedanken: Europa ist einzigartig. So ist es auch die Europäische Union. Die Europäische Union ist mit nichts, mit keinem Staat und keiner Organisation, zu vergleichen.

So soll und so wird es auch bleiben. Das Europa, auf das wir uns in Lissabon geeinigt haben, ist unser Europa. In ihm und mit ihm wollen wir leben.

Mit dem Lissaboner Vertrag gehen über 15 Jahre Reformen nach dem Ende des Kalten Krieges zu Ende. Jetzt ist die Forderung an uns, die wir Politik gestalten, eine neue Forderung: Wir sollten die Ärmel hochkrempeln und uns auf Politik konzentrieren, auf Ergebnisse und Lösungen, die über die eigene Selbstbeschäftigung hinausgehen.

Was ist dafür notwendig? Zum einen müssen wir uns die Freiräume für unsere jeweiligen Eigenarten behalten. Das müssen wir aushalten. Zum anderen gilt es, immer wieder verschiedene Interessen zu bündeln, zusammenzuführen und zu einem Ausgleich zu bringen. Das ist Politik. Das ist in jeder Gemeinde, in jeder Region und in jedem Staat so und natürlich auch auf der europäischen Ebene.

Jede Ebene muss das tun, was sie am besten kann. Daher ist die Europäische Union nicht als Alternative oder Ersatz für nationale Politik zu verstehen, sondern sie ist eine notwendige Ergänzung. Die Europäische Union ist die beste Antwort auf die großen Herausforderungen unserer Zeit – Herausforderungen, denen die einzelnen Länder nicht mehr hinreichend gewachsen sind.

Globalisierung ist nicht etwas, dem wir uns schicksalhaft ergeben müssten. Nein, wir haben die Chance und die Pflicht, Globalisierung zu gestalten. Dazu müssen wir unsere politischen Kräfte bündeln. Nur so kann sich unser europäisches Wirtschafts- und Gesellschaftsmodell auch in Zeiten der Globalisierung behaupten.

Das ist uns bislang gelungen. Heute vor zehn Jahren – Jean-Claude Juncker hat mich noch einmal daran erinnert – sind die letzten Weichen für den Euro gestellt worden. Dass sich diese Entscheidung bewährt hat, dass sie Europa unumkehrbar gemacht hat, davon sind wir hier alle überzeugt. Als einer der Architekten des Euro gilt auch Helmut Kohl. Lieber Helmut Kohl, ich möchte Ihnen von dieser Stelle aus herzliche Genesungswünsche von uns allen senden.

Wir wollen unser europäisches Gesellschaftsmodell bewahren und weiterentwickeln, weil wir von seiner Richtigkeit überzeugt sind, weil sein Nutzen für die Menschen konkret spürbar ist – im Wirtschafts-, Arbeits-, im politischen und privaten Leben. Dieser Nutzen resultiert immer wieder aus einer gelungenen Kombination von Freiheit und geordnetem Wettbewerb einerseits sowie sozialer Verantwortung und Solidarität andererseits. Jede Ebene hat in diesem Zusammenhang ihre Aufgaben zu erfüllen.

Wir haben unterschiedliche Traditionen sozialer Verantwortung in unseren Ländern. Diese sollten wir auch weiter leben können. Aber wir haben genauso die Aufgabe, an anderen Stellen unsere wirtschaftlichen Kräfte zu bündeln. Das ist der tägliche Ausgleich, der in Europa zu leisten ist.

In der Europäischen Union leben 500 Millionen Menschen. Wir finden, das ist viel. Heute leben schon mehr als sechs Milliarden Menschen auf der Welt. Es werden bald mehr sein. Wir sind heute ein Kontinent, der sich mit demografischen Problemen herumschlägt – um es etwas lax zu sagen –, die bei anderen ganz anders aussehen. Während wir über die Verantwortung von Jungen und Alten sprechen, gemeinsam Verantwortung zu tragen, gibt es woanders auf der Welt weit überwiegend junge Menschen.

Ich glaube, weil wir von unseren Werten überzeugt sind, weil 500 Millionen Menschen in der Europäischen Union sagen »Wir wollen etwas schaffen«, ist es das verpflichtende Erbe für unsere Politikergeneration, neben der Sicherung des Friedens, neben der Sicherung der Freiheit, auch für unser Gesellschaftsmodell in der Welt zu werben.

Mit unseren Erfahrungen aus der Geschichte sind wir guten Mutes, alle Anstrengungen zu unternehmen, der Globalisierung ein menschliches Gesicht zu geben – im Kampf gegen Terrorismus, im Kampf für Sicherheit, Frieden, Freiheit und Menschenrechte –, und zwar durch die Kraft der Innovation, durch den sorgsamen Umgang mit unseren natürlichen Ressourcen, durch das Eintreten für den Schutz des geistigen Eigentums und durch gelebte Toleranz.

Ob unser Europa dabei erfolgreich sein wird, das steht heute noch nicht fest. Aber dass es unsere Pflicht ist, darum zu kämpfen, steht für mich außer Frage. Aus unserer Geschichte können wir die Kraft dazu schöpfen. Davon bin ich allerdings überzeugt. Aachen ist geradezu ein Symbol dafür.

In dieser Ansicht fühle ich mich durch die Auszeichnung mit dem Internationalen Karlspreis hier in Aachen deshalb auch bestärkt. Für mich stellt dieser Preis keine Lorbeeren dar, auf denen ich mich etwa ausruhen könnte. Nein, er mahnt mich vielmehr, nicht nachzulassen, gemeinsam mit vielen Freunden unser Haus Europa wohnlich, sturmfest und gastfreundlich zu machen. Ein Haus, in dem wir uns wohl und sicher fühlen können. Ein Haus, das uns nicht einengt, sondern Freiräume lässt. Ein Haus, das offen ist für Neues. Kurzum: Ein Haus, das unsere Zukunft ist.

QUELLE: Rede von Bundeskanzlerin Dr. Angela Merkel zur Verleihung des Internationalen Karlspreises zu Aachen am 1. Mai 2008 in Aachen; Bulletin der Bundesregierung, Nr. 41-1 vom 1. Mai 2008 (http://www.bundesregierung.de/Content/DE/Bulletin/2008/05/41-1-bkin-karlspreis.html)

Das griechische Parlament und Europa
Das Brandloch in der europäischen Flagge mit Blick auf das griechische Parlamentsgebäude in Athen mag symbolisch für den derzeitigen Zustand der Europäischen Union stehen. Die Eurokrise und die instabile wirtschaftliche Lage vieler europäischer Länder hat auch ein Loch in den Zusammenhalt gerissen. Das Beispiel Griechenland zeigt zudem, dass die Grenzen der europäischen Einigung die Grenzen der Nationalstaaten sind. Bei der Neuausrichtung der Europäischen Union wird es existentiell darauf ankommen, sich auf die Grundwerte der europäischen Einigung – die Sicherung von Frieden, Freiheit und Rechtsstaatlichkeit – wie sie in den Präambeln der Satzungen des Europarates und der Europäischen Union formuliert sind, zu besinnen. Dabei ist Europa nur so stabil, wie die einzelnen Mitgliedsländer es sind.

AUSBLICK: DEUTSCHLAND IN EUROPA

Aus der Mythologie kennen wir die Geschichte der Königstochter Europa, die von Zeus – als verwandelter Stier – nach Kreta entführt wird. Zu ihren Ehren gibt Zeus dem Kontinent den Namen Europa. Hierfür gibt es kein Datum, das wir feiern könnten. Es gibt nur die Geschichten alter Kulturen und Völker, die in dem Raum, den wir heute Europa nennen, gelebt haben. Kriege und Völkerwanderungen haben immer wieder Grenzen verschoben und Bevölkerungen umgesiedelt.

Die jüngere Geschichte Europas beginnt mit Karl dem Großen, der im Jahre 800 zum Römischen Kaiser gekrönt wurde. Aus seinem Herrschaftsgebiet entwickelte sich das später sogenannte Heilige Römische Reich Deutscher Nation. In Karls Residenzstadt Aachen wird in Erinnerung an ihn seit 1950 der Internationale Karlspreis an herausragende Persönlichkeiten verliehen, die sich um die europäische Einheit verdient gemacht haben.

Kaisertum und Christentum waren die weltlichen und geistlichen Dominanten. Diese übergreifende politische Struktur wurde 1806 durch Napoleons kriegerische Ambitionen mit dem Ziel, Frankreich als europäische Hegemonialmacht zu etablieren, endgültig zerstört. Der Versuch des Wiener Kongresses von 1815, in Europa ein Gleichgewicht der Mächte zu schaffen, scheiterte letztendlich an den von Nationalismen geprägten Interessen der einzelnen europäischen Regierungen, die jede für sich nach eigenem, vor allem wirtschaftlichem und damit politischem Einfluss ihrer Staaten drängten. Die Ressourcensicherung wurde deswegen weiter Schritt für Schritt auf außereuropäische Länder und Märkte ausgedehnt. Dies ist eine der Erklärungen, warum aus europäischen Kriegen Weltkriege wurden.

Coudenhove-Kalergi hatte 1922 mit seiner Idee eines Paneuropas die richtige Antwort auf die selbstzerstörerischen Kräfte in Europa formuliert. Seine Vision wurde 1949 durch die Schaffung des Europarates umgesetzt. Unsere heutige Europäische Union gründet auf der von Frankreich initiierten Europäischen Gemeinschaft für Kohle und Stahl von 1951, der sogenannten Montanunion. Es waren – und sind – wirtschaftliche Gründe, auf denen die heutige Europäische Union basiert. Diese wirtschaftliche Zusammenarbeit funktionierte so lange, wie die Wirtschaft der einzelnen Mitgliedsländer gut lief. Angesichts des wirtschaftlichen Gefälles, das zwischen den inzwischen 28 Mitgliedsstaaten herrscht, ist die Frage berechtigt, welche Form die Europäische Union haben sollte, damit sie nicht an eben diesen Unterschieden zerbricht.

Wirtschaftlicher Erfolg lässt sich nicht erzwingen und auch nicht umverteilen. Und Lebensqualität ist nicht nur eine Frage des Lebensstandards, sondern auch der Lebenspräferenzen. Wir Europäer sollten uns auf das besinnen, was uns verbindet: unsere kulturellen, christlich geprägten Werte und unser Bekenntnis zu den drei Säulen, auf denen das wiedervereinigte Europa ruht: Frieden, Freiheit und Gerechtigkeit. Diese gilt es gemeinsam in den einzelnen Mitgliedsländern und gegen Angriffe von außen zu verteidigen.

Europa sollte kein wirtschaftlicher Zweckverband sein, vielmehr im Sinne Carl J. Burckhardts unser aller Heimat, ein Ort, an dem wir uns zu Hause fühlen. »Sizilien liegt nicht an der Ruhr«, wie Ludwig Erhard sagte, die Akropolis ist nicht das Brandenburger Tor, der Eiffelturm nicht der Big Ben. Diese Unterschiede gilt es zu bewahren, da sie die Quelle unserer individuellen und europäischen Identität sind. Und jeder Deutsche, Engländer, Franzose, Grieche ... möchte diese Identität leben und gewahrt wissen. Fühlt er sich in dieser Identität bedroht, drängt er nach Unabhängigkeit, wie es in einigen Ländern Europas zu beobachten ist. Wir definieren uns über unsere Herkunft und sind erst in zweiter Linie Europäer. Dieses ist einer der gravierenden Unterschiede zu den USA, die gerne als Modell für Europa gesehen werden. Der andere essentielle Unterschied ist, dass wir in Europa alle unsere eigene Sprache und Kultur haben und erhalten möchten.

Deutsche Geschichte ist immer auch europäische Geschichte. Dies liegt allein schon an der geographischen Lage Deutschlands in der Mitte Europas. Für das Jahr 2014, mit dem dieses Buch endet, werden meistens drei große Jubiläen genannt, die für die deutsche und europäische Geschichte eine zentrale Bedeutung haben: 1914 (100 Jahre), an dem Europa begann auseinanderzubrechen; 1939 (75 Jahre), an dem der Versuch der Zwischenkriegszeit, den Ausbruch eines Zweiten Weltkrieges zu verhindern, scheiterte; 1989 (25 Jahre), an dem die durch die politischen Gegebenheiten am Ende des Zweiten

Weltkrieges verursachte Teilung Deutschlands und Europas friedlich überwunden werden konnte. Das vierte große Jubiläum ist das Todesjahr Karls des Großen (814), des Begründers Europas, das sich zum 1200. Male jährt.

Europa kann auf seine Geschichte stolz sein. Europäische Wertvorstellungen sind die Grundlage der Allgemeinen Erklärung der Menschenrechte der Vereinten Nationen von 1948. Europäische Kultur ist weltweit anzutreffen. Wir sollten daher unsere politischen Strukturen auf der Basis des gegenseitigen Anerkennens unserer kulturellen Identität, Diversität und Leistungsfähigkeit gründen. Europäische Gemeinschaft kann nicht nur bedeuten, dass einer die wirtschaftlichen Lasten des anderen trägt, sondern auch, dass jeder seinen Teil für das Ganze beiträgt.

Dass Europa in erster Linie eine grenzübergreifende Wertegemeinschaft ist, spiegelt sich in den hier präsentierten 47 Texten und Reden deutschsprachiger Europäer, deren Leben sich bedingt durch die Wirren des 20. Jahrhunderts an vielen Orten Europas und der Welt abspielte. Doch das verbindende Element war und ist das, was Bundeskanzlerin Angela Merkel mit Herkunft und Heimat umschreibt.

Die europapolitische Diskussion kreist immer um die Frage, wie die Position der Europäischen Union in Richtung Politischer Union gestärkt werden kann. Dem entgegen läuft die schwindende Akzeptanz einer als fern und den nationalen und regionalen Interessen zuwiderlaufend erscheinenden europäischen Regierung. Vielleicht sollten wir uns bei der weiteren Gestaltung Europas wieder mehr auf die Wertegemeinschaft besinnen, wie sie 1949 mit dem Europarat begründet wurde. In ihrer Satzung bestätigten die heute 47 Mitgliedstaaten »ihre unerschütterliche Verbundenheit mit den geistigen und sittlichen Werten, die das gemeinsame Erbe ihrer Völker und von jeher die Quelle für Freiheit der Einzelperson, politische Freiheit und Herrschaft des Rechts sind, jene Prinzipien, welche die Grundlage jeder wahren Demokratie bilden«. Schließlich ist die Flagge des Europarates – blau mit goldenen Sternen – auch zur Flagge der Europäischen Union geworden.

Kehren wir zum Beginn des Buches zurück, zu Immanuel Kants »Zum ewigen Frieden«, der gestiftet werden muss. Dazu bedarf es eines Völkerrechtes, das auf einen *Föderalism* freier Staaten gegründet ist. Wäre dies nicht das passende Leitmotiv für unsere Politik in und für Europa? Dabei hat jedes Land die gemeinsame europäische Aufgabe, sich in christlicher Verantwortung für eine Welt in Frieden, Freiheit und Gerechtigkeit einzusetzen.

ALPHABETISCHE LISTE DER AUTOREN UND TEXTE

Hermann Josef Abs: Entscheidungen 259
Manuela Anhalt: Manuelas Geschichte 359
Gottfried Benn: Antwort an die literarischen Emigranten 138
Werner Bergengruen: An die Völker der Erde 224
Wolf Biermann: Wolfgang Heise – mein DDR-Voltaire 323
Willy Brandt: Die neue Ostpolitik 399
Magnus Freiherr von Braun: Weg durch vier Zeitepochen 243
Gertrud von den Brincken: Land unter 98
Ulrich Graf von Brockdorff-Rantzau: Rede bei der
    Überreichung des Vertragsentwurfs durch die Alliierten
    und Assoziierten Mächte 75
Margarete Buber-Neumann: Verwirrung auf allen Stufen 304
Carl J. Burckhardt: Heimat 444
Axel von dem Bussche: Eid und Schuld 183
Richard N. Graf Coudenhove-Kalergi: Pan-Europa 133
Hilde Domin: Unter Akrobaten und Vögeln 289
Marion Gräfin Dönhoff: Namen, die keiner mehr nennt 204
Ludwig Erhardt: Wohlstand für alle 270
Hans Fallada: Kleiner Mann – was nun? 86
Renate Feyl: Ausharren im Paradies 352
Werner Finck: Witz als Schicksal, Schicksal als Witz 154
Kurt Fricke: Spiel am Abgrund – Heinrich George 234
Joachim Gauck: Winter im Sommer – Frühling im Herbst 339
Helmut Gollwitzer: Beerdigungspredigt für Rudi Dutschke ... 298
Karl Theodor Frhr. von und zu Guttenberg: Zu den Ostverträgen ... 378
Theodor Herzl: Der Judenstaat 124
Ricarda Huch: In einem Gedenkbuch sammeln ... Bilder
    deutscher Widerstandskämpfer 193
Ernst Jünger: In Stahlgewittern 67
Erich Kästner: Fabian – Die Geschichte eines Moralisten 146
Eduard von Keyserling: Über die Vaterlandsliebe 50
Alexander Kluge: Reden über das eigene Land 280
Arthur Koestler: Sonnenfinsternis 101
Karl Kraus: Die letzten Tage der Menschheit 52

Eckart Kroneberg: Beschreibung einer Mauer **310**
Horst Krüger: Tiefer deutscher Traum **283**
Hans-Friedrich Lenz: »Sagen Sie, Herr Pfarrer,
    wie kommen Sie zur SS?« **164**
Erich Loest: Nikolaikirche **372**
Thomas Mann: Deutsche Ansprache **110**
Angela Merkel: Rede zur Verleihung des Internationalen
    Karlspreises **453**
Sigrid Reisch von Wagner: Baltisch-Ostpreussische Erinnerungen **215**
Ernst von Salomon: Der Fragebogen **250**
Inge Scholl: Die Weiße Rose **159**
Peter Sloterdijk: Theorie der Nachkriegszeiten **435**
Manés Sperber: Churban oder Die unfaßbare Gewißheit **128**
Bertha von Suttner: Die erste Haager Friedenskonferenz 1900 .... **15**
Martin Walser: Über Deutschland reden **421**
Wilhelm II: Ereignisse und Gestalten aus den Jahren 1878–1918 .... **37**
Carl Zuckmayer: Deutschlandbericht **228**
Stefan Zweig: Die Welt von Gestern **30**

CHRONOLOGIE

1899	1. Haager Friedenskonferenz
1899–1902	Krieg Großbritanniens gegen die Buren in Südafrika
1900	Europäische Großmächte werfen in China blutigen antieuropäischen Aufstand der »Boxer« nieder
1904	Beginn des russisch-japanischen Krieges um die Mandschurei und Korea
1905	Friedensnobelpreis an Bertha von Suttner
1907	2. Haager Friedenskonferenz
1911	Krieg Italiens gegen die Türkei
1912/13	1. und 2. Balkankrieg; Bulgarien, Serbien, Griechenland, Montenegro gegen die Türkei
1914–1918	Die Ermordung des österreichischen Thronfolgers Franz Ferdinand und seiner Frau Sophie in Sarajewo löst den Ersten Weltkrieg aus
1916–1918	Einsetzung des Regentschaftskönigreiches Polen in den Grenzen Kongresspolens (von 1815) durch die Kaiser Deutschlands und Österreich-Ungarns
1917	Kriegserklärung der USA an Deutschland
	Separatfrieden zwischen Deutschland und Russland; Ausbruch der russischen Revolution unter Lenin
1918	Ermordung von Zar Nikolaus II. und seiner Familie durch die Bolschewiki
	Abdankung Kaiser Wilhelms II.; Exil in Doorn/Niederlande
	Versailler Vertrag beendet den Ersten Weltkrieg, Deutschland muss u. a. Elsass-Lothringen an Frankreich, Posen und Westpreußen an Polen, Eupen-Malmedy an Belgien (1920) und Oberschlesien an Polen (1921) abtreten, Danzig wird zunächst Freie Stadt, später unter Völkerbundmandat, ebenso das Saargebiet (s. Kartenteil)
1919	Deutsche Nationalversammlung in Weimar nimmt Verfassung an
	2. Polnische Republik unter Marschall Józef Piłsudski
1918/19	Polnisch-ukrainischer Krieg um Gebietsansprüche
1919–1921	Polnisch-sowjetischer Krieg um Gebietsansprüche
	Aufstände in Annaberg, Oberschlesien um deutsche Staatszugehörigkeit; trotz mehrheitlicher Abstimmung für Deutschland werden im Vertrag von Genf Polen zwei Drittel Oberschlesiens zugesprochen
1923	Inflation in Deutschland wird durch Währungsreform überwunden
1923–1925	Besetzung des Ruhrgebietes durch Frankreich und Belgien
1926	Polen wird durch den Staatsstreich Piłsudskis zur Diktatur
	Benito Mussolini führt ein Einparteiensystem in italienischem Königreich ein und wird damit faktisch zum Diktator
	In Litauen begründet Antanas Smetona nach einem Militärputsch eine Militärdiktatur
1929	Kursstürze an der New Yorker Börse lösen den »Schwarzen Freitag« und eine tiefe Weltwirtschaftskrise aus

1932	In Deutschland 6 Mio. Arbeitslose; Kriegsschuldzahlungen (Forderungen der Siegermächte 1920: 269 Milliarden Goldmark) werden de facto eingestellt. Restforderungen werden nach dem Zweiten Weltkrieg im Londoner Schuldenabkommen geregelt. Sowjetische Hungersnot (»Holodomor«) durch Kollektivierung vor allem der bäuerlichen Bevölkerung verursacht geschätzte 14,5 Mio. Tote
1932	faschistische Regierung in Ungarn unter Gyula Gömbös Kommunistische Unruhen und Militärputsch in Spanien
1936–1939	Spanischer Bürgerkrieg; endet mit Francos Machtübernahme
1933	Diktatur (»Estado novo«) in Portugal unter Ministerpräsident António de Oliveira Salazar
1933	Reichskanzler Adolf Hitler kann mittels des Ermächtigungsgesetzes die Verfassung aushebeln und seine Diktatur errichten
1934	Hitler lässt den Führer der SA, Stabschef Ernst Röhm, und weitere SA-Führer umbringen (»Röhmputsch«)
1935	Neue Verfassung festigt nach dem Tod Piłsudskis die Diktatur in Polen Das Saarland kommt durch Volksabstimmung zum Deutschen Reich zurück In Moskau Beginn der großen politischen Schauprozesse
1937	Höhepunkt der stalinistischen Säuberungen (geschätzte Opfer insgesamt 20 Mio.) Beginn des japanisch-chinesischen Krieges (mündet 1941 in den Zweiten Weltkrieg ein)
1938	Anschluss Österreichs an das Deutsche Reich nach der Machtübernahme österreichischer Nationalsozialisten Besetzung des Sudentenlandes durch deutsche Truppen in Folge des »Münchner Abkommens«
1939–1945	Zweiter Weltkrieg
1943	In der Konferenz von Teheran legen Großbritannien (Winston Churchill), die USA (Franklin D. Roosevelt) und Sowjetunion (Josef Stalin) die ersten Pläne zur Aufteilung Deutschlands nach dem Kriege vor
1944	Am 20. Juli erfolgt ein letztes Attentat auf Hitler (bis dahin ca. 40 Attentate)
1945	Februar, in der Konferenz von Jalta werden weitere Aufteilungspläne für Deutschland (Churchill, Roosevelt und Stalin) diskutiert 8. Mai, bedingungslose Kapitulation Deutschlands 12. Mai, Churchill nennt die Grenze zwischen den westlichen Alliierten und der Sowjetunion einen »Eisernen Vorhang« Juli/August: Konferenz von Potsdam (Großbritannien: Clement Attlee, USA: Harry S. Truman, Sowjetunion: Stalin), Aufteilung Deutschlands in vier Besatzungszonen und Unterstellung unter den Alliierten Kontrollrat mit Aufteilung Berlins in vier Besatzungszonen August: die USA werfen Atombomben auf Hiroshima und Nagasaki Korea wird im 38. Breitengrad geteilt in eine nördliche (sowjetische) und eine südliche (nordamerikanische) Besatzungszone

1945/46	Stalins Versuch, im Iran ein kommunistisches Regime zu etablieren, stößt auf den massiven Widerstand der USA und ist der Beginn des Kalten Krieges
1946	Nürnberger Kriegsverbrecherprozesse
	Durch Zwangsvereinigung von KPD und SPD entsteht in der Sowjetischen Besatzungszone (spätere DDR) die Sozialistische Einheitspartei Deutschlands (SED)
1947	Beginn des »European Recovery Program« der USA (»Marshallplan«)
	Teilung Palästinas durch die UN in einen jüdischen und einen arabischen Teil
	Aus der britischen Kolonie Indien entstehen Indien (vorwiegend Hindus) und Pakistan (vorwiegend Muslime)
1948	Die Berlinblockade der Sowjetunion wird durch amerikanische Luftbrücke (»Rosinenbomber«) gebrochen
	Gründung des Staates Israel
1949	Gründung der Bundesrepublik Deutschland; erster Bundespräsident ist Theodor Heuss (FDP), erster Bundeskanzler Konrad Adenauer (CDU)
	Gründung der DDR; Wilhelm Pieck (SED, vormals KPD) wird erster Präsident der DDR, Otto Grotewohl (SED, vormals SPD) erster Ministerpräsident der DDR, sein Stellvertreter Walter Ulbricht (SED, vormals KPD) hält jedoch faktisch die Zügel in der Hand
	Gründung des militärischen Sicherheitsbündnisses North Atlantic Treaty Organization (NATO)
	Gründung des Europarates
	Gründung des Rats für gegenseitige Wirtschaftshilfe in Osteuropa (COMECON)
1950	Gesetz zum »Schutze des Friedens« in der DDR erlassen (stellt politisch nicht genehme Meinungen unter Strafe, einschließlich Todesstrafe)
1950–1953	Koreakrieg – Stellvertreterkrieg zwischen den USA und der Volksrepublik China
1946–1954	Frankreich versucht im Indochinakrieg mit Hilfe der USA seine Kolonien zurückzuerobern; im Genfer Friedensplan Teilung Vietnams in nördlichen (kommunistischen) und südlichen Teil. USA verweigert Anerkennung.
1954–1975	Vietnamkrieg zwischen dem Nord- und dem Südteil – Stellvertreterkrieg der USA gegen die Sowjetunion und die Volksrepublik China
1951	Republik Indien beendet als erstes Land den Kriegszustand mit Deutschland
1952/55	Deutschlandvertrag beendet Besatzungsstatus der Westmächte (von Frankreich erst in der Fassung von 1955 »Pariser Verträge« ratifiziert)
1952	Gründung der Europäische Gemeinschaft für Kohle und Stahl (EGKS) auf Betreiben Frankreichs
1953	Nach dem Tod Stalins kommt es am 17. Juni u. a. wegen Normerhöhungen in der DDR zum Aufstand gegen die Diktatur, der mit sowjetischen Panzern niedergeschlagen wird
1954	Gründung der Westeuropäischen Union (WEU)

1955	Beitritt der Bundesrepublik Deutschland zur NATO; Erlangung ihrer außenpolitischen Souveränität
	Gründung der Warschauer Vertragsorganisation (WVO, »Warschauer Pakte«) durch Sowjetunion, Polen, Tschechoslowakei, DDR, Ungarn, Rumänien, Bulgarien, Albanien
	Österreich erlangt seine volle Souveränität zurück (Abzug der alliierten Besatzungstruppen)
1956	Ungarnaufstand gegen Diktatur wird von sowjetischen Truppen niedergeschlagen
	In der Suezkrise greifen britische und französische Truppen Ägypten wegen der Verstaatlichung des Suezkanals an und müssen sich auf Druck der USA und der UdSSR zurückziehen. Israel besetzt die Sinaihalbinsel und den Gazastreifen.
1957	Gründung der Europäischen Wirtschaftsgemeinschaft (EWG) und der Europäischen Atomgemeinschaft (EURATOM)
	Frankreich stimmt erst nach eindeutiger Abstimmung der Saarländer (Volksbefragung 1955) der Eingliederung in die Bundesrepublik Deutschland zu
1960	Frankreich testet seine erste Atombombe in der algerischen Sahara
1961	13. August, der Mauerbau durch Berlin schließt die letzte Lücke der innerdeutschen Grenze mit Todesstreifen und Stacheldraht
1962	Kubakrise; die Sowjetunion zieht im letzten Moment die Stationierung von die USA bedrohenden Raketen auf Kuba zurück
1967	Sechstagekrieg zwischen Israel und Ägypten, Jordanien und Syrien; Israel besetzt u. a. die Sinai-Halbinsel, die Golanhöhen und den Gazastreifen
1968	Der »Prager Frühling« wird durch den Einmarsch von Truppen des Warschauer Vertrags unter Führung der Sowjetunion beendet; die DDR-Volksarmee steht an der tschechoslowakischen Grenze in Einsatzbereitschaft
1970–1973	Abschluss der Ostverträge (Moskauer Vertrag, Warschauer Vertrag, Grundlagenvertrag mit der DDR)
1973	Großbritannien, Irland und Dänemark treten der EWG bei
1975	35 Staaten unterzeichnen am 1. August in Helsinki die Schlussakte der Konferenz für Sicherheit und Zusammenarbeit in Europa (KSZE)
1977	Terroranschläge der RAF in der Bundesrepublik (einzelne Mitglieder tauchen mithilfe der DDR-Staatssicherheit in der DDR unter)
1985	Michail S. Gorbatschow wird sowjetischer Generalsekretär der KPdSU (Kommunistische Partei der Sowjetunion). Er leitet die Politik von Glasnost (Offenheit) und Perestroika (Umbau) ein
1988	Verbot des sowjetischen Presse-Digest »Sputnik« in der DDR
1989	Ungarn öffnet seine Grenze zu Österreich für DDR-Flüchtlinge
	In Leipzig und in der Folge in weiteren Städten der DDR kommt es zu Demonstrationen (Montagsdemonstrationen)
	18. Oktober, Rücktritt des DDR-Staatschefs Erich Honecker
	Öffnung der Berliner Mauer am 9. November

1990	freie Wahlen zur DDR-Volkskammer mit Wahlsieg der »Allianz für Deutschland« (CDU-Ost, Deutsche Soziale Union und Demokratischer Aufbruch), Lothar de Maizière (CDU) wird Ministerpräsident, die mit der Bundesrepublik Deutschland aufgenommenen Verhandlungen münden am 3. Oktober in die deutsche Wiedervereinigung
1992	Auflösung der Sowjetunion und Gründung der Russischen Föderation und der Gemeinschaft Unabhängiger Staaten (GUS), einem Verbund einzelner ehemaliger Sowjetrepubliken
1991–2001	Jugoslawienkriege (Balkankonflikt), Jugoslawienkriege (Balkankonflikt), Kroatien und Slowenien werden unabhängig
1992	Im Vertrag von Maastricht (Ratifizierung 1993) begründen die 12 Mitgliedsländer der Europäischen Gemeinschaften (EG) die Europäische Union (EU); Schaffung eines gemeinsamen Binnenmarktes
1993	Beitritt von Finnland, Schweden, Österreich zur EU
1999	Inkrafttreten der Europäischen Wirtschafts- und Währungsunion (Einführung des Euros als Buchgeld)
2001	Unterzeichnung des EU-Vertrages von Nizza
2002	Der Euro wird offizielle Währung in Belgien, Deutschland, Finnland, Frankreich, Griechenland, Irland, Italien, Luxemburg, den Niederlanden, Österreich, Portugal, Spanien
2004	EU-Vertragsentwurf von Lissabon; wird von einigen Ländern zunächst abgelehnt
2008	15. September, »Schwarzer Montag«; ein Börsensturz an der Wall Street löst die schwerste Finanzkrise seit 1929 (»Schwarze Freitag«) aus. Bundestag verabschiedet in Eillesung das Finanzmarktstabilisierungsgesetz mit einem 500-Milliarden-Euro-Rettungspaket
2009	Inkrafttreten des EU-Vertrages von Lissabon (die EU wird u. a. zu einer Rechtsperson)
2012	Verleihung des Friedensnobelpreises an die EU

MITGLIEDER DER EUROPÄISCHEN UNION (28)

Mitgliedstaat	Hauptstadt	Bevölkerung in Mio.	Landfläche in Tausend m²	Beitritt	Euro/ Währung
Belgien	Brüssel	10,5	32,5	1952	ja
Bulgarien	Sofia	7,4	111,0	2007	Lew
Dänemark	Kopenhagen	5,4	43,0	1973	dän. Krone
Deutschland	Berlin	82,4	357,0	1952	ja
Estland	Tallin/Reval	1,4	45,0	2004	ja
Finnland	Helsinki	5,2	340,0	1995	ja
Frankreich	Paris	59,6	550,5	1952	ja
Griechenland	Athen	11,0	132,0	1981	ja
Irland	Dublin	4,0	70,5	1973	ja
Italien	Rom	57,3	301,5	1952	ja
Kroatien	Zagreb	4,2	56,6	2013	Kr. Kuna
Lettland	Riga	2,3	65,5	2004	Lats
Litauen	Vilnius	3,5	65,5	2004	Litas
Luxemburg	Luxemburg	0,4	2,5	1952	ja
Malta	Valletta	0,4	0,3	2004	ja
Niederlande	Amsterdam	16,2	41,5	1952	ja
Österreich	Wien	8,1	84,0	1995	ja
Polen	Warschau	38,2	312,5	2004	Zloty
Portugal	Lissabon	10,5	238,5	1986	ja
Rumänien	Bukarest	22,5	238,5	2007	rum. Leu
Schweden	Stockholm	8,9	450,0	1995	schw. Krone
Slowakei	Bratislava	5,4	49,0	2004	ja
Slowenien	Ljubljana	2,0	20,0	2004	ja
Spanien	Madrid	41,6	500,0	1986	ja
Tschechien	Prag	10,2	79,0	2004	tsch. Krone
Ungarn	Budapest	10,1	93,0	2004	Forint
Ver. Königreich	London	59,3	244,0	1973	engl. Pfund
Zypern	Nikosia	0,7	9,0	2004	ja

MITGLIEDER DES EUROPARATES (47)

(darunter alle EU-Mitglieder)

Albanien	Liechtenstein	Slowenien
Andorra	Litauen	Spanien
Armenien	Luxemburg	Tschechien
Aserbaidschan	Malta	Türkei
Belgien	Mazedonien	Ukraine
Bosnien und	Moldawien	Ungarn
Herzegowina	Monaco	Vereinigtes Königreich
Bulgarien	Montenegro	Großbritannien und
Dänemark	Niederlande	Nordirland
Deutschland	Norwegen	Zypern
Estland	Österreich	
Finnland	Polen	
Frankreich	Portugal	**BEOBACHTERSTATUS**
Georgien	Rumänien	
Griechenland	Russische Föderation	Israel
Irland	San Marino	Japan
Island	Schweden	Kanada
Italien	Schweiz	Mexiko
Kroatien	Serbien	USA
Lettland	Slowakei	Vatikan

FILMHINWEISE

Die hier aufgelisteten Filme sind im Internet als Trailer oder Vollversion zu finden.

KAPITEL I
Radetzkymarsch (1995, Buchvorlage: Joseph Roth, Regie: Axel Corti) (Trailer)

KAPITEL II
Im Westen nichts Neues (1930, B: Erich Maria Remarque, R: Lewis Miliestone) (Trailer)
Berlin – die Sinfonie einer Großstadt (1927, R: Walter Ruttmann) (Vollversion)

KAPITEL III
Der große Diktator (1940, R: Charlie Chaplin) (Trailer)
… reitet für Deutschland (1941, R: Arthur Maria Rabenalt) (Vollversion)

KAPITEL IV
Olympia (1936, R: Leni Riefenstahl) (Vollversion)
Des Teufels General (1955, B: Carl Zuckmayer, R: Helmut Käutner) (Vollversion)

KAPITEL V
Flucht und Vertreibung (1981, Dokumentation von Eva Berthold und Jost von Morr) (Vollversion)
Heinrich George. »Wenn sie mich nur spielen lassen« (1996, Dokumentation von Irmgard von zur Mühlen) (Vollversion)

KAPITEL VI
Deutschland im Herbst (1978, R: Alf Brustellin, Hans Peter Cloos, Rainer Werner Fassbinder, Alexander Kluge, Beate Mainka-Jellinghaus, Maximiliane Mainka, Edgar Reitz, Katja Rupé, Volker Schlöndorff, Peter Schubert, Bernhard Sinkel) (Trailer)

KAPITEL VII
Das Leben der Anderen (2006, R: Florian Henckel von Donnersmarck) (Trailer)
This ain't California (2012, R: Marten Persiel) (Trailer)

KAPITEL VIII
Deutschland – ein Sommermärchen (2006, Dokumentation von Sönke Wortmann) (Trailer)

ABBILDUNGSNACHWEIS

akg-images: S. 53, 55, 67, 86, 124, 138, 147, 158, 203, 228, 259, 270, 279, 303, 399, 444
    Lovis Corinth: S. 50
    Bruni Meya: S. 280
    Ria Nowosti: S. 454
    Niklaus Strauss: S. 323
    Carl van Vechten: S. 110
bpk – Bildportal der Kunstmuseen: S. 15
    Bayrische Staatsbibliothek/Felicitas Timpe: S. 129
    S. Begg: S. 36
    Fritz Eschen: S. 194
    Ingrid von Kruse: S. 205
    Kunstbibliothek, SMB, Photothek Willy Römer/Willy Römer: S. 243
    Siegfried Lauterwasser: S. 224
    Will McBride: S. 322
    Abraham Pisarek: S. 30
    Felicitas Timpe: S. 289
Bundesbildstelle: S. 379
Dokumentationsstätte KZ Hersbruck e. V.: S. 164
Estonian Film Archives (Foto: Harald Leppikson): S. 452
Haus der Geschichte Bonn: S. 257
Joachim Hermann, Bonn: S. 184
Huis Doom/Oypo: S. 37
Mitteldeutscher Verlag: S. 373
picture alliance
    akg-images: S. 221
    DB: S. 334
    dpa: S. 75, 97, 133, 160, 284, 298, 305, 339, 421, 435
    Robert Geiss: S. 463
    Keystone: S. 154
    Fred Stein: S. 101
    ZB: S. 352
Presse Informations AG: S. 215
Privatbesitz: S. 311
Privatbesitz (Foto: Terra, Lindner): S. 235
Wolfdietrich Schmied-Kowarzik: S. 98
ullstein bild:
    Rainer Binder: S. 251
    Sven Simon: S. 415
Ungor – Fotolia.com: Umschlagabbildung
Walter Ballhause-Archiv: S. 123

Amazing Questions & Answers

Plants

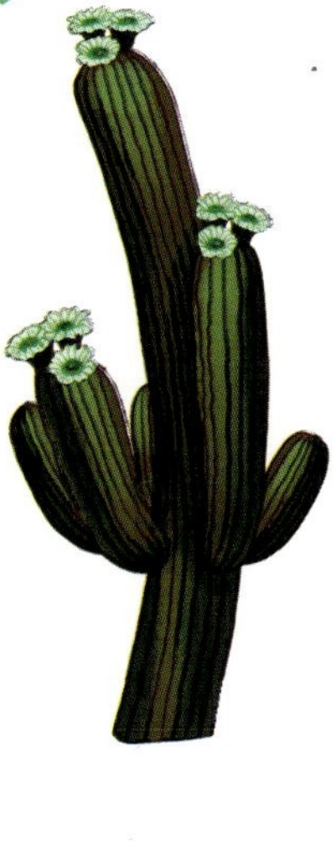

Om KIDZ
An imprint of Om Books International

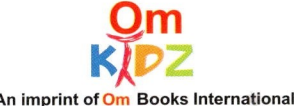

Om KIDZ | Om Books International

Reprinted in 2024

Corporate & Editorial Office
A-12, Sector 64, Noida 201 301
Uttar Pradesh, India
Phone: +91 120 477 4100
Email: editorial@ombooks.com
Website: www.ombooksinternational.com

© Om Books International 2019

ISBN: 978-93-52763-12-2

Printed in India

10 9 8 7 6 5 4 3

Sales Office
107, Ansari Road, Darya Ganj
New Delhi 110 002, India
Phone: +91 11 4000 9000
Email: sales@ombooks.com
Website: www.ombooks.com

ALL RIGHTS RESERVED. No part of this book may be reproduced or transmitted in any form by any means, electronic or mechanical, including photocopying and recording, or by any information storage and retrieval system, except as may be expressly permitted in writing by the publisher.

CONTENTS

How many species of plants exist in the world?	7
How are annuals and perennials different?	7
How are Eucalyptus trees special?	8
How do plants survive without a heart?	8
How tall can a tree grow?	9
How does a Bonsai tree stay so small?	9
How do plants know when to flower?	10
How does pollen travel from one place to another?	10
How far can pollen travel?	11
How do plants make fruits?	11
How come some cabbages are purple?	12
How do bananas grow without seeds?	12
How can we grow plants without soil?	13
How can potatoes grow from eyes?	13
How does grass spread?	14
How is Elephant grass different from the other plants of the grass family?	14
How do bamboos clean the air?	15
How can Banyan roots grow from its branches?	15
How does the dodder rob other plants?	16
How can rainbows grow on Eucalyptus trees?	16
How tiny are the tiniest seeds of plants?	17
How big is the biggest seed in the world?	17
How do plants survive in the winters?	18
How do plants fall sick?	18
How do plants fight diseases?	19
How do doctors treat plant sickness?	19
What are plants?	21
What are the parts of a plant?	21
What makes plants grow?	22
What do plants inhale?	22
What's inside a seed?	23
What is germination?	23
What does the root of a plant do?	24
What makes roots grow downwards?	24
What does a stem do?	25
What makes plant stems stand upright?	25
What function do leaves serve?	26
What makes leaves green?	26
What are the lines that run through leaves?	27
What is the waxy coating on some leaves?	27
What purpose do flowers serve?	28
What makes flowers so colourful?	28
What are the components of a flower?	29
What is the yellow dusty powder inside flowers?	29
What are fruits made up of?	30
What does a plant eat?	30
What makes bamboos grow so fast?	31
What are the different kinds of plants?	31
What is the trunk of a tree made of?	32
What is bark?	32
What is the maximum lifespan of a plant?	33
What would the world be like without plants?	33
When did plants first appear on Earth?	35
When did flowers start blooming on our planet?	35
When did seeds first appear?	36
When did seed ferns go extinct?	36
When do seeds sprout?	37

When is the best time to plant different vegetables?	37
When do plants warn each other?	38
When do nodules grow on roots of leguminous plants?	38
When does waxy coating occur on leaves?	39
When do green plants produce oxygen?	39
When does the Saguaro Cactus grow its branches?	40
When does the oak tree produce acorns?	40
When do trees grow bark?	41
When does the Eucalyptus shed its bark?	41
When do flowers turn into fruits?	42
When were tulips expensive than gold?	42
When do fruits ripen?	43
When do walnuts produce nuts?	43
When do onions grow bulbs?	44
When is cotton in full bloom?	44
When do mimosas close their leaves?	45
When do morel mushrooms come out?	45
When do pea pods explode?	46
When do flowering plants complete their lifecycle?	46
When do stomata open and close?	47
When is heartwood formed in trees?	47
Why are plants called the `lungs of the Earth'?	49
Why can't we live without plants?	49
Why are plants green and not black in colour?	50
Why are weeds not good for other plants?	50
Why are root hairs thin?	51
Why do roots wear caps?	51
Why do mangroves have breathing roots?	52
Why do some roots climb and cling?	52
Why do some trees lose their leaves?	53
Why do mosses grow in moist areas?	53
Why do flowers disappear from a plant?	54
Why do moon flowers bloom only at night?	54
Why do dandelion seeds fly?	55
Why don't seeds grow in my stomach when I swallow them?	55
Why do potatoes grow under the ground?	56
Why don't fruits rot on plants?	56
Why doesn't a cactus need water?	57
Why is the cactus prickly?	57
Why is the four o'clock plant named so?	58
Why do sunflowers chase the sun?	58
Why do some plants eat insects?	59
Why don't plants sleep?	59
Why are forget-me-not flowers called so?	60
Why is the money plant named so?	60
Why is the snapdragon called so?	61
Why is the Euphorbia obesa called the `baseball plant'?	61

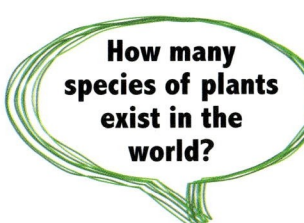

How many species of plants exist in the world?

Approximately 390, 900 species! Plants are living things that make their own food. Plants are found all over the surface of the Earth—mountains, plains, deserts and even in water. There are approximately 390,900 different species of plants known to us. These include trees, forbs, shrubs, herbs, grasses, vines, ferns and mosses. New species are continuously being identified from unexplored regions of the world.

Try this

Visit a local garden and ask the experts that work there to tell you all about annual and perennial trees growing there!

Pocket fact

The first plant!
The first plant on land was the Cooksonia. It had an upright stalk and had a vascular system that was used to transport nutrients and water around the plant body.

How are annuals and perennials different?

Because of their growing years! Different plants have different life spans. Some may live for one year, whereas, others may have a longer life of almost hundred years! Plants that live for only one growing season and produce flowers and seeds over this time are called annuals. Perennials are plants which live for several years, usually with new growth from a part that survives from season to season.

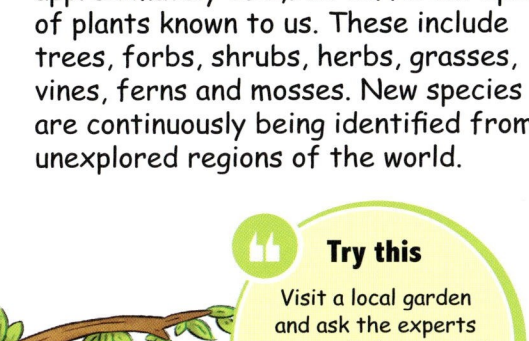

How are Eucalyptus trees special?

They can survive fires! The Eucalyptus tree is known to be one of the tallest trees on Earth. It is an important tree and is grown for oil and wood all over the world. The Eucalyptus tree also has a unique strategy to survive fires that are a usual occurrence in the Australian forests. The tree has dormant shoots deep inside, which germinate only under the influence of hormones that are triggered by heat (generated from fire).

Find out
You can find a number of rings in the cross-section of a tree trunk. What are these rings made of?

Pocket fact
Light it up!
On 2 May 1858, the town of Kyneton, Victoria was lit by a gas made from Eucalyptus oil. The oil produced from the Eucalyptus leaves was converted into a gas. This gas was then used for lighting the town's shops, hotels and houses.

How do plants survive without a heart?

They have their own pumping system! Just as it's necessary for your heart to transport food and blood to all parts of your body, it is vital for plants to transport food to their various parts. But plants do not have a heart. Instead, they have two different types of tissues—xylem and phloem. Xylem transports water and minerals from the roots to the leaves, while phloem transports food from the leaves to the rest of the plant.

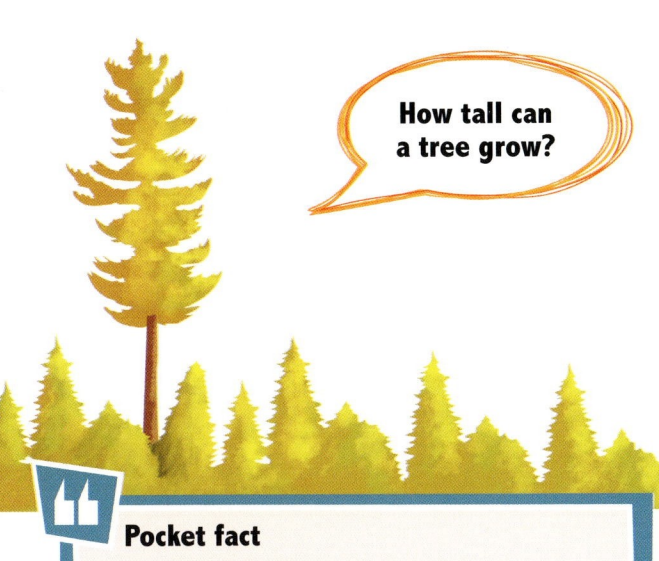

How tall can a tree grow?

Almost 300–400 feet tall! Different kinds of trees grow up to different heights. There are a lot of factors that affect the growth of trees like water, light, temperature, humidity, soil and the two main opposing forces that act on the tree. One force pushes it upwards while the other holds it down. Biologists have estimated that a tree reaches its maximum height when these two forces balance out. This point lies somewhere between 300 and 400 feet. Today, the tallest tree is the Hyperion, a coast redwood tree in Northern California that was measured at 380.3 feet.

Pocket fact

Formal and informal Bonsai!
There are two main types of Bonsai styles—formal and informal. The formal style called Koten, has a wider trunk at the base that tapers at the top. The informal style called Bunjin has the top-end much wider than the rest of the trunk.

Find out
How are the coast redwood trees useful?

How does a Bonsai tree stay so small?

Because we want it to! Bonsai comes from the Japanese words 'Bon' (which means dish or tray) and 'Sai' (which means tree) meaning—"planting in tray". It is an art in which trees and shrubs are grown in small containers. The key element of Bonsai is pruning. Artisans cultivate the tree by pinching buds, pruning and wiring branches and roots, and carefully limiting the use of fertilisers. This restricts the growth of the tree, thus turning it into a Bonsai.

How do plants know when to flower?

Certain proteins regulate this process! Different plants bloom at different times of the year when they will have the best chance to survive and grow. Plants produce a protein called Flowering Locus T, in their leaves, that is activated by sunlight. The protein then travels to the tips of the shoots, where it undergoes molecular changes that prompt the plant to form flowers.

Pocket fact

The Agave, also known as the century plant, doesn't flower for a hundred years. It blooms once in hundred years and dies!

Find out

Pollen helps to fertilise plants but they can also cause seasonal allergies. What are the symptoms of pollen allergy?

How does pollen travel from one place to another?

With the help of animals, insects and other factors! Pollen is the dusty yellow powder found in flowers that helps plants make seeds. For this, pollen needs to travel from the male to the female part of the same plant or another plant of the same kind. They travel with the help of wind, water, birds, insects, butterflies, bats and other animals that visit the flowers. When bees and other insects sit on flowers to suck nectar, pollen gets stuck to their feet. When they visit another flower, the pollen falls off, completing its journey.

> **How far can pollen travel?**

Up to 500 miles or even more! The distance that pollen can travel depends on many factors, such as the size of the pollen, the type of the plant and the means by which these travel. Pollen transferred by animals can cover small distances of up to 1/4th of a mile, whereas pollen that travel by wind can cover large distances. For example, Pine pollen, which is naturally equipped with air sacs, can travel as far as 500 miles (approximately 800 km)!

Pocket fact

We are the largest pollinators! The black-and-white ruffed lemurs are the world's largest known pollinators. They pollinate the flowers of the Traveller's Palm by opening it and pushing their long snouts into them to get that sweet nectar.

Find out

Why do most fruits change colour after ripening?

How do plants make fruits?

The process begins when pollen moves from one part of the flower to another! When pollen reaches the female part of the flower, the flower is fertilised. After fertilisation, t he flower grows bigger and the petals fall off, leaving a baby fruit that begins to grow. Eventually, the fruit releases a hormone called ethylene that signals the ripening process. Then some chemicals are released that make the fruit change colours and become softer, sweeter and delicious!

How come some cabbages are purple?

Anthocyanins
Glycoside linkage
Sugar

Certain pigments turn them purple! Plants contain various pigments that give colour to their leaves, flowers and fruits. The purple colour in cabbage comes from a kind of pigment called anthocyanin. Anthocyanins are pigments that produce pink, red, violet and magenta colours in various parts of plants. Anthocyanins are found in flowers, fruits such as blueberries and they are also produced in leaves, which makes them turn red in the fall!

Find out
Name some plants that belong to the same family as cabbage.

Pocket fact
Goldfinger banana!
The Goldfinger banana is one of the few palatable bananas. Interestingly, it doesn't taste much like a banana, rather it tastes like an apple. This variety is a hybrid that was created by the scientist Philip Rowe.

How do bananas grow without seeds?

They grow from bulbs! Bananas are edible fruits. They reproduce with the help of small bulbs called suckers. These suckers grow out of the plant's rhizome called the corm. A banana sucker is removed from a plant and the rotten parts are cut off. It is then placed upright in the soil and grows into a new plant.

How can we grow plants without soil?

Find out
What nutrients does a plant require to grow?

By a method called hydroponics! Plants get a variety of minerals, including nitrogen and potassium, from the soil. Plants can be grown without soil by a method called hydroponics. In this method, plants are placed in containers filled with mineral-nutrient solution. There are large hydroponic farms that use vast networks of plastic pipes with holes for plants. These pipes supply mineral nutrients in a watery solution to the plant's root systems and help them grow.

Pocket fact

Largest chip crisp!
The world's largest potato chip crisp was produced by Pringles LLC in Jackson in 1990. It is on display at the Idaho Potato Museum and measures 23 x 14.5 inches.

How can potatoes grow from eyes?

Yes, it's true that potatoes can grow from eyes! Potato plants grow low to the ground like vines. Potato is actually called a "tuber". It grows from the end of the underground stems below the roots of the plant. Each potato has several small sprouts or buds called potato "eyes". It is these buds that can be used to grow new potato plants. A potato's eyes can't help it see but they can actually help grow more potatoes!

How does grass spread?

From stems that grow sideways! Grasses are plants that are commonly grown on lawns and in gardens. Grass can spread through rhizomes and stolons. Rhizomes are underground stems that grow outwards from the base of the plant. New shoots known as tillers grow upwards from the rhizomes of each plant and help the grass spread. Stolons are shoots that bend to the ground or grow horizontally above the ground. They produce roots and shoots at the nodes and help the grass spread.

Pocket fact

We grow everywhere!
Grass grows on every continent, even in the Polar Regions. Antarctic hair grass, also called Deschampsia Antarctica, is the only member of the grass family native to Antarctica.

Find out

Which is the largest variety of grass?

How is Elephant grass different from the other plants of the grass family?

Because it can attract pests! Elephant grass, also known as Napier grass originates from Africa. It has a coarse, hairy, yellow- or purple-coloured stem that can reach up to 10 feet in height. Elephant grass is often grown near crops such as maize and sorghum so that it can attract pests and prevent damage that might be caused to these crops.

By releasing more oxygen! Bamboo is a plant that belongs to the grass family. It is not only known for its fast growth but also for cleaning the air. Bamboo absorbs more carbon dioxide and releases 30% more oxygen into the atmosphere compared to other plants. Due to this the amount of greenhouse gases in the atmosphere greatly decreases, thus cleaning the air.

How do bamboos clean the air?

Find out
How is bamboo useful to us?

Pocket fact
A Banyan tree in Lahaina, Maui, which was planted in 1873 by a man named William Owen Smith, has branches that are so long that this single tree covers a full square block in the city.

How can Banyan roots grow from its branches?

They grow from the nodes of the tree branches and extend to the ground! Banyan trees are one of the species of fig trees and they are the world's big gest trees in terms of the area they cover. The roots of a Banyan tree not only grow underground but also start from its branches and grow down towards the ground. Such roots, called aerial roots, not only help the tree absorb water and nutrients from the soil, but they also support the long branches of the Banyan tree.

How does the dodder rob other plants?

By absorbing food from other plants! Dodder is a parasitic plant. It doesn't have roots and leaves, and lacks chlorophyll. It cannot make its own food, so it steals the food of other plants! When a dodder seed sprouts, it sends out a tiny, yellowish thread-like structure to find another plant. When it finds a plant, the dodder winds itself around that plant tighter. It then sucks the juices from the plant and feeds itself. This makes the other plant weak and sometimes kills it too.

Pocket fact

We smell plants!
Dodder grows towards the smell of nearby plants. If the dodder doesn't reach the other plants within 5–10 days of germination, the dodder seedling will die!

Find out

When were Rainbow Eucalyptus trees first found?

How can rainbows grow on Eucalyptus trees?

By shedding patches of their outer bark! The Rainbow Eucalyptus, also called the Rainbow Gum tree, native to Papua New Guinea is known for its unique multi-hued bark. It sheds patches of its outer bark at different times. This makes the bright-green inner bark visible to us. Slowly, the green bark matures to blue, purple, orange and then maroon, giving it rainbow-like streaks.

How tiny are the tiniest seeds of plants?

1/300th of an inch! The record of the world's smallest seeds is held by certain Epiphytic orchids that thrive in the tropical rainforest. The seeds are so small that they are not visible to the unaided human eye. The seeds that weigh just 1/35,000,000th of an ounce each are dispersed into the air like minute dust particles and they reach the upper canopy of rainforest trees, where they eventually germinate.

Pocket fact

The oldest viable seed! The oldest viable seed to have grown into a plant was a date palm seed. This seed was estimated to be 2,000 years old and was discovered in 1963 near the Dead Sea.

Find out

What are seed-producing plants called?

How big is the biggest seed in the world?

About 12-inches long! The largest seed in the world is the coco de mer, the seed of a palm tree. The coco de mer, also known as double coconut, is found on the islands of Praslin and Curieuse in the Seychelles. It can grow up to 100-feet tall and the seeds can weigh up to 40 pounds. One such coco de mer, a giant, dark-brown seed, about 12 inches long, has been protected by the government of the Seychelles because of its rarity.

How do plants survive in the winters?

They acclimate! Plants cannot wear warm clothes to protect themselves from the cold but prepare themselves for winters. Acclimation is a chemical process that helps the plants prepare for the winter. As it gets colder, various hormones are produced by the plants which cause a lot of changes in them. Leaves begin to fall, growth stops, stomata close, sap stops flowing and cause physical changes to the cells that allow them to withstand freezing.

Pocket fact

We are warm! The Pasque flower that grows throughout the northwestern United States, up to northern Alaska has a covering of fine silky hair that helps to insulate it.

Try this

Next time, when you find infected leaves or branches in any of your plants, prune and dispose them off to prevent the disease from spreading.

How do plants fall sick?

Due to pathogen attacks! Just like human beings and animals, plants can be infested by viruses, bacteria and fungi. When plants fall sick, it disrupts their normal structure, growth, function and other activities. The common symptoms of diseased plants are colour change in leaves, stems and roots; wilting; dwarfing; spots on leaves, stems, fruits and rotting of some plant parts.

How do plants fight diseases?

They have different ways to deal with invaders! When a plant is attacked by pathogens, it releases certain chemicals that are harmful to the invaders or build up their cell walls for extra protection. In some cases, plant cells kill the infection site and prevent the pathogens from spreading throughout the plant.

Pocket fact

The Irish Potato Famine! Plant diseases can also cause famines. A potato disease called Late Blight was the cause of the Irish Potato Famine of the mid-19th century.

Try this!

If the grass in your lawn is infected with fungal diseases, fertilise it on a regular basis. Also, do not water it late in the day to avoid the grass being wet for long periods.

How do doctors treat plant sickness?

By studying how plants respond to pathogens! A group of botanists called plant pathologists, research plant diseases. They investigate plant pathogens and how they infect plants. Plant pathologists apply certain chemicals to seeds, foliage, flowers or fruits to kill pathogens or control their growth. Sometimes soil treatments are also done to kill pathogens in the soil, thus protecting plants from diseases.

What are plants?

Our green friends! Plants are living things that can grow on land or in water. They are found everywhere on Earth—from the snowy mountains to the hot deserts. Plants provide us oxygen to breathe, shade from the sun and are home to many birds and animals. Unlike animals, plants cannot move from one place to another and are fixed to the ground. Plants are the only living things on Earth that can make their own food.

Find out

Onions grow underground, so are they roots? Why or why not?

Pocket fact

The first plants! The first land plants appeared on Earth around 470 million years ago. These were mosses and liverworts. Flowering plants came into existence, over 130 million years ago.

What are the parts of a plant?

A plant is made up of different parts. The three basic parts of a plant are the leaf, the stem and the root. Each part of a plant has its own job to perform. The roots fix the plant to the ground, and absorb water and minerals from the soil. The stem supports the plant, and carries the required water and minerals to its different parts. The leaves absorb the energy from the sun and make food for the plant. Most plants bear flowers and fruits.

What makes plants grow?

Sunlight · Water · Air · Soil

Water, nutrients and more! All living things need food, water and air to live and grow. Similarly, there are many things that plants need to grow, such as water, nutrients, air, sunlight, proper temperature, space and time. The most important nutrients that help plants grow are nitrogen (N), phosphorus (P) and potassium (K).

Pocket fact

The Coast Redwood is the world's tallest tree. It grows along the Pacific Coast of the United States, mainly in California.

Find out

Which part of the plant helps it to respire?

Oxygen · Carbon dioxide

What do plants inhale?

Oxygen, just like we do! Plants don't have noses to draw in air—so they don't breathe. But plants do respire. Just like animals, they use oxygen in the process of breaking-down food and use the energy released for basic functions, such as repairing tissues, making proteins and oils. During respiration, plants release carbon dioxide.

What's inside a seed?

A baby plant! Seeds have quite a bit packed inside them—a seed coat, a baby plant and food for it. The seed coat protects the baby plant while it grows and develops. When the seed begins to grow, one part of the baby plant becomes the stem while the other part becomes the root of the plant.

Pocket fact

I weigh 40 pounds! The coco de mer, the seed of a palm tree is the largest seed in the world. It can be around 12 inches (30 cm) long, and weigh up to 40 pounds (18 kg)!

Try this

- Collect various seeds at home, outdoors and from the store.
- Put the seeds in a seed tray and get a hand lens.
- Spend some time observing the seeds with the hand lens. Discuss with your parents, the similarities and differences that you can spot between various kinds of seeds.

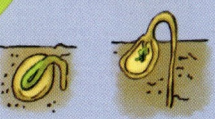

1   2   3

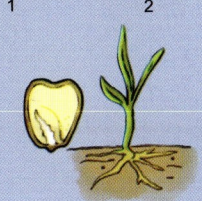

4

What is germination?

The growing of a seed into a new plant! When you plant a seed in the soil and it gets enough water and warmth, it pops open. The first part that sprouts from the seed is the root. The root takes hold of the soil and starts to take in food from the soil. Next, the shoots begin to appear above the ground. This process is called germination.

What does the root of a plant do?

Roots act like a straw for the plant. Their main function is to absorb water and nutrients from the soil, for the plant. Tiny root hairs that stick out of the root, help in the process of absorption. Roots also help to anchor the plant to the soil, so it does not fall over. Some roots, such as carrots and turnips also store extra food for future use.

Find out

How are roots of a carrot different from the roots of grass?

Pocket fact

Growing deep there!
Roots can grow deep into the soil. The roots of the South African wild fig tree can reach up to 120 m below the ground.

What makes roots grow downwards?

Geotropism! Geotropism is the process of the growth of plant parts in response to gravity. The roots of a plant have a root cap at the tip. It contains cells with sensors called statoliths. Statoliths are specialised parts that settle on the lowest part of the root cap because of the pull of gravity. This makes the cell expand faster in a downward direction.

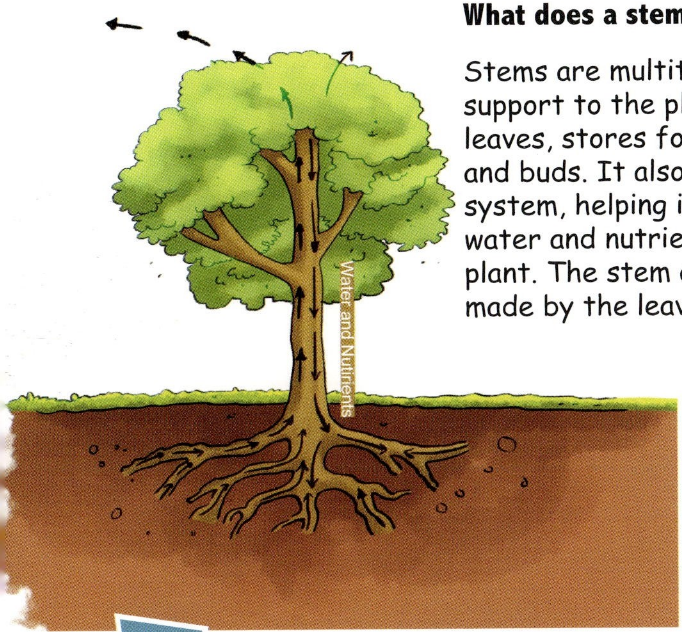

What does a stem do?

Stems are multitaskers! The stem provides support to the plant, connects the roots to the leaves, stores food, and holds the leaves, flowers and buds. It also acts like the plant's plumbing system, helping in the transportation of absorbed water and nutrients to different parts of the plant. The stem also helps to transport the food made by the leaves, to the rest of the plant.

Pocket fact

We aren't woody!
Banana plants are the largest plants on Earth without a woody stem. They are giant herbs.

Find out

How does a stem transport water to all the parts of a plant?

What makes plant stems stand upright?

Rigidity and turgor pressure! Plants are able to stand straight due to the turgor pressure in their cells. Plant cells have a cell wall that is made-up of cellulose. The cell wall allows this turgor pressure to build up when the contents of the cell press firmly against the solid cell wall. When plants lose water, there are fewer contents to push against the cell wall. The turgor pressure then drops and the plant starts to wilt.

What function do leaves serve?

Leaves are the food factory of the plant. They contain chloroplasts that trap sunlight and help in photosynthesis. Since the process of photosynthesis, mostly, takes place in the leaves, it makes them extremely important to the survival of the plant.

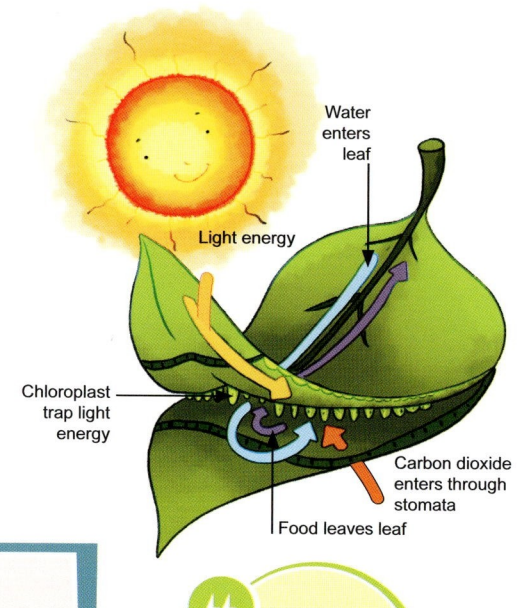

Pocket fact

Twelve feet long!
Can leaves grow as tall as twelve feet? Yes, the Welwitschia mirabilis, a desert plant, has two succulent leaves that grow from its short, thick trunk. They can reach up to twelve feet in length.

Find out

Are leaves edible? Name a few edible leaves.

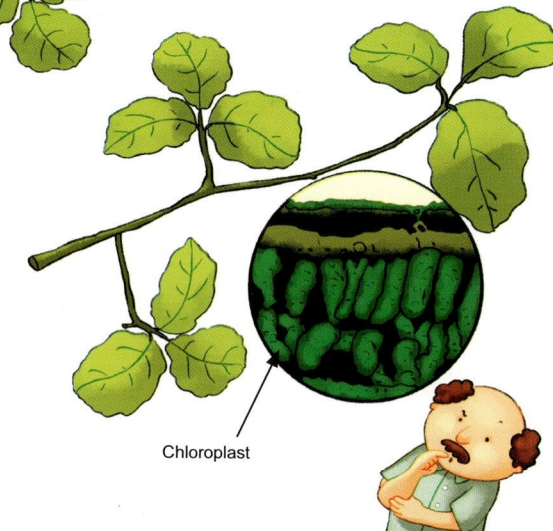

Chloroplast

What makes leaves green?

Leaves appear green because they contain a pigment called chlorophyll! A pigment is a substance that absorbs, reflects and transmits visible light, which consists of colours that we can see. When white light illuminates chlorophyll, the colour that you see on the leaves is the colour of the green light that chlorophyll reflects and/or transmits. It absorbs the rest of the colours of light thus making the leaves appear green in colour.

What are the lines that run through leaves?

Veins of the leaves! Just like humans, plant leaves too have veins. Veins carry food and water from the leaf to the other parts of the plant. They also support the blade (flat surface of the leaf), just like the metal ribs support the fabric of an open umbrella. Many leaves have several large veins connected by smaller ones. The smallest veins supply water to every part of the blade. They also collect the food made by the green cells.

Veins

Find out
Do the leaves of a lotus plant get wet? Explain.

Pocket fact
Don't eat me!
Not all leaves are edible. While the stems of a rhubarb plant are sweet, the leaves are poisonous.

What is the waxy coating on some leaves?

It's the cuticle! Leaves, young stems and fruits of some plants contain a waxy coating on the outside, called the "cuticle". It is composed of cutin, a wax-like material produced by the plant. The cuticle helps the plant retain water especially in arid regions. In wetter regions, the cuticle may help prevent infection by disease-causing organisms.

Leaf surface
Wax
Cutin

> **What purpose do flowers serve?**

To produce new, young plants! Flowers are the reproductive part of most plants. They contain cells called pollen and tiny eggs called ovules. The pollen from the male part (anther) of a flower moves to the female part (stigma) of the flower. This process is called pollination. After pollination, the pollen and ovules create seeds which can grow into new plants.

Find out

Which is the smallest flower in the world?

Pocket fact

We can clean waste!
It's amazing to know that sunflowers can be used to clean-up radioactive waste. They can extract pollutants and metal contaminants through roots to stems and leaves. These flowers are then collected and disposed of as nuclear waste.

What makes flowers so colourful?

Their different pigments! Flowers have different colours due to the presence of certain pigments. For example, flowers that are red, purple, blue and pink have compounds called anthocyanins. Anthocyanins belong to a class of flavanoids, and are the most important plant pigments for flower colouration.

What are the components of a flower?

A flower is usually made up of four parts which are arranged in rings inside each other. The outermost ring is called the sepal. It protects the flower during its bud stage. The second ring is that of the petals which are often bright and colourful to attract insects. Within the petals are one or more stamens containing pollen, which are the male reproductive parts of the plant. In the centre of the flower are the female reproductive organs—style, stigma and ovary.

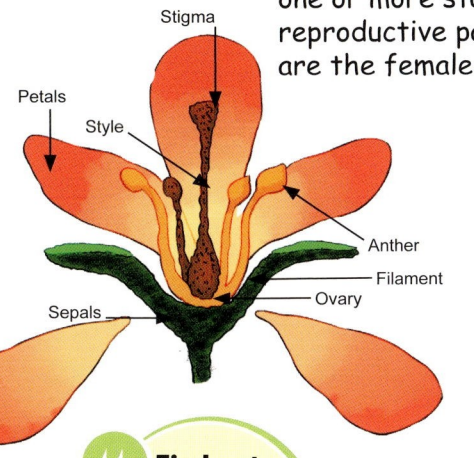

Pocket fact

We colour your jeans!
The flowers of Indigofera tinctoria are used to produce a dye that is used to colour jeans.

Find out

How does pollen travel from one flower to another?

What is the yellow dusty powder present inside flowers?

It's pollen! If you look closely at a flower, you will notice a yellow powder on the ends of the stick-like structures coming out of the flower. This yellow powder is called pollen. It helps in transferring the male genetic material from the anther to the stigma, thus resulting in the production of seeds. Without the pollen, the plants cannot reproduce.

What are fruits made up of?

Different tissues that develop from the flower! Fruits are the mature ovary of a flower. Fleshy fruits, such as avocado, pear, peach, etc. are made-up of pericarp and seeds. Pericarp is the outer layer of the fruit and is often edible. It is the tissue that develops from the ovary of the flower. The pericarp has three more layers—exocarp, mesocarp and endocarp. Some fleshy fruits also contain seeds inside them.

Find out

Can photosynthesis take place at night?

Pocket fact

Same family!
What is the similarity between peaches, pears, apricots, quinces, strawberries and apples? Of course, they are fruits. But also, interestingly, they are all members of the rose family!

What does a plant eat?

Nothing! All living things need food to grow, live and gain energy. Plants too need food to grow but they don't eat food like we do. Instead, they have a way of making their own food by a process called photosynthesis. During photosynthesis, the plant's leaves take in sunlight to turn water and oxygen into food! The plant uses this food as energy for its growth.

> **What makes bamboos grow so fast?**

They have a special rhizome system! Bamboo is one of the fastest-growing plants in the world. It has a unique rhizome system. A rhizome is the modified stem of a plant that is usually found underground. It sends out roots and shoots from its nodes and accelerates growth and size in plants. Some bamboo plants develop new cells while still underground, and when these cells get filled with water, the plants grow rapidly.

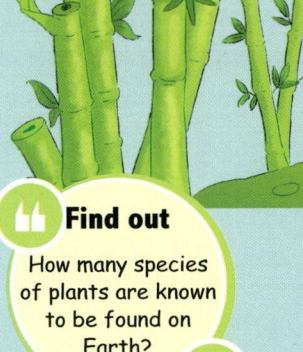

Pocket fact

Get that food!
The roots of mistletoe called haustoria are tube-shaped and penetrate into the branches and roots of the nearby plants, exporting all the nutrients that mistletoe needs.

Find out

How many species of plants are known to be found on Earth?

What are the different kinds of plants?

Herbs, shrubs, trees and more! We see many kinds of plants in different habitats around us. Trees are tall, big and strong plants that usually live for a long time. Shrubs are smaller bushy plants with woody branches. Small plants, with soft stems are usually called herbs. They do not usually live for a long time. Climbers are plants with weak stems. They cannot stand up on their own and climb or stick to other plants for support. Other plants with weak stems crawl along the ground, these are called creepers.

Herb

Shrubs

Trees

What is the trunk of a tree made-up of?

Different layers of cells! The trunk of a tree is made-up of different cells. On the outside is a protective layer called the bark. There is a thin layer of xylem and phloem cells beneath the bark. These cells carry food from the leaves to the rest of the tree. Another thin layer of cells called the cambium lies beneath the phloem, which divides and makes the trunk wider. Beneath them is the sapwood that draws up water and minerals from the roots.

Pocket fact

Wide enough!
The tree with the widest trunk in the world is an African Baobab. Its trunk diameter is almost 49 feet, with a circumference of 155 feet.

Find out

The bark of this tree is used as a spice. Can you name the tree?

What is a bark?

It's the skin of the tree! Just like we have an outer layer called skin to protect our body, the bark of a tree shields the living cells inside and prevents them from drying out. The bark also protects the tree from extreme cold and heat. The bark has tiny slits called lenticels that allow oxygen to enter the trunk and carbon dioxide to leave it.

What is the maximum lifespan of a plant?

It depends on the species! The life cycle of a plant begins with germination. It then continues with the growth of leaves, stems and flowers, and is complete with the production of seeds. Plants that complete this life cycle in one year are called annuals. Biennials are plants that live for two growing seasons, while perennials can live for more than two years, even up to a thousand years!

> **Pocket fact**
>
> Tree-ring dating
> The scientific method of dating tree rings is called Dendrochronology. It tells the exact year when the rings were formed, in order to analyze the atmospheric conditions during different periods in history.

> **Find out**
>
> Is there any place on Earth where there are no plants?

What would the world be like without plants?

The Earth would be a dry and deserted place! Plants are the main source of food on Earth. Without plants, there would be no photosynthesis which releases the life-essential gas—oxygen. Humans and animals, directly and indirectly, depend on plants for food, shelter, clothing and many other things. They can breakdown food to get energy through a chemical reaction with oxygen (which plants produce through photosynthesis). So, without plants, there would be no life. Human existence would also be impossible without plants.

When did plants first appear on Earth?

Millions of years ago! Plants could not have occurred on earth until after there was an intact ozone layer to protect them from harmful Ultra Violet rays. Evolutionists have found plant fossils that are 475 million years old. They generally believe that plants evolved from algae and slowly began to inhabit the Earth. The first plants that appeared on Earth were small mosses and liverworts (bryophytes).

Pocket fact

In the ocean!
Plants first began to appear in the ocean. Even today 85% of plants on Earth are found in the ocean.

Find out

How many pencils can be made from a single average-sized tree?

When did flowers start blooming on our planet?

Around 130 million years ago! Flowering plants started growing on earth in the Cretaceous Period. It was a period when earth was relatively warm and temperature was constant. Fossils of some plants from this period suggest that earliest flowers were tiny and simple, lacking showy petals.

When did seeds first appear?

In the late Palaeozoic era! Seed plants are said to have appeared on the earth around 416 million to 358 million years ago. They evolved out of an earlier group of plants known as the progymnosperms. The earliest seed plants had seeds along their branches without cones or flowers, unlike most seed plants today. The seeds were produced singly or in pairs, and were surrounded by a loose cupule. Then, gymnosperms, cone-bearing plants like conifers, ginkgo, and cycads came into being.

Find out
What is another name of seed ferns?

Pocket fact
The oldest seed plant!
The oldest known seed plant is Elkinsia polymorpha. It was a "seed fern" from Late Devonian period of West Virginia.

When did seed ferns go extinct?

In the Cretaceous period! Seed ferns are an extinct group of plants that originated during the middle Devonian period, about 360 million years ago. They had fernlike leaves and reproduced by making seeds. Some ferns such as Medullosa had upright, unbranched woody trunks with a crown of large fernlike fronds. Other ferns such as Callistophyton were woody vines.

When they get suitable conditions for growth! Seeds germinate when they get water, right temperature (warmth), and good soil. When seeds are planted, they first grow roots. These roots take hold of the soil and a small plant emerges. This plant eventually breaks through the soil. When this happens, we say that the seed has sprouted.

When do seeds sprout?

Find out

When and where were potatoes first cultivated?

When is the best time to plant different vegetables?

Different vegetables are grown at different times of the year! Some plants like tomatoes, beans, onions and eggplants cannot withstand the cold winter. They are usually planted after winter and ripen during the long days of spring and summer. On the other hand, some vegetables like carrot, cabbage, broccoli, peas and lettuce grow better in cold season and are therefore planted somewhere around autumn.

Pocket fact

It's a fruit!
Cucumber is actually a fruit and not a vegetable. This is because it has seeds run through the middle of the plant.

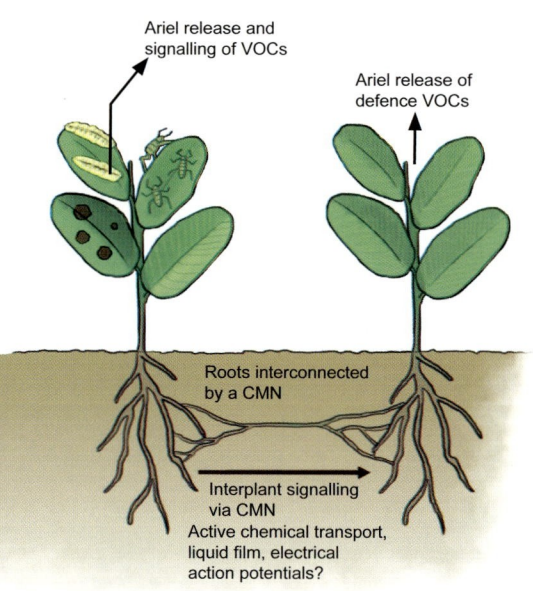

> **When do plant roots connect to each other?**

On being attacked! When an individual plant is attacked by an insect or fungal pest, it can warn neighbouring plants. They prompt other plants to produce compounds that either repel the pests or attract beneficial organisms that can fight off the pests. A plant sends these signals by two ways: through the air by way of volatile organic compounds (VOCs) or through the soil by way of a vast collection of fungal hyphae called mycelium.

Pocket fact

I am safe!
Plants have different defence mechanisms to protect themselves. These include thorns, spikes, spiny flaps and poisonous fruits.

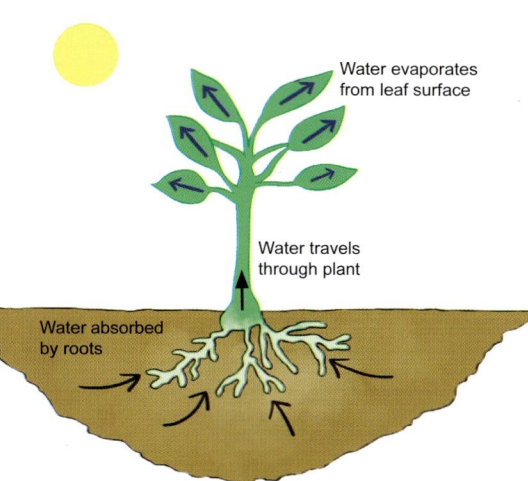

When do nodules grow on roots of leguminous plants?

When they need to fix nitrogen! Plants can use nitrogen available in the atmosphere when it is converted into ammonia. This process is done by Nitrogen-fixing rhizobia bacteria. These bacteria in the soil invade the roots and multiply within the nodules. The plant supplies all the necessary nutrients and energy for the bacteria. And the bacteria fix the nitrogen for the plant.

Try this
Name some plants of the legume family.

When does waxy coating occur on leaves?

Mostly in dry climate! The cuticle helps the plant retain water especially in the dry regions. In wetter regions, the waxy coating may help prevent infection by disease organisms.

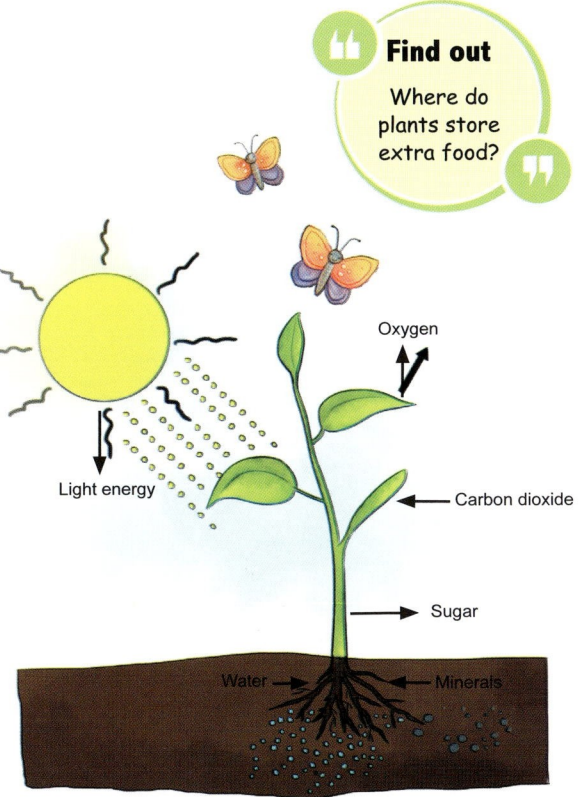

Find out
Where do plants store extra food?

Pocket fact
We can wither!
If plants lose water faster than they absorb by their cells, they lose turgor pressure and become flaccid. This causes the plant to wilt.

When do green plants produce oxygen?

Green plants produce oxygen during photosynthesis. The food plants make is a sugar called glucose. Glucose is used in respiration by plants, or converted into starch and stored. Oxygen is produced as a by-product during photosynthesis.

When does the Saguaro Cactus grow its branches?

When it's around 50-70 years old! The Saguaro Cactus is one of the prominent plants of the Sonoran Desert in Arizona. They are large and tree-like and develop branches (or arms) as they age. However, some Saguaro Cacti may never grow arms until they are 100 years old or may even never grow arms.

Find out

In which countries can you find the oak tree?

Pocket fact

Find me!
A Saguaro Cactus is hard to find in its early stages of life because it often hides under a palo verde, ironwood or mesquite "nurse tree".

When does the oak tree produce acorns?

An acorn is a seed of an oak tree encased in a shell. Oak trees begin to produce acorns in late September, and they continue to produce them until December. Green acorns are formed at the tips of branches in groups of three to five. When the acorns mature, they turn dark brown and fall.

When do trees grow bark?

The bark of a tree grows throughout its life! Bark is the outermost layer of stems of trees, woody vines, and shrubs. It protects the tree from injury and disease. As the plant ages and grows, some cells separate from the inner tissues by thicker formations of cork. These cells die because they do not receive water and nutrients due to the thickening cork layer. This dead layer is the rough bark that forms around tree trunks.

Try this
Which spice is actually the bark of a tree?

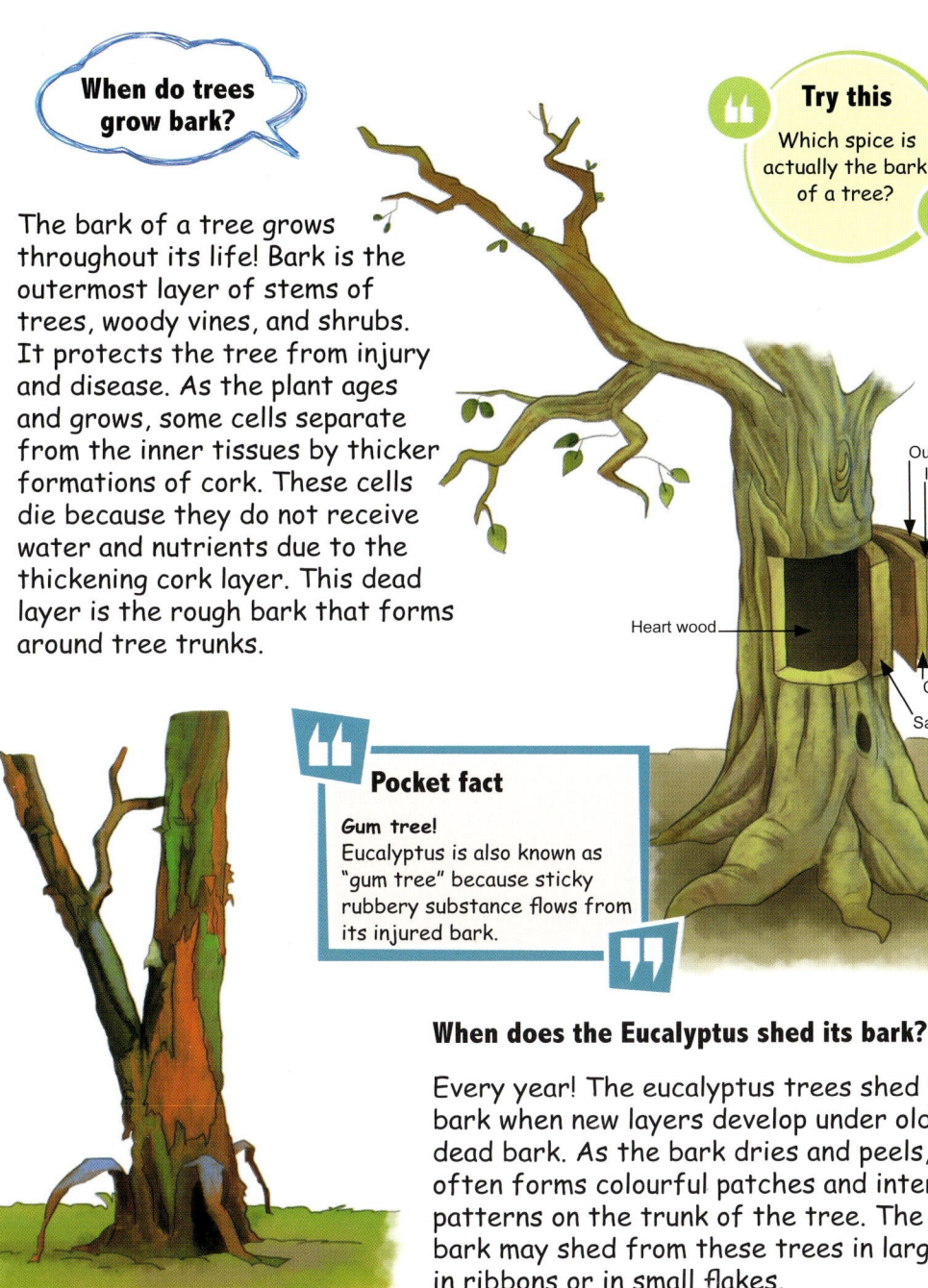

Outer Bark
Inner Bark
Heart wood
Cabium
Sap wood

Pocket fact
Gum tree!
Eucalyptus is also known as "gum tree" because sticky rubbery substance flows from its injured bark.

When does the Eucalyptus shed its bark?

Every year! The eucalyptus trees shed their bark when new layers develop under older, dead bark. As the bark dries and peels, it often forms colourful patches and interesting patterns on the trunk of the tree. The dead bark may shed from these trees in large slabs, in ribbons or in small flakes.

When do flowers turn into fruits?

After pollination! Any fruit you enjoy was once a flower. Plants go through a cycle in the flower to fruit transformation. This starts with pollination-the transfer of pollen from male part of the flower to the female part. Once the pollen land on the stigma, fertilisation starts. At this stage, the flowers wither and fall from the plant. Once the egg is fertilisation, it will develop into a plant seed and the ovary develops into a fruit.

Find out
What term was used to describe the passion for tulips in Europe?

Pocket fact
Aspirin
The first type of aspirin, pain killer and fever reducer, came from the tree bark of a willow tree!

When were tulips expensive than gold?

In the 17th century! Tulip is the national flower of Netherlands. It was introduced into Europe from Turkey shortly after 1550. At that time, tulips were very rare because their bulbs could only grow in a certain climate. Their supply was incredibly limited and so the demand for their bulbs increased so much that they became more valuable than gold.

When do fruits ripen?

When they are acted upon by ethylene! Ethylene is a hormone that regulates growth and development in plants. When it is the right time for the fruit to ripen, the plant produces more of ethylene hormone. This hormone acts upon the fruits and helps it in ripening. Ripening brings a lot of transformation in a fruit, such as changes in skin colour, softening of internal flesh and sweetening.

Pocket fact

Upside down!
You can speed up the ripening of a pineapple by standing it upside down i.e. on the leafy end.

Find out

What is walnut known as in Greek?

When do walnuts produce nuts?

At the age of about 10 years! Walnut tree is deciduous plant that belongs to the family Juglandaceae. It originates from Central Asia and Europe. Walnut tree grows on fertile soil, and in areas with enough moisture and direct sunlight. They start producing nuts when they are about 10 years old. However, the best nut production begins when trees are 30 years old.

> **When do onions grow bulbs?**

The growth of onion bulbs depends on its kind and length of daylight. When onions grow, they first form a top and then, start to form the bulb. Onions are categorised by day length. 'Long-day' onion varieties quit forming tops and begin to form bulbs when the day length reaches 14 to 16 hours. On the other hand 'short-day' onions start making bulbs much earlier in the year when there are only 10 to 12 hours of daylight.

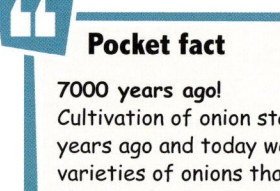

Find out

What is the fruit of a cotton plant called?

Pocket fact

7000 years ago!
Cultivation of onion started 7000 years ago and today we have numerous varieties of onions that differ in size, shape, colour and taste.

When is cotton in full bloom?

It takes 8–10 weeks for cotton plants to start blooming after they are planted. Cotton is a natural fiber. Its seeds are planted in spring which grow into green, bushy shrubs about a metre in height. Pink and cream coloured flowers grow on the plants in late spring 8-10 weeks later. Once they are pollinated, the flowers drop off and are replaced with "fruit", better known as cotton bolls.

When do mimosas close their leaves?

When they are touched! Mimosa pudica also known as the touch-me-not plant is well-known for closing its leaves when touched. When you touch this plant, it releases various chemicals, including potassium ions. These chemicals make water and electrolytes flow out of its cells, resulting in a loss of cell pressure. This causes the cell to collapse and makes the leaves shut.

Pocket fact
So many names!
Mimosa is known by a variety of names such as sensitive plant, humble plant, touch-me-not, sleeping grass and shameful plant.

Find out
In which countries are morel mushrooms grown?

When do morel mushrooms come out?

Morels are one of the few species of mushrooms. These mushrooms grow in spring. Morels start to appear as early as late March, but are mostly seen in April and Early May. During this time, the daytime temperature is at or above 60 degrees and the night temperatures are above 40!

When do pea pods explode?

At the time of seed dispersal! As a pod dries, tensions are set up in the wall of the pod eventually causing it to split along two lines of weakness. As the two halves curl back, suddenly released like a tense spring, they flick out the seeds inside in an explosive manner.

> **Try this**
> Name some plants that complete their life cycle in a year.

> **Pocket fact**
> **We are fragile!**
> Pea is a fragile plant. It can grow as low-ground plant or as a vine. It has snake-like tendrils which help the plant climb.

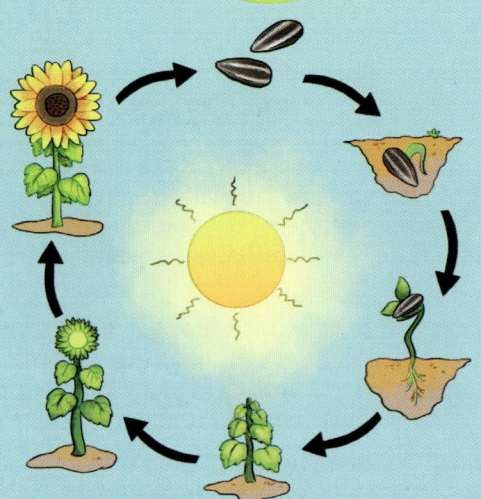

When do flowering plants complete their lifecycle?

It varies from one plant species to another. Some plants go though their complete cycle in a few weeks – others take many years. Annuals are plants that grow from a seed, then flower and make new seeds, then die, all in less than a year. Some go through this cycle more than once a year. Biennials are plants that take 2 years to go through their life cycle. Perennials are plants that complete their life cycle in more than 2 years.

When do stomata open and close?

Stomata open by day and close by night! Stomata are small openings on the lower surface of the leaves. The stomata open during the day and help the plant in taking in carbon dioxide for photosynthesis. At this time excess water is also released through stomata. Plants close their stomata at night (when no photosynthesis occurs) or when there is excessive loss of water.

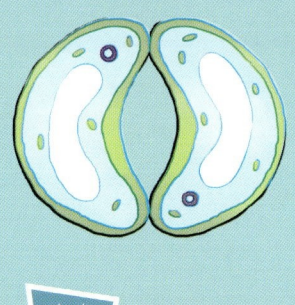

Find out
What is sapwood?

Pocket fact
Guard cells!
Stomata are surrounded by cells called guard cells. They help to regulate the rate of transpiration by opening and closing the stomata.

When is heartwood formed in trees?

When some plant cells die! Plants have two types of transport tissue- xylem and phloem. As a tree grows, older xylem cells in the center of the tree become inactive and die. This forms the heartwood which is filled with stored sugar, dyes and oils. The main function of the heartwood is to support the tree.

Why are plants called the 'lungs of the Earth'?

Because they give us fresh air! Trees are often called the 'lungs of the Earth' because they take in carbon dioxide from the air and give out oxygen. Oxygen is vital for the existence of humans and animals. If there were no plants there would be an increase in the level of carbon dioxide in the air, which would lead to global warming and climate change as well.

Find out

Name three trees that provide us wood.

Pocket fact

130 million years ago! Plants did not bear flowers when they first appeared on Earth. Flowering plants and flowers appeared around 130 million years ago.

Why can't we live without plants?

They are very important for our survival! Humans have three basic necessities: oxygen, water and food. Plants produce oxygen, which is very essential for our existence. Plants also form the basis of our entire food chain. In addition to this, plants also provide us with wood, herbs, spices, paper, cotton and many other things.

Because they reflect green light! Objects appear to be of a certain colour because they absorb some wavelengths of light and reflect others. For example, a black shirt appears black because it absorbs all the wavelengths of light and doesn't reflect any light. Plants are largely filled with green pigments called chlorophyll that absorb sunlight and reflect green light. Plants would be black in colour if chlorophyll absorbed all the light and reflected none.

Why are plants green and not black in colour?

Pocket fact

Good weeds!
Weeds may not always be harmful. Some weeds like the stinging nettles are full of vitamin C and are often used in herbal medicines as they are beneficial for health.

Try this

Take a potted plant and cover one of its leaves with black paper. Keep it on the window sill. Remove the paper after 2–3 days. What do you observe?

Why are weeds not good for other plants?

Because they hamper the growth of other plants! Weeds are unwanted plants that grow on their own near crops or other plants. They are not good for other plants because they compete with them for water, light and nutrients. Many weeds also act as hosts to pests and thus harm the other plants by spreading diseases.

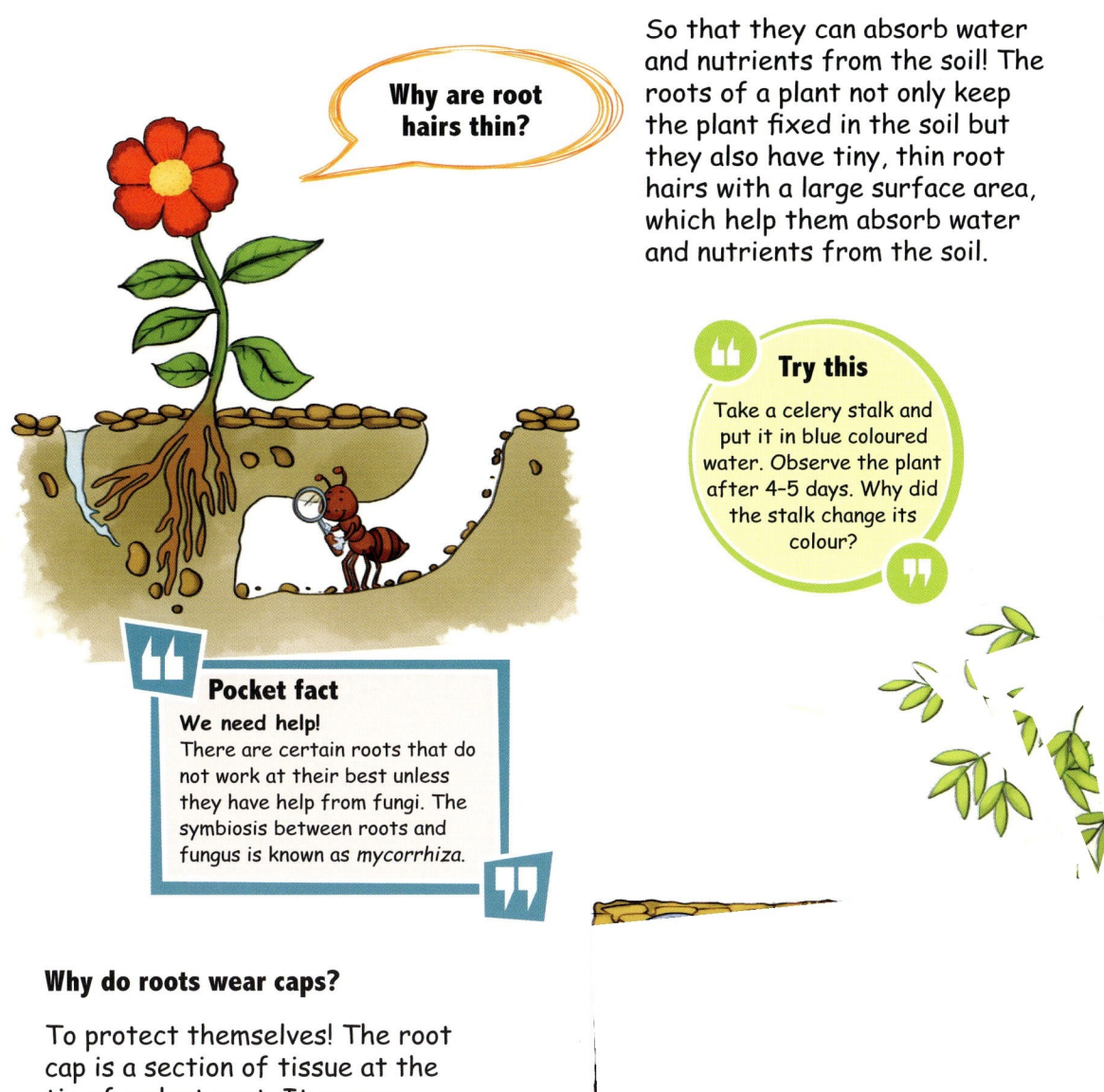

Why are root hairs thin?

So that they can absorb water and nutrients from the soil! The roots of a plant not only keep the plant fixed in the soil but they also have tiny, thin root hairs with a large surface area, which help them absorb water and nutrients from the soil.

Try this

Take a celery stalk and put it in blue coloured water. Observe the plant after 4–5 days. Why did the stalk change its colour?

Pocket fact

We need help!
There are certain roots that do not work at their best unless they have help from fungi. The symbiosis between roots and fungus is known as *mycorrhiza*.

Why do roots wear caps?

To protect themselves! The root cap is a section of tissue at the tip of a plant root. It covers the sensitive root and protects the growing tip in plants. It also secretes a fluid to ease the movement of the root through soil, thus enabling its downward growth.

Why do mangroves have breathing roots?

Because they get little oxygen! Mangrove trees are found around tropical coasts all over the world. Although they are land plants, they grow in saltwater with their roots buried in thick soil that contains little oxygen. In order to breathe, the roots send up spikes that rise into the air above the level of the mud. These spikes exchange oxygen and expel carbon dioxide into the air, and help the tree breathe.

Pocket fact
That's strange!
Not all climbers grow in the same way! The Climbing Fetterbush doesn't use clinging roots, tendrils or thorns. Its stem goes into a crack in the bark of fibrous-barked trees and flattens. It then grows up the tree from underneath the outer bark.

Find out
What are tendrils?

Why do some roots climb and cling?

They help the weak plants climb! Some plants such as the Irish ivy have weak stems and thus cannot stand upright. These plants have a cluster of short, stout roots that cling to surfaces. Such roots are modified roots that come out of the nodes and help the plant to climb up around a support.

Why do some trees lose their leaves?

To prevent water loss! Trees lose a lot of water from their leaves due to evaporation. When winter approaches, trees stop the production of the growth hormone and form a seal over the spots where leaves are attached to them. Then, water and nutrients stop flowing from the tree to the leaves, thus preventing water loss from the tree. Over time, the leaves gradually lose their moisture. Eventually they dry up and fall off the tree.

Find out
Which part of the leaf helps in the exchange of gases?

Pocket fact
No salt please!
Moss can grow anywhere on Earth except in saltwater.

Why do mosses grow in moist areas?

Because they don't have roots, leaves or stems! Moss is a flowerless plant that grows in clumps. They don't have roots but have thin root-like parts called rhizoids that help to fix the plant in the soil. Since they don't have roots and stems to transport water, mosses dry out very quickly, so they are usually found in moist habitats.

Why do flowers disappear from a plant?

Because they turn into fruits! Flowers are the parts of a plant that turn into fruits after pollination. During pollination, the pollen moves from the anthers to the stigma. When the pollen lands on the stigma, a pollen tube develops and fertilizes the ovary at the base of the flower. After fertilises, the flower eventually turns into a fruit and the ovules form the seeds.

Find out

Can you name three flowers that bloom at night?

Pocket fact

Flowery desserts!
Flowers are not only used for ornamental purposes but also for decorating food items. Dahlias are used to decorate cakes, tarts, pastries, salads and for garnishing desserts.

Why do moon flowers bloom only at night?

Because they are adapted to pollination by moths! Moon flowers are plants with large, round, white flowers that open in the evening and wither by morning. They bloom only at night because they are pollinated by moths and most moths are active only during the night. Their large size and white colour make them more noticeable to the moths in the moonlight.

Why do dandelion seeds fly?

So that they can get a suitable place to grow! Plant seeds are dispersed to different places so that they don't grow very close to the parent plant. Seeds of plants like dandelions and cottonwood are light and have feathery bristles. The wind carries them to far-off places. If these seeds land in a suitable place, they begin to grow.

Pocket fact

So many uses!
All the parts of a dandelion plant are edible. Its leaves are a rich source of Vitamin K and its flowers can be used to make wine. Its roots can be used to make a brewed drink that tastes a bit like coffee!

Find out
Can seeds sprout without soil?

Why don't seeds grow in my stomach when I swallow them?

Because it is not a suitable place for seeds to grow! Seeds will grow only when they are planted in places where they can get the nutrients essential for their growth. Your stomach is full of acidic digestive juices and doesn't have the nutrients that a seed needs for its growth. Thus, it is not a hospitable place for plants to grow!

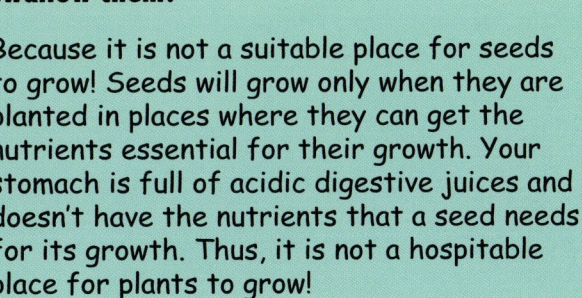

Why do potatoes grow under the ground?

Because the potato plant has a modified stem! Some plants have bulbs or tubers like onions that help them in storing food. A potato is actually a tuber or a swollen stem— a fleshy growth that is attached to the roots underground. It stores extra water and nutrients for the plant's future use.

Pocket fact

Smelly without rotting!
Some fruits smell bad while they are still on the plant. The Durian, also known as `the king of fruits', is by far the smelliest fruit in the world.

Find out

Can potatoes grow in space?

Why don't fruits rot on plants?

Because they are not exposed to microorganisms! When fruits are attached to their parent plant, they are nourished and protected by the plant. When a fruit detaches from the plant, it is exposed to air. Then microorganisms attack the fruit and begin their work of breaking it down for their own uses. They also use the water within the fruit and eventually destroy the fruit.

Why doesn't a cactus need water?

Because it has certain abilities that allow it to conserve water! A cactus has an extensive, but shallow, root system that allows it to soak up water. It has specialized stems that help it store water for long durations. Cactus has leaves that are modified into thorns. This reduces water loss and also prevents the cactus from being eaten up by animals. For example, a fully-grown Saguaro Cactus can soak up and store up to 200 gallons of water during a good downpour! Many desert travellers have learned that, in case of an emergency, a cactus can be opened to find life-saving fluids.

Pocket fact

Cactus is my home!
The Gila woodpecker nests inside the stem of the Saguaro Cactus where the temperature may be up to 30°C (86°F), which is cooler than the temperature outside.

Try this

Explore the different kinds of cacti around the world. Which cacti are your favourites?

Why is the cactus prickly?

Because its leaves have been turned into thorns! A cactus is a plant that usually grows in the desert or where the soil is dry and rocky. It doesn't have leaves like other plants do. A cactus has spines or thorns that are actually highly-modified leaves. The spines help to reduce water loss from the cactus and also protect it from animals.

Why is the four o' clock plant named so?

Because it blooms late in the afternoon! The four o'clock plant, also known as `beauty-of-the-night' is an ornamental plant that grows in tropical America. It is called four o'clock because the petals of these flowers open late in the afternoon and close by morning. The flowers vary in colour from white and yellow to shades of pink and red. They are sometimes streaked and mottled.

Find out
How is the four o'clock plant useful to us?

Pocket fact
The tallest sunflower!
The tallest sunflower recorded by The Guinness World Records measures 9.17 m. It was grown by Hans-Peter Schiffer in Karst, Nordrhein Westfalen, Germany.

Why do sunflowers chase the Sun?

So that they can maximise photosynthesis! The fascinating phenomenon of flowers following the Sun across the sky is called heliotropism. This phenomenon is seen in sunflowers when they are still young flower heads. When the flowers face the Sun it maximises the amount of direct solar radiation received. This increases the rate of photosynthesis and enhances growth.

> **Why do some plants eat insects?**

Because they can't make their own food! We know that plants carry out photosynthesis and produce their own food. But there are some plants that do not have chlorophyll and cannot produce their own food. Hence they feed on insects and tiny creatures to survive. The Pitcher Plant and Venus Flytrap are examples of such plants.

Find out
Plants don't have a nervous system. So, how do they defend themselves from danger?

Pocket fact

Largest carnivore!
The largest carnivorous plant is Borneo's Nepenthes rajah. It has a big pitcher that can hold more than half a gallon of fluid.

Why don't plants sleep?

Because they don't have a nervous system! Sleep is a condition that is essential in humans and animals. It occurs in living beings that have a nervous system. Plants don't have a nervous system so they don't sleep. But plants do exhibit day-night cycles. They carry out photosynthesis during the day. At night, they open their stoma to take in oxygen, and deliver glucose throughout the plant. Some plants also close their flowers when the sun sets.

Why are forget-me-not flowers called so?

The name comes from a Greek word! Forget-me-not plants are plants of the Myosotis genus. This flower gets its name from the Greek word Vergissmeinnicht. This unusual Greek name means mouse's ear, which is a description of the shape of the flower's small petals.

Find out

How did the touch-me-not plant get its name?

Pocket fact

Water it enough!
A money plant requires an adequate amount of water in its initial days. So ensure that you water it enough but see that it is not soaked in water!

Why is the money plant named so?

Because its flowers have silver seedpods! Lunaria annua, also known as the money plant, or silver dollar plant, has reddish purple or white flowers that are borne in summer. In the United States, Lunaria is commonly known as `silver dollars', `Chinese money, or `Chinese coins' because its silver quarter shaped seedpods have the appearance of silvery coins.

Why is the snapdragon called so?

Because it resembles a dragon! Snapdragon is a plant that grows in western North America. The flowers are tubular and usually have a large closed, lip-like mouth. They resemble the face of a dragon and open and close their mouth when laterally squeezed.

Find out
What are the different colours of snapdragons?

Pocket fact
No more water!
Euphorbia plants should not be overwatered. Excessive water leads to the rotting of the plant.

Why is the Euphorbia obesa called the `baseball plant'?

Because it looks like a ball! Euphorbia obesa is a plant that grows in South Africa. It is commonly known as the `baseball plant' due to its ball-like shape. It is thornless with a diameter of 6–15 centimetres. It contains water reservoirs for periods of drought.

Index

A, B
absorb, absorbs, absorbing 15, 16, 21, 26, 39, 50, 51
anchor 24
annuals 7, 33, 46
anther 28, 29, 54
anthocyanins 12
bark 16, 32, 41, 52
biennials 33, 46
blade 27
breathe 22, 52
buds 9, 13, 25
broccoli 37

C, D
carbon dioxide 15, 22, 32, 47, 49, 52
carrot 37
cell wall 19, 25, 46, 47
cellulose 25
chlorophyll 26
chloroplasts 26
climbers 31, 52
contents 25
creepers 31
cuticle 27, 39
cutin 27, 39
diameter 32, 61
disease 18, 19, 39, 41, 50
dye 29, 48

E, F, G
endocarp 30, 63
energy 22, 23, 40, 38
exocarp 31
fabric 27
flavanoids 28
genetic 29
geotropism 24
germination 16, 23, 33
gravity 24

H, I
haustoria 31
herbs 25, 31, 49
infection 19, 27, 39
inhabit 35
insects 10, 29, 59

L, M
lenticels 32
liverworts 35
mesocarp 30
minerals 13, 21, 32
mistletoe 31
mosses 7, 21, 35, 53

N, O
nitrogen 13, 22, 38
nutrients 7, 13, 15, 22, 24, 35, 38, 41, 45, 53, 55, 56
organisms 27, 38
ovary 29, 31, 42, 52
ovules 28, 54
oxygen 15, 21, 22, 30, 32, 33, 49, 52, 59

P, R

perennials 7, 33, 46
pericarp 31
petals 29, 35
phloem 58, 60
phosphorus 22
pigment 12
pollen 10, 11, 28, 29
potassium 13, 22, 45
proteins 10, 22
reflects 26
respiration 22, 39
ribs 27
rigidity 25
rings 29, 33
root 8, 9, 13, 15, 18, 19, 25, 31, 32, 37, 38, 51, 52, 53
root cap 24
root hairs 24

S, T

sapwood 32
seed coat 23
sensors 24
sepal 29
shoots 8
shrubs 7, 9, 31, 41, 44
solar 58
solid 25
space 22
sprouts 13, 16, 23
stage 29, 30, 42
stamens 29
stem 7
stick 24, 29
stigma 29, 42, 54
store 23, 24, 39
style 9, 29
sunlight 26, 30, 43, 50
temperature 9, 22, 35, 37, 45, 57
tissues 8, 22, 30, 41
transmits 26
transportation 25
trees 7, 8, 15, 16, 31, 40, 41, 43, 49, 52
tube 13, 56
turgor 25, 39
turnip 24

V, W

veins 27
visible 16, 17, 26
warmth 23, 37
water 7, 9, 10, 15, 21, 22, 23, 24, 25, 26, 30, 37, 38, 39, 41, 45, 47, 49, 51, 53, 56, 57, 60, 61
weak 31
widest 63
wilting 18

OTHER TITLES IN THIS SERIES

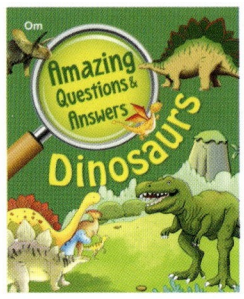
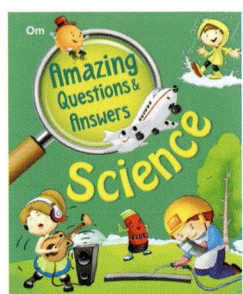
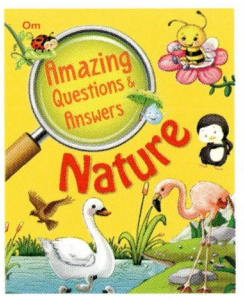
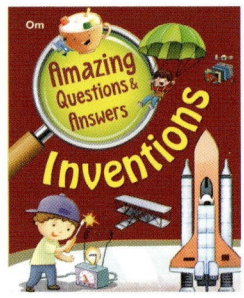
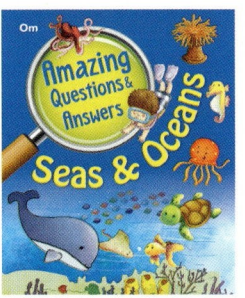
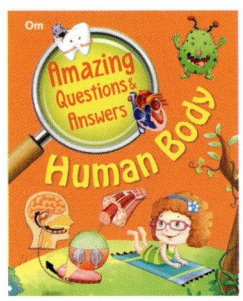

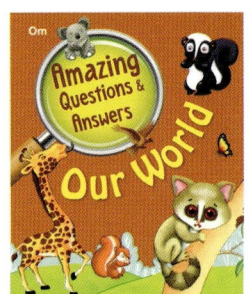
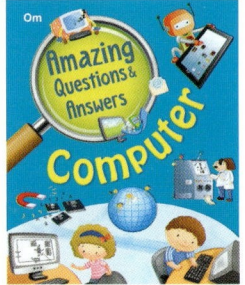
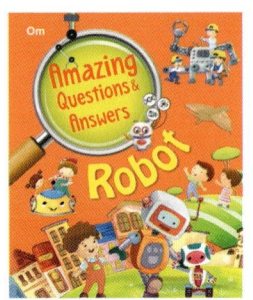